Hugh Johnson

Der Grosse Weinatlas

Die Weine und Spirituosen der Welt

Hugh Johnson

Der große WEIN

Die Weine und Spirituosen der Welt

ATLAS

Hallwag Verlag Bern und Stuttgart

Nur durch die Mithilfe unzähliger Personen und Institutionen konnte die Vollständigkeit und Zuverlässigkeit dieses Buches erreicht werden.
Insbesondere möchten die Herausgeber den folgenden danken:
Office International de la Vigne, Paris
Institut National des Appellations d'Origine des Vins et Eaux-de-Vie, Paris
Ministerium für Landwirtschaft, Weinbau und Forsten, Mainz
Staatsdomänen von Hessen, im Anbaugebiet Mosel-Saar-Ruwer und Nahe
Istituto Nazionale per il Commercio Estero, Rom
Casa do Douro, Régua
Sindicato Nacional de la Vid, Madrid
Consejo Regulador de Denominación de Origen Jerez, Jerez de la Frontera
Wine Institute, San Francisco
Madeira Wines Bureau, London
South Australian Department of Agriculture, Adelaide
Scotch Whisky Association, London
Bourbon Institute, New York
Institut Technique du Vin, Paris
Regionale Comités Interprofessionnels in Frankreich, Weinbauämter in Deutschland, Consorzi in Italien, Consejos Reguladores in Spanien, Handelsabteilungen der Londoner Botschaften von allen Weinanbauländern, Universitätsinstitute in Frankreich, Deutschland, Kalifornien, Australien.

11. Auflage, 1978
131.–150. Tausend

Die englische Originalausgabe ist unter dem Titel
«The World Atlas of Wine» im Verlag Mitchell Beazley, London, erschienen.

Deutsche Übersetzung und Bearbeitung: Dr. Jürgen Schwab
Umschlaggestaltung: Gerhard Noltkämper
Satz: Filmsatz Lehmann + Co., Thun/Schweiz
Gedruckt in Italien

ISBN 3 444 10089 2

Inhalt

Allgemeiner Teil

Vorwort 7
Einleitung 8
Die Welt des Weines 10
Die Antike 12
Das Mittelalter 14
Die Entwicklung der heutigen Weine 16
Die Rebe 18
Der moderne Weinberg 20
Die Rebsorten 22
Die Wahl der Traube 24
Der Wein und das Wetter 26
Das Jahr des Winzers 28
Die Weinbereitung 31
Die Kunst des Kellermeisters 32
Anatomie einer Kellerei 34
Die Anatomie eines Weinguts 36
Der Wein und die Zeit 38
Der Weinpreis 40
Die Weinliteratur 42

Auswahl und Servieren des Weins

Weinprobe und Weinsprache 44
Notizen 46
Die Wahl des Weins 47
Die Pflege des Weins 48
Das Servieren des Weins 50
Die richtige Temperatur 52
Weinjahrgänge 53

Frankreich

Burgund 60
Côte d'Or 64
Côte de Beaune 65
Côte de Nuits 70
Chalonnais 74
Mâconnais 75
Beaujolais 76
Chablis 78
Bordeaux 80
St-Estèphe 84
Pauillac 86
St-Julien 88
Médoc 90
Margaux und der südliche Médoc 92
Graves 94
Sauternes und Barsac 96
Pomerol 98
St-Emilion 100
Bourg und Blaye 104
Bergerac 105
Champagne 106
Elsaß 110
Loire-Tal 114
Anjou 116
Chinon und Bourgueil 117
Vouvray 118
Pouilly und Sancerre 119
Das Rhône-Tal 120
Côte Rôtie und Condrieu 121
Hermitage 122
Châteauneuf-du-Pape 123
Languedoc und Roussillon 124
Provence 126
Savoyen und der Jura 127
Der Wein im Südwesten 128
Landweine 130
Korsika 132

Deutschland

Deutscher Wein 134
Saar 138
Ruwer 140
Mittelmosel 142
Nahe 146
Rheingau 148
Rheinpfalz 152
Rheinhessen 154
Baden-Württemberg 156
Franken 158

Süd- und Osteuropa und die Mittelmeerländer

Italienischer Wein 160
Der Nordwesten 161
Piemonte 162
Der Nordosten Italiens 164
Südtirol 166
Verona 167
Mittelitalien 168
Chianti 170
Süditalien 172
Spanien 174
Sherry 176
Jerez 178
Rioja 180
Katalonien 182
Montilla 183
Madeira 184
Portugal 186
Lissabon 188
Minho und Dão 189
Der obere Douro 190
Portwein 192
Schweiz 194
Österreich 198
Wien 200
Wachau 201
Ungarn 202
Tokaier 203
Plattensee 204
Tschechoslowakei 205
Jugoslawien 206
Rumänien 208
Bulgarien 210
Sowjetunion 212
Griechenland 214
Zypern und Malta 216
Nordafrika 218
Das östliche Mittelmeer 220
Der Ferne Osten 222

Die Neue Welt

Vorwort 224
Der Wein in Nordamerika 226
Kalifornien 228
Russian River 230
Napa-Tal 231
Central Valley 234
Der südliche Zipfel 236
Der Staat New York 238
Australien 240
Neusüdwales 242
Victoria 243
Süd-Australien 244
Südafrika 246
Paarl und Stellenbosch 248
Südamerika 250
England und Wales 252

Spirituosen

Die Spirituosenherstellung 256
Cognac 258
Armagnac 260
Schottland 262
Scotch Whisky 264
Rum 266
Kentucky Bourbon 268
Obstbranntwein 270
Calvados 271

Register 273

Bildausschnitt aus «Weinprobe in den Londoner Docks» von George Cruikshank, 1821.

Schloß Vollrads bei Winkel im Rheingau

Vorwort

In den letzten 25 Jahren habe ich auf internationalen Weinbaukongressen, auf Handelsvertragsverhandlungen und auf Tagungen der EWG vermißt, daß es bisher keinen Weltweinatlas gab, der eine rasche Orientierung in allen Fragen des Rebenanbaues und der Weinproduktion in europäischen wie auch in weit entfernten Ländern ermöglichte. Herr Hugh Johnson, seinen Mitarbeitern und den Herausgebern dieses ausgezeichneten Atlasses wird sicherlich jedermann für die große geleistete Arbeit dankbar sein. Nicht nur das hervorragend gezeichnete Karten- und Bildmaterial, sondern auch der umfangreiche begleitende Text bringen übersichtlich wertvolle Angaben über die nationalen Eigenarten der Weinbaugebiete, wobei die französischen und deutschen Gebiete besonders eingehend beschrieben sind.

Ein äußerst wertvolles Nachschlagewerk ist entstanden, das nicht nur für die Behörden und Fachorganisationen sowie Fachschul- und Universitätsbibliotheken interessant, man könnte sagen, unentbehrlich ist, sondern auch einen Weinliebhaber ebenso wie Winzer und Weinhandel begeistern kann.

Geschichtliche Angaben, Hinweise auf Weinliteratur, Weinkultur und Weinbehandlung fehlen ebensowenig wie Angaben über Rebsorten, Eigenarten des Anbaues, Klima und Qualität, Weinpreise und Weingesetze der einzelnen Weinbauländer. Schließlich ist auch noch eine Übersicht über die Produktion von bekannten und beliebten Spirituosen in den hierfür wichtigsten Ländern eingefügt.

Dem Initiator dieses Werkes, Herrn Hugh Johnson, merkt man bei seiner jeweiligen Weinbeurteilung an, daß er mit besonderem Verständnis und Liebe zum Wein ausgezeichnet ist. Für ihn dürfte der Spruch in besonderem Maße zutreffen: «Wein vergoldet jeden Tag!»

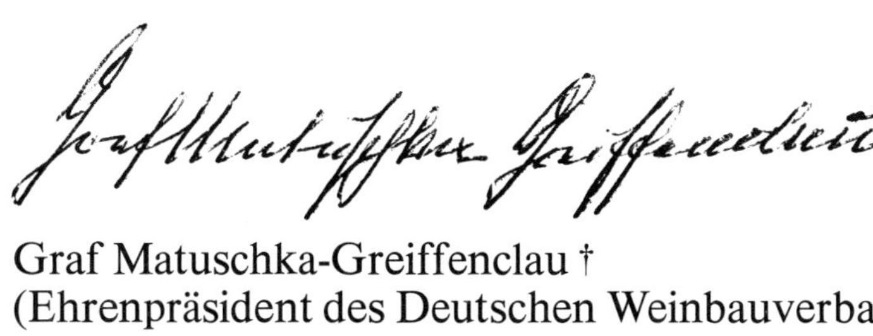

Graf Matuschka-Greiffenclau †
(Ehrenpräsident des Deutschen Weinbauverbandes)

Einleitung

Solange ich mich mit dem faszinierenden Gebiet des Weins befasse, sind Karten meine unentbehrlichen Studienbegleiter geblieben. Selbst einfache Kartenskizzen haben mir stets als Stütze meiner Erinnerungen und Eindrücke gedient. Auf einer Karte werden einem die Unterschiede und Zusammenhänge klar, und alles läßt sich richtig einordnen.

So ist dieser Atlas entstanden. Es wurde mir immer klarer, daß Karten in einem hinreichend großen Maßstab mehr als bloße Orientierungshilfe leisten: Sie sind Abbild der Erdoberfläche und dessen, was auf ihr geschieht.

Wein und Landkarten stehen in enger Beziehung zueinander. Schließlich ist der Wein das einzige landwirtschaftliche Erzeugnis, dessen Preis ausschließlich von seiner Herkunft her bestimmt wird. Und je besser ein Wein, desto genauer lokalisiert er seinen Ursprung – bis hinunter zu einer winzigen Parzelle in einem schlichten Dorf am Fuße eines, laut Stendhal, «häßlichen, ausgetrockneten Hügels» namens Romanée-Conti.

Wir brauchen nur daran zu denken, wie erstaunlich zutreffend Qualitätseinstufungen noch nach einem ganzen Jahrhundert sind, um einzusehen, daß es in einem ganz entscheidenden Maße jeweils ein bestimmtes Fleckchen Erde ist, das dem Wein seine Eigenschaften verleiht. Verfahren und Methoden ändern sich, desgleichen Besitzer, Maschinen und selbst das Klima. Was bleibt, ist der Boden, seine Höhe und Exposition. Mit viel Mühe und Fehlschlägen hat man im Verlauf vieler Jahrhunderte die besten Lagen herausgefunden – doch seltsamerweise nie zusammenfassend kartiert.

Der vorliegende Atlas ist vor allem für den Weinfreund gedacht. Da sich schwerlich alle Weingegenden der Erde gleichermaßen detailliert darstellen lassen, mußten wir eine Rangfolge aufstellen. Sie entspricht mehr oder weniger der Wertskala der Weinhändler in San Franzisko, New York oder London, an deren Spitze jene Gebiete rangieren, die das größte Spektrum guter Weine hervorbringen. Nur außerhalb der europäischen Weinländer wird eine solch umfassende, ausgewogene Selektion vorgenommen: Ein großer Mosel ist in Paris nicht zu finden – noch weniger in Bordeaux.

Es kam uns nicht darauf an, allen Karten eine einheitliche Form zu geben oder bestimmte Kriterien zugrunde zu legen. Denn das fesselnde am Wein ist ja gerade, daß es nicht zwei Anbaugebiete gibt, in denen dieselben Maßstäbe gelten oder die Akzente gleich verteilt sind. Burgund hat die komplizierteste Lageneinstufung, die jemals unternommen worden ist, und jede Rebfläche, ja sogar einzelne Lose eines Weinbergs sind in eine ein für allemal festgefügte Hierarchie eingeordnet. In Teilen des Bordeaux-Gebiets ist der Reblandbesitz offiziell klassifiziert, und zwar weniger nach den Lagen als vielmehr nach den darauf wirtschaftenden Weingütern. In Deutschland kennt man überhaupt keine Lagenbewertung, dafür aber eine gut durchdachte Qualitätsabstufung nach dem Reifegrad. In der Champagne sind ganze Dörfer klassifiziert, in Jerez bestimmte Bodentypen, in Italien einige traditionelle Weingebiete, andere hingegen nicht.

Doch hinter diesem Gewirr von Nomenklaturen und Klassifizierungen liegen die physikalischen Tatsachen der Berge und Täler, in denen die Rebe zu Hause ist. Soweit ich es herausfinden konnte, habe ich überall versucht, nicht nur zu erklären, in welchem Teil einer Landschaft der beste Wein gedeiht, sondern auch, warum dies so ist, welches glückliche Zufallsspiel der Natur (in vielen Fällen) einen klassischen Weintyp hervorgebracht hat, den die halbe Welt kennt.

Wenn die folgenden Karten die Weingebiete, wie ich meine, deutlich und ansprechend darstellen, so ist dies vor allem die Leistung des Kartographen Harold Fuller, dem sich Verlag und Autor zu tiefem Dank verpflichtet fühlen.

Gemälde lassen sich reproduzieren, Kompositionen aufzeichnen und Bauwerke abbilden – der Wein aber ist ein vergänglicher Augenblick. Man kann gar nicht über einen Wein schreiben und mit den geborgten Ausdrücken und Redewendungen, die zu seiner Beschreibung herhalten müssen, herumjonglieren, ohne nicht zugleich den Wunsch zu verspüren, dem Leser ein Glas davon zu reichen und ihm zuzurufen: «Probier ihn doch mal!»

Deshalb geben wir hier die konkretesten Ratschläge, die man überhaupt geben kann: die Etiketten von 900 Erzeugern, deren Weine und Spirituosen den in diesem Atlas gemachten Angaben tatsächlich entsprechen. Unter den Tausenden, die sich in jeder Hinsicht hierfür qualifizieren, war es fast unmöglich, eine Auswahl zu treffen. Ausgefallen ist sie deshalb teils subjektiv, wie alles, was mit dem Geschmack zu tun hat, teils willkürlich, da der begrenzte Raum die Aufnahme mancher Favoriten einfach nicht zuließ. Bei ein oder zwei Ländern, vor allem Rußland, redete auch der kolossale Leim, mit dem man dort die Flaschen etikettiert, ein Wörtchen mit.

Namentlich danken kann ich an dieser Stelle lediglich dem Direktor, dem Technischen Leiter Pierre Bréjoux und den Mitarbeitern des Institut National des Appellations d'Origine des Vins et Eaux-de-Vie in Paris, die alle französischen Karten überprüften, Dr. Renz und seinem Mitarbeiter Dr. Hämmerling vom Statistischen Landesamt Rheinland-Pfalz, die mich durch die Klippen des neuen deutschen Weingesetzes geleiteten, Peter Haßlacher aus dem Hause Deinhard, der mich auf vielen Deutschland-Reisen begleitete, dem Wine Institute in San Franzisko und der KWV in Südafrika, die umfangreiche Kartierungsarbeiten für diesen Atlas übernahmen, sowie meiner diplomatischen, geduldigen, fröhlichen und unermüdlichen Assistentin Colette Lebreton.

Vorwort zur erweiterten Ausgabe

Um mit Molière zu sprechen: «Nous avons changé tout cela.» Gewiß, jedes Nachschlagewerk ist inhaltlich schon ein wenig überholt, sobald es gedruckt erscheint. Die Tatkraft aber, mit der Winzer und Gesetzgeber in aller Welt dafür gesorgt haben, daß Karten, Etiketts und Erläuterungen der ersten Ausgabe erneuert werden müssen, erfüllt mich mit unendlicher Bewunderung.

Vielerorts hat sich alles gewandelt. In Frankreich herrscht scheinbar Ruhe, aber unter der Oberfläche brodelt es, und immer wieder entsteht Neues, das interessant und vermerkenswert ist. Deutschland hat nach den großen gesetzgeberischen Umwälzungen von 1971 nun in den letzten zwei Jahren endlich seine Grenzen abgesteckt. In Italien wurden in den letzten fünf Jahren über hundert neue kontrollierte Weinanbaugebiete geschaffen. Spanien hat erstmals ein eigenes System kontrollierter Anbaugebiete eingeführt. Österreich besitzt ein neues Weingesetz, ebenso Jugoslawien. Die Sowjetunion hat eine runde Viertelmillion Hektar Reben neu angepflanzt (wo, wird freilich nicht verraten). In Südafrika gibt es ein neues Gesetz zur Herkunftsdefinition und -kontrolle. In Kalifornien schließlich brauchte man schon einen Fernsehsender, wenn man das Publikum laufend über die Erweiterung der Anbaugebiete und die Eröffnung neuer Weinkellereien informieren wollte.

Soviel Wachstum und Wandel hat das Interesse der Öffentlichkeit am Wein in nie gekanntem Maß gefördert. Die Sprache des Weins, die Fragen, die man darüber stellt, sind aus der Phase des Einfachen, fast Gefühlsmäßigen ins Stadium des Präzisen, Kenntnisreichen, Sachkundigen getreten. Freilich ist es leichter, die Regeln zu kennen oder die chemischen Vorgänge zu verstehen, als zu lernen, wie man Wein probiert und bewertet. Aber die neue Generation der Weinliebhaber will alles wissen – auch, wie man kritisch sein kann.

Es scheint deshalb nur billig, in diese zweite Ausgabe neue Seiten mit genaueren Informationen darüber aufzunehmen, wie heute Wein gemacht wird, und auch den Gebieten, die zuvor zu kurz gekommen oder neu hinzugetreten sind, mehr Platz einzuräumen.

Ich habe mehr Freunden als je zuvor für ihre Hilfe beim Zusammentragen und Prüfen meiner Informationen zu danken. Viele sind auf der dafür vorbehaltenen Seite genannt – viele andere aber sind es nicht: Jeder Winzer, mit dem ich spreche, ja jeder Weinfreund lehrt mich etwas Neues über diesen unerschöpflichen Gegenstand.

Rechts: Die Keller des aus dem 12. Jahrhundert stammenden Zisterzienserklosters Eberbach im Rheingau beherbergen schon seit 700 Jahren den Steinenberger. Heute ist es auch Sitz der Deutschen Wein-Akademie.

Die Welt des Weines

Jeder hundertste Mensch ist im Weinbau, in der Weinherstellung oder im Weinhandel beschäftigt. Die Weltweinernte ist groß genug, um jeden der 4 Milliarden Bewohner unseres Planeten mit 8 Flaschen pro Jahr zu versorgen. 10 Millionen Hektar Weinanbaufläche gibt es auf der Erde – das ist 1 Hektar auf je 52 Hektar der gesamten landwirtschaftlich genutzten Fläche.

Und doch ist der Wein weit davon entfernt, ein universales Phänomen zu sein. Vielmehr ist er Teil jener kulturellen und landwirtschaftlichen Struktur, die in den gemäßigten Zonen der Erde zu finden ist und die den mittelmeerischen oder «westlichen» Menschen geprägt hat.

Die Karten dieser Seiten zeigen die Verteilung des Rebenanbaus, der Weinerzeugung und des Weinverbrauchs auf der Erde. Frankreich und Italien sind die mit großem Abstand führenden Länder in der Weinerzeugung wie im Weinverbrauch. Frankreich war lange Zeit nicht nur der größte Erzeuger, sondern auch das Land mit der größten Weineinfuhr. Es hat einmal zwei Drittel des gesamten Weltweinhandels bestritten. Heute jedoch tritt Italien mit ihm sowohl in der Produktion als auch im Verbrauch in Konkurrenz, hat sich den Rang des größten Weinexportlandes der Erde errungen und exportiert vor allem nach – Frankreich.

Länder, in denen kein Wein erzeugt wird, tun sich zumeist auch als Verbraucher nicht besonders hervor. England z. B., obwohl seit alters dafür bekannt, daß es besonders gute Weine bezieht, verbraucht doch nur sieben Flaschen pro Kopf und Jahr. Der wallonische Teil Belgiens, wo viermal soviel Wein getrunken wird wie im flämischen Sprachbereich, steht an erster Stelle.

Rußland und die anderen Ostblockstaaten, Argentinien und die USA sind die Länder, die ihre Anbauflächen in den letzten zehn Jahren am stärksten erweitert haben. Zumindest in Rußland und Amerika ist die allgemeine Beliebtheit des Weins eine neue Entwicklung: Solch große Neulinge des Weingenusses müssen den Weltmarkt entscheidend beeinflussen.

In der ganzen Welt geht der Trend dahin, daß immer mehr zuverlässiger Wein aus immer kleineren Flächen gewonnen wird. Vor allem erreicht man das mit besseren Rebsorten und Anbaumethoden. Doch gibt es außerdem eine Tendenz, gute, aber schwierige alte Weinberge zugunsten ebener und fruchtbarer Flächen aufzugeben, die zwar mehr, aber schlechteren Wein ergeben. Es besteht also die Gefahr, daß die Welt in einfachem Wein ertrinkt. Guten Wein kann es dagegen niemals genug geben.

Aufteilung der gesamten Rebbaufläche der Erde auf einzelne Länder, in tausend Hektar.

Der Weinbau ist hauptsächlich auf die gemäßigten Zonen beschränkt (auf der Karte schattiert).

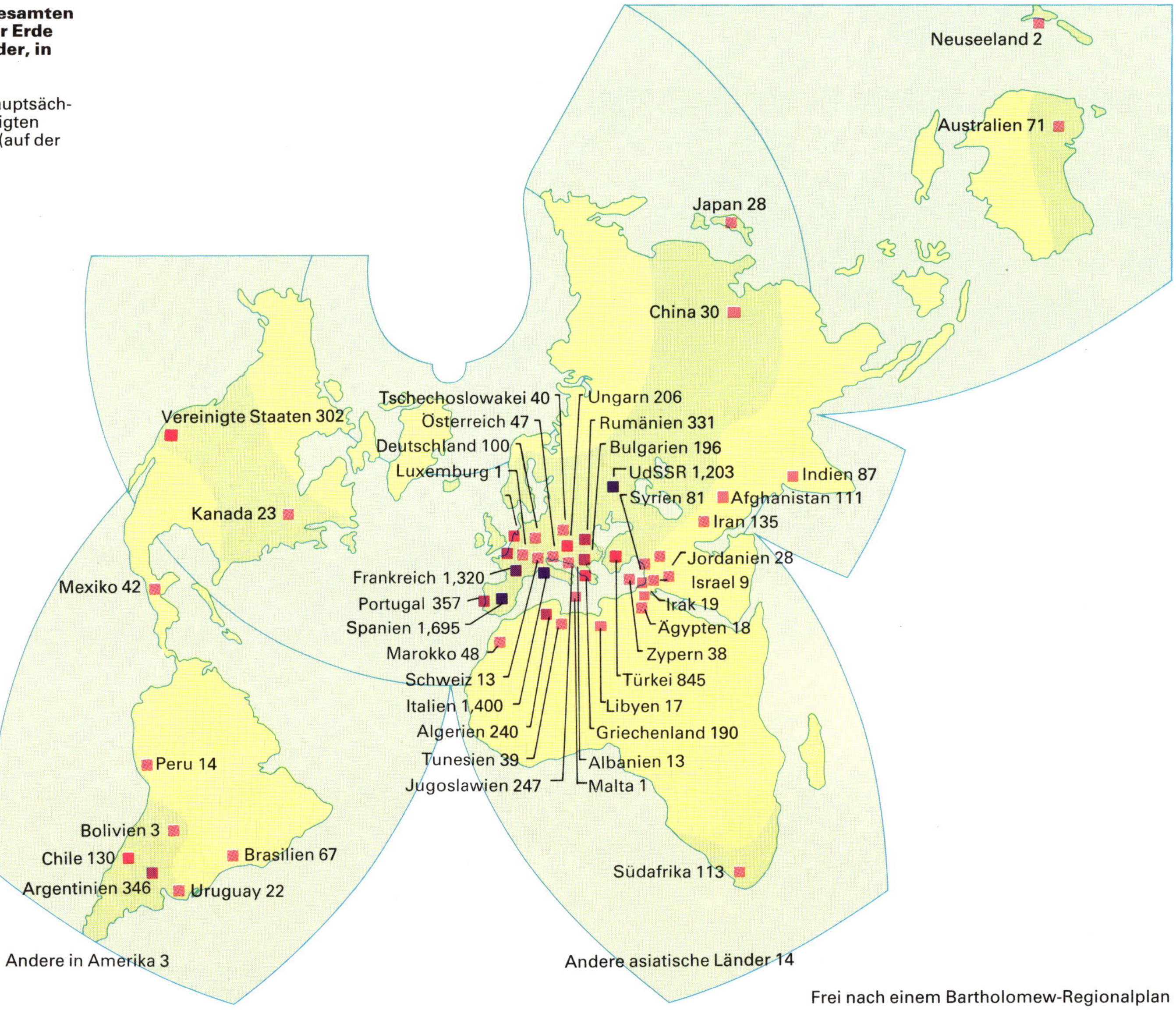

Frei nach einem Bartholomew-Regionalplan

WELT-Weinverbrauch
in Litern pro Kopf der Bevölkerung

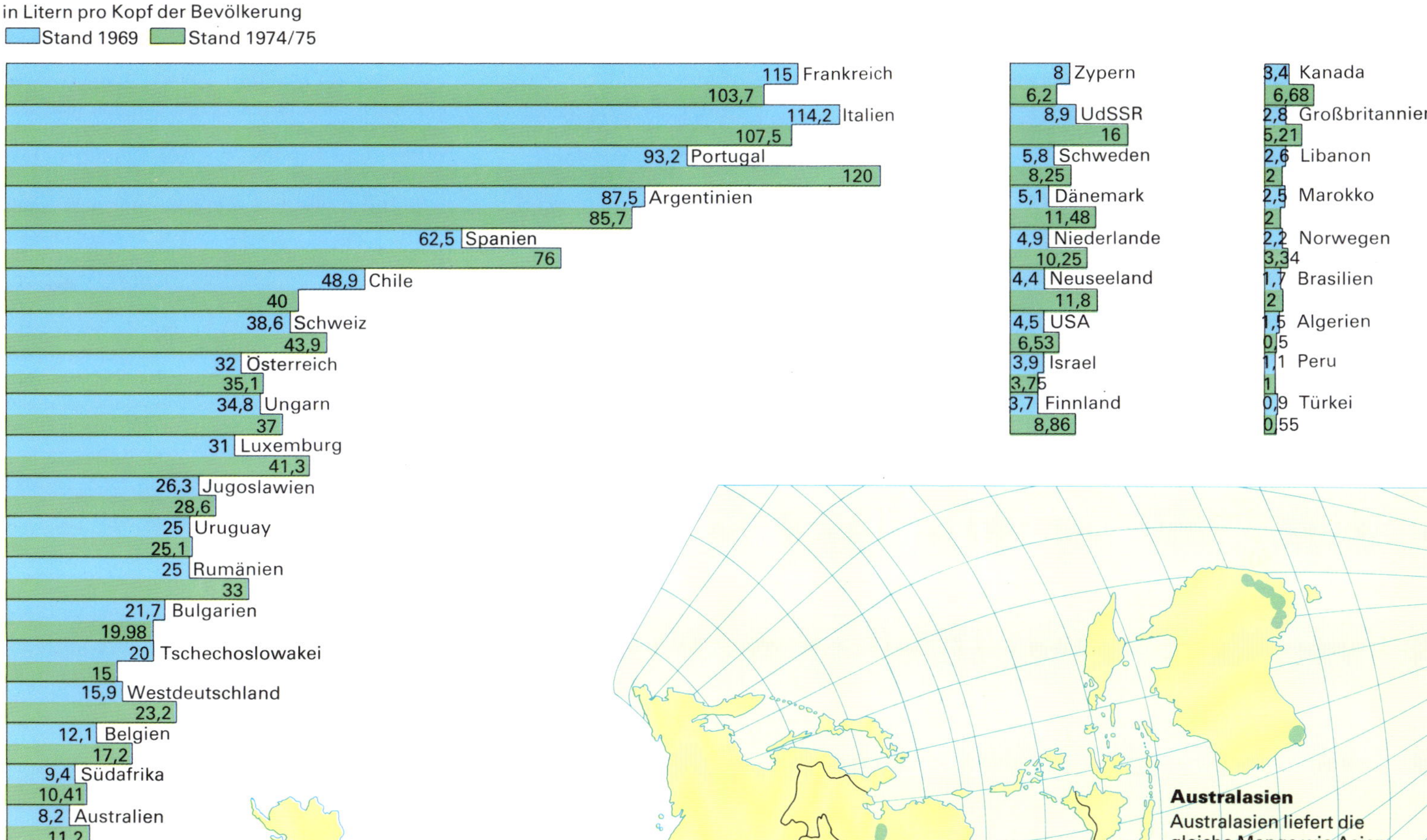

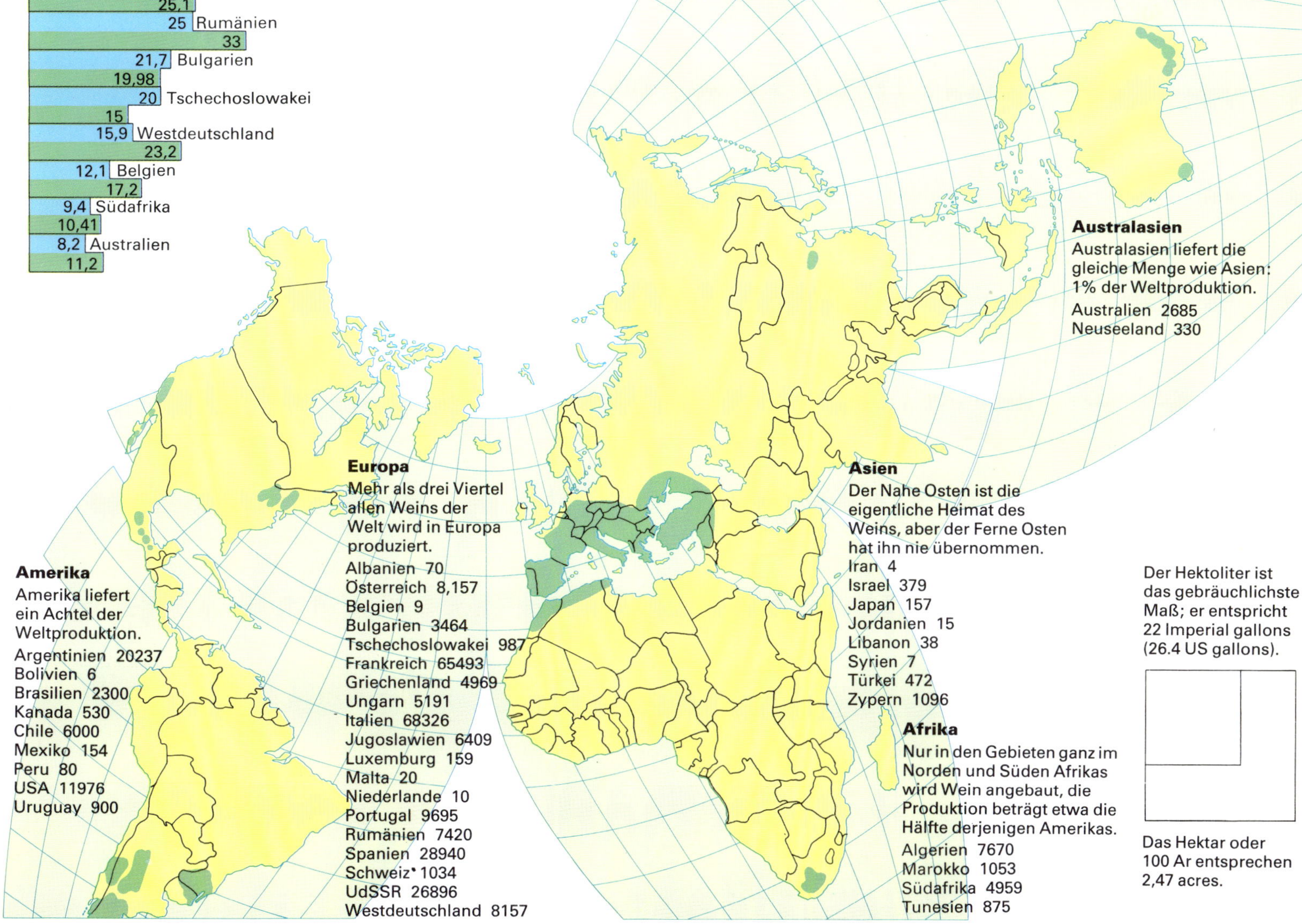

Australasien
Australasien liefert die gleiche Menge wie Asien: 1% der Weltproduktion.
Australien 2685
Neuseeland 330

Europa
Mehr als drei Viertel allen Weins der Welt wird in Europa produziert.
Albanien 70
Österreich 8,157
Belgien 9
Bulgarien 3464
Tschechoslowakei 987
Frankreich 65493
Griechenland 4969
Ungarn 5191
Italien 68326
Jugoslawien 6409
Luxemburg 159
Malta 20
Niederlande 10
Portugal 9695
Rumänien 7420
Spanien 28940
Schweiz 1034
UdSSR 26896
Westdeutschland 8157

Asien
Der Nahe Osten ist die eigentliche Heimat des Weins, aber der Ferne Osten hat ihn nie übernommen.
Iran 4
Israel 379
Japan 157
Jordanien 15
Libanon 38
Syrien 7
Türkei 472
Zypern 1096

Amerika
Amerika liefert ein Achtel der Weltproduktion.
Argentinien 20237
Bolivien 6
Brasilien 2300
Kanada 530
Chile 6000
Mexiko 154
Peru 80
USA 11976
Uruguay 900

Afrika
Nur in den Gebieten ganz im Norden und Süden Afrikas wird Wein angebaut, die Produktion beträgt etwa die Hälfte derjenigen Amerikas.
Algerien 7670
Marokko 1053
Südafrika 4959
Tunesien 875

Der Hektoliter ist das gebräuchlichste Maß; er entspricht 22 Imperial gallons (26.4 US gallons).

Das Hektar oder 100 Ar entsprechen 2,47 acres.

Die Antike

Weinbau wird seit vorgeschichtlichen Zeiten getrieben. Wie die Kultur, ist auch der Wein aus dem Osten gekommen. Mit den auf Tafeln, Papyrusrollen und in Grabstätten zu findenden Beweisen hierfür lassen sich Bände füllen – was auch geschehen ist. Der Mensch, wie wir ihn kennen, tritt als ein sich rührendes und plagendes Wesen mit einem Krug Wein in der Hand auf die Bildfläche.

Mit der Ausweitung des Griechischen Reiches seit eintausend v. Chr. werden die historischen Zeugnisse greifbarer. Damals kam der Wein in jene Länder, die seine wahre Heimat werden sollten: Italien und Frankreich. Und es spricht manches dafür, daß die ersten Weinberge in Nordafrika, Andalusien, der Provence, auf Sizilien und dem italienischen Festland zur Zeit Großgriechenlands gepflanzt wurden.

Die eigenen Weine Griechenlands, heute nicht besonders bemerkenswert, wurden von seinen Dichtern überschwenglich besungen und ausführlich dokumentiert. In Athen war es sogar ein beliebtes Spiel nach Tisch, die letzten paar Zentimeter Wein im Becher in die Luft zu schleudern: in eine auf einer Stange fein ausbalancierte Schale. Dieser Umgang mit dem Wein und die Überlieferung, wonach auf jedem Tisch Krüge mit heißem Wasser standen, mit dem man ihn verdünnte, legen jedoch nahe, daß dieser Wein nicht besonders gut war. Er würde uns heute wohl wie ein übersüßer gekochter Rosé, vielleicht mit Muskat- oder Harzgeschmack, vorkommen, den man nur verdünnt genießen kann.

Im alten Rom wurde so viel über den Wein und seine Bereitung geschrieben, daß man danach eine rohe Skizze der beliebten Weine des frühen römischen Reiches anfertigen kann. Die größten Autoren, selbst Vergil, schrieben Abhandlungen über den Weinbau. Einen Satz aus seiner Feder – «Reben lieben einen offenen Berg» – könnte man als den besten Einzelratschlag bezeichnen, den man einem Winzer überhaupt geben kann.

Über die Qualität des römischen Weins hat man viel diskutiert. Offenbar war er erstaunlich langlebig, was schon darauf schließen läßt, daß er gut war. Die großen Jahrgänge wurden länger gerühmt und sogar getrunken, als dies offensichtlich möglich ist: Den berühmten Opimian von 121 v. Chr. trank man noch, als er bereits 125 Jahre alt war.

Sicherlich verfügten die Römer über alles, was zur Weinalterung erforderlich ist. Sie hatten nicht nur irdene Amphoren wie die Griechen – sie hatten auch schon Fässer, kaum anders als unsere heutigen, und Flaschen, die modernen Flaschen recht nahe kamen. Man darf durchaus annehmen, daß die Bewohner Italiens vor 2000 Jahren einen sehr ähnlichen Wein tranken wie ihre Nachfahren heute: jung und, je nach dem

Oben rechts: Diese Darstellung zweier Weinaustreter stammt aus der Grabstätte des Nahkt, eines im 15. Jh. v. Chr. verstorbenen Thebener Würdenträgers.
Unten: Festmahlszenen sind eines der beliebtesten Sujets der griechischen Vasenmalerei. Auf dieser Weinvase (um 480 v. Chr.) spielt der Gast links das Kottabos-Spiel, bei dem man den restlichen Wein im Becher auf einen Zielpunkt schleuderte.

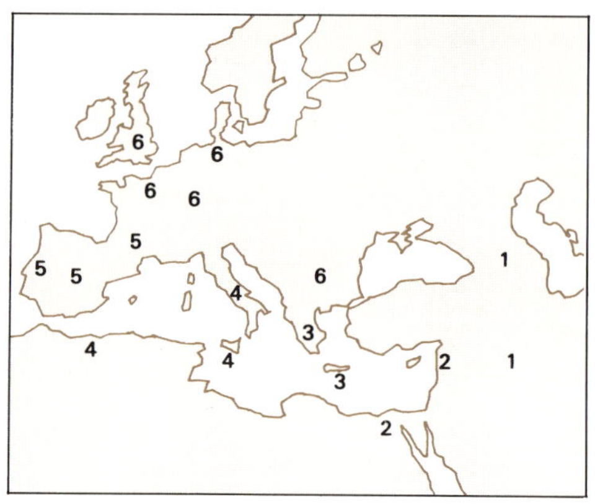

Links: Die frühe Wanderschaft der Rebe. Nachdem sie bereits um 6000 v. Chr. in Kaukasien oder Mesopotamien **1** angebaut worden war, wurde sie um 3000 v. Chr. in Ägypten und Phönizien **2** heimisch. Um 2000 hatte sie Griechenland **3**, um 1000 v. Chr. Italien, Sizilien und Nordafrika **4** erreicht. In den folgenden 500 Jahren zog sie dann zumindest nach Spanien, Portugal und Südfrankreich **5**, mit den Römern dann noch weiter **6**.

Unten: Die Weine des alten Rom – Rekonstruktion des um 100 n. Chr. in Italien betriebenen Weinbaus. (Heutige Ortsnamen *kursiv)*

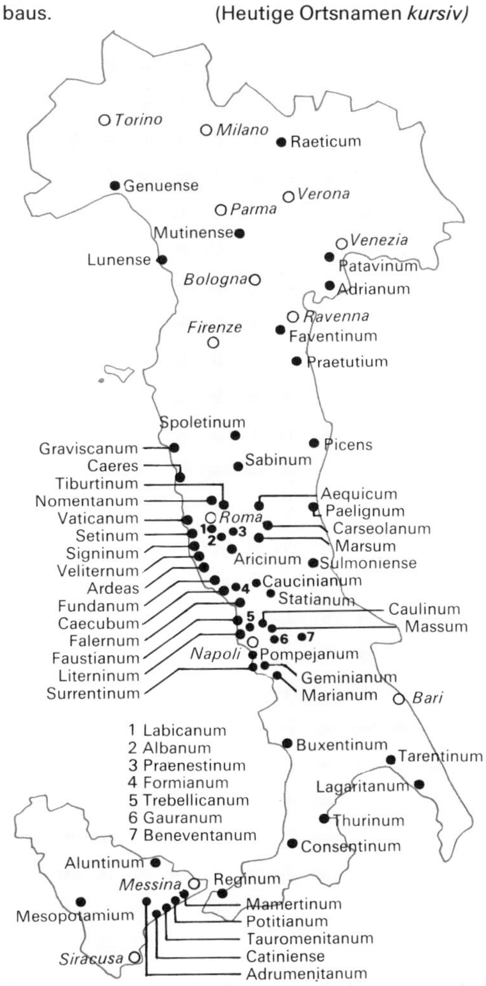

Sommerwetter, scharf oder stark. Das römische Verfahren, die Reben baumhoch und zu Girlanden zu erziehen, wird weiterhin praktiziert, vor allem in Süditalien und Nordportugal.

Doch der historisch folgenreichste Schritt, den die Römer mit der Rebe unternahmen, war, daß sie sie mit nach Gallien nahmen. Als sie sich dann im fünften Jahrhundert aus dem heutigen Frankreich zurückzogen, hatten sie die Grundlagen für fast alle großen Weingebiete der Neuzeit geschaffen.

Von der Provence, wo es schon jahrhundertelang Weinberge gegeben hatte, zogen sie zur Zeit Cäsars das Rhone-Tal hinauf und hinüber (oder vom Meer her?) nach Bordeaux. Alle frühen Anbauflächen lagen in Flußtälern, die als natürliche Kommunikationswege von den Römern gerodet und kultiviert wurden. Sie fanden heraus, daß Weinberge eine seßhaft machende und zivilisatorische Wirkung auf die Bevölkerung ausübten. Außerdem konnte man etwas so Schweres wie Wein nur mit Schiffen transportieren. Doch müssen auch sie schon gemerkt haben, wie segensreich sich eine Flußnähe auf Reben auswirkt.

Oben: Die Römer verstanden den griechischen Weingott Dionysos als eine eher fleischliche Kreatur; in diesem Mosaik, aus Pompeji, reitet er auf seinem traditionellen Tier, dem Löwen, und trinkt aus einem riesigen Topf.
Links und unten: Reste von Fässern, wie sie von den Römern verwendet wurden.

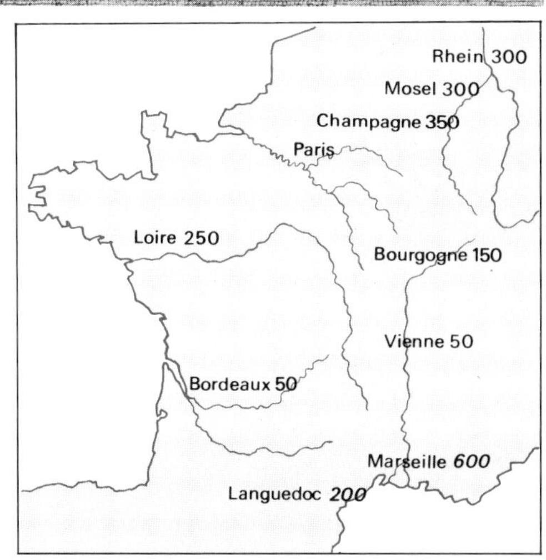

Oben: Die Weinbaugebiete Frankreichs und Deutschlands zur Zeit des Zusammenbruchs des Römischen Imperiums. Die Daten ihrer Entstehung sind zum großen Teil geschätzt. Die Weinberge im Languedoc und um Marseille (Daten v. Chr. in Kursivschrift) wurden durch die Griechen angelegt; die übrigen durch die Römer in der Blütezeit des römischen Gallien.

Das Mittelalter

bskur bleiben uns die Jahrhunderte nach dem Zusammenbruch des Römischen Reiches, und erst das Mittelalter sehen wir wieder in strahlendem Licht: Auf seinen schön bemalten Blättern finden wir Szenen, die uns ganz vertraut vorkommen und sich im wesentlichen bis heute gleich geblieben sind. Im Frühmittelalter war die Kirche das Zentrum der zivilisatorischen Arbeit. Da die Klöster Berge rodeten und die Kahlschlagflächen ummauerten, da ihr Winzer ihre Weinberge vermachten, setzte man die Kirche mit dem Wein gleich – der nicht nur als das Blut Christi, sondern auch als Luxus und Trost in dieser Welt galt. In diesem festgefügten Rahmen bildeten sich allmählich die uns heute geläufigen Weintypen heraus.

Oben: Das Aufbinden der Reben.
Unten: Auf dem Teppich von Bayeux segnet Bischof Odo den Wein.

Oben: Der Wein spielte im jüdischen wie im christlichen Gottesdienst des Mittelalters eine große Rolle. Diese Darstellung eines jüdischen Passahfestes stammt aus dem 14. Jahrhundert.

Die Majuskel oben ist einer nordfranzösischen Handschrift aus der Zeit um 1320 entnommen.

Links: Traubenlese. Die klaren und ausdrucksvollen kleinen Holzschnitte aus der Speyerer Ausgabe (1493) des **Opus Ruralium Commodorum** von Piero Crescento hat man immer wieder abgedruckt (siehe auch linke Seite).

Unten: 1497 legte das englische Schatzamt fest, daß ein **Winchester bushel** aus 8 **gallons** besteht und 2 **pottelys** eine **gallon** ausmachen. Diese Maßeinheiten gelten heute noch in den USA und in Kanada.

Oben: Das prächtigste aller Gebetbücher des Mittelalters: die für Jean, Herzog von Berry, um 1416 von Pol Limbourg und seinen Brüdern gemalten **Très Riches Heures.** Hier die Weinlese unterhalb der großartigen Festung Saumur an der Loire.

Rechts: Als englische Maßeinheiten für Wein gab es 1497 ferner ein hogshead (63 gallons), eine pipe (2 hogsheads) und eine tonne (2 pipes).

Links: Ein Gobelin aus dem späten 15. Jh., im Musée de Cluny in Paris, zeigt einen Besuch des Hofes bei der Weinlese am Loire-Ufer.

Die Entwicklung der heutigen Weine

Von der ersten enthusiastischen Erwähnung bestimmter Lagen im 17. Jahrhundert ausgehend, läßt sich der Aufstieg einzelner Namen und die Entwicklung unserer heutigen Weine rekonstruieren. Denn keiner der uns vertrauten Weintypen ist unmittelbar dem Haupt des Bacchus entsprungen. Auch ist ihre Entwicklung heute noch nicht abgeschlossen – sie wandeln sich weiter.

Auf Wertbeurteilungen aus der Zeit vor 1700 kann man nicht allzuviel geben. Mit Ausnahme der anschaulichen Shakespeareschen Beschreibung «Ein herrlich durchdringender Wein, und er parfümiert einem das Blut» beziehen sich die meisten Wertungen auf königliche Empfehlungen oder Wunderkuren, weniger auf den Geschmack und die Eigenschaften des Weins.

Burgund rückt im 18. Jahrhundert in das Blickfeld: mit «spritzigen, leicht sprudelnden, feinen und quellwasserklaren» Weißweinen und einem «feinen rosa Wein» aus Savigny. Der Nuits ist ein «Wein, den man bis zum folgenden Jahr lagern muß» – im Gegensatz zu allen anderen Weinen, die man trank, sobald das Winterwetter sie geklärt hatte. Niemand riet, den kräftigen, festen Burgunder zu lagern, niemand wußte, zu welch köstlichem Tropfen er sich entwickeln konnte.

Doch zu Anfang des 19. Jahrhunderts trat ein völliger Wandel ein. Plötzlich kamen die Rosés aus der Mode, und gefragt waren langvergorene, dunkelfarbige Weine. An der Côte de Beaune, deren Weine von Natur aus leicht sind, fielen die Preise. Und beliebt wurde die Côte de Nuits mit ihren *vins de garde* – Weine, die lagern und reifen müssen.

Der Grund für diesen Umschwung war, daß man entdeckt hatte, wie sich die Flaschenlagerung auf den Wein auswirkt. Seit der Römerzeit hatte er stets sein ganzes Leben im Faß verbracht. Flaschen wurden lediglich anstelle von Karaffen zum Servieren bei Tisch benutzt. Aber gegen Ende des 17. Jahrhunderts entdeckte jemand den Korken. Und es zeigte sich immer mehr, daß sich in festverkorkten Flaschen gelagerter Wein viel länger als faßgelagerter hielt, der jederzeit nach dem Anstich des Fasses verderben konnte. Auch reifte er auf der Flasche anders und entfaltete, was man «Bukett» nennt. Der Wein, der besonders von dieser Lagerung profitierte, war der feurige Portwein.

Dieser Stich (1778) ist die erste bekannte Darstellung des Korkenziehers, der mit der Flasche und dem Korken im 18. Jh. ein neues Kapitel in der Geschichte des Weins einleitete.

Diese Entwicklung spiegelt sich anschaulich in der innerhalb von hundert Jahren eingetretenen Herausbildung der heutigen Portweinflasche aus der Karaffenform. Das alte Modell konnte man nicht hinlegen, und deshalb trocknete der Korken aus. Die schlankere Flaschenform läßt sich leicht horizontal stapeln.

Und nun dauerte es nicht mehr lange, bis die Vorzüge der Flaschenlagerung den Charakter aller europäischen Spitzenweine zu verändern begannen.

Im Jahre 1866 veröffentlichte A. Jullien den Alkoholgehalt zweier Jahrgänge seiner Zeit. Nach heutigen Begriffen waren die Burgunder außerordentlich mächtig: Corton 1858: 15,6%, Montrachet 1858: 14,3%, Clos de Bèze 1858: 14,3%, Volnay 1859: 14,9%, Richebourg 1859: 14,3%. Dagegen schwankten die Bordeaux dieser Jahrgänge zwischen 11,3 und 8,9 Prozent.

Die geringe natürliche Stärke der Bordeaux-Weine macht eine heute seltsam anmutende Praxis des Weinhandels des 19. Jahrhunderts verständlich: Bis etwa zur Jahrhundertmitte wurde Bordeaux häufig nach dem sogenannten *travail à l'anglaise* behandelt. Nach diesem Rezept setzte man einem Faß rotem Bordeaux 30 Liter spanischen Weins (Alicante oder Benicarlo), zwei Liter unvergorenen Weißweinmostes und eine Flasche Branntwein zu. In dem auf die Lese folgenden Sommer wurde der auf diese Weise verschnittene Wein erneut vergoren und dann wie anderer Wein vor dem Versand mehrere Jahre faßgelagert. Das Ergebnis war ein kräftiger, gut schmeckender Wein, der allerdings «leicht in den Kopf stieg und sich nicht für jeden Magen eignete».

Das Schwergewicht, das man heute, selbst auf Kosten der Qualität, auf die Authentizität legt, läßt solche Praktiken anrüchig erscheinen. Dabei ist dies aber genauso, als würde es jemand als schockierenden Betrug brandmarken, daß man Port mit Weinbrand spritet.

Auch die deutschen Weine des vergangenen Jahrhunderts kämen uns heute kaum vertraut

Unten: Die Entwicklung der Portweinflasche aus der Karaffenform (1708) zu ihrer heutigen Gestalt (1812) ist ein beredtes Zeugnis für die Entstehung eines großen Jahrgang-Weins. Als man damals feststellte, daß sich Wein in verkorkten Flaschen beim Lagern außerordentlich verbesserte, fing man an, Flaschen zum ‹Hinlegen› zu gestalten.

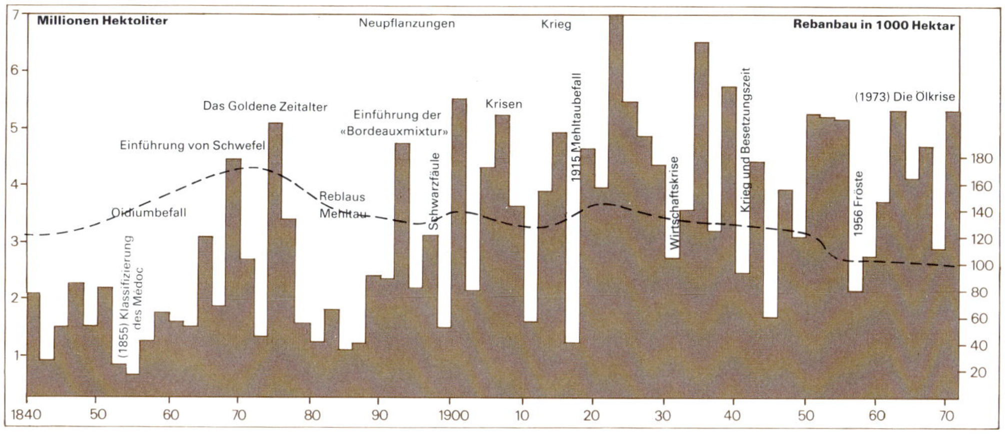

Philippe Roudié von der Universität Bordeaux hat die Entwicklung der Weinproduktion in Bordeaux von 1840 bis 1975 im Zusammenhang mit Kriegen, Krankheiten, Schädlingen, Krisen und der Witterung aufgezeichnet. Die Einführung von zwei bedeutenden Spritzmitteln, und zwar Schwefel (gegen Oidium-Befall) und der «Bordeauxmixtur» (Kupfersulfat und Kalk) gegen Mehltau, läßt sich an den Auswirkungen unmittelbar ablesen.

vor. Es ist zweifelhaft, ob damals auch nur einer dieser hellen, recht süßen und bukettreichen Weine bereitet wurde.

Doch hat die Weinwirtschaft in den folgenden 80 Jahren eine Revolution erlebt. Besonders in den beiden letzten Jahrzehnten machte die Wissenschaft vom Weinbau solche Fortschritte, daß sich heute vieles mühelos erreichen läßt, was man früher für unmöglich gehalten hatte. Schlechter Wein ist überall fast eine Seltenheit geworden. Die Neue Welt erzeugt fast ebenso gute Qualitäten wie die Alte.

Auch der Champagner war in Farbe und Geschmack voller – sonst aber ähnlich wie heute. Portwein und Sherry hatten ebenfalls schon ihre Vollendung erreicht. Vom Mittelmeer kam viel mehr starker Süßwein als heute: Es war die große Zeit des Malaga und Marsala. Und der Madeira, der Constantia und der Tokaier waren so angesehen wie bei uns die deutschen Trockenbeerenauslesen.

Der Weinhandel blühte. In den Anbauländern war die Wirtschaft in ungesundem Maße vom Wein abhängig: 1880 schätzte man in Italien den mehr oder weniger vom Wein lebenden Bevölkerungsteil auf 80%. Und diese Welt suchte nun die Reblaus wie eine Pest heim.

Gleichzeitig ist man aber hier und da versucht, die Spitzenweine zu verschlechtern, weil man größere Erträge auf Kosten der Qualität erzielen will. Die Erzeuger setzen alles daran, ihren Markt auszuweiten. Deshalb müssen die Weinfreunde in der gegenwärtigen Phase der Entwicklung unbedingt unverschnittene, individuelle Weine mit unverfälschtem Gebiets- und Lagencharakter verlangen. Es liegt an uns, ob das Erregendste am Wein – seine unendliche Vielgestaltigkeit – erhalten bleibt.

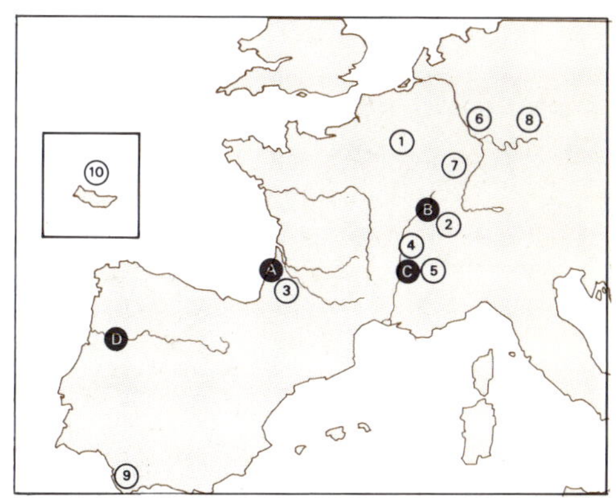

Julliens Klassifizierung der großen Weine der Welt vor hundert Jahren (Rangfolge):

Rotwein
A. Château Margaux, Laffitte, Latour, Haut-Brion, Rauzan, Lascombes, Léoville, Larose-Balguerie, Gorce (Cantenac), Branne-Mouton, Pichon-Longueville;
B. Romanée-Conti, Chambertin, Richebourg, Clos Vougeot, Romanée-St-Vivant, La Tâche, Clos St-Georges, Le Corton, Clos de Prémeaux, Musigny, Clos de Tart, Bonnes-Mares, Clos de la Roche, Les Véroilles, Clos Morjot, Clos St-Jean, La Perrière;
C. (Hermitage) Méal, Gréfieux, Beaume, Raucoule, Muret, Guoignière, Les Bessas, Les Burges, Les Lauds;
D. Ober-Douro

Weißwein
1. Sillery, Ay, Mareuil, Dizy, Hautvillers, Pierry, Le Clozet;
2. Mont Rachet;
3. Erste Sorten Barsac, Preignac, Sauternes, Bommes; trockener Wein aus Villenave-d'Ornon;
4. Château Grillet;
5. Hermitage Blanc;
6. Schloss Johannisberg, Rüdesheim, Steinberg, Graffenberg, Hochheim, Kiedrich;
7. Liebfrauenmilch;
8. Leist, Stein
9. Sherry ‹vom weißen Boden›, Paxarete;
10. Sercial.

Die Rebe

Schon Anfang April sprießen in Nordeuropa aus dem knotigen Holz der Rebe damit kontrastierende, zarte Triebe.

Innerhalb von 10 Tagen haben sich Rappen, Blätter und Ranken entwickelt – und sind bis Ende Mai anfällig gegen Nachtfröste.

Im Mai bilden sich Knospen, die wie winzige Trauben aussehen und an deren Stelle die Beerentrauben später wachsen.

Gegen Ende Mai kommt die wichtige Blütezeit, die 10 bis 14 Tage dauern muß; Regenfälle sind jetzt äußerst gefährlich.

Entgehen die Blüten dem Regen und Frost, wachsen im Juni an ihrer Stelle kleine Beeren, die sich im August rot oder durchscheinend gelb verfärben.

Der Wein ist der Saft der Traube. Jeder Tropfen ist mit Hilfe des Mechanismus der Rebe aus dem Boden gefördertes Regenwasser. In ihren ersten vier oder fünf Lebensjahren ist die Rebe zu sehr damit beschäftigt, sich ein Wurzelwerk zu schaffen und einen stark verholzten Stamm aufzubauen, als daß sie bereits Trauben tragen könnte. Sich selbst überlassen, würde sie dann wild wuchern, zwar Früchte tragen, aber weit mehr Kraft darauf verwenden, neue Triebe schießen zu lassen und lange, belaubte Kriechzweige auszustrecken, die schließlich fast ein halbes Hektar bedeckten und überall Wurzeln schlügen.

Mit dieser natürlichen Rebenform wurde in der Antike Weinbau getrieben. Um die Trauben, die ja auf der Erde lagen, nicht verfaulen oder von Mäusen auffressen zu lassen, stützte man die Triebe mit kleinen Stecken. Wuchs die Rebe in der Nähe eines Baumes, so kletterte sie mit ihren Ranken an ihm bis in schwindelerregende Höhen. Tatsächlich pflanzten die Römer dafür eigens Ulmen.

Im heutigen Weinbau läßt man es jedoch nicht zu, daß die Rebe ihren kostbaren Saft auf die langen Triebe vergeudet. Man schneidet sie regelmäßig fast bis auf den Hauptstamm zurück. Dieser jährliche Rebschnitt findet in der Mitte des Winters statt, wenn die Stöcke keinen Saft treiben.

Es wird sehr darauf geachtet, daß die Mutterstöcke gesund sind, bevor man Blindreben von ihnen abschneidet. Die kleinen Reiser werden dann für eine Saison in Rebschulen in Sandboden gesetzt, wo sie Wurzeln treiben. Danach pflanzt man sie in Rebzeilen um, die in herkömmlichen Weinbergen einen Abstand von einem Meter, heute aber oft von 1,5, 2 oder 3 m haben. Seltsamerweise bleibt, wie Versuche gezeigt haben, der Gesamtweinertrag einer Rebfläche gleich, auch wenn lediglich die halbe Zahl Pflanzen das gleiche Bodenvolumen nutzen.

Je älter ein Weinstock wird, desto weiter treibt er seine Wurzeln in die Tiefe. Solange die Pflan-

Einige Schädlinge der Rebe: Oben links die Raupe des einbindigen Traubenwicklers, der Blütenblätter frißt. Oben rechts die winzige Rote Spinne, die den Saft aus den Blättern saugt. Unten links der falsche Mehltau, der alles angreift, was grün ist – er läßt Pflanzen nicht ausreifen und gibt einen lästigen Beigeschmack. Unten rechts der echte Mehltau, oft gefährlicher – als er 1852, kurz vor der Reblaus-Invasion, Madeira überfiel, begann der Stern dieser Insel zu sinken. Er läßt die Stiele verfaulen, die Blätter welken und greift die Trauben an, vernichtet die Ernte und den ganzen Weinstock.

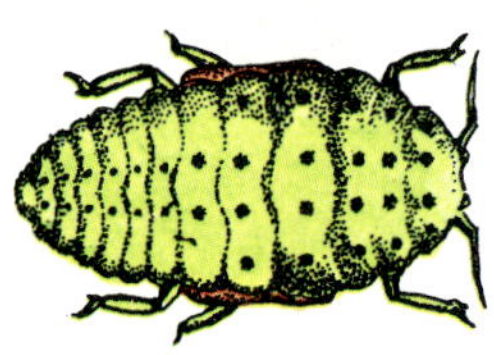

Links und unten: Der tödlichste Feind der Rebe, die Phylloxera vastarix, in ihrer wurzelsaugenden und fliegenden Form.
Unten rechts: Larven und Eier. Vor 100 Jahren vernichteten Rebläuse fast alle europäischen Weinberge.
Rechts: Alle europäischen Reben werden heute reblausresistenten amerikanischen Rebunterlagen aufgepfropft.

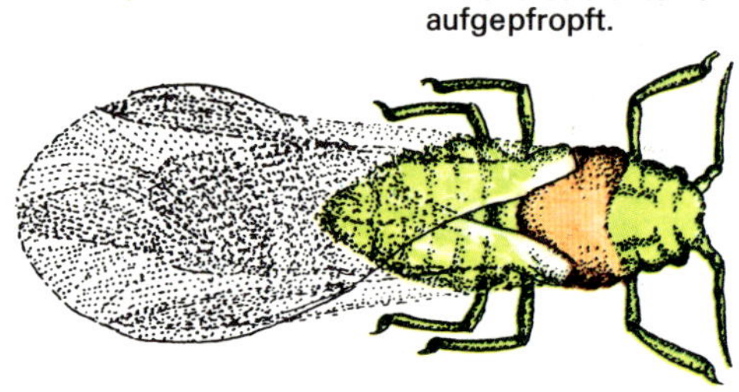

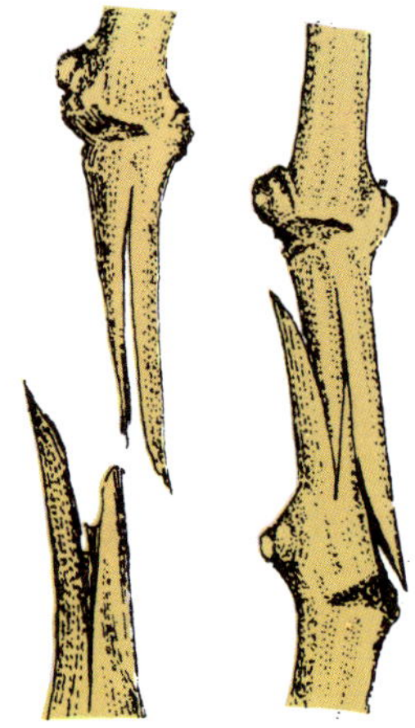

zen jung sind und dicht unterhalb der Oberfläche wurzeln, schaden ihnen leicht Trockenheit, Nässe oder Düngung; in diesem Stadium fehlt ihnen noch die Stabilität, und sie können noch keinen erstklassigen Wein liefern. Enthält der Oberboden jedoch nicht genug Nährstoffe, dann treiben sie ihre Wurzeln tiefer und tiefer. Dieser Optimismus, oder diese Neugier, führt oft dazu, daß sie tief im Unterboden wertvolle Stoffe finden (siehe Abbildung rechts).

Eine schreckliche Plage ist eine Insektenart: die Phylloxera oder Reblaus. Dieses kleine Tier lebt von den Wurzeln der Rebe und zerstört sie. In den siebziger Jahren des vergangenen Jahrhunderts vernichtete es fast die gesamte europäische Anbaufläche, bis man schließlich herausfand, daß die Wurzeln der in Amerika heimischen Reben (die Reblaus kam aus Amerika) reblausresistent sind. In Europa mußten buchstäblich alle Weinstöcke herausgerissen und durch mit europäischen Reisern veredelte amerikanische Wurzelreben ersetzt werden.

Rote Spinnen, die Raupen des einbindigen und des bekreuzten Traubenwicklers, verschiedene Käfer-, Laus- und Wurmarten gehen der Rebe oberhalb des Wurzelhalses zuleibe. Die meisten Schädlinge lassen sich aber durch die Schwefelbrühen vertreiben, mit denen man die Rebe den ganzen Sommer über besprüht.

Auch verschiedene Schimmelpilze greifen die Rebe an; die schlimmsten sind der echte und der falsche Mehltau. Alle diese Krankheiten und Schädlinge erfordern eine vorbeugende Behandlung oder Bekämpfung, solange der Rebstock Blattwerk und grünes Holz trägt, das sie angreifen können.

Unten: Die Karte zeigt die Ausbreitung der Reblaus in Frankreich: 1864 fing sie ihr Zerstörungswerk im Département Gard im Süden an und hatte es erst 30 Jahre später vollendet. Erst 1920 erzeugte Frankreich wieder soviel Wein wie vor der Plage; seine Anbaufläche hat aber nie wieder die Größe der Vor-Reblaus-Zeit erreicht.

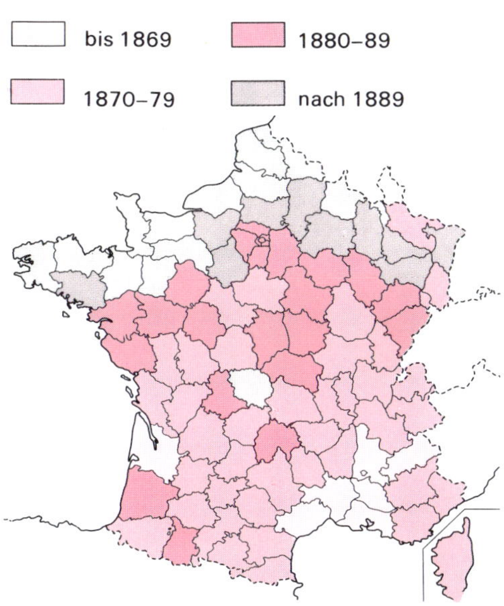

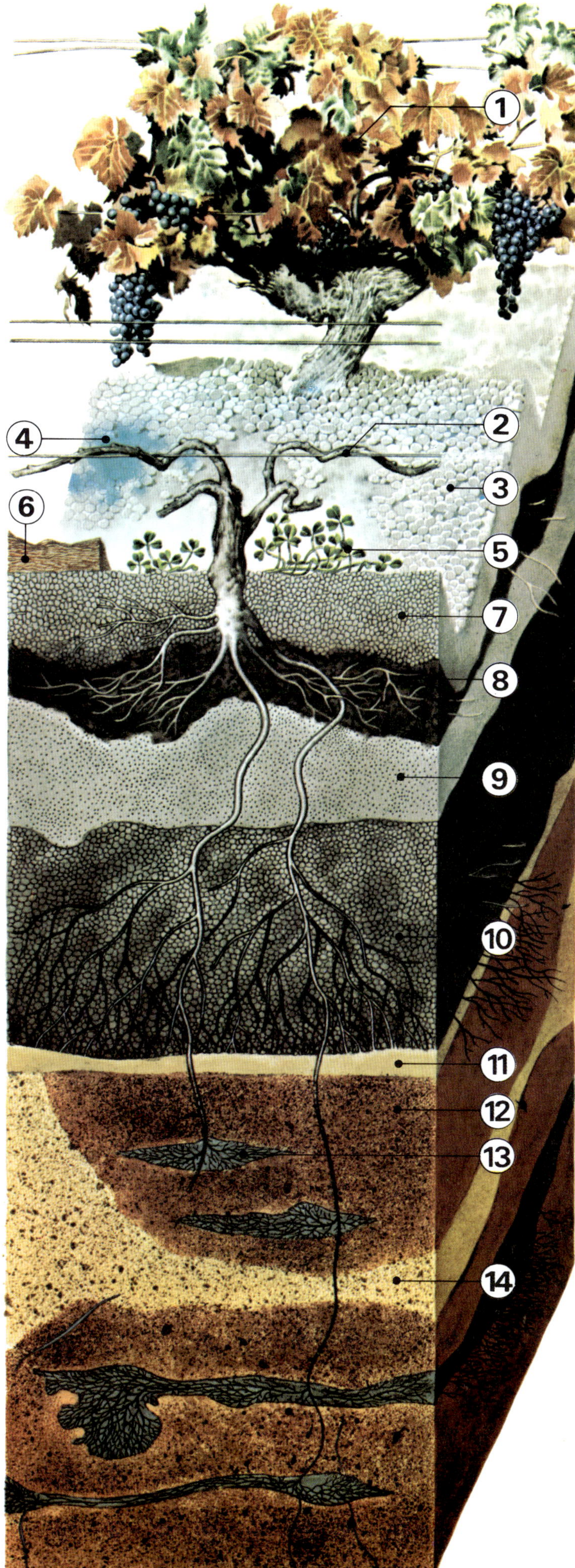

Dieser Längsschnitt eines Rebstocks in einem in Flußnähe gelegenen Weinberg in St-Julien zeigt, wie die Pflanze in einem kargen Boden genug Feuchtigkeit und Nährstoffe findet, indem sie tief und ausladend wurzelt. Oben eine 50 Jahre alte, an Drähten erzogene Cabernet-Rebe **1** mit Früchten. Im Vordergrund eine 20jährige Rebe **2** nach dem Winterschnitt und mit zu ihrem Schutz angehäufelter Erde. Der Kies **3** an der Oberfläche ist stellenweise vom Kupfervitriol **4** verfärbt. Klee **5** und andere Pflanzen werden oft zur Düngung mit untergepflügt. Auch Trester **6** (s. S. 20) werden auf dem Boden verstreut.
Die 30 cm tiefe Oberbodenschicht **7** ist kiesig und sandig und enthält wenig Wurzelwerk. Dann kommt eine Mergelschicht **8**, die man von irgendwoher herangeschafft und vor vielen Jahren von Hand verteilt hat, möglicherweise beim Setzen der Reben. Kräftige Wurzeln und kleine Würzelchen breiten sich horizontal in diesem Mergel aus. Die nächsten 30 cm **9** sind sandig, aber dicht und hart und haben nichts anzubieten: Hier gibt es keine Wurzelverzweigungen, lediglich Hauptwurzeln, die in die nächste Schicht **10** vorstoßen, die wie der Oberboden kiesig und sandig, aber etwas stärker organisch angereichert ist (möglicherweise von der Düngung vergangener Zeiten): Hier verzweigt sich das Wurzelwerk sehr. Diese Wurzeln stoßen dann wieder an eine in 1,20 m Tiefe lagernde kompakte Sandschicht **11**. Darunter lagert verschiedenfarbiger Sand, rostfarben **12** und gelb **14**, in klar abgegrenzten Schichten mit seltsam eingestreuten grauen Sandablagerungen **13**. Offenbar sind dies die Drainage-Schichten, denn sie sind voller Würzelchen, die in den umliegenden Schichten nicht zu finden sind.

Nach Untersuchungen von Gérard Seguin, veröffentlicht in dessen **Etude de Quelques Profils des Sols du Vignoble Bordelais,** Bordeaux 1965.

Der moderne Weinberg

In den letzten Jahren hat die Wissenschaft vom Weinbau gewaltige Fortschritte gemacht. Vor kurzem noch ersetzte man alte Weinberge einfach durch Neuanlagen. Obgleich die Weinanbaufläche im Weltmaßstab kleiner geworden war, hatte die Weinmenge zugenommen. Gesündere Reben und zweckmäßigere Düngemaßnahmen waren das Geheimnis der Ertragssteigerung.

Im letzten Jahrzehnt aber hat die wachsende Nachfrage nach gutem Wein einen Neupflanzungsboom ausgelöst. Gleichzeitig begannen auch die Winzer die hergebrachten Formen des Weinbergs in Frage zu stellen. Ihre Frage lautet nicht mehr nur: «Welche Reben?», sondern: «Auf welchen Unterlagen?», «In welchen Abständen?», «Hoch oder niedrig erzogen?», «Den Hang hinauf oder quer zum Hang?». Neue Weinberge (und unser Atlas enthält viele) veranschaulichen die neuesten Erkenntnisse darüber, wie die Traube gesund zur Reife gelangt.

Eine der jüngsten und grundlegendsten Untersuchungen über dieses Thema ist seit einigen Jahren in der Weinbau-Forschungsanstalt Geisenheim im Rheingau im Gang. (Das Resultat einer früheren Studie über dieses Weinbaugebiet findet man auf Seite 137.) Seither wurde gründlichere, tiefergehende Forschungsarbeit geleistet. Eine von Dr. G. Horney von der Agrarmeteorologischen Abteilung der Geisenheimer Weinbauschule veröffentlichte Arbeit faßt einen Teil der neugewonnenen Erkenntnisse zusammen.

Zu Beginn behandelt Dr. Horney grundsätzliche Fragen: die Natur der Rebe und ihre Bedürfnisse. Er beschreibt sie als Kletterpflanze der Niederungswälder im Mittelmeergebiet. Als solche braucht sie viel Licht (deshalb klettert sie ja), ein warmes Klima, sehr viel Wasser (ihr natürliches Vorkommen ist auf tiefgelegene Standorte mit relativ hohem Grundwasserstand begrenzt) und verhältnismäßig feuchte Luft.

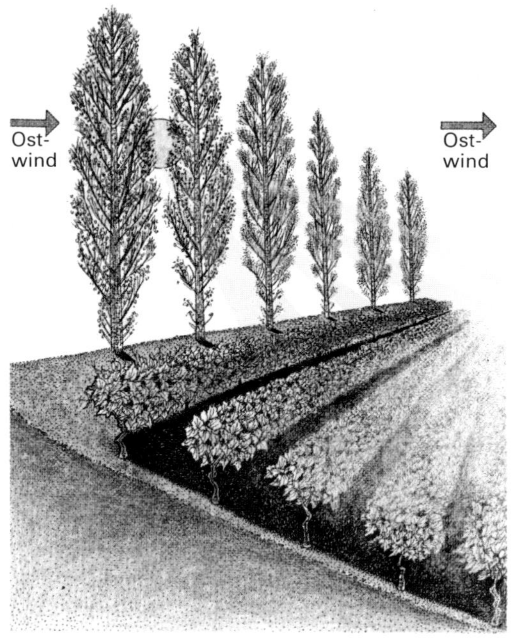

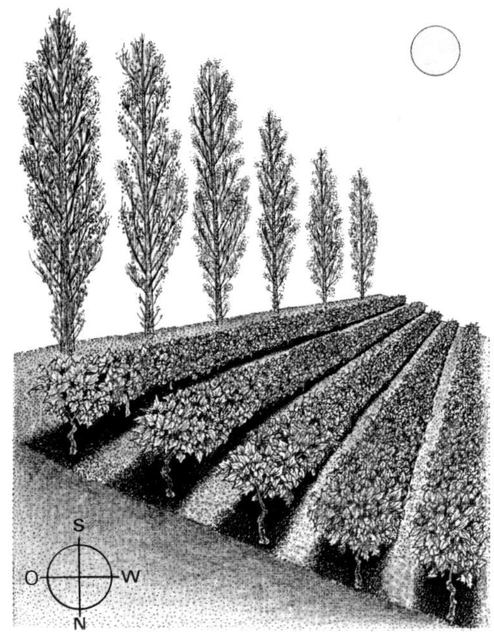

Die beiden Abbildungen zeigen einen idealen Weinberg im Rheingau (s. a. Text) am frühen Morgen (oben) und am Mittag gegen Ende September, also in der entscheidenden Reifezeit. Er liegt auf einem Abhang nach Westen mit Windschutz gegen Osten. So soll verhindert werden, daß der Sommerwind das warme Kleinklima zwischen den Zeilen ausbläst. Aus demselben Grund verlaufen die Reihen von Norden nach Süden (s. a. Skizzen unten). Wenn Morgendunst über den Reben liegt, kann die tiefstehende Sonne mit ihren langen Schatten nicht viel ausrichten.

Die Richtung der Rebzeilen ist wichtig, weil davon die Tageszeit abhängt, zu der die Sonne den Boden erreicht und ihn erwärmt. Im Weinberg links oben verlaufen die Reihen nordsüdlich.
Um die Mittagszeit im September erreicht die meiste Sonnenwärme den Boden und das Weinlaub; die Trauben sind im Schatten. Der Boden bleibt den ganzen Nachmittag warm. In dem Weinberg rechts mit ostwestlich gerichteten Reihen liegen die Zeilen mittags voll in der Sonne, der Boden aber ist im Schatten und bleibt den ganzen Tag über einige Grad kühler.

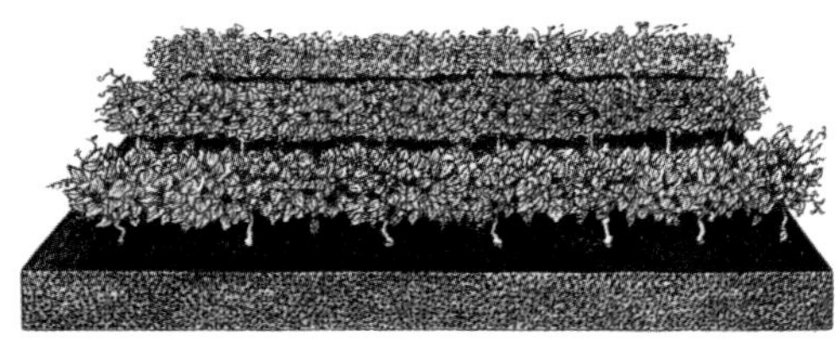

Die Rebe läßt sich beliebig in die Höhe oder Breite ziehen. Bei verschiedenen Bodenverhältnissen und Klimabedingungen haben sich unterschiedliche Methoden herausgebildet, von einzelstehenden niederen Büschen, wo Wasser knapp ist, bis zu baumhohen Kletterern, wo es an Erde und Boden mangelt. Die Bilderfolge rechts zeigt einige der hauptsächlichen Varianten.

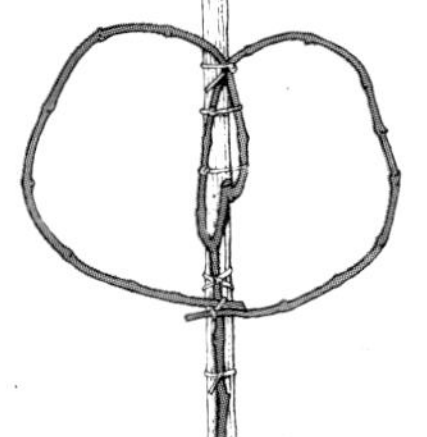

Eine Rebe an der Mosel nach dem Schnitt. Zwei kräftige junge Triebe sind an einem einzigen Pfahl bogenförmig angebunden. Der neue Austrieb bricht aus den obersten Augen hervor.

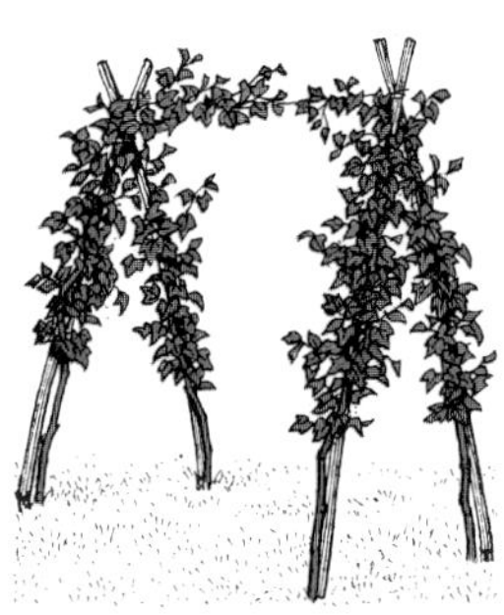

Eine traditionelle Anordnung auf den verstreut liegenden Parzellen und Terrassen am nördlichen Rhonelauf. Der von weit unten kommende Neuaustrieb ist an leichten Stäben aufgebunden, die als **«echallas»** bezeichnet werden.

In Bordeaux und Burgund ist es üblich, die Rebe an zwei Drähten zu ziehen; der untere ist für den fruchtenden Hauptstock und der obere für die Jungtriebe und das reiche Laub bestimmt.

Die Rebhochkultur wurde in Österreich von Lenz (Lorenz) Moser entwickelt. Sie begünstigt die Ausbildung eines breiten Laubdachs über den Trauben; das ist bei starker Sonneneinstrahlung vorteilhaft und ermöglicht bequeme Bearbeitung mit allradgetriebenem Normalschlepper.

Unmittelbar fällt auf, daß die beiden letzten Punkte im Widerspruch zu der klassischen Formel erfolgreichen Weinbaus stehen: Virgils Reben «lieben einen offenen Hügel». Weine hoher Qualität wachsen offenbar auf trockenem (zumindest aber gut entwässertem) Boden mit relativ geringer Feuchtigkeit.

Wärme ist so überaus wichtig! Die Rebenblüte setzt im Frühling ein, sobald die Luft den Boden zu erwärmen beginnt (und nicht umgekehrt, wie im Winter). Im Herbst löst der umgekehrte Vorgang die Verfärbung des Laubs aus. Das Wachstum und alle anderen Funktionen der Pflanze sind eng mit Bodentemperaturen über 10 °C verbunden. Assimilation und Transpiration (die Aufnahme von Feuchtigkeit und Nährstoffen aus dem Boden und das «Atmen» durch die Blätter) gehen bei steigenden Temperaturen bis zu einem gewissen Punkt besser vor sich. Bei 28 °C jedoch «überholt» die Verdunstung die Assimilation: Die Rebe verlangt von ihren Wurzeln mehr, als sie aus dem Boden ziehen können – selbst aus feuchtem Boden. Wachstum und Reifevorgang verlangsamen sich und halten inne. Die optimale Temperatur für Reben liegt also im Bereich von 25 bis 28 °C.

Im Rheingau sind alle die genannten Bedingungen für das Gedeihen der Rebe erfüllt, mit Ausnahme der Temperatur: 25–28 °C, ja selbst nur über 20 °C werden im Rheingau nur selten über längere Dauer erreicht. Daher muß die Fähigkeit bestimmter Lagen, sich zu erwärmen und warm zu bleiben, entscheidenden Anteil an der Qualität haben. Das «Lokalklima» ist vor allem davon abhängig, inwieweit die Weinberge gegen den Wind geschützt sind. Die Reben schützen sich gegenseitig, oder eine Hecke oder ein Hügel halten den Wind ab. Für Reben im kühlen Norden ist gegenseitiger Schutz also wichtig. Im Süden freilich, wo es oft zu warm wird, ist die Wasserzufuhr entscheidend: daher die weit auseinandergezogenen, niedrigen Büsche in Weingärten des Mittelmeergebietes.

Schließlich erklärt Dr. Horney, was man unternehmen muß, damit ein nördlicher Weinberg höhere Temperaturen aufweist als die Umgebung. Die erste Regel lautet, die Reihen quer zur Hauptwindrichtung in der wärmsten Zeit anzulegen – im Rheingau ist es der Ostwind. Legt man die Reihen in Nordsüdrichtung an, dann kann der Wind das kostbare Kleinklima nicht wegwehen. Ein weiterer Vorteil ist der, daß der Boden in den Zeilen von der Mittagssonne erwärmt wird, während das untere Laub und die Trauben von den oberen Blättern Schatten erhalten – das sind ideale Verhältnisse.

Am günstigsten ist eine Hanglage nach Westen, die nicht nur Schutz gegen den Ostwind bietet, sondern auch der Nachmittagssonne im Herbst beste Einwirkung gestattet. Dr. Horney weist besonders darauf hin, daß gerade bei ruhigem, sonnigem Herbstwetter, das so wertvoll sein kann, der morgendliche Dunst am verbreitetsten auftritt. Bei einer Hanglage nach Osten geht der beste Teil des Tages für den Reifeprozeß verloren. Diese Schlußfolgerungen zugunsten enger Rebzeilen, von Norden nach Süden angelegt, vorzugsweise in westlicher Hanglage mit Windschutz, sind freilich nur das Rezept für den Rheingau und Gebiete mit ähnlichen Bedingungen.

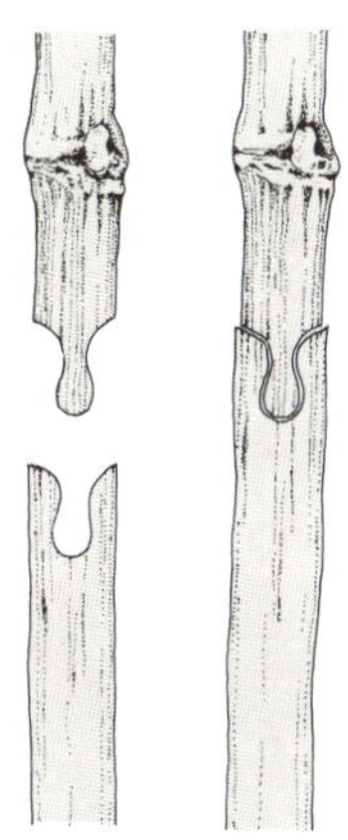

Eine Neuentwicklung in der Veredelungstechnik. Mit einer einfachen Stanze wird eine Zapfenverbindung zwischen der Unterlage und dem Edelreis der gewünschten Sorte hergestellt. Beide vereinen sich und bilden so gut wie unmittelbar eine neue Pflanze. Man vergleiche dazu die alte Methode mit Veredelungsmesser und Bindebast auf Seite 18.

Eine Anmerkung zum Thema Kosten

Guter Wein läßt sich nur herstellen, wenn man den Ertrag der einzelnen Rebe (z. B. durch Schneiden) begrenzt, und ein großer Wein entsteht nur, wenn man ihn stark beschneidet.

Unglücklicherweise muß der Winzer sich entscheiden, bevor er erkennen kann, ob die Natur ihm die Entscheidung abnimmt.

Die wirtschaftlichen Folgerungen (d. h. weshalb ein guter Wein teurer zu stehen kommt) wurden 1976 vom Handelshaus Sichel & Co. in Bordeaux herausgearbeitet. Die nachstehende Tabelle weist die Kosten für die Herstellung eines großen Weins mit einer Menge von 37 hl/ha, eines guten Weins mit 45 hl/ha und eines einfachen Weins mit 60 hl/ha aus. Ein großer Wein kostet mehr, nicht nur weil die Produktionsmenge geringer ist, sondern auch weil er in neuen Eichenfässern mit entsprechend hohen Verdunstungswerten gelagert werden muß. Guter Wein reift in gebrauchten Fässern und einfacher in Tanks.

Die Frage ist nur, ob das Publikum bereit ist, die höheren Grundkosten (plus Finanzierungs- und Gemeinkosten) für besseren, konzentrierteren Wein zu bezahlen. Die Antwort hierauf scheint zu lauten, daß man heute allgemein gewillt ist, einen guten, relativ rasch heranreifenden, in mäßigen Mengen verfügbaren Wein zu bezahlen.

	«groß» 37 hl/ha	«gut» 45 hl/ha	«einfach» 63 hl/ha
Weinbaukosten je hl	frs. 667	400	286
Lagerungskosten je hl	frs. 133	33	7
Mengeneinbuße durch Verdunstung, Abziehen, Filtrieren (20% im Faß, 7% im Tank	frs. 133	80	20
Lohnkosten für Abziehen und Filtrieren	frs. 16	16	3
Kosten pro hl	frs. 949	529	316

Pergolen sind in Norditalien und in Portugal für den Vinho Verde üblich. Sie schaffen ein kühles Reifeklima, weil der Boden beschattet ist; die Bearbeitung mit Maschinen ist aber schwierig.

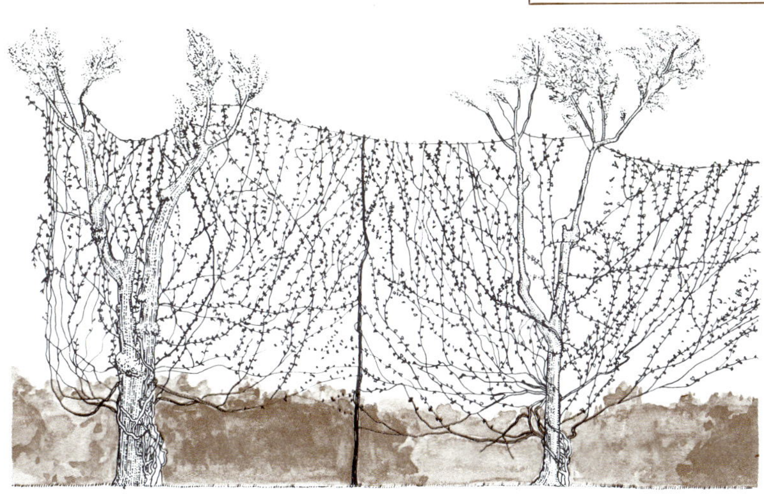

In Italien werden seit alters Reben an Bäumen hochgezogen. Die Römer pflanzten speziell für diesen Zweck Ulmen. Verlegt man den Weinberg in die Höhe, dann bleibt der Boden für andere Pflanzungen frei – aber ein guter Wein ist so nicht zu bekommen, weil ein strenger Schnitt nicht möglich ist.

Die Rebsorten

Die Weinrebe ist nur eine Spezies einer Gattung einer umfangreichen Pflanzenfamilie, zu der ein riesiges japanisches Schlinggewächs ebenso gehört wie der uns vertraute Wilde Wein.

Sie heißt Vitis vinifera. Die Zahl ihrer Varietäten geht in die Tausende – allein 5000 sind benannt. Der Weinfreund dürfte es allerdings nur mit etwa 50 von ihnen zu tun haben, von denen wir hier und auf den nächsten Seiten 25 zeigen, außerdem noch Abarten verwandter Spezies, die den charakteristischen amerikanischen Wein liefern.

An jedem Punkt der weinbautreibenden Alten Welt hat man im Verlauf der Jahrhunderte jeweils die Sorte selektiert, die sich am besten eignet, d. h. die beste Qualität in Verbindung mit ausreichendem Ertrag und hinlänglicher Widerstandsfähigkeit gegen Rebkrankheiten bietet. An vielen Stellen (z. B. im Portweinland und den Gebieten Chianti, Bordeaux und Châteauneuf-du-Pape) ist es nicht eine Sorte, die die gewünschten Trauben liefert, sondern verschiedene Rebsorten werden im gemischten oder getrennten Satz gepflanzt und ihre Weine untereinander verschnitten.

In den führenden europäischen Weinbaugebieten ist es nicht üblich, die Traubensorte auf dem Etikett anzugeben. Einmal ist die Rebsorte seit langem unverändert und kann vorausgesetzt werden, zum anderen dürfen traditionelle Weinnamen nach den heutigen gesetzlichen Bestimmungen meist nur dann verwendet werden, wenn auch die herkömmliche Rebenauswahl beibehalten worden ist. So muß weißer Burgunder ausschließlich aus Chardonnay-Trauben bereitet sein, wenn er als weißer Burgunder deklariert ist.

Deshalb gibt es viele wichtige Rebsorten, von denen die wenigsten je etwas gehört haben: die Palomino und die Pedro Ximénez des Sherry, die Tintas des Portweins, die Furmint des Tokaier, die Syrah der Rhône oder die hervorragende weiße Viognier, die treffliche Nebbiolo Norditaliens, die Schiava Südtirols und die Sangiovese des Chianti, die Gamay des Beaujolais, die Melon des Muscadet, die Folle Blanche und Ugni Blanc des Cognac, die Chasselas der Schweiz, die Merlot, Malbec und Petit Verdot in Bordeaux, die Savagnin des Jura, die Arinto Portugals.

Die Ampelographie oder Rebsortenkunde ist eines der kompliziertesten und schwierigsten Gebiete der Weinbauwissenschaft. Häufig gehen die Auffassungen der Experten über die Merkmale einer Rebsorte auseinander, und es heißt, bestimmte bekannte Trauben seien «in Wirklichkeit» andere Sorten. Verschiedene Reben in Portugal und Spanien beispielsweise sind angeblich deutscher Riesling, möglicherweise von Pilgern nach Santiago gebracht.

Im Weinbau der Neuen Welt ist die Rebenwahl nicht eine Frage der Tradition, sondern der Entscheidung: eines realistischen Abwägens von Qualität, Ertrag und Widerstandsfähigkeit.

Riesling
Der Riesling links ist Deutschlands klassische Rebe und liefert dort den besten Wein. Sie wird in Deutschland auf rund 17 000 ha, mit Schwerpunkten an der Mosel und im Rheingau, gezogen: dies sind 80% der europäischen Riesling-Flächen. Seine Ertragsleistung ist bescheiden, und er reift spät, doch liefert er den besten honigsüßen, feinen und blumigen Nektar. Er wird auch in Australien, Südafrika, Chile und Kalifornien angebaut.

Oben: Vergrößerte Darstellung einer Riesling-Beere einen Monat vor der Lese. Sie ist noch grün und hat erst die Hälfte ihres endgültigen Umfangs erreicht. Beim Reifen wird sie transparent goldfarben und ihre Hülse deutlich dunkel gesprenkelt.

Die Stiele werden heute meist vor der Kelterung entfernt. Früher preßte man sie mit, doch machten sie den Wein wässerig und oft bitter. Bei der Rotweinbereitung absorbieren sie außerdem viel wertvollen Farbstoff.

Das Fruchtfleisch läßt sich in drei Zonen einteilen: Zone 2 gibt in der Kelter als erste ihren Saft ab, vor den Zonen in der Nähe der Kerne und der Hülse. Deshalb wohl gilt der Vorlauf schon immer als der Most, der den besten Wein ergibt.

Die Kerne sollten unbeschädigt aus der Kelter kommen, sonst wird der Wein bitter. Bei der Weißweinbereitung werden die Hülsen so schnell wie möglich vom Saft getrennt, bei Rotwein läßt man sie im Most, bis dieser ihre Farbe angenommen hat.

Verbreitung zehn führender Rebsorten in Frankreich

Rotwein
- Cabernet Sauvignon
- Carignan
- Gamay
- Grenache
- Pinot Noir

Weißwein
- Chardonnay
- Sauvignon Blanc
- Chenin Blanc
- Riesling
- Ugni Blanc

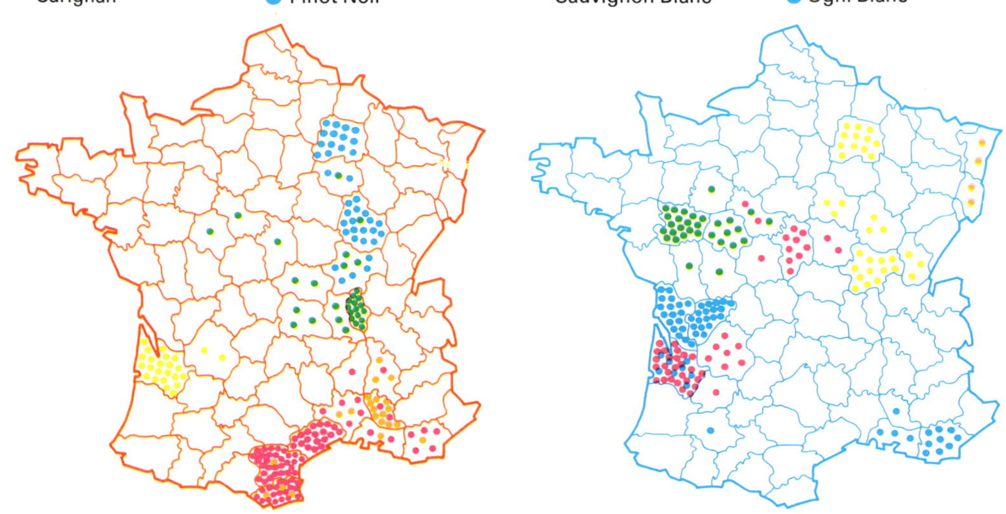

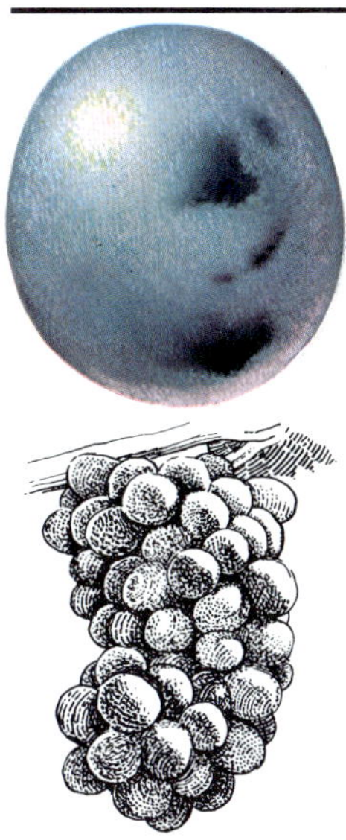

Gamay
Ergibt nur auf den Granitbergen des Beaujolais einen erstklassigen Wein; im übrigen Burgund gilt sie als minderwertige Rebe und liefert in anderen Gebieten nur ausdruckslosen Wein (vielleicht mit Ausnahme des kalifornischen Rosé). Ihr Wein kann unvergleichlich leicht, fruchtig und süffig ausfallen, wenngleich er heute im Beaujolais oft zuviel Zucker enthält, was dazu führt, daß er zu stark und trocken ist.

Chardonnay
Die Traube des weißen Burgunder (Chablis, Montrachet, Meursault, Pouilly-Fuissé) und des Champagner.
Ergibt einen festen, vollen und kräftigen Wein mit Blume und Charakter – auf Kalkboden fast üppig körperreich, aber nicht süß. Er altert gut. Wird auch in Bulgarien gezogen und hat sich in Nordkalifornien sehr gut bewährt.

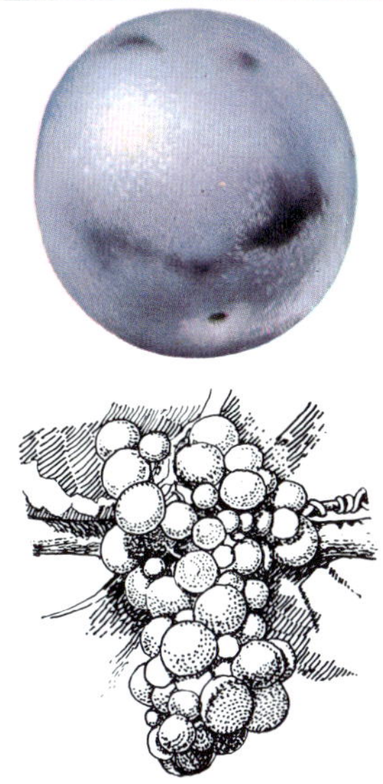

Muskat
Leicht an Aroma und Geruch zu erkennen, die denen einer Treibhaus-Tafeltraube ähneln. Kann schwarz oder weiß sein. Einige der ersten, von den Griechen angelegten Weinberge in Frankreich waren mit Muskat besetzt. Mit der Zivilisation wanderte sie nach der Krim, Sizilien und Südspanien. Alle Muskatweine, außer im Elsaß und in Bulgarien, sind süß – oft intensiv süß. Muskatweine oder Muskateller werden überall in der Welt erzeugt. Früher zählte der südafrikanische Constantia hierzu und der portugiesische Setúbal.

Semillon
Die Traube verfügt, wie der Riesling, über die großartige Gabe der Edelfäule: Unter bestimmten Wärme- und Feuchtigkeitsbedingungen macht ein normalerweise unerwünschter Pilz die Hülsen mürbe und läßt den Saft evaporieren, wobei sich der Zucker- und Extraktstoffgehalt konzentriert; das Ergebnis ist ein üppig süßer und kremiger Wein. Aus solchen Trauben werden die großen goldenen Sauternes-Weine bereitet. Die Semillon wird ausgiebig in Australien gezogen.

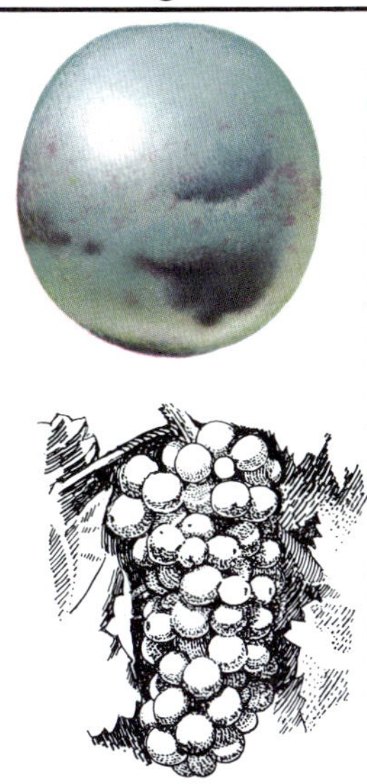

Cabernet Sauvignon
Kleine, zähhülsige Beeren, denen der rote Bordeaux seine Vornehmheit verdankt, wenngleich er stets mit Merlot, manchmal mit Malbec verschnitten wird. In den besten Médoc-Bezirken sind bis zu 80% der Flächen mit Cabernet besetzt, in St-Emilion und Pomerol zieht man dagegen ihre etwas geringerwertige Verwandte, die Cabernet Franc. Die Cabernet Sauvignon wird in großem Umfang in Australien angebaut, ferner in Chile, wo ihr Wein ausgezeichnet ausfällt. Alle Cabernet-Weine gewinnen beim Altern.

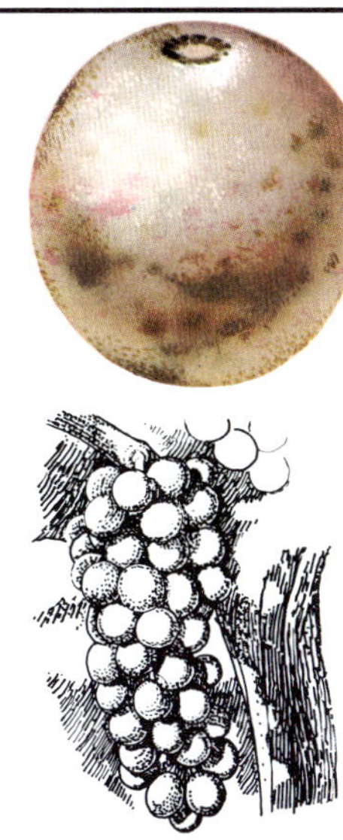

Sauvignon Blanc
Die führende weiße Bordeaux-Traube, die – mit Semillon und etwas Muscadelle verschnitten – den trockenen Graves und den süßen Sauternes ergibt. In anderen Gebieten fällt ihr Wein ausdrucksvoll, reintönig und leichter aus und hat einen eigenen Charakter: in Pouilly und Sancerre an der oberen Loire (obwohl ein Experte der Auffassung ist, die Traube des Pouilly-Fumé sei die Savagnin aus dem Jura, nicht die Sauvignon), in der Dordogne, bei Chablis, in Chile sowie im Livermoore- und Santa-Clara-Tal in Kalifornien.

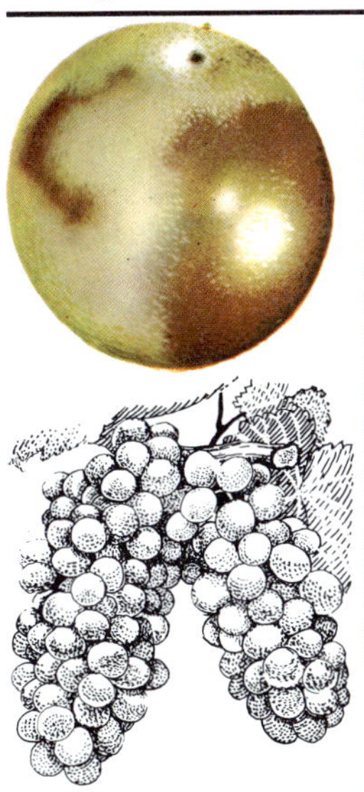

Chenin Blanc
Die weiße Traube Anjous und der Touraine an der Loire. Sehr ausgereift, liefert sie einen nervigen, kräftigen, honigartigen Wein, doch stets mit hohem Säuregrad, weshalb er gut altert. Ihre Spitzenweine sind der Vouvray, Coteaux du Layon und der Savennières; in Vouvray wird aus ihrem Most auch Schaumwein erzeugt. Häufig nennt man diese Rebe auch Pineau de la Loire und in Kalifornien (wo sie sich gut bewährt) fälschlich White Pinot.

Pinot Noir
Die einzige Rotweinrebe der burgundischen Côte d'Or (Chambertin, Romanée, Corton, Beaune), also – am richtigen Platz – die beste rote Traube der Welt. In der Champagne keltert man sie vor der Gärung und bereitet aus ihr den Weißwein, der Hauptbestandteil der besten Champagner ist. Dieser Wein kann köstlich duftig, bukett- und körperreich sein. Außerhalb Frankreichs bewährt sie sich weniger gut als die Cabernet und liefert leichte Weine in Deutschland und Osteuropa, wo sie verschiedene Namen trägt.

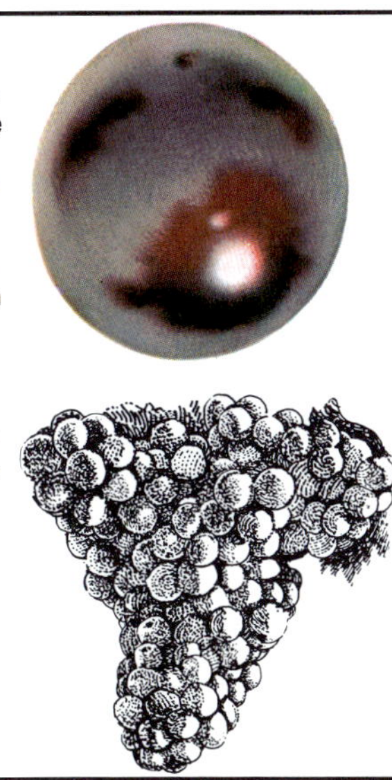

Grenache
Eine süße Traube mit Charakter, aber wenig Farbstoff, die zum Verschneiden des Châteauneuf-du-Pape und zur Bereitung des Tavel, des besten Rhône-Roséweins, verwendet wird. In Rioja ist sie unter dem Namen Garnacha bekannt und die wichtigste rote Rebe. In Banyuls nahe der französisch-spanischen Grenze werden Dessertweine aus ihr bereitet, in Australien und Kalifornien die besten, meist unter ihrem Namen gehandelten Rosés.

Die Wahl der Traube

Seit einem Jahrzehnt kümmert man sich in der Welt des Weins immer mehr um die Traubensorten. Der Hauptgrund dafür ist wohl, daß in der Neuen Welt den Varietätsbezeichnungen bei den besten Weinen ein besonderer Platz eingeräumt wurde. Von ebenso großer Bedeutung waren die erfolgreichen Neuzüchtungen und die Auswahl besonderer «Klone» alter Züchtungen in den Forschungsinstituten der ganzen Welt, besonders aber in Deutschland (Geisenheim) und in Kalifornien (Davis).

Eine äußerst nützliche Arbeit über Rebsorten wurde 1965 von Amerine und Singleton unter dem Titel «Wine – An Introduction for Americans» veröffentlicht. Die Verfasser teilen die Traubensorten in vier Kategorien ein. Die größte davon (nach Anbaumengen) umfaßt Trauben, die dem daraus gewonnenen Wein keinen besonderen Geschmack oder Charakter verleihen. Im großen und ganzen sind das die Trauben des Mittelmeerbeckens: Die Carignan aus Südfrankreich ist dafür ein gutes Beispiel; sie wird unter verschiedenen lokalen Bezeichnungen auch in Italien und Spanien angebaut, nirgends aber zeichnet sie sich besonders aus. Der Wein aus diesen Trauben ist nicht unbedingt schlecht, er hat nur keine Geschmackseigentümlichkeit. Für bestimmte Zwecke (z.B. die Herstellung von Sherry) kann das vorteilhaft sein. Die Schweizer z.B. sagen, der Chasselas sei gleichsam eine «Postkarte» aus dem Land, wo er wächst – weil er so neutral ist.

Die Ausbildung des Aromas hängt mehr als alles andere davon ab, wieviel man die Rebe tragen läßt. Wenn alles andere gleich ist, enthalten 5 t Trauben von einem halben Hektar soviel Aroma wie 10 t bei halbsoviel Frucht. Es gibt kaum einen Zweifel daran, daß die überraschende Fülle und Haltbarkeit sehr alter Weine wenigstens zum Teil auf die viel geringeren Erntemengen zurückzuführen ist. Trauben mit Muskatgeschmack stehen in einer Kategorie für sich, so andersartig und eigen ist das Muskataroma.

Die vierte Kategorie gehört der Amerikaner Rebe: der wilden Rebe Nordamerikas und ihrer Nachkömmlinge, sämtlich mehr oder weniger scharf im Geschmack (Seite 226).

Die Rebenzüchter sind ständig auf der Suche nach neuen Sorten, um die alten zu verbessern. Das meiste Interesse verdienen zurzeit die Hybriden zwischen europäischen und amerikanischen Reben, Neuentwicklungen in Deutschland zur Verbesserung des klassischen, aber diffizilen Riesling und neue Kreuzungen in Kalifornien, dazu bestimmt, einen guten Tafelwein in sehr heißem Klima abzugeben.

Das ursprüngliche Ziel der Kreuzung amerikanischer Reben mit französischen war, eine von sich aus reblausfeste Pflanze zu schaffen (Reblausfestigkeit ist eine Eigenschaft amerikanischer Reben), die aber dem europäischen Geschmack entsprach. Solche französisch-amerikanischen Hybriden, zuerst in Frankreich von Züchtern wie Seyve-Villard, Baco und Seibel entwickelt, werden jedoch in ihrer Heimat wenig geschätzt und als P.D. (producteurs directs, da sie nicht veredelt sind) bezeichnet.

Deutsche Züchter arbeiten seit einem Jahrhundert an der Rieslingrebe. Müller-Thurgau war die erste berühmte Kreuzung zwischen der locker tragenden spätreifenden Rieslingrebe und dem frühen, ertragreichen Silvaner. Heute gibt es eine ständig wachsende Palette von Kreuzungen, häufig zwischen zwei oder mehr ausgewählten Klonen der Rieslingrebe – sogar rote Rieslinge sind gezüchtet worden.

Zu den besten gehören der Reichensteiner (der auch französisches «Blut» in sich hat), der Ehrenfelser (auch Riesling x Silvaner, ein verbesserter Müller-Thurgau), der Kerner (Roter Trollinger x Riesling, ergibt einen sehr fruchtigen und vollmundigen Wein), Bacchus und Optima (beide Riesling x Silvaner x Müller-Thurgau, Optima ist die bessere von beiden Sorten).

Dr. Helmut Becker in Geisenheim arbeitet an roten Varietäten, die dem meist blassen deutschen Rotwein Farbe verleihen sollen. Er ist davon überzeugt, daß durch Verbreitung virusfreier Reben sowohl Quantität als auch Qualität verbessert werden können.

Inzwischen hat in Davis Dr. Harold Olmo verschiedene wichtige neue Reben entwickelt. Sein Emerald-Riesling und sein Ruby Cabernet haben sich durch ihr gutes Säuregleichgewicht im heißen San Joaquin Valley bereits bewährt. Bei seinen neueren erfolgreichen Kreuzungen nimmt er Cabernet Sauvignon x Carignan (wie Ruby Cabernet) als Basis und kreuzt diese Rebe mit Grenache (Carnelian und Centurion) oder Merlot (Carmine). Die beiden ersteren liefern riesige Erträge (um 25 t pro ha). Carnelian ist ein leichter Wein, Centurion sehr schwer. Carmine soll einen dem Cabernet Sauvignon sehr ähnlichen Wein liefern.

Spezifisches Gewicht	1.060	1.065	1.070	1.075	1.080	1.085	1.090	1.095	1.100	1.105	1.110	1.115	1.120	1.125
Grad Öchsle	60	65	70	75	80	85	90	95	100	105	110	115	120	125
Baumé	8.2	8.8	9.4	10.1	10.7	11.3	11.9	12.5	13.1	13.7	14.3	14.9	15.6	16.0
Brix	14.7	15.8	17.0	18.1	19.3	20.4	21.5	22.5	23.7	24.8	25.8	26.9	28.0	29.0
Alkoholpotential	7.5	8.1	8.8	9.4	10.0	10.6	11.3	11.9	12.5	13.1	13.8	14.4	15.0	15.6

Jedes Land hat sein eigenes System zum Messen des Reifegrads (oder Mostgewichts). Das Schaubild setzt die drei wichtigsten Systeme (das französische, das deutsche und das amerikanische) in Beziehung zueinander, zum spezifischen Gewicht und zum Alkoholpotential des Weins, wenn der gesamte Zuckergehalt vergoren wird.

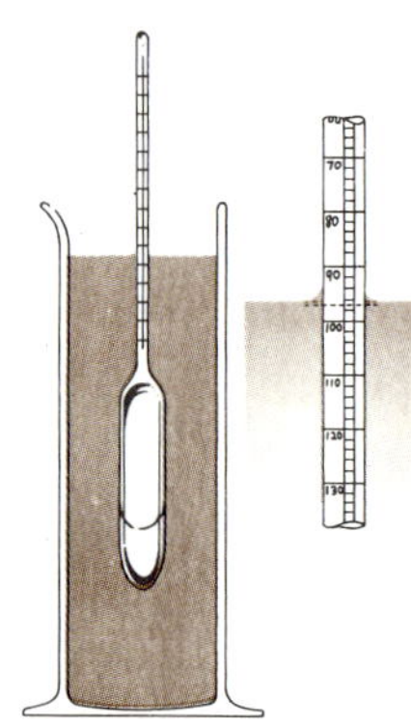

Der Zucker- und Extraktgehalt der Trauben, gemessen mit einem Hydrometer (rechts), ist ein wesentlicher Qualitätsmaßstab für den Wein. Das Hydrometer ist ein geeichter Schwimmer, der das spezifische Gewicht einer Zuckerwasserlösung bei einer bestimmten Temperatur anzeigt.

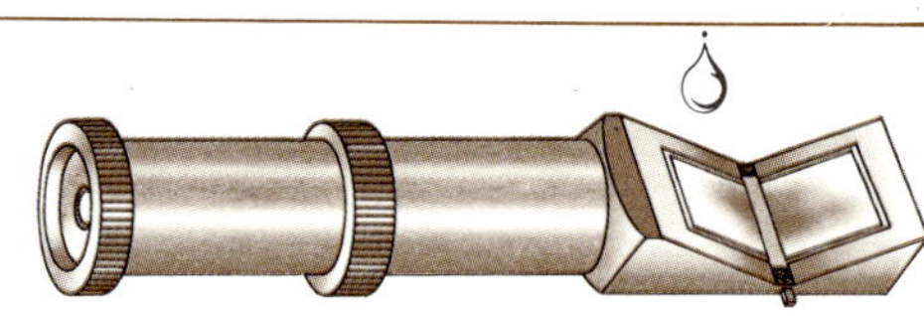

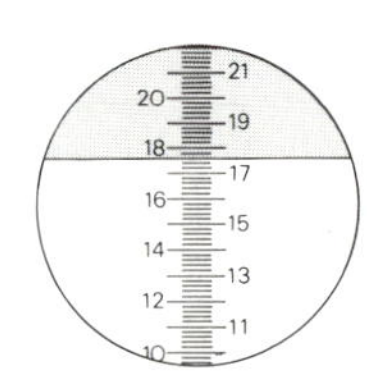

Der Reifegrad der Trauben wird oft mit einem Refraktometer gemessen. In einem zwischen zwei Prismen eingeschlossenen Tropfen Saft wird Licht je nach dem Zuckergehalt verschieden stark gebeugt. Durch das Okular wird auf der Skala (links) der Zuckergehalt im Saft in Prozenten abgelesen.

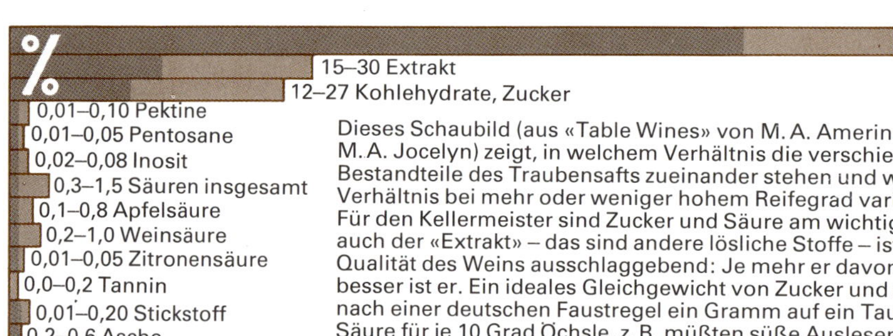

Dieses Schaubild (aus «Table Wines» von M. A. Amerine und M. A. Jocelyn) zeigt, in welchem Verhältnis die verschiedenen Bestandteile des Traubensafts zueinander stehen und wie das Verhältnis bei mehr oder weniger hohem Reifegrad variieren kann. Für den Kellermeister sind Zucker und Säure am wichtigsten, aber auch der «Extrakt» – das sind andere lösliche Stoffe – ist für die Qualität des Weins ausschlaggebend: Je mehr er davon hat, desto besser ist er. Ein ideales Gleichgewicht von Zucker und Säure ist nach einer deutschen Faustregel ein Gramm auf ein Tausendstel Säure für je 10 Grad Öchsle, z. B. müßten süße Auslesen mit 90 Grad für ein perfektes Gleichgewicht 0,9% Säure haben.

Silvaner In Deutschland die zweitwichtigste Traubensorte und in Rheinhessen die meist angebaute überhaupt. Reift früh, bringt große Erträge, ist aber mild im Geschmack, die Säure des Rieslings fehlt ihr. Höchste Vollkommenheit erreicht sie in Franken. Angebaut wird sie auch im Elsaß, in Norditalien und Zentraleuropa wie auch in Kalifornien, dort oft unter dem Namen Riesling.

Sangiovese (auch Sangioveto). Die verbreitetste rote Traube in der Toskana, also auch für den Chianti. Bringt nur mäßige Erträge, reift ziemlich spät, ohne tiefe Farbe, aber mit gutem Säuregleichgewicht und angenehmem Bukett. Eine Abart, der Brunello, wird allein zur Bereitung des legendären Brunello di Montalcino verwendet, der anscheinend unbegrenzt haltbar ist.

Müller-Thurgau Der klassische Vorläufer vieler Kreuzungen zwischen Riesling und anderen Reben (hier Silvaner) und noch heute zu den besten deutschen Sorten zählend. Wird in Rheinhessen, der Pfalz, Süddeutschland und Österreich viel angebaut. Der körperreiche Wein hat viel Blume, ist ziemlich weich mit harmonischer Säure, erreicht aber den Riesling nur selten.

Syrah (auch Sérine) ist die beste rote Traube an der Rhone, ergibt dunklen, gerbstoffreichen, lang haltbaren Hermitage. Als Shiraz in Australien höchst erfolgreich; dort ist das größte Anbauareal (7200 ha); in Verschnitten und auch allein zu Tafel- und Dessertweinen verwendet. Petite Syrah in Kalifornien dürfte z. T. dieselbe Sorte sein; wenn das zutrifft, hat sie eine große Zukunft.

Pinot blanc Naher Verwandter des Chardonnay, wird zusammen mit diesem in Burgund und der Champagne angebaut, sein Wein hat jedoch weniger Charakter. Auch in Norditalien wird er viel kultiviert, außerdem in Mitteleuropa und in geringem Ausmaß in Kalifornien. Sein Vetter, der Pinot Gris, liefert einen säurearmen, schweren, aber würzigen Wein.

Merlot Edler Vetter des Cabernet in St-Emilion und Pomerol; reift früher als die Cabernet-Traube und ergibt einen weicheren, körperreicheren Wein, der schneller ausreift. Im Médoc mit Cabernet und anderen Trauben vermischt (bis zu 75%). Liefert in Nordostitalien hervorragende, in der italienischen Schweiz gute, leichte Weine. Bewährt sich in kühleren Lagen Kaliforniens.

Traminer (auch Gewürztraminer). Bukettreiche Spezialität im Elsaß (mit 17% des Anbauareals). Würzigster aller Tafelweine. Kleine Erträge bei früher Reife. Im Jura heißt sie Savagnin und wird für Vin jaune benützt. In Deutschland nur in bescheidenem Maßstab, in Zentraleuropa verbreiteter angebaut. In Kalifornien kann sie ausgezeichnet sein, hat aber oft zu wenig Säure.

Palomino (auch Listan), die große Sherry-Traube, liefert große Mengen ziemlich neutralen Weins mit wenig Säure, leicht oxydierend. Verbreitet angebaut in Australien, Südafrika (unter dem Namen White French) und Kalifornien für die Sherry-Herstellung sowie auch in Jerez (90% des Rebenareals).

Folle Blanche Ein «Arbeitspferd» unter den Rebsorten. Mit 12 000 ha in Frankreich unter den weißen Sorten an dritter Stelle rangierend (hinter Semillon und Ugni Blanc). Verwandte sind u. a. der Gros Plant (in der Bretagne) und der Picpoul (in Armagnac und im Midi). Historisch die große Traube von Cognac mit ideal hohem Säuregehalt und wenig Aroma, heute aber vom Ugni Blanc verdrängt.

Zinfandel Ausgezeichnete rote Traube, in Kalifornien heimisch, ist aber wohl dieselbe Traube wie der Primitivo in Apulien. Gibt einen guten, frischen, jung trinkbaren Wein, kann aber auch erstklassigen, sehr vollen Wein für lange Lagerung abgeben, der nach 50 Jahren wie großer Bordeaux schmecken kann. Liebt trockenes Klima und liefert in kühlen Lagen (nicht im Central Valley) beste Qualität.

Welschriesling (auch Wälschriesling oder italienischer Riesling). Der «Riesling» Österreichs, Jugoslawiens, Norditaliens und Zentraleuropas, liefert gute Standardweine, erreicht aber niemals die Qualität des echten Rieslings. Früh reifend bei mäßigen Erträgen. Nach den EG-Vorschriften ist die Bezeichnung «Riesling» für diesen Wein unberechtigt und wird demnächst untersagt.

Carignan Bei weitem die verbreitetste Rebe in Frankreich – über 160 000 ha, vor allem im Süden. Liefert ungeheure Mengen harmloser, unauffälliger Rotweine, arm an Säure, Extrakt und Tannin, aber gut geeignet für Verschnitte. Neigt bei nassem Wetter zu Fäulnis, wird aber in Algerien, Spanien und Kalifornien viel angebaut. Ruby Cabernet ist eine erfolgreiche Neuzüchtung Carignan x Cabernet.

Kerner Eine Rebe aus der neuen Generation Deutschlands, gezüchtet in der Weinbauschule Geisenheim. Eine Kreuzung zwischen Riesling und rotem Trollinger. Ergibt einen würzigen, sehr fruchtigen Wein mit guter Säure. Weniger markant als der Riesling, aber eine gesunde, zuverlässige Rebe, in Rheinhessen mehr und mehr angebaut, um einen spritzigeren Wein als den Silvaner zu erzielen.

Seyval Blanc (Seyve-Villard 5/276). Eine der erfolgreichsten Hybriden zwischen französischen und amerikanischen Reben des Züchters Seyve-Villard. Die Rebe ist sehr widerstandsfähig und der Wein angenehm fruchtig ohne dumpfigen Beigeschmack. Aus den Appellation-Contrôlée-Gebieten verbannt, gewinnt er in östlichen Staaten und in England ständig neue Anhänger.

Catawba Vielleicht die berühmteste einheimische amerikanische Weintraube, eine Zufallskreuzung zwischen Vitis labrusca und einem unbekannten Partner, liefert Massen von fruchtigem, aber scharf-dumpfigem Wein, sowohl weiß als auch blaßrot. Hauptgrundstoff für den im 19. Jahrhundert weltberühmten Sparkling Catawba aus Ohio. In New York heute noch für Schaumwein beliebt.

Der Wein und das Wetter

Das Wetter ist die große Variable im Weinbau. Alle anderen wichtigen Faktoren sind mehr oder weniger konstant und im voraus bekannt. Doch letztlich ist es das Wetter, das einen Jahrgang macht oder zugrunde richtet – weshalb man es auch ständig erforscht und analysiert.

Die Ruhezeit der Rebe dauert in der nördlichen Hemisphäre von November bis März. Nur ungewöhnlich starker Frost kann ihr in dieser Zeit schaden. Doch von der Knospung bis zur Lese im September oder Oktober wirkt sich jeder Tropfen Regen, jede Stunde Sonnenschein und jedes Grad Wärme auf die Qualität und den Charakter der Ernte aus.

Die Tabelle unten zeigt die Hauptereignisse im Jahreszyklus einer Rebe in Burgund in einem Zeitraum von 19 Jahren. Beginn und Ende dieses Zyklus schwanken maximal um 35 Tage, und dazwischen sind unendlich viele Abweichungen möglich, je nachdem, ob das Wetter den Zyklus beschleunigt oder verzögert.

Auf der Seite gegenüber sind die durchschnittlichen Niederschlagsmengen, Temperaturen und Strahlungsmengen für vier französische Weingebiete in Form von Isoplethen-Diagrammen dargestellt. Beweisen läßt sich damit nichts, doch ist es faszinierend, anhand dieser Werte zu spekulieren, welches Wetter in welchem Stadium eines Rebenzyklus wohl einen guten oder großen Jahrgang ausmacht.

Für Burgund hat diese Frage Rolande Gadille in ihrem ausgezeichneten Buch *Le Vignoble de la Côte Bourguignonne* untersucht, dem der vorliegende Atlas sehr viel verdankt. Die beiden unteren Diagramme zeigen, wodurch sich in einem Zeitraum von 17 Jahren gute, mittelgute und durchschnittliche Jahrgänge unterschieden und wo das Wetter zum Vorteil oder Nachteil des Weins umschlug.

Spätfröste im Frühjahr und Hagelschlag zu jeder Zeit sind der Alptraum des Winzers. Hagel tritt meist nur stellenweise auf; einer der Gründe dafür, daß Weinbauern gern kleine, über die ganze Gemarkung verteilte Parzellen bewirtschaften. Ein starker Sturm kann nicht nur einen Jahrgang vernichten, sondern auch die Rebstöcke so beschädigen, daß auch noch der folgende Jahrgang leidet.

Ausschlaggebend für die Qualität eines nördlichen Weinjahrgangs (beispielsweise in Burgund) ist der Reifegrad der Trauben. Je mehr die Beeren ausreifen, desto geringer ist ihr Säure- und desto größer ist ihr Zuckergehalt.

Es versteht sich fast von selbst, daß trockene Jahre gewöhnlich den besten Wein ergeben. Doch ist die Rangfolge der Bedeutung des Regens, der Sonne, der Temperatur und der Feuchtigkeit nie genau ermittelt worden. Was jedem Jahrgang sein eigenes Gepräge gibt, ist das Zusammenspiel dieser Faktoren: Strahlender Sonnenschein bewirkt frühe Reifung, bedeckter Himmel verlangsamt das Wachstum, reichert aber manchmal die Beeren mit Mineralien an, die dem Wein Langlebigkeit und Nuancenreich-

Rechts: Gigantische Flammenwerfer erwärmen in einer frostigen Mainacht die Luft (die zarten jungen Triebe der Reben sind deutlich zu erkennen). Unten: Ein australischer Winzer trifft Vorbereitungen zum Abschießen einer Rakete in hagelgeladene Wolken, damit der Hagel nicht über seinen Reben niedergeht.

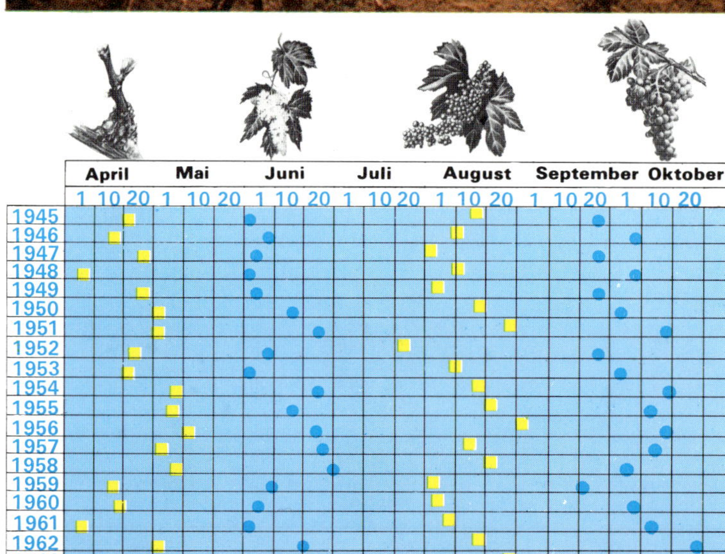

Links: Die Tabelle zeigt die wichtigsten Stationen im Jahreszyklus einer Pinot-Noir-Rebe in Burgund. Im April treiben die Knospen, Ende Mai/Anfang Juni bilden sich die Blüten, etwa Anfang August die Fruchtansätze. Hundert Tage nach der Blüte sollten die Trauben reif sein, die Blütezeit selbst etwa zwei Wochen dauern. In dem dargestellten Zeitraum waren die Jahrgänge 1945, 1947, 1952, 1953 und 1961, alles Jahre mit früher Blüte, ausgezeichnet, die Jahre 1951, 1954, 1956, 1958 und 1963, meist mit später Blüte, schlecht.

tum verleihen. Hohe Temperaturen reduzieren den Säuregrad.

Selbst wenn sie mit genau demselben Reifegrad gepflückt werden, spiegeln die Trauben das hinter ihnen liegende Jahr: das Vertrocknen durch Sonne oder Wind, das zu starke oder zu schwache Wachstum (Blätter und Stiele), die Schimmelbildung aufgrund von Bodennässe, Hagelschäden – all das wirkt sich letztlich auf den Wein aus.

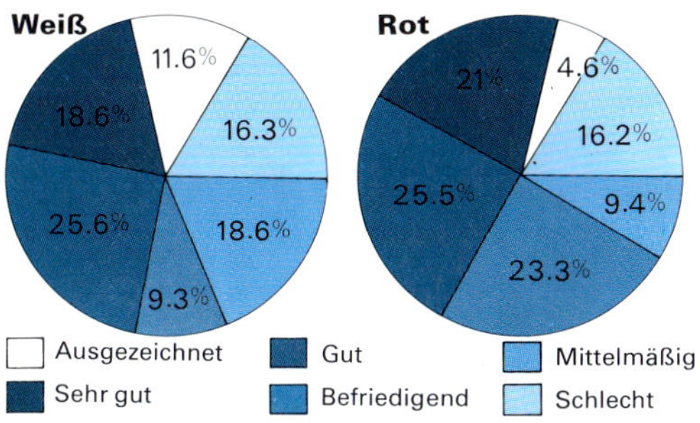

Oben: Weißer Burgunder ist offenbar weniger wetterabhängig als roter. Von 43 Jahrgängen waren bei den Weißen nur die Hälfte, bei den Roten etwa zwei Drittel außergewöhnlich gut oder schlecht.

Unten: Die Monatstemperaturen und -strahlungsmengen in Burgund in ihrer Relation zu guten, durchschnittlichen und schlechten Jahrgängen. Entscheidend kommt es offenbar auf die Mittsommertemperaturen und die Frühjahrssonne an.

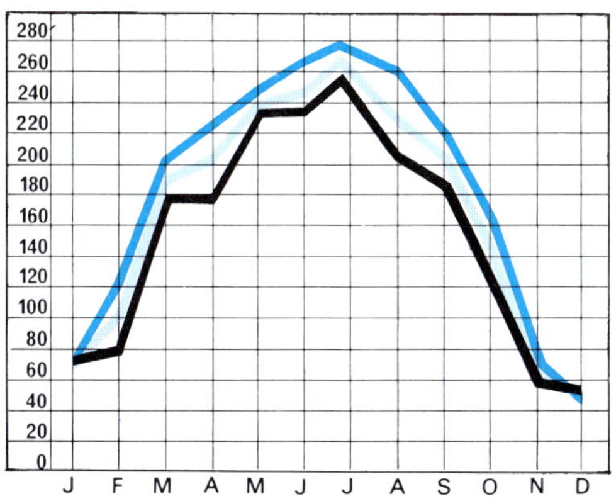

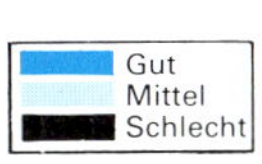

Oben: monatliche Sonnenscheindauer in Stunden
Unten: durchschnittliche Temperaturen in Celsius

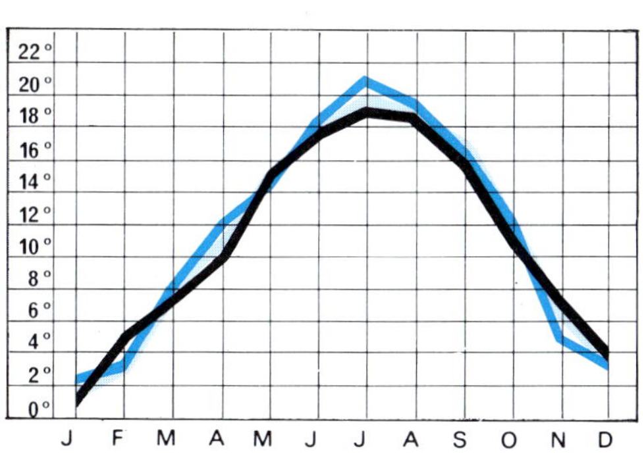

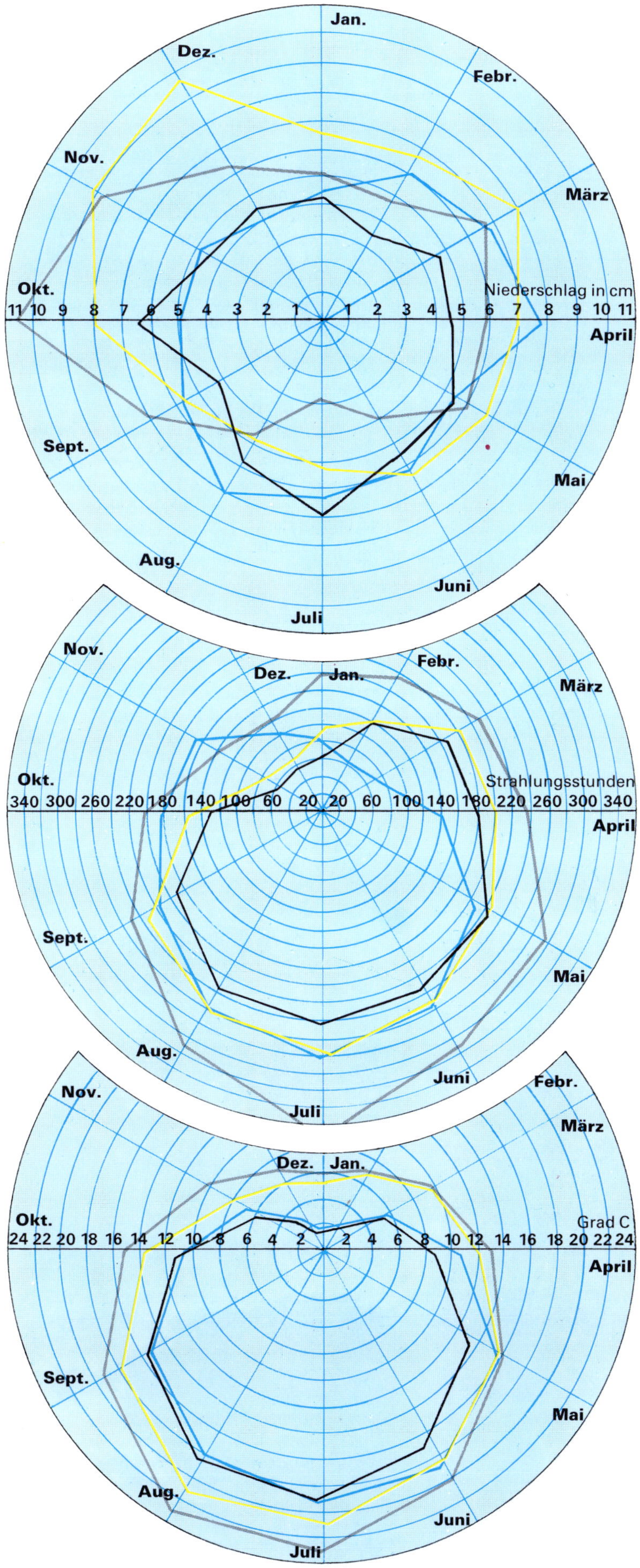

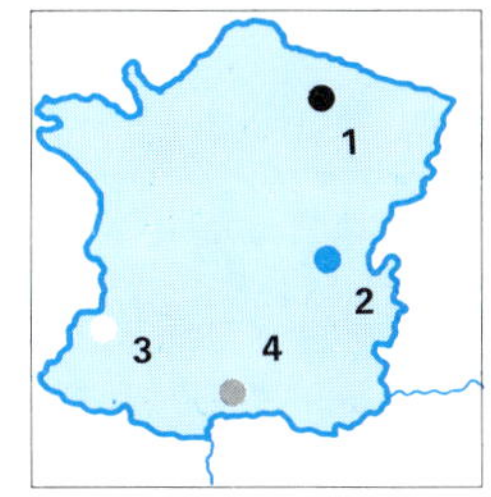

1 Champagne
2 Burgund
3 Bordeaux
4 Montpellier

Links: Isoplethen-Diagramme stellen die Jahreswitterung der vier oben gezeigten französischen Weingebiete als fortlaufenden Prozeß dar.

Niederschlag (oberstes Diagramm). Sonneneinstrahlung und Temperaturen erreichen überall im Hochsommer ihre Höchstwerte; die Niederschlagsmengen sind dagegen schwankend. Bordeaux hat sehr feuchte Winde, eine vergleichsweise regenreiche Blütezeit Ende Mai, aber einen langen trockenen Sommer, während es zur Lesezeit, Ende September, wieder feuchter wird. Burgund ist im Frühjahr trocken, hat feuchtere Sommer als Bordeaux, ist aber Anfang September ebenso trocken. Die Champagne hat einen feuchten Juli, aber eine trockene Lesezeit.

Sonneneinstrahlung (links)
Wie die Graphik zeigt, bringt der Juli allen Gebieten die größten Strahlungsmengen. Bordeaux und Burgund erleben einen recht ähnlichen Sommer von Mai bis August, dann klingt diese Jahreszeit in Bordeaux merklich sonniger aus. Die Champagne hat einen guten Mai, was wichtig für die Rebenblüte ist.

Temperatur (links)
Die Temperaturen hängen in erster Linie von der geographischen Breite ab. Lediglich im Juni ist es in Burgund genauso warm wie in Bordeaux. Im September wird es in der Champagne kühl, im November in Burgund und in der Champagne richtig kalt.

Das Jahr des Winzers

An jedem Tag des Jahres gibt es für den Winzer im Haus und draußen in den Reben etwas zu tun. Jeder Weinbezirk hat, neben den neuen Verfahren und Techniken, seine eigenen Methoden und seinen eigenen Zeitplan. Hier zeigen wir den Jahresablauf eines typischen Winzers irgendwo im Herzen Frankreichs.

Januar

Rebschnitt. Früher begann der Rebschnitt am St. Vinzenztag oder 22. Januar. Heute fängt man schon im Dezember damit an. Fällt kein Schnee, ist der Boden oft gefroren. Reben vertragen Temperaturen bis –18° C.
Fässer mit neuem Wein ständig auffüllen und Spunde jeden zweiten Tag mit Schwefeldioxyd-Lösung abwischen. Ist das Wetter schön und trocken, kann der ältere Wein abgefüllt werden.

Februar

Rebschnitt abschließen und Pfropfreiser zur Veredelung schneiden. Edeltriebe auf Wurzelreben aufpfropfen und sie in eine Sandkiste im Vortriebraum setzen.
Abstechen. Bei klarem Wetter, Neumond und Nordwind (d. h. bei hohem Luftdruck) jungen Wein auf saubere Fässer abstechen, um ihn vom Trub zu trennen. Den jungen Wein aus den verschiedenen Fässern im Mischbottich ausgleichen.

März

Pflügen. Etwa Mitte März ist die Ruhezeit der Reben zu Ende, der Saft beginnt zu steigen, und die braunen Knospenschuppen fallen ab. Erstes tiefes Umpflügen.
Ersten Abstich vor Monatsende beenden. Eine geheimnisvolle Wechselwirkung zwischen Rebe und Wein soll die Nachgärung auslösen, sobald der Saft steigt. Die Fässer ständig auffüllen. Den restlichen Wein abfüllen.

Juli

Reben regelmäßig mit Bordelaiser Brühe besprühen (Kupfervitriol, gelöschter Kalk und Wasser). Dritte Bodenbearbeitung zur Unkrautvernichtung. Lange Triebe schneiden, damit die Reben ihre Kraft auf die Frucht konzentrieren.
Kein Versand bei warmer Witterung. Den Keller so kühl wie möglich halten. Bei Hitzeperioden und schwülem Wetter müssen die Türen nachts geschlossen bleiben und eine Schwefelkerze angezündet werden.

August

Weinberge unkrautfrei halten und Reben ausputzen. Schwarze Beeren beeinträchtigen die Farbe.
Bottiche und Fässer reinigen. Das Rebenwachstum (und die Gärung) setzen gegen Mitte des Monats wieder ein: Deshalb darf dann nicht mehr abgefüllt werden. Leichter (und somit weniger stabiler) Wein kann bei warmer Witterung umschlagen und ist deshalb sorgfältig zu beobachten.

September

Weinlese. Kleine Jungen und Vögel vom Weinberg fernhalten. Trauben ausdünnen; beten, daß die Sonne scheint. Etwa in der dritten Woche sind die Trauben reif, und die Lese kann beginnen.
Vor der Lese den Gärkeller gründlich reinigen. Alle Metallteile der Pressen usw. mit Rostschutzmitteln behandeln. Die Gärfässer mit Wasser füllen, damit das Holz aufquillt.

April

Bodenbearbeitung abschließen, Weinberg aufräumen, Reisholz verbrennen und verfaulte Stützpfähle ersetzen. Beten, daß die Wachstumsperiode spät beginnt, da Frost noch häufig und Hagelschlag möglich ist.
Weiter auffüllen. In den Fässern darf es keinen Leerraum geben. In jedem Jahr verdunstet 5% des Weins durch das Holz.

Mai

Größte Frostgefahr. In klaren Nächten müssen die Weinberge gegebenenfalls mit Öfen gewärmt werden, was bedeutet, daß man aufbleiben und diese Öfen beschicken muß. Zweite Bodenbearbeitung: zur Unkrautvernichtung. Gegen Mehltau spritzen.
Angebote an Kunden schicken. Gegen Ende Mai, kurz vor der Rebenblüte, mit dem zweiten Abstich anfangen und auf saubere Fässer abziehen.

Juni

Rebenblüte Anfang Juni, wenn die Temperaturen 18–20° C betragen. Entscheidend ist das Wetter: je wärmer und ruhiger, desto besser. Nach der Blüte: Triebe ausgeizen und die besten an die Drahtanlagen heften.
Zweiten Abstich des jungen Weins abschließen und alle alten Weine im Keller abstechen. Das warme Wetter beschleunigt die Verdunstung: Alle Fässer auf Tropfstellen hin überprüfen.

Oktober

Die Weinlese dauert etwa zwei Wochen (s. S. 24). Danach Weinberg mit Trestern und Kunstdünger düngen. Für Neuanpflanzungen den Boden tief umpflügen.
Der neue Wein gärt. Einjähriger Wein sollte noch einmal abgestochen, dann fest verspundet werden. Die Fässer kommen in den Zweitjahres-Keller, wo sie so gelegt werden, daß ihr Spund seitlich ist.

November

Lange Rebtriebe abschneiden und sie als Brennmaterial aufheben. Düngung abschließen. Weinberg umpflügen, um Erde um den Fuß der Reben anzuhäufeln.
Abfüllen. Abstechen und ‹Schönen› (Filtrieren durch Zusatz geschlagenen Eiweißes, das sich am Boden absetzt) des abzufüllenden Weins. In guten und reifen Jahren jetzt den jungen Wein abstechen, in weniger guten einen weiteren Monat auf dem Trub belassen.

Dezember

Ist Erdreich fortgeschwemmt worden, muß es wieder auf den Hang hochgeschafft und verteilt werden. Der Rebschnitt kann vor Weihnachten, etwa am 15. Dezember, beginnen.
Die Fässer oft auffüllen. Es kann weiter abgefüllt werden. Mit alten Freunden den jungen Wein probieren.

Dieses Schaubild stellt schematisch die Bereitungsverfahren aller Grundweintypen dar. Der Weg des Weißweins ist beige, der des Roséweins rosa und der des Rotweins und gespriteten Weins rot gekennzeichnet. Spiralen deuten die Gärung an.
Die Ziffern beziehen sich auf den Text auf der rechten Seite, der das Verfahren im einzelnen erläutert.

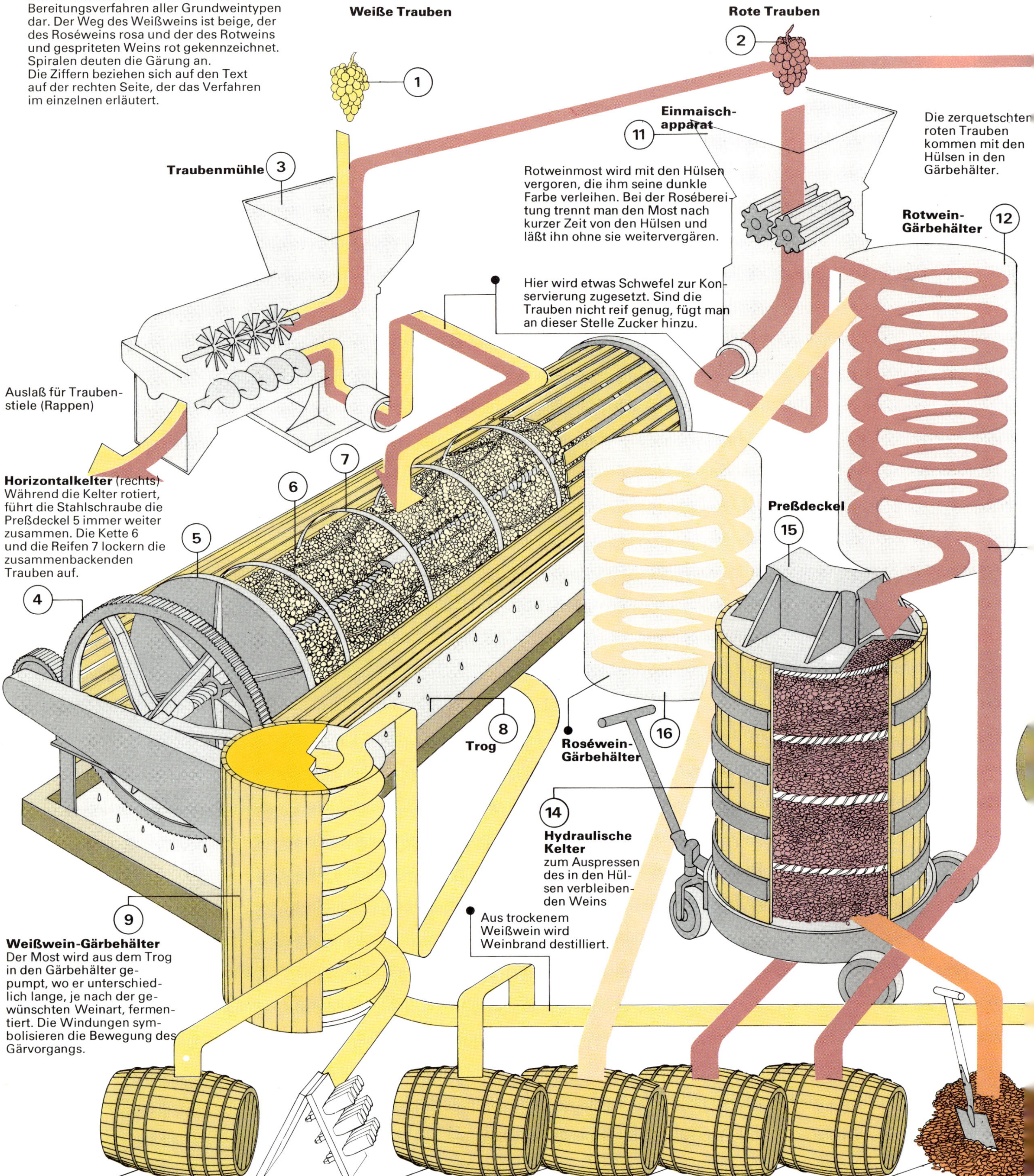

Süßer Wein wird vor Abschluß der Gärung, solange er noch Zucker enthält, aus dem Gärbehälter abgezogen. Die Fermentation wird gestoppt.

Schaumwein Wein, der schäumend sein soll, wird vor dem endgültigen Abschluß der Gärung aus dem Behälter gepumpt und abgefüllt.

Trockener Wein Bleibt der Wein bis zur völligen Vergärung im Gärbehälter, wird der gesamte Zuckergehalt in Alkohol umgesetzt.

Roséwein ist grundsätzlich aus roten Trauben bereiteter Weißwein, der kurze Zeit mit den Traubenhülsen vergoren wird.

Scheitermost ist ein sehr dunkler und herber Wein, der durch starkes Auspressen der Trester gewonnen wird.

Vorlaufwein ‹Vin de goutte› (etwa 4/5 des Gesamtmostertrages) ist der vor dem Auspressen des Gärguts frei ablaufende Wein.

Trester Der nach dem Keltern verbleibende Tresterkuchen (Hülsen, Kerne, Stiele) kann zu billigem Branntwein destilliert werden.

Die Weinbereitung

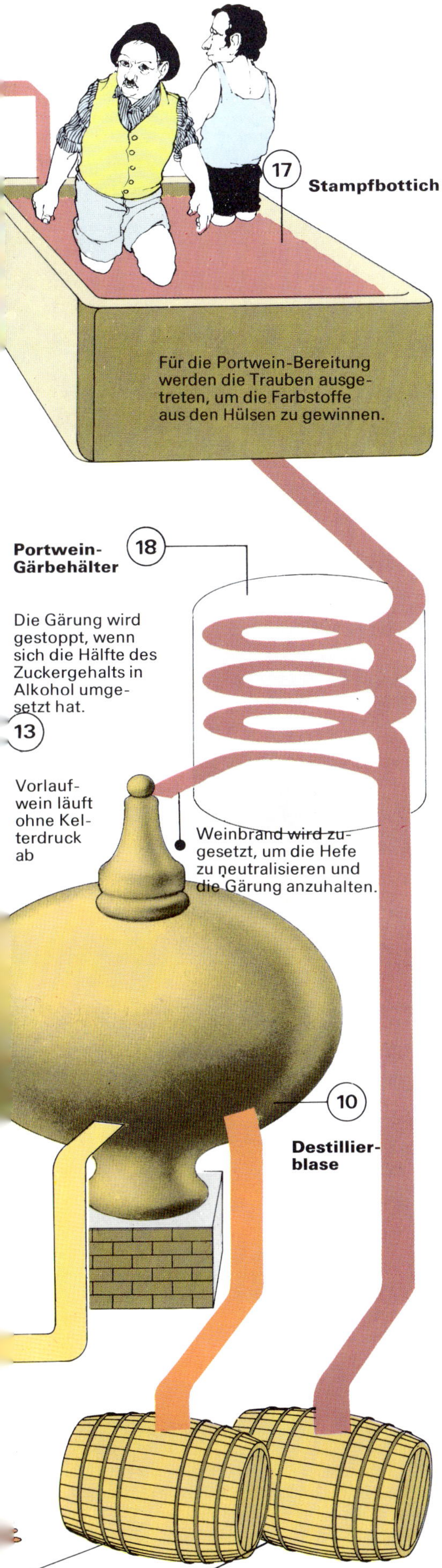

Weinbrand
Die Weindestillation ergibt Weinbrand (s. S. 256). Werden vergorene Traubentrester gebrannt, entsteht Tresterbranntwein.

Portwein
und die meisten anderen gespriteten Weine sowie ‹vins doux naturels› gewinnt man durch Abstoppen der Gärung mittels Alkoholzusatz.

Oben: Dieser Konstruktionsplan zur Mechanisierung der Weinbereitung aus dem 17. Jh. nimmt die spätere Entwicklung der Weinwirtschaft vorweg.

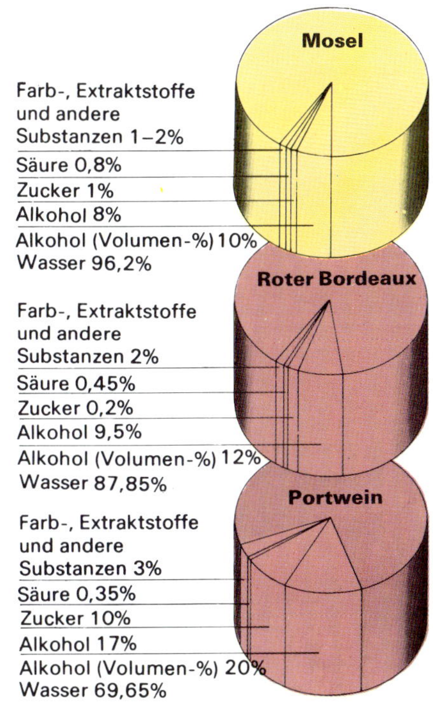

Um Traubensaft in Wein zu verwandeln, ist nichts anderes als der ganz natürliche Vorgang der Gärung erforderlich – also die chemische Umsetzung von Zucker in Alkohol und Kohlensäure, die durch Hefen, auf den Traubenhülsen (wie auch anderswo) lebenden Mikroorganismen, bewirkt wird. Man braucht ihnen nur die Hülsen aufzubrechen, damit sie den Zucker bearbeiten können, aus dem das Fruchtfleisch zu etwa 30% besteht. Und ohne weiteres Zutun entsteht Wein.

Normalerweise arbeitet die Hefe, bis der ganze Traubenzucker in Alkohol verwandelt ist oder der Alkoholgehalt des Weins rund 15% seines Volumens beträgt – in den seltenen Fällen, in denen die Trauben so süß sind, daß der Wein diese Stärke erreicht, ist an diesem Punkt die Hefe besiegt und die Fermentation gestoppt. Sich selbst überlassen, fielen also fast alle Weine trocken aus.

Doch kann man die Gärung anhalten, bevor der ganze Zucker umgesetzt ist, und zwar entweder indem man Alkohol zusetzt und den Stärkegrad auf 15% steigert oder indem man ihn schwefelt – in beiden Fällen wird die Hefe betäubt – oder aber indem man den Wein über ein sehr feines Filter gibt und auf diese Weise entheft. Dies sind die Verfahren zur Bereitung süßer Weine.

Weißwein
Weiße **1** oder rote **2** Trauben werden in eine Traubenmühle **3** gegeben, die sie von den Stielen befreit, und die aufgebrochenen Trauben in eine horizontale oder kontinuierliche Kelter **4** gepumpt. Die Kelter dreht sich, und die Stahlschraube führt die Preßdeckel **5** immer weiter zusammen. Ketten **6** und Reifen **7** brechen den Traubenkuchen auf. Die Hülsen (Trester) bleiben zurück, und der Most (frischer Traubensaft) läuft durch Löcher in der Zylinderwand in einen Trog **8**, aus dem er in einen Gärbehälter **9** gepumpt wird. Danach gibt es verschiedene Bereitungsverfahren: Süßer Wein wird gewonnen, indem man die Gärung durch Schwefelzusatz oder Herausfiltrieren der Hefe unterbricht, solange der Zucker noch nicht ganz in Alkohol verwandelt ist, Schaumwein durch Abfüllen des Weins vor Abschluß der Gärung. Wird der gesamte Zucker in Alkohol umgesetzt, gewinnt man einen trockenen Wein. Dieser trockene Wein schließlich kann zu Weinbrand destilliert werden **10.**

Rotwein
Rote Trauben **2** werden durch einen Einmaischapparat **11** (oft auch eine Traubenmühle) gegeben und in einen Bottich **12** gepumpt, wo sie auf ihren Hülsen fermentieren. Früher hat man auch die Stiele mitvergoren, doch macht man das heute kaum noch. Der Wein entzieht den Hülsen allmählich Farbe und Gerbstoff. Man läßt so lange (bis zu 14 Tagen) gären, bis der ganze Zucker umgesetzt ist. Dann wird der Spund geöffnet, und der ‹Vorlaufwein› **13** läuft ab. Zur Bereitung eines leichteren, schneller reifenden Weins trennt man heute die Hülsen nach wenigen Tagen ab und läßt den Wein allein weitergären.
Die Hülsen werden in einer hydraulischen Kelter **14** von einem Preßdeckel **15** zusammengepreßt, und der Wein fließt durch Schlitze in der Kelterwandung ab. Mit diesem sehr dunklen und tanninreichen Scheitermost wird gewöhnlich der Vorlaufwein verschnitten.

Roséwein
Rote Trauben **2** werden durch einen Einmaischapparat **11** gegeben und von dort mit den Hülsen in einen Gärbehälter **12** gepumpt. Dort nimmt der Most schnell seine hellrosa Farbe von den Hülsen an, wird dann aber unverzüglich zur weiteren Vergärung auf einen anderen Behälter **16** abgezogen. Gewöhnlich stoppt man die Gärung nicht ab, und der Wein fällt völlig trocken aus.

Portwein
(andere gespritete Weine werden ähnlich bereitet)
Rote Trauben **2** werden in einen Steinbottich **17** gegeben, wo sie zwölf Stunden ununterbrochen mit bloßen Füßen ausgetreten werden, damit der Saft die Farbe der Hülsen annimmt. In einem Behälter **18** vergärt der Saft, bis sein halber Zuckergehalt in Alkohol umgesetzt ist; dann wird ihm in der Destillierblase **10** gewonnener Weinbrand zugesetzt, um den Alkoholgehalt auf über 15% zu erhöhen. Dadurch wird die Gärung gestoppt.

Die Kunst des Kellermeisters

Auf den beiden vorigen Seiten sind die einfachen, immer gleichen Schritte der Weinbereitung dargestellt. Noch vor zwanzig Jahren war sonst nicht viel zu tun: Man bereitete den Wein mit mehr oder weniger Sorgfalt und Sachkunde, mit besseren oder schlechteren Trauben, und harrte der Dinge, die da kommen würden.

Radikal geändert hat sich dagegen die Weinbereitung in wärmeren Gegenden, wo trotz guter Trauben bisher kaum ein hervorragender Wein produziert werden konnte. Italien, der Süden Frankreichs, Australien, große Teile Spaniens, Chiles und Argentiniens sind hierfür Beispiele.

Das beginnt schon mit der Frucht im Weinberg. Wann soll gelesen werden? Abgesehen von den Einflüssen der Witterung, verändert sich während der Reife tagtäglich das Gleichgewicht von Zucker, Säure, Extrakten und Wasser. Höhere Gewalt mag ihn dazu veranlassen, die Trauben zu lesen, wann es gerade möglich ist. Wenn er es sich aber leisten kann, seine Vorstellung von dem Wein, den er haben will, praktisch zu verwirklichen, die Trauben zu analysieren, solange sie noch am Stock hängen, und zu beurteilen, wie der Wein wird, wenn er ihn heute – oder morgen – liest, dann wird er's tun.

Hat er den Zeitpunkt für die Lese gewählt und auch die Tageszeit (die Lese am frühen Morgen erlaubt es bei heißem Wetter, die Trauben kühler einzubringen, was für Frische und Aroma viel bedeuten kann), dann besieht er sich die eingebrachten Trauben genau. Stellt er fest, daß viele davon nicht voll ausgereift oder überreif oder angefault sind, dann muß er sich entscheiden, ob er sie mitverwerten will oder aussortieren (ein teures Geschäft). Wie immer auch seine Entscheidung ausfällt, sie wird den Charakter des Weins beeinflussen.

Beim Weißwein besteht er vielleicht darauf, daß der Saft sofort von den Hülsen getrennt werden muß; vielleicht hält er es aber auch für besser, die Trennung sanft und natürlich vor sich gehen zu lassen; oder er will beide eine Weile beieinander halten . . .

Im ersten Fall kann er die Trauben gleich keltern (mit oder ohne Stiele; mit den Stielen geht das Auspressen leichter, aber der Wein kann einen Beigeschmack bekommen) und dann die klare Flüssigkeit von den übrigen Trubstoffen in einer Zentrifuge trennen; das ist kostspielig und, wie manch einer meint, auch zu grob. Eine andere Möglichkeit ist, nicht zu pressen, sondern die zerquetschten Trauben über ein Maschensieb zu ziehen, so daß der Saft abtropft.

Im zweiten Fall kann man die Trauben zerquetschen, dann preßt man sie aber nicht aus, sondern läßt sie in einer Bütte mit einem Abzug am Boden stehen und den Saft von selbst auslaufen, dann erst preßt man die zurückgebliebenen festen Teile aus. Viele halten diesen frei abgelaufenen Wein in jedem Fall für besser. Sicher ist er leichter, klarer, reift schneller aus. Aber es fehlt ihm an Gerbsäure, die dem gekelterten Wein ein stabileres Gefüge, mehr Widerstandskraft gegen Oxydation und ein längeres Leben verleiht – also auch mehr Möglichkeiten läßt, sich vielseitig und ansprechend zu entfalten.

Die dritte Methode ist in warmen Gegenden, wo es den Trauben an Säure fehlt, die übliche. Durch das Maischen des Mosts (mancherorts läßt man ihn sogar kurz gären) geben die Hülsen Gerbsäure und Aromastoffe an den Wein ab, der sonst zu weich ausfallen und zu schnell oxydieren würde. Diese Behandlung verleiht bestimmten italienischen Weinen – beispielsweise dem Frascati – den eigentümlichen, an Traubenschalen erinnernden Charakter.

Die nächste Stufe ist die Gärung. Bei bestimmten kräftigen und stark würzigen Weinen (weißer Burgunder) geht sie in kleinen Eichenfässern vor sich, die dem Wein einen deutlichen Beigeschmack von Eichenholz verleihen. In der modernen Praxis geschieht die Gärung fast immer in Tanks aus rostfreiem Stahl oder Beton oder in mit Glas oder Fliesen ausgekleideten Behältern.

Die nächste Entscheidung betrifft die Gärungstemperatur. In einem warmen Klima er-

Rechts: Nackte Männer reißen die «Haube» aus Hülsen in einem Gartenbehälter auf (aus dem Musée des Arts et Traditions Populaires). Dieses Photo wurde noch in den 50er Jahren an der Côte d'Or aufgenommen. Oben: Von dieser Schalttafel aus betreut ein einziger Mann eine ganze Schweizer Kellerei zur Erntezeit einfach durch Knopfdruck. Hieran zeigt sich, welch einschneidende Veränderungen in den letzten zwanzig Jahren in der Weinindustrie vor sich gegangen sind.

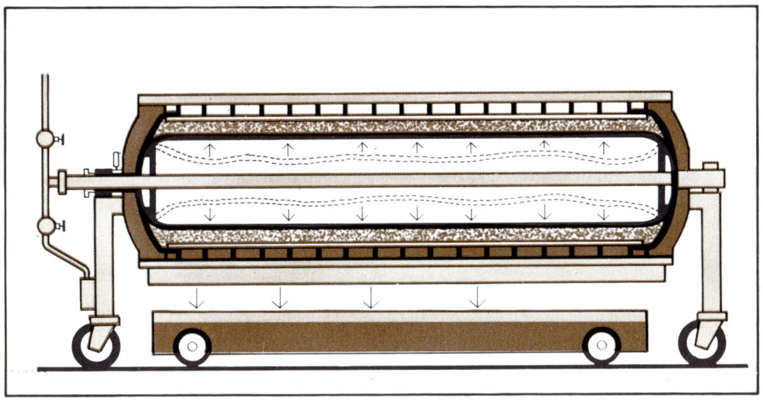

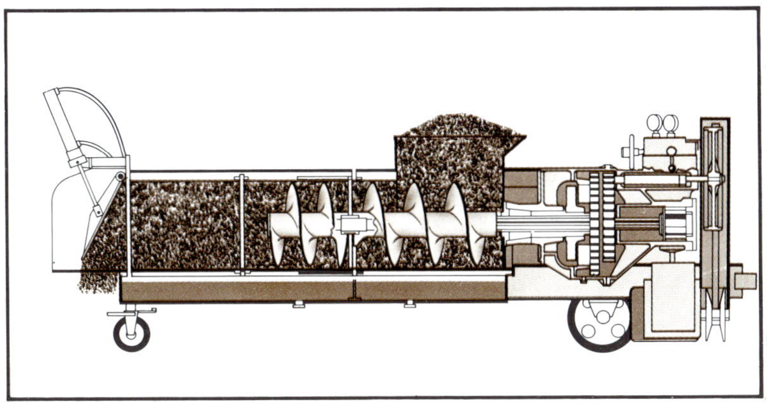

Links und unten links: Schon das Keltern beeinflußt Qualität und Quantität des Weins. Die pneumatische Presse, bei der ein riesiger Ballon aufgeblasen wird, der die Trauben gegen die Lattenwand eines Zylinders drückt, arbeitet sanft, aber langsam. Die Qualität ist hoch, jedoch muß die Presse von Hand beschickt und entleert werden. Die Durchlaufpresse arbeitet schneller, aber es kann vorkommen, daß Hülsen und Kerne zermahlen werden, wenn man zu schnell und mit zuviel Druck arbeitet.

Rechts und oben rechts: Guter Wein «setzt sich ab» (er klärt sich von selbst): Die traditionelle Art, ihm den letzten Schliff zu verleihen, ist das «Schönen» und «Abstechen». Das Schönen geschieht u. a., indem man geschlagenes Eiweiß, Ochsenblut oder Gelatine (früher Hausenblase) in das Faß gießt. Beim Ausflocken nehmen diese Substanzen alle Trubstoffe mit. Der klare Wein wird dann vom Bodensatz abgezogen.

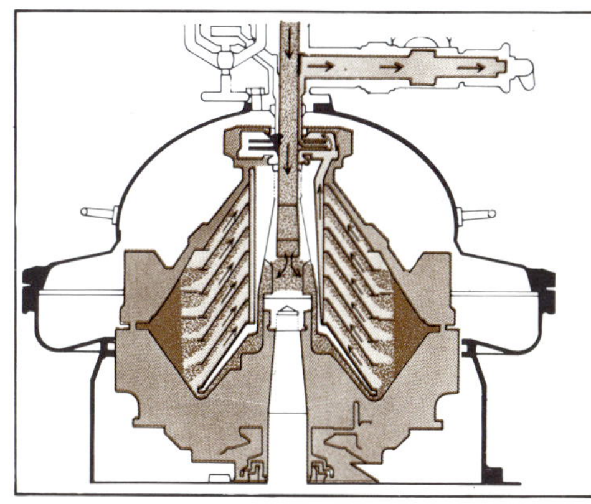

wärmt sich der gärende Wein ohne Kontrolle mehr und mehr, bis die Hefen sich nicht mehr vermehren können und die Gärung stehenbleibt.

Sobald die Gärung beendet ist, muß der Wein vom Geläger, den toten Hefezellen und anderen Rückständen am Boden des Behälters, abgezogen («abgestochen») werden. Die meisten Weine neigen von Natur aus dazu, bald danach nochmals zu gären. Diese sekundäre oder «malolaktische» Gärung beruht auf der Wirkung von Bakterien, die sich von der Apfelsäure ernähren und sie in laktische (Milch-) Säure umwandeln, die weniger scharf schmeckt. In kühlen Gegenden mit säurehaltigen Weinen ist diese Nachgärung vorteilhaft – sie mildert die Schärfe und trägt in noch ungeklärter Weise zur allgemeinen Harmonie und Distinktion bei. In den säurearmen Weinen warmer Länder muß man freilich die vorhandene Säure bewahren. Der Kellermeister muß sich also entscheiden, ob er eine Nachgärung will oder nicht. Will er sie nicht, dann kann er sie stoppen, indem er den Schwefeldioxydspiegel im Wein hoch erhält (er fällt ständig, weil sich SO_2 mit anderen Elementen verbindet, muß also aufgefüllt werden) oder indem er häufig absticht (oder rasch steril auf Flaschen zieht). Will der Kellermeister einen frischen, fruchtigen, hellen Wein? Dann muß er ihn vor Luftzutritt bewahren, bis er in der Flasche ist. Soll der Wein Kraft und Gehalt haben, damit er zu Fülle und Tiefe reifen kann? Dann muß er sich für ein Faß entscheiden, das gerade genug Wechselwirkung zwischen Wein und Luft gewährt.

Ob der Weißwein herb oder lieblich sein soll – diese Frage wurde noch nicht besprochen. Wird der Wein lieblich gewünscht, so hat man die Wahl, die Gärung zu stoppen, ehe der Zukker ganz aufgebraucht ist. Dann gibt es auch noch die unerquickliche Alternative, einem herben Wein süßen unvergorenen Traubensaft beizumengen.

Auch von den kaum weniger zahlreichen Möglichkeiten bei der Rotweinbereitung wurde noch nicht gesprochen – hier ist vielleicht ausschlaggebend, wie lange Most und Hülsen zusammen gären sollen. Der heutige Trend geht dahin, aus den Hülsen möglichst viel Farbe bei möglichst wenig Gerbsäure herauszuholen. Gerbsäure ist eine wenig erfreuliche Beigabe, zugleich aber das natürliche Konservierungsmittel, das selbst hart und streng schmeckt, ohne das aber kein Rotwein lange genug hält, um ausreifen zu können. Im letzten Jahrzehnt waren sehr kurze Gärungsprozesse in Mode. Die Weinerzeuger glaubten, das Publikum habe kein Verständnis für den strengen Geschmack des jungen Rotweins und nicht genug Geduld, um ihn altern zu lassen. Allmählich aber sieht man ein, daß es einen bequemen kurzen Weg nicht gibt. Zwei oder drei Tage mögen ausreichen, um dem Most eine schöne rote Färbung zu verleihen (sogar eine «Wärmebehandlung» zum raschen Ausziehen der Farbe wird praktiziert), aber zehn Tage langsamer Gärung bei rund 24 °C sind nötig für eine tiefe Farbe und befriedigenden Wein.

Eine interessante Alternativmethode der Rotweingärung wird schon seit langem im Beaujolais praktiziert und jetzt auch anderswo, vor allem im Süden Frankreichs, viel erörtert. Dabei werden die ganzen Trauben unzerquetscht mit Stielen und allem in einen geschlossenen, mit Kohlensäure gefüllten Tank gebracht. Hier beginnt nun in den einzelnen Trauben eine eigene Art von Gärung, bei der die Farbe der Hülse nach innen ausgezogen und schließlich die Beere aufgesprengt wird. Das Kohlensäure-Maischen, wie man diese Methode nennt, ergibt gut durchgefärbten, sehr aromatischen, weichen Wein, allerdings mit begrenzter Ausbaufähigkeit.

Wenn der Wein schließlich in die Flasche abgefüllt werden kann, sind immer noch wohlüberlegte Entscheidungen zu treffen. Will man gewiß sein, daß man einen blanken, funkelnden Wein bekommt, dann muß man ihn fein filtern. Die Filter aber entziehen ihm nicht nur Verunreinigungen und Schwebeteilchen, sondern auch Aromastoffe. Ein idealer Wein setzt sich auch ohne besondere Behandlung im Faß ab. Auch in diesem Stadium wie in allen anderen ist es also am besten, so wenig wie möglich mit dem Wein zu manipulieren.

Anatomie einer Kellerei

Heutzutage wird Wein in Kellereien bereitet, die eigentlich Weinfabriken sind: In Westeuropa sind es meist Genossenschaften, die den Winzern (und ihrer Bank), in Osteuropa dem Staat gehören. In der Neuen Welt sind die Eigentümer oft staatliche oder private Firmen.

Solch eine moderne Kellerei hat nichts Romantisches, wie es der Vorstellung von «im tiefen Keller» lagernden Fässern anhaftet. Die Massenproduktion aber ist die einzige heute noch praktikable Methode, wie man die gewaltigen Mengen qualitativ zuverlässiger Weine bereiten kann, deren die Welt bedarf.

Das wichtigste in einer modernen Kellerei ist Flexibilität. Sie muß imstande sein, verschiedene Trauben unterschiedlicher Herkunft zu Weinen verschiedenster Art zu verarbeiten. Im Gegensatz zum Weingut, das Jahr für Jahr unbeirrt seinen Weg geht, muß eine Kellerei sich alle Möglichkeiten offenhalten, um sich den Erfordernissen des Marktes anpassen zu können.

Wenn die Kellerei rationell arbeiten will, so muß sie eine möglichst lange Saison der Weinbereitung haben, damit ihre Pressen und Gärtanks vom Eintreffen der ersten Trauben im Frühherbst bis zu den spätesten nach den ersten Frösten stetig und gleichmäßig ausgelastet sind. Der Idealfall ist daher, wenn sie von Winzern beliefert wird, die viele verschiedene Sorten mit möglichst weit auseinanderliegenden Reifezeiten anbauen. Eine moderne Kellerei streckt ihre Kapazität dadurch, daß sie die gelieferten Trauben tiefgekühlt lagert und schubweise das Jahr über verarbeitet.

Das Vorbild der auf dieser Seite abgebildeten Kellerei ist eine der modernsten und erfolgreichsten Kaliforniens: die Robert-Mondavi-Kellerei im Napa Valley. Sie kauft Trauben (oder baut sie selbst an) und verkauft fertigen Wein in Flaschen und verpackt. Viele Kellereien dieser Art kaufen auch Wein in großen Partien von anderen Kellereien, um sie mit eigenen Weinen zu verschneiden oder um sie fertigzubehandeln.

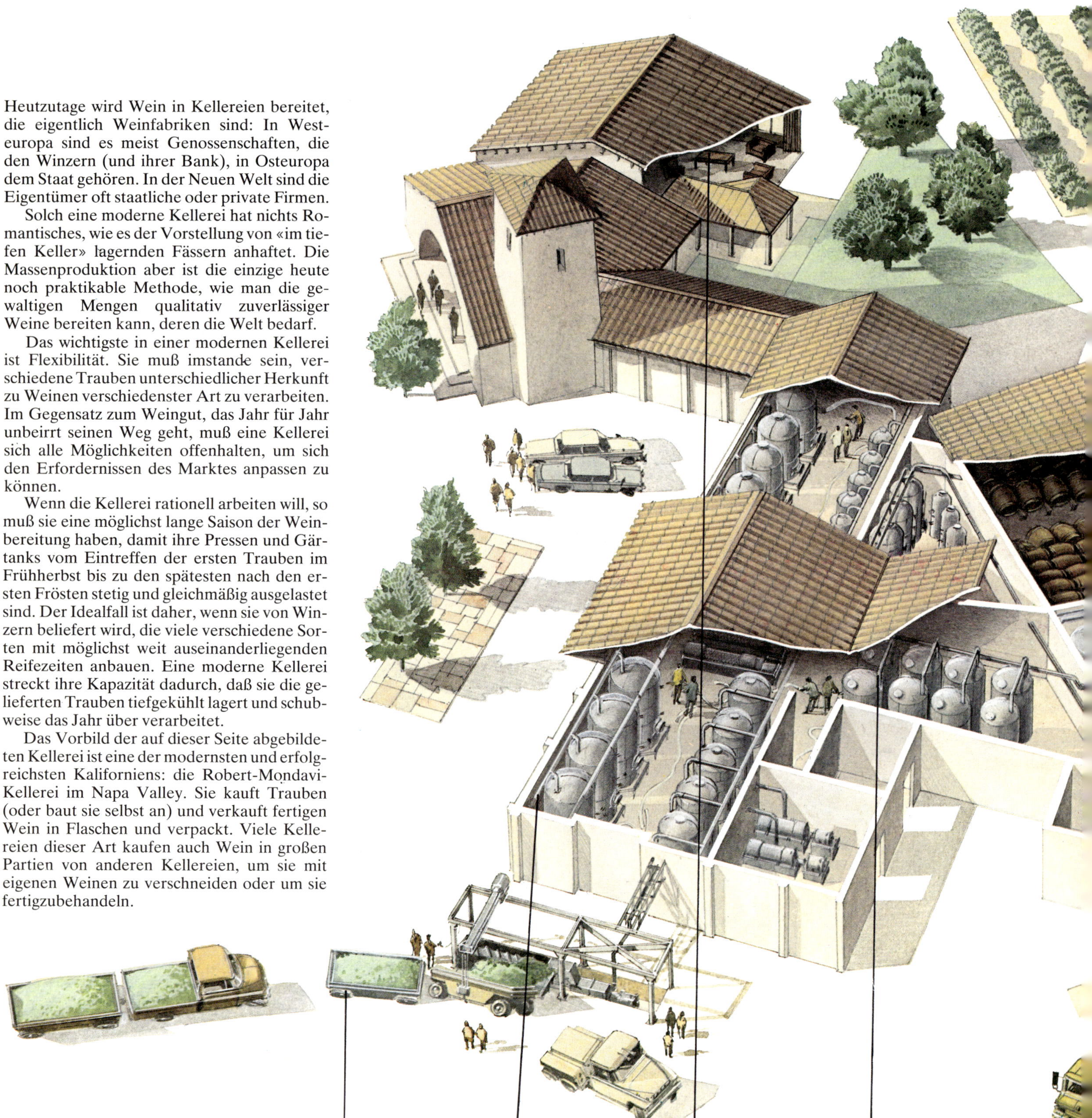

Die Winzer liefern ihre Trauben mit Traktor und Anhänger oder schweren LKWs an. Die Trauben werden in einen Schacht gekippt und mit einer Förderschnecke in die Entbeer- und Quetschanlage transportiert.

Durch ein Rohr laufen Saft und gequetschte Trauben für Rotwein direkt in den Gärtank. Die Masse der weißen Trauben kommt vor dem Keltern in einen Abtropftank oder wird sofort gepreßt.

Ein ganzer Flügel ist den Verwaltungs- und Empfangsräumen sowie den Probierstuben vorbehalten. Besucher werden zur Besichtigung der Kellerei und zu Weinproben eingeladen.

Edelstahltanks dienen zur Gärung und Lagerung. Das erhöht die Kapazität der Kellerei. In der Mondavi-Kellerei lagern weit über 40 000 hl Wein, und dabei gehört sie noch zu den kleineren Betrieben.

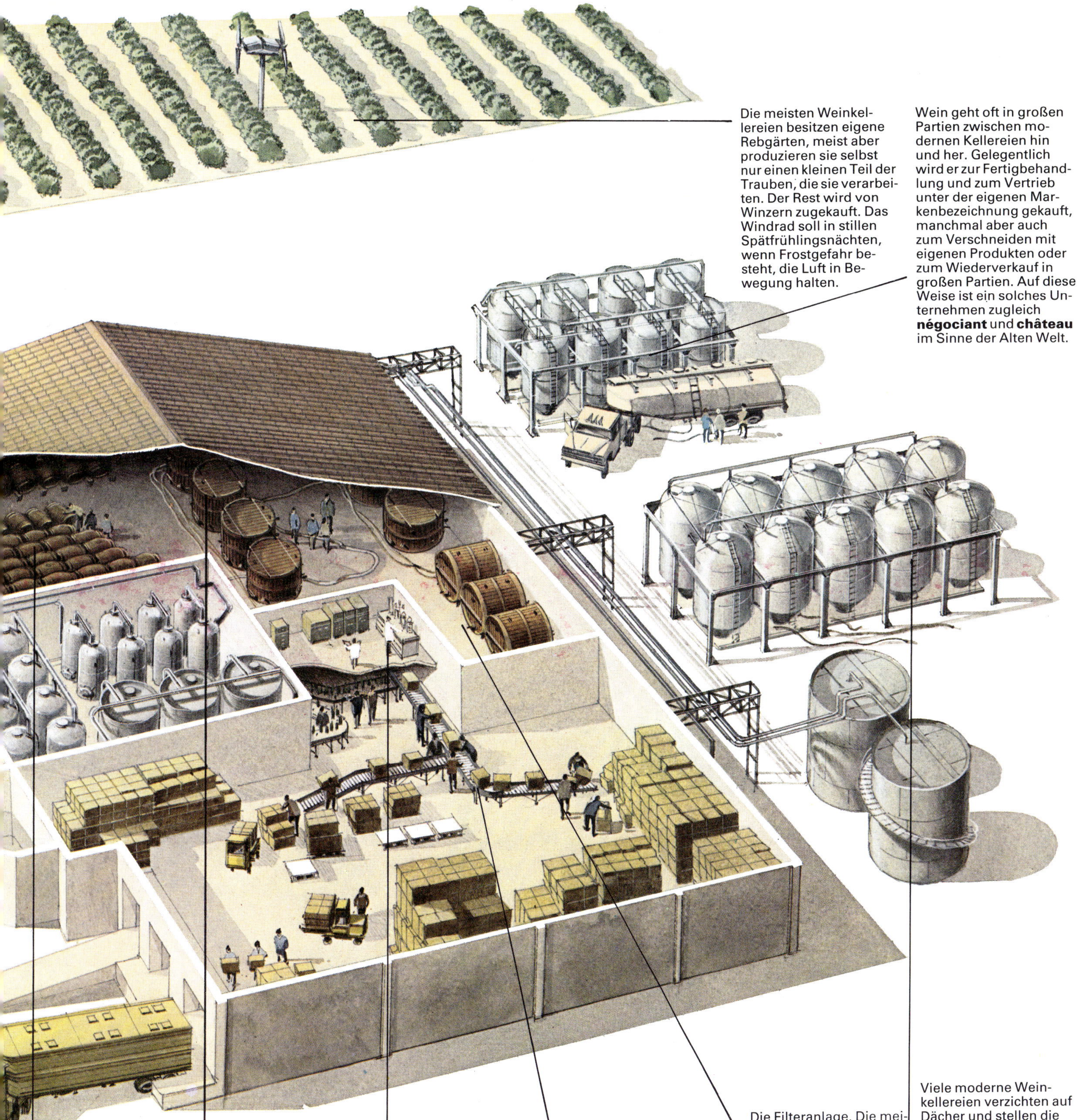

Die meisten Weinkellereien besitzen eigene Rebgärten, meist aber produzieren sie selbst nur einen kleinen Teil der Trauben, die sie verarbeiten. Der Rest wird von Winzern zugekauft. Das Windrad soll in stillen Spätfrühlingsnächten, wenn Frostgefahr besteht, die Luft in Bewegung halten.

Wein geht oft in großen Partien zwischen modernen Kellereien hin und her. Gelegentlich wird er zur Fertigbehandlung und zum Vertrieb unter der eigenen Markenbezeichnung gekauft, manchmal aber auch zum Verschneiden mit eigenen Produkten oder zum Wiederverkauf in großen Partien. Auf diese Weise ist ein solches Unternehmen zugleich **négociant** und **château** im Sinne der Alten Welt.

Im Faßlager sind Fässer aus französischem und amerikanischem Eichenholz in sechs Reihen übereinander gestapelt. In ihnen altern Rotweine, Starkweine und die wenigen Weißweine, die nicht schon jung verkauft werden.

Tanks gibt es aus Stahl, Eichen- oder Sequoiaholz, Beton und Fiberglas. In allen Größen stehen sie zur flexiblen Verarbeitung von Wein in großen oder kleinen Partien bereit.

Im Laboratorium und Computerraum werden Zustand und Verbleib von vielen hundert verschiedenen Partien von der Gärung bis zum Abfüllen und Versand überwacht. Die Buchführung hierüber ist eine verzwickte, aber notwendige Aufgabe.

Die Abfüllanlage bewältigt bis zu 10 000 Flaschen in einer Stunde. Die Flaschen kommen bereits im Karton an, werden herausgenommen, gefüllt und wieder hineingestellt. Dann werden sie auf Paletten gestapelt und sind versandbereit.

Die Filteranlage. Die meisten Weine werden vor dem Abfüllen feingefiltert. Manchmal hebt man auch etwas ungefilterten Wein für Liebhaber auf, die mehr Wert auf Aroma und Würze legen als auf perfekte Klarheit.

Viele moderne Weinkellereien verzichten auf Dächer und stellen die Edelstahltanks für Gärung und Lagerung einfach im Freien auf. Ihr großes Ausmaß und ein Mantel aus zirkulierender Kühlflüssigkeit halten bei jedem Wetter die ideale Temperatur konstant.

Die Anatomie eines Weinguts

Verglichen mit modernen industriellen Weinbereitungsverfahren, ist der Vorgang in einem Weingut in Bordeaux, den man als typisch für ganz Frankreich ansehen darf, anscheinend ganz natürlich und unkompliziert, nichts weiter als eine Ernteszene alten Stils. Die Trauben werden einfach gelesen, abgebeert und gekeltert, den Rest besorgt die Natur . . .

In einem kleinen Château wie dem hier abgebildeten (Malescasse im Médoc) bereitet man den Wein in eichenen *cuves* im *cuvier.* Er gärt etwa zehn Tage und wird dann von den Hülsen getrennt, die anschließend ausgepreßt werden. Ist es warm und entwickelt die Fermentation zuviel Wärme, kühlt man die *cuves.*

Aus dem *cuvier* wird der Wein in einen Betontank gepumpt; dort bleibt er zwei Wochen und wird dann *débourbé* oder entschleimt, d. h. von seinem festen Bodensatz in einen anderen Bottich abgezogen. Darin überwintert er und durchläuft seine leichte zweite Gärung, bei der die Apfelmilchsäure in Milchsäure und Kohlensäure verwandelt und der Wein weniger adstringierend wird. Im Februar pumpt man den Wein in *barriques* im Erstjahres-*chai.*

Dort lagert er ein Jahr, wird in dieser Zeit ständig aufgefüllt, gelegentlich auf ein frisches Faß abgezogen und gärt in manchen Jahren während des ganzen Sommers leicht weiter.

Im folgenden Jahr kommt er in den Zweitjahres-*chai,* wo man ihn fest verspundet und dann reifen läßt, bis er nach zwei Jahren abgefüllt werden kann. Teils wird er mit einem handbetriebenen Füllapparat auf Flaschen gezogen, teils faßweise an Weinhändler verkauft. Doch auch der Flaschenkeller spielt eine wichtige Rolle: Denn kein guter roter Bordeaux ist trinkfertig, bevor er nicht mindestens zwei Jahre Flaschenlagerung hinter sich hat.

Château Malescasse in Lamarque ist ein typischer kleiner Cru Bourgeois: ein schlichtes, spezialisiertes Weingut. Seine Verfahren sind modern, aber nicht außergewöhnlich fortschrittlich. Gebaut wurde es 1830 und wie viele Médoc-Weingüter würdevoller gestaltet, als es seiner Zweckbestimmung entspricht.

Im Büro des Besitzers hängen große Pläne des Weinguts und Karten, auf denen jedes Faß und jede Rebzeile verzeichnet ist.

In der Küche wird **pot au feu** oder **cassoulet** für die Traubenpflücker gekocht. Zum Frühstück gab es Sardinen, Brot und Rotwein.

Der Erstjahres-**chai.** Neuer Wein wird in große Eichenfässer gepumpt, die man mit Glasstöpseln leicht verschließt. Im Februar nach der Lese wird er auf kleinere Fässer abgezogen.

Im Beton-**cuve** überwintert der Wein, durchläuft währenddessen die Nachgärung und sondert Bodensatz ab.

Mit einer hydraulischen Kelter wird das restliche Fünftel Wein aus den Trestern gepreßt, nachdem der Vorlauf abgeflossen ist (s. S. 30–31).

Die **Remontage:** Jeden Morgen und Abend wird der gärende Wein umgepumpt und über den auf der Oberfläche schwimmenden Tresterhut gesprüht, damit er Luft aufnimmt.

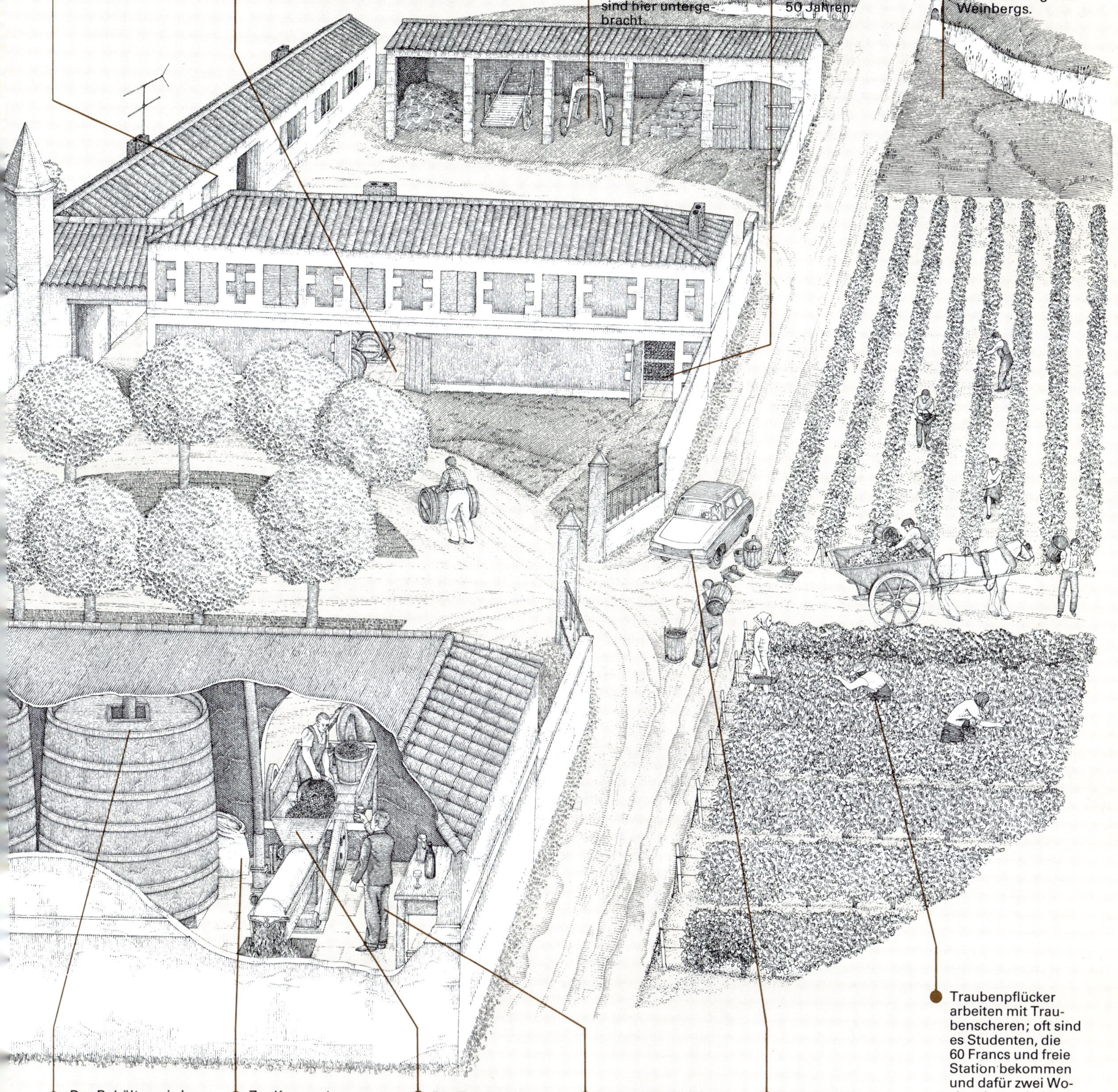
In diesem Trakt leben die festangestellten Arbeitskräfte.
Der Zweitjahres-**chai:** Dorthin kommen die (24 Dutzend Flaschen fassenden) **barriques** nach dem ersten Jahr, um Platz für den neuen Jahrgang zu machen. Teils wird hier, teils bei Händlern in Bordeaux abgefüllt.
Futtermittel und Gerät, darunter der hochbeinige, über die Reben hinwegfahrende Traktor, sind hier untergebracht.
Im Flaschenkeller lagern Proben der Weine dieses und der Nachbarweingüter aus den letzten 50 Jahren.
Schwerer Schlickboden ist für Reben ungeeignet, doch fördert der Bach die Entwässerung des Weinbergs.
Traubenpflücker arbeiten mit Traubenscheren; oft sind es Studenten, die 60 Francs und freie Station bekommen und dafür zwei Wochen hart arbeiten. Die Trauben werden in einem Kippkarren gesammelt.
Der Behälter wird nur zu 4/5 gefüllt, damit sich der brodelnde Gärprozeß entfalten kann.
Zur Konservierung wird Schwefeldioxyd in Pulver- oder flüssiger Form auf die Trauben oder in die **cuve** gesprenkelt (etwa 10 g auf 100 l).
Die Trauben wandern sofort in einen **fouloir-égrappoir,** wo sie zerquetscht und dann in einen Gärbehälter gepumpt werden.
Der Besitzer mißt den Zuckergehalt seines Mostes (und damit den Alkoholgehalt seines Weins) mit einem Aräometer.
Der **courtier** oder Makler kommt, um sich nach dem Jahrgang zu erkundigen und sich einen ersten Eindruck von seiner möglichen Qualität zu verschaffen.

Der Wein und die Zeit

Oben: Louis Pasteur war der erste Wissenschaftler, der sich mit dem Wein beschäftigte. Er entdeckte, daß Bakterien die Gärung verursachen, und fand Antwort auf viele andere weinbauliche Fragen.

Manche Weine sind sofort trinkfertig. Andere gewinnen unendlich bei einer bis zu fünfzigjährigen Lagerung. Im allgemeinen sind diese *vins de garde* die besseren Weine. Warum eigentlich?

Die meisten Weißweine, Rosés und die recht leichten Rotweine wie Beaujolais und Valpolicella trinkt man am besten jung. Was sie ansprechend macht, ist ihre Fruchtigkeit und Frische.

Die großen Weißweine und die meisten Spitzen-Rotweine werden dagegen so gezogen, daß sie einen möglichst ausdrucksvollen, von ihrem Boden geprägten Charakter haben. Solange sie jung sind, enthalten sie einen noch unentschiedenen Komplex widerstreitender Elemente: von Säuren und Zuckern, Mineralien und Pigmenten, Estern, Aldehyden und Gerbstoffen. In großen Weinen sind diese Stoffe noch zahlreicher als in guten.

Diese Elemente brauchen allerdings Zeit, um sich zu einem harmonischen Ganzen zu vereinen und das unverkennbare Merkmal der Reife zu entwickeln, das man (in Analogie zu den Blumen) Bukett nennt: Zeit – und Sauerstoff.

Erst nachdem Napoleon III. 1863 Louis Pasteur aufgefordert hatte, zu untersuchen, warum soviel Wein auf dem Weg zum Verbraucher verderbe, wurde entdeckt, welche Rolle der Sauerstoff spielt. Pasteur fand heraus, daß zuviel Luftberührung die Ausbreitung von Essigbakterien fördert. Andererseits, so entdeckte er, besorgen sehr kleine Sauerstoffmengen die Entwicklung der Weine; dieser Sauerstoff arbeitet nicht «brüsk», sondern ganz allmählich, und eine Flasche Wein enthält genug Sauerstoff für einen jahrelangen Alterungsprozeß.

Mit versiegelten, ganz bzw. halb mit Wein gefüllten Reagenzgläsern bewies Pasteur, daß der in der Luft des halbvollen Glases enthaltene

Anhand dieser handkolorierten Illustrationen in seinen **Etudes sur le Vin** demonstrierte Pasteur die Einwirkung von Zeit und Sauerstoff auf Rot- und Weißwein.

Ganz links: Pasteur fand heraus, daß Rotwein ohne Luftberührung seine Farbe nicht verändert. Links: Eingeschlossene Luft verblaßte seine Farbe.

Links: Weißwein ohne Lufteinwirkung blieb unverändert. Rechts: Unter Lufteinwirkung verfärbte er sich braun.

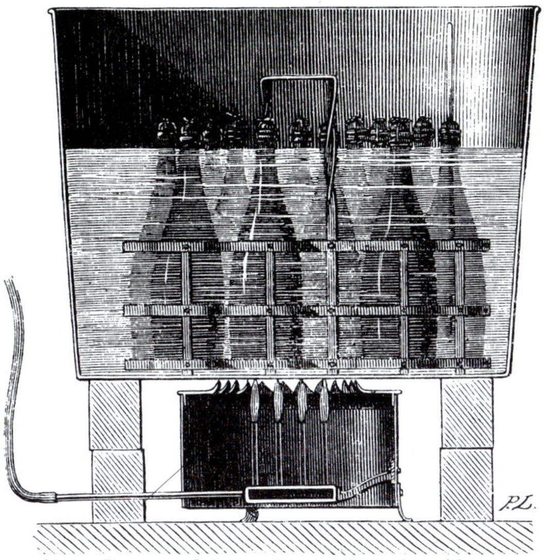

Oben: Pasteurs Original-Diagramm seines Verfahrens der Wein-‹Pasteurisierung› in heißem Wasser. Rechts: Eine römische Flasche mit römischem Wein, heute im Museum zu Speyer. Auf dem Wein schwimmendes Öl schützt den Wein vor der Luft.

Sauerstoff innerhalb weniger Wochen die gleiche Depotmenge absonderte, wie sie in sehr alten Flaschen zu finden ist, und sich auf die Farbe genauso wie eine extreme Alterung auswirkte.

Pasteur demonstrierte also im Zeitraffer, was in der Flasche geschieht: Der Sauerstoff führt zunächst die Entwicklung der Weinbestandteile herbei, wirkt dann weiter und verschlechtert den Wein.

Auch fand Pasteur, daß selbst sorgfältig vor Luftberührung geschützter Wein Sauerstoff aufnehmen kann: beim Abstich oder sogar durch die Faßdauben hindurch (so daß Fragen wie deren Stärke, ob die Fässer eine Schicht Weinsteinsäure-Kristalle haben, ihr Fassungsvermögen und ob sie in Zugluft stehen, belangvoll wurden).

Ist der Wein im Faß stärker der Sauerstoff-Einwirkung ausgesetzt, so wirkt auch das Holz an seiner Umwandlung mit. Eichenholz verleiht ihm bestimmte Merkmale: zusätzlichen Gerbstoff und einen Vanillegeschmack, der besonders bei Spirituosen spürbar ist. Sauerstoff und Eichenholz lassen einen Wein viel schneller altern, als dies auf der Flasche der Fall wäre.

Lagert ein leichter Wein zu lange im Faß, wird er bald fad: Seine Farbe verblaßt, seine Fruchtigkeit verliert sich, und er fängt an, trokken, schal und leer zu schmecken. Wird derselbe Wein nach einem Jahr oder früher abgefüllt, behält er Farbe, Fruchtigkeit und Säure und hält sich noch mehrere Jahre.

Jeder Wein und jeder Jahrgang hat seinen Zeitplan. Je reifer die Beeren, desto mehr Geschmackstoffe und Alkohol enthält der Wein. Hat er den richtigen Säuregrad, der ihn vor dem Weich- und Schalwerden bewahrt, dann lohnt es sich, einen guten Jahrgang mit viel «Frucht» weitaus länger zu lagern als Wein eines nur durchschnittlichen Jahrgangs.

Der Weinpreis

Als die Bordelaiser Weinmakler 1855 ihre berühmte Klassifizierung des Médoc vornahmen, wählten sie als Richtschnur die von den einzelnen Châteaux in den letzten hundert Jahren erzielten Preise.

Es ist jedoch unmöglich, sich nach diesem Schema im Weltmaßstab ein Bild davon zu machen, wie die verschiedenen Weine bewertet werden. An vielen Stellen wird in diesem Atlas auf Weinpreise hingewiesen. Hier zeigen wir ein paar Beispiele dafür, wie sich die Preise in den Jahren 1961–1971 entwickelt haben.

Die Graphiken illustrieren die Bewegung einiger Weinpreise der Frankhof Kellerei, einer der führenden deutschen Weinhandlungen, während des letzten Jahrzehnts: Ein steiler Aufwärtstrend ist nur bei bestimmten ausländischen Spitzensorten wie dem Château d'Yquem oder dem Richebourg A.C. der Domaine de la Romanée-Conti festzustellen. Erstaunlich stabil dagegen haben sich die Preise deutscher Weine gehalten – ja, sie sind sogar durchweg billiger geworden, verglichen mit den Preisen anderer Güter allgemein sowie der Nahrungs- und Genußmittel im besonderen.

Die relative Preisstabilität der Deutschen Weine wird durch die Statistik der Durchschnittspreise bei Haushaltseinkäufen bestätigt: Laut F.W. Michel «Der Deutsche Weinmarkt im Jahre 1976» betrug der gemittelte

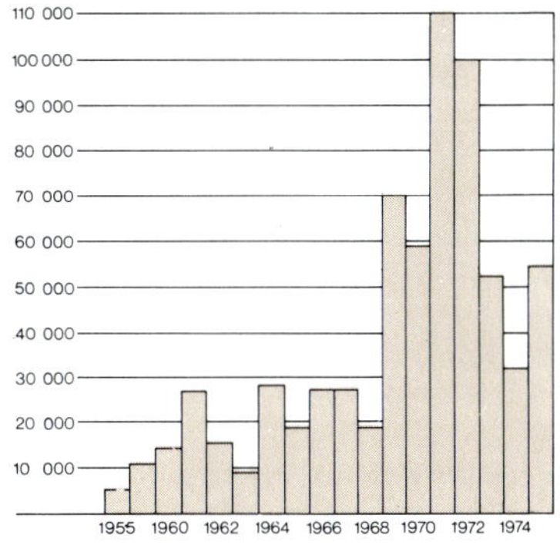

Die Graphiken oben und unten zeigen den lebhaften Preisaufschwung beim **Bordeaux** in den späten 60er Jahren sowie die darauf folgende Reaktion. Oben findet man die Preise ab Château (in Francs pro Tonneau: vier Oxhoft oder etwa 1150 Flaschen) für die Bestlese von **Château Lafite.**

Unten sind die Preise für einen erstklassigen Cru Bourgeois aufgeführt (Cru Exceptionnel **Château d'Angludet** in Cantenac im Médoc). 1955 kostete der Lafite 5000 Francs; 1959 war er bereits doppelt so teuer. Die kleine, aber ausgezeichnete Weinlese von 1961 war der erste richtige Wendepunkt – die Preise kletterten rapid auf 27 000 Francs empor, auf eine Höhe, die sie während einiger Jahre erstaunlich stabil halten konnten bis zur schlechten Lese im Jahre 1968 und der geringen Menge der 1969er Weinlese. Die beiden Ereignisse fielen mit der wachsenden amerikanischen Nachfrage zusammen. 1970 trat noch zusätzlich eine wirtschaftliche Teuerung ein. Lafite forderte und erhielt für die mittelmässige 1969er Lese 70 000 Francs. 1970 war eine sehr reichliche Ernte zu verzeichnen, so daß der Preis zuerst auf 59 000 Francs zurückfiel; aber eine ungeheure Investitionsfreude in den Wein hatte eingesetzt, und der 1970er Jahrgang wurde nun zum doppelten Château-Preis gehandelt.

Den Höhepunkt erreichten die Preise mit der kleinen 1971er und der reichlichen, aber schlechten 1972er Ernte. Dann kam 1973 der Oktoberkrieg. Jedermann fragte sich, wer eigentlich all diesen Wein trinken würde, der das Château zu ca. DM 50.– pro Flasche verließ. Die Preise der großen 1973er und 1974er Jahrgänge haben ihre eigene Geschichte.

Im Gegensatz dazu haben die Preise des Cru Bourgeois (unten) ein realistisches Niveau gehalten. 1955 war der Wein des **Château d'Angludet** ein Viertel so teuer wie der Lafite. Auf dem Höhepunkt der Kostenentwicklung betrug er aber nur mehr ein Vierzehntel. 1975 erreichte er wieder ein Fünftel des Lafite-Preises.

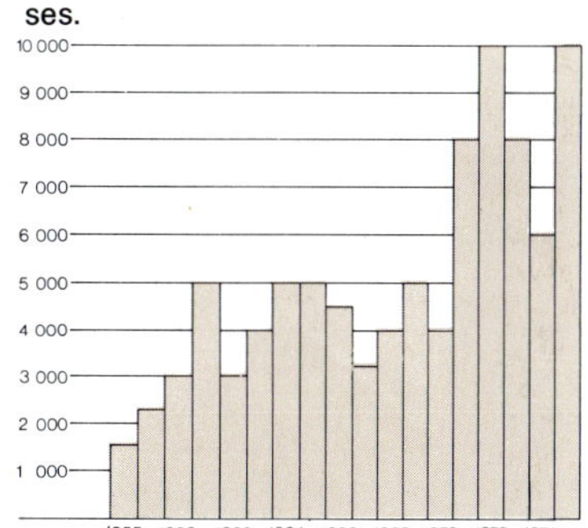

Flaschenpreis 1976, seit 1973 unverändert, 4,62 DM/l. Er lag damit nur etwa 1,00 DM/l höher als im Jahrzehnt zuvor. Konstant ist auch das geographische Preisgefälle: in Norddeutschland wird im Durchschnitt fast 1 DM/l mehr als in Süddeutschland gezahlt – nördlich der Mainlinie lag das Preisniveau 1976 um 5 DM/l, südlich dagegen bei nur rund 4 DM/l. 1976 hat man pro Haushalt in Norddeutschland etwa 85 DM (für 17 Liter), in Süddeutschland dagegen (für ca. 30 Liter) über 120 DM ausgegeben. An der Spitze lag Baden-Württemberg mit 43,0 Liter und 167,56 DM pro Haushalt.

Der Marktanteil der verschiedenen Weinbaugebiete zeigt im Ablauf der Jahre nur geringe Veränderungen: entsprechend dem Rebflächenanteil haben Rheinpfalz und Rheinhessen jeweils einen Anteil von etwa 26 Prozent der Menge, wobei wegen der geringeren Durchschnittspreise jedoch die Rheinpfalz nur auf etwa 19 Prozent des Wertanteiles kommt. Mosel-Saar-Ruwer liegt bei etwa 18 Prozent der Menge und 21 Prozent des Wertes, gefolgt von Baden mit etwa 9 Prozent der Menge und 10 Prozent des Wertes, weiterhin Württemberg mit je 7 Prozent Menge und Wert, während Franken und Rheingau je nur 3 Prozent der Menge des Deutschen Weines liefern.

Es ist sehr schwierig, für die Erzeugermarktpreise der letzten Jahre sinnvoll Aussagen zu treffen, da einerseits die qualitativ herausragende Ernte 1976 einen ungewöhnlich großen Anteil hochwertiger und damit auch hochpreisiger Spätlesen und Auslesen lieferte, während in den Jahren 1973 bis 1975 wegen der allgemeinen Konjunkturrezession die Weinpreise auf das niedrigste Niveau gedrückt waren: 1973 kosteten Qualitätsweine bestimmter Anbaugebiete aus Rheinhessen bzw. Rheinpfalz zwischen 60 und 70 DM/hl, 1977 inzwischen 150 DM/hl. Die zukünftige Preisentwicklung auf dem Erzeugermarkt wird vermutlich von den Interventionsmassnahmen der Europäischen Gemeinschaft beeinflußt.

Weißweine

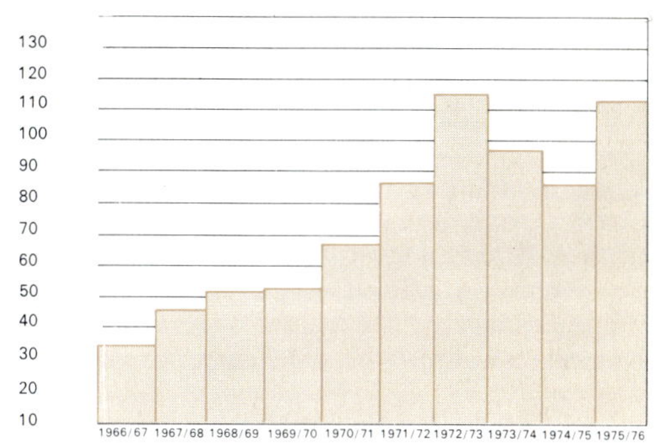

Rotweine

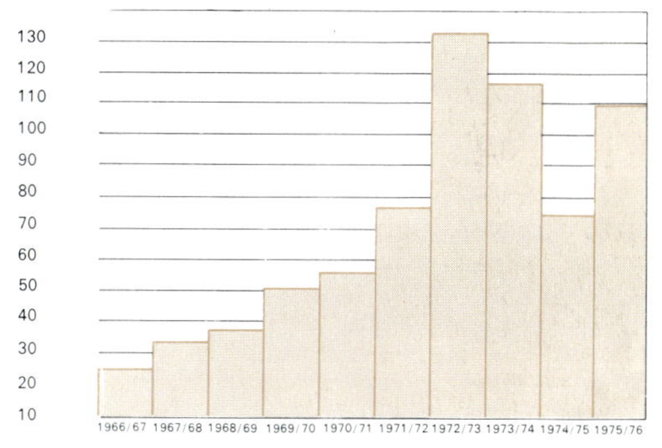

Portweine

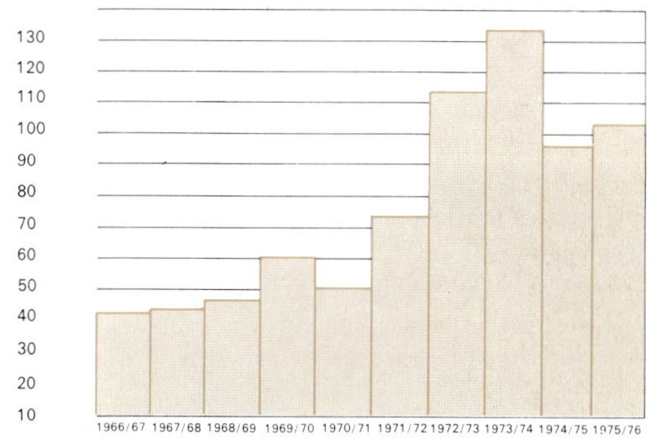

Burgunder

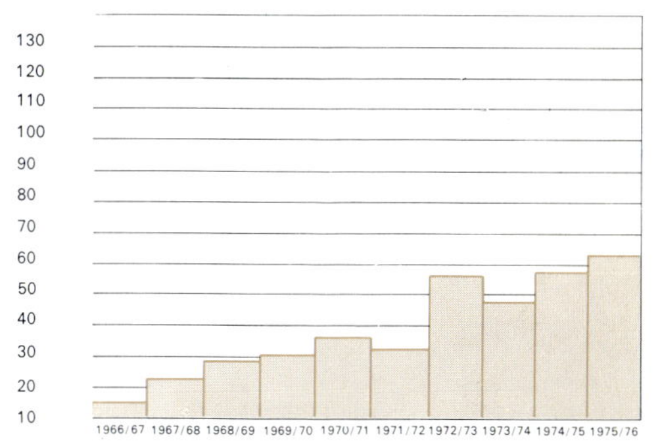

Die Weinliteratur

Seit der Römerzeit werden Bücher über den Wein und den Weinbau geschrieben. Ein vornehmer Gutsherr zur Zeit des Römerreiches hatte in seiner Bibliothek Weinbücher einiger der bedeutendsten Autoren, darunter Vergil, Horaz, Cato, Varro und Martial.

Das erste bekannte landwirtschaftliche Lehrbuch schrieb Mago von Karthago gegen Ende des vierten vorchristlichen Jahrhunderts. Columella, in Cadiz im Sherry-Land geboren, verfaßte sein klassisches Werk *De Re Rustica* um 65 n. Chr. Beide Bücher behandeln den Weinbau als einen wichtigen Zweig der allgemeinen Landwirtschaft und beweisen, daß man die die Qualität des Weins beeinflussenden Faktoren und die wirtschaftlichen Aspekte des Weinbaus - zu jener Zeit im wesentlichen die Frage, wie sehr man die Sklaven antrieb - seit langem studiert hatte.

Seit dem 18. Jahrhundert hat sich eine große Bibliothek von Fachbüchern angesammelt. Besonders in Frankreich genießen manche ihrer Autoren das Ansehen von Klassikern, so daß heutige Verfasser noch zitieren, was Lavalle, Rodier, Roupnel, Guyot einst über den Charakter eines bestimmten Weins schrieben, so wie die Parlamentarier des 18. Jahrhunderts etwa Thukydides zitierten.

Einige dieser Bücher sind heute noch so wertvoll wie zu ihrer Zeit. Andere haben ihren Platz neueren Arbeiten überlassen müssen. Die folgende Aufstellung ist eine persönliche Auswahl neuerer Weinbücher sowie einiger klassischer Werke.

Allgemeines

H. Warner Allen
A History of Wine (London, 1961)

Maynard A. Amerine und Vernon L. Singleton
Wine, An Introduction for Americans
(Berkeley & Los Angeles, 1965)

Maynard A. Amerine und M. A. Joslyn
Table Wines – the Technology of their Production
(Berkeley & Los Angeles, 1970)

J. W. Broadbent
Wine Tasting (London, 1968)

Ernst Hornickel
Die Spitzenweine Europas (Stuttgart, 1963)

Edward Hyams
Dionysos, A Social History of the Wine Vine
(London, 1965)

A. Jullien
Topographie de tous les vignobles connus
(Paris, 1866)

Alexis Lichine
Encyclopaedia of Wines and Spirits
(London, 1967, 1975)

Salvatore P. Lucia
A History of Wine as Therapy (Philadelphia, 1963)

Lenz Moser
Un Nouveau Vignoble (aus dem Deutschen übersetzt, Cadillac-sur-Garonne, 1960)

Louis Pasteur
Etudes sur le Vin (Paris, 1966)

Frank Schoonmaker
Encyclopaedia of Wine (London, 1967)

G. Siloret
Encyclopédie des Connaissances Agricoles: Le Vin
(Paris, 1963)

André L. Simon
Bottlescrew Days (London, 1926)

J. Ribéreau-Gayon und Emile Peynaud
Traité d'Oenologie (Paris, 1960)

George Saintsbury
Notes on a Cellarbook (London, 1920)

Philip M. Wagner
Grapes into Wine (New York, 1974)

Harry Waugh
The Changing Face of Wine (London, 1968)
Pick of the Bunch (London, 1970)
Diary of a Wine-Taster (New York, 1972, und spätere Auflagen)

Albert J. Winkler
General Viticulture (Berkeley & Los Angeles, 1962)

William Younger
Gods, Men & Wine (London, 1966)

Frankreich

John Arlott und Christopher Fielden
Burgundy: Vines & Wines (London, 1976)

Pierre Bréjoux
Les Vins de la Loire (Paris, 1956)
Les Vins de Bourgogne (Paris, 1967)

Cocks et Féret
Bordeaux et ses Vins
(Bordeaux, 1970, 12. Auflage)

Paul de Cassagnac
French Wines
(übersetzt von Guy Knowles, London, 1930)

Hubrecht Duijker
The Great Wine Châteaux of Bordeaux
(Amsterdam und London, 1975)

Patrick Forbes
Champagne (London, 1969)

Rolande Gadille
Le Vignoble de la Côte Bourguignonne
(Paris, 1967)

Louis Jacquelin und René Poulain
The Wines and Vineyards of France
(übersetzt von T. A. Layton, London, 1962)

Louis Larmat
Les Vins des Côtes du Rhône (Paris, 1943)
Les Vins de Bordeaux (1944)
Les Vins de Champagne (1944)
Les Vins des Coteaux de la Loire; Touraine et Centre (1946)
Le Cognac (1947)
Les Vins de Bourgogne (1953)

Louis Orizet
Mon Beaujolais (Villefranche, 1959)

Edmund Penning-Rosell
The Wines of Bordeaux (London, 1969)

Pierre Poupon und Pierre Forgeot
Les Vins de Bourgogne
(Paris, 1969; neubearbeitete Auflage)

Cyril Ray
Cognac (London, 1971)

Camille Rodier
Le Vin de Bourgogne (Dijon, 1948)

V. R. Roger
The Wines of Bordeaux (London, 1960)

Philippe Roudié
Le Vignoble Bordelais (Toulouse, 1973)

Gérard Seguin
Les Sols des Vignobles du Haut-Médoc. Influences sur l'Alimentation en Eau de la Vigne et sur la Maturation du Raisin (Bordeaux, 1970)

P. Morton Shand
A Book of French Wines (London, 1928)

Allan Sichel
The Penguin Book of Wines (London, 1965)

André L. Simon
Champagne (London, 1962)

Deutschland

Hans Ambrosi
Wo große Weine wachsen (München, 1973)
Deutscher Weinatlas (Bielefeld, 1973)

H. Becker, H. Zakosek und andere
Die Standortkartierung der hessischen Weinbaugebiete (Wiesbaden, 1967)

S. F. Hallgarten
Rhineland, Wineland (London, 1951)

Frank Schoomaker
The Wines of Germany (New York, 1956, 1969)

Australien

Len Evans
Australia and New Zealand – The Complete Book of Wine (Sydney, 1973)

André L. Simon
The Wines, Vineyards and Vignerons of Australia
(Melbourne, 1966)

Mitteleuropa

R. E. H. Gunyon
The Wines of Central and South-East Europe
(London, 1971)

Zoltan Halasz
Hungarian Wine through the Ages
(Budapest, 1962)

Italien

Charles G. Bode
Wines of Italy (London, New York, 1966)

Cyril Ray
The Wines of Italy (London, 1966)

Bruno Roncarati
Viva Vino (London, 1976)

Luigi Veronelli
The Wines of Italy (Rom, 1966)

Marokko

Michèle Mathez
L'Arboriculture et Viticulture au Maroc
(Rabat, 1968)

Schottland

R. J. S. McDowall
The Whiskies of Scotland (London, 1967)

Südafrika

Gordon Bagnall
Wine of South Africa (Paarl, 1961)

K. W. V. (Herausgeber)
Wines of Origin (Paarl, 1974)

Spanien und Portugal

George Rainbird
Sherry and the Wines of Spain (London, 1966)

Jan Read
The Wines of Spain and Portugal (London, 1973)

Dan Stanislawski
Landscapes of Bacchus (Austin, Texas, 1970)

Schweiz

Editons Générales (Herausgeber)
Les Vins Suisses (Genf, 1968)

USA

Leon Adams
The Wines of America (Boston, 1973)

Hurst Hannum und Robert Blumberg
The Fine Wines of California
(New York, 1971, neubearbeitet 1973)

Robert Gorman
Gorman on California Premium Wines
(Berkeley, 1975)

Bob Thompson und Hugh Johnson
The California Wine Book (New York, 1976)

Auswahl und Servieren des Weins

Die Probiertasse in der einen, den Stechheber in der anderen Hand, prüft ein burgundischer Winzer seinen Wein vom Faß.

Weinprobe und Weinsprache

Der überwiegende Teil des guten, ja sogar des großen Weins wird vergeudet. Er fließt über die Zunge und durch die Kehle von Menschen, die sich nicht auf ihn eingestimmt haben oder unempfänglich sind für das, was in ihm steckt.

Wäre der Geschmackssinn im Munde zuhause (wie uns die Geschmacksreize suggerieren), dann würde jeder, der einen Mundvoll Wein herunterschluckt, auch all die Empfindungen erleben, die er auslösen kann. Wie uns aber das Modell des Bacchus zeigt, liegen die Nerven, die differenziertere Wahrnehmungen als die Grundreize des Süßen, Sauren, Salzigen und Bitteren registrieren, weiter oben im Kopf und im Gehirn.

Tatsächlich riechen wir Geschmacksempfindungen, statt sie mit Lippen, Zunge und Gaumen zu schmecken. Das eigentliche Unterscheidungsorgan liegt in der oberen Nasenhöhle, wohin beim normalen Atmen keine Luft gelangt. Und die einzigen Reize, die dorthin vordringen können, sind die flüchtiger Substanzen. Um vom Gehirn registriert zu werden, müssen die Geruchsstoffe des Weins (durch Nase und Mund) in den oberen Ausschnitt der Nasenhöhle inhaliert werden. Hier nehmen fadenförmige Riechzellen die Reize auf und vermitteln sie weiter an das Geruchszentrum im Bereich der obersten Nasenmuschel und von dort ins Gehirn.

Oft wird behauptet, man könne sich an bestimmte Gerüche schneller und lebhafter als an andere Wahrnehmungen erinnern. Die Lage des Geruchszentrums gleich neben dem Schläfenlappen, in dem die Erinnerungen gespeichert werden, läßt auch darauf schließen, daß der Geruch, der primitivste unserer Sinne, eine bevorzugte Stellung einnimmt und direkten Zugang zu den Gedächtnisinhalten hat. Erfahrene Weinkoster verlassen sich häufig auf die unmittelbare Reaktion ihres Gedächtnisses auf das erste Schnuppern am Wein. Wenn sie das dann nicht sofort an früher verkostete Weine erinnert, müssen sie auf ihr im Scheitellappen des Gehirns lokalisiertes analytisches Vermögen zurückgreifen. Im Stirnlappen bildet sich ihr Urteil über den Wein (das dann im Schläfenlappen gespeichert wird).

Weine unterscheiden sich in Farbe, Struktur, Stärke und «Körper» wie auch in Blume, Bukett und «Geschmack». Ein Weinkoster muß all diese Merkmale berücksichtigen. Wie er dabei vorgeht, wird auf der Seite gegenüber gezeigt.

Weit schwieriger als das Einschätzen eines Weins ist es jedoch, die durch ihn ausgelösten Sinneseindrücke zu kommunizieren. Mit Ausnahme von süß, salzig, sauer und bitter sind sämtliche Bezeichnungen in der Sprache des Geschmacks von anderen Sinnen entlehnt. Indem sie sich mit bestimmten Empfindungen verknüpfen, helfen sie aber, die Geschmackswahrnehmung zu differenzieren.

Links: Michelangelos Kopf des rebenumkränzten Bacchus in einer Nachbildung mit den offengelegten, den Weingenuß vermittelnden Geschmacks- und Geruchsorganen sowie ihrer Verbindung zu den Urteils- und Gedächtnisfunktionen des Gehirns. Die Zunge registriert lediglich, ob ein Wein süß (an der Zungenspitze **1 A**), sauer (an den Rändern **C**), salzig (Vorderzunge **B**) oder bitter (Zungenhintergrund **D**) ist. Aber die ätherischen Bestandteile des Weins (vor allem Ester und Aldehyde) steigen in verflüchtigter Form durch die Nasenlöcher und hinter dem weichen Gaumen **2** in den oberen Teil der Nasenhöhle **3**. Dort schlagen sie sich an der feuchten Schleimhaut nieder, und feine Riechzellen leiten die Reize an das Geruchszentrum **4** im Gehirn. Gleich hinter dem Geruchszentrum liegt der Schläfenlappen **5**, der Sitz des Erinnerungsvermögens: Geruchsempfindungen rufen leicht Erinnerungen wach. Das Geruchserlebnis wird im Scheitellappen **6** analysiert und im Stirnlappen **7** bewertet. Der im Wein enthaltene Alkohol beflügelt zunächst die Gehirnfunktionen und das Wiedererkennungsvermögen. Dann aber wirkt er sich nachteilig aus und stört die feine Abstimmung der Gehirnarbeit. Professionelle Weinkoster spucken deshalb stets den Wein wieder aus, wenn sie ihm alle erforderlichen Informationen entnommen haben.

Die Farbe eines vor einem weißen Hintergrund im Glas hin- und hergeschwenkten Weins gibt dem Koster den ersten Aufschluß. Große Weine zeichnen sich durch eine auffällig satte und frische Farbe aus. Ist der Weißwein sehr hell, hat er einen Hauch jugendliches Grün?

Das Aussehen des Weins

Braun – außer bei Sherry und Madeira ein Zeichen für zu hohes Alter
Glanzhell – völlig klar
Grau – sehr blaßfarbener Rosé, Spezialität einiger Gegenden Frankreichs
Intensiv – nützliche, aber undefinierbare Farbbezeichnung
Maderisiert – infolge Oxydation und Alterung eintretende bräunliche Färbung
Pelure d'oignon – ‹Zwiebelschale›: ins Orange spielende Braunfärbung bereits leicht oxydierter Weine
Perlierend – leichte Entwicklung von Kohlensäure, die Bläschen im Glas bildet
Purpurfarben – junge Farbe: durchscheinend bei jungem Beaujolais, satt bei Rotweinen, die lange altern müssen
Rosé – rosa, weder rot noch weiß; abwertende Bezeichnung für Rotwein
Rubinfarben (bes. für Portwein) – das volle Rot des jungen Weins
Schwärzlich – junger, wahrscheinlich gerbstoffreicher Wein, der lange reifen muß
Tawny (bes. für Portwein) – die dunkle Bernsteinfarbe des alten Weins
Ziegelrot – Farbe eines reifen roten Bordeaux

Der Geruch des Weins
Altersgeruch – Kennzeichen oxydierter gespriteter Weine, Spezialität Südwestfrankreichs und Kataloniens
Aroma – der einfache Traubengeruch des jungen Weins
Blumig oder **duftig** – angenehm duftender Wein
Bukett – Gesamtheit der Duftstoffe eines guten, reifen Weins
Foxgeruch – charakteristisch für Weine der Amerikareben
Hefegeruch – kann bei jungem Wein ansprechend sein, wenngleich er meist darauf hindeutet, daß der Wein eine leichte Flaschengärung hinter sich hat und unstabil ist
Korkengeruch – von einem schimmeligen Korken
Schimmelgeruch – unangenehm, kann von einer faulen Faßdaube herrühren
Schwefelgeruch – scharfer Geruch mancher zur Konservierung geschwefelter Weine; verflüchtigt sich bei hinreichender Luftberührung
Sortenbukett – charakteristisch für eine bestimmte Traubensorte
Stichig – riechen vom Essigstich befallene Weine

Weinbeschreibungen
Man bemüht viele Namen von Pflanzen und Mineralien, deren chemische Bestandteile sich in Spuren in bestimmten Weinen wiederfinden. Unter anderem stellt man die folgenden Analogien her:
Apfelgeschmack – guter junger Wein enthält oft Apfelsäure. Beim Mosel ist dies besonders ausgeprägt
Blumig – vollaromatisches, angenehm duftendes Traubenbukett
Bodengeschmack – je nach Standort: Vorzug oder Nachteil, bei italienischen Weinen häufig
Eichengeschmack – der Faßcharakter, so wichtig und angenehm er auch ist, sollte nicht so hervortreten, daß er als Eichengeschmack erkennbar ist

Die Blume eines Weins sagt nahezu alles über seine Eigenschaften aus. Der erste Geruchseindruck des Weinkosters ist der wichtigste. Gibt es einen ‹fremden› oder ‹falschen› Beigeruch? Riecht der Wein nach frischen Trauben oder hat er bei der Lagerung ein komplexes Bukett entwickelt?

Feuersteingeschmack – wie Feuersteinfunken: bei manchen Weißweinen, z. B. Pouilly-Fumé
Fruchtig – Duft und Geschmack nach frischen Trauben
Gewürzgeschmack – sehr deutlich bei Traminern und Gewürztraminern
Honigsüß – besonders im Zusammenhang mit der ‹Edelfäule› großer süßer Weine
Himbeergeschmack – häufig bei guten Rotweinen, bes. aus Bordeaux und dem Rhône-Tal
Nußgeschmack – tritt besonders bei gut gealterten Weinen auf, sehr ausgeprägt bei gutem, altem Sherry
Pfirsichgeschmack – in Verbindung mit einer bestimmten Fruchtsäure, z. B. in Loire-Weinen

Der Koster nimmt nicht nur einen kleinen Schluck, sondern einen guten Mundvoll Wein und spült ihn im Munde hin und her. Jetzt prüft er den Körper oder die Weinigkeit. Ist er vollmundig oder mager? Ist er aufgrund seines Gerbstoffgehalts so herb, wie junge Rotweine sein sollten?

Rapsig – nach grünem Holz schmekkend; kann bei einem nicht voll ausgereiften Jahrgang auftreten
Rauchgeschmack – wird manchen Weißweinen nachgesagt
Schwarze Johannisbeere – Geruch und Geschmack vieler Rotweine
Trüffelgeschmack – am schwersten zu definieren; wird Burgundern und Barolos nachgesagt
Vanillegeschmack – nimmt Wein und (in weit stärkerem Maße) Branntwein bei Eichenholzlagerung an
Veilchengeschmack – ebenfalls undefinierbar, wird von manchen in ihrem Lieblingswein entdeckt
Diese Liste ließe sich noch lange fortsetzen. Manche Weinkoster halten sich ohnehin nicht daran, sondern assoziieren frei und schreiben ‹Gummi›, ‹Birne›, ‹Wolle› oder dergleichen auf ihre Kärtchen.

Allgemeine Weinbeurteilungen
Abgang – anhaltender Nachgeschmack guter Weine
Alt, Firn oder **Müde** – zu alt, ermattet, ohne Frische
Arm – zuwenig Körper
Elegant – wie bei einer Frau: undefinierbar – angenehm, gut, gepflegt, nicht gerade voll
Fad oder **Matt** – Mangel an Säure
Fest – Wein mit richtig abgestimmtem Säuregrad
Fett oder **Ölig** – hoher Extrakt- und Glyzeringehalt
Feurig – stark, reif und vollmundig
Finesse – Inbegriff der Feinheit
Flach oder **Dünn** – keine besonderen Geruchs- oder Geschmacksmerkmale
Frisch oder **Lebendig** – gesunder junger Wein mit ansprechendem Säure- und Kohlensäuregehalt
Fruchtig – von Aroma und Säure der Trauben geprägt, manchmal an andere Früchte erinnernd
Groß – sämtliche Eigenschaften in höchster Vollendung
Hart – viel Säure, unharmonisch
Herb – gerbstoffreich, adstringierend
Jung – noch nicht ganz ausgereifter Wein
Körperreich – extrakt- und glyzerinreich
Kräftig – hinreichend alkoholhaltig
Lieblich – angenehm, wenig ausdrucksvoll
Mächtig – alle Eigenschaften, besonders der Alkoholgehalt, stark ausgebildet
Mild – säurearm, aber ansprechend und reif
Mundig – ansprechend, zum Trinken einladend
Nervig – kräftig und fein – wie ein gutes Pferd
Plump – unharmonisch, schwer und ohne feine Art
Rassig – elegant, ansprechende Säure, von frischer, feiner Art
Reif – fertig, voll entwickelt
Rund – harmonisch, körperreich
Samtig – bei Rotweinen: ausgewogenes Zusammenspiel von Alkohol und Körper
Scharf – Geschmack bei Nachgärung auf der Flasche
Schwer – hoher Alkohol- und Extraktgehalt
Spritzig – frisch, angenehm kohlensäurereich
Stark – alkoholreich
Süffig – leicht, ansprechend
Trocken – Gegenteil von süß
Vollmundig – extrakt- und alkoholreich mit anhaltendem Abgang
Vornehm – vollendeter Zusammenklang von Rasse, Körper und Reife
Weich – wenig Säure
Wuchtig – alkohol- und körperreich
Zart – leicht, harmonisch, keine hoch ausgebildeten Merkmale

Die Wärme der Mundhöhle trägt dazu bei, daß sich der Wein verflüchtigt, und eine deutlichere Geschmacksempfindung tritt ganz hinten am Gaumen ein.
Ist der Nachgeschmack nach dem Herunterschlucken (oder Ausspucken) kurz oder anhaltend?

Notizen

Links: Eine Weinprobe in den Auktionsräumen von Christie's Restell in London vor der Versteigerung. Bei einem solchen Andrang ist Konzentration schwierig, hier muß man sich schon Notizen machen.

Vom Reden über eine Sache bis zum Schreiben darüber ist – auch beim Wein – nur ein kleiner Schritt, aber nur wenige tun ihn. Und doch spricht vieles dafür, daß man sich auch beim Weintrinken in mehr oder weniger wohlorganisierter Weise Notizen machen soll. Erstens fördert es die Konzentration, wenn man etwas zu Papier bringen will, und das ist doch die Voraussetzung dafür, daß man den Wein aufmerksam goutiert. Zweitens beginnt man zu analysieren und die Empfindungen, die die Zunge aufnimmt, beim Namen zu nennen. Drittens ist es eine Gedächtnisstütze. Viertens schließlich kann man Weine über längere Zeit besser vergleichen.

Aus diesem Grund bat ich Michael Broadbent, den Direktor der Weinabteilung bei Christie's in London, dessen Buch «Wine Tasting» das Standardwerk über dieses Thema ist, mir dabei zu helfen, eine für den Liebhabergebrauch geeignete Weinprobenkarte zusammenzustellen.

Die unten wiedergegebene Broadbent-Johnson-Karte sieht eine Punktwertung vor, für alle, die so etwas mögen. Man kann es freilich genauso gut auch lassen. Andererseits zwingt eine solche Bewertung zu genauer Überlegung.

Die Anmerkungen rechts unten auf der Karte sind Erläuterungen zu ihrem Gebrauch. Die linke Spalte teilt die drei Hauptmerkmale des Weins (Aussehen, Duft und Geschmack) in Teilaspekte auf, die sich voneinander isolieren und prüfen lassen. Unter den beschreibenden Ausdrücken in der ersten Spalte dürfte sich für jeden Wein ein passender finden lassen.

Die mittlere Spalte ist einfach eine Liste von Vorschlägen für Eigenschaften, die Sie in dem Glas, das vor Ihnen steht, entdecken mögen. Es sind Ausdrücke (s. a. Seite 45), die am häufigsten verwendet werden, wenn man von Wein spricht.

Vielleicht paßt keines dieser Wörter auf einen bestimmten Wein – und damit sind wir beim Zweck der rechten Spalte: Hier können Sie Ihre eigenen Eindrücke eintragen, wiederum gegliedert nach Aussehen, Duft und Geschmack.

Unten: Immer diese Formulare ... Diesmal aber ein wenig anders. Und eine analytische Methode, nach der man Weine kennenlernen, beurteilen und im Gedächtnis behalten kann. Die Punktwertung ist nur zum Spaß da.

Name/Lage: Anbaugebiet/Rebe: Lieferant/Abfüller:		Jahrgang: Kaufdatum: Preis:	
AUSSEHEN KLARHEIT FARBINTENSITÄT FARBE KONSISTENZ	Punktzahl (max. 4) ☐ trüb, Schwebeteilchen enthaltend, stumpf, klar, funkelnd wäßrig, blaß, mittel, tief, dunkel (Weißweine) grünlich, blaßgelb, gelb, golden, braun (Rotweine) purpur, rötlichpurpur, rot, bräunlichrot spritzig, dünn, normal, dick, ölig	glanzhell, verschleiert, opak, goldgelb, bernstein, tawny, rosé, rubinrot, granat	Bemerkungen:
DUFT ALLGEMEINER EINDRUCK FRUCHTAROMA BUKETT	Punktzahl (max. 4) ☐ neutral, sauber, ansprechend, groß, stichig fehlend, schwach, kräftig, deutlich, z. B. Riesling fehlend, angenehm, mannigfaltig, stark	Hefegeruch, Korkgeruch, Faßgeruch, Zitronenduft, Birnenduft, blumig, honigsüß, würzig, ausdruckslos, rauchig, schimmelig, schweflig	
GESCHMACK SÜSSE GERBSÄURE SÄURE KÖRPER ABGANG AUSGEWOGENHEIT	Punktzahl (max. 9) ☐ (Weißweine) trocken, herb, mittel, lieblich, süß (Rotweine) adstringierend, hart, herb, weich flach, erfrischend, ausgeprägt, hart schwach und dünn, leicht, mittel, körperreich, schwer schwache Nachempfindung, erfreulich, anhaltend, nachhaltig unausgewogen, gutes Gleichgewicht, fein und rund, vollendet	Apfelgeschmack, schwarze Johannisbeere, Nußgeschmack, Karamell, Feuersteingeschmack, Holzbeigeschmack, erdig, fest, mild, stahlig, fruchtig, samtig, würzig, gehaltvoll, bitter, scharf, ausdruckslos, unreif, dumpfig, matt, schimmelig, flach	GEBRAUCH DER KARTE Der Wein spricht drei Sinne an: Auge, Nase und Zunge. Diese Karte vermittelt eine Anleitung zur Analyse des Eindrucks und dient als Gedächtnisstütze für die verschiedenen Weine. Markieren Sie in der linken Spalte für jeden Teilaspekt ein Wort und eine der Bezeichnungen, die Ihrem Eindruck entspricht. Punkte können Sie nach dem Gesichtspunkt geben, ob und wie sehr Ihnen ein Wein zusagt. In der rechten Spalte können Sie Ihre Bemerkungen eintragen.
CHARAKTER rauh, charakterarm, erfreulich, fein, vorzüglich	Punktzahl (max. 3) ☐	frisch, feine Art, rassig, elegant, harmonisch, wuchtig, zart	
PUNKTZAHL INSGESAMT	(Höchstwertung 20) ☐	Datum der Weinprobe	

Die Wahl des Weins

Die Franzosen verstehen es in unnachahmlicher Weise, den Charakter eines Weins mit Hilfe seines idealen Begleitgerichts zu bestimmen. Genießerisch sagen sie «sur un foie gras», und sofort hat man eine Vorstellung davon, um welche Art Wein es sich handelt und wann man ihn bei Tisch serviert. Die Tausende in diesem Atlas genannten Weine lassen sich nicht alle so charakterisieren. Wir unterbreiten deshalb hier einige Vorschläge für die Wahl der Weine, und zwar nach den Anlässen, zu denen sie getrunken werden sollen, um dem Leser, der beispielsweise einen Dessertwein, einen Allzweck-Tischwein oder einen ansprechenden Wein zum Picknick sucht, einige Anhaltspunkte zu geben. Hinter jedem vorgeschlagenen Wein ist die Seite angegeben, auf der er im einzelnen behandelt wird.

Apéritifs
Ein guter Apéritif soll Appetit und Geist anregen. Er soll frisch und herb sein, spritzig oder von besonderer Note. Cocktails machen den Gaumen stumpf und verderben den Geschmack für den Wein zum Essen.
Schäumende Weine: Champagner, Seite 106; Anjou-Saumur, 116; Vouvray, 118; St. Péray oder Die, 120; Burgunder, 60; Savoie, 127; Limoux, 124; Sekt, 135; Asti Spumante, 164; Neuchâtel, 196; Spanier, 174; kalifornischer, 228; New Yorker, 238; australischer, 240.
Gespritete Weine: Sherry, 176; Madeira, 184; Weißer Port, 190; Marsala, 173; Wermut, 160.
Naturreine Weine: Mâcon Blanc, 75; trockener weißer Graves, 94; Elsässer Silvaner oder Riesling, 110; Muscadet, 114; Anjou, 116; Sancerre oder Pouilly, 119; Vin Jaune oder Apremont, 127; Luxemburger Mosel, 142; deutsche Kabinettweine, 134; ungarischer Riesling, 202, 204; Tokay Szamorodni, 203; jugoslawischer Riesling, 206; rumänischer Cotnari oder Riesling, 208; bulgarischer Riesling, 210; Vinho Verde, 189; Alella, 182; Soave, 167; Frascati, 168; kalifornischer Johannisberg Riesling, 228.

Alltagsweine
Der Wein für jeden Tag, zum Essen in der Küche, kann ein einfacher **vin ordinaire** sein, oder auch etwas Anspruchsvolleres, vielleicht ein Wein aus einem bestimmten Anbaugebiet.
Rotwein: Roter Coteaux du Languedoc, 124; Fronsac, 102; Bourg, Blaye, 104; Bordeaux Supérieur, 81; Mâcon Rouge, 75; Côtes du Rhône, 120; einfacher Bordeaux, 81; algerischer, tunesischer, marokkanischer, 218; roter Corvo, 178; sardinischer, 173; Klevner, 197; Valdepeñas, 174; Rioja Clarete, 180; Dão Tinto, 189; portugiesischer Markenwein, 186; argentinischer Roter, 250; Gamza, 210; Demestica, 214; südafrikanischer Hermitage, 248; Kadarka, 202; australischer Claret, 240; roter Zypernwein, 217; kalifornischer Burgunder, 228.
Weißwein: Elsässer Zwicker, 110; Gros Plant du Pays Nantais, 114; Clairette de Bellegarde oder Languedoc, 124; Entre-Deux-Mers, 81; ungarischer oder jugoslawischer Riesling, 202 oder 206; österreichischer Schluck, 201; deutscher Tafelwein, 134; bulgarischer Chardonnay, 210; Verdicchio, 168; Lacrima Christi, 173; Capri, 172; «Chablis» aus der französischen oder italienischen Schweiz oder der von vielen Kellereien angebotene «Weiße Malaga», 228.

Der Wein für draußen
Der Wein für Picknicks oder zum Essen im Garten sollte leichter, besser, anspruchsvoller sein als der Alltagswein. Etwas Besonderes ist wohl Champagner, den man am Tag zuvor an dem Ort, wo das Picknick stattfinden soll, unter dem Rasen vergräbt. Ein Bach, oder etwas prosaischer, feuchtes Zeitungspapier ist auch zum Kühlen der Flaschen geeignet.
Rotweine: Beaujolais-Villages, 76; Chinon, Bourgueil, 117; Cabernet d'Anjou, 116; Bergerac, 105; rote Landweine, 130; Chianti in fiaschi, 170; Barbera oder Dolcetto, 162; Lago di Caldaro, 166; Valpolicella, 167; Valdepeñas, 174; Zinfandel, 228; Dôle, 194.
Roséweine: Marsannay, 73; Cabernet Rosé d'Anjou, 116; Provençal, 126; Jura Vin Gris, 127; Chiaretto del Garda, 164; 173; kalifornischer Grenache, 228.
Weißweine: Bourgogne Aligoté, 66; Elsässer Silvaner oder Traminer, 110; Muscadet, 114; trockener Vouvray, 118; Vinho Verde, 189; grüner Veltliner, 198; Bernkasteler Riesling, 144; Steinwein, 158; Retsina, 214; kalifornischer Riesling, 228; Steen oder Riesling, 246; englischer Weißwein, 252.

Zum guten Essen
Zu dieser großen Gruppe gehören die guten, allerdings nicht die großen Weine der Welt; Weine, die sich harmonisch in das gemütliche, nicht aber das festliche Essen einfügen. Das sonntägliche Mittagessen im Kreise der Familie oder wenn man Freunde bewirtet, das sind Gelegenheiten für solche Weine von Charakter und Qualität. Sie sind es wert, daß man ihnen Beachtung und Anerkennung schenkt, ohne daß sie zuviel Aufmerksamkeit und Respekt verlangen. Auch bei kleineren Feierlichkeiten sind solche Weine durchaus am Platz. Hat sich die Gesellschaft nicht gerade ausgesprochen zum Weintrinken zusammengefunden, dann ist es auch nicht angebracht, etwas sehr Teures, Seltenes, Unersetzliches zu servieren.
Rotweine: Côte d'Or-Weine, auch Premiers Crus aus Santenay, Volnay, Pommard, Nuits, usw., 64; Grand Cru Beaujolais, 76; gute Crus Bourgeois und Médocs, 84–92; gleichartige Weine aus Graves, Pomerol und St. Emilion, 94, 98, 100; Châteauneuf-du-Pape, 123; Cahors, 128; Chinon, Bourgueil, 117; Bandol, 126; Barolo, Barbaresco, 162; Chianti Riserva, 170; Alto Adige Cabernet, 166; Lambrusco, 164; Rioja Reserva, 180; Colares, 188; Dão Reserva, 189; australische Private Bin Clarets von Hunter, Coonawarra usw., 240; kalifornischer Cabernet Sauvignon oder Pinot Noir, 228; chilenischer Cabernet, 250.
Roséweine: Tavel, 120; Marsannay, 73; Cabernet Rosé d'Anjou, 116; Chiaretto del Garda, 164.
Weißweine: Graves Crus Classés, 94; Chablis Premier Cru, 78; Côte de Beaune, 65; Muscadet in Erzeugerabfüllung, 114; Vouvray, 118; Sancerre, Pouilly-Fumé, 119; Pouilly-Fuissé, 75; Mâcon Viré, 75; Côte Chalonnaise, 74; Elsässer Riesling, Traminer, 110; Mittelmosel, 142; Nahewein, 146; Rheingauer, 148; Rheinpfälzer, 152; rheinhessische Weine, 154; fränkische und badische Kabinettweine, 156, 158, auch Spätlesen kleinerer Jahrgänge aus diesen Anbaugebieten; Soave, 167, Frascati, 168; Alvarinho, 189; Fendant de Sion und Dorin aus dem Kanton Waadt, 194; Rheinriesling aus dem Burgenland und der Wachau, 198, 201; Balatoni Szürkebarát und Kéknyelü, 204; kalifornischer Chardonnay oder Johannisberg Riesling, 228; Barossa Riesling, 244.

Große Weine
Große Weine sollte man nur servieren, wenn Weinliebhaber gesellig beisammen sind – wenn man genug Zeit hat, ihre Qualitäten zu würdigen, sie mit geringeren oder gleichrangigen zu vergleichen, und wenn dazu erlesene, wohlzubereitete, nicht zu stark gewürzte Speisen auf den Tisch kommen. Diese Weine soll man in den besten Gläsern servieren und bei Kerzenlicht – stimmungsvolle Feierlichkeit ist dem Genuß förderlich. Auch muß man unbeschwert über den Wert dieser Weine sprechen können – sonst ist es schade um sie.
Die Qualitäten großer Weine treten viel deutlicher hervor, wenn man sie mit anderen, ähnlichen vergleicht, vielleicht mit Nachbargewächsen oder kleineren Jahrgängen von demselben Erzeuger. Auch diese kleineren Weine können für sich schon Größe haben; um so denkwürdiger ist dann der große Wein, wenn er nach einem solchen kommt und ihn übertrifft. Bringt man zu viele hervorragende Weine zu einem einzigen Anlaß, dann läuft man allerdings Gefahr, den einen mit dem anderen totzuschlagen. So bleibt dann keiner deutlich und lebhaft im Gedächtnis zurück. Die größten deutschen Weine genießt man am besten, ohne dazu zu essen (vielleicht nach dem Essen). Sie haben ihre eigene Süße, sind aber in sich so vollendet, daß sie nur verlieren können, wenn man etwas Süßes dazu ißt. Man braucht diese Weine überhaupt nicht im Zusammenhang mit dem Essen zu sehen, ihr niedriger Alkoholgehalt macht sie zu jeder Tageszeit genießbar, wann immer man Zeit hat, ihnen die gebührende Aufmerksamkeit zu widmen. Am allerbesten schmecken sie im Freien, in einem Garten.
Rotweine: Grands Crus und besonders gute Premiers Crus von der Côte d'Or, 64; die besten Gewächse aus dem Médoc, 84–92; Graves, 94; Pomerol, 98; St-Emilion, 100; Côte Rôtie, 121; Hermitage, 122.
Weißweine: Die Montrachets, 65; erstklassige Premiers Crus Meursaults, 66; Grand Cru Chablis, 78; Corton-Charlemagne, 68; besonders gute Elsässer Rieslinge und Gewürztraminer, 112; hervorragende Vouvrays, 118; Quarts de Chaume, Savennières, 116; Château Grillet, 121; Spätlesen und Auslesen von der Saar, 138; Ruwer, 140, Mittelmosel, 142, Nahe, 146, aus dem Rheingau, 148, und der Rheinpfalz, 152.

Nach dem Essen
Normale oder schäumende Süßweine passen ausgezeichnet zu süßem Nachtisch am Ende der Mahlzeit – allerdings gibt es bestimmte Süßspeisen, vor allem solche mit Schokolade oder Zitrusfrüchten, die sich nicht damit vertragen. Ebensogut aber sind sie auch als kleiner Trunk nach dem Essen, für sich allein genossen. Ihre Süße und ihre samtige Weiche wirken beruhigend, befriedigend. Sie haben die entgegengesetzte Wirkung des Apéritif, regen eher zur ruhigen Betrachtung als zur Tätigkeit an. Meistens trinkt man sie in kleinen Mengen. Schließlich hat ein Glas Sauternes ebensoviel Gehalt wie zwei bis drei Gläser weißer Burgunder. Bei der Wahl eines Dessertweins sollte man sich nach der Faustregel jenes Portweinhändlers richten, der «mit einem Apfel kauft und mit Käse verkauft», weil er weiß, daß Käse dem Wein schmeichelt und ihn besser erscheinen läßt, als er ist, während Obst die umgekehrte Wirkung hat: Nur sehr guter Wein kann sich da behaupten.
Die starken, mit Brandy zubereiteten Dessertweine (Port, Madeira, Tokaier usw.) vertragen sich gut mit Käse, mit Äpfeln (wenn es gute sind) oder mit Nüssen, weniger gut dagegen mit Süßigkeiten, außer mit trockenem Gebäck.
Die großen Spirituosen der Welt kommen nach Tisch zu ihrem Recht, wenn man sie unverdünnt in kleinen Schlückchen genießen und sich in Ruhe an ihrem Duft erfreuen kann.
Naturreine Weine: Sauternes, 96; hervorragende Vouvrays, 118; Quarts de Chaume usw. 116; Monbazillac, 105; Jurançon, 128; deutsche Auslesen, Beerenauslesen und Trockenbeerenauslesen, 134; süße Muskatweine – Beaumes de Venise, 120; Setúbal, 186; sizilianischer, 173; russischer, 212.
Schaumweine: Süßer Champagner, 108; Asti Spumante, 163.
Dessertweine: Port, 190; Tokaier, 203; Malmsey oder Bual Madeira, 184; Cream Sherry, 178; Commandaria, 216; Vin Santo, 160; Marsala, 173; Tarragona, 182; Malaga, 174.
Spirituosen: Cognac, 258; Armagnac, 260; Obstbranntwein, 170; Calvados, 271; Marc, 20; Malz-Whisky oder Spitzen-Blends, 262, 264; Rum, 266, usw.

Die Pflege des Weins

Wein verlangt nur zweierlei: ruhig an einem dunklen und kühlen Platz zu liegen und in ausreichender Menge, nicht hastig, sondern mit viel Zeit und Raum zum Atmen, ausgeschenkt zu werden.

Die Lagerung stellt fast jeden vor ein Problem. Keller wie der auf der rechten Seite gezeigte, ein idealer Lagerort für einen Weinvorrat, werden heute nicht mehr gebaut. Die meisten Weinfreunde müssen sich mit einem Schrank behelfen. Doch auch ein Schrank kann die einfachen Anforderungen der Dunkelheit und Erschütterungsfreiheit erfüllen und – wenn auch nicht die ideale Kühle – eine zumindest gleichbleibende Temperatur gewährleisten. Wein ist nicht allzu temperaturempfindlich – zwischen 10 und 20° C ist ihm alles recht. Wichtiger ist, daß sie nicht schwankt. Bei hohen Temperaturen altert er meist schneller – und dabei besteht die Gefahr, daß er am Korken heraussickert.

Eine besondere Ausrüstung braucht man weder für den Keller noch für den Schrank. Die Flaschen werden stets liegend gelagert, damit die Korken nicht austrocknen und Luft eintreten lassen. Flaschen derselben Sorte kann man aufeinanderstapeln; verschiedene Sorten lagert man besser in Regalen, so daß man sie alle gut erreichen kann.

Hat man genug Platz, spricht alles dafür, jungen Wein zum Einführungspreis zu kaufen und ihn «hinzulegen», bis er voll ausgereift ist. Weinhändler weisen gern darauf hin, daß solche Weine in ihrem finanziellen und gastronomischen Wert außerordentlich steigen können. Im großen Maßstab kann man auf diese Weise mit Originalabfüllungen ein Vermögen verdienen, im kleinen bedeutet es, daß auch billige Rotweine bei einer um sechs Monate oder ein Jahr verlängerten Flaschenlagerung ge-

Kerze, Buch und Karaffe in einem Weinkeller: einige der Dinge, die man findet, wo guter Wein lagert. Wein mit starkem Depot wird manchmal durch ein feines, über einen Glas- oder Silbertrichter gelegtes Musselintuch in das Dekantiergefäß gefiltert.

winnen. Die wahrscheinliche Reifezeit von Weinen zurückliegender Jahrgänge zeigen die Tabellen auf den Seiten 53 bis 56.

Pasteur war es, der die Auswirkungen der Luft auf den Wein entdeckte. Auf denselben Wirkungen beruht die Sitte des Dekantierens oder Umgießens des Weins aus der Original- in eine andere Flasche – häufiger eine Karaffe –, bevor man ihn serviert. Doch hält man heute nicht viel vom Dekantieren und praktiziert es kaum noch . . . seltsam, denn es gibt keinen besseren Weg als diesen, um das Beste aus dem Wein herauszuholen.

Da hört man die irrige Auffassung, zu dekantieren brauche man lediglich sehr alte Flaschen mit starkem Depot – eine Art Vorsichtsmaßnahme, damit man ein sauberes Glas Wein bekommt. In Wirklichkeit gewinnt jedoch gerade junger Wein beim Dekantieren am meisten. Der in ihm enthaltene Sauerstoff hat noch nicht viel Gelegenheit gehabt zu wirken. Aber im dekantierten Wein arbeitet er schnell und wirksam. Innerhalb weniger Stunden bringt er zur vollen Blüte, was nur als Knospe angelegt war. Und das kann bedeuten, daß der Wein dann doppelt soviel Bukett und Geschmack bietet, wie man bezahlt hat. Manche starken jungen Weine sollte man nach dem Dekantieren 24 Stunden offen stehen lassen, andere brauchen nur eine Stunde. Je voller und körperreicher ein Wein, desto mehr Zeit sollte man ihm geben.

Die Technik des Dekantierens wird unten gezeigt. Man braucht dazu nicht mehr als eine Karaffe und einen Korkenzieher. Doch läßt sich mit einem Dekantierkörbchen die Flasche gut in fast der gleichen Lage halten wie im Regal – so daß ein möglicher Bodensatz unten in der Flasche bleibt. Und ein Korkenzieher, der sich gegen die Flaschenöffnung stemmt – entweder eine Doppelschraube oder der Hebeltyp – macht es einem leicht, die Flasche nicht zu rütteln.

Man entfernt den Staniolverschluß vollständig und zieht den Korken vorsichtig heraus. Dann wischt man die Flaschenöffnung ab, nimmt die Flasche (mit oder ohne Körbchen) in die eine, das Dekantiergefäß oder die Karaffe in die andere Hand und gießt so lange um, bis man an der Flaschenschulter das Depot (falls vorhanden) sieht. Dann hört man auf zu gießen. Hat man hinter oder unter dem Flaschenhals eine Lichtquelle – ideal ist eine Kerzenflamme –, sieht man besonders gut, wann sich das Sediment zu bewegen beginnt.

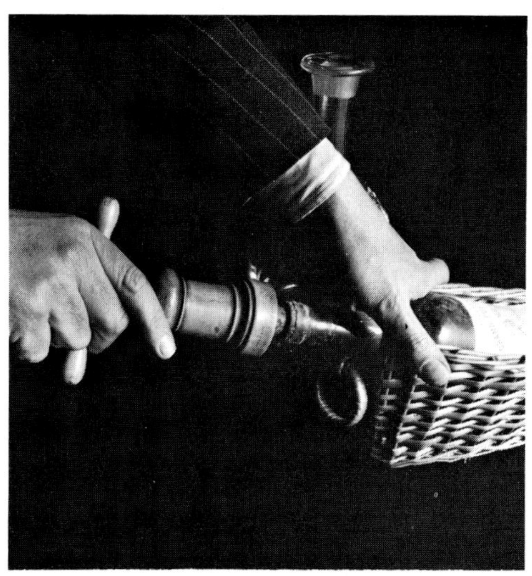

Ein Dekantierkörbchen sollte nie auf den Tisch kommen, doch läßt sich in ihm die entkorkte Flasche gut in Seitenlage halten.

Mit einem Doppelschrauben-Korkenzieher kann man den Korken gleichmäßig entfernen, ohne das Depot aufzuwühlen.

Hält man den Flaschenhals über eine brennende Kerze, sieht man besser, wann der Bodensatz kommt.

Ein privater Weinkeller mit gemauerten ‹Verschlägen›, in denen der Wein gestapelt oder in Gestellen lagert: insgesamt rund 500 Flaschen (oben von links nach rechts) weiße Burgunder und deutsche Auslesen zum Altern; Rotwein-, Weißwein- und Champagner-Flaschen im Gestell, aus dem sie leicht herausgenommen werden können; diese Weine sind trinkfertig. Dann folgen zwei weitere Verschläge mit zum Ablagern hingelegten Rotweinen, mit den Etiketten nach oben. In der untersten Reihe: Roter Bordeaux in Original-Weingutverpackung, Magnum-Flaschen roter Burgunder und Bordeaux, zum langen Altern hingelegter Jahrgangs-Portwein und kürzlich gekaufter, noch nicht gestapelter roter Burgunder.

Ein anderes Verfahren verwendet einen Trichter, der unten gebogen ist, damit der Wein ruhig an der Wand des Gefäßes herunterläuft.

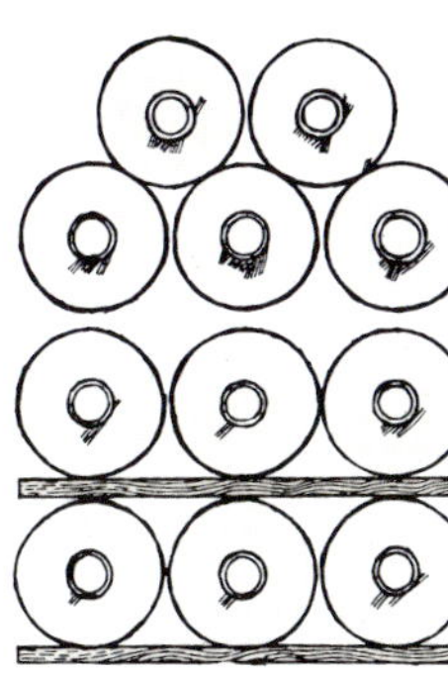

Links: Professionelle Kellermeister stapeln 40 Flaschenreihen übereinander und legen zwischen jede Schicht Latten, damit sie auch Flaschen unten aus dem Stapel herausholen können. Leichter ist es (oben), die Flaschen einfach aufeinanderzulegen.
Rechts: Flaschengestelle sind außerordentlich praktisch für die Lagerung.

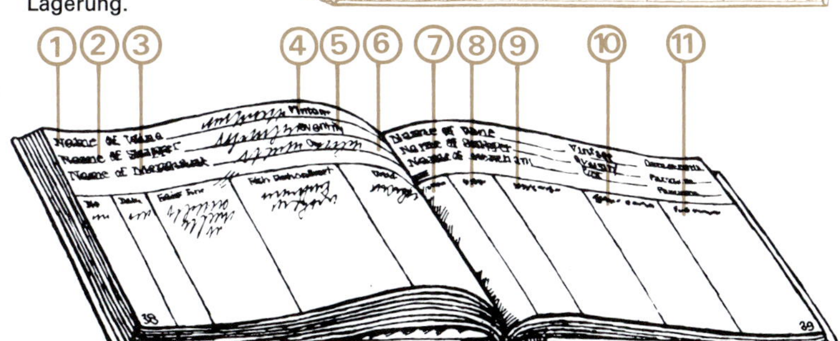

Rechts: Ein Kellerbuch hat vorgedruckte Felder für den Wein **1**, die Weinkellerei **2**, den Weinhändler und das Kaufdatum **3**, den Jahrgang **4**, die gekaufte Menge **5**, den Preis **6**, die getrunkenen Flaschen **7**, Nummer der Flasche **8**, Bemerkungen **9**, die Speisen **10** und die Gäste **11**.

Das Servieren des Weins

Wie man Wein serviert und die Trink- und Tischsitten können die Stärken oder Schwächen eines Weins zwar kaum beeinflussen, seinen Genuß aber um ein Vielfaches steigern. Wenn man verschiedene Gläser, Dekantiergefäße und sogar unterschiedliche Rituale für einzelne Weine entwickelt hat, so besteht dazu keinerlei physikalische Notwendigkeit – vielmehr ist dies Ausdruck der jeweils anders gearteten Sinnenfreuden, die uns die verschiedenen Weine bereiten.

Auf dieser Doppelseite stellen wir eine Reihe zugleich praktischer und schöner Glasformen vor, die geeignet sind, jeweils den Charakter eines Weintyps ins beste Licht zu rücken. Einiges haben sie alle gemeinsam: ein großzügiges Ausmaß (so daß ein gutes Maß sie nur zur Hälfte oder zu zwei Dritteln füllt), klares ungefärbtes Glas, damit die Farbe des Weins unverfälscht bleibt, und einen leicht nach innen gewölbten Rand, damit man den Wein im Glas schwenken kann, ohne ihn zu verschütten, so daß er seinen Duft besser abgibt. Nur der Champagnerkelch macht eine Ausnahme, aber schließlich kommt einem Champagner von selbst entgegen – man braucht ihn nicht erst zu schwenken.

Die einzigen geschliffenen Gläser auf dem Bild sind für deutschen Wein bestimmt. Es gibt Fanatiker, die geschliffene Gläser grundsätzlich ablehnen. Es ist aber nicht zu übersehen, daß das an der Mosel übliche Trierer Glas in dem blaßgrünen Wein funkelnde Lichtreflexe entstehen läßt und ihm so Brillanz verleiht. Auch scheint mir nichts Ungehöriges dabei zu sein, wenn man durch eingeschliffene Weintrauben hindurch seinen Riesling betrachtet – freilich nicht in einer nüchternen Probierstube, sondern draußen auf einer Terrasse, wo man einen solchen Wein genießen sollte.

Die Sekt-‹Flöte›: das traditionelle und schönste Schaumweinglas. Man füllt es langsam, da die Bläschen raketenschnell aufsteigen. Auch ‹Tulpen› eignen sich für Champagner – flache Schalen dagegen nicht.

Die Sherry-Copita: eines der bestgestalteten Probiergläser der Welt, das die Blume des Weins zusammenfaßt; halb gefüllt auch sehr gut für Sherry geeignet.

Eine polnische Spirituosen-Dekantierkaraffe aus schwerem geschliffenem Kristall. Einen praktischen Grund, Branntweine zu dekantieren, gibt es allerdings nicht. Nach dem Öffnen der Flasche bleiben sie mehrere Wochen lang unverändert und werden weder besser noch schlechter.

Eine Wein-Dekantier-Karaffe. Abgesehen davon, daß er in einem Dekantiergefäß großartig zur Geltung kommt, gewinnt auch jeder gute Rotwein bei der Luftberührung (s. S. 48). Diese Magnum-Karaffe aus Georgien faßt zwei Flaschen, führt also dem Inhalt einer Flasche genug Luft zu.

In manchen Gebieten gibt es besondere Glasformen. So verwenden die Weinhändler in Anjou dieses Glas für ihren frischen Weißwein. Der lange Stiel verhindert, daß die Hand den Wein im Kelch erwärmt. Das farblose Glas zeigt die Farbe des Weins, und der sich nach oben verjüngende Kelch konzentriert das Aroma.

Ein silberner, 200 Jahre alter Tastevin, wie ihn die Weinkoster in Burgund verwenden. In einem Keller lassen sich Farbe und Klarheit eines Weins gegen seinen glänzenden Hintergrund besser als in einem Glas beurteilen; außerdem ist er unzerbrechlich.

Das traditionelle Weißweinglas des Elsaß ist nach denselben Formprinzipien gestaltet wie das Anjou-Glas. Der grüne Stiel verleiht dem Wein einen hübschen grünlichen Schimmer.

Manche Dinge, die um den Wein getrieben werden, sind nur Spielerei, andere dagegen (vor allem das Dekantieren, siehe Seite 48) können unter Umständen den bloßen Genuß zur reinen Freude steigern.

Jeder gute Wein gewinnt durch Vergleich mit anderen. Es ist nicht Snobismus, sondern einfach das Bestreben, aus dem Guten das Beste zu machen, wenn man zu einer Mahlzeit mehr als einen Wein auf den Tisch bringt. Ein junger Wein, zuerst serviert, rückt die Qualitäten eines älteren erst ins rechte Licht; ein weißer Wein bringt einen roten besser zur Geltung (wenigstens meistens); ein leichterer Wein einen schwereren; ein herber Wein einen lieblichen. Andersherum wären alle diese Kombinationen für den später servierten Wein katastrophal. Ebenso stellt ein wirklich guter Wein einen geringeren, der nach ihm serviert wird, in den Schatten, und dasselbe geschieht einem trockenen Weißwein, wenn er nach einem Roten auf den Tisch kommt.

Schwieriger ist die Frage, welche Mengen man ausschenken soll. Eine Normalflasche füllt gut sechs Weingläser (d. h. halbvoll gefüllte große, nicht randvoll gefüllte kleine Gläser). Bei einem schnellen Mittagsimbiß genügt womöglich ein Glas pro Person, während bei einem ausgedehnten Abendessen fünf oder sechs Glas nicht zuviel sein können. Für die meisten Menschen und Anlässe ist eine halbe Flasche insgesamt (etwa ein Glas Weiß- und zwei Glas Rotwein) ein vernünftiges Richtmaß – doch hängt die richtige Menge entscheidend von der Stimmung bei der Mahlzeit, vor allem aber von ihrer Dauer ab. Die goldene Regel für den Gastgeber lautet: großzügig anbieten, doch niemandem etwas aufdrängen.

Champagner und jeder andere Weißwein sollte gut gekühlt serviert werden. Am besten nimmt man dazu einen tiefen, mit kaltem Wasser und Eiswürfeln gefüllten Eimer, der tiefer als die hier gezeigte Punschbowle sein sollte. Die meisten Eiseimer sind zu niedrig; deshalb muß man die Flasche für ein paar Minuten umgekehrt hineinstellen, um den oberen Teil genauso wie den unteren zu kühlen.

Dieses Glas aus dem 18. Jahrhundert ist besonders für Wodka geeignet. Es wird bis zum Rand gefüllt.

Ein praktisches Glas für Portwein, Sherry und Madeira – kein klassisches, aber ein ausgewogenes Design.

Der Römer, das traditionelle Rheinwein-Glas mit dickem, farbigem Schaft, der sich dem Farbenspiel des Weins mitteilt. Obwohl man heute blaßfarbene Weine bevorzugt, ist diese Form weiter beliebt.

Ein mit rotem Bordeaux gefülltes ‹Tulpen›-Glas, eines der idealen Mehrzweck-Gläser, die sich für Champagner und alle Weißweine ebensogut wie für Rotwein eignen.

Dekantierkaraffe für Sherry, Portwein und Madeira. Jahrgangs-Port muß unbedingt dekantiert werden.

Silberne oder goldene Anhänge-Etiketten für Dekantierkaraffen waren früher sehr gebräuchlich und kommen heute wieder in Mode.

Die Untersetzer, die verhindern, daß Flaschen oder Karaffen Ringe auf dem Tisch hinterlassen, stellte man früher aus Silber, Gold, Holz oder Pappmaché her. Auch dieser Brauch sollte wieder aufleben.

Das hübsche gravierte Treviris-Moselwein-Glas, in dem selbst die kleinsten Weinstuben an der Mosel ihren köstlichen blaßfarbenen Weißwein servieren: Es fängt das Licht ein und läßt ihn besonders einladend glänzen.

Ein ideales Rotweinglas für Burgunder und Bordeaux, das unter dem Namen Pariser Gobelet bekannt geworden ist. Es ist so groß, daß es nur zu einem Drittel gefüllt zu werden braucht – genau die richtige Menge zum Beurteilen und Genießen eines Weins.

Ein Cognac-Glas aus dem Hause Baccarat, das die Blume in dem bauchigen Teil des Kelches zurückhält. Die Experten in Cognac verwenden niemals die übergroßen Ballon-Gläser.

Die richtige Temperatur

Nichts hat größeren Einfluß auf den Weingenuß als die Temperatur. Eiskalter Rotwein und lauwarmer Rheinwein sind etwas Gräßliches – und das hat gute Gründe. Unser Geruchssinn (damit aber auch zum großen Teil unser Geschmackssinn) ist ja nur für flüchtige Stoffe empfänglich. Rotwein hat ein höheres Molekulargewicht, ist also weniger flüchtig als Weißwein. Wenn man daher Rotwein «chambré», d.h. bei Raumtemperatur, serviert, dann hat das den Zweck, ihn so weit zu temperieren, daß seine Duftstoffe sich zu verflüchtigen beginnen. Je kräftiger und gehaltvoller der Wein ist, desto höher muß die Temperatur sein. Ein leichter Beaujolais kann wie Weißwein behandelt werden; seine Duftentwicklung ist auch dann noch fast überwältigend, wenn er kalt ist. Ein voller Rotwein aber braucht die Wärme des Zimmers, der behutsam um das Glas geschlossenen Hand, ja selbst der Mundhöhle, um seine mannigfaltigen Bestandteile zur Geltung zu bringen.

Kühlung ist nötig für sehr süße Weine, um einen gewissen Ausgleich für deren Fülle zu schaffen, selbst wenn dadurch ihr Aroma etwas verdeckt wird. Auf dem Schaubild unten stehen deshalb auch die süßesten Weißweine an der «kältesten» Stelle. Es ist zweckmäßig, solche Weine sehr kalt einzuschenken und sie während des Trinkens etwas wärmer werden zu lassen. Dabei entfalten sich Aroma und Bukett. Überalterte, oxydierte Weißweine kann man ebenfalls durch sehr starke Kühlung präsentabel machen.

Auf dem Schaubild ist dargestellt, welche Temperaturen verschiedene Weine am besten zur Geltung bringen. Die Zusammenstellung beruht auf persönlicher Erfahrung, oft im Gespräch (auch in hitziger Debatte) mit vielen Weinfreunden revidiert.

Weißwein läßt sich leichter auf die richtige Temperatur bringen als Rotwein – man braucht dazu nur einen Kühlschrank. Am schnellsten ist eine Flasche gekühlt, wenn man sie in einen Eimer mit Eis und Wasser stellt (nicht mit Eis allein). In einem sehr warmen Raum und, bei warmem Wetter, auch im Freien ist es zweckmäßig, die Flasche auch nach dem Einschenken wieder in den Eimer zu stellen. Hohe Rheinweinflaschen stellt man zunächst ein paar Minuten kopfüber ins Wasser, damit der Wein im Flaschenhals gut gekühlt ist.

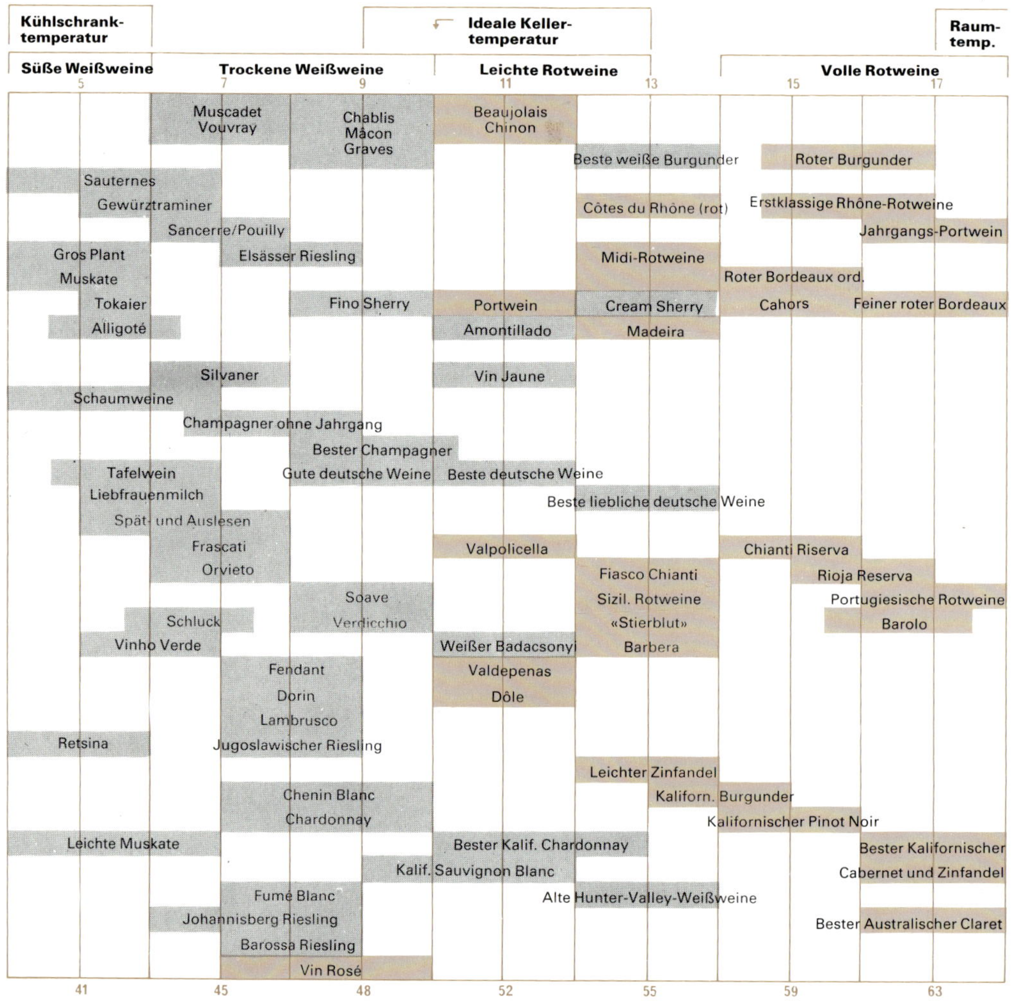

Das Schaubild bringt Vorschläge für empfehlenswerte Temperaturen verschiedener Weine. Raumtemperatur ist für moderne Begriffe etwas niedrig – für feinen Wein aber nur umso besser.

Roten Wein auf die richtige Temperatur zu bringen ist schon schwerer. Gerade aus dem Keller geholt, braucht er im Zimmer einige Stunden, um ein paar Grad wärmer zu werden. Man könnte ihn zum Aufwärmen in die Küche stellen – möglichst am Tag vorher – oft aber ist es in der Küche weit wärmer als 18 °C, vor allem, wenn das Essen auf dem Herd steht. Bei Temperaturen über 18° aber fällt jeder Rotwein um; der Alkohol beginnt zu verdunsten und erzeugt einen aufdringlichen Geruch, der den Charakter des Weins verdeckt. Taucht man Rotwein kurz in heißes Wasser oder stellt ihn vor ein Feuer, dann wird er bis zur Unkenntlichkeit entstellt. Sanftes Erwärmen in einem Topf mit warmem Wasser ist dagegen besser, als ihn eiskalt zu servieren.

Rechts: Ein Flaschenthermometer, das je nach der Flaschentemperatur aufleuchtet. Die Flasche, praktisch und leicht stapelbar, entspricht der in Bordeaux traditionellen Form. – Weitere charakteristische Flaschenformen (links) sind die hohe, schlanke deutsche Weißweinflasche, braun für Rheinwein, grün für Mosel und Elsässer, die stämmige Champagnerflasche, dickwandig, weil sie häufige Handhabung und hohen Druck aushalten muß, die Burgunderflasche mit abfallenden Schultern, die strohumflochtene Chianti-Literflasche, eine typische Sherryflasche und die Loireflasche, eine schlankere Variante der Burgunderform.

Weinjahrgänge

Die örtlichen Witterungsbedingungen (und die Reaktionen der Winzer darauf) sind so unterschiedlich, daß alle Jahrgangstabellen nur sehr allgemein gehalten sein können. Außerdem unterscheiden sich die einzelnen Jahrgänge nicht nur in ihrer Qualität, sondern auch in ihrem Charakter. Es gibt Jahre mit fruchtig-zarten Weinen und Jahre mit festen, gerbsäurereichen, langlebigen Weinen: Die letzteren werden die besten Weine – wenn man Geduld hat.

Die Tabellen enthalten folgende Einzelangaben:

– Die Erntemenge, soweit sie vom Durchschnitt abweicht. Bei den größten Jahrgängen sind die Ertragsmengen meist klein, denn je weniger Trauben am Weinstock hängen, desto mehr Aromastoffe sammeln sich in ihnen an.

– Den allgemeinen Charakter und die besondere Art des Weins in einem Anbaugebiet für die verschiedenen Jahre.

– Den Zeitpunkt, zu dem der Wein wahrscheinlich am besten ist. Die erste Angabe gilt für den leichtesten, also meist auch den billigsten Wein, die zweite für den besten des Anbaugebiets und Jahrgangs. Diese zweite Angabe kann nicht ganz zuverlässig sein, weil die Entwicklung des Weins in der Flasche oft Überraschungen bringt. Andere Faktoren, die einen Einfluß auf die Alterung haben, müssen ebenfalls berücksichtigt werden. In halben Flaschen altert der Wein schneller als in ganzen und in diesen wieder schneller als in Doppelflaschen. In warmen Kellern geht die Alterung ebenfalls schneller vor sich als in kalten. Langsam in Großflaschen in einem kalten Keller ausgereift, erreicht der Wein seine beste Qualität.

Deutschland

Mosel/Saar/Ruwer

Mosel/Saar/Ruwer-Weine sind jung und so ansprechend, daß ihre Haltbarkeitseigenschaften nur selten erprobt werden. Man findet deshalb kaum Weine, die älter sind als sieben Jahre. Gutbereitete Kabinettweine gewinnen in der Flasche über zwei bis drei Jahre, Spätlesen brauchen etwas länger, Auslesen und Beerenauslesen je nach dem Jahrgang über rund zehn bis zwanzig Jahre.

In der Regel schneiden Saar- und Ruwer-Weine in geringen Jahren schlechter ab als der Mittelmosel und werden scharf und dünn, in den besten Jahren aber können sie an Eleganz und Rasse sämtliche anderen deutschen Weine übertreffen.

Jahr	Mosel/Saar/Ruwer	Trinkfertig
1977	Große Ernte von mäßiger Qualität. 75% «Qualitätswein», nur 10% hoch eingestuft.	
1976	Sehr gut, kleiner Ertrag, mit einigen edlen Weinen, fast kein Wein fiel trocken aus.	Nicht vor 1980 bis 2000
1975	Superb; viele Spät- und Auslesen. Vollendete Ausgewogenheit sichert diesen Weinen langes Leben.	Während der 80er bis in die 90er
1974	Die meisten Weine mußten gezuckert werden; wenig Kabinettweine, aber einige mit gutem Gleichgewicht werden sich lange halten.	Jetzt bis Mitte der 80er
1973	Sehr ergiebig, ansprechend; wenig Säure und Extrakt bedingen kurze Haltbarkeit. Guter Eiswein.	Jetzt bis Anfang der 80er
1972	Großer Ertrag; mittelmäßige bis geringe Qualität; wenige Spätlesen, viele unreif im Geschmack.	Bis 1980
1971	Edel, mit vollendetem Gleichgewicht. Viele erstklassige Weine müssen noch Jahre lagern.	Ende der 70er bis in die 90er
1970	Großer Ertrag; gut bis durchschnittlich. Ziemlich weich; nicht lange haltbar.	Jetzt
1969	Einige sehr feine Weine; die meisten nur gut. Die besten kommen von Saar und Ruwer.	Jetzt bis 1980
1968	Fast überall geringe Qualität.	Nicht zu empfehlen
1967	Durch und durch gut; die besten sogar erstklassig.	Jetzt bzw. bald
1966	Einige brillante Rieslinge, sonst Qualität unterschiedlich.	Jetzt bzw. bald

Frühere gute Jahrgänge: 1964, 1959, 1953, 1949, 1945

Rhein

Auch die besten Weine kann man nach zwei bis drei Jahren mit Genuß trinken, aber Kabinett-, Spätlese- und Ausleseweine guter Jahrgänge gewinnen enorm an Charakter und Mannigfaltigkeit, wenn man sie länger aufhebt. Am langlebigsten sind meist die Rheingauer Weine, die oft über zehn Jahre und länger immer noch besser werden, aber auch Wein von der Nahe und aus der Pfalz können fast genauso lange liegen. Rheinhessische Weine sind meist früher ausgereift, und die herben Frankenweine sind jung am besten.

Der im Rheingau vorherrschende Riesling wird am meisten durch heiße Sommer begünstigt; Pfälzer Weine können fast überreif schmecken.

Jahr	Rhein	Trinkfertig
1977	Recht große Ernte. Durchschnittliche Qualität in der Pfalz, unterdurchschnittlich im Rheingau.	
1976	Stellenweise der reichste Jahrgang seit 1921. Ganz wenige trockene Weine.	Bis 2000 und später
1975	Ein hervorragendes Rieslingjahr; sehr viele Kabinett- und Spätleseweine.	1980 bis in die 90er
1974	Unterschiedlich; die besten sind fruchtig und fein; viele Kabinettweine.	Jetzt bis Mitte der 80er
1973	Sehr voll, ausgeglichen und ansprechend, aber nicht lange haltbar.	Jetzt bis Anfang der 80er
1972	Schwierig wegen zuviel Säure; nichts Aufregendes, aber einige präsentable Weine.	Jetzt
1971	Ganz hervorragender Jahrgang mit vollendet edlen Weinen. Kann noch liegen, bis er ganz zur Entfaltung kommt.	Ende der 70er bis in die 90er
1970	Sehr angenehme Weine, aber nicht mehr. Riesenertrag. Nicht lange haltbar.	Jetzt
1969	Alle über Durchschnitt; die besten groß. Besonders gut Nahe-Wein und Pfälzer.	Jetzt bis Anfang der 80er
1968	Nasser Sommer, geringe Qualität. Einige gute, leichte Weine aus der Pfalz.	Jetzt, falls überhaupt
1967	Herrlich; der beste der 60er Jahre; aus Rheinhessen kamen große Weine.	Jetzt bis 1980
1966	Allgemein hohe Qualität, aber wenige erstklassige Weine. Am besten fielen Nahe-Weine aus.	Jetzt bis 1980

Frühere gute Jahrgänge: 1964, 1959, 1957, 1953, 1949, 1945

Frankreich

Elsaß

Die einfachen, billigeren Weine brauchen nur wenig oder gar nicht zu altern. Réserves und Grands Crus aus guten Jahrgängen gewinnen in der Flasche über fünf oder mehr Jahre hinweg.

Jahr	Elsaß
1977	Durchschnittlicher Jahrgang, am besten Gewürztraminer und Tokayer.
1976	Ein phantastischer Jahrgang; viele *vendanges tardives* (Spätlesen), sogar für Beerenauslesen.
1975	Sehr gut; reife, fein ausgewogene Weine.
1974	Befriedigend; beste Gewürztraminer.
1973	Etwas leicht, aber fruchtig und charakteristisch.
1972	Geringer Jahrgang; ein paar gute Muscats.
1971	Der beste seit 1961. Rekordreifegrade, besonders bei Gewürztraminer. Nur Muscat ist schlecht ausgefallen.
1970	Gutes, ertragreiches Jahr. Einige feine *vendanges tardives.*
1969	Großartig. Voll und charakteristisch.
1968	Geringe Qualität. Ein paar anständige Weine.
1967	Sehr fein, besonders Gewürztraminer. Einige Spätlesen.
1966	Gut; vor allem der Riesling.

Ältere Jahrgänge sind schon etwas riskant, doch war der 64er ganz ausgezeichnet.

Roter Bordeaux

Médoc/Roter Graves Bei manchen Weinen ist Alterung in der Flasche wünschenswert, bei diesen ist sie unerläßlich. Kleinere Weine aus leichteren Jahrgängen brauchen nur zwei bis drei Jahre, aber schon bescheidene Weine aus guten Jahren können bis zu 15 Jahren noch immer besser werden, die großen Weine aus diesen Jahrgängen brauchen sogar doppelt solange.

Jahr	Médoc/Roter Graves	Trinkfertig
1977	Sehr regnerischer Sommer. Im besten Fall angenehme, leichte Weine.	Ab Anfang 80er Jahre
1976	Übermäßig heißer, trockener Sommer; Regen kurz vor der Lese. Ein schwieriger Jahrgang, aber die besten Weine fallen groß aus.	Ab Mitte der 80er bis ins nächste Jahrhundert
1975	Ein herrlicher Sommer, ein sehr feiner Jahrgang. Tiefe Farbe, hoher Zucker- und Gerbsäuregehalt. Hält sich lange.	Mitte der 80er bis 2000 und länger
1974	Durch Herbstregen verwässert, Hoffnungen auf einen wahrhaft guten Jahrgang nicht erfüllt. Fluten enttäuschender leichter Weine, die besten haben allerdings gute Farbe und sind entwicklungsfähig.	Anfang der 80er bis in die 90er
1973	Später Regen brachte Quantität statt Qualität. Mächtiger Ertrag, jung ansprechend, aber zu wenig Säure und Gerbstoff.	Ende der 70er bis Mitte der 80er
1972	Hoher Säuregehalt von unreifen Trauben. Unausgeglichene Weine, die besten werden durch Alterung weicher. 72er dürfte nicht zu teuer werden.	Jetzt bis Ende der 80er
1971	Kleiner Ertrag, große Fülle. Nicht so fruchtig und körperreich wie der 70er, wird sich aber gut halten. Einige Erzeuger brachten erstklassige Weine heraus, andere entpuppen sich allerdings heute als enttäuschend.	Ende der 70er bis in die 90er und später
1970	Reicher Ertrag und einheitliche Qualität. Große fruchtige Weine mit Eleganz und ansprechender Art. Trotz wenig Gerbstoffgehalt große Entwicklungsfähigkeit.	Ende der 70er bis Ende der 90er
1969	Stark verregneter September nach gutem Sommer. Mäßige Weine mit wenig Frucht und Farbe. Zum Teil jetzt angenehm, manche Weine entwickeln sich noch in der Flasche.	Jetzt bis Anfang der 80er
1968	Diesmal war ein nasser August schuld. Nur wenige Erzeuger brachten anständigen Wein zustande.	Jetzt oder nie
1967	Großer Ertrag; zunächst als leicht und bald zu verbrauchen beurteilt, hat sich dann in der Flasche gut ausgebaut und an Körper und Mundigkeit, wenn auch nicht an Charme gewonnen.	Jetzt bis Mitte der 80er
1966	Sehr feiner Jahrgang mit Tiefe, Frucht und Gerbsäure. Braucht noch Zeit zur vollen Entfaltung. Klassischer Rotwein.	Jetzt bis 1990
1965	Regen und Fäulnis. Katastrophales Jahr, sehr wenige passable Weine.	Jetzt, auf eigene Gefahr
1964	Heißer Sommer, verregnete Lese, am schlimmsten im nördlichen Médoc. Einige hervorragende Weine, vor allem Graves. Jedoch mit Vorsicht zu genießen.	Jetzt bis Mitte der 80er
1963	Ein schlechter Sommer und ein schlechter Herbst. Sehr wenige trinkbare Weine; die besten sind blaß und gezuckert.	Nicht zu empfehlen
1962	Köstliche, mittelschwere Weine, nach dem großen 61er übersehen. Fruchtig, ausgewogen, harmonisch.	Jetzt bis 1980
1961	Einer der ganz großen Jahrgänge wie 1929 und 1945. Sehr kleiner Ertrag. Fülle und Wucht, Charakter und Klasse.	Ende der 70er bis 2000
	Frühere gute Jahrgänge: 1959, 1955, 1953, 1952, 1950, 1949, 1948, 1947, 1945, 1943, 1929, 1928	

Jahr	St. Emilion/Pomerol	Trinkfertig
1977	Sehr schlechter Sommer. Wein mit wenigen Ausnahmen mittelmäßig.	Ab frühen 80er Jahren
1976	Sehr trockener, heißer Sommer; frühe Lese, Komplikationen durch Regen bei der Ernte. Wenigstens ein paar sehr gute Weine.	Ab Mitte der 80er
1975	St-Emilion meist gut, die besten edel. In Pomerol Ernteminderung durch Frost, herrlicher, voller Wein.	Mitte der 80er bis Ende der 90er
1974	Wiederum verregneter Herbst. Meist enttäuschende leichte Weine; einige davon sind noch entwicklungsfähig. Großer Ertrag.	Während der frühen 80er
1973	Guter Sommer, nasser, ertragreicher Herbst. Angenehm; jung zu trinken, solange der Wein noch fruchtig ist.	Jetzt bis Mitte der 80er
1972	Schlechter Sommer, aber fein durch späte Lese. Viele Weine sind unreif, werden mit der Zeit aber noch besser. Mit Vorsicht auswählen.	Jetzt bis Mitte der 80er
1971	Kleiner Ertrag; feine Weine, nachhaltig und tiefgründig; zum Teil mit mehr Charme als Médoc-Weine, auf jeden Fall gut lagerfähig.	Ende der 70er bis Anfang der 90er
1970	Herrliches Wetter und wunderbare Weine mit großer Frucht und Festigkeit im ganzen Anbaugebiet. Sehr großer Ertrag.	Ende der 70er bis in die 90er
1969	Schöner Sommer, nasser Herbst, wenig Ertrag. Erste Qualitäten sind annehmbar.	Ende der 70er
1968	Katastrophales Jahr. Regen, nichts als Regen.	Nicht zu empfehlen
1967	Großer Ernteertrag, allgemein sehr gut; alles in allem besser als Médoc und Graves. Manche sind sehr preiswert.	Jetzt bis Mitte der 80er
1966	Reif, wuchtig, rund. Hält sich gut.	Jetzt bis Ende der 80er
1965	Verregnet. Viel Fäulnis.	Nicht zu empfehlen
1964	Meist hervorragend. Besser als viele Médoc-Weine, weil die hier viel angebaute Merlottraube früher reift und nicht in den Regen kam.	Jetzt bis bis in die 80er
1963	Sehr schlecht.	Nicht zu empfehlen
1962	Nicht so gut wie Médoc und Graves, aber einige angenehme, ziemlich leichte Weine.	Jetzt
1961	Große langlebige Weine. Der erste wirklich gute Jahrgang hier seit dem schrecklichen Frost 1956.	In den 80ern
	Frühere gute Jahrgänge: wie Médoc/Graves.	

Beaujolais

Beaujolais wird auf zwei Arten bereitet: «nouveau» oder «primeur» ist für den sofortigen Gebrauch bestimmt. Beaujolais-Villages und Lagengewächse gewinnen nach 1 bis 5 Jahren Lagerung in der Flasche. Ausnehmend gute Moulin-à-Vent-Jahrgänge werden bei Lagerung bis zu 10 Jahren noch immer besser.

Jahr	Beaujolais
1977	Ansprechend. Die besten Villages typischer als 1976. Bald trinken.
1976	Ganz hervorragend; selbst «Primeurs» sind reich und edel. Sehr haltbar.
1975	Beaujolais litt zum größten Teil unter Hagel und Fäulnis, einige gute Weine entstanden im Norden des Anbaugebiets. Kleiner Ertrag.
1974	Ansprechender Durchschnittsjahrgang; einige gute Gewächse, aber nicht sehr langlebig.
1973	Großer Ertrag. Gut für baldigen Genuß.
1972	Zunächst wenig ansprechend, jedoch wurden einige «Crus» durch guten Säuregehalt zu guter Entwicklung gebracht.
1971	Sehr gut, wird aber schon alt.
1970	Gut, hat aber seinen Höhepunkt schon überschritten.
1969	Ausnehmend gut, hat sich schön entwickelt, läßt jetzt aber nach.

Roter Rhône-Wein

Die klassischen Weine des Rhonetals sind Côte Rôtie und Hermitage im Norden sowie Châteauneuf-du-Pape im Süden. Die meisten Villages von der Côte du Rhône kommen aus dem Süden.

Nur die besten Weine sind für lange Lagerung vorgesehen; sie aber können das edelste Aroma und Bukett erreichen. Châteauneuf-du-Pape ist ein Anbaugebiet mit großen Unterschieden: Ein paar konservative Winzer bereiten Weine, die 10 Jahre liegen können; die meisten brauchen aber nur vier bis fünf Jahre. Einfacher Côte du Rhône ist je nach Jahrgang nach zwei bis fünf Jahren ausgereift.

Jahr	Rote Rhôneweine aus dem Norden (einschließlich Hermitage)
1977	Angenehme, leichte Weine.
1976	Wahrscheinlich ausgezeichnet mit mächtigen, fruchtigen Weinen.
1975	Gering wie in Burgund. Fäulnis durch Regen.
1974	Die besten sind leicht und fruchtig, für baldigen Verbrauch.
1973	Ansprechend, hält aber nicht lange.
1972	Superb; 10 Jahre lagerfähig.
1971	Sehr gut, mit Festigkeit und Tiefe, gute Haltbarkeit.
1970	Voll, reif und rund. Jetzt trinken.
1969	Ausgezeichnet, alkohol- und gerbsäurereich, würzig. Hält sich gut.
1968	Nicht bemerkenswert.
1967	Voll und feurig. Gute Haltbarkeit.
1966	Voll und kräftig mit gutem Bukett. Zumeist schon ausgereift.
1965	Nicht so schlecht wie in anderen Gegenden, aber leichter Wein.
1964	Kräftig und vielgestaltig, jetzt aber ausgereift.
1963	Sehr geringe Qualität.
1962	Zum Teil sehr gut, jetzt ausgereift.
1961	Einer der größten Jahrgänge; herrliche Wucht und Fülle, trinkt sich jetzt schon hervorragend, wird aber noch besser.

Jahr	Süden (einschließlich Châteauneuf-du-Pape)
1977	Reife, aber schnell alternde Weine.
1976	Sehr gute, große Weine.
1975	Enttäuschend nach großen Erwartungen im Sommer.
1974	Sehr unterschiedlich; im Durchschnitt leicht. Einige gute Gigondas.
1973	Gut, fest, charakteristisch. Die besten sind in den 80er Jahren soweit.
1972	Nicht so groß wie weiter im Norden, aber gut und vielversprechend.
1971	Körperreich und ausgewogen. Zumeist schon trinkfertig.
1970	Reif, schmackhafter Jahrgang, aber zum Aufbewahren nicht geeignet.
1969	Sehr gehaltvoll und elegant. Ein paar besondere Flaschen sollte man aufbewahren.
1968	Meist gut; jetzt genußreif.
1967	Besser als der 68er, wird aber schon alt.
1966	Weiche, harmonische Weine, man sollte sie jedoch jetzt trinken.

Roter Burgunder

Côte d'Or Die Rotweine von der Côte de Beaune reifen meist früher als die größeren Weine von der Côte de Nuits. Die für die Genußreife angegebenen früheren Termine gelten jeweils für die leichteren Weine: Volnay, Beaune usw., die späteren für die mächtigsten Weine von Chambertin, Romanée usw. Verschiedene Erzeuger bereiten Weine unterschiedlichen Charakters und mit unterschiedlicher Reifezeit, in jedem Fall sind auch die besten Burgunder jung ansprechender als gleichwertige Bordeauxweine.

Jahr	Côte d'Or	Trinkfertig
1977	Sehr nasser Sommer, schöner Herbst. Im allgemeinen leichte Weine meist unterdurchschnittlicher Qualität. Wenige gute.	80–85
1976	Heißer Sommer, ausgezeichneter Jahrgang, wird klassisch ausfallen.	Anfang der 80er bis 2000(?)
1975	Heißer Sommer, nasser Herbst, kleiner Ertrag. Verbreitet Fäulnis, vor allem an der Côte de Beaune. Meist geringe Qualität. An der nördlichen Côte de Nuits einige gute Weine durch sorgfältige Behandlung.	Nicht lange haltbar
1974	Auch ein nasses Jahr; meist geringe Qualität, selbst die besten Weine leicht und mager. Jung zu trinken.	Ende der 70er
1973	Auch ein nasser Herbst. Leichte Weine, viele davon aber fruchtig und mild; als junger Wein köstlich.	Ende der 70er
1972	Schwierige Behandlung durch hohen Säuregehalt, aber die Weine sind fest und charaktervoll. Gut alterungsfähig.	Ende der 70er Ende der 80er
1971	Ausnehmend gute, reiche, kräftige Weine; fruchtig und ausgewogen. Kleiner Ertrag.	Ende der 70er bis 1990
1970	Ansprechende, weiche, fruchtige Weine, von denen sich aber nur wenige noch weiter entwickeln. Großer Ertrag.	Jetzt bis 1980
1969	Mit sehr wenigen Ausnahmen ein hervorragender Jahrgang. Kleiner Ertrag.	Nur die besten Lagern
1968	Katastrophales Jahr.	Nicht zu empfehlen
1967	Kein guter Jahrgang, aber auch kein schlechter. Die besten Weine haben feine Art, die geringsten sind dünn und überzuckert.	Jetzt
1966	Ausgezeichnet, rund und voll, die besten sind jetzt reif. Großer Ertrag.	Jetzt Anfang der 80er
1965	Sehr geringer Jahrgang.	Nicht zu empfehlen
1964	Groß und sehr gut, jedoch haben einige mehr Körper als Frucht und lassen beim Altern nach.	Ende der 70er
1963	Geringer Jahrgang; nur wenige präsentable Weine.	Nicht zu empfehlen
1962	Sehr fein und gut abgerundet; mehr Eleganz als Fülle.	Ende der 70er
1961	Ein großes Jahr. Kleiner Ertrag. Die besten Weine dieses Jahrgangs haben eine große Zukunft, da sich ihre Geschmacksfülle noch entwickelt.	Jetzt bis Ende der 80er

Weißer Burgunder

Côte de Beaune Gut behandelte Weine aus guten Jahrgängen mit viel Säure und Frucht gewinnen über einige – bis zu zehn – Jahre hinweg an Tiefe und Fülle. Geringere Weine aus weniger guten Jahrgängen sind nach zwei bis drei Jahren genußreif.

Jahr	Weißer Côte de Beaune	Trinkfertig
1977	Angenehme leichte Weine; einige überdurchschnittlich.	79–83
1976	Heißer Sommer; sehr feiner Wein.	1979 bis Ende der 80er
1975	Heißer Sommer, verregneter Herbst. Weißweine kamen besser durch als rote. Verringerte Erntemenge durch Fäulnis, doch waren die Trauben reif, und der Wein kann hervorragend sein.	Ende der 70er bis Mitte der 80er
1974	Frühlingsfröste minderten den Ertrag, aber der heiße Sommer sorgte für feine Weine, einige davon sind groß.	Ende der 70er bis Mitte der 80er
1973	Sehr ansprechend, fruchtig, charaktervoll und gehaltvoll, aber nicht lagerfähig; den Weinen fehlt es an Säure.	Jetzt bis 1980
1972	Schwierig zu behandeln wegen zuviel Säure und z. T. Unreife, jedoch sehr charaktervoll. Die besten können sich noch zu klassischen Weinen entwickeln.	Mitte bis Ende der 70er
1971	Wuchtig und ausdrucksvoll; manche haben fast zuviel Fülle, die besten sind fein ausgewogen. Kleiner Ertrag.	Jetzt bis Anfang der 80er
1970	Großer Ertrag, sehr gut. Ansprechende, weiche, sanfte Art, schnelle Reife.	Jetzt bis 1980
1969	Ein durch und durch hervorragender Jahrgang, kräftig, aromatisch, rund. Geringer Ertrag.	Jetzt 1980
1968	Alles in allem gering, jedoch einige trinkbare leichte Weine.	Nicht zu empfehlen
1967	Sehr gut: Einige klassische Weine haben sich edel entwickelt. Kleiner Ertrag.	Jetzt
1966	Ein großzügiger, ergiebiger Herbst, schön ausgereifter Jahrgang.	Jetzt
1965	Mit wenigen Ausnahmen sehr gering.	Nicht zu empfehlen
1964	Sehr gut, aber durchaus an der Grenze der Alterungsfähigkeit.	Jetzt

Die Weißweine aus dem Mâconnais (Pouilly-Fuissé, St-Veran, Mâcon-Villages) sind ähnlich, halten sich aber nicht so lange. Sie wirken mehr durch Frische als durch Fülle.

Chablis Die Grands Crus Chablis aus guten Jahrgängen, die sich durch Festigkeit und Säuregehalt auszeichnen, können sich bis zu zehn Jahren edel entwickeln, Premiers Crus entsprechend kürzer. Man sollte nur Petit Chablis nehmen und jung trinken.

Jahr	Chablis
1977	Guter Durchschnitt bei Grands und Premiers Crus. Schwere Frostschäden.
1976	Ein großer Jahrgang. Bis Anfang 80er lagern.
1975	Sehr gut. Lagern bis Anfang 80er.
1974	Zuerst ein wenig scharf, aber lebendig, ansprechend und charakteristisch. Jetzt trinkbereit.
1973	Sehr guter reifer und fülliger Jahrgang, jung zu trinken.
1972	Gering und scharf. Einige Weine haben in der Flasche gewonnen.
1971	Ausgezeichnet bis klassisch: zuweilen ebenso voll wie Côte d'Or.
1970	Rund und blumig; für Chablis weich. Sollte bald getrunken werden.
1969	Schwere, reife Weine, oft säurearm. Bald trinken.
1968	Gering und dünn.
1967	Manchmal sehr gut, aber schon an der Grenze der Haltbarkeit.
1966	Kräftiger Körper und liebliches Bukett; die meisten sind schon zu alt.

Ältere gute Jahrgänge: 1964, 1961, 1959, 1957, 1955, 1953, 1949.

Süße Weißweine

Sauternes/Barsac Gute Jahrgänge von Sauternes/Barsac und des üppigen Chenin aus Anjou (vor allem Coteaux du Layon) und der Touraine (meist Vouvray) gehören zu den langlebigsten Weißweinen. Sie können bis zu 25 Jahren lagern und werden dabei immer noch besser. Selbst bei mäßigen Jahrgängen lohnt sich lange Lagerung oft, weil sich in der Flasche das Aroma noch vertieft.

Jahr	Sauternes/Barsac
1977	Sehr geringer Ertrag. Keine guten süßen Weine.
1976	Herrlicher Sommer, feuchter Herbst. Hervorragende Weine.
1975	Strahlendes Oktoberwetter; reiche, edle Weine.
1974	Ernte durch Regen verdorben.
1973	Dasselbe Dilemma.
1972	Gering; diesmal war der schlechte Sommer schuld.
1971	Schönes Wetter, guter Jahrgang. Sehr voller, eleganter Wein. Haltbar.
1970	Seltenes Zusammentreffen: heißer Sommer und schöner Herbst. Überaus reicher, voller Wein in Hülle und Fülle, aber schnell reifend.
1969	Gut, etwas leicht und zart im Aroma. Nicht lange haltbar.
1968	Sehr geringe Qualität.
1967	Ein sehr gutes Jahr, nicht voll aber rassig. Nahezu ausgereift.
1966	Nur mäßig, einige ansprechende, leichte Weine. Jetzt reif.
1965	Regen und Fäulnis; völliges Fiasko.
1964	Verregneter Oktober; der Jahrgang war kaum zu retten, nur einigen Weingütern ist es gelungen.

Ältere gute Jahrgänge: 1959, 1953, 1949, 1945, 1921

Jahr	Anjou/Touraine
1977	Sehr kleiner Ertrag. Wenig süße Weine.
1976	Ein wunderbares Jahr.
1975	Ausgezeichnet, vor allem in Anjou.
1974	Zum Teil gut, aber schwierige, kühle Lesezeit.
1973	Ein vollendet schöner Oktober brachte volle, reife Weine.
1972	Viel Säure, jedoch einige gute und haltbare süße Weine.
1971	Gut in Anjou, groß in der Touraine. Lange Lagerfähigkeit.
1970	Sehr gut, vielleicht nicht so langlebig wie der 71er.
1969	Mächtige, süße, aber gut ausgewogene Weine, bis in die 80er Jahre lagerfähig.
1968	Uninteressant.
1967	Gut; Anjou besser.
1966	Gering.
1965	Gering.
1964	Ein großer Jahrgang; Vouvrays sollte man sich für Hochzeiten aufheben.

Trockene Weißweine

Weiße Graves und andere trockene weiße Bordeaux- und Dordogne-Weine, die Sauvignon-Weine von der oberen Loire (Sancerre/Pouilly Fumé) und Muscadet sollte man allesamt jung trinken, allerdings können gute weiße Graves bis zu 10 Jahren lagern. Muscadet trinkt sich am besten ein Jahr nach der Lese, Sancerre/Pouilly Fumé bis zu drei Jahren später.

Jahr	Sancerre/Pouilly Fumé
1977	Reduzierter Ertrag. Gute Qualität, aber teuer.
1976	Sehr gut.
1975	Gut, zum Teil sehr gut.
1974	Ausgezeichnete feste Weine.
1973	Sehr angenehm, läßt bereits nach.
1972	Unreif; aber einzelne haben sich gut entwickelt.
1971	Wundervoll abgerundet, kräftig und fruchtig, muß aber ausgetrunken werden.

Jahr	Bordeaux
1977	Hervorragender Jahrgang.
1976	Gute Weine, soweit früh gelesen wurde; manche sind überwuchtig.
1975	Sehr gut und charakteristisch. Lange haltbar.
1974	Gesunde, trockene Weine zum baldigen Verbrauch.
1973	Frische, reife, süffige Weine.
1972	Nicht so unreif ausgefallen wie andere Sauvignon-Anbaugebiete; durchaus ansprechend.
1971	Charaktervolle, gut ausgewogene Weine, länger haltbar.
1970	Bilderbuchwetter; erstklassige Weine.
1969	Ausgesprochen gut, jetzt aber ausgereift.
1968	Nicht zu empfehlen.
1967	Sehr gut, mit feiner Art und schönem Gleichgewicht. Jetzt ausgereift.

Jahr	Muscadet
1977	Durch Frost dezimierte Ernte.
1976	Großer Jahrgang
1975	Ein sehr guter Jahrgang
1974	und frühere: schon überaltert.

Champagne

Alter Champagner ist ein Wagnis, kann aber zum ganz großen Erlebnis werden. Alte Jahrgänge sollte man nur von erstklassigen Firmen nehmen.

Die hier aufgeführten Jahrgänge sind relativ leicht, für feine Art bekannt (und halten sich meist besser als schwerere Weine): 1962, 1953, 1952, 1943, 1941. Wuchtiger und schwerer waren die Jahrgänge 1961 und 1945, wobei der 45er sich besser aufheben ließ als der 61er.

Jahr	
1977	Gut.
1976	Schwierigkeiten infolge Trockenheit. Gut; vielleicht sogar ausgezeichnet.
1975	Sehr gut trotz spätem Regen. Feiner Jahrgang.
1974	Brauchbar, aber kein eigenständiger Jahrgang.
1973	Sehr gut; Jahrgangsqualität.
1972	Gutes Verschnittmaterial.
1971	Ganz hervorragender Jahrgang.
1970	Weich und ansprechend; in einigen Häusern Jahrgangsqualität; andere lassen das Jahr aus.
1969	Sehr schöne Jahrgangsqualität, mehr Feinheit als Wucht.
1968	Keine Jahrgangsqualität.
1967	Aus einigen Häusern kam recht zarter Jahrgangswein.
1966	Recht blumiger, voller Jahrgang; nicht lange haltbar.
1965	Keine Jahrgangsqualität.
1964	Beliebter Jahrgang, aber schwer. Muß ausgetrunken werden.

Die Neue Welt: Kalifornien

In der Neuen Welt fallen die Jahrgänge sehr viel gleichmäßiger aus als in Europa. Trotzdem kann man nicht mit Sicherheit annehmen, daß jedes Jahr die gleichen Qualitäten bringt. Die folgenden Angaben zu den letzten Jahrgängen aus dem kalifornischen Napa-Tal zeigen den Einfluß klimatischer und anderer Faktoren.

Jahr	
1977	Im Sommer langanhaltende Trockenheit, die erst nach der Weinlese zu Ende ging. Reduzierter Ertrag, aber erstaunliche Qualität.
1976	Trockener Winter, heiße Blütezeit und warmer Sommer, starke Trockenheit im Herbst brachte einen kleinen Ertrag mit hohem Zucker- und Säuregehalt. Rotweine sind problematisch; einige Weißweine dürften ausgezeichnet ausfallen.
1975	Nasser Frühling, kühler Sommer, späte Ernte bei regnerischem Herbst. Gut für weiße und früh reifende rote Weine, aber nicht für Cabernet.
1974	Wenig Frost, langer, kühler Sommer, ideale Reifebedingungen. Großer Ernteertrag in bestem Zustand.
1973	Rekordertrag, Qualität durchweg ordentlich bis sehr gut.
1972	Ein Jahr der Extreme: trockener Winter, früher Frühling, späte Fröste, heißer Juli, nasser Herbst. Sehr unterschiedliche Qualität.
1971	Der Frühling kam spät, der September war sehr heiß. Qualität allgemein durchschnittlich.
1970	Schlimmes Frostjahr. Ertragsminderung evtl. 40%. Milde Reifezeit. Guter Zuckergehalt bei ausnehmend viel Säure. Qualität hervorragend.
1969	Sehr heißer August; hoher Zuckergehalt, Ausfälle bei manchen Sorten. Normaler Ertrag. Rotweine mächtig und schwer. Weiße wurden früh gelesen, fielen trotzdem meist wuchtig und schwer aus.
1968	Sehr ähnlich wie 1967. Einige Frostschäden. Späte Lese bis zum letzten Oktobertag. Einige späte Sorten bekamen Regen ab. Weißweine wiederum durchweg besser als Rotweine.
1967	Wachstumsbedingungen und Ertrag etwa normal. Einige Frostschäden. Großartige Weißweine; Rotwein unterschiedlich von schwer bis dünn.
1966	Relativ kühles Jahr. Ernteertrag unter Durchschnitt. Die Weine fielen meist dünn, aber hocharomatisch aus.
1965	Großartiges Jahr in jeder Hinsicht: Wetter, Ertrag und Qualität bei weißen und roten Weinen.
1964	Strenges Frostjahr. Geringe Ernte. Kalte Reifezeit. Harte Weine.

Eine so detaillierte Analyse der Jahrgänge, wie wir sie für französische und deutsche Weine gegeben haben, läßt sich wegen der andersartigen Bereitungs- und Verkaufspraktiken für die Weine der übrigen Welt nicht ohne weiteres anstellen. Außergewöhnliche Jahre sind überall der Beachtung wert, besonders in Italien, doch nimmt man es mit dem Begriff des Jahrgangs in Portugal, Spanien, Griechenland und den anderen europäischen Weinländern nicht so genau, außer beim Jahrgangs-Portwein. In diesen Ländern werden besonders gute Jahrgänge fast als Markennamen verwendet: So verkauft eine Bodega vielleicht weiterhin einen «1949er», weil dieser Jahrgang besonders beliebt war. In vielen Fällen ist es üblich, ältere und jüngere Weine zu verschneiden, nicht um den Käufer zu täuschen, sondern um den ausgeglichenen Wein zu bereiten, der ihm am besten gefällt.

In solchen Fällen ist ein auf dem Etikett aufgedruckter Jahrgang doch insofern nützlich, als man das Alter des Weins ungefähr schätzen kann und deshalb eher davor bewahrt bleibt, etwa einen zu alten Weißwein zu kaufen.

Italien

Außergewöhnlich gute Jahrgänge des letzten Jahrzehnts waren:				
Chianti Classico:	1968	1971	1975	1977
Piemonte (einschl. Barolo):	1964	1968	1971	

Sehr gute Jahrgänge:				
Chianti Classico:	1964	1967	1969	1970
Piemonte (einschl. Barolo):	1965	1967	1969	

1972 brachte geringe Qualität, vor allem in Piemont, wo viele Barolos zu Nebbiolo abgestuft wurden. 1973 gab es bei großem Ertrag nur durchschnittliche Qualität. 1974 war gut, aber nichts Besonderes. 1976 war naß, schwer zu behandeln, enttäuschend.

Portwein

Eine lange Flaschenalterung ist ein wesentlicher Bestandteil der Bereitung von Jahrgangs-Portwein. Jede Firma entscheidet jährlich, ob sich ihr Wein zur Frühabfüllung eignet und als «Jahrgangs-Portwein» deklariert zu werden verdient.

Jahr	
1977	Nasses Jahr, großer Ertrag. Wahrscheinlich kein Jahrgang.
1976	Sehr trockener Sommer, nasser Herbst; ungewisse Zukunft.
1975	Wird bestimmt ein Jahrgangs-Port. Heißer Sommer und Herbst mit gerade genug Regen.
1974	Kühles Jahr; späte Ernte; gut, aber kein Jahrgang.
1973	Nasser Herbst; großer verwässerter Ertrag. Kein Jahrgang.
1972	Heißer Sommer, nasser Herbst. Bei früher Lese gut ausgefallen; nur zwei Firmen erklärten Jahrgangswein.
1971	Probleme mit Fäulnis. Kein Jahrgang.
1970	Ideales Wetter. Sehr feiner, ausgewogener Jahrgang, von 17 Firmen deklariert.
1969	Kein Jahrgang.
1968	Kein Jahrgang.
1967	Gut, aber zart. Ein Jahrgang wurde nur von 5 Firmen deklariert.
1966	Ein großer, fruchtiger Jahrgang, sehr langlebig, von 20 Firmen deklariert.
1965	Nur von einer Firma (Ferreira) zum Jahrgangswein erklärt.
1964	Kein Jahrgang.
1963	Der beste der 60er Jahre; einer der besten des Jahrhunderts. Klassisch, voll, kräftig, aber fruchtiger als der 45er. Von 23 Firmen zum Jahrgangswein erklärt.
1962	Nur von einer Firma (Offley Forrester) zum Jahrgang erklärt.
1961	Kein Jahrgang.
1960	Nicht schwer, aber zuverlässig, wird bereits köstlich. Von 26 Firmen zum Jahrgangswein erklärt. Von jetzt ab bis in die 90er Jahre zu trinken.
1959	Kein Jahrgang.
1958	Von 6 Firmen deklariert. Zart, zum Teil elegant. Bald zu trinken.
1957	Kein Jahrgang.
1956	Kein Jahrgang.
1955	Große, kräftige Weine, die meisten jetzt voll ausgereift. Von 21 Firmen zum Jahrgangswein erklärt.
Frühere Jahrgänge:	
1950	Wie 1958. Bald zu trinken.
1948	Lieblicher, voller Wein. Jetzt genußreif.
1947	Gut, jetzt aber reif.
1945	Ein großer klassischer Wein; mächtig, dunkel, konzentriert. Erreicht jetzt seinen Höhepunkt – trotzdem hat es noch keine Eile mit ihm.

Viele Firmen verkaufen auch «undeklarierte» Jahrgänge als «Spätabfüllung» oder «Crusted Port» (zum Teil zwecks schnellerer Reife im Faß gealtert) oder auch unter dem Namen ihrer «Quinta» (des Guts) – z.B. Taylor's Vargellas; Croft's Roeda – als zweitklassige Weine.

Frankreich

Champagne – in diesem einen Wort liegt die ganze sinnenfreudige Eleganz, der Genius Frankreichs.

Frankreich

Links: die französische Weinbaufläche beträgt 1,3 Mill. ha. Die Reben erfordern ständige Arbeit. Hier spritzen Winzer an der Loire ihre Reben mit Schwefelbrühe.

Staatsgrenze

Departementsgrenze

Departements-Hauptstadt

Zentrum des VDQS-Gebietes

Vins du Thouarsais VDQS-Name – ein Führer zu den VDQS-Weinen, die nicht auf einer andern Karte aufgeführt sind, findet sich auf Seiten 130–131

Appellation Contrôlée-Gebiete

- Champagne (Seiten 108–109)
- Neue Gebiete mit Appellation Contrôlée seit 1970
- Loire-Tal (Seiten 114–115)
- Burgund (Seite 60)
- Jura (Seite 127)
- Côtes du Rhône (Seite 120) und Jurançon (Seite 128)
- Cognac (Seiten 258–259)
- Bergerac (Seite 105)
- Bordeaux (Seite 80) und Savoyen (Seite 127)
- Armagnac und Madiran usw. (Seite 260)
- Gaillac (Seite 129) und Bellet
- Languedoc (Seiten 124–125) und Cahors (Seite 128)
- Weinbaugebiete ohne AC-Prädikat
- Elsaß (Seiten 110–111) und Provence (Seite 126)

Proportionalkreise

44 Weinbaufläche pro Departement in 1000 ha

Auch wenn man jeden Regentropfen gezählt und den letzten geologischen Stein umgewälzt hat, bleibt immer noch die unwägbare Frage des Nationalcharakters, der Frankreich unbestreitbar das Lieblingskind der Rebe sein läßt, das weit mehr und verschiedenartigere Weine hervorbringt als jedes andere Land der Erde.

Frankreich ist aber nicht nur sinnenfreudig und fleißig – es ist auch systematisch. Es hat nicht nur gute Weinberge, sondern klassifiziert und kontrolliert sie auch. Seit fast 200 Jahren werden die besten Lagen eingestuft.

Wir verzichten darauf, Ihnen die Grenzen der einzelnen französischen Weinbaugebiete bekanntzugeben. Uns geht es mehr um den Weintrinker als um den Rechtsgelehrten. Wir befassen uns insbesondere mit drei Weinklassen: den Appellations Contrôlées, die nicht nur die Herkunft, sondern auch einen gewissen Qualitätsstandard garantieren, der zweiten Klasse für gute Weine mit meist lokaler Bedeutung, bezeichnet mit VDQS – Vin Délimité de Qualité Supérieure – und der dritten, 1973 für kleinere oder Tafelweine neu eingeführten Klasse: Vins de Pays.

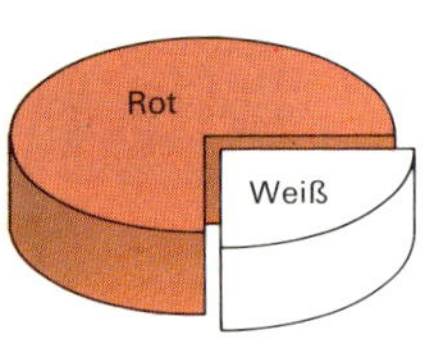

Oben: Frankreich erzeugt jährlich 65 Mill. hl Wein. Davon sind 60% Rotwein. 10 Mill. hl entfallen auf Appellations Contrôlées.

Frankreich verbraucht 54 Mill. hl im Jahr: 104 Liter pro Kopf.

9% der Bevölkerung finden im Weinbau oder im Weinhandel Beschäftigung.

Der durchschn. Erzeugerpreis für Rotwein ist 140 F für 100 l (Stand von 1975).

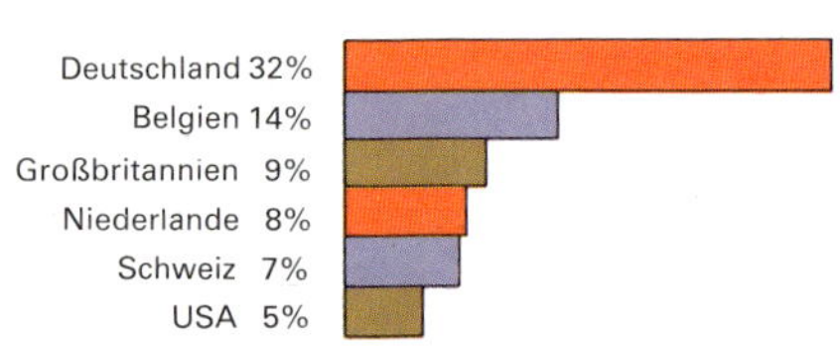

Oben: Frankreich exportiert jährlich rund 5,9 Mill. hl Wein. Der bei weitem größte Abnehmer sowohl mengen- als auch wertmäßig ist Deutschland. Es wendet jährlich 105 Mill $ dafür auf. Auf Großbritannien entfallen 68 Mill. $.
Unten: Frankreich importiert 3,5 Mill. hl mehr, als es exportiert. Die meisten Importe sind für Verschnitte bestimmt.

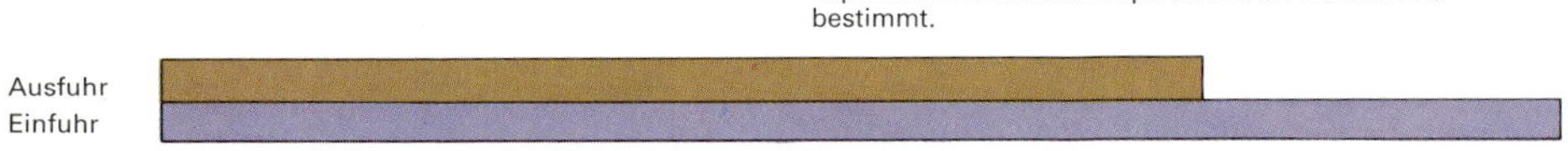

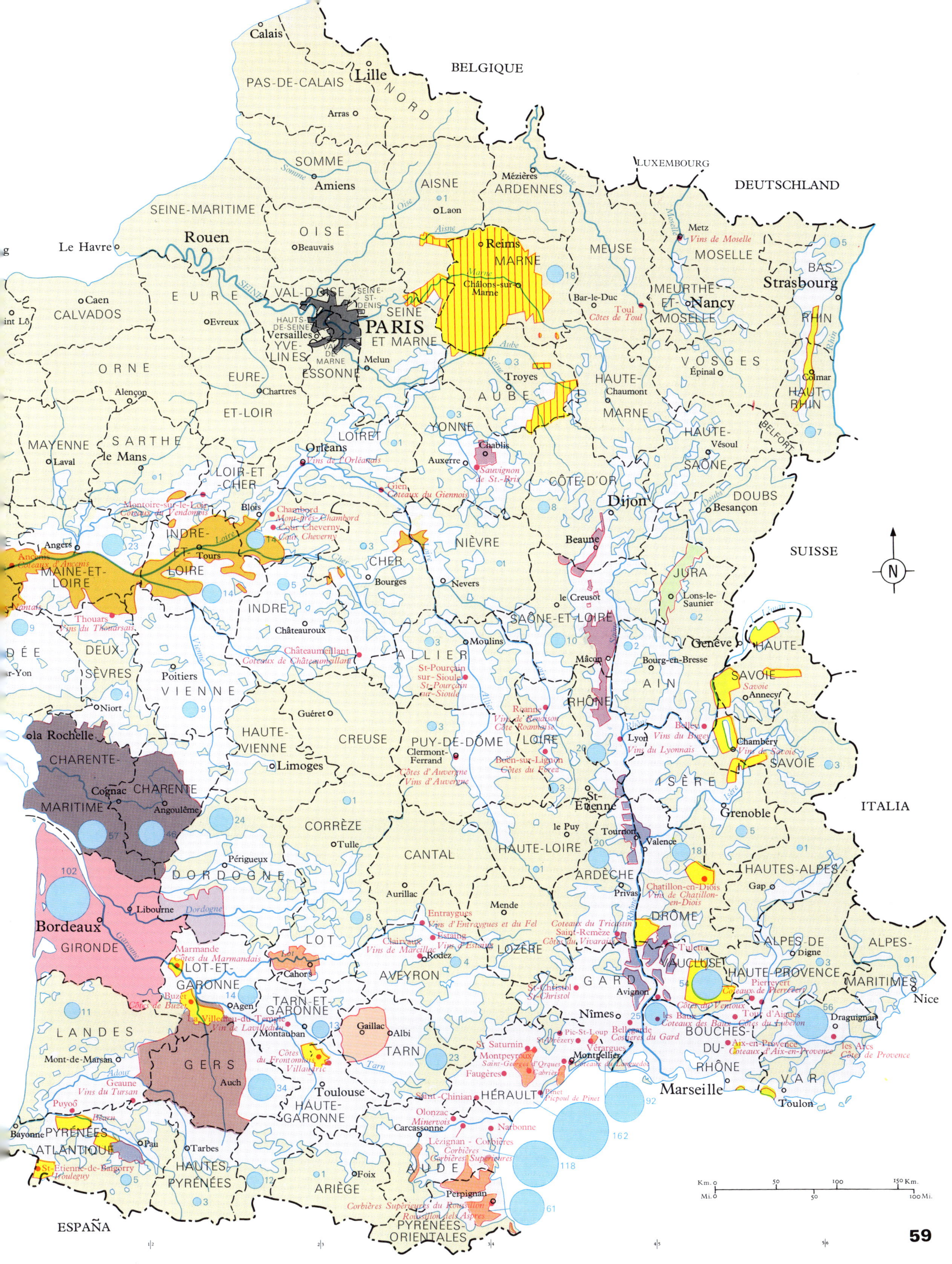
BELGIQUE
LUXEMBOURG
DEUTSCHLAND
SUISSE
ITALIA
ESPAÑA
Calais
Lille
NORD
PAS-DE-CALAIS
Arras
SOMME
Amiens
AISNE
Laon
Mézières
ARDENNES
SEINE-MARITIME
Le Havre
Rouen
OISE
Beauvais
Reims
MARNE
Châlons-sur-Marne
MEUSE
Bar-le-Duc
Metz
Vins de Moselle
MOSELLE
BAS-RHIN
Strasbourg
MEURTHE-ET-MOSELLE
Nancy
Toul
Côtes de Toul
Caen
CALVADOS
EURE
Evreux
VAL-D'OISE
SEINE-ST-DENIS
HAUTS-DE-SEINE
Versailles
YVELINES
VAL-DE-MARNE
PARIS
SEINE ET MARNE
Melun
ESSONNE
EURE-ET-LOIR
Chartres
ORNE
Alençon
Aube
Troyes
AUBE
HAUTE-MARNE
Chaumont
VOSGES
Épinal
Colmar
HAUT-RHIN
BELFORT
MAYENNE
Laval
SARTHE
le Mans
LOIR-ET-CHER
Orléans
Vins de l'Orléanais
LOIRET
YONNE
Auxerre
Chablis
Sauvignon de St.-Bris
CÔTE-D'OR
Dijon
HAUTE-SAÔNE
Vesoul
DOUBS
Besançon
Montoire-sur-le-Loir
Coteaux du Vendômois
Blois
Chambord
Mont-près-Chambord
Cour Cheverny
Gien
Coteaux du Giennois
Angers
Ancenis
Coteaux d'Ancenis
MAINE-ET-LOIRE
INDRE-ET-LOIRE
Tours
Loire
Cher
CHER
Bourges
NIÈVRE
Nevers
Beaune
JURA
Lons-le-Saunier
Thouars
Vins du Thouarsais
INDRE
Châteauroux
le Creusot
SAÔNE-ET-LOIRE
Genève
HAUTE-SAVOIE
Savoie
Annecy
VENDÉE
DEUX-SÈVRES
Niort
Poitiers
VIENNE
Châteaumeillant
Coteaux de Châteaumeillant
ALLIER
Moulins
St-Pourçain-sur-Sioule
Mâcon
Bourg-en-Bresse
AIN
RHÔNE
Roanne
Vins de Renaison Côte Roannaise
Lyon
Vins du Lyonnais
Belley
Vins du Bugey
Chambéry
Vins de Savoie
SAVOIE
la Rochelle
CHARENTE-MARITIME
Cognac
CHARENTE
Angoulême
HAUTE-VIENNE
Limoges
Guéret
CREUSE
PUY-DE-DÔME
Clermont-Ferrand
Côtes d'Auvergne
Vins d'Auvergne
LOIRE
Boën-sur-Lignon
Côtes du Forez
St-Étienne
ISÈRE
Grenoble
CORRÈZE
Tulle
CANTAL
le Puy
HAUTE-LOIRE
Tournon
Valence
HAUTES-ALPES
Gap
Périgueux
DORDOGNE
Aurillac
Mende
ARDÈCHE
Privas
Châtillon-en-Diois
Vins de Châtillon-en-Diois
DRÔME
Libourne
Bordeaux
GIRONDE
Garonne
Entraygues
Vins d'Entraygues et du Fel
Estaing
Vins d'Estaing
Clairvaux
Vins de Marcillac
Rodez
LOZÈRE
Coteaux du Tricastin
Saint-Remèze
Côtes du Vivarais
Tulette
VAUCLUSE
ALPES-DE-HAUTE-PROVENCE
Digne
ALPES-MARITIMES
Nice
Marmande
Côtes du Marmandais
LOT-ET-GARONNE
LOT
Cahors
AVEYRON
St-Christol
GARD
Avignon
Pierrevert
Coteaux de Pierrevert
Côtes du Ventoux
Buzet
Côtes de Buzet
Agen
TARN-ET-GARONNE
Montauban
Gaillac
Albi
TARN
Nîmes
les Baux
Coteaux des Baux
Tour d'Aigues
Côtes du Lubéron
Dragnignan
LANDES
Mont-de-Marsan
GERS
Auch
Côtes du Frontonnais
Villaudric
Toulouse
HAUTE-GARONNE
Pic-St-Loup
St-Drézery
St Saturnin
Montpeyroux
Montpellier
Vérargues
Bellegarde
Costières du Gard
BOUCHES-DU-RHÔNE
Aix-en-Provence
Coteaux d'Aix-en-Provence
Les Arcs
Côtes de Provence
VAR
Marseille
Toulon
Geaune
Vins du Tursan
Puyoô
Béarn
Bayonne
PYRÉNÉES-ATLANTIQUE
Pau
Tarbes
HAUTES-PYRÉNÉES
St-Chinian
HÉRAULT
Faugères
Pinet
Picpoul de Pinet
Olonzac
Minervois
Carcassonne
Narbonne
Lézignan - Corbières
Corbières
Corbières Supérieures
AUDE
Foix
ARIÈGE
St-Etienne-de-Baïgorry
Irouleguy
Perpignan
Corbières Supérieures du Roussillon
Roussillon dels Aspres
PYRÉNÉES-ORIENTALES
Km. 0 50 100 150 Km.
Mi. 0 50 100 Mi.
N

Burgund

Oben: Beaune ist die Weinkapitale Burgunds, manche würden sagen: der Welt. Das Wahrzeichen der Stadt, das silberne Dach des mittelalterlichen Hospices, schimmert durch den Dunst eines Herbstabends.

Schon in dem Namen Bourgogne schwingt etwas Sattes mit. Ist Paris der Kopf und die Champagne die Seele Frankreichs, dann besteht kein Zweifel, was Burgund ist: sein Magen. Burgund ist das bekannteste der alten französischen Herzogtümer. Aber schon lange vorher, selbst bevor das Christentum nach Frankreich kam, war es für seinen Wein berühmt.

Burgund ist kein großes geschlossenes Weingebiet, vielmehr eine Provinz, in der mindestens drei der besten französischen Weinbaugebiete liegen. Das bei weitem reichste und bedeutendste ist die in der Mitte gelegene Côte d'Or mit ihren Bezírken Côte de Nuits und Côte de Beaune. Aber auch die Bezirke Chablis und Beaujolais sowie das Mâconnais haben einen guten alten Ruf.

Angesichts seines Ruhms und Reichtums wirkt Burgund noch erstaunlich schlicht und ländlich. An der ganzen Côte d'Or findet man kaum imposante Gebäude oder vornehme Landsitze, wie sie zum Beispiel dem Médoc das Gepräge einer Schöpfung der Muße und des Reichtums des 18. und 19. Jahrhunderts geben. Der nicht sehr umfangreiche Großgrundbesitz, beispielsweise der Kirche, wurde unter Napoleon aufgeteilt. Und heute ist die Côte d'Or einer der zersplittertsten französischen Weinbezirke.

Rechts: Burgund erzeugt dreimal soviel Rotwein wie Weißwein. An der Côte d'Or ist der Anteil des Rotweins sogar noch höher. Die Gesamtproduktion beläuft sich im Durchschnitt auf 1,3 Millionen Hektoliter.

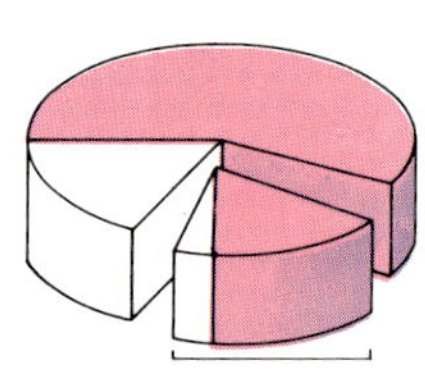

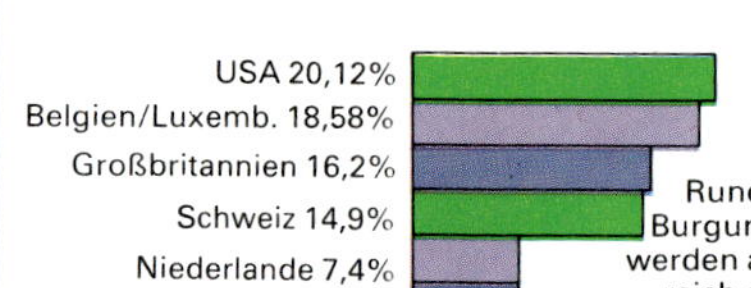

Links: Rund 49% des Burgunderweins werden aus Frankreich exportiert. Größter Abnehmer sind die USA mit 9,8% der Gesamtproduktion bzw. 20,12% des Exports.

Diese Zersplitterung Burgunds ist die Ursache des einen großen Nachteils, den seine Weine haben: sie sind unvorhersehbar. Der menschliche Faktor läßt sich nicht kartieren – und besonders in Burgund spielt er die überragende Rolle. Denn selbst wenn man einen Wein nach Ort, Lage und Jahrgang bestimmt hat, kann er immer noch von bis zu sechs oder sieben Winzern bereitet sein, die sich mit kleinen Parzellen in diese Lage teilen, und bis zu sechser- oder siebenerlei verschiedene Kellerbehandlungen erfahren haben. «Monopoles», d. h. Lagen im Alleinbesitz eines Erzeugers, sind seltene Ausnahmen. Selbst der kleinste Weinbauer besitzt Parzellen in zwei oder drei verschiedenen Weinbergen. Größeren Erzeugern können insgesamt 16 oder 20 Hektar gehören, die sich in kaum einen Hektar großen Losen auf zwanzig Weinberge von einem Ende der Côte bis zum anderen verteilen. In die 50 ha des Clos de Vougeot teilen sich über 60 Besitzer.

Aus eben diesem Grunde wird der Großteil des Burgunder Weins faßweise vom Erzeuger an Weinhändler verkauft, die ihn mit anderen Weinen des Gebiets verschneiden und so Standardweine in marktgerechten Mengen gewinnen. Verkauft wird er nicht als Erzeugnis eines bestimmten Weinguts, das von diesem Wein vielleicht nur ein, zwei Faß bereitet, sondern als Wein eines bestimmten Areals (das eine einzelne Lage oder aber eine ganze Gemarkung sein kann), den das Weinhaus *élevé* – wörtlich: ausgebildet – hat.

Die Karte auf dieser Seite zeigt das ganze burgundische Weinland, die Ausdehnung und Lage der im Süden gelegenen Gebiete Beaujolais und Mâconnais, des nördlichen Chablis, der winzigen Côte Chalonnaise sowie des schmalen Streifens der Côte d'Or und ihres wenig bekannten Hinterlands, der Hautes Côtes de Beaune und der Hautes Côtes de Nuits. Die Legende verweist auf die Einzelkarten dieser Gebiete auf den folgenden Seiten.

In Burgund gibt es etwa hundert Appellations Contrôlées. Die meisten sind geographisch definiert und werden auf den folgenden 18 Seiten behandelt. Eingebaut in diese geographischen Appellationen gibt es noch eine Klassifizierung nach der Qualität, die allein schon so etwas wie ein Kunstwerk ist. Auf Seite 56 wird sie erklärt. Die Appellationen Bourgogne, Bourgogne Aligoté (für Weißwein), Bourgogne Passe-Tout-Grains und Bourgogne Grand Ordinaire können jedoch für Weine verwendet werden, die aus entsprechenden Trauben aus beliebigen Teilen Burgunds bereitet sind, einschließlich der geringeren Lagen in bekannten Gemarkungen, die nicht unter deren Namen angeboten werden.

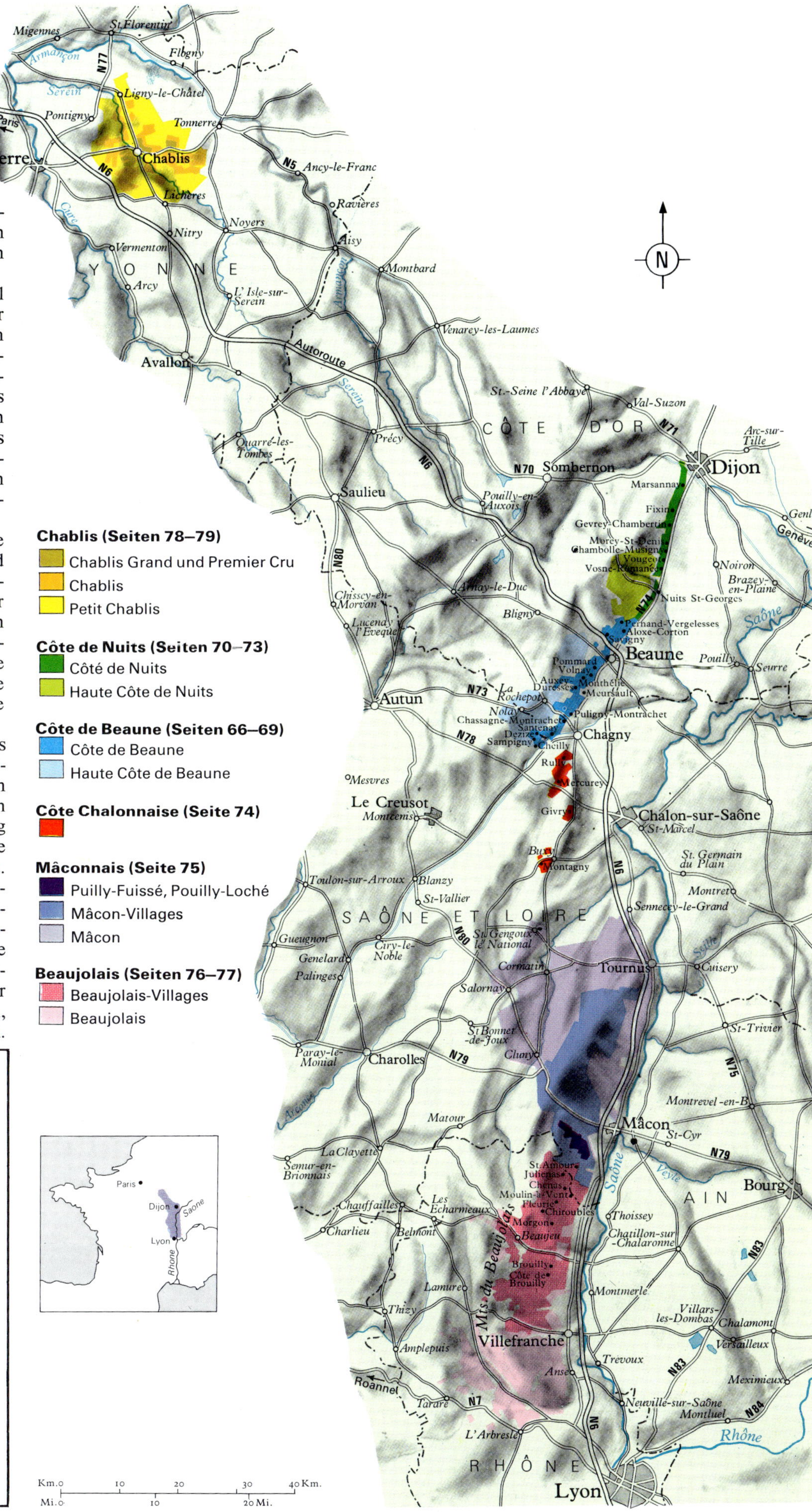

Die Sprache des Etiketts

Climat Einzellage
Commune oder **Finage** Gemarkung
Récolte Jahrgang
Grand Cru oder **Tête de Cuvée** Ein Spitzengewächs mit eigener Appellation Contrôlée.
Premier Cru Die zweite Stufe der burgundischen Lagenbewertung
Mise (oder **Mise en bouteilles**) **du** (oder **au**) **Domaine** Weingutabfüllung
Mise par le propriétaire oder **à la propriété** Erzeugerabfüllung
Mise dans nos caves Kellereiabfüllung (nicht unbedingt in der Kellerei des Erzeugers)
Négociant-Eleveur Händler, der erstjährigen Wein beim Erzeuger aufkauft und ihn in eigener Kellerei verschneidet und weiter reifen läßt
Monopole Weinbergslage im Alleinbesitz
Propriétaire-Récoltant Weingutbesitzer und Erzeuger
Villages Aus ausgewählten Gemeinden in der genannten Region.

Burgund – Qualitätsfaktor

Dem Höhenzug der Côte d'Or zollen die Menschen Burgunds soviel Respekt wie einer unbekannten Gottheit. Man muß sich aber auch wirklich wundern, warum bestimmte Parzellen an diesen Hängen überragend gute Weine hervorbringen, andere hingegen nicht. Gewiß, man kann feststellen, worin sich die einzelnen Lagen physikalisch unterscheiden – warum sie Trauben mit höherem Zuckergehalt, dickeren Hülsen und stärker mineralhaltigem Fruchtfleisch produzieren.

Das kann man – und kann es doch wiederum nicht. Immer wieder hat man Boden und Unterboden analysiert, Temperaturen, Feuchtigkeit und Windrichtung gemessen, den Most unter dem Mikroskop untersucht . . . und doch das wichtigste Geheimnis nicht aufgedeckt.

Burgund ist die nördlichste Landschaft der Erde, in der großer Rotwein gedeiht. Ihr Sommerklima ist seltsamerweise dem Bordelaiser recht ähnlich – da der kontinentale Einfluß die nördlichere Lage ausgleicht. Doch können in Burgund leichter ganze Jahrgänge mißraten. Mit den allgemeinen Klimabedingungen läßt sich die hervorragende Qualität des Weins allerdings nicht erklären. Zwar gibt es einige lokale oder mikroklimatische Vorzüge, nichts aber, was einzigartig wäre.

Und die Bodenverhältnisse? Der Kamm der Côte d'Or ist der Rand eines aus verschiedenartigem, sandhaltigem Kalkgestein gebauten Hochplateaus. Die durch das letzte periglaziale Eis vor 18 000 Jahren und danach durch Verwitterung und Kultivierung bewirkte Erosion hat das Kalkgestein in Bodenkrume verwandelt. Geröll und Erdreich wird die Hänge hinuntergespült, was den Reben weiter unten Nährstoffe zuführt und deren Drainage fördert. Je stärker der Boden bearbeitet worden ist, desto ausgeprägter sind die verschiedenen Bodentypen vermischt – wozu auch beigetragen hat, daß man gute Erde in die besseren Weinberge geschafft hat: 1749 wurden 150 Wagenladungen auf die Lage Romanée-Conti verteilt, und solche Erdbewegungen gibt es auch heute noch.

Die Côte de Nuits fällt steiler ab als die Côte de Beaune. In ihrem unteren Abschnitt, der etwa bis zu einem Drittel der gesamten Hanghöhe hinaufreicht, verläuft eine schmale Schicht Mergel, die einen kalkig-lehmigen Boden ergibt. Mergel allein wäre ein zu fetter Boden für den edelsten Wein, doch in Verbindung mit dem von dem härteren Kalkstein weiter oben heruntergeschwemmten Schlamm und Schottergestein ist er ideal. Oberhalb dieser Mergelzone ist der dünne leichte Kalksteinboden im allgemeinen zu dürftig für Reben.

An der Côte de Beaune ist der Mergelstreifen breiter und verläuft höher am Hang: Anstelle eines schmalen Weinberggürtels unter überhängender Kalksteinwand gibt es hier einen ausgedehnten und sacht ansteigenden Hang, an dem sich die Weinberge hochziehen können. Stellenweise reichen die Reben fast bis an den Kamm heran.

Am Einzelberg Corton sind die besten Lagen die mit Mergelboden, der bis an den bewaldeten Kamm aus hartem Kalkstein heranreicht.

In Meursault tritt der Kalkstein unterhalb der Mergelschicht wieder am Hang zutage und bildet einen sehr steinigen unteren Hügelrücken, der sich ausgezeichnet für Weißwein eignet.

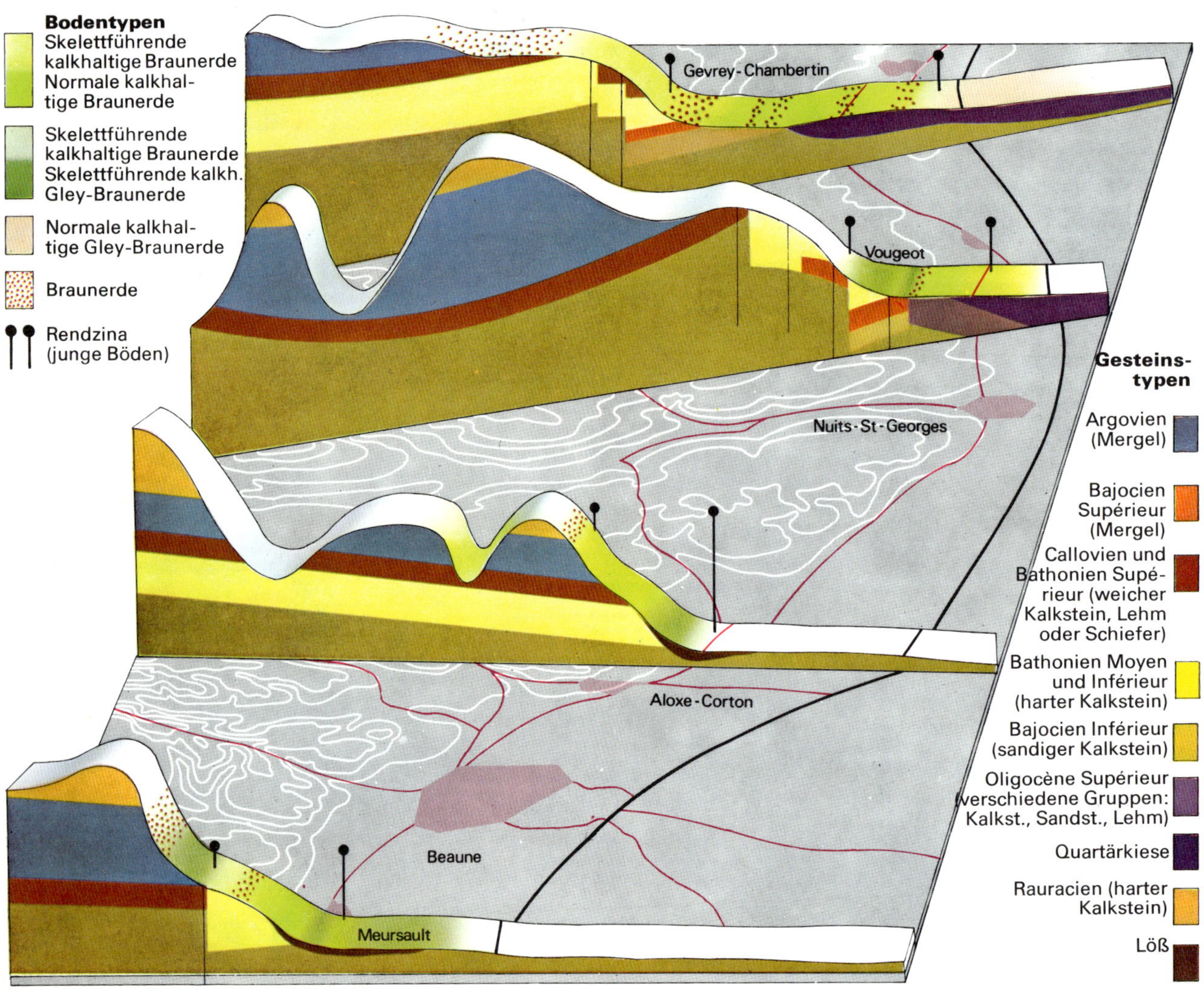

Links: Querschnitt durch vier führende Weinbezirke der Côte d'Or. Die Oberfläche (Boden) wird sowohl aus den unter ihr als auch aus den weiter oben am Hang lagernden Gesteinsschichten gebildet. In Gevrey-Chambertin reichen junge Böden oder Rendzinen (punktierte Flächen, siehe Legende ganz links) noch bis zur Mergelschicht hinunter. Auf und unterhalb dieser Mergelschicht findet sich gute kalkhaltige Braunerde auf Kalkstein in guter geschützter Lage (Chambertin). Von dort bis zur Talsohle treten verschiedene Bodengruppen auf, die gutes Rebland abgeben. Bei Vougeot tritt der Mergel an zwei Stellen zutage. Unterhalb des oberen Mergelaustritts liegt Grands Echézeaux, auf und unterhalb des zweiten der Clos de Vougeot. Um den Corton-Berg zieht sich bis fast zum Gipfel hinauf ein breiter Mergelgürtel, auf dem die besten Weinberge liegen. Doch müssen die Winzer an diesem steilen Hang ständig die Erde wieder hinaufschaffen. Wo Kalksteinschutt von den Höhen abgelagert ist, wird Weißwein gezogen.

Das alles zeigt nur stichprobenartig auf, wie unterschiedlich die Struktur der Côtes ist. Jede Verschiedenartigkeit des Bodens bringt auch Unterschiede in der Drainage, der Bodentemperatur, ja in hundert anderen Faktoren, die ihren Einfluß auf die Rebe haben. Wahrscheinlich hat das Kleinklima in Verbindung mit der physikalischen Struktur die entscheidendsten Wirkungen. Die besten Lagen der Côtes sind die Ostlagen. Sie fangen schon am Morgen die Sonne auf, die den Boden dann den ganzen Tag über durchwärmt. Nach Südwesten hin sind sie gegen den feuchten Wind abgeschirmt – gegen den Frost in stillen Nächten aber sind sie nicht so gut geschützt.

Der andere, in Karten nicht erfaßbare Qualitätsfaktor liegt darin, für welche Reben sich der Winzer entscheidet, wie er sie schneidet und wie er sie düngt. Es gibt in den klassischen Sorten mehr oder weniger wuchskräftige «Klone». Wählt der Winzer davon den produktivsten (oder überdüngt er den Boden), dann ist eine Qualitätseinbuße unvermeidlich. Auf diese Weise kommen viele enttäuschende kurzlebige Weine zustande.

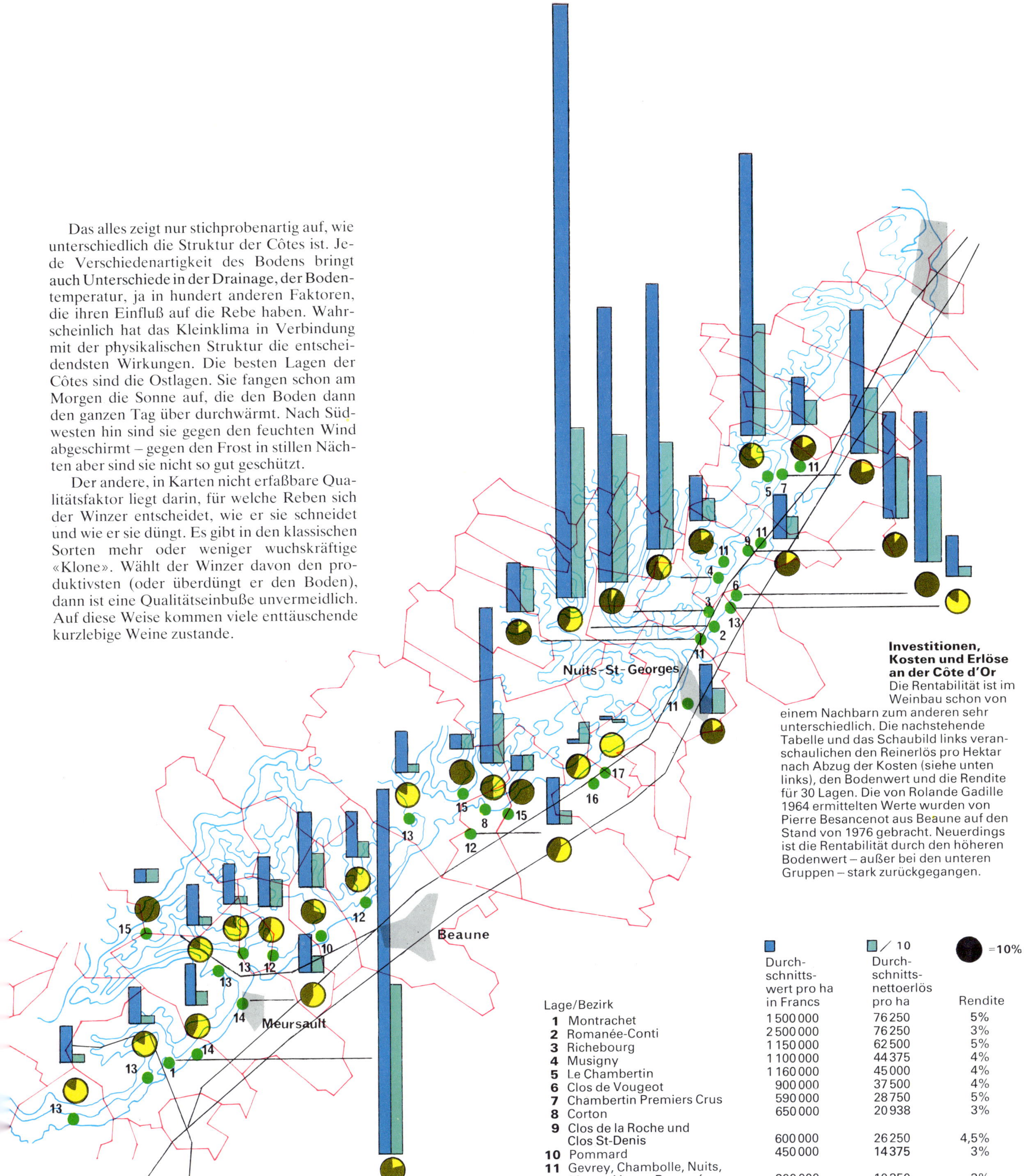

Investitionen, Kosten und Erlöse an der Côte d'Or
Die Rentabilität ist im Weinbau schon von einem Nachbarn zum anderen sehr unterschiedlich. Die nachstehende Tabelle und das Schaubild links veranschaulichen den Reinerlös pro Hektar nach Abzug der Kosten (siehe unten links), den Bodenwert und die Rendite für 30 Lagen. Die von Rolande Gadille 1964 ermittelten Werte wurden von Pierre Besancenot aus Beaune auf den Stand von 1976 gebracht. Neuerdings ist die Rentabilität durch den höheren Bodenwert – außer bei den unteren Gruppen – stark zurückgegangen.

Lage/Bezirk	Durchschnittswert pro ha in Francs	Durchschnittsnettoerlös pro ha (/ 10)	Rendite (● =10%)
1 Montrachet	1 500 000	76 250	5%
2 Romanée-Conti	2 500 000	76 250	3%
3 Richebourg	1 150 000	62 500	5%
4 Musigny	1 100 000	44 375	4%
5 Le Chambertin	1 160 000	45 000	4%
6 Clos de Vougeot	900 000	37 500	4%
7 Chambertin Premiers Crus	590 000	28 750	5%
8 Corton	650 000	20 938	3%
9 Clos de la Roche und Clos St-Denis	600 000	26 250	4,5%
10 Pommard	450 000	14 375	3%
11 Gevrey, Chambolle, Nuits, Morey, Vosne-Romanée	300 000	10 350	3%
12 Beaune, Volnay, Aloxe-Corton	330 000	6 250	2%
13 Vougeot, Montélie, Auxey, Chassagne, Santenay, Savigny	225 000	3 750	2%
14 Meursault, Puligny-Montrachet	240 000	6 250	3%
15 Côtes de Beaune-Villages, Ladoix, Pernand-Vergelesses	90 000	5 000	6%
16 Bourgogne	30 000	3 000	10%
17 Aligoté	15 000	2 400	16%

Rechts: Die Kosten dieser Weingüter in Burgund wurden (1976) zwischen 33 000 Francs pro Hektar und Jahr für Montrachet als ein Extrem und 13 500 Francs für die bescheidendsten Burgunder oder Aligoté erzeugenden Familienbetriebe angesetzt.

Côte d'Or

Die Côte d'Or ist ein etwa 50 Kilometer langer unregelmäßiger Steilabbruch einer bewaldeten Hochfläche, an dessen Fuß sich die Talebene der Saône anschließt. Die Breite des Hanges schwankt zwischen 2500 und wenigen hundert Metern – und die guten Lagen finden sich ausschließlich auf diesem schmalen Streifen.

Nirgends auf der Erde ist Land jemals so genau nach seiner Anbaueignung bewertet worden wie hier. Und zwar vom Institut National des Appellations d'Origine, auf der Grundlage von bis zu über 100 Jahre alten Klassifizierungen. Danach sind die Lagen in vier Stufen eingeteilt und dürfen laut Gesetz nur entsprechend etikettiert werden. Die erste Stufe sind die Grands Crus (auch Têtes de Cuvée genannt); davon gibt es 30 – jede mit eigener Appellation. Der alleinstehende, einfache Lagenname – Musigny, Corton, Montrachet oder Chambertin – ist das Patent für den höchsten burgundischen Adel.

Der nächste Rang, die Premiers Crus, führt den Ortsnamen und danach die Lagenbezeichnung (oder, falls der Wein aus mehreren Lagen kommt, den Gemeindenamen mit dem Zusatz Premier Cru).

Die dritte Stufe heißt Appellation Communale, d. h. sie ist berechtigt, den Namen der Gemeinde zu führen. Lagenangaben sind zulässig – wovon allerdings selten Gebrauch gemacht wird –, wenn sie in einem viel kleineren Schriftgrad als die Gemeinde erscheinen. Einige dieser Lagen, die oft Clos de . . . heißen, sind im Besitz guter Erzeuger und, wiewohl keine Premiers Crus, durchaus dieser Stufe vergleichbar.

Viertens gibt es geringere Lagen, auch in einigen berühmten Gemeinden, deren Wein lediglich als Bourgogne bezeichnet werden darf.

Dieses System hat für den Verbraucher nur einen Nachteil: So ausgefeilt es offenbar ist – es läßt eine Kategorie von Weinbergen unberücksichtigt, die sich in der Praxis deutlich abhebt. Denn nur an der Côte de Nuits und in drei Gemeinden der Côte de Beaune gibt es Grands Crus; alle anderen Spitzenlagen sind lediglich Premiers Crus, obwohl manche, besonders in Gemeinden wie Pommard und Volnay, stets besseren Wein als die anderen Premiers Crus ergeben.

Neben der Kontrolle der Herkunftsbezeichnungen legt das INAO auch die Bestimmungen zur Qualitätskontrolle fest; so schreibt es vor, daß ausschließlich die klassischen Rebsorten (Pinot Noir für Rot-, Chardonnay für Weißwein) gezogen, nur bestimmte Mengen Wein pro Hektar gewonnen werden dürfen (von 30 hl pro ha bei den Spitzensorten bis zu 40 hl pro ha für die einfacheren Weine), daß er einen Mindestalkoholgehalt haben muß (von 12% für Spitzen-Rotweine und 11,5% für die besten Rotweine bis zu 9% für die einfachsten Rotweine).

Es bleibt dem Verbraucher überlassen, den Unterschied zwischen der Lagebezeichnung und dem Ortsnamen zu beachten.

Oben und rechts: In Beaune steht eines der bekanntesten Krankenhäuser der Welt, die Mitte des 15. Jh. gebauten und bis heute arbeitenden Hospices de Beaune. Begründet wurde es 1443 von Nicolas Rolin, Kanzler des Herzogs von Burgund, und dessen dritter Frau, Guigone de Salins, und mit Weinbergen in der Umgebung ausgestattet. Seit dieser Zeit haben immer wieder Weinbauern ihr Land dem Krankenhaus vermacht. Oben das Gründerehepaar, oben rechts der prächtige Haupthof. Die Weinberge der Hospices sind auf den Karten gekennzeichnet und ihre Erlöse der letzten Jahre auf den folgenden Seiten angegeben; nach ihnen richtet sich meist das Preisniveau des gesamten Burgunder-Jahrgangs.
Rechts: Der neue Wein in den Hospices-Kellereien.

Die Hospices-Auktion findet in der Beauner Markthalle statt.

La Grande Salle des Pôvres mit seinen Bettnischen.

Der Turm des flämischen Architekten Jehan Wiscere.

Die Beauner Weinhandelshäuser

Beaune ist immer noch von seiner Stadtmauer umgeben, deren Türme vielfach als Weinkeller benutzt werden. Viele der besten Händler Burgunds haben ihren Sitz in der Altstadt.

1 Pierre Ponnelle
2 Brocard
3 Cave du Bourgogne
4 Chanson Père & Fils
5 Bouchard Aîné & Fils
6 Patriarche Père & Fils
7 Caves de la Reine Pédauque
8 Calvet
9 Albert Morot
10 Jaffelin Frères
11 Joseph Drouhin
12 Cave des Cordeliers
13 Léon Violland
14 Louis Latour
15 Remoissenet Père & Fils
16 Bouchard Père & Fils
17 Louis Jadot

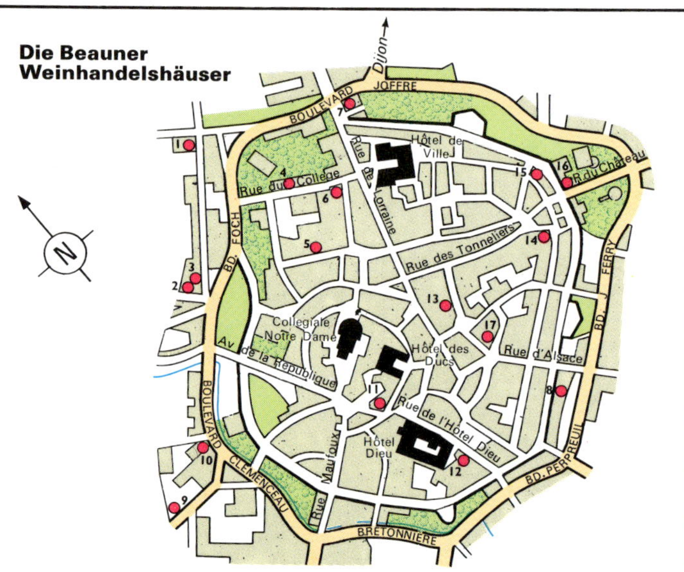

Côte de Beaune: Santenay

Die Karten auf dieser und den folgenden acht Seiten stellen die Lagen der Côte d'Or von Süden nach Norden vor. Die Karten sind um etwa 90° versetzt, so daß in Wirklichkeit Ost-Süd-Ost ist, was als Süden erscheint.

Die Côte de Beaune fängt ohne einen Paukenschlag klangvoller Namen an: bei den Dörfern Sampigny, Dézize und Cheilly mit der einzigen bekannten Lage Les Maranges, an der alle drei Gemarkungen ihren Anteil haben (alles außerhalb dieses Kartenausschnitts, s. S. 61), und setzt sich dann in der Gemeinde Santenay fort. Hinter der Kleinstadt Santenay schwenkt die Côte nach Norden und nimmt ihre charakteristische Osthanglage ein.

Dieser Südzipfel ist der geologisch verwirrendste Teil der Côte de Beaune und in mancherlei Hinsicht typisch für den übrigen Bezirk. Starke Verwerfungen der Gesteinsschichten führen in Santenay zu einem abrupten Wechsel der Boden- und Unterbodengruppen. Stellenweise gleicht diese Gemarkung Teilen der Côte de Nuits und liefert einen langlebigen, kräftigen Rotwein, an anderen Stellen wächst ein mehr für die Côte de Beaune typischer leichter Wein.

Les Gravières und La Commune sind die besten Lagen von Santenay; der bekannte Clos de Tavannes ist Teil von Les Gravières. Der Charakter dieser hervorragenden Rotwein-Lagen setzt sich weiter bis nach Chassagne-Montrachet hinein fort, wenngleich der Name Montrachet so fest mit Weißwein verknüpft ist, daß kaum jemand dort Rotwein vermutet. Doch in allen Weinbergen südlich des Dorfes Chassagne wächst zumindest etwas Rotwein; Morgeot, La Boudriotte und Clos St-Jean sind die bekanntesten Lagen.

Tatsächlich weiß niemand so recht, warum sich der Weißwein in diesem Bezirk so sehr durchgesetzt hat. Eine Theorie besagt, die Winzer hätten versucht, den Erfolg von Le Montrachet (seit dem 16. Jh. für seinen Weißwein berühmt) zu kopieren. Auch eignet sich die Chardonnay recht gut für steinigen Boden – der sich besonders in Meursault findet. Was auch immer der Grund gewesen sein mag: Chassagne-Montrachet ist vor allem für seinen zugleich trockenen, saftigen, goldfarbenen und blumigen Weißwein weltbekannt.

Die südliche Côte de Beaune ist vor allem für ihre Rotweine bekannt. Maufoux ist ein erstklassiger Händler in Santenay; die übrigen Erzeuger sind ebenfalls führend.

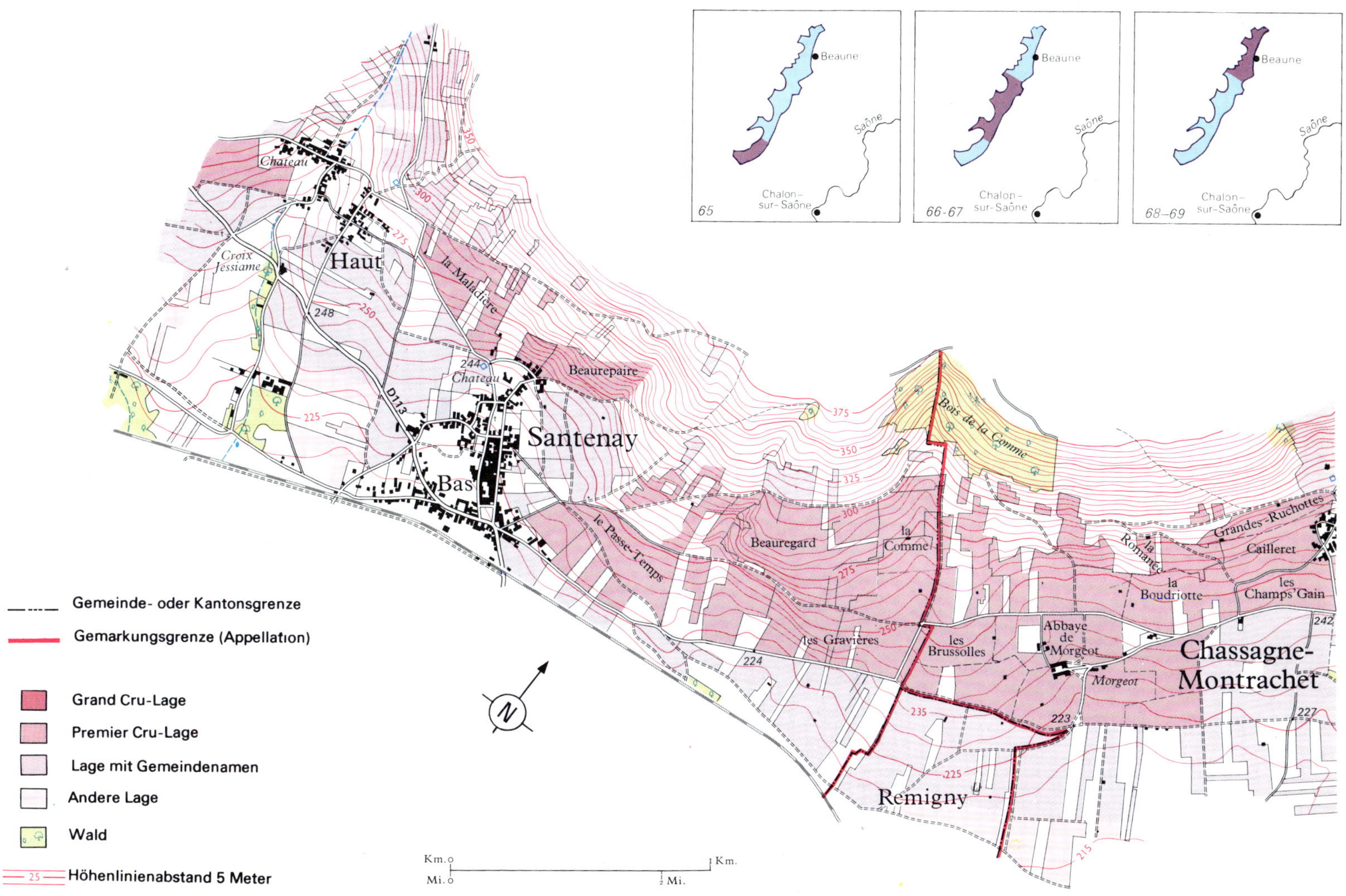

Côte de Beaune: Meursault

Ein Seitental unmittelbar nördlich Chassagne, das zu dem Dörfchen Gamay hinaufführt, unterteilt die Gemarkung in zwei Hälften. Südlich dieses Tals wächst zwar hervorragender Weißwein, doch liegt das Schwergewicht auf Rotwein. Im nördlichen Teil, an der Grenze zur Gemarkung Puligny, gedeiht der beste Weißwein Burgunds, wenn nicht der Welt.

Dieser Grand Cru Montrachet verdankt seinen Ruf einer fast unglaublichen Konzentration der Eigenschaften eines weißen Burgunders. Er hat ein stärkeres Bukett, ein strahlenderes Gold, einen längeren Abgang und ein Höchstmaß von Rasse und Finesse – alles ist bei ihm intensiv ausgebildet, und er ist der Inbegriff eines wirklich großen Weins. Eine ideale Ost-Exposition, die das Sonnenlicht im Sommer noch abends um

Ganz oben: Volnay von Osten gesehen.
Oben links: Chardonnay-Trauben in Meursault.
Mitte links: Kellerei in Meursault.
Mitte rechts: Pinot-Noir-Trauben in Pommard.
Rechts: Le Montrachet um 9 Uhr abends im Sommer.

Durchschnittspreise pro Faß (228 l) bei der 1976er-Auktion der Hospices de Beaune

Gemeinde	Lage	Cuvée	Francs
Auxey-Duresses	Duresses	Boillot	7500
Monthélie	Duresses	Lebelin	5400
Meursault	Charmes	de Bahèzre de Lanlay	8700
Meursault	Charmes	Albert Grivault	8000
Meursault	Genevrières	Baudot	7700
Meursault	Genevrières	Philippe le Bon	7500
Meursault	Poruzots	Goureau	6500
Meursault	Poruzots	Jehan Humblot	8900
Pommard	Epenots & Noizons	Billardet	9700
Pommard	Epenots & Rugiens	Dames de la Charité	11800
Volnay	Champans & Taille-Pieds	Blondeau	10700
Volnay	Santenots	Gauvain	11200
Volnay	Santenots	Jehan de Massol	10300
Volnay	Village & Carelle	Général Muteau	8300

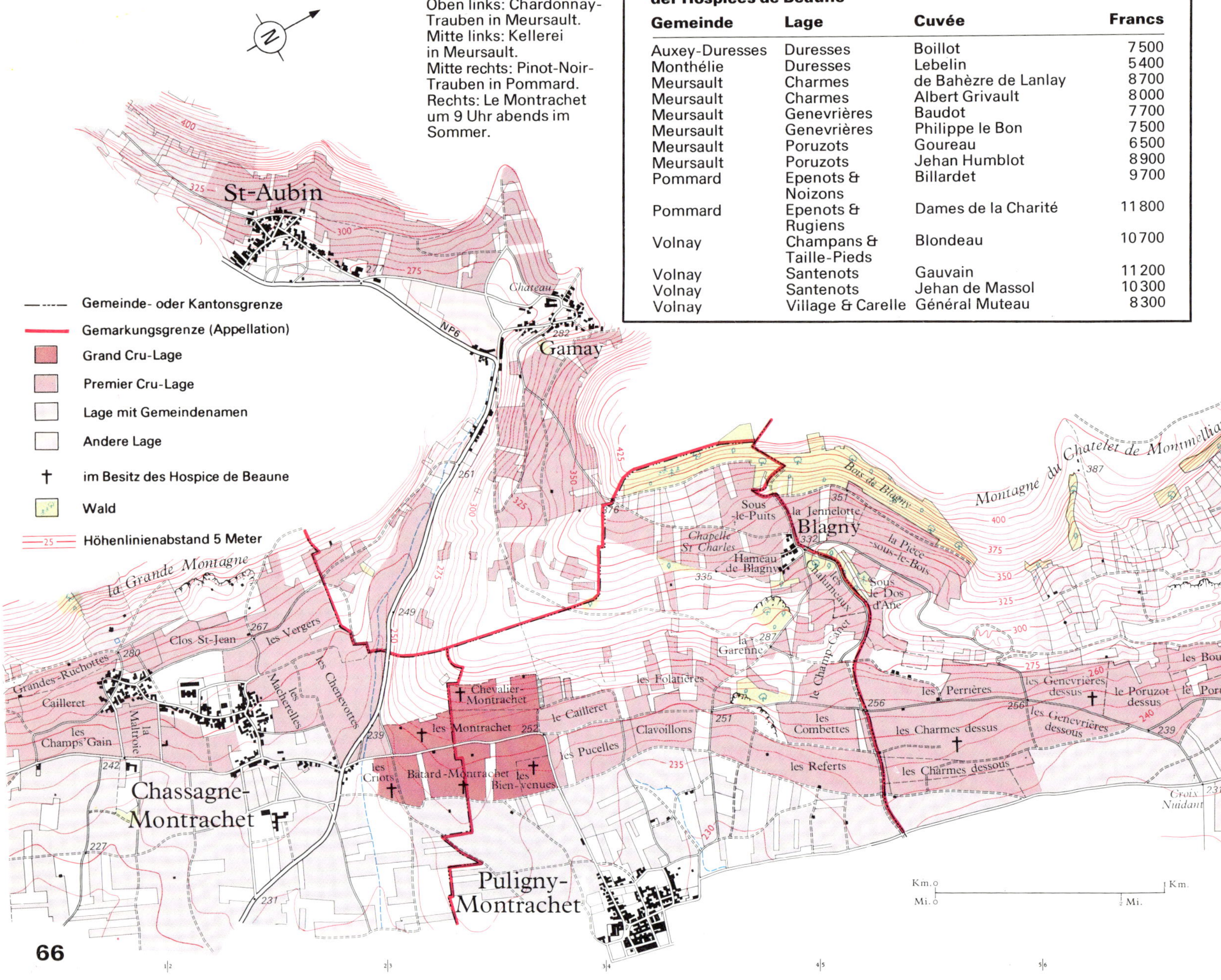

neun durch die Rebzeilen fluten läßt, und ein plötzlich zutage tretender Streifen sehr kalkreichen Bodens sind die Vorzüge, die ihn gegenüber seinen Nachbarlagen auszeichnen: Der Chevalier-Montrachet ist gewöhnlich zarter, der Bâtard erreicht meist nicht die gleiche Finesse. Zu dieser Kategorie gehören auch Les Criots und Bienvenues – und recht häufig auch die Premiers Crus von Puligny: Les Pucelles und Le Cailleret.

Der Unterschied zwischen einem Puligny-Montrachet und einem Meursault ist für viele Kenner recht eindeutig, aber kaum zu definieren und zu erklären. Ihre Weinberge gehen auch nahtlos ineinander über, und das Dörfchen Blagny, das hoch oben auf steinigem Boden einen erstklassigen Wein zieht, hat Anteil an beiden Lagen und stellt einen klassischen Fall komplizierter Klassifizierung dar: Premier Cru in der Gemarkung Meursault, Blagny Premier Cru in Puligny-Montrachet und AC Blagny (selten) nur für Rotwein.

Der Meursault ist – wenn man unbedingt Unterschiede finden will – eine Idee weicher, trokkener und weniger fruchtig als der Puligny-Montrachet. In Meursault gibt es weniger überragend edle Weine (und keinen Grand Cru) als vielmehr eine sehr hohe und im allgemeinen beständige Qualität in einem großen Areal, weshalb diese Weine zuverlässig und oft ein guter Gegenwert für ihren Preis sind. In der Bergsenke, an der Meursault liegt, führen die Straßen nach Auxey-Duresses und Monthélie hoch, die beide einen sehr guten Rotwein liefern.

Meursault wiederum geht in die Gemeinde Volnay über, die in diesem Teil sehr viel Rotwein zieht, der jedoch als Volnay-Santenots und nicht als Meursault bezeichnet wird. Dagegen kann weißer Volnay als Meursault verkauft werden.

Der Volnay und der Meursault sind einander so ähnlich, wie sich ein Weißer und ein Roter nur ähnlich sein können, ohne Rosé-Eigenschaften zu haben: Beide sind recht weich, elegant, der Rotwein zuweilen ziemlich blaßfarben, aber ausdrucksvoll und mit anhaltendem aromatischem Abgang. Wenn Volnay auch die leichtesten Weine der Côte liefert, so können es doch ihre edelsten sein; ihre Lebensdauer ist gering: etwa zehn Jahre. Der große Name in Volnay ist Caillerets; ähnlich gut sind der Champans und der Clos des Chênes.

Rechts: Eine Handvoll der vielen bekannten Erzeuger in diesem Teil der Côte. Le Montrachet ist im Besitz von fünf Weingütern: Laguiche, Bouchard Père, Thénard, Calvet und Domaine de la Romanée-Conti.

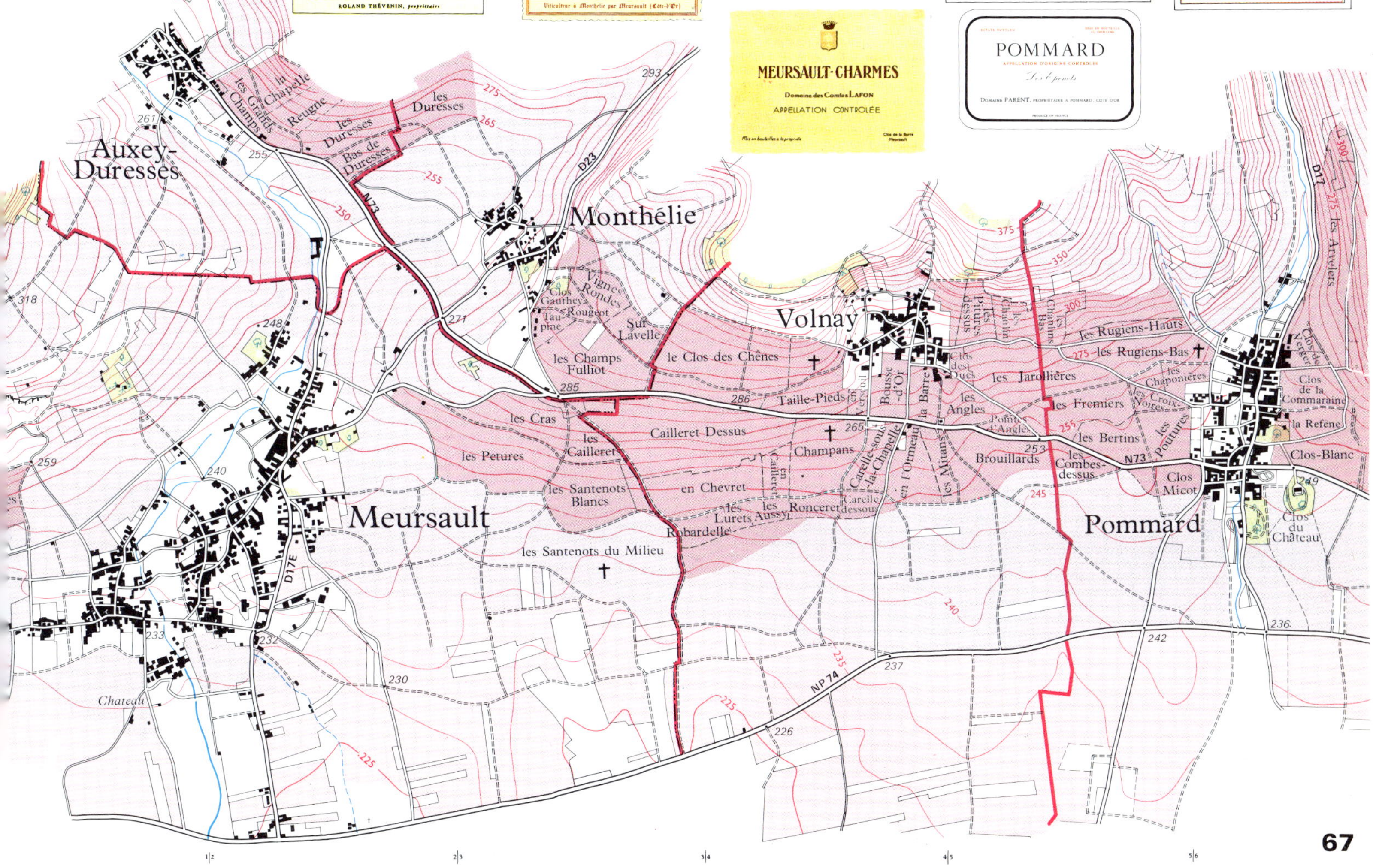

Côte de Beaune: Beaune

Pommard ist unerklärlicherweise die bekannteste und begehrteste Gemeinde der ganzen Côte. Unerklärlicherweise, weil der Wein dieser Gemarkung nicht außergewöhnlich ist und es dort nicht eine einzige Lage von Weltruf gibt. Die meisten Burgunder-Experten sehen im Pommard sogar einen leichten Abfall gegenüber den Höhepunkten des Volnay und des Beaune. Aber in Burgund kommt es ja ebenso auf den Erzeuger wie auf die Lage an, und es heißt: «Dort gibt es zwar keine großen Weine, aber großartige Flaschen Wein.»

Die angesehenste Lage in Pommard ist der untere Teil von Les Rugiens (Karte S. 59) oberhalb des Ortes. Dieser Wein zählt zu den besten Pommards: mittelschwer, von der köstlich ansprechenden Art der besten Burgunder.

Die bekanntesten Weinberge an der, wie es in Burgund heißt, «Niere des Hanges» oberhalb von Beaune gehören größtenteils Weinhändlern der Stadt. Der verstorbene Maurice Drouhin war der jüngste in der jahrhundertealten Stifterliste der Hospices de Beaune. Berühmt ist der Drouhin-Teil des Clos des Mouches, auf dem ein rarer weißer Beaune und ein vorzüglicher Roter wachsen. Ein dem Haus Bouchard Père et Fils gehörender Abschnitt der Lage Grèves ist unter dem Namen Vignes de l'Enfant Jésus bekannt und liefert ebenfalls einen herrlichen Wein. Kein einziger Beaune ist als Grand Cru eingestuft, was – wie man sagt – zum Teil darauf zurückzuführen ist, daß hier auf einer sehr großen Anbaufläche ein gleichermaßen hohes Qualitätsniveau erzielt wird. Der Beaune ist ein milder Wein, der sich zwar gut hält, aber im Gegensatz zum Romanée oder Chambertin nicht gelagert zu werden braucht.

Hinter Beaune führt die Straße durch eine Ebene, und die Berge und Weinberge weichen zurück. Vor einem ragt der Corton, der einzige Einzelberg der ganzen Côte d'Or, mit seinem bewaldeten Gipfel auf. Der Corton bricht den Bann, der der Côte de Beaune einen roten Grand Cru vorenthält. Sein gewaltiger Hang, bis oben mit Reben bepflanzt, neigt sich nach Osten, Süden und Westen und ist überall hervorragend. Tatsächlich trägt er nicht nur einen, sondern zwei Grands Crus, je einen für Weiß- und für Rotwein, die einen großen Teil des Berges einnehmen. Der weiße Corton-Charlemagne wächst an den oberen Hängen, wo sich der Schutt des Kalksteingipfels abgelagert hat und die braune, mergelreiche Erde weißlich färbt. Der rote Le Corton gedeiht in einem breiten Gürtel, der sich um den ganzen Berg herumzieht. Die Namen auf der Karte sind irreführend, denn sie stellen die ursprünglichen Lagebezeichnungen des Corton und des Corton-Charlemagne, nicht die heutigen Appellationen dar, die ein viel ausgedehnteres Gebiet umfassen. Der schmale, Corton genannte Streifen ist nicht mehr sehr bedeutend, denn der meiste rote Corton wächst heute in Lagen wie Renardes, Clos du Roi, Bressandes usw. Desgleichen wird auf der als Corton-Charlemagne bezeichneten Fläche heute sowohl Weißwein (oben) als auch roter Corton (unten) gezogen. Über die Rechtslage herrscht eine gewisse Unsicherheit, nicht aber über den Wein: Der Rote wie der Weiße, mächtige, denkwürdige Weine mit nachhaltigem Abgang, zählen zu den Spitzen-Burgundern.

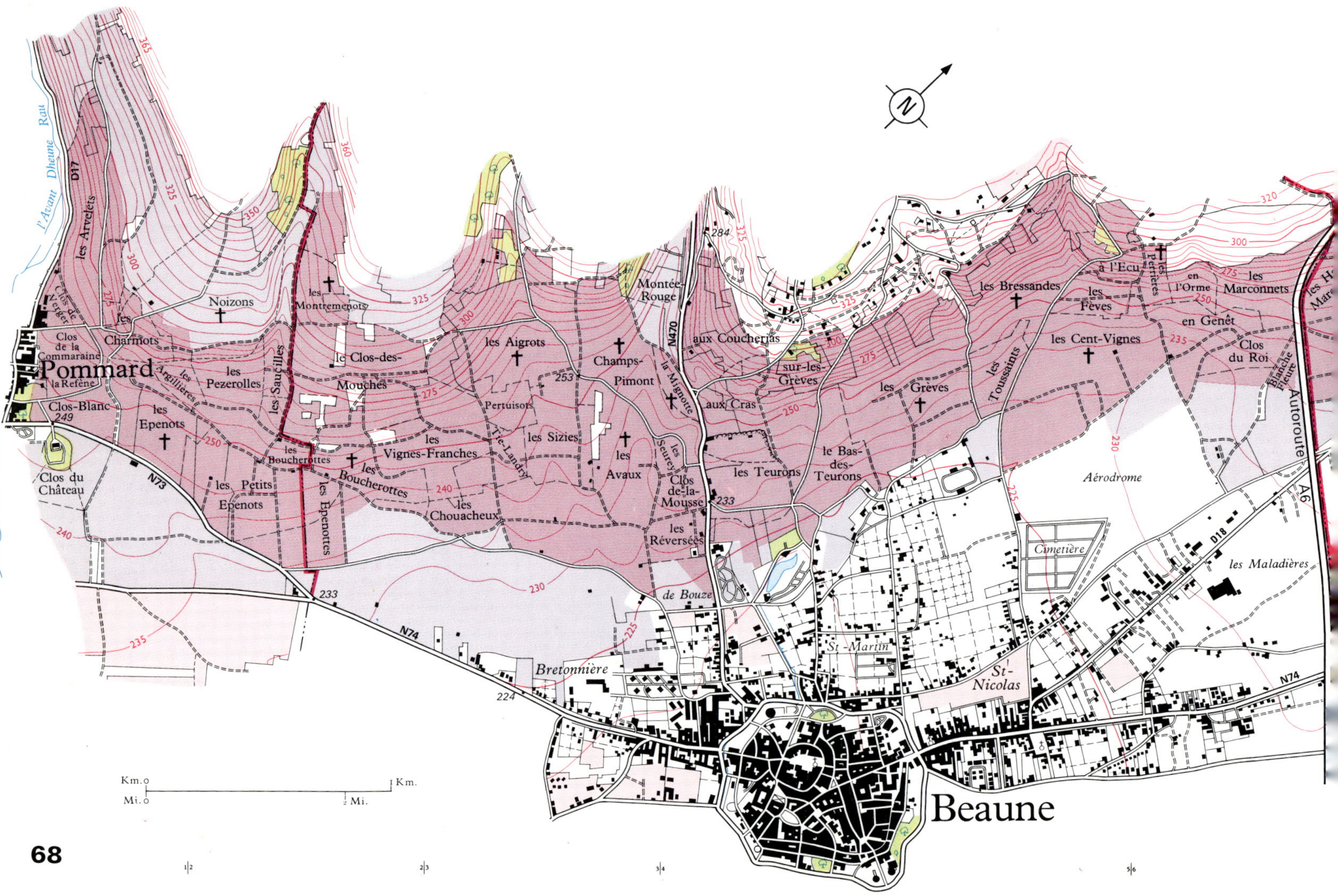

Der Corton von Südosten: links das Tal von Pernand-Vergelesses, in der Mitte rechts das Dorf Aloxe-Corton. Hoch oben, unterhalb der Waldkrone, wächst der Corton-Charlemagne, weiter unten rechts der rote Corton.

Durchschnittspreise pro Faß (228 l) bei der 1976er-Auktion der Hospices de Beaune

Gemeinde	Lage	Cuvée	Francs
Aloxe-Corton	Corton-Charlemagne (weiss)	François de Salins	15 100
Aloxe-Corton	Renardes & Bressandes	Charlotte Dumay	12 600
Aloxe-Corton	Bressandes & Clos du Roi	Docteur Peste	12 600
Beaune	Avaux	Clos des Avaux	11 200
Beaune	Grèves & Aigrots	Hugues & Louis Bétault	9 100
Beaune	Bressandes & Mignotte	Brunet	9 100
Beaune	Bressandes & Mignotte	Dames Hospitalières	10 100
Beaune	Avaux, Boucherottes, Champs-Pimont & Grèves	Maurice Drouhin	8 700
Beaune	Cent-Vignes & Grèves	Nicolas Rolin	12 600

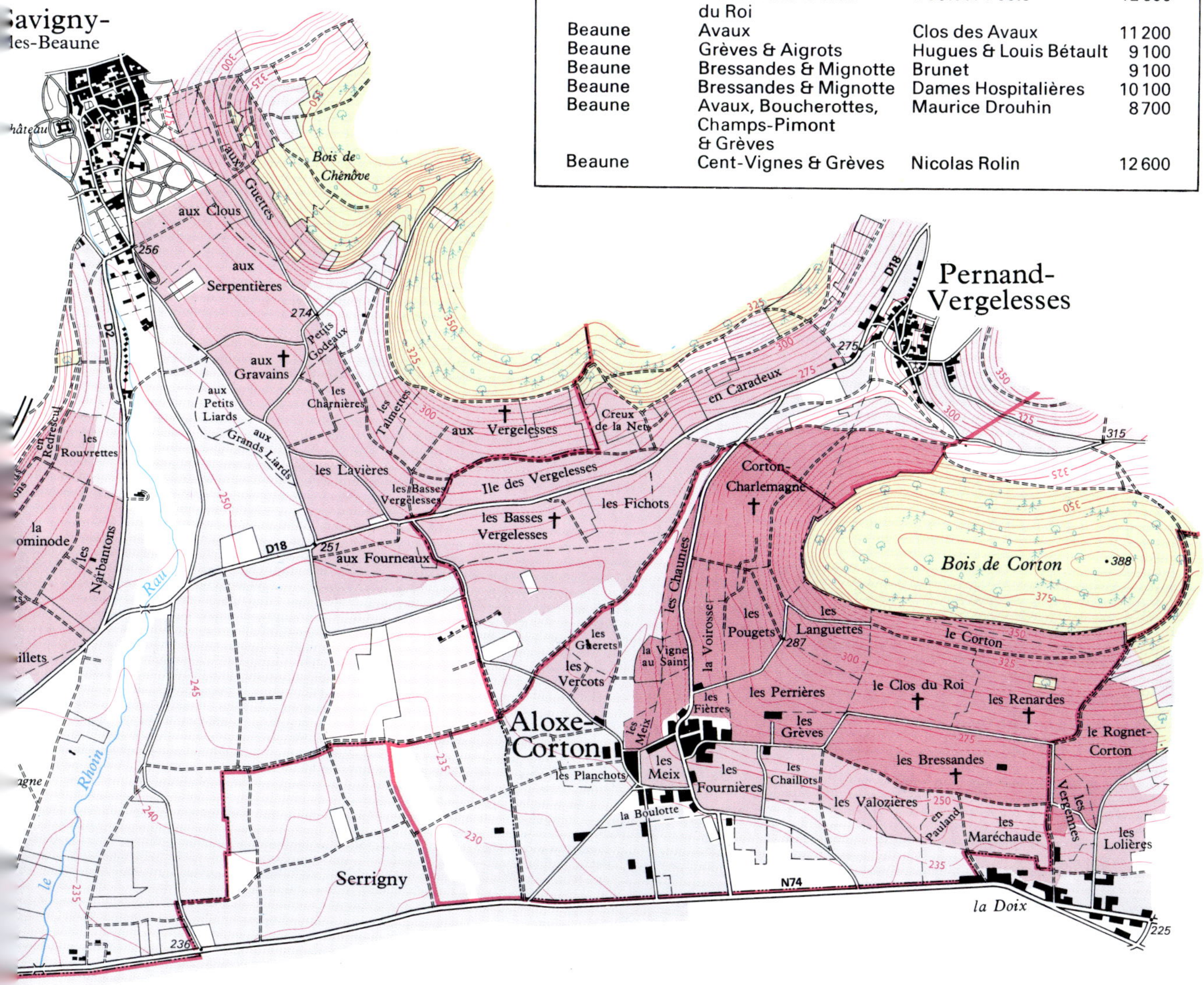

- Gemeinde- oder Kantonsgrenze
- Gemarkungsgrenze (Appellation)
- Grand Cru-Lage
- Premier Cru-Lage
- Lage mit Gemeindenamen
- Andere Lage
- † im Besitz des Hospice de Beaune
- Wald
- Höhenlinienabstand 5 Meter

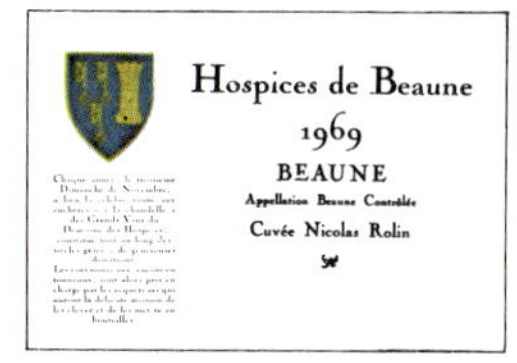

Rechts: Das oberste Etikett wurde Ende der 60er Jahre von den Hoscipes de Beaune neu eingeführt.

Côte de Nuits: Nuits-St-Georges

Die Confrérie des Chevaliers de Tastevin ist die burgundische Weinbruderschaft und die bekannteste der Welt. Sie wurde 1933 gegründet und veranstaltet regelmäßig Festessen mit 600 Gästen, feierliche Umzüge (unten rechts) und Liederabende eines Winzerchors, der Cadets de Bourgogne (oben links). Ihr Sitz ist das alte Schloß im Clos de Vougeot (unten links); der Confrérie gehören Zweigorganisationen in vielen Ländern an. Ihr «Tastevinage»-Etikett (oben ein Ausschnitt) wird Weinen zuerkannt, die ein besonderes Komitee verkostet hat.

Mehr «Stoff», größere Langlebigkeit und eine dunklere Farbe im Vergleich zum Volnay oder Beaune sind die Kennzeichen des Weins von der Côte de Nuits. Hier wird nur wenig Weißer gezogen, der im Charakter dem Rotwein ähnlich ist.

Das Band der Premiers Crus, das sich an den Hängen hinzieht, ist mit Grands Crus durchwirkt. Es sind dies Weine, die die unnachahmlich saftige Vollmundigkeit der Pinot Noir zur höchsten Ausbildung bringen. Das Band folgt der Mergelschicht unterhalb des harten Kalksteinkamms, doch die Qualität erreicht ihren Höhepunkt nur dort, wo über dem Mergel eine sandige Geröllschicht lagert. Zum Glück kommt das immer wieder dort vor, wo zugleich auch optimale Schutz- und Einstrahlungsbedingungen gegeben sind.

Die Weine aus Prémeaux (der südlichsten Gemeinde) werden als Nuits-St-Georges verkauft. In diesen beiden Orten stehen insgesamt 370 ha unter Reben. Die Qualität ist hoch und gleichbleibend: schwere, kräftige Weine, die fast an einen Chambertin heranreichen können. Sie altern gut, haben eine recht ausgeprägte Blume und sind allesamt besser als ihr Ruf, der unter der «grande cuisine» der Verschnittbottiche ge-

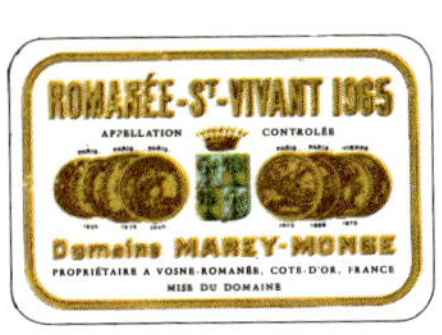

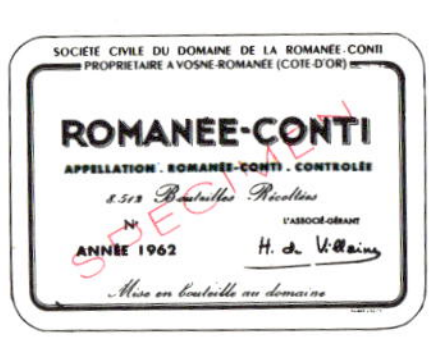

Links: In Nuits-St-Georges gibt es ebenfalls ein Hospiz, eine kleinere Version der Hospices de Beaune. Château Gris ist streng genommen kein Grand Cru, aber ein ausgezeichnetes Weingut im Besitz der Firma Lupé-Cholet. Unter den übrigen finden sich Erzeuger einiger der größten Rotweine der Welt.

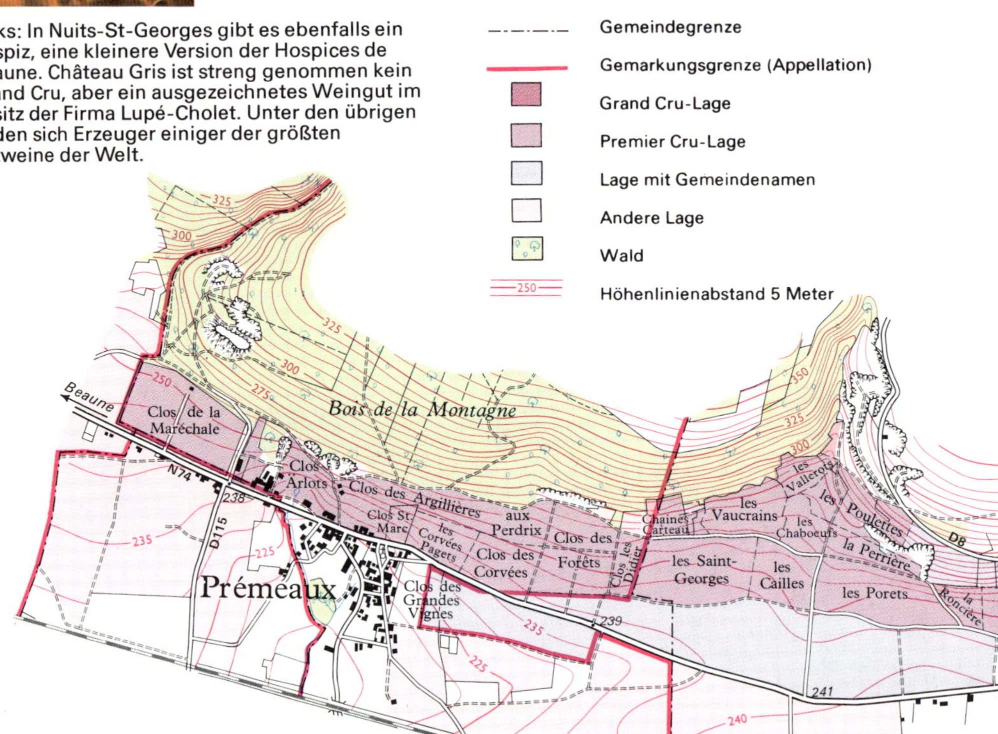

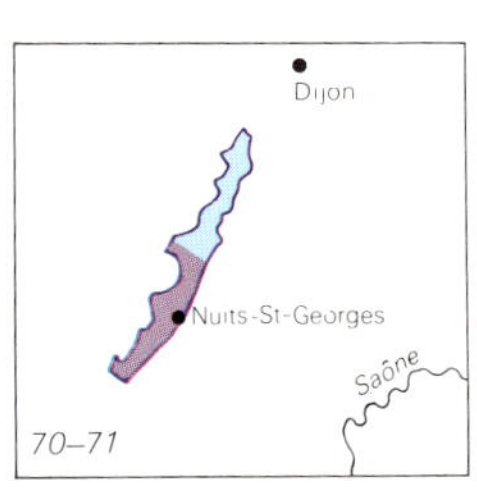

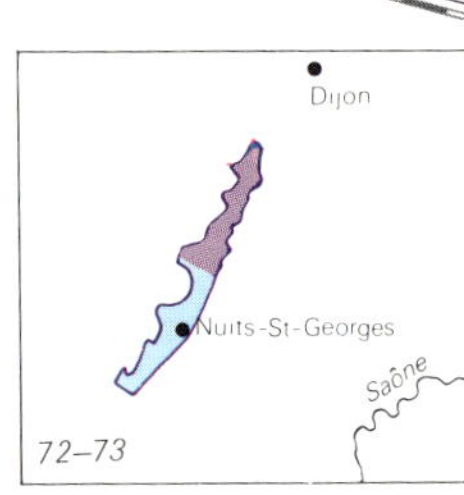

Blick vom Feldweg oberhalb Romanée-St-Vivant hangaufwärts: vorn Romanée-Conti, dahinter La Romanée. Hier wachsen die aromatischsten, edelsten und teuersten Weine Frankreichs.

litten hat. Les St-Georges ist eine der besten Lagen der Côte, ihre Nachbarlagen Vaucrains, Cailles, Porets und Pruliers sind vergleichbar.

Vosne-Romanée ist ein bescheidenes Dörfchen, in dem nichts darauf hindeutet, daß vor seinen Toren der teuerste Wein der Welt wächst. Seine Reben stehen in streng ausgerichteten Zeilen auf einem langen Abhang mit rötlicher Erde.

Dem Dorf am nächsten gelegen ist Romanée-St-Vivant, mit einem tiefen lehm- und kalkreichen Boden. Der mittlere Hang, mit ärmerer, weniger tiefer Oberbodenschicht, heißt Romanée-Conti. Weiter oben schließt sich die steilere Lage La Romanée an, die offenbar trockener und nicht so lehmig ist. Rechts daneben liegt der große Weinberg Le Richebourg mit O-N-O-Exposition. An der linken Flanke zieht sich als schmaler Streifen La Grande Rue hinauf, daneben der lange Abhang La Tâche. Sie alle liefern Burgunder der höchsten Preisklasse. Die Lagen Romanée-Conti, La Tâche, Richebourg und Romanée-St-Vivant gehören ganz oder teilweise der Domaine de la Romanée-Conti oder werden von ihr bewirtschaftet. Der Markt bezahlt offenbar jeden Preis für die Finesse und die samtige Wärme dieser Weine, die sich durch einen Hauch Würzigkeit und eine fast orientalische Opulenz auszeichnen. Der Romanée-Conti gilt als der Spitzenwein, doch zeigt die ganze Gruppe ähnliche Merkmale.

Selbstverständlich findet man in den Nachbarlagen Weine ähnlichen Charakters zu weniger horrenden Preisen. Denn alle benannten Lagen in Vosne-Romanée sind vorzüglich. In einem Buch über Burgund heißt es trocken: «Gewöhnliche Weine gibt es in Vosne nicht.»

Die große Lage Echézeaux und die kleinere Grands Echézeaux gehören eigentlich zur Gemarkung der Gemeinde Flagey, jenseits der Bahnlinie und weiter südlich, können aber ihren Wein Vosne-Romanée nennen. Hier bauen einige bekannte Erzeuger an und bereiten besonders schöne, zarte und feine Weine, die man oft günstig kaufen kann – weil ihre Namen, wie es heißt, schwer auszusprechen sind. Der Grands Echézeaux ist vielleicht beständiger und hat mehr von jenem intensiven Abgang, der die größten Burgunder auszeichnet.

Um die 50 Hektar des Clos de Vougeot zieht sich eine hohe Mauer, das sichere Zeichen für einen klösterlichen Weinberg. Heute ist er so unterteilt, daß man sich auf sein Flaschenetikett kaum noch verlassen kann. Trotzdem gilt die *ganze* Lage als Grand Cru.

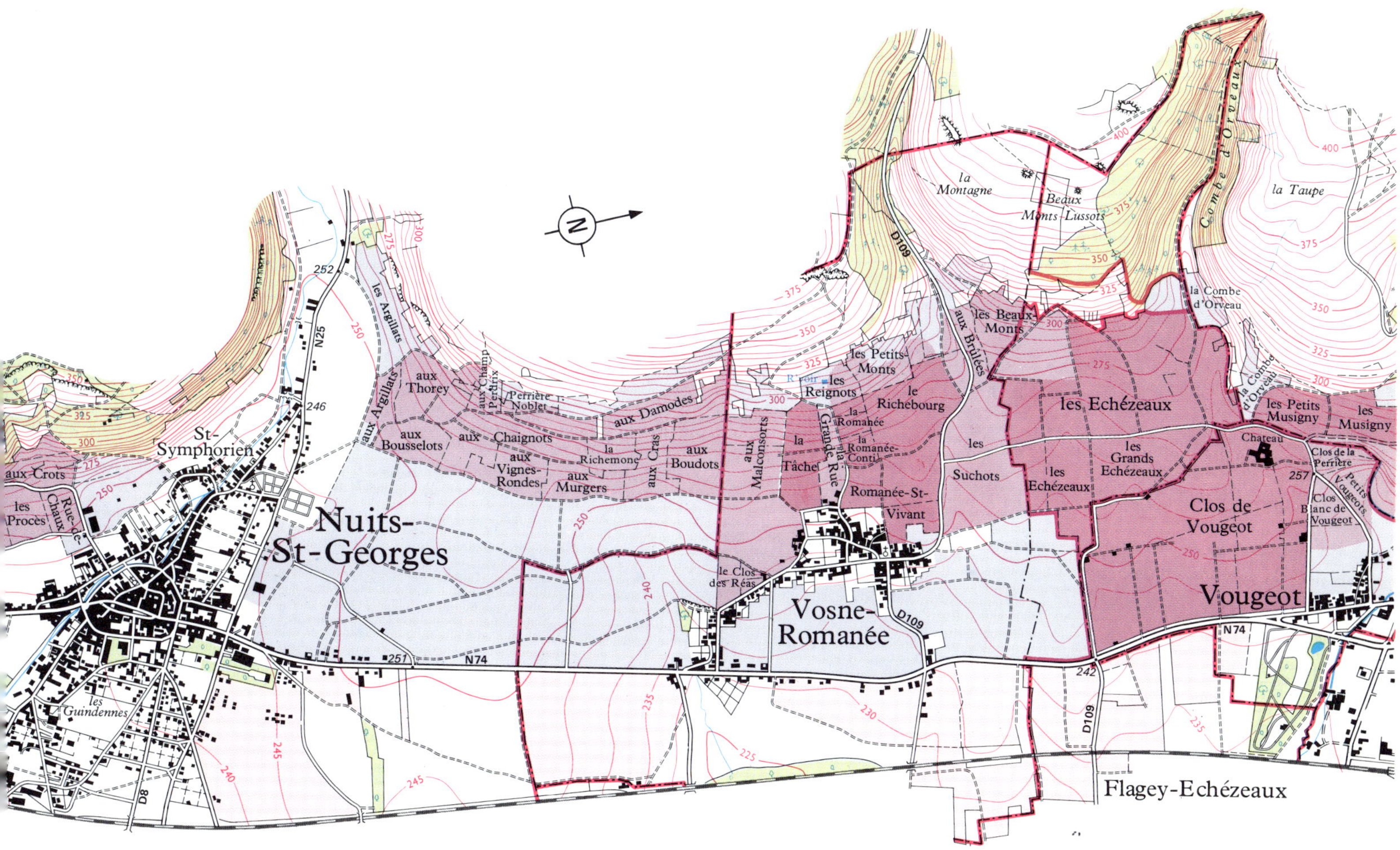

Côte de Nuits: Gevrey-Chambertin

Hier, am Nordrand der Côté d'Or, bereitet man die vollmundigsten und langlebigsten aller roten Burgunder. Die Natur hat hier die besten Voraussetzungen dafür geschaffen: Die Hügel mit ihren fruchtbaren Böden bieten ein perfektes Zusammenspiel von natürlichem Schutz und Sonneneinstrahlung. Die unteren Hänge sind mit einer starken, kalkreichen Mergelschicht und einer dünnen Schlick- und Geröllauflage bedeckt. Diese ideale Kombination verleiht dem Chambertin und den Grands Crus aus Morey und Chambolle ihre besondere Kraft: Körper- und Alkoholreichtum.

Der Musigny, der erste der Grands Crus, stellt eine Klasse für sich dar und ist offenbar mit den Spitzenweinen des Clos de Vougeot verwandt. Er wächst nur auf einer kleinen Fläche am unteren Rand des sonst unfruchtbaren Kalksteinrückens. Der Hang ist so steil, daß die Weinbauern den braunen, kalkigen und stark mit Kiesgestein durchsetzten Lehmboden immer wieder vom Fuß des Abhangs hinaufschaffen müssen.

Nicht nur wegen seiner unbestrittenen Mächtigkeit ist der Musigny berühmt – hinzu kommt ein köstlich-feines Bukett, ein einzigartig samtiger Geschmack. Ein großer Musigny schlägt, wie man so treffend sagt, ein «Pfauenrad» im Mund. Er ist nicht so stark wie der Chambertin, nicht so würzig wie der Romanée-Conti – doch wer ihn «feminin» genannt hat, muß schon ein großer Verehrer der Frauen gewesen sein.

Les Bonnes-Mares ist der zweite Grand Cru von Chambolle-Musigny. Dieses Weingut reicht geographisch und gastronomisch in die Gemarkung Morey-St-Denis hinein, denn sein Wein ist etwas härter und altert vielleicht etwas langsamer als der Musigny.

Les Amoureuses und Les Charmes zählen zu den besten Premiers Crus in Burgund. Aber auch die anderen Weine aus Chambolle-Musigny sind nahezu immer sehr gut.

Die Gemeinde Morey selbst ist nicht so bekannt wie ihre beiden Grands Crus: Clos de la Roche und Clos de Tart. Den Clos de la Roche kann man zusammen mit der kleinen Lage Clos St-Denis und dem Chambertin in die Kategorie der Weine einordnen, die sich durch Langlebigkeit, Stärke und Rückgrat besonders auszeichnen: Sie sind die Quintessenz eines Burgunders für Rindfleischliebhaber. Der Clos de Tart und der ausgezeichnete Clos de Lambrays (der fast ein Grand Cru geworden wäre) ähneln mehr der Lage Bonnes-Mares. Der Clos de Tart, Monopol des Hauses Mommessin, hat neuerdings einen bemerkenswerten leichten Wein hervorgebracht; die Domaine Dujac keltert Moreys in alter Art, voll und tief, Weine, die man aufheben sollte.

In Morey reichen die Weinberge höher hinauf als in den anderen Gemeinden dieses Gebiets. Die Lage Les Monts-Luisants ergibt mit ihrem steinigen Boden einen entsprechend leichteren Wein als den Clos de la Roche.

Die Gemeinde Gevrey-Chambertin verfügt über eine erstaunlich große Zahl guter Lagen. Der für den Wein ideale Boden findet sich fast am Fuß der Hänge und erstreckt sich viel weiter als anderswo in die Ebene hinein, so daß hier sogar Lagen jenseits der Hauptstraße die Appellation Gevrey-Chambertin beanspruchen dürfen und sich nicht schlicht Burgunder zu nennen brauchen. Die beiden besten Weinberge, Chambertin und Clos de Bèze, liegen unterhalb des Waldes an einem sanft abfallenden Hang neben-

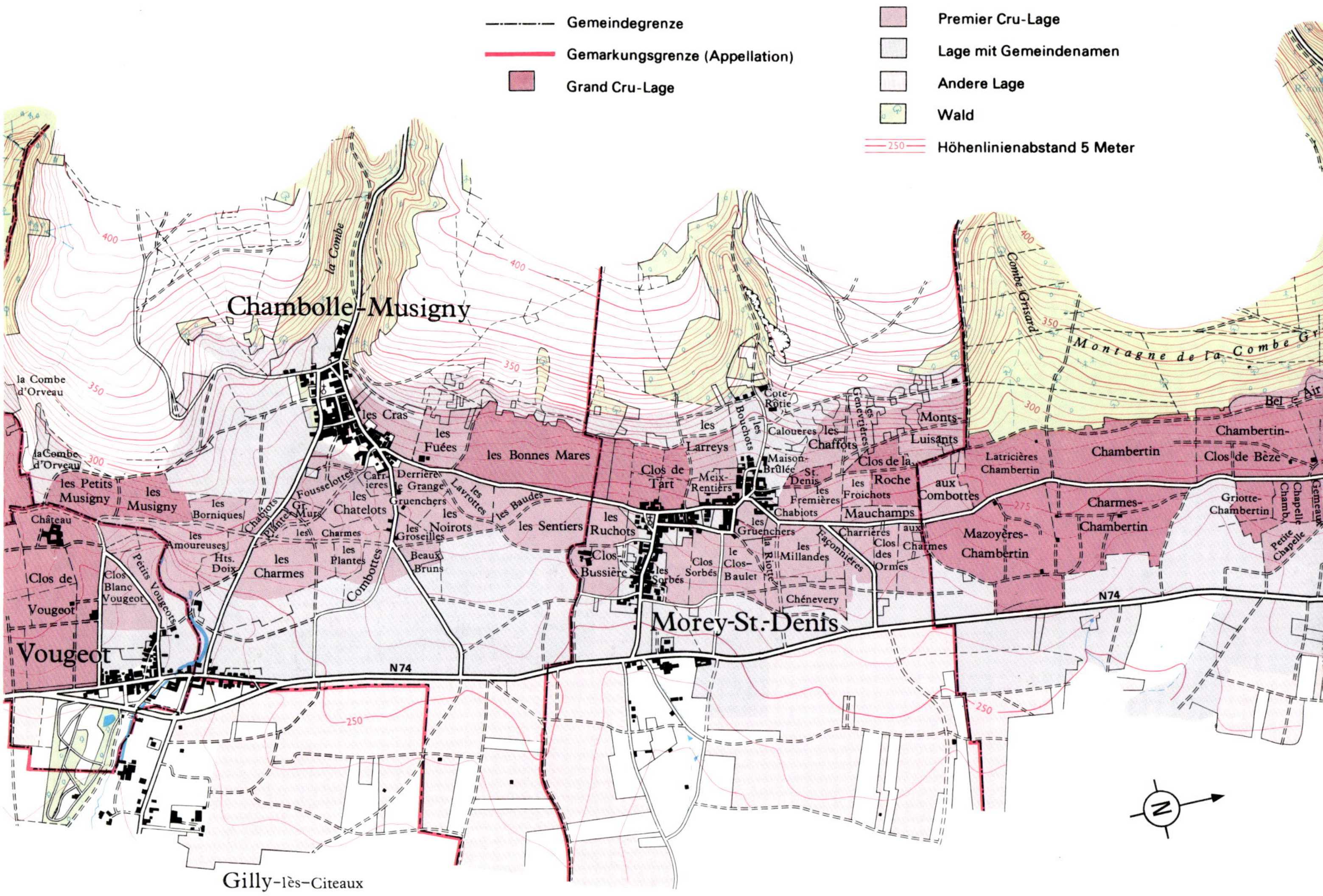

einander. Das Prädikat Grand Cru wurde ihnen zu einer Zeit verliehen, als die Einwohner von Gevrey mit den würdigen Herren von Beaune, die für diese Auszeichnung zuständig waren, im Streit lagen. Sonst wäre wohl auch den angrenzenden Lagen das Prädikat Grand Cru zugesprochen worden. Statt dessen hat man ihnen einen Zwischenstatus gegeben, der ihnen zwar erlaubt, den Zusatz «-Chambertin» zu führen, nicht jedoch, «Chambertin-» vor ihren Namen zu setzen (wie es dem Clos de Bèze erlaubt ist).

Die nördlichen Hänge wurden früher Côte de Dijon genannt und bis zum vergangenen Jahrhundert zu den besten gezählt. Dann aber erlagen die dortigen Weinbauern der Versuchung, auf ihrem hervorragenden Boden Massenwein anzubauen, und pflanzten die «treulose Rebe» Gamay an. Die Gemeinde Brochon wurde wegen der großen Mengen «Weinbrunnen» genannt. Heute verfügt sie über keine Appellation mehr: Ihr südlicher Gemarkungsteil wurde Gevrey-Chambertin zugeschlagen; die übrigen Lagen sind lediglich berechtigt, den Namen Côte de Nuits-Villages zu führen.

Die Nachbargemeinde Fixin dagegen hat sich ihre Qualitätstradition bewahrt.

Oben: Ein Weinbauer aus Fixin verbrennt das beim Rebschnitt angefallene Reisholz. Unweit liegt die einst berühmte, heute nur für ihren ausgezeichneten hellen Rosé aus Marsannay bekannte Côte de Dijon.

Unten: Gevrey-Chambertin ist eine stattliche Gemeinde mit einer 430 Hektar großen Rebfläche, ein Fünftel davon trägt Grands Crus. Unter ihren Weinerzeugern findet man Namen wie Damoy, Ponsot, Mommessin, Pernot und Camus.

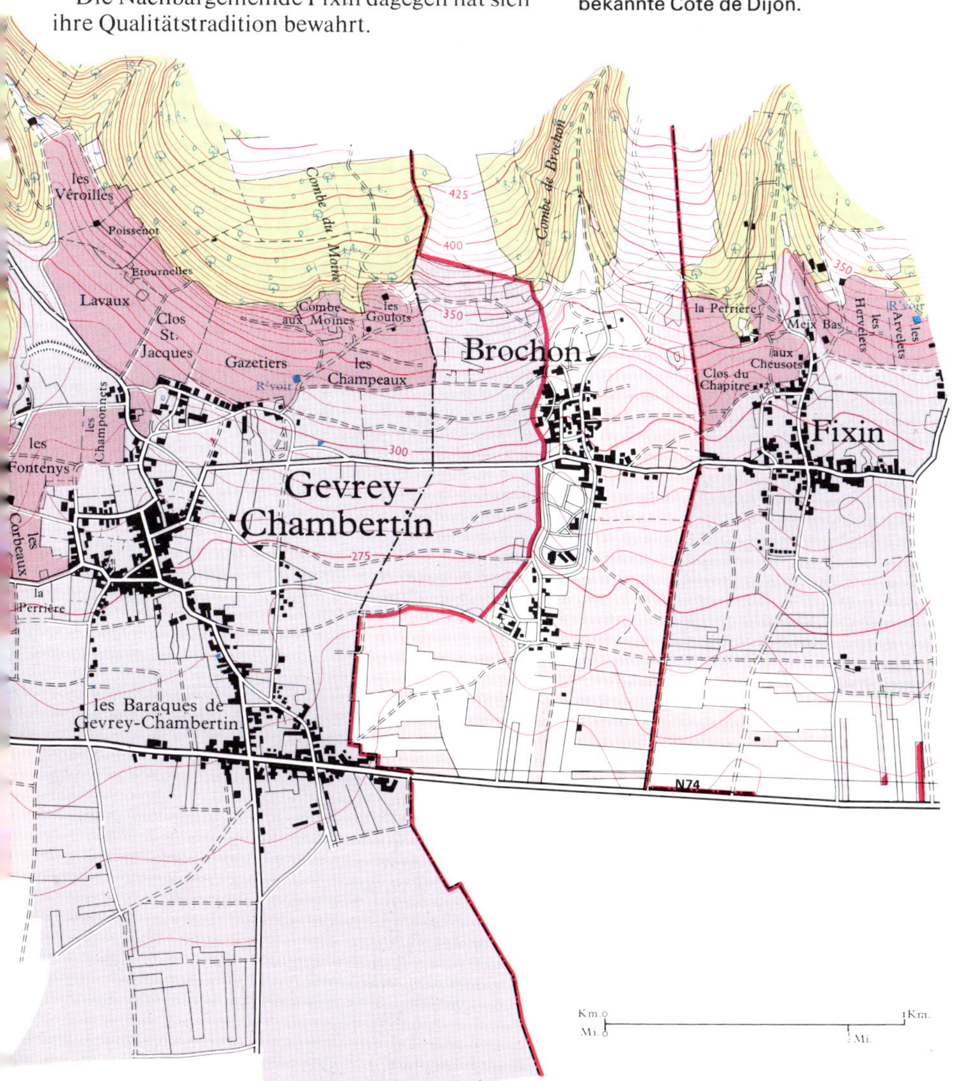

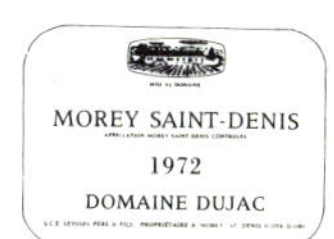

Chalonnais

Da in den meisten Weinbaugebieten der Welt die Nachfrage und die Preise Bocksprünge machen, müssen zwangsläufig auch die Namen einst geringer bewerteter Gegenden einmal in den Vordergrund des Interesses treten. Die Bergkette südlich von Chagny ist in mancherlei Hinsicht die Fortsetzung der Côte de Beaune, wenngleich der regelmäßige Bergrücken hier durch ein Gewirr kleiner Hügel abgelöst ist, auf denen die Weingärten zwischen Obstkulturen und Getreidefeldern liegen. Von der weiter östlich gelegenen Stadt Chalon-sur-Saône haben sie den Namen Côte Chalonnaise entlehnt. Die besten der dort wachsenden Weine halten einem Vergleich mit Standard-, ja sogar mit besseren Côte de Beaune-Weinen stand.

Die Karte zeigt die Südosthänge der Côte Chalonnaise und die vier Hauptorte mit Appellationen – Rully, Mercurey, Givry und Montagny – sowie eine Reihe ihrer bekannteren Lagen; allerdings tragen im Augenblick nur wenige dieser Weine Lagebezeichnungen.

Aus Bouzeron (am oberen Rand der Karte) kommt kräftiger Roter und ein bekannter Aligoté-Weißwein von der Appellation Bourgogne. Rully macht sich einen immer größeren Namen mit seinem leichten und duftigen Weißwein, der früher fast ausnahmslos zu Burgunder-Schaumwein verarbeitet wurde.

Mercurey ist durch seine den leichteren Pommards ähnlichen Rotweine bereits berühmt geworden: Man trinkt sie am besten recht jung, sie erreichen ihren Höhepunkt nach etwa drei bis sechs oder sieben Jahren.

Givry wird vor allem durch seinen Rotwein immer bekannter, wozu noch beiträgt, daß hier einer der bedeutendsten Erzeuger der Côte de Beaune, Baron Thénard, Weingärten und Keller unterhält.

Und schließlich kommen aus Montagny (dazu gehört auch Buxy) Weißweine, die an guten weißen Mâcon herankommen.

Km. 0 1 2 3 4 5 Km.
Mi. 0 1 2 3 Mi.

- Kantonsgrenze
- Gemeindegrenze
- Weinanbaufläche
- Wald
- Höhenlinienabstand 20 Meter

Sowohl die roten als auch die weißen Gewächse von der Côte Chalonnaise können empfehlenswert sein; die Roten sind den niedriger eingestuften Côte de Beaune-Weinen ähnlich, die Weißen liegen dem Mâcon, dem Nachbargewächs im Süden, näher.

Oben: Ein kühles Forellenbassin glitzert im Hof eines Winzerhauses. Die leichten, oft ein wenig scharfen Weißweine der Côte Chalonnaise passen ausgezeichnet zu feinen Fischgerichten.

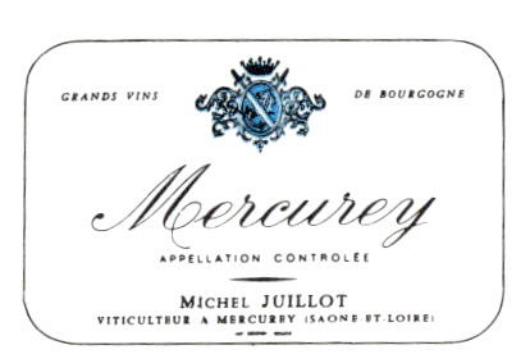

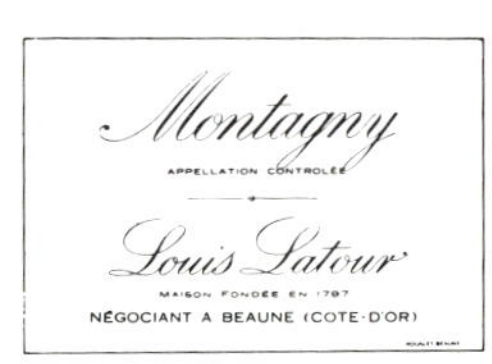

Mâconnais

Das einzigartige Panorama der Landschaft Pouilly-Fuissé. Der Felsberg Solutré türmt sich wie eine Riesenwoge vor dem Dorf Pouilly auf. In vorgeschichtlicher Zeit pflegten die Jäger das Wild über den Felsrand zu hetzen.

Die Stadt Mâcon an der Saône, 55 km südlich von Chalon, gibt einem großen Weinbaugebiet ihren Namen, das weder den großen Ruf seines nördlichen Nachbarn oder den des Beaujolais im Süden hat. Mâcon ohne nähere Kennzeichnung ist einfacher, sauberer Wein, der Rote hat Burgunder-Charakter, der Weiße ist unverwechselbar Burgunder, aber ohne besondere Note.

An der Grenze zum Beaujolais allerdings liegt eine Weißwein-Enklave mit andersartiger Distinktion. Die Gegend von Pouilly-Fuissé ist eine jäh aufsteigende Reihe von welligen Kalksteinhügeln, deren Lößboden der Chardonnay-Rebe besonders behagt.

Guter Pouilly-Fuissé ist ein blasser, erfrischender, für einen Chardonnay oft zarter Wein ohne den Duft eines Meursault oder den Charakter eines Chablis Grand Cru, in seiner eigenen Art aber genau das, was man sich unter einem weißen Burgunder vorstellt.

Pouilly-Vinzelles und Pouilly-Loché sind ähnlich, aber etwas preiswerter, weil sie den Zusatz «-Fuissé» nicht tragen dürfen.

Eine neue Appellation ist St-Vérand für ähnliche Weine aus einer Handvoll Dörfer nördlich und südlich des Pouilly-Fuissé-Gebiets. In einem dieser Dörfer, in Prissé, bereitet die Winzergenossenschaft seit einiger Zeit ganz besonders guten Wein.

Chardonnay wird sont im Mâconnais oft als «Sortenwein» – wie man in Kalifornien sagt – unter der Bezeichnung Pinot Chardonnay Mâcon verkauft, um ihn vom üblichen Weißwein zu unterscheiden, der aus der Aligoté-Traube gekeltert wird.

Noch ein anderer Teil des Mâconnais, hier auf der Karte nicht zu sehen, ist zu erwähnen: das Dorf Viré nördlich von Mâcon.

Die frischen und leichten Weißweine aus Pouilly-Fuissé sind die besten des Mâconnais. Auch Viré ist berühmt für weißen Mâcon. Ein einfacher weißer Mâcon aus gutem Hause ist ein guter Tischwein.

Beaujolais

Oben: Junge Gamay-Reben bei Juliénas.
Links: Die unteren Hänge sind fast ganz mit Reben bepflanzt. Die bis zu 1000 m hohen Beaujolais-Berge im Westen bedecken Kiefern- und Kastanienwälder. Ihre altertümlichen Dörfer sind in der Geschichte von Clochemerle unsterblich geworden.

Wenn ein Name für unkomplizierten und zufriedenstellenden Rotwein steht, dann ist es der Name Beaujolais. Die Welt hat sich ihn auserwählt als Vorbild dessen, was tiefrot, fruchtig, wenig körper-, dafür ziemlich alkoholreich ist und – sich allzuleicht trinken läßt. Der Handel hat es mit seiner Herkunft nie sehr genau genommen.

Das Gebiet Beaujolais umschließt eine 70 Kilometer lange Bergkette, hauptsächlich aus Granit, südlich von Mâcon im südlichen Burgund. Die meisten der etwa 60 Dörfer sind namenlos geblieben: Das Äußerste, was ihr Wein erreichen kann, ist jenes zusätzliche Volumenprozent Alkohol, das ihn zum Beaujolais Supérieur qualifiziert. Aus diesem tiefen Brunnen werden jährlich rund 680 000 Hektoliter geschöpft, die zum größten Teil getrunken werden, bevor noch der nächste Jahrgang gekeltert ist.

Der Norden dieses Gebiets hat jedoch andere Qualitätsmaßstäbe. Eine Gruppe von 35 Dörfern auf steilen Vorbergen des Beaujolais-Gebirges wird als Beaujolais-Villages bezeichnet. Sie erzeugen einen Wein, der etwas kräftiger ist und ein wenig mehr Charakter hat.

Neun dieser Dörfer dürfen ihren Namen als Ursprungsbezeichnung verwenden und versprechen damit deutlich eigenständige Qualitätsmerkmale. Es sind dies die Grands Crus. Diese Gruppe schließt sich gleich südlich an das Mâconnais an und liegt in der Nähe der Landschaft Pouilly-Fuissé. Die beste Beaujolais-Lage überhaupt, Moulin-à-Vent, liegt sogar teilweise auf dem Gebiet des Mâconnais.

Die Grand Cru-Dörfer finden sich auf Bergvorsprüngen, einzelnen Hügelkuppen und den Beaujolais-Bergen selbst. Diese Landschaft ist weitaus bergiger als die Côte d'Or. Das Land gehört hier zumeist kleinen Weinbauern, die ihren Wein über Händler in Mâcon, Villefranche und Lyon verkaufen, doch gibt es auch einige große Weingüter. Deren Wein zählt zum allerbesten Beaujolais und wird heute häufig original abgefüllt; doch ändert das nichts an dem Grundcharakter dieses Weins, der ihn mehr einen köstlichen, unbekümmerten Wein denn einen Grand Vin sein läßt.

Der leichteste und köstlichste von allen ist der Fleurie mit seinem Nachbarn Chiroubles. Ein guter junger Fleurie scheint die besten aller Beaujolais-Eigenschaften in sich zu vereinen: Er hat ein intensives Bukett, ist fruchtig und glatt, hervorragend klar und ausgesprochen mundig.

Der im strengeren Sinne «beste» Beaujolais ist der Moulin-à-Vent, unter welcher Appellation heute auch ein Teil des Chénas und des Romanèche-Thorins gehandelt wird. In guten Jahren ist dieser Wein von dunklerer Färbung, stärker, anfangs hart und wird beim Altern besser – anders also, als man sich heutzutage einen Beaujolais vorstellt. Nach zehn Jahren können sich die besten Moulin-à-Vents zu großen Burgundern entwickelt haben.

Die Weinkenner dieser Gegend können auch all die anderen Lagen voneinander unterscheiden. Es wäre allerdings falsch, diese Unterschiede überzubewerten, denn wichtiger ist das allen diesen Weinen Gemeinsame: die herrliche Mundigkeit, die der Gamay-Traube.

Traditionell wird Beaujolais durch Kohlensäure-Maischung bereitet. Die gedämpfte Gärung wahrt das charakteristische Fruchtaroma. Aber diese Methode ist langsam, und heute ist es Mode, den Beaujolais so jung als nur irgend möglich zu trinken. Der *vin de l'année* wird schon wenige Wochen nach der Lese in die bereits ungeduldig wartende Welt hinausgeschickt. Die Vorstellung vom «neuen Wein» hat etwas Romantisches, aber solcher Wein kann nicht das Beste sein, was das Land hergibt. Er ist sehr schnell bereitet, gerade nur ein *vin rosé* mit einem Hauch Purpur und einem gewaltig aufströmenden, saftigen Geruch. Der beste Beaujolais birgt viel mehr als nur das; aber ein wirklich guter Wein läßt sich nun einmal nicht über Nacht machen.

Die besten Beaujolais tragen den Namen ihrer Ursprungsgemeinde, oft auch der Lage oder des Weinguts. Die Hospices de Beaujeu sind ein Krankenhaus, das Weinberge unterhält. Auch gibt es einen kleinen trockenen weißen Beaujolais (letztes Etikett).

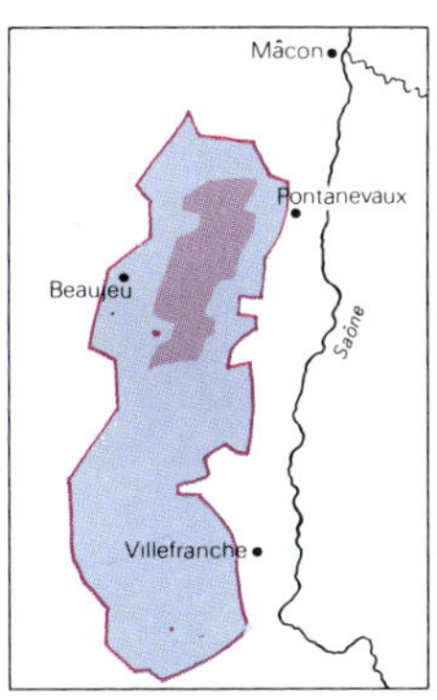

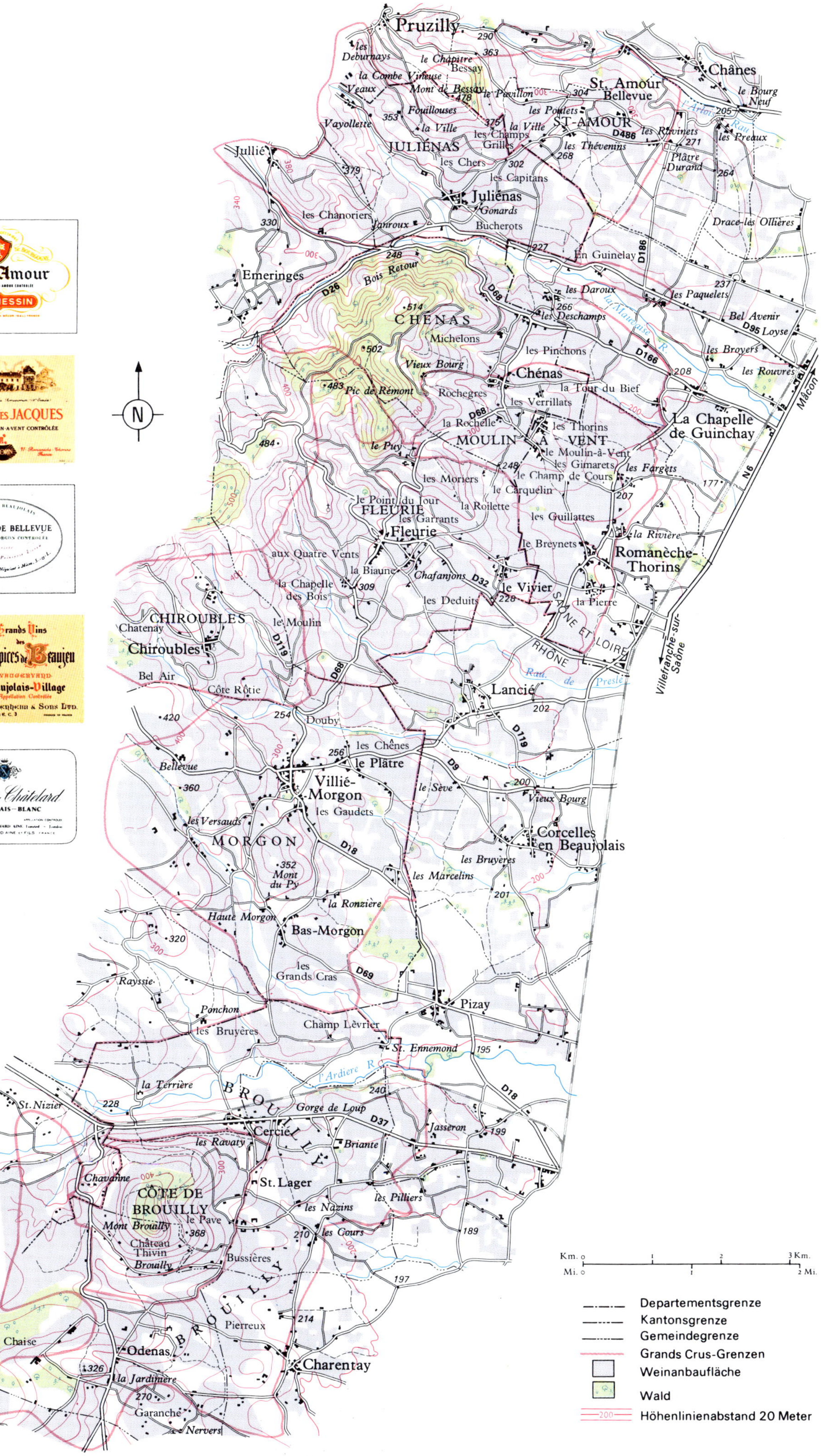

Chablis

Das kleine verschlafene Chablis macht gar nicht den Eindruck, als sei es die berühmteste Weinstadt der Welt. Keine Reklametafel, kein Leuchttransparent, nichts deutet darauf hin, daß an jedem Tag überall in der Welt soviel Wein mit seinem Namen getrunken wird, wie oft nur die Ernte eines ganzen Jahres einbringt. Während alle Weinbauländer der Neuen Welt und viele der Alten Welt den Namen dieser Stadt für beliebige trockene oder auch süße Weiß- sowie Roséweine verwenden, wird der echte Chablis weiterhin nur in begrenzten Mengen und in wirklich erstklassiger Qualität erzeugt. Er ist in der Tat so hervorragend, daß er nicht nach jedermanns Geschmack ist.

Der Chablis bringt einen bei der Suche nach charakterisierenden Beschreibungen noch mehr in Verlegenheit als andere Weine. Doch hat er etwas, auf das man fast mit dem Finger deuten kann: Er ist hart, aber nicht herb, erinnert an Steine und Mineralien, zugleich aber auch an frisches Heu; solange er jung ist, sieht er so grünlich aus, wie viele Weine eigentlich aussehen sollten.

Grand Cru Chablis wächst nur in den sieben kleinen Weinbergen, die auf dem Hügel auf der anderen Seite des Flusses liegen. Wie die Karte zeigt, neigt er sich nach Süden und bietet so eine besonders starke Sonneneinstrahlung, was zusammen mit dem kalkreichen Boden, der gerade diesen Hang bedeckt, die besondere Kernigkeit dieses Weins bewirkt.

Früher gab es eine ganze Reihe von Premiers Crus, doch hat man die bekannteren Namen inzwischen auch auf benachbarte Lagen übertragen. Hier die wichtigsten: Monts de Milieu, Montée de Tonnerre, Fourchaume, Vaillons, Montmains, Vaulorent, Mélinots, Côte de Léchet, Beauroy, Vaucoupin, Vosgros und Les Fourneaux. Ein Premier Cru Chablis enthält mindestens ein halbes Volumenprozent Alkohol weniger als ein Grand Cru und ist im Bukett und Geschmack weniger eindrucksvoll und intensiv. Dennoch ist es ein sehr guter Wein.

Chablis ohne Lagebezeichnung wird in etwa gleicher Qualität wie der Chablis Premier Cru erzeugt. Doch wiederum sind hier Abstriche hinsichtlich Kernigkeit und Eleganz zu machen.

Die große Plage der Rebgärten in Chablis ist seit alters der Frost. Selbst die Grand-Cru-Hänge waren so gefährdet, daß späte Frühlingsfröste die Ernte verderben konnten, und es ist nur ein Jahrzehnt her, daß die Winzer dort aufgaben und die Preise auf eine durch Knappheit diktierte Höhe kletterten: Ein Grand Cru brachte ebensoviel wie Corton-Charlemagne oder Montrachet.

Seit Mitte der 60er Jahre haben Frostverhütungsmaßnahmen (zunächst Ölöfen, jetzt mehr und mehr Berieselungsanlagen) die Rettung gebracht. Ernteeinbußen sind selten geworden, die Winzer haben wieder neu angepflanzt, wodurch das Rebfelderareal enorm gewachsen ist.

Oben: Im Keller eines Chablis-Winzers spiegelt sich das Licht in einem Probierglas.
Links: Die Landschaft von Chablis im Frühling. Die Reben fangen zu treiben an und sind anfällig gegen Spätfröste. Ein ebener Weingarten wie der hier gezeigte wird zwar Chablis, doch keinen der Grands Crus hervorbringen.
Rechts: Gerätschaften in einer Küferei.

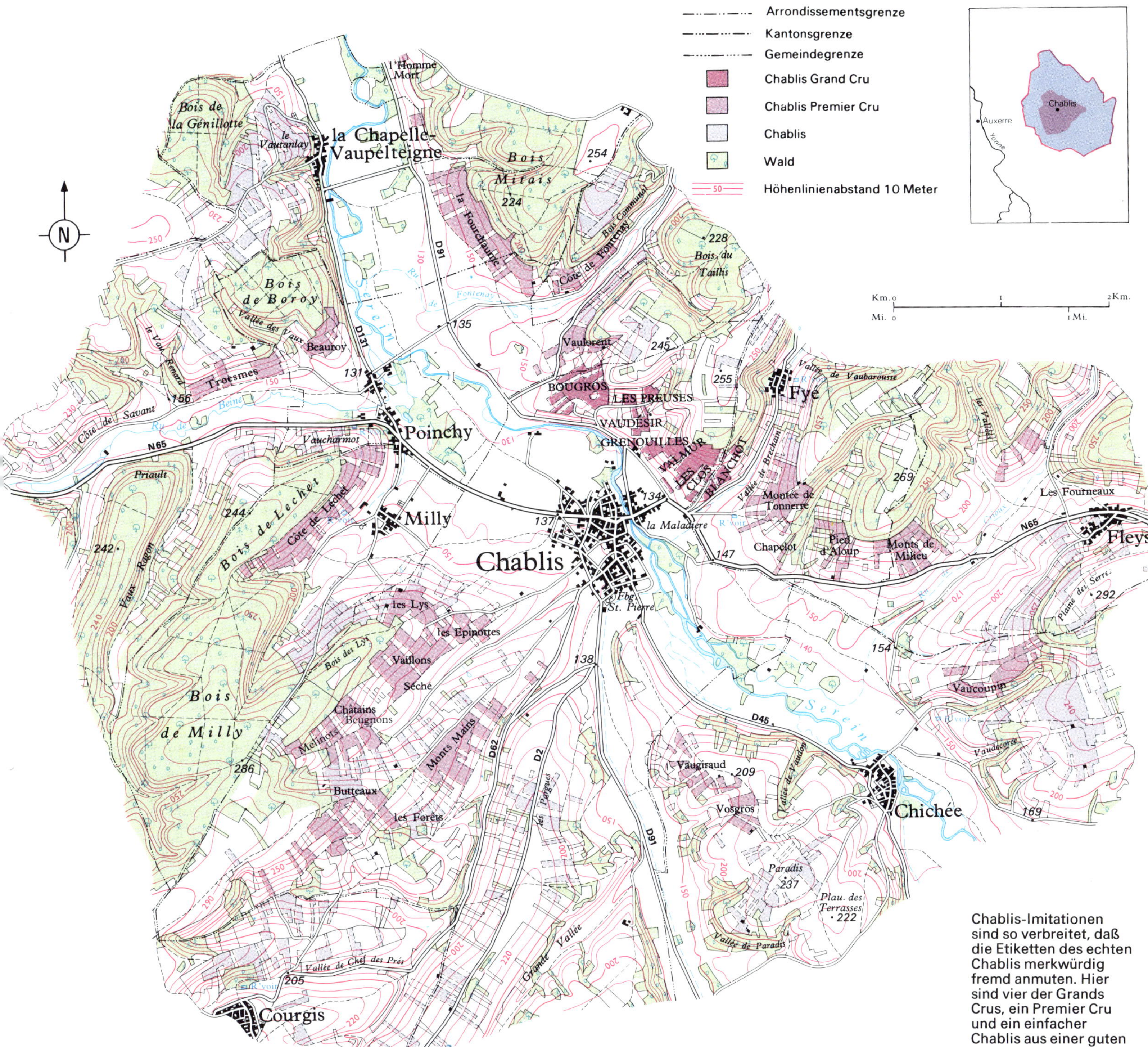

Chablis-Imitationen sind so verbreitet, daß die Etiketten des echten Chablis merkwürdig fremd anmuten. Hier sind vier der Grands Crus, ein Premier Cru und ein einfacher Chablis aus einer guten Kellerei abgebildet.

Bordeaux

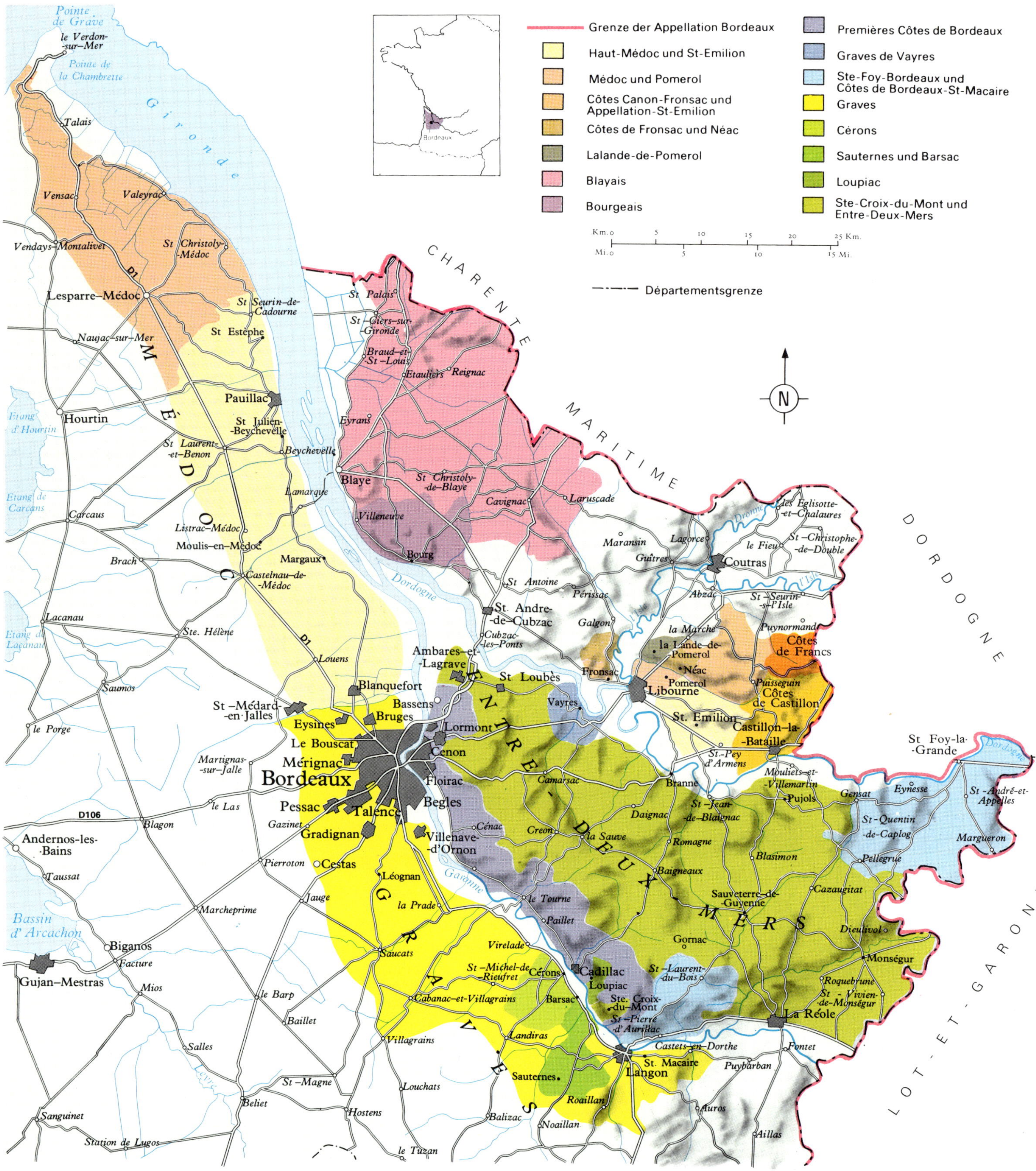
Grenze der Appellation Bordeaux
Haut-Médoc und St-Emilion
Médoc und Pomerol
Côtes Canon-Fronsac und Appellation-St-Emilion
Côtes de Fronsac und Néac
Lalande-de-Pomerol
Blayais
Bourgeais
Premières Côtes de Bordeaux
Graves de Vayres
Ste-Foy-Bordeaux und Côtes de Bordeaux-St-Macaire
Graves
Cérons
Sauternes und Barsac
Loupiac
Ste-Croix-du-Mont und Entre-Deux-Mers
Km. 0 5 10 15 20 25 Km.
Mi. 0 5 10 15 Mi.
Départementsgrenze
N
Bordeaux
Pointe de Grave
le Verdon-sur-Mer
Pointe de la Chambrette
Gironde
Talais
Vensac
Valeyrac
Vendays-Montalivet
St Christoly-Médoc
Lesparre-Médoc
St Seurin-de-Cadourne
St Estèphe
Naujac-sur-Mer
MÉDOC
Pauillac
Hourtin
Etang d'Hourtin
St Julien-Beychevelle
St Laurent-et-Benon
Beychevelle
Etang de Carcans
Lamarque
Carcans
Listrac-Médoc
Moulis-en-Médoc
Margaux
Brach
Castelnau-de-Médoc
Lacanau
Etang de Lacanau
Ste. Hélène
D1
Louens
Saumos
Blanquefort
St-Médard-en-Jalles
Bassens
Eysines
Bruges
le Porge
Le Bouscat
Martignas-sur-Jalle
Mérignac
Bordeaux
le Las
D106
Blagon
Pessac
Talence
Andernos-les-Bains
Gazinet
Gradignan
Villenave-d'Ornon
Pierroton
Cestas
Taussat
Léognan
Jauge
Marcheprime
la Prade
Bassin d'Arcachon
Biganos
Facture
Saucats
Gujan-Mestras
Mios
le Barp
Baillet
Salles
Leyre
St-Magne
Beliet
Louchats
Sanguinet
Hostens
Station de Lugos
le Tuzan
Balizac
Noaillan
GRAVES
Virelade
St-Michel-de-Rieufret
Cérons
Cabanac-et-Villagrains
Barsac
Villagrains
Landiras
Sauternes
Roaillan
Langon
St. Macaire
Castets-en-Dorthe
CHARENTE MARITIME
St Palais
St-Ciers-sur-Gironde
Braud-et-St-Louis
Etauliers
Reignac
Eyrans
Blaye
St Christoly-de-Blaye
Cavignac
Laruscade
Villeneuve
Bourg
Dordogne
St Antoine
Périssac
St. André-de-Cubzac
Cubzac-les-Ponts
Galgon
Ambares-et-Lagrave
St Loubès
ENTRE-DEUX-MERS
Vayres
Fronsac
Lormont
Cenon
Floirac
Begles
Maransin
Lagorce
Guîtres
Coutras
Dronne
les Eglisotte-et-Chalaures
le Fieu
St-Christophe-de-Double
l'Isle
Abzac
St-Seurin-s-l'Isle
la Marche
Puynormand
Côtes de Francs
la Lande-de-Pomerol
Néac
Pomerol
Libourne
Puisseguin
Côtes de Castillon
St. Emilion
Castillon-la-Bataille
St.-Pey d'Armens
St Foy-la-Grande
Mouliets-et-Villemartin
Pujols
Gensat
Eynesse
St-André-et-Appelles
Camarsac
Branne
Daignac
St-Jean-de-Blaignac
St-Quentin-de-Caplog
Margueron
Cénac
Creon
la Sauve
Romagne
Blasimon
Pellegrue
Baigneaux
Garonne
le Tourne
Paillet
Sauveterre-de-Guyenne
Cazaugitat
Gornac
Dieulivol
Monségur
Cadillac
Loupiac
St-Laurent-du-Bois
Ste. Croix-du-Mont
St-Pierre d'Aurillac
Roquebrune
St-Vivien-de-Monségur
La Réole
Fontet
Puybarban
Auros
Aillas
DORDOGNE
LOT-ET-GARONNE

Verspricht der Name Burgund Vollmundigkeit und Reichtum, so verbindet sich mit Bordeaux mehr als bloß eine Andeutung von Eleganz. Statt des plumpen Prälaten, der Burgund zu symbolisieren scheint, assoziiert man mit Bordeaux eine würdevolle Gestalt im Gehrock. Ich stelle mir diesen Herrn vor, wie er Rotwein aus einem Kristallglas probiert. Einen Daumen hat er in seine Weste geklemmt, und durch die geöffnete Tür hinter ihm sieht man gerade noch ein mit Türmchen bewehrtes Gebäude, das in dem perlmutternen Küstenlicht fast unwirklich anmutet. Die Eigenschaften des Bordeaux sprechen den Ästheten, die des Burgunder den Sinnenfreund an.

Bordeaux ist das größte Qualitätsweinbaugebiet der Erde. Das ganze Departement Gironde treibt Weinbau. Und alle diese Weine heißen Bordeaux. Der Ertrag stellt die burgundische Ernte weit in den Schatten. Im Jahre 1975 wurden hier rund 3,7 Millionen Hektoliter Wein erzeugt.

Die Gesamtmenge verteilt sich gleichmäßig auf Rot- und Weißweine. Die großen Rotweingebiete liegen im Norden: Médoc, die Gegend unmittelbar südlich der Stadt Bordeaux, die Landschaft am Nordufer der Dordogne und gegenüber dem Médoc auf der anderen Seite der Gironde. Das Gebiet zwischen den beiden Flüssen heißt Entre-Deux-Mers. Hier ist der Wein zumeist weiß, bis auf einen Gürtel von Dörfern, die auf der anderen Seite der Garonne auf der Höhe von Bordeaux liegen und neben weißem auch roten Wein erzeugen; ihre Kreszenzen tragen den Namen Premières Côtes de Bordeaux. Das ganze untere Drittel der Karte ist Weißweinland. Den größten Ruhm unter den Bordeauxweinen genießt die Reihe guter bis überragender Rotweine und die kleine Produktion des sehr süßen goldgelben Weins von Sauternes.

Im Vergleich zu Burgund ist das Appellationssystem im Gebiet Bordeaux einfach. Die in das Burgunder System eingebaute Form der Qualitätseinstufung fehlt in Bordeaux. Statt dessen gibt es hier eine Vielzahl lokaler Klassifizierungen, doch leider ohne allgemeinverbindliche Gütekriterien.

Die bei weitem bekannteste davon ist – neben ein oder zwei weiteren Systemen – die 1855 festgelegte Klassifizierung der Médoc-Weingüter; sie basierte auf den Preisen, die die Weine in den vorausgegangenen hundert oder mehr Jahren erzielt hatten. Seine ersten, zweiten, dritten, vierten und fünften «Sorten», zu denen noch die Crus Exceptionnels, die Crus Bourgeois Supérieurs, die Crus Bourgeois und später die Crus Artisans und Crus Paysans hinzukamen, stellen das anspruchsvollste Einstufungssystem dar, das jemals für Bodenerzeugnisse aufgestellt worden ist.

Die überragende Bedeutung der Lage für die Qualität wird durch die Tatsache bewiesen, daß diese alte Liste auch heute noch Gültigkeit hat.

Dennoch wird heute der Frage, ob ein Weingut erste oder fünfte Sorte erzeugt, mehr Gewicht beigemessen, als es das System tatsächlich rechtfertigt. Die ersten Sorten erzielen regelmäßig den dreifachen Preis der zweiten Sorten, ohne unbedingt in irgendeiner Weise besser zu sein. Das den folgenden Karten zugrunde liegende System unterscheidet zwischen Sortenklassifizierungen und Crus Bourgeois. Viele andere, kleinere Sorten sind ebenfalls verzeichnet.

Anmutige Architektur des 18. Jahrhunderts und genußvolle Tafelfreuden – Bordeaux auf einen Blick. Hier spiegelt sich die Allée de Tourny in einem Fenster des früheren Restaurants Dubern.

Château nennt man in Bordeaux ein Weingut. Die Anklänge an ein Schloß oder einen Herrensitz sind selten zutreffend. Meist ist das größte Gebäude eines solchen Château der *chai*, eine lange Scheuer, oft halb in den Boden hineingebaut, in der der Wein gelagert wird – neben dem *cuvier*, wo er gekeltert wird. (Ein Bordeaux-Château ist auf Seite 36/37 abgebildet.)

Das Château liegt manchmal inmitten seiner Rebflächen. Häufiger sind die Anbauflächen aber weit verstreut und mit denen des Nachbargutes vermischt. Ein solcher Betrieb kann im Jahr zwischen 8 und 800 Faß Wein, zu je 300 Flaschen, erzeugen. Die besten Lagen erbringen maximal 4000 Liter pro Hektar, die weniger guten eher mehr. Auf einem Hektar können 6500 bis 10 000 Weinstöcke stehen.

Der *maître de chai* spielt eine wichtige Rolle auf dem Weingut. Er begrüßt die Besucher, läßt sie den neuen Wein, kalt, dunkel und ungenießbar, aus den seiner Obhut anvertrauten Fässern probieren. Dann gilt es, sich mehr eingeweiht als begeistert zu zeigen, denn der Wein wird frühestens zwei Jahre nach der Flaschenabfüllung trinkfertig sein – vielleicht sogar erst zwanzig Jahre danach.

Bordeaux – Qualitätsfaktor

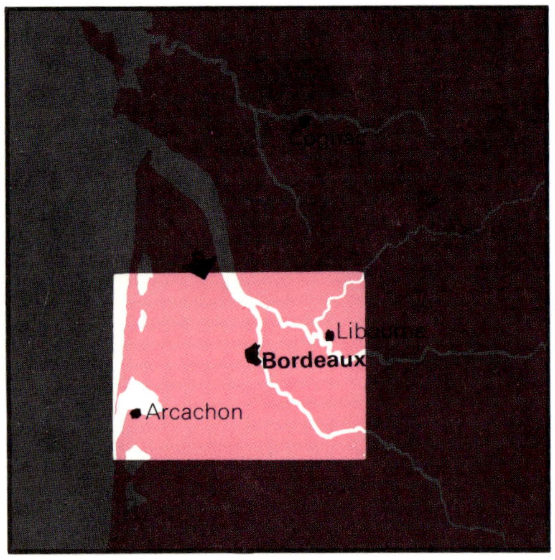

Die besondere Eignung der Region Bordeaux für den Weinbau läßt sich recht einfach erklären! Das nahe Meer und die vielen Flußläufe sorgen für ein gemäßigtes und stabiles Klima. Küstenwälder schirmen das Gebiet gegen die starken, salzhaltigen Winde und zuviel Niederschlag ab. Das Muttergestein ist reich an Mineralien, doch die Bodenkrume im allgemeinen recht dürftig und oft sehr tief.

Man hat überaus gründlich die Frage untersucht, warum ein bestimmtes Fleckchen Erde der ihm benachbarten Lage überlegen ist. Alle diese Untersuchungen definieren zunächst einmal genau die geologischen, pedologischen (bodenkundlichen) und klimatologischen Bedingungen, die eine gute Lage ausmachen – um dann für gewöhnlich festzustellen, daß dieselben Voraussetzungen auch auf die Nachbarlage zutreffen.

In Bordeaux gibt es jedoch mehr Variablen: Statt nur eine Traubensorte zu verwenden, wie die Pinot Noir an der Côte de Nuits, wird jeder Bordeaux aus einer Mischung von drei oder vier Sorten bereitet. Es wäre also voreilig, den Schluß zu ziehen, daß beispielsweise der Boden des Château Lafite einen leichteren Wein ergäbe als der des Château Latour, ohne zu berücksichtigen, daß in Lafite sehr viele Merlot-Trauben angebaut werden, während Latour fast ausschließlich über Cabernet Sauvignon-Bestände verfügt.

Außerdem heißt es, der Boden des Médoc beispielsweise sei «mit jedem Schritt» anders. Noch niemandem ist es allerdings bislang gelungen, den aus einer bestimmten Rebe gewonnenen Wein zu isolieren und ihn mit dem Ertrag einer zwei Schritte davon entfernten Pflanze zu vergleichen.

Es ist verständlich, daß sich die Universität

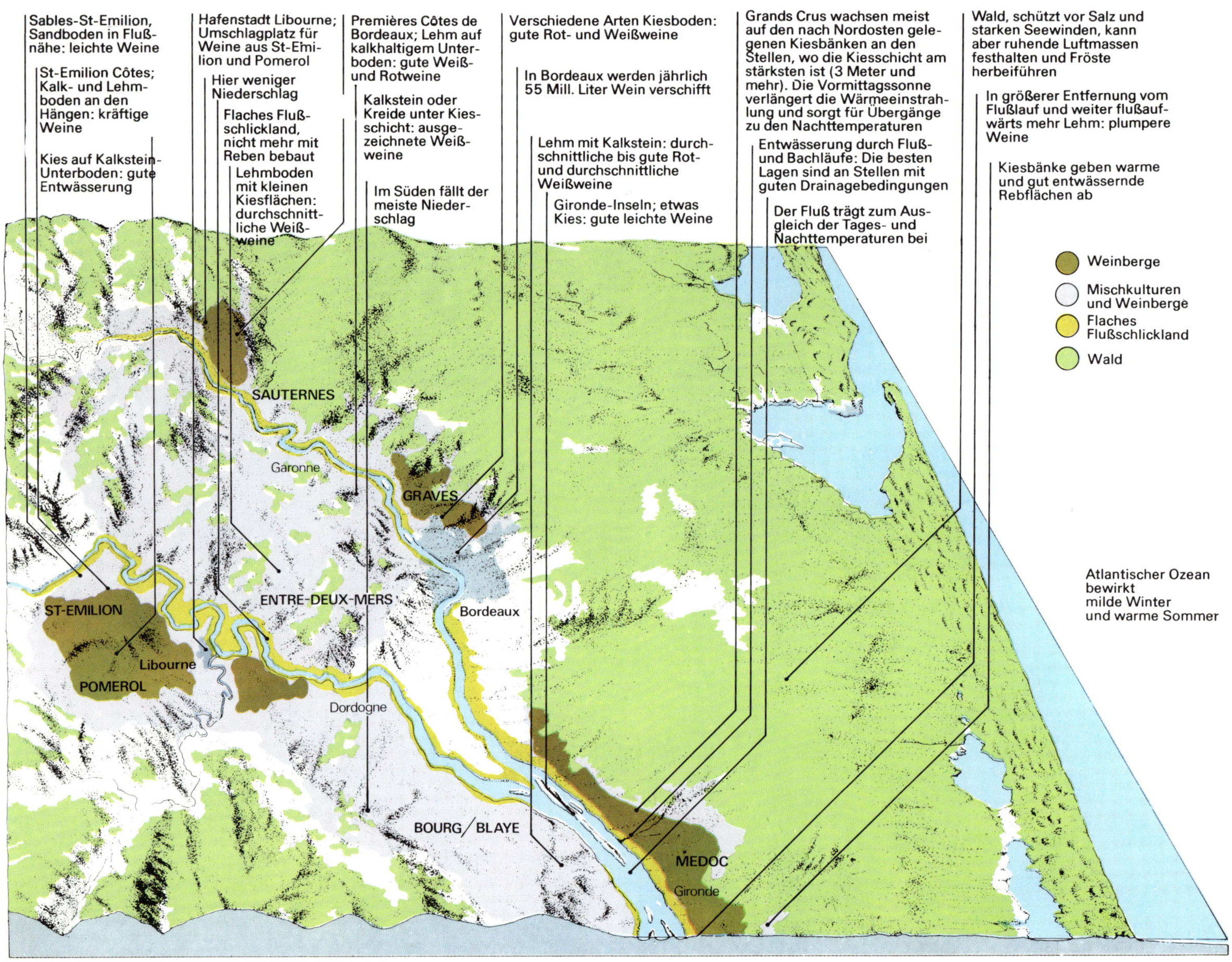

trotzdem weiter bemüht, diese Zusammenhänge aufzudecken. Die jüngste Theorie, die eine große Anhängerschaft gefunden hat, besagt, die Geologie habe (entgegen der herkömmlichen Auffassung) kaum Einfluß auf die Qualität, zumindest nicht in Bordeaux. Ein Weinstock finde seine Nährstoffe fast überall, und je dürftiger der Boden, desto tiefer und ausladender treibe er sein Wurzelwerk. Dies erkläre das Geheimnis, warum ein schlechter Boden gut für den Weinbau sei. Wenn man den Reben eine fruchtbare Bodenkrume gäbe oder großzügig um sie herum düngte, dann wurzelte sie dicht unter der Oberfläche. Pflanzte man sie dagegen auf steinigem Untergrund und gäbe man ihr nur das Allernotwendigste, dann triebe sie metertief und suchte sich, was sie braucht. Denn je tiefer die Wurzeln reichten, desto konstanter sei deren Umgebung.

Dann könne sich ruhig ein See um sie herum bilden oder eine totale Dürre den Boden versengen und aufreißen – die Rebe werde sich trotzdem normal entwickeln. Vorausgesetzt allerdings, der Unterboden werde gut entwässert, damit die Wurzeln nicht ertrinken.

In Erweiterung dieser Theorie vertritt Dr. Gérard Seguin von der Universität Bordeaux die These, je besser der Unterboden entwässert werde und je trockener er sei, desto tiefer drängen die Wurzeln vor. Er behauptet, die ersten Sorten stammten aus Weinbergen, die den Entwässerungskanälen am nächsten gelegen seien, die zweiten Sorten aus etwas weiter entfernten Lagen und so fort. Man hat schon immer gesagt, die Reben müßten «auf den Fluß schauen»; diese Theorie bestätigt nun die Richtigkeit dieser Regel. Auch erklärt sie, warum alte Weinstöcke den besten Wein ergeben: Ihre Wurzeln reichen am weitesten in die Tiefe.

Also, besagt die Theorie weiter, sei es nicht die chemische Zusammensetzung des Bodens, sondern seine physikalische Beschaffenheit, die es zu berücksichtigen gelte. Schlecht entwässernde schwere Lehm- oder Sandböden seien für den Wein am wenigsten geeignet – Kies und größere Steine dagegen am besten. Wenn man ferner bedenkt, wie gut Gestein die Wärme an der Oberfläche speichert und eine rasche Verdunstung der Feuchtigkeit des Unterbodens verhindert, dann kann man gut verstehen, daß Steine die beste Gewähr für beständige Temperatur- und Feuchtigkeitsverhältnisse bieten.

Im Médoc sind es die starken Kiesschichten von Margaux, St-Julien und Pauillac, die am besten entwässern. Je weiter man von hier aus nach Norden geht, desto stärker wird der Lehmanteil, so daß in St-Estèphe die Drainage weitaus schlechter ist.

Die Sprache des Etiketts

Château Weingut
Récolte Jahrgang
Mis (oder **Mise**) **en bouteilles au Château** Vom Erzeuger abgefüllt
Grand Vin Einfach ‹großer Wein›, ohne spezifische Bedeutung
Cru Classé Eine der offiziellen Sorten des Médoc; ferner alle eingestuften Sorten anderer Bezirke, unabhängig von ihrer Klassifizierung. Die Médoc-Klassifizierungen nach dem System von 1855 lauten:
Premier Cru Erste Sorte
Deuxième Cru Zweite Sorte
Troisième Cru Dritte Sorte
Quatrième Cru Vierte Sorte
Cinquième Cru Fünfte Sorte
(Erscheint selten auf dem Etikett)
Cru Exceptionnel Im Médoc die zweite Stufe nach der klassifizierten Sorte
Cru Bourgeois Supérieur Die dritte Stufe
Cru Bourgeois Die vierte Stufe – doch häufig ein sehr beliebter Wein, der manchmal ebensogut wie die klassifizierten Sorten ist: Die Klassen sind ziemlich überholt
Cru Artisan Eine Stufe unter dem Cru Bourgeois; nicht mehr gebräuchlich
Cru Paysan Eine Stufe unter Cru Artisan; nicht mehr gebräuchlich
Premier Grand Cru Classé Die erste Stufe der klassifizierten St-Emilion-Sorten (Klassifizierung von 1954)
Grand Cru Classé Die zweite Stufe der klassifizierten St-Emilion-Sorten (System von 1954)
Supérieur (hinter den Namen Graves oder Bordeaux) bedeutet, daß der Wein ein Volumenprozent Alkohol mehr als das zulässige Minimum enthält
Haut Bloßes schmückendes Beiwort, außer als Teil des Namens Haut-Médoc
Négociant Weinhändler, der oft wenige Monate alten Wein aufkauft und ihn so lange (meist in Bordeaux) lagert, bis er abfüll- und versandfertig ist. Zu den bekanntesten Händlern zählen Calvet, Cruze, Eschenauer, Cordier, Kressmann, Moneix, Barton & Guestier, Ginestet

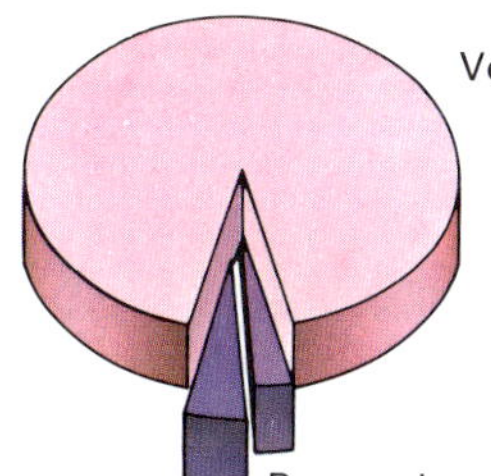

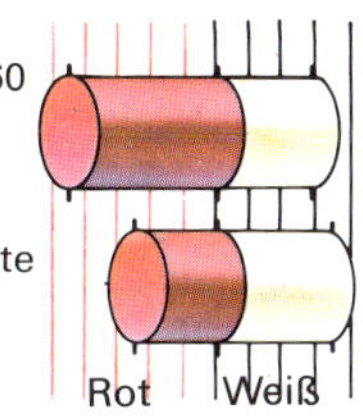

Ganz links: Bordeaux stellt 6% der gesamten französischen Weinproduktion, mehr als doppelt soviel wie Burgund.
Links: Heute werden in Bordeaux fast ebensoviel weiße wie rote Weine hergestellt, allerdings ist der Anteil des Rotweins an den AC-Weinen noch immer größer. Vor dem Verheerungszug der Reblaus um 1870 überwog der Rotwein in beiden Bereichen.

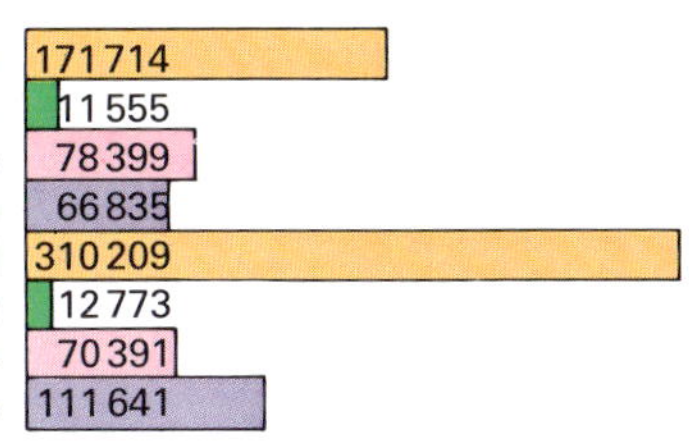

Links: Bordeaux exportiert jährlich 976 000 Hektoliter. Der größte Abnehmer ist Deutschland: 1975 nahm es 310 209 hl, also 32% des Gesamtexports, ab.

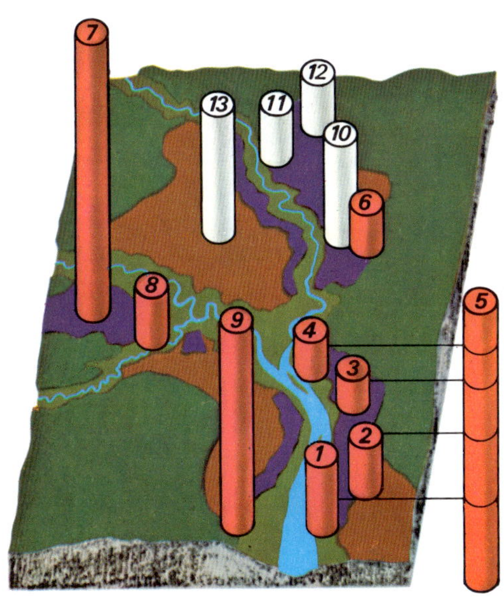

Links: Das Diagramm des aus dem Zusammenfluß der Dordogne (links) und der Garonne (rechts) gebildeten Gironde-Mündungstrichters zeigt einige Faktoren auf, die die Qualitäts- und Charakterunterschiede der Bordeauxweine bewirken. Bodenkrume und Unterboden haben zwar Einfluß auf den Wein, doch ist umstritten, wie bedeutsam dieser für seine Güte und seinen Charakter ist. Faktoren wie Niederschlagsmenge, Morgen- oder Nachmittagssonne und vor allem die schnelle Drainage können von ebenso großer Bedeutung sein.
Im Süden dieses Gebiets fällt der meiste Niederschlag, im Norden der geringste. Weißwein wächst im Süden, Rot- und Weißwein im Zentrum und mehr Rot- als Weißwein im Norden. Zwar kann kein Zusammenhang nachgewiesen werden, doch spricht vieles dafür, daß sich der Nebel in dem feuchten Gebiet im Laufe der Jahre vorteilhaft auf die weißen Trauben ausgewirkt hat, während er bei den roten Fäulnis bewirkte.

Links: Durchschnittserzeugung (1971–1975) der führenden weißen und roten Bordeauxweine (in 100 Hektolitern)

Rot		
1	St-Estèphe	46
2	Pauillac	34
3	St-Julien	27
4	Margaux	30
5	Haut-Médoc (einschließlich der obigen	233
6	Graves	40
7	St-Emilion	224
8	Pomerol	29
9	Bourg und Blaye	160
Weiß		
10	Graves	46
11	Barsac	14
12	Sauternes	24
13	Entre-deux-Mers	76

St-Estèphe

Links: Château Calon-Ségur, nördlich von St-Estèphe, verfügt über rund 60 Hektar ummauerter Weinberge, die 1855 als dritte Sorte klassifiziert wurden. Sein dunkelroter Wein ist körperreich und langlebig.

Rechts: Die fünf Crus Classés von St-Estèphe. Château Phélan-Ségur ist ein Beispiel für die vielen ausgezeichneten Crus Bourgeois dieser Gegend.

Die Kiesbänke, die dem Médoc und seinen Weinen Charakter und Qualität verleihen, längs der Gironde verlaufen und gegen Westen durch kilometertiefe Wälder geschützt sind, laufen bei St-Estèphe aus. Dieser Ort ist die nördlichste der vier berühmten Gemeinden, die das Herz des Médoc ausmachen. Eine kleine *jalle* – das Médoc-Wort für einen Bach – trennt es von Pauillac und entwässert einmal die Weinberge des Château Lafite, dann aber auch die anderen drei der insgesamt fünf klassifizierten Lagen von St-Estèphe: die Châteaux Cos-d'Estournel, Lafon-Rochet und Cos-Labory.

Die Bodenverhältnisse in Pauillac und St-Estèphe sind unterschiedlich: Je weniger Kies die Gironde abgelagert hat, desto stärker ist der Boden lehmhaltig. Weiter oberhalb, in Margaux, ist der Lehmanteil sehr gering. In St-Estèphe dagegen ist der Boden schwerer und entwässert langsamer. Die Weine haben einen höheren Säuregehalt, sind voller, haben mehr Rückgrat und oft ein schwächeres Bukett, entfalten jedoch im Mund noch einen ausreichenden Geschmack. Es handelt sich um kernige Rotweine, die beim Altern milder werden, aber voll und rund bleiben.

Eine der großartigsten unter den klassifizierten Sorten ist der Château Cos-d'Estournel. Neben dem Château Montrose erzeugt dieses Weingut die vollsten und besten der St-Estèphe-Weine: stark, dunkelrot und langlebig.

Die beiden anderen klassifizierten Lagen in der Nähe von Cos, die Châteaux Lafon-Rochet und Cos-Labory, hatten in der letzten Zeit keinen besonderen Namen; als jedoch Lafon-Rochet von M. Tesseron, einem Cognac-Händler, gekauft wurde, erlangte es den Ruf, das erste im 20. Jahrhundert gebaute (oder umgebaute) Château im ganzen Gebiet Bordeaux zu sein. Sein Wein hat heute einen großen Namen. Calon-Ségur, nördlich des Ortes gelegen, war schon

Ein alter Druck zeigt, daß sich das Leben auf einem Médoc-Weingut im Laufe der Zeiten kaum geändert hat.

immer sehr bekannt: vielleicht mehr beständig als ausgezeichnet.

St-Estèphe ist vor allem für seine Crus Bourgeois bekannt. In gewaltigen Mengen wachsen sie in der Ebene im Süden und Westen des Dorfes. Die Châteaux Phélan-Ségur und de Pez erzeugen beide Jahr für Jahr einen hervorragenden Wein. Château Meyney, das wie ein gewaltiger sauberer Hof ohne Bauernhaus wirkt, gehört dem Handelshaus Cordier und macht einen guten Wein. Auch Châteaux Tronquoy-Lalande, Haut-Marbuzet, Les Ormes-de-Pez und all die anderen Crus Bourgeois sind körperreiche, zuverlässige und oft außergewöhnlich gute Rotweine.

Außerdem liefern über 200 kleine Weinbauern, von denen manche ein mit Namen versehenes Weingut, andere nur eine kleine Rebparzelle besitzen, ihre Trauben an die Genossenschaft, die ihren besseren Wein als «Marquis de St-Estèphe» verkauft. Auch in so berühmten Gemeinden wie dieser spielen also Winzergenossenschaften eine bedeutende Rolle.

Nördlich von St-Estèphe läuft die Kiesbank zungenförmig in den sogenannten *palus* aus, einen Flußschlickboden, auf dem kein Edelwein gedeiht. An der Spitze dieser Zunge liegt das kleine Dorf St-Seurin-de-Cadourne mit einem Dutzend Crus Bourgeois. Wenngleich nicht so ausdrucksvoll und vornehm wie die aus St-Estèphe, sind diese Weine doch oft erstaunlich gut und ihren Preis wert.

An der Grenze der Gemarkung St-Seurin endet auch das Haut-Médoc: Alle Weine, die jenseits dieser Linie wachsen, dürfen lediglich die schlichte Appellation Médoc führen. Unmittelbar vor der Zunge liegt, wie ein gerade aus Bristol eingelaufenes Schiff, eine letzte Kiesinsel im *palus:* das in englischem Besitz befindliche Château Loudenne. In den monumentalen *chais* von Loudenne lagert die Familie Gilbey, die das Weingut 1875 kaufte, einen ansehnlichen Vorrat von Weinen aus dem gesamten Gebiet Bordeaux für den Auslandversand. Loudenne selbst erzeugt einen leichten Wein guter mittlerer Qualität, einen typischen Unter-Médoc. Auch gibt es einen trockenen weißen Loudenne, der überhaupt nicht typisch für das Médoc-Gebiet ist und eher einem sehr trockenen Graves ähnelt.

Das weiter abseits des Flusses gelegene Hinterland von St-Estèphe erzeugt diverse Crus Bourgeois, von denen keiner besonders bekannt ist. Es wäre eine faszinierende Aufgabe, einen Tag damit zu verbringen, hier sein Lieblings-Château und seinen Lieblingswein herauszufinden. Sie alle haben ihren eigenen Charakter und viele ihren eigenen Reiz – doch außer ein paar örtlichen Maklern hat sie bislang kaum jemand genau geprüft.

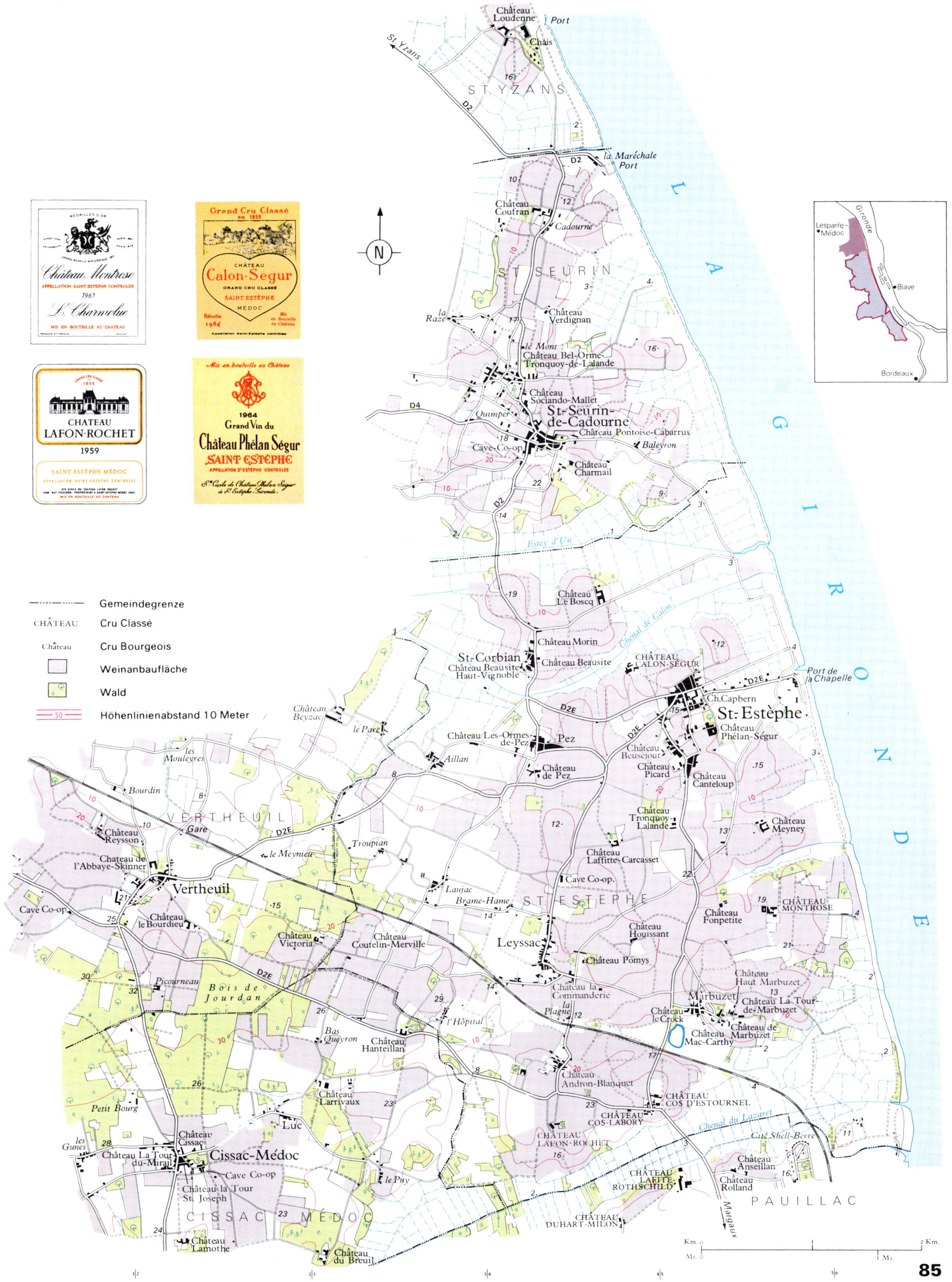
Château Loudenne
Port
Chais
St. Yzans
ST. YZANS
D2
la Maréchale Port
Château Coufran
Cadourne
ST. SEURIN
Château Verdignan
la Raze
le Mont
Château Bel-Orme-Tronquoy-de-Lalande
Château Sociando-Mallet
St-Seurin-de-Cadourne
Quimper
Château Pontoise-Cabarrus
Baleyron
Cave Co-op
Château Charmail
D4
Estey d'Un
Château Le Boscq
Chenal de Calon
Château Morin
St-Corbian
Château Beausite
Château Beausite Haut-Vignoble
CHÂTEAU CALON-SÉGUR
Port de la Chapelle
D2E
Ch.Capbern
St-Estèphe
Château Phélan-Ségur
Château Beyzac
le Parc
Château Les-Ormes-de-Pez
Pez
Aillan
Château de Pez
Château Beausejour
Château Picard
Château Canteloup
les Mouleyres
Bourdin
VERTHEUIL
Gare
Château Reysson
Château de l'Abbaye-Skinner
Vertheuil
Cave Co-op
Château le Bourdieu
le Meynieu
Troupian
Château Tronquoy-Lalande
Château Meyney
Château Laffitte-Carcasset
Cave Co-op.
Laujac
Brame-Hame
ST. ESTÈPHE
CHÂTEAU MONTROSE
Château Fonpetite
Château Houissant
Château Victoria
Château Coutelin-Merville
Leyssac
Château Pomys
Picourneau
Bois de Jourdan
Château la Commanderie
la Plagne
Château Haut Marbuzet
Marbuzet
Château La Tour-de-Marbuzet
Château le Crock
Château de Marbuzet
Château Mac-Carthy
l'Hôpital
Bas Queyron
Château Hanteillan
Château Andron-Blanquet
Château Larrivaux
CHÂTEAU COS D'ESTOURNEL
CHÂTEAU COS-LABORY
Chenal du Lazaret
Cité Shell-Berre
Petit Bourg
Luc
Château Cissac
CHÂTEAU LAFON-ROCHET
Château Anseillan
les Gunes
Château La Tour-du-Mirail
Cissac-Médoc
Cave Co-op
le Puy
CHÂTEAU LAFITE-ROTHSCHILD
Château Rolland
Château la Tour St. Joseph
PAUILLAC
CISSAC MÉDOC
Margaux
CHÂTEAU DUHART-MILON
Château Lamothe
Château du Breuil
LA GIRONDE
Gemeindegrenze
CHÂTEAU Cru Classé
Château Cru Bourgeois
Weinanbaufläche
Wald
Höhenlinienabstand 10 Meter
Km. 0 1 2 Km.
Mi. 0 1 Mi.
Lesparre-Médoc
Gironde
Blaye
Bordeaux
Château Montrose
Appellation Saint-Estèphe Contrôlée
1967
L. Charmolue
Mis en bouteille au château
Grand Cru Classé en 1855
Château Calon-Segur
Grand Cru Classé
Saint Estèphe
Médoc
Récolte 1964
Mis en bouteille au Château
Château Lafon-Rochet
1959
Saint-Estèphe-Médoc
Mis en bouteille au Château
1964
Grand Vin du Château Phélan Ségur
Saint-Estèphe
Appellation St Estèphe Contrôlée

Pauillac

Die Crus Classés von Pauillac haben recht nüchterne Etiketten. Einzige Ausnahme: Mouton-Rothschild beauftragt jedes Jahr einen anderen Künstler.

Wollte man eine Bordeaux-Gemeinde an die Spitze der Liste stellen, dann gäbe es hierüber keinen Streit. Es wäre Pauillac. Die Châteaux Lafite, Latour und Mouton-Rothschild, drei der führenden fünf Médoc- und Graves-Weingüter, rechtfertigen diese Herausstellung ohne weiteres. Und viele Rotwein-Freunde würden sagen, die Weine aus Pauillac hätten genau den Geschmack, den sie von einem Bordeaux erwarten – eine Kombination aus frischer, zarter Fruchtigkeit, Eichengeschmack und Trockenheit in einem feinen Zusammenklang mit erlesener Finesse, Körperreichtum, einem Hauch Zigarrenkiste, einer Spur Süße.

In Pauillac erreichen die Kieskuppen des Médoc am ehesten hügelartige Höhen. Die am höchsten gelegenen Weinberge liegen bis zu 30 Meter über dem Meeresspiegel – was in dieser Küstengegend, wo eine bloße Bodenwelle schon ein Aussichtspunkt ist, einiges bedeutet.

Die Weinberge sind in Pauillac im allgemeinen weniger unterteilt, als dies sonst überall im Médoc der Fall ist. Während sich in Margaux die Châteaux in der Stadt zusammendrängen und ihre Parzellen unentwirrbar im Umland verstreut liegen – hier eine Zeile, dort ein paar Zeilen –, gehören in Pauillac ganze Hänge, Hügel und Plateaus einem Besitzer. Daraus kann man schließen, daß sich die einzelnen Weine stärker voneinander unterscheiden.

Die drei großen Weine von Pauillac sind recht ausgeprägte Individualisten. Lafite-Rothschild und Latour liegen an entgegengesetzten Grenzen der Gemarkung: ersteres fast in St-Estèphe, letzteres fast in St-Julien. Seltsamerweise tendieren sie in ihrem Charakter aber in die umgekehrte Richtung: Lafite mehr zur runden und feinen Art eines St-Julien, Latour mehr zur kräftigen und kernigen eines St-Estèphe.

Lafite ist mit seinen 80 Hektar eines der größten Weingüter des Médoc und erzeugt etwa 800 Faß seines phantastisch teuren Weins, einer bukettreichen, eleganten, vornehmen Kreszenz. Früher wurden alle geringeren Weine unter der Bezeichnung Carruades de Lafite verkauft. Das hat sich inzwischen geändert. Der kräftigere und kernigere Latour erzielt nicht ganz so hohe Preise, obwohl es kaum jemanden gibt, der ihn für weniger kostbar als den Lafite hielte. Seine Vorzüge sind gleichmäßige Qualität, auch bei unterschiedlichen Jahrgängen, und eine herrliche Fülle des Buketts. Auch die zweite Sorte des Guts, Les Forts de Latour, ist noch erstklassig.

Baron Philippe de Rothschild erzeugt in Mouton eine dritte Pauillac-Variante: einen kräftigen, dunklen, langlebigen Wein. Wenn man sie die erforderlichen zehn oder zwanzig Jahre (je nach der Güte des Jahrgangs) altern läßt, dann erreichen diese Weine einen Grad der Vollendung, den selten ein anderer Wein erreicht. Doch sind Millionäre häufig ungeduldig: Zuviel davon wird allzu jung getrunken.

Die unbestreitbare Ähnlichkeit zwischen einem Latour und einem Mouton in bezug auf Stärke und Lagerfähigkeit ist offenbar auf den ungewöhnlich hohen Anteil von Cabernet-Reben in den Weinbergen beider Châteaux zurückzuführen, der in Mouton 90 Prozent erreicht.

Kein Besucher Pauillacs sollte versäumen, sich das Mouton-Museum mit Kunstwerken aus der Welt des Weins und auch die sehr schönen *chais* anzusehen.

Die beiden Châteaux Pichon-Longueville – Baron und Lalande – liegen beidseits der Straße

Pichon-Lalande (oben) und Grand-Puy-Lacoste strahlen die für Pauillac typische solide Würde aus. Rechts: Reifüberzogene Cabernet-Trauben in Lafite.

südlich von Pauillac wie alte Herzoginnen in ihren Ballkleidern. Gewöhnlich scheint Lalande den besseren, Baron den volleren Wein zu machen – obwohl man von ihm mehr Zuverlässigkeit als Vornehmheit erwartet.

Die beiden bekanntesten der übrigen klassifizierten Pauillac-Lagen sind Pontet-Canet, das den größten Ausstoß aller klassifizierten Sorten hat (nicht weniger als 1600 Faß pro Jahr), und Lynch-Bages, dessen recht voller und schwerer Wein mit seinem sehr charakteristischen aromatischen Bukett außerordentlich beliebt ist. Château Duhart-Milon gehört den Rothschilds (Lafite) und Château Mouton dem Baron Philippe zu Mouton. Beiden kommt zweifellos der Reichtum ihrer Besitzer und das Fachwissen ihrer Verwalter zugute.

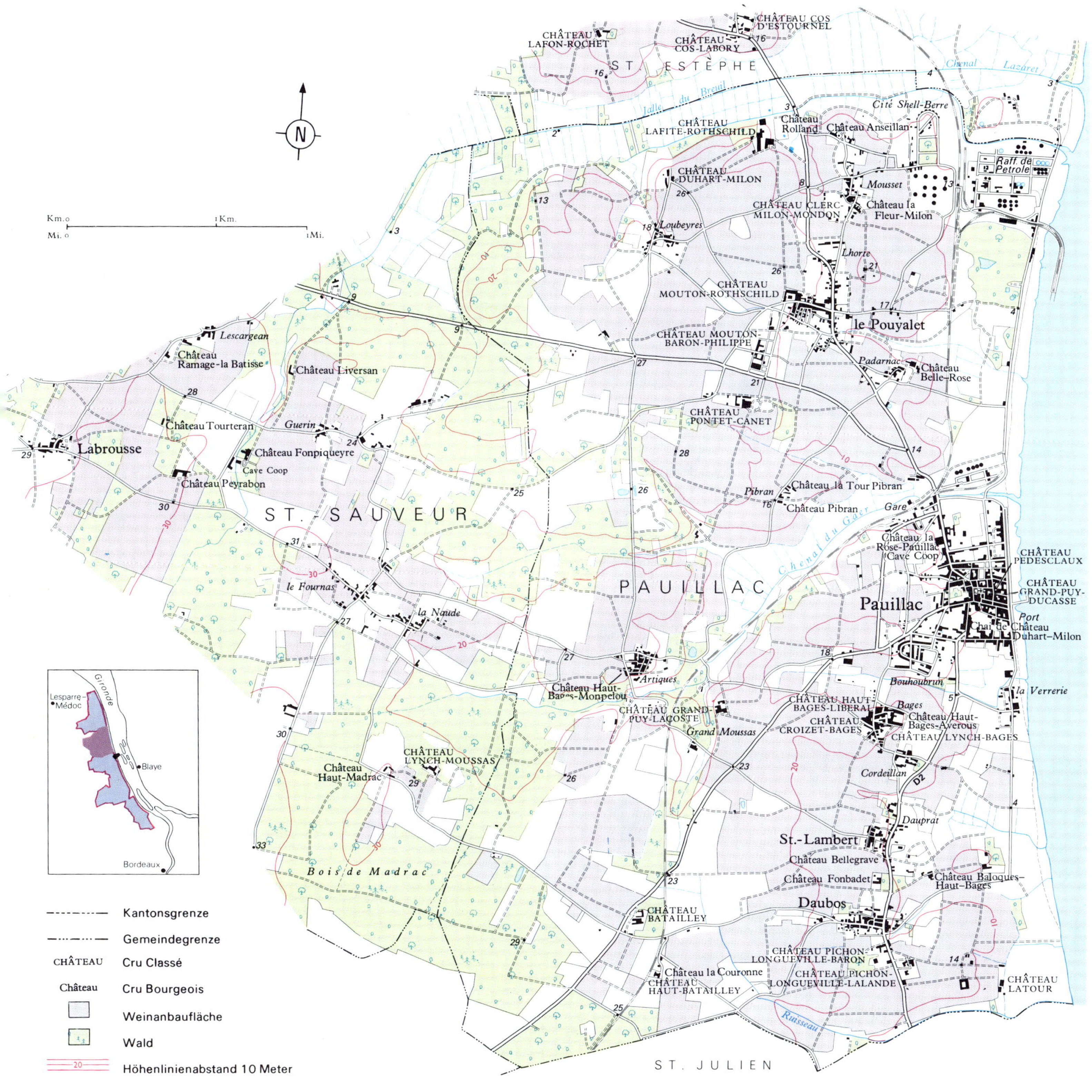

Die Châteaux Batailley und Haut-Batailley, die mehr am Waldrand liegen, sagen einem nicht sofort etwas. Es sind verhältnismäßig kleine Weingüter (zu Haut-Batailley gehört das kleine Château La Couronne, das unterhalb der klassifizierten Sorten als Cru Exceptionnel eingestuft ist, als Nachbar und Partner). Bei diesen Weinen kann man nicht dieselbe Finesse voraussetzen, die den großen Weinen eigen ist, die näher am Fluß wachsen. Haut-Batailley ist der feinere von beiden. Die Châteaux Grand-Puy-Lacoste und Ducasse haben beide einen sehr guten Ruf, wenngleich das erstere weitaus größer und bedeutender ist. Ein schöner zusammenhängender und hochgelegener Weinberg umgibt Lacoste, während Ducasse, dessen altes Château am Kai in der Stadt jetzt Maison du Vin geworden ist, drei verstreute Parzellen nördlich und westlich von Pauillac besitzt.

Von den übrigen klassifizierten Gewächsen ist Croizet-Bages wahrscheinlich das beste. Der Wein von Haut-Bages-Libéral, der Nachbarlage, wird in Pontet-Canet gekeltert, obwohl die Weinberge – wie die Karte zeigt – am anderen Ende der Gemarkung liegen.

Da Pauillac über so viele große Weingüter verfügt, ist es, im Unterschied zu St-Estèphe, nicht von kleinen bis mittleren Weinbauern bevölkert. Die Crus Bourgeois der Châteaux Fonbadet, Haut-Bages-Monselou und Haut-Bages-Avérous, La Fleur-Milon, La Tour-Pibran und Anseillan sind sämtlich mehr oder weniger vertraute Namen. Doch ist die Genossenschaft wahrscheinlich noch bekannter. Unter dem Namen La Rose-Pauillac verkaufen etwa 200 kleinere Winzer ihren verschnittenen Wein – ein erstklassiges, wiewohl ein wenig leichtes Erzeugnis der berühmten Weinbaugemeinde.

Die Karte zeigt auch einen Ausschnitt der westlichen Nachbargemeinde St-Saveur. Dort gibt es keine großartigen Weine, doch sind die als Crus Bourgeois eingestuften Sorten ansehnlich.

St-Julien

Ganz oben: Langoa-Barton ist eines der vornehmsten Weingüter im Médoc. Sein Wein ist ein typischer St-Julien – der Inbegriff des klassischen Bordeaux.

Oben: Nach der Lese an einem späten Septembertag. Die Kinder sind offenbar noch nicht müde, obwohl die Arbeit anstrengend ist und alle mithelfen müssen.

Keine andere Gemeinde im Gebiet Bordeaux hat einen so großen Anteil klassifizierter Sorten wie St-Julien. Es ist ein kleiner Ort, der unter den vier berühmten Médoc-Gemeinden den kleinsten Ertrag aufweist, doch ist hier fast die gesamte Anbaufläche hervorragendes Weinland: charakteristische Kiesdünen, nicht so tief wie in Pauillac (der Querschnitt eines St-Julien-Rebstocks und seines Bodens ist auf Seite 9 zu sehen), doch sehr nahe am Fluß und folglich gut entwässert.

Hier gibt es nur wenige Crus Bourgeois, und diese sind in der Tat sehr gut: Einer von ihnen, Château Gloria, hält leicht einen Vergleich mit den klassifizierten Sorten aus.

Wenn Pauillac den erregendsten und rassigsten, Margaux den feinsten und vornehmsten Wein des Médoc liefert, dann liegt St-Julien in der Mitte zwischen beiden Orten. Mit ein oder zwei Ausnahmen ergeben seine Weinberge einen recht runden und glatten Wein – weich, wenn er ausgebaut ist, anfangs dagegen ziemlich hart. Die Hauptvertreter der runden Art sind die Châteaux Gruaud-Larose und Talbot. Ein trokkener und sicherlich reizvollerer Wein kommt aus dem italienisierten Landhaus Ducru-Beaucaillou und ein leichterer und eleganterer (passend zu dem sehr schönen Louis-XV-Château) aus Beychevelle.

Die größte Zierde der Gemeinde ist das riesige Weingut Léoville, das einmal das größte im Médoc war und jetzt in drei Teile aufgegliedert ist. Es liegt an der Pauillac-Grenze, und man muß schon recht mutig sein, wenn man behaupten will, man könne einen Léoville stets von einem Longueville unterscheiden (auch wenn man einen Château Latour, der ebenso nahe wächst, ohne weiteres erkennen sollte).

Das Château Léoville-Lascases hat mit rund 60 Hektar die größte Anbaufläche dieser drei Weingüter. Im Augenblick den besten Ruf genießt Château Léoville-Barton. Es gehört, zu-

St-Julien hat viele illustre Crus Classés des Médoc aufzuweisen. Links unten: zwei Etiketts aus St-Laurent, Appellation Haut-Médoc.

sammen mit dem angrenzenden Langoa, der Familie Barton von Barton & Guestier, einem der bekanntesten Handelshäuser in Bordeaux. Ronald Barton lebt in dem schönen Château Langoa aus dem 18. Jahrhundert und bereitet seine beiden Weine nebeneinander in demselben *chai*. Der Langoa wird gewöhnlich als der etwas weniger gute der beiden Weine bewertet, weil er voller ist und mehr Gerbstoffe enthält, doch zählen beide zu den feinsten Rotweinen der traditionellen Art. Solche Weine, auch weniger gute Jahrgänge, sollte man gut sieben Jahre lagern – große Jahrgänge halten sich eine ganze Generation oder noch länger.

Einen Léoville-Lascases findet man überall; dieses Weingut hat während der ganzen sechziger Jahre einen gleichbleibend guten Wein erzeugt. Weniger oft trifft man auf einen Léoville-Poyferré. Ihm scheint zuweilen das Abgerundete zu fehlen, das dem St-Julien seine Mundigkeit verleiht.

Das Château Ducru-Beaucaillou preist in seinem Namen die «schönen Kiesel», mit denen seine besonders nahe am Fluß gelegenen Weinberge angefüllt sind. Diese Steine sind nicht nur groß und rund, sie bilden auch den Hauptbestandteil des Oberbodens. Erst etwa 60 Zentimeter tiefer fängt die aus feinerem Kies und Lehm bestehende Unterbodenschicht an. Ducru und das ihm benachbarte Château Gloria liefern fast immer allerbeste Bordeauxweine.

Noch bekannter ist Château Beychevelle. Sein Wein gilt als Gipfel der Eleganz, nicht so sehr des Wuchtigen; die letzten Jahrgänge waren besonders fein. Das benachbarte Château Branaire-Ducru ist neuerdings mit Weinen von großem Aroma und feiner Art aus relativer Vergessenheit wieder aufgetaucht.

Zur Gruppe der weiter vom Flußufer entfernten und auf weniger steinigem Boden wachsenden Sorten zählen die beiden Stallgefährten Gruaud-Larose und Talbot, beide Inbegriff des zarten, fast voll zu nennenden, süffigen St-Julien. In mehreren Weinjahren der letzten Zeit hat Gruaud-Larose einen der besten Weine dieser Gemeinde erzeugt. Die dazwischen gelegenen vereinigten Weingüter St-Pierre, Bontemps und Sevaistre sind in den Niederlanden sehr bekannt; sie gehören einem belgischen Weinhändler.

Château du Glana, der nächstgelegene Cru Bourgeois, ist ein Gut mit großen Namen.

Die letzte der klassifizierten Kreszenzen, Château Lagrange, war früher mehr als heute für guten, körperreichen Wein bekannt. Der 1962er war ganz hervorragend. Dieses Weingut liegt im Land tief drinnen, in einer Gruppe mit drei klassifizierten Lagen von St-Laurent, von denen Belgrave, vielleicht der bekannteste Name unter diesen dreien, heute am unbedeutendsten ist. Welten trennen diesen verschlafenen Landstrich von der prickelnden Atmosphäre der Châteaux am Fluß.

Médoc

Hier ist die verbindende Brücke des Médoc, das Mezzoforte zwischen dem Andante von St-Julien und dem Allegro von Margaux. Die Kiesdünen überragen hier weniger stolz den Flußlauf, und zwischen die Weinberge schiebt sich Wald- und Sumpfland vor. Viele Weingüter mit schönen großen *chais* haben ihre Rebflächen auf ein Nichts zusammenschrumpfen lassen – und dennoch trifft man hier auf eine erstaunlich große Zahl recht vertrauter Namen.

Statt das Zentrum des Haut-Médoc als uninteressant zu übergehen, wie dies viele Autoren tun, wollen wir dieser Gegend hier die ihr gebührende Beachtung schenken.

Im Augenblick sind Namen wie Cussac, Lamerque und Arcins keinerlei Verkaufshilfe. Es ist Tradition dieser Gegend, die reicheren Nachbarn im Norden und Süden mit Füllwein zu versorgen oder vielleicht auch zur Befriedigung der nicht nachlassenden Nachfrage nach «Margaux» und «St-Julien» zu beliefern. In letzter Zeit ist man jedoch zuversichtlicher geworden, hat moderne Kelterverfahren angewandt und bereitet nun außerordentlich gute leichte Weine. In der schönen alten Festung des Château de Lamarque bereitet man einen sehr ansprechenden hellen Rotwein, der fruchtig und schon nach ein bis zwei Jahren trinkfertig ist. Château Malescasse, ebenfalls in Lamarque, wurde 1969 von einem englisch-amerikanischen Unternehmen aufgekauft und hat seine einst in Holland und Deutschland sehr bekannten Lagen neu angepflanzt. Château Courant in Arcins gehört Nicolas Barrow, einem Engländer, der wie alle anderen harte Arbeit leistet, um den guten Ruf des mittleren Médoc wiederherzustellen.

Damit soll nicht gesagt sein, das ganze zentrale Médoc-Gebiet sei gleichermaßen unbekannt. An der Grenze von St-Julien wächst der sehr feine Cru Bourgeois Château Lanessan, der sich regelmäßig durchaus mit klassifizierten Sorten messen kann. (Übrigens befindet sich dort in den alten Stallungen ein originelles Kutschen-Museum.) In derselben Flur liegt das dazugehörige Château La Chesnaye-Ste-Gemme. Eine weitere große Lage, weiter landeinwärts, ist Château Caronne-Ste-Gemme.

Bei Cussac reicht der Wald bis dicht an den Fluß heran und verhindert, daß dort mehr als nur einige wenige Crus Bourgeois wachsen.

Südwestlich von Lamarque öffnet sich eine Rebenlandschaft, da sich hier die Kiesrücken landeinwärts bis nach Grand-Poujeaux (das zur Gemeinde Moulis gehört) und Listrac erstrekken. Château Chasse-Spleen in Grand-Poujeaux ist als Cru Exceptionnel eingestuft (also zwischen Bourgeois und den klassifizierten Sorten). Vier Weingüter, die Poujeaux im Namen führen, La Closerie-Grand-Poujeaux, Dutruch-Grand-Poujeaux, Gressier-Grand-Poujeaux und Poujeaux-Theil, genießen sämtlich hohes Ansehen, ebenso die beiden Châteaux Fourcas-Hostein und Fourcas-Dupré neben vielen anderen in Listrac.

Es scheint, daß die kräftigeren und vielleicht härteren Weine aus dem Westen dieser Gegend kommen, während sie leichter und gefälliger werden, je mehr man sich dem Fluß nähert.

Jenseits des Jalle de Tiqueforte im südöstlichen Zipfel dieses Bereichs gelangen wir in den Bereich von Margaux. Das große Château Citran und das kleinere Villegeorge (nicht mehr auf der Karte; ein ganz besonderes, größte Aufmerksamkeit verdienendes Gewächs) liegen in der Gemarkung Avensan. Beide sind sehr bekannt und kommen dem Margaux in der Art nahe.

Soussans gehört zu den Gemeinden, deren Appellation Contrôlée nicht nur Haut Médoc, sondern Margaux lautet. Château La Tour-de-Mons könnte als Mouton unter den Crus Bourgeois gelten; eine stets gleichbleibende vortreffliche Lage. Ebenfalls sehr bekannt ist Château Paveil-de-Luze.

Die Handpresse ist nicht mehr gebräuchlich, doch das alte Foto gibt immer noch gut die Stimmung vieler kleiner Médoc-Weingüter wieder.

Zwischen St-Julien und Soussans gibt es 20 bis 30 Crus Bourgeois, ausgezeichnete, weit überdurchschnittliche rote Bordeaux.

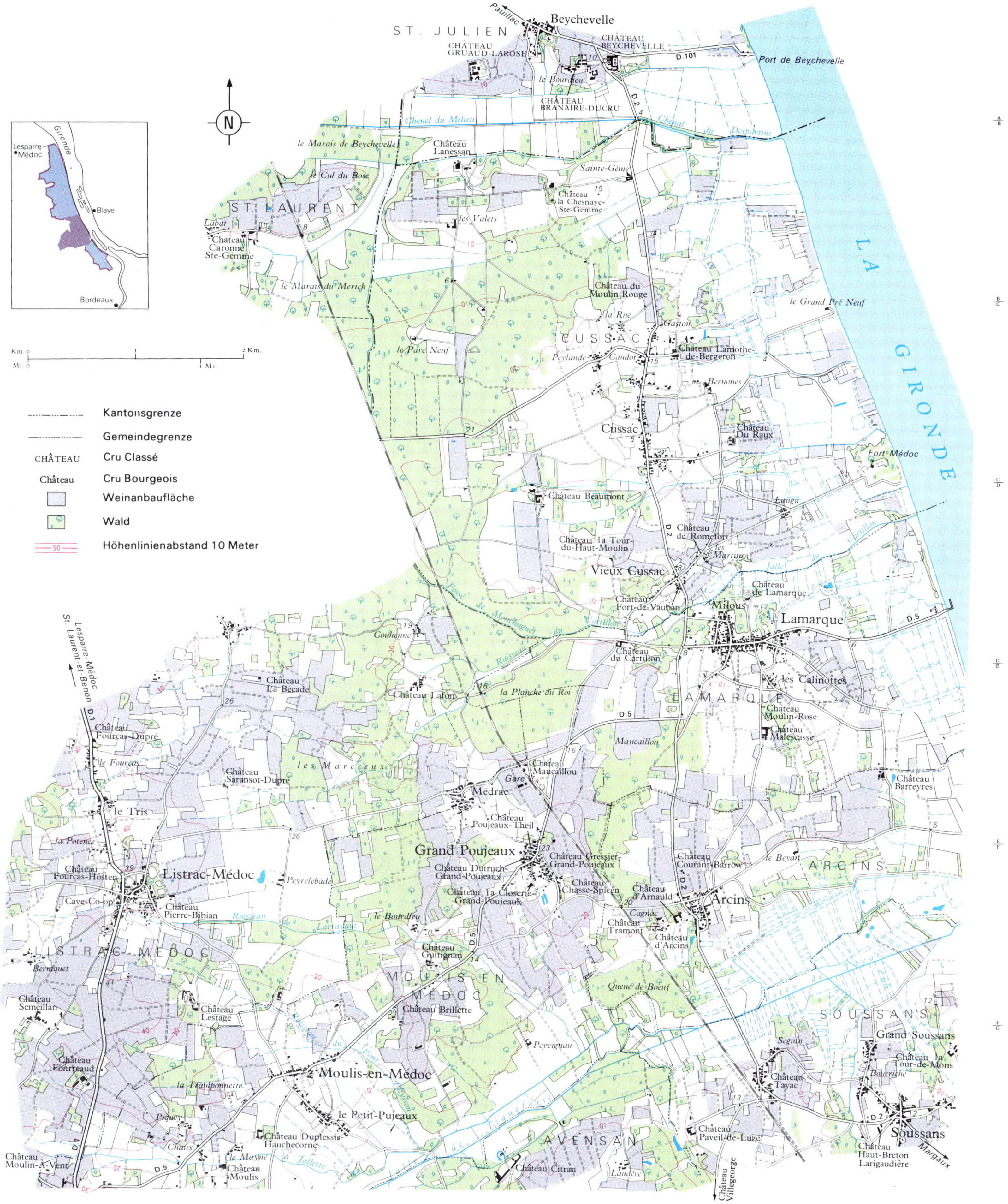

Gironde
Lesparre-Médoc
Blaye
Bordeaux
N
Km. 0
1
2 Km.
Mi. 0
1 Mi.
Kantonsgrenze
Gemeindegrenze
CHÂTEAU Cru Classé
Château Cru Bourgeois
Weinanbaufläche
Wald
Höhenlinienabstand 10 Meter
ST. JULIEN
Pauillac
Beychevelle
CHÂTEAU GRUAUD-LAROSE
CHÂTEAU BEYCHEVELLE
D.101
Port de Beychevelle
le Bourdieu
CHÂTEAU BRANAIRE-DUCRU
Chenal du Milieu
Chenal du Despartins
le Marais de Beychevelle
Château Lanessan
le Cul du Bosc
Sainte-Gème
Château la Chesnaye-Ste-Gemme
ST. LAURENT
les Valets
Labat
Château Caronne Ste-Gemme
LA GIRONDE
le Marais du Merich
Château du Moulin Rouge
le Grand Pré Neuf
la Rue
Gaston
CUSSAC
le Parc Neuf
Peylande
Candot
Château Lamothe-de-Bergeron
Bernones
Cussac
Château Du Raux
Fort Médoc
Château Beaumont
Lauga
Château de Romefort
Château la Tour-du-Haut-Moulin
les Martins
Vieux Cussac
Jalle du Cartillon
Château de Lamarque
Château Fort-de-Vauban
Milous
Lamarque
D.5
Fosse de Monchaguet
Ruisseau du Cartillon
Couhenne
Château du Cartillon
Lesparre-Médoc
St. Laurent-et-Benon
Château La Bécade
Château Lafon
la Planche du Roi
les Calinottes
LAMARQUE
Château Moulin-Rose
Château Malescasse
D.1
Château Fourcas-Dupré
Maucaillou
le Fourcas
Château Saransot-Dupré
les Marcieux
Château Maucaillou
Gare
Médrac
Château Barreyres
le Tris
Château Poujeaux-Theil
la Potence
Grand Poujeaux
Château Gressier-Grand-Poujeaux
Château Courant-Barrow
le Bevan
ARCINS
Château Fourcas-Hosten
Listrac-Médoc
Peyrelebade
Château Dutruch-Grand-Poujeaux
Château Chasse-Spleen
Château d'Arnauld
Arcins
Caves Co-op
Château Pierre-Bibian
Ruisseau de Larrayaut
Château la Closerie-Grand-Poujeaux
le Bourdieu
Cagnac
Château Tramont
Château d'Arcins
D.5
LISTRAC-MÉDOC
Berniquet
Château Guitignan
MOULIS-EN-MÉDOC
Queue de Boeuf
Château Semeillan
Château Lestage
Château Brillette
SOUSSANS
Grand Soussans
Ruisseau du Pont de Réjouit
Peyvignau
Segineau
Château la Tour-de-Mons
Château Fonréaud
Moulis-en-Médoc
Bourriche
Château Tayac
la Trampomette
Piquey
le Petit-Pujeaux
D.2
Soussans
Château Duplessis-Hauchecorne
AVENSAN
Château Paveil-de-Luze
Château Haut-Breton Larigaudière
Château Moulin-A-Vent
le Maubic
la Jalette
Château Moulis
Château Citran
Landère
Château Villegeorge
Margaux

Margaux und der südliche Médoc

Nach weitverbreiteter Auffassung ist es der südlichste Teil des Haut-Médoc, aus dem der allerbeste Wein kommt. In Margaux sind die klassifizierten Sorten stark vertreten, desgleichen in den kleinen Nachbargemeinden Issan, Cantenac und Labarde. Die Karte zeigt hier ein ganz anderes Bild als in den Gegenden von Pauillac oder St-Julien. Die Châteaux sind hier nicht gleichmäßig über die Landschaft verstreut, sondern drängen sich in den Dörfern zusammen. Prüft man die Flurkarten im Bürgermeisteramt, dann stellt man fest, daß die Weingüter noch stärker ineinander verschachtelt sind als beispielsweise in Pauillac.

Der Boden von Margaux ist der magerste im ganzen Médoc und weist den höchsten Anteil groben Kiesgesteins auf. An Nährstoffen hat er dem Wein am wenigsten zu bieten, entwässert dafür aber gut in regenreichen Jahren. Das Ergebnis sind Weine, die in ihrer Jugend verhältnismäßig geschmeidig sind, in schlechteren Jahren allerdings auch leer ausfallen können. In guten und hervorragenden Jahren bewahrheiten sich aber all die Geschichten von den Vorzügen des Kiesgesteins: Ein guter Margaux ist so edel und hat ein derartiges, leicht süßliches Bukett, daß er der vornehmste aller roten Bordeaux überhaupt ist.

Es sind die Weine des Château Margaux und des benachbarten Château Palmer, die am häufigsten solche Höhen erreichen. Château Margaux liefert nicht nur eine erste Médoc-Sorte, sondern tut dies auch nach außen hin deutlich kund: mit seinem Giebel am Ende einer Allee, der Atmosphäre eines Landsitzes und den dazu passenden *chais* (Weinlager zu ebener Erde). In großen Jahren wird sein Wein seinem Ruf als erstklassiges Gewächs gerecht: Er erreicht einmalige Feinheit und Geschmeidigkeit.

Ausnehmend guten Wein erzeugt auch das Château Lascombes (von Alexis Lichine wieder zu Ruhm und Ehren gebracht, heute gehört es der englischen Brauerei Bass Charrington). Von dem aus dem großen Gut Rausan (das im 18. Jahrhundert ebenso berühmt war wie Léoville in St-Julien) hervorgegangenen zwei Gütern ist heute Rausan-Ségla das bedeutendere.

In Margaux gibt es eine Anzahl sehr bekannter Weingüter. Die beiden zur zweiten Klasse zählenden Brane-Cantenac und Durfort-Vivens sind in einer Hand (doch erzeugen sie sehr verschiedene Weine: der Brane ist elegant, der Durfort hart). Malescot-St-Exupéry gehört zu Marquis d'Alesme-Becker – der Malescot ist von beiden der bessere Wein, er ist oft wundervoll duftig und einer der besten von Margaux. Ferrière und Lascombes gehören zusammen. Pouget ist mit Boyd-Cantenac verbunden. Etwas weiter liegt Siran, das zu Dauzac gehört.

Immer noch im eigentlichen Margaux liegt auch das Château Marquis de Terme, das einen im Ausland nur selten anzutreffenden, guten, etwas altmodischen Wein erzeugt, und das Château d'Issan, das einem Mitglied der bekannten Händlerfamilie Cruse gehört. Es ist vielleicht das schönste Haus im Médoc: ein befestigter Herrensitz aus dem 17. Jahrhundert, umgeben vom vollständig erhaltenen Wall eines alten *château-fort.*

Zu den Crus Bourgeois zählt eine Gruppe mit seltsam kompliziert zusammengesetzten Bezeichnungen, die alle den Namen Labégorce enthalten; keiner davon hat Weltruhm erlangt, doch haften diese Namen im Gedächtnis wie ein Kinderreim. Von diesen drei Weingütern ist das bekannteste Labégorce-Zédé. Von den übrigen Crus Bourgeois hat keiner einen großen Namen.

In Cantenac selbst liegt Alexis Lichines Gut Prieuré, das seinen Ruhm als Erzeuger eines der stets hervorragenden Rotweine aus dem Margaux sehr wohl verdient.

Die Châteaux Cantenac-Brown und Boyd-Cantenac, die um das größere und bekanntere Gut Brane-Cantenac am südlichen Abhang der niedrigen Sanddüne von Margaux liegen, sind beide in bewährten Händen. Das erstere gehört dem Oberhaupt der berühmten Händlerfirma de Luze. Der Wein von Boyd war in letzter Zeit vielleicht etwas attraktiver.

Neuerlichen Wiederaufstieg kann auch das abgeschieden in Arsac liegende einsame Château du Tertre melden. Die letzten Jahrgänge waren von ausgezeichneter, neubelebter Qualität.

Nach drei großen und berühmten Namen begegnen wir, ehe die Rebgärten zu Ende sind: Giscours, dessen hohe, halb aus Holz bestehenden Gebäude im reizlosen Stil von Deauville oder Le-Touquet auf eindrucksvolle Rebflächen blicken; Cantemerle, ein wahrhaftes Dornröschenschloß, tief zwischen riesigen Bäumen und hinter stillen Teichen verborgen; und dann das zu den ganz Großen zählende Château La Lagune, ein schöner Bau aus dem 18. Jahrhundert nahe der Straße nach Bordeaux (und das der Stadt am nächsten gelegene Klassegewächs aus dem Médoc). Alle drei haben eine Art gemeinsam, die größer und kräftiger ist als beim Margaux. Der Giscours ist meist fest, der La Lagune eher weich, beide aber voll aromatisch, der Cantemerle ist ein wuchtiger, langlebiger klassischer Wein.

Dauzac, die vierte klassifizierte Lage in diesem südlichen Bereich, verbunden mit dem Nachbargut Siran, hat sich in den letzten Jahren nicht besonders hervorgetan, aber das Château d'Angludet mit seinem Cru Exceptionnel in wunderbarer Lage an den Ufern eines Flüßchens ist seit fünfzehn Jahren in der Hand der Familie Sichel und hat beständige Weine in Cru-Classé-Qualität hervorgebracht.

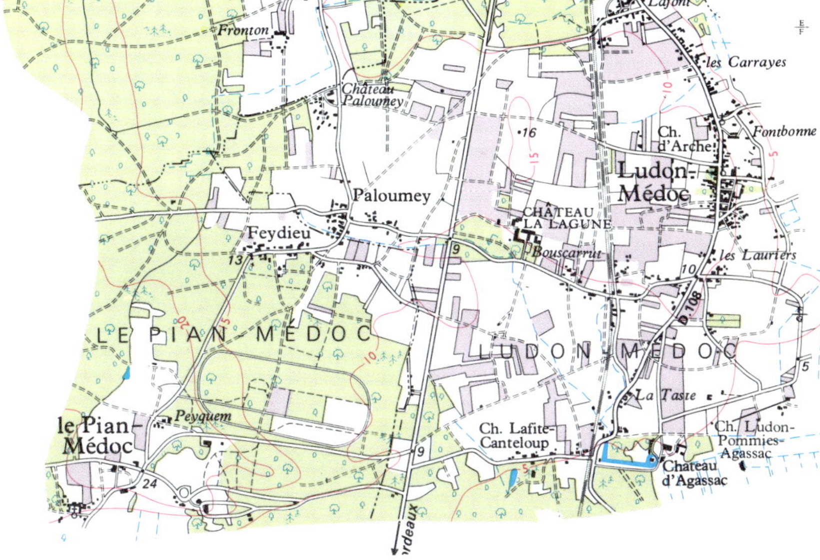

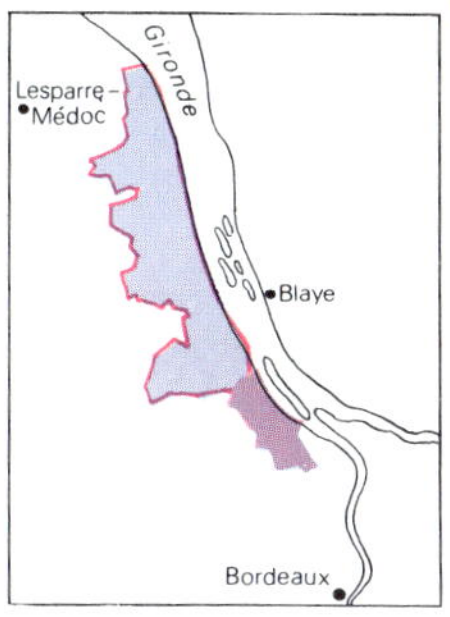

Margaux und Umgebung zeichnen sich durch eine starke Konzentration klassifizierter Lagen aus. Man unterstreicht hier sein Prestige mit mehr Gold auf den Etiketten als im übrigen Médoc.

Graves

Links oben: Haut-Brion ist das einzige erstklassifizierte Château außerhalb des Médoc.
Oben: Die Domaine La Solitude in Martillac liegt, wie viele Graves-Weingüter, in einer Waldrodung.
Rechts: Sieben dieser Graves sind für Rot- und Weißwein klassifiziert, einer, der Laville-Haut-Brion, nur für Weißwein; die übrigen sind Rotweine.

Der Unterschied gegenüber der vorigen Ausschnittkarte des Médoc ist offensichtlich: Hier ist die Stadt bis in die Kiefernwälder hineingewachsen, die sich von dort aus (wie in den Landes) bis zu den baskischen Vorbergen der Pyrenäen erstrecken.

Graves ist im allgemeinen besonders durch seine Weißweine bekannt – trocken bis mittelsüß, blaßgelb, mit einem seltsamen, leicht chemischen oder metallischen Charakter. Selten sind sie sehr gut. Nur ein kleiner Teil dieses großen Bezirks ist hervorragend: die Gegend in der Nähe von Bordeaux, in der zumeist roter Wein wächst. Die größten roten Gravesweine sind in ihrer Art selbst den besten Weinen von Pauillac oder Margaux durchaus ebenbürtig. Dies haben auch die Behörden anerkannt und dem Château Haut-Brion neben drei Châteaux im Médoc das Prädikat einer ersten Sorte verliehen. Inzwischen hat der Haut-Brion jedoch Konkurrenz bekommen: Château La Mission-Haut-Brion, das zusammen mit La-Tour-Haut-Brion und Laville-Haut-Brion, beide in Pessac, dem Weingenie Henri Woltert bis zu seinem Tode im Jahr 1974 gehörte. Mit modernsten Techniken der kontrollierten Gärung erzeugte er ganz ausgezeichnet fruchtige, vielfältige, äußerst blumige Weine. Seine Nachfolger wirken in seinem Sinne weiter. Das soll aber nicht heißen, daß in Haut-Brion nicht mehr vollmundiger Wein mit althergebrachter Distinktion bereitet würde. Der Name La Tour-Haut-Brion steht für die zweite Klasse von La Mission; der Laville-Haut-Brion ist einer der besten Graves-Weißweine, trocken und reintönig, aber mit einem vollen, abgerundeten Geschmack.

Château Pape-Clément und Les Carmes-Haut-Brion sind die beiden einzigen Lagen, die sonst noch in Pessac geblieben sind. Die erste ist einer der ältesten Bordeaux-Weinberge und nach einem Kirchenmann benannt, der den Päpsten im 14. Jahrhundert ihr Exil in Frankreich verschaffte. Sein Wein ist auch heute noch so gut wie eh und je, würzig und charaktervoll.

In der nächsten Gemeinde weiter südlich haben mehrere Weingüter den Betrieb eingestellt. Offenbar ist die Nachfrage nach rotem Graves schlechthin nicht so groß, und neben den berühmten klassifizierten können nur wenige andere Sorten bestehen.

In der Gemeinde Léognan, die recht tief im Wald liegt, finden wir die nächste Gruppe von Weingütern. Niemand würde die Domaine de Chevalier, die im Augenblick hier den besten Ruf genießt, für so etwas wie ein Weingut halten: Am Rande einer ebenen, von Kiefern umgebenen Rebfläche gelegen, macht sie eher den Eindruck eines kleinen Industriegebäudes. Dennoch gelingt hier Jahr für Jahr ein außergewöhnlich guter roter und weißer Wein.

Château Haut-Bailly ist die andere führende klassifizierte Lage in Léognan; für die Gegend ungewöhnlich, wächst hier ausschließlich Rotwein. Schon immer hatte der Name Haut-Bailly einen guten Klang, doch waren die letzten Jahrgänge besonders gut.

Carbonnieux und Olivier sind zwei große Güter, die ihre Weine, meist weiße, schon seit vielen Jahren exportieren. Die Châteaux de Fieuzal und Malartic-Lagravière sind nicht so groß und bekannt, sie bauen mehr rote Trauben an. Château La Louvière ist ein weiteres großes Gut mit feinen Weißweinen, die aber nicht zu den klassifizierten Wachstümern gehören.

Drei weitere Gemeinden an der nach Osten führenden Straße Bordeaux–Langon weisen klassifizierte Sorten auf. In Villenave-d'Ornon ist dies Château Couhins, ein Weißweingut, das auch einen Rosé liefert. Ein Teil seiner Weinberge wird unter einem eigenen Namen, Château Cantebau-Couhins, geführt und ergibt einen sehr guten trockenen Weißwein. Die stattlichen Châteaux Pontac-Monplaisir und Baret sind nicht klassifiziert. In Cadaujac befindet sich das bekannte Château Bouscaut, in das seine neuen amerikanischen Besitzer in letzter Zeit sehr viel Geld investiert haben.

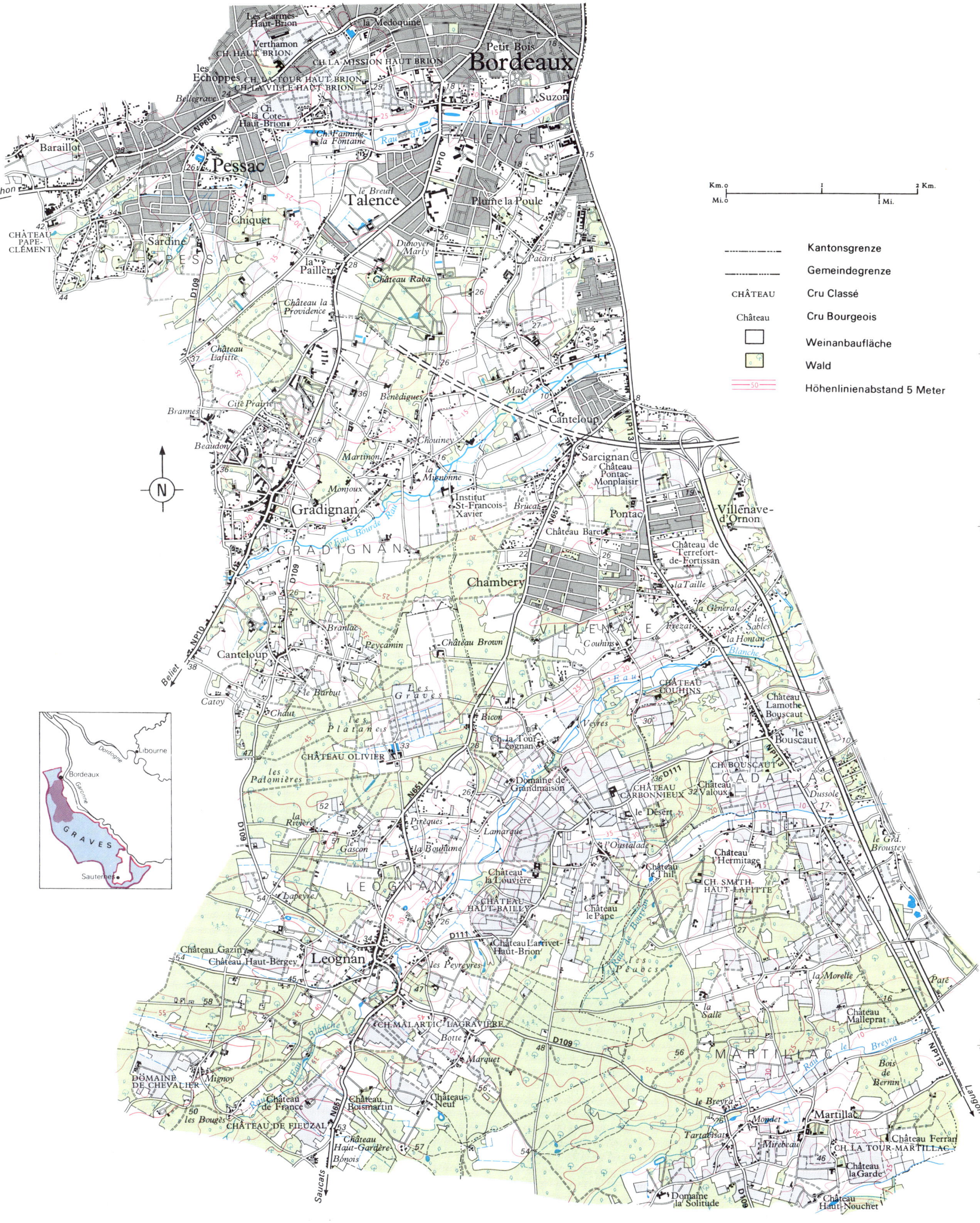
Bordeaux
Pessac
Talence
Gradignan
Villenave-d'Ornon
Leognan
Martillac
Cadaujac
Canteloup
Chambery
le Bouscaut
TALENCE
PESSAC
GRADIGNAN
VILLENAVE
LEOGNAN
MARTILLAC
CADAUJAC
Les Carmes-Haut-Brion
la Medoquine
Verthamon
CH. HAUT BRION
CH. LA MISSION HAUT BRION
CH. LA TOUR HAUT BRION
CH. LA VILLE HAUT BRION
les Echoppes
Bellegrave
Ch. la Cote-Haut-Brion
Ch. Fanning-la Fontaine
Barailllot
CHÂTEAU PAPE-CLÉMENT
Chiquet
Sardine
Petit Bois
Suzon
Plume la Poule
le Breuil
la Paillère
Dunoyer-Marly
Pacaris
Château Raba
Château la Providence
Château Lafitte
Cité Prairie
Brannes
Beaudon
Bénédigues
Madère
Chouiney
Martinon
la Mignonne
Monjoux
Institut St-Francois-Xavier
le Brucat
Sarcignan
Château Pontac-Monplaisir
Pontac
Château Baret
Château de Terrefort-de-Fortissan
la Taille
la Générale
les Sables
la Hontan
Frezat
Couhins
CHÂTEAU COUHINS
Branlac
Peycamin
Château Brown
le Barbut
Catoy
Chaut
Les Graves
les Platanes
Bicon
Veyres
Ch. la Tour-Leognan
CHÂTEAU OLIVIER
les Palomières
Domaine de Grandmaison
Château Lamothe-Bouscaut
CH. BOUSCAUT
Château Valoux
CHÂTEAU CARBONNIEUX
Dussole
le Désert
l'Oustalade
la Rivière
Pirèques
Lamarque
le Gascon
la Bouhume
Château la Louvière
CHÂTEAU HAUT-BAILLY
Château le Thil
Château l'Hermitage
CH. SMITH-HAUT-LAFITTE
Château le Pape
le Grd. Brousley
Lapeyre
Château Gazin
Château Haut-Bergey
Château Larrivet-Haut-Brion
les Peyreyres
les Pesocs
la Morelle
Paté
la Salle
Château Malleprat
CH. MALARTIC-LAGRAVIÈRE
Botte
Marquet
DOMAINE DE CHEVALIER
Mignoy
Château de France
Château Boismartin
Château-Neuf
les Bouges
CHÂTEAU DE FIEUZAL
Château Haut-Gardère
Bonois
le Breyra
Mondet
Tartabisat
Mirebeau
Château Ferran
CH. LA TOUR-MARTILLAC
Château la Garde
Château Haut-Nouchet
Domaine la Solitude
Bois de Bernin
Saucats
Langon
Beliet
NP10
NP113
NP650
N651
D109
D111
Km. 0 1 2 Km.
Mi. 0 1 Mi.
Kantonsgrenze
Gemeindegrenze
CHÂTEAU Cru Classé
Château Cru Bourgeois
Weinanbaufläche
Wald
Höhenlinienabstand 5 Meter
N
Libourne
Dordogne
Bordeaux
Garonne
GRAVES
Sauternes

Sauternes und Barsac

Alle hier kartographisch erfaßten Bordeaux-Bezirke lassen sich mehr oder weniger miteinander vergleichen. Nur Sauternes bildet eine Ausnahme. Der berühmte weiße Sauternes ist eine Spezialität, die in Frankreich völlig konkurrenzlos dasteht und lediglich in Deutschland Rivalen findet. Sie beruht auf örtlichen Lagebedingungen und einem sehr ungewöhnlichen Verfahren. In guten Jahren kann das Ergebnis ganz außerordentlich sein: ein sehr süßer, körperreicher, fruchtig-blumiger und goldglänzender Wein.

Vor allem sind es nur einige wenige Châteaux von Sauternes – wozu wir auch Barsac zählen –, denen ein solcher Wein gelingt. Der normale Sauternes, ganz gleich, ob er sich «Haut» nennt oder nicht, ist einfach süßer Weißwein. Stark gekühlt ist er vor oder nach dem Essen angenehm zu trinken.

Das besondere Verfahren, das anzuwenden sich nur die führenden Châteaux leisten können, besteht darin, daß ein Weinberg acht- bis neunmal gelesen wird, und zwar von September bis manchmal in den November hinein. Auf diese Weise wird die besondere Schimmelpilzart (von den Wissenschaftlern Botrytis cinerea, von den Dichtern *pourriture noble* – Edelfäule – genannt) ausgiebig mitgeerntet; sie bildet sich an milden, dunstigen Herbsttagen, und statt den Trauben einen Fäulnisgeschmack zu geben, entzieht sie ihnen einen Teil des Wassers und bewirkt, daß sich Zucker und Extraktstoffe im Traubensaft stärker konzentrieren. Das Resultat ist ein Wein mit einer derartigen Intensität des Geschmacks, des Buketts und einer fast öligen Konsistenz, wie er auf andere Weise nicht bereitet werden kann. Voraussetzung ist aber, daß man die Trauben, Beere für Beere, dann erntet, wenn sie zu schrumpfen anfangen.

Die Erträge sind sehr gering. Château Yquem, das bekannteste Sauternes-Weingut, gewinnt aus jedem seiner insgesamt 100 Hektar nur etwa 9 Hektoliter (etwa 1200 Flaschen) Wein. Eine erstklassige Médoc-Lage würde etwa drei- oder viermal soviel Ertrag bringen.

Sauternes war der einzige Bezirk außerhalb des Médoc, der 1855 klassifiziert wurde. Château Yquem wurde als Grand Premier Cru bewertet und somit als einziger Bordeaux auf diese eigens für ihn geschaffene Rangstufe gestellt. Elf Châteaux wurden erst-, zwölf zweitklassifiziert.

Außer dem Ort Sauternes selbst dürfen vier weitere Gemeinden diese Ursprungsbezeichnung führen. Barsac ist die größte davon und hat das Recht, ihren Wein entweder Sauternes oder Barsac zu nennen. Jede dieser fünf Gemeinden hat mindestens ein erstklassifiziertes Weingut aufzuweisen. Der allerbeste Wein, der manchmal sogar an den des Super-Château Yquem heranreicht, dürfte heute aus den Weingütern Suduiraut in Preignac, Rayne-Vigneau in Bommes, Rieussec in Fargues sowie Coutet und Climens in Barsac kommen.

In einer kurzen Aufzählung gehören heute auch Château Guiraud und Filhot in Sauternes, La Tour Blanche und Lafaurie-Peyraguey in Bommes und die beiden Châteaux Doisy in Barsac genannt.

Ein Sauternes dieser Qualität ist ungeheuer haltbar, und eine lange Lagerzeit bekommt ihm besser als jedem anderen Weißwein. In seiner Jugend ist er so süß, daß seine Feinheiten dadurch überdeckt werden. Allmählich nimmt er einen wärmeren Farbton und einen runderen Geschmack an. Schließlich «maderisiert» er, verfärbt sich bräunlich und verliert einen Teil seines Zuckergehalts – bis dahin können jedoch dreißig Jahre vergehen.

Die Zeiten, da russische Großfürsten nichts anderes als Château d'Yquem zu trinken pflegten und ihn in geschliffenen, goldverzierten Kristallkaraffen kredenzt erhielten, sind vorbei. Seit langem ist der Sauternes an den Schluß festlicher Bankette und auf die Tische einiger weniger Feinschmecker verbannt. In den sechziger Jahren gab es eine Serie schlechter Ernten. Die Wiedergeburt des Sauternes bereitet sich jedoch vor: Die angelsächsische Welt, Deutschland und Skandinavien haben seine Reize neu entdeckt. Wenn es Oktobersonne gibt, wird der Sauternes in den siebziger Jahren wieder sehr en vogue sein.

Oben: Sauternes-Etiketten passen zum glänzenden Goldton dieses Weins.
Unten: Das aus dem 17. Jh. stammende Château de Malle in Preignac ist das malerischste Haus in Sauternes. Seine Rebfläche von 35 ha hat eine für diesen Landstrich ungewöhnliche Größe.

Km. 0 1 2 Km.

Mi. 0 1 Mi.

- Kantonsgrenze
- Gemeindegrenze
- CHÂTEAU — Cru Classé
- Château — Cru Bourgeois
- Weinanbaufläche
- Wald
- 50 — Höhenlinienabstand 5 Meter

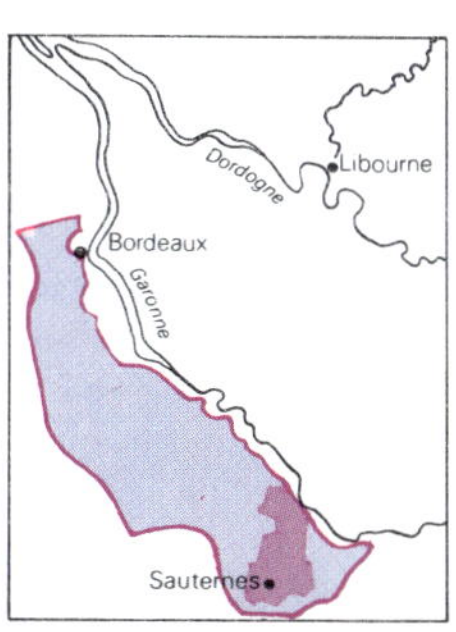

Pomerol

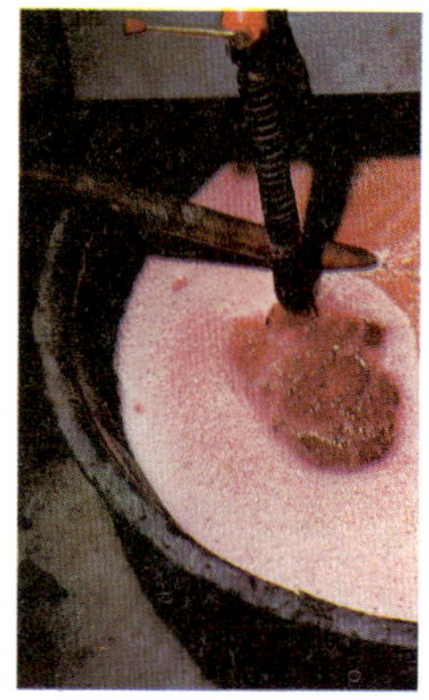

Oben: Karmesinroter Most aus Merlot-Trauben, die dem Pomerol seine Weichheit, Fruchtigkeit und Stärke verleihen.

In Holzzubern schaffen die Winzer die Trauben zum **cuvier;** ein voller Zuber muß von zwei Männern getragen werden.

Links: Vieux-Château-Certan ist eines der besten Weingüter in Pomerol und zugleich eines der wenigen dort, die stattlicher als ein gewöhnliches Bauernhaus aussehen. Es erzeugt pro Jahr durchschnittlich 55 000 Flaschen Wein, der Preise wie eine sehr gut klassifizierte Médoc-Sorte erzielt.

Es ist schon merkwürdig, daß in einem so alten Weinland wie Bordeaux ein neuer Stern aufgehen sollte. Man hätte doch annehmen müssen, daß alle schon seit Jahrhunderten bekannt seien. Doch obwohl schon die Römer Weinbau in Pomerol trieben, war dieser Ort vor hundert Jahren lediglich für «guten, einfachen Wein» bekannt. Noch vor vierzig Jahren hätte man ihn nicht zur Spitzenklasse gerechnet. Heute jedoch erzielen seine besten Weine den gleichen Preis wie die besten Médoc-Sorten.

Pomerol liegt in einem so entlegenen Winkel der Erde, daß es schwer ist, überhaupt hinzufinden: gut 40 Kilometer östlich von Bordeaux an der Dordogne, fast in den Außenbezirken der alten, verträumten Hafenstadt Libourne.

Einen richtigen Dorfkern gibt es hier nicht: Alle Familien sind Weinbauern, und alle Häuser liegen verstreut und inmitten ihrer Weinberge.

Pomerol liegt wieder auf einer Kiesbank, genauer: einem Kiesplateau. Im westlichen Teil ist der Boden sand-, im Osten, wo die Gemarkung an die von St-Emilion angrenzt, lehmhaltig. Hier steht alles unter Reben – geringere Pflanzen sind nicht zu sehen. Die besten Lagen sind im östlichen Teil, und zwar so dicht an der Grenze zu St-Emilion und unter so gleichartigen Bedingungen, daß es erstaunlich wäre, wenn man einen konstanten Unterschied zwischen hüben und drüben feststellen könnte.

Dennoch wird übereinstimmend behauptet, die Pomerols seien die edelsten, vollmundigsten, am unmittelbarsten ansprechenden roten Bordeaux. Sie sind tiefdunkel, ohne jedoch den Säure- und Tanningehalt zu haben, der oft mit dieser Farbe verbunden ist, haben ein angenehm reifes Bukett und weisen zuweilen alle ihre Eigenschaften sehr ausgeprägt auf: den erregenden Charakter eines großen Weins.

Pomerol ist eine Demokratie: Es kennt keine offizielle Klassifizierung, und es wäre auch wirklich sehr schwierig, hier eine vorzunehmen. Es gibt keine lange, ununterbrochene Verkaufstradition, von der man ausgehen könnte. Die Châteaux sind kleine Familienbetriebe und mit dem Kommen und Gehen der Menschen Veränderungen unterworfen. Selbst für den Weinhandel ist dies ein weitgehend unerforschtes Gebiet – seit langem betreibt Pomerol einen gutgehenden Direktversand an französische Kleinabnehmer.

Über die Frage, welches die hervorragendsten Lagen in Pomerol sind, herrscht jedoch ziemliche Einmütigkeit. Alle nennen Pétrus an erster Stelle. Das daneben gelegene Vieux-Château-Certan gehört vielleicht auf den zweiten Platz. Dann folgen in geschlossenem Feld La Fleur Pétrus, La Conseillante, La Fleur, L'Evangile, Trotanoy, Petit-Village, Certande-May. Es wäre aber falsch, die eine Gruppe zu sehr von der anderen abzuheben: Auch Latour-Pomerol, L'Eglise-Clinet, Le Gay, Clos l'Eglise, La Croix-de-Gay, Clos René, Nenin und Gazin liefern alle sehr gute Qualität. Auf der Karte haben wir durch Großbuchstaben diejenigen Lagen hervorgehoben, die heute gewöhnlich die höchsten Preise erzielen.

Ein weiterer Vorteil, der sicherlich mit dazu beiträgt, daß Pomerol in der letzten Zeit Karriere gemacht hat, ist die Tatsache, daß sein Wein für einen Bordeaux erstaunlich schnell ausbaut. Die führende Traube ist hier nicht die zähhülsige Cabernet Sauvignon, deren Wein erst nach einer tanninreichen Jugend seine endgültige Finesse erlangt: In Pomerol und St-Emilion ist es die Merlot-Traube, die zweitwichtigste Sorte des Médoc, die am meisten angebaut wird. Die großen Weine enthalten etwa 70 bis 80 Prozent Merlot und 20 bis 30 Prozent der örtlichen Cabernet-Variante Bouchet. Merlot-Wein ist weicher als Cabernet. Dank des im Vergleich zum Médoc ziemlich fetten Bodens erreicht sie hier die Wärme und Vornehmheit, die für den Pomerol kennzeichnend sind. Selbst der beste Pomerol hat sein ganzes Bukett und seine endgültige Feinheit bereits nach zwölf oder fünfzehn Jahren entwickelt, und die meisten sind schon mit fünf Jahren ansprechend, im Gegensatz zu den acht bis neun Jahren, die ein Médoc braucht.

Für diese Gegend typischer ist Moulin-à-Vent mit seinen **chai**- und **cuvier**-Gebäuden.

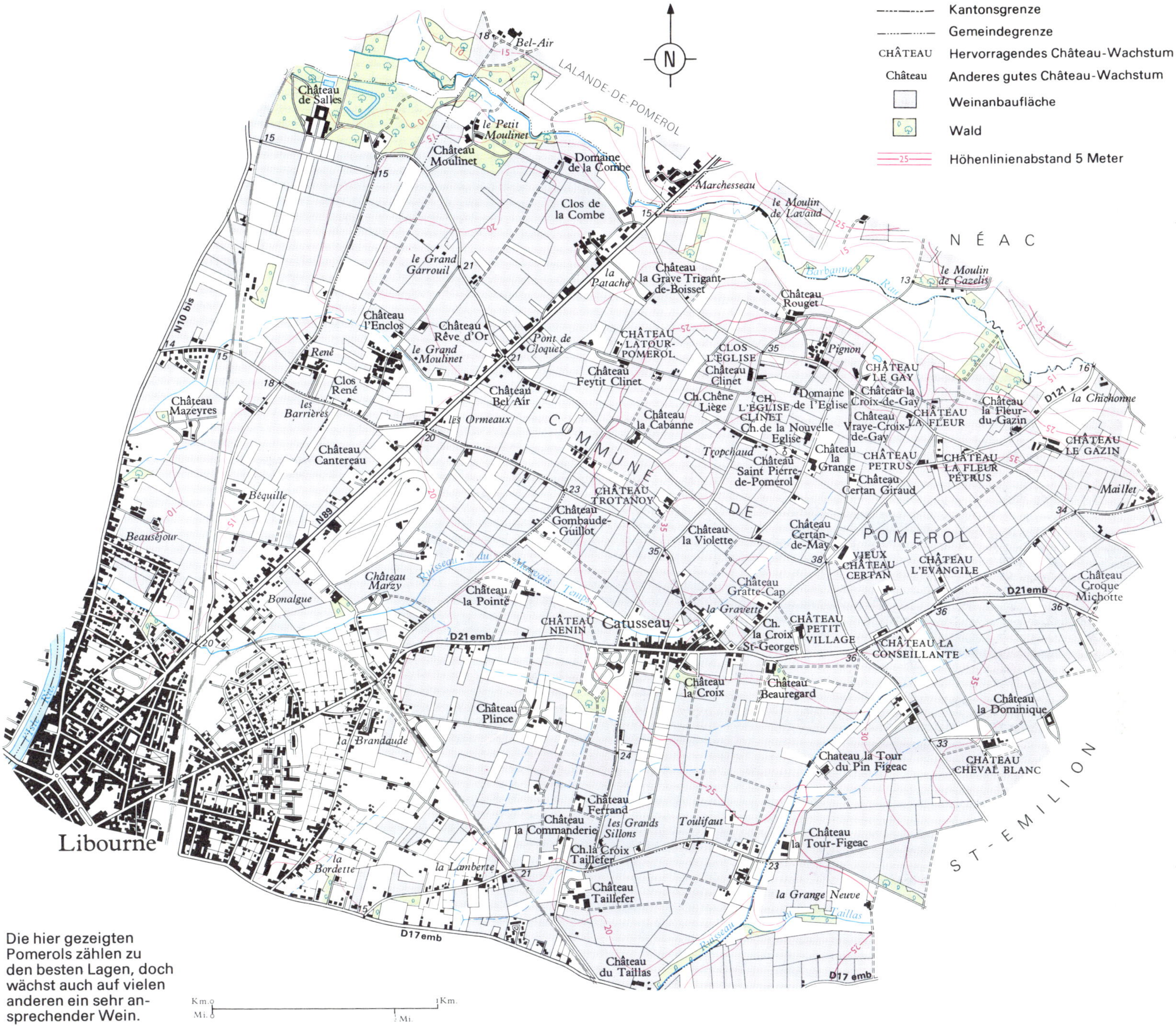

Die hier gezeigten Pomerols zählen zu den besten Lagen, doch wächst auch auf vielen anderen ein sehr ansprechender Wein.

St-Emilion

Das alte Städtchen St-Emilion schmiegt sich über einer Dordogne-Schleife in einen Winkel am oberen Uferhang. Es ist das kleine ländliche Juwel des Bordelais: Binnen- und Hochlandatmosphäre, römischer Ursprung, von Kellern unterhöhlt und vom Wein berauscht.

St-Emilion macht einen vollmundigen Rotwein. Mancher findet, bevor er sich mit dem trockenen und feinen Médoc-Wein befreunden kann, Geschmack am kräftigen, ansprechenden St-Emilion. Im allgemeinen erreicht er seine Vollendung etwas schneller als die Médoc-Weine, nicht jedoch so schnell wie die Pomerols: ein schlechter Jahrgang in etwa vier, ein guter in acht oder mehr Jahren.

Es gibt zwei Hauptgebiete in St-Emilion, wenn man einmal die weniger bedeutsamen Lagen im Flußtal und die Gemeinden im Osten und Nordosten der Stadt (siehe die Karte auf S. 102–103), die ihren Namen führen dürfen, außer Betracht läßt.

Eine Gruppe von Châteaux liegt an der Grenze zur Gemarkung Pomerol auf der sandigen und kieshaltigen Hochebene. Das bekannteste Weingut dieses Plateaubezirks und der Gemeinde St-Emilion überhaupt ist Château Cheval Blanc, ein schmuckes kleines, cremefarben getünchtes Haus in einem kleinen Gehölz, das man gar nicht in Verbindung bringt mit dem großartigen Rotwein, einem der vollblütigsten der Welt, der hier wächst. Wie das nahegelegene Château Pétrus in Pomerol erzielt er die gleichen kolossalen Preise wie erste Sorten des Médoc.

Unter den Nachbarweingütern des Cheval Blanc kommt Château Figeac dessen Qualität am nächsten, und die Châteaux La Tour-du-Pin-Figeac und La Dominique sind ebenfalls hervorragend.

Die zweite und größere Gruppe, die Côtes St-Emilion, umsäumen die Ausbuchtung, in der die Stadt liegt. Am jäh abfallenden Rand des Plateaus kann man sehen, daß der weiche, aber kompakte Kalkstein, aus dem die Keller herausgehauen sind, nur mit einer recht dünnen Schicht Erdreich bedeckt ist.

Die Côtes-Weine mögen zwar nicht so fruchtig sein wie die «Graves»-Weine von der Hochebene (den Namen Graves, der leicht zu Verwechslungen führen kann, tragen sie wegen ihres Kiesbodens), doch finden sich darunter die vollmundigsten und edelsten Bordeauxweine. Gewöhnlich enthalten sie ein Volumenprozent Alkohol mehr als der Wein aus dem Médoc. Alkalischer (also kalkhaltiger) Boden, so sagt man, verleiht dem Wein Stärke; hier kommt ihm außerdem noch die Südhanglage zugute.

Oben: Die Jurade de St-Emilion, die alte Winzerzunft des Bezirks, zieht mit ihren scharlachroten Roben durch die Straßen der Stadt.
Unten: Vom Château Ausone blickt man auf die Côtes und in das Tal der Dordogne hinunter.

Ein anderer Vorzug der Côtes-Châteaux gegenüber den Graves-Lagen ist ihre relative Unempfindlichkeit gegen Fröste. Um das Château Cheval Blanc herum kann schon eine kleine Bodenvertiefung als Becken wirken, in dem sich in klaren Winternächten frostkalte Luft sammelt.

Die Châteaux Canon, Magdelaine, La Gaffelière, Pavie und Clos Fourtet zählen unbestritten zu den Spitzenlagen der Côtes. Das für den Weinfreund Erfreulichere an St-Emilion ist aber die große Zahl weiterer Weingüter, die trotz bescheidenem Ruf einen überaus genußreichen, doch verhältnismäßig erschwinglichen Wein liefern, dessen Wert und Charakter an die Premier Cru-Lagen von Beaune, Pomerol und Volnay heranreicht.

St-Emilion ist nicht so klassifiziert wie der Médoc, sondern hat (1954) seine Lagen lediglich als Premiers Grands Crus und Grands Crus eingestuft. In die erste Kategorie kamen 11 Weingüter, mit Cheval Blanc und Ausone an der Spitze, in die zweite 72. Manche dieser 73 Lagen entsprechen ohne weiteres den klassifizierten Médoc-Sorten, andere den Crus Bourgeois; die Liste ist jedoch alphabetisch angeordnet, so daß man aus ihr nicht entnehmen kann, welches die besten sind.

Für den Käufer aber mag ein weiterer, wenn auch nicht offizieller Hinweis nützlich sein. Deshalb sind auf der Karte die 24 Grands Crus, die gewöhnlich die höchsten Preise erzielen, durch eine größere Schrifttype hervorgehoben.

Kantonsgrenze
Gemeindegrenze
CHÂTEAU PAVIE — Premier Grand Cru Classé
Château Larcis-Ducasse — Hervorragender Grand Cru Classè
Château Laroze — Anderer Grand Cru Classé
Weinanbaufläche
Wald
25 — Höhenlinienabstand 5 Meter

Die Mehrzahl der besten Weingüter von St-Emilion liegt in der ‹Côtes›-Gegend rings um die Stadt.

Die Umgebung von St-Emilion

Auf seinem Hügel in der Nachbargemarkung St-Georges beherrscht Château St-Georges das Plateau von St-Emilion. Es wurde 1774 von Victor Louis gebaut, dem Architekten des Theaters von Bordeaux, des schönsten in Frankreich.

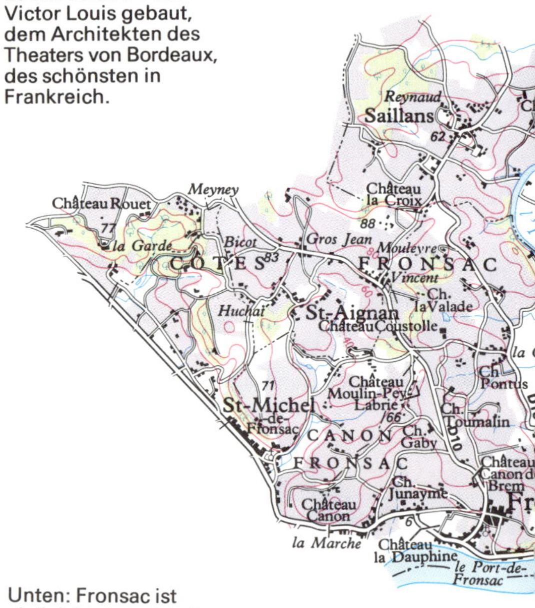

Unten: Fronsac ist vielleicht das nächste Bordeaux-Gebiet, das berühmt wird. Seine Weine sind klassisch: dunkel, ansprechend, fruchtig und langlebig.

Die berühmten Gemeinden Pomerol und St-Emilion sind jeweils das Herzstück eines weitaus größeren und verzweigteren Weinbaugebiets. Den Namen St-Emilion dürfen sieben kleine Dörfer im Süden und Osten der Stadt führen, und weitere fünf im Nordosten können St-Emilion als Zusatz zu ihrem eigenen Namen verwenden. Pomerol ist von Fronsac, Néac und Lalande umgeben.

Mit ihrem Wechselspiel von Rebgärten, Wäldern und Wiesen und ihren kleinen Hügeln und Tälern sind die Dörfer im Osten, Nordosten und Westen landschaftlich reizvoller als die monotone Weinbaufläche im Zentrum des Gebiets. Doch ist dies eine wenig bekannte Weinlandschaft, und es ist fast unmöglich, die kleinen Châteaux zu identifizieren. Man fragt sich, wie wohl ihr Wein in einer Welt vertrieben wird, die soviel Wert auf bekannte Namen legt.

Château Bel-Air in Lalande hat schon seit langem einen guten Namen. Auch aus Néac kommen Weine, die einen Vergleich mit dem Pomerol aushalten.

Die Weingüter im nördlichen Hinterland von St-Emilion dagegen dürften nicht so bekannt sein, mit Ausnahme des ausgezeichneten Château St-Georges, von dessen Hügel aus man die ganze Gegend überblickt.

Das Bild dieser freundlichen, hügeligen Landschaft wird noch immer von der Rebe beherrscht, auch wenn große Namen fehlen. Die Winzergenossenschaften dieses Gebiets, besonders in Lussac, erzeugen sehr anständige Weine zu annehmbaren Preisen. In diesem Landstrich läßt sich's gut auf Entdeckungsfahrten gehen, seine Weine ersetzen oft durch Kraft und Frische, was ihnen an feiner Art fehlt.

Ganz anders steht es dagegen mit den Dörfern östlich von St-Emilion. In St-Laurent ist Château Larcis-Ducasse ein Grand Cru, ein Wein, der unter die fünfzehn besten von St-Emilion gehört. In derselben Gemarkung liegt auch das sehr bekannte Château Bellefont-Belcier. Weiter nördlich in St-Christophe ist Château Haut-Sarpe ebenfalls ein Grand Cru Classé, und auch Château Fombrauge hat einen guten Namen. In St-Hippolyte am Rande der Côtes erzeugen die Châteaux Ferrand, Lassègue und Capet-Guillier guten Wein; unmittelbar östlich davon, in St-Etienne, ein Name mit besonders gutem Klang: Château Puy-Blanquet. Alle genannten und noch weitere Güter in diesem Gebiet erzielen Preise wie die St-Emilion-Grands-Crus aus dem mittleren Bezirk.

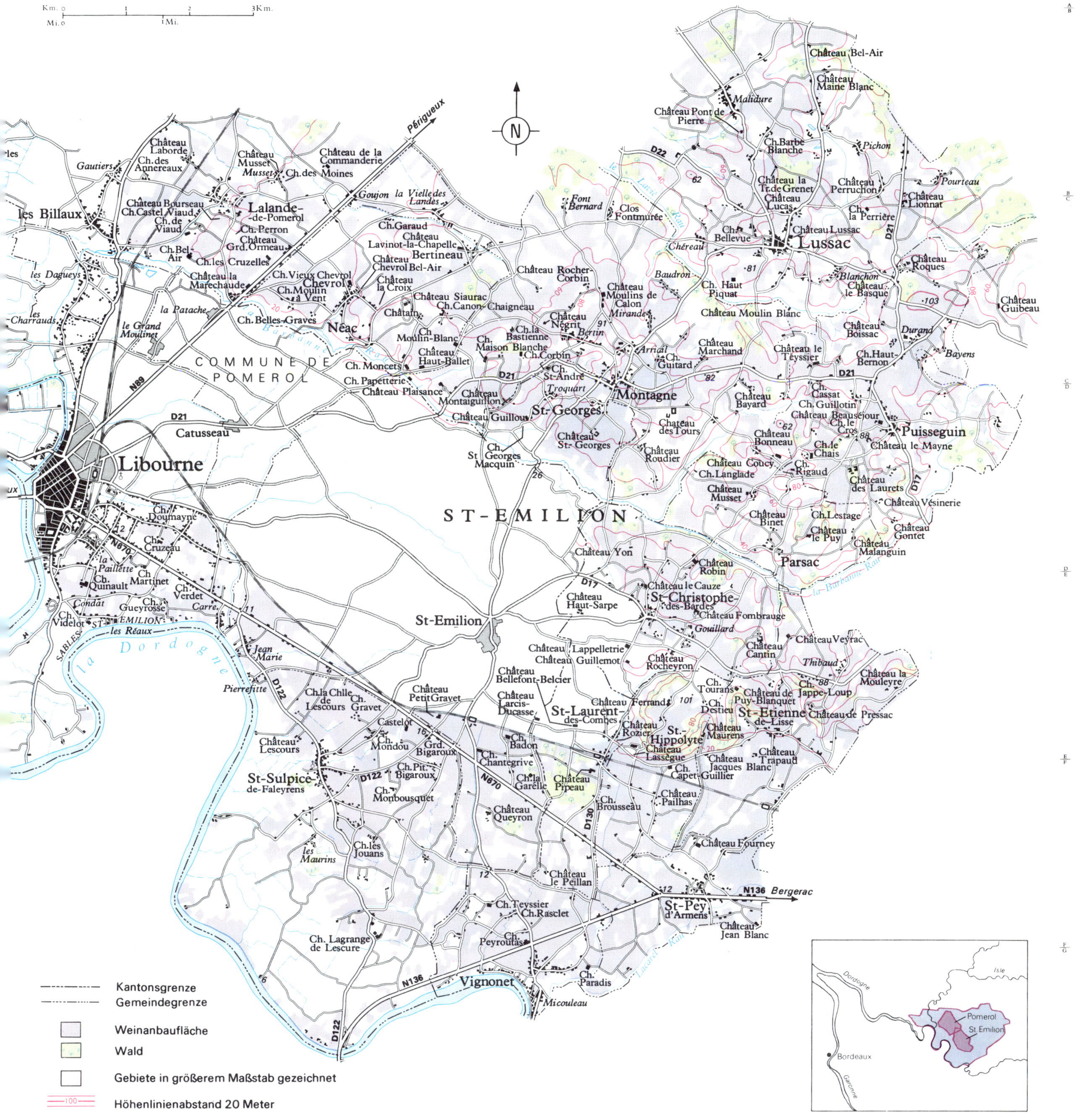

Km. 0 1 2 3 Km.
Mi. 0 1 Mi.
N
Périgueux
Château Bel-Air
Château Maine Blanc
Malidure
Château Pont de Pierre
Ch. Barbe Blanche
Pichon
Château la Tr. de Grenet
Château Lucas
Château Perruchon
Pourteau
Château Lionnat
Ch. la Perrière
Château Lussac
Lussac
Château Roques
Ch. Bellevue
Chéreau
Font Bernard
Clos Fontmurée
Baudron
Blanchon
Château le Basque
Château Guibeau
Ch. Haut Piquat
Château Moulin Blanc
Château Boissac
Durand
Bayens
Château Marchand
Château le Teyssier
Ch. Haut-Bernon
Château Laborde
Ch. des Annereaux
Gautiers
Château Musset
Musset
Ch. des Moines
Château de la Commanderie
Goujon
la Vielle des Landes
les Billaux
Château Bourseau
Ch. Castel Viaud
Ch. de Viaud
Lalande-de-Pomerol
Ch. Perron
Château Grd. Ormeau
Ch. Bel-Air
Ch. les Cruzelles
les Dagueys
Château la Maréchaude
la Patache
les Charrauds
le Grand Moulinet
Ch. Garaud
Château Lavinot-la-Chapelle
Château Bertineau
Château Chevrol Bel-Air
Château la Croix
Ch. Vieux Chevrol
Chevrol
Ch. Moulin à Vent
Château Siaurac
Ch. Canon-Chaigneau
Chatain
Ch. Belles-Graves
Néac
Ch. Moulin-Blanc
Château Haut-Ballet
Ch. Moncets
Ch. Papetterie
Château Plaisance
COMMUNE DE POMEROL
Château Rocher-Corbin
Château Moulins de Calon
Mirande
Château Négrit
Bertin
Ch. la Bastienne
Ch. Maison Blanche
Ch. Corbin
Arrial
Ch. Guitard
Ch. St-André
Troquart
Montagne
Château Montaiguillon
Château Guillou
St-Georges
Château St-Georges
Château des Tours
Château Roudier
St Georges Macquin
Château Bayard
Ch. Cassat
Ch. Guillotin
Château Beauséjour
Ch. le Cros
Puisseguin
Château Bonneau
Ch. le Chais
Château le Mayne
Château Coucy
Ch. Langlade
Ch. Rigaud
Château des Laurets
Château Musset
Château Vésinerie
Château Binet
Ch. Lestage
Château le Puy
Château Gontet
Château Malanguin
Parsac
la Barbanne
Catusseau
Libourne
ST-EMILION
Ch. Doumayne
Ch. Cruzeau
la Paillette
Ch. Quinault
Ch. Martinet
Condat
Ch. Gueyrosse
Ch. Verdet
Carré
Ch. Videlot
ST-EMILION
SABLES
les Réaux
la Dordogne
Château Yon
Château Robin
Château le Cauze
Château Haut-Sarpe
St-Christophe-des-Bardes
Château Fombrauge
Gouillard
Château Veyrac
Château Cantin
Thibaud
St-Emilion
Château Lappelletrie
Château Guillemot
Château Rocheyron
Château la Mouleyre
Jean Marie
Pierrefitte
Château Bellefont-Belcier
Ch. Tourans
Château de Puy-Blanquet
Ch. Jappe-Loup
Ch. la Chlle de Lescours
Ch. Gravet
Château Petit Gravet
Château Larcis-Ducasse
Château Ferrand
St-Laurent-des-Combes
Ch. Destieu
St-Etienne-de-Lisse
Château de Pressac
Castelot
Château Rozier
St-Hippolyte
Château Maurens
Château Lescours
Ch. Mondou
Grd. Bigaroux
Ch. Badon
Château Lassègue
Château Trapaud
Château Jacques Blanc
Ch. Capet-Guillier
St-Sulpice-de-Faleyrens
Ch. Pit. Bigaroux
Ch. Chantegrive
Ch. la Garelle
Château Pipeau
Château Pailhas
Ch. Monbousquet
Ch. Brousseau
Château Queyron
Château Fourney
Ch. les Jouans
les Maurins
Château le Peillan
N136 Bergerac
Ch. Teyssier
Ch. Rasclet
St-Pey-d'Armens
Château Jean Blanc
Ch. Lagrange de Lescure
Ch. Peyroutas
Ch. Paradis
Vignonet
Micouleau
Kantonsgrenze
Gemeindegrenze
Weinanbaufläche
Wald
Gebiete in größerem Maßstab gezeichnet
Höhenlinienabstand 20 Meter
Isle
Dordogne
Pomerol
St Emilion
Bordeaux
Garonne

Bourg und Blaye

Bourg und Blaye liefern einen Wein, wie ihn jeder mag: zuverlässig, ansprechend und preiswert. Ihre Rotweine sind besser als die weißen.

Es ist schon eine seltsame Vorstellung, daß Bourg und Blaye, die ertragreichen kleinen Bezirke auf der «falschen» Seite der Gironde, bereits Wein exportierten, als man im mächtigen Médoc noch nicht einmal mit dem Rebenanbau begonnen hatte. Nur der sehr große Mangel an preiswertem Wein hat in letzter Zeit dazu geführt, daß sich manch einer wieder dieser Gegend zugewandt hat.

Blaye hat sich auf trockenen Weißwein mittlerer Qualität (sowie einen kleinen Rotwein mit der Appellation Premières Côtes de Blaye) spezialisiert, der kleinere Bezirk Bourg dagegen liefert vorwiegend aus der Cabernet- und Merlot-Traube gekelterte Rotweine mit Médoc-Charakter.

Die Landschaft ist hier nicht so eben wie im Médoc auf der gegenüberliegenden Seite des Flusses. Mannigfaltige Hügel bestimmen ihren Reiz. Die besten Châteaux liegen wie im Médoc in einem Gebiet, das sich ein oder zwei Kilometer neben der Gironde hinzieht. Hier gibt es noch wenige berühmte Namen, doch haben die Châteaux du Bousquet, Rouet, de Barbe, La Croix-Millorit und Tayac in Bourg und Le Menaudat, Barbé, Sociando und Segonzac in Blaye sich bereits einen Ruf erworben.

Es wird behauptet, daß dieses Gebiet einen roten Bordeaux erzeugt, der dem Burgunder am ähnlichsten sei. Das mag teilweise auf den kalk- und lehmhaltigen Boden zurückzuführen sein, doch vermittelt ein solcher Vergleich nicht den richtigen Eindruck.

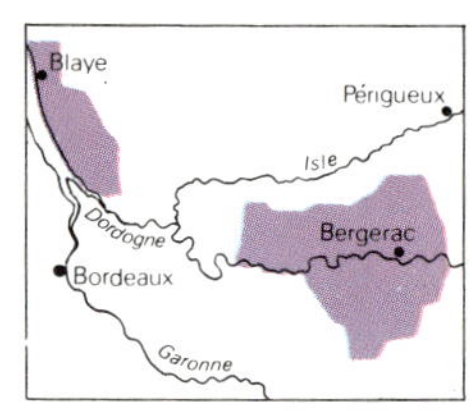

Bergerac

Das schöne Bordelaiser Hinterland an der Dordogne, das flußaufwärts in das felsige Hochland von Périgord mit seinen üppigen Tälern führt, bringt einen im Vergleich zum Bordeaux recht einfachen Landwein hervor. Die trockensten (heute meist Sauvignon Blanc) und die süßesten Weißweine aus der Umgebung sind gut, und die leichten Rotweine können sogar ausgezeichnet sein. Von den Côtes de Duras kommen ähnliche Rot- und Weißweine.

Die beste Appellation im Bezirk Bergerac ist der Monbazillac, der früher einmal dem Sauternes Konkurrenz gemacht hat: ein äußerst reicher, goldfarbener und kräftiger Wein. Heute wird er von einer Winzergenossenschaft erzeugt. Der Pécharmant ist der beste Rotwein, der Rosette und die drei Montravels sind überdurchschnittlich gute Weißweine.

Die Weinberge von Monbazillac liegen an Nordhängen – eine ungewöhnliche Lage. Château Monbazillac ist auf diesem Bild links von der Mitte des Horizonts.

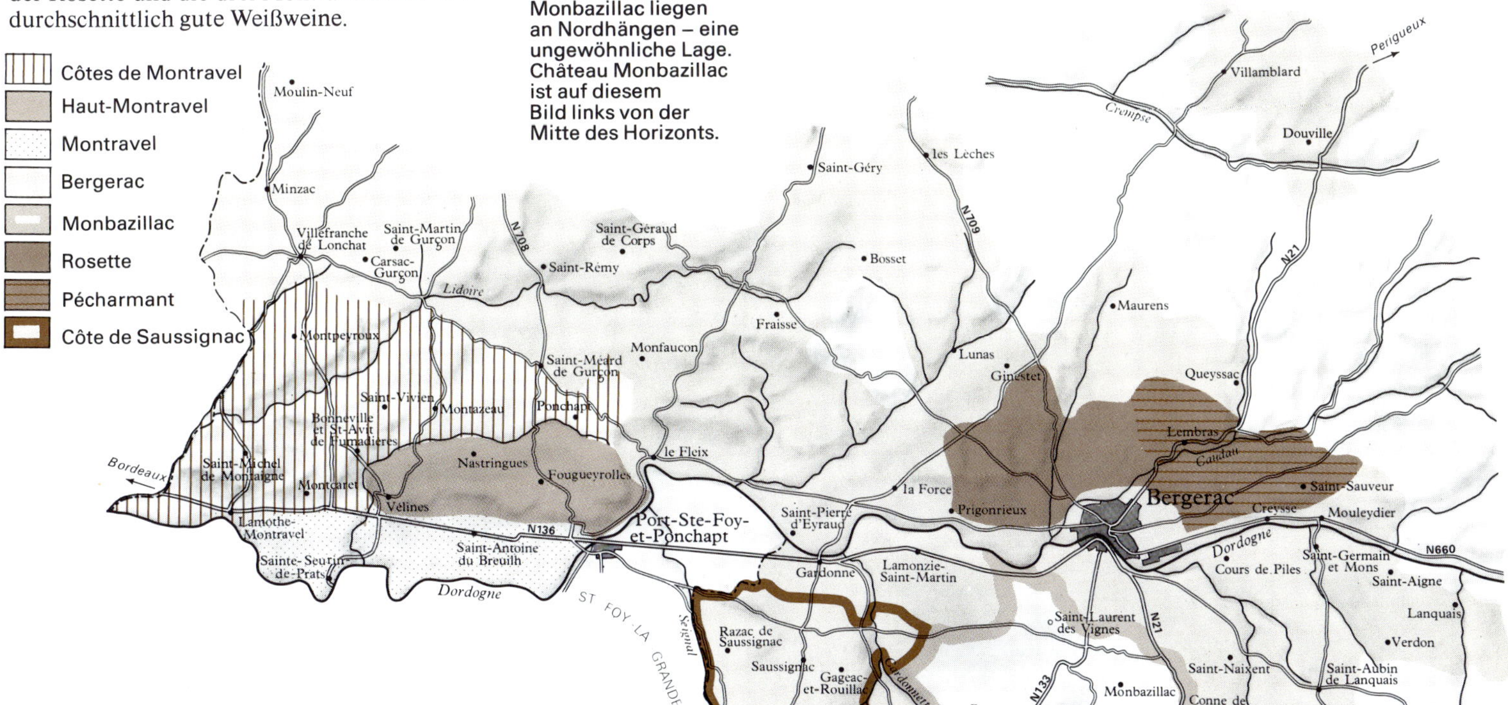

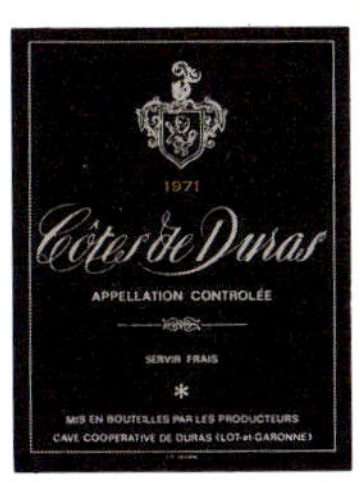

Château Monbazillac, früher der Rivale des großen Sauternes, ist der Star von Bergerac. Die trockenen weißen und die roten Tischweine sind erstklassige **vins de pays.**

Champagne

Rebenwogen durchziehen, wie von fernen Orkanen aufgewühlt, die Champagne. Zur Lesezeit breitet sich goldene Kühle über das Land, und auch die Bergleute, die mit ihren Familien helfen, rütteln die verschlafenen Hügel nicht wach. Die Blätter werden feuerrot, fallen . . . und ein frostiger Wind treibt alle ins Haus.

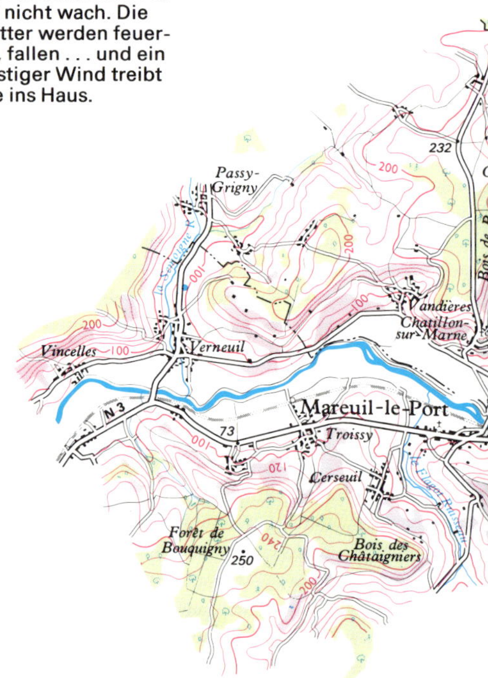

Der Name Champagne ist nicht nur, wie die Appellationen von Bordeaux, einem bestimmten Gebiet vorbehalten, sondern auch einem Verfahren, das jeder Tropfen Wein durchlaufen muß, bevor er ihn führen darf. Ein paar außereuropäische Länder verwenden diese Bezeichnung allerdings schon für das bloße Verfahren. Doch sind es die besonderen Merkmale dieses nördlichsten unter den großen französischen Weingebieten, die erst die Einzigartigkeit des Champagner ausmachen: eine solche Harmonie von Frische, Feinheit, Fülle und Rasse sowie eine sacht stimulierende Wirkung, wie sie kein anderer Wein jemals erreicht hat.

Das Gebiet, dessen Boden und Klima so viel zu bieten haben, liegt nur 140 km nordöstlich von Paris. Es erstreckt sich um eine kleine Hügelkette, die sich aus einer Kalkebene erhebt.

Die 23 200 Hektar Rebfläche in der Champagne sind in der Hand von 17 000 Besitzern. Nur 13% davon gehören den berühmten Firmen, die zwei Drittel des Weins herstellen und verkaufen. Das Land ist nicht nur auf wenige Großgrundbesitzer, sondern auf Tausende von kleinen Eigentümern verteilt, die oft nur im Nebenberuf Winzer sind.

Die Karte zeigt das Herz dieses Gebietes, wo die Trauben wachsen, die die besten Firmen für ihre besten Champagner aufkaufen. Die Randbezirke (siehe die kleine Karte) dürfen sich zwar auch Champagne nennen, liefern aber einen Wein, der an die Qualität der mittleren Lagen nicht heranreicht.

Die Montagne de Reims steht unter Pinot Noir-Reben, deren schwarze Trauben schnell gekeltert werden müssen, damit sie einen weißen Wein ohne Farbspuren ergeben. Noch niemand hat bislang so recht eine Erklärung dafür gefunden, wieso in diesen am weitesten nördlich gelegenen Weinbergen, in Nordlagen, die zu den besten der Montagne zählen, überhaupt ein guter Wein gedeihen kann. Die Montagneweine tragen zum Bukett, zum Alkoholgehalt und zu der Eigenschaft der Mischung bei.

Die nächste Zone, das Vallée de la Marne, hat Süd- und Südosthanglagen, die viel Sonne einfangen und deshalb den vollsten, rundesten und reifsten Wein mit sehr viel Bukett ergeben. Auch das sind vorwiegend Weinberge mit schwarzen Trauben; hier trifft der Pinot Meunier auf den Pinot Noir. In Bouzy wird übrigens in kleinen Mengen Rotwein erzeugt, den die Einheimischen eifersüchtig für sich selbst hüten.

Die Osthanglage südlich von Épernay heißt Côte des Blancs und ist mit weißen Chardonnay-Reben bepflanzt, die der Mischung ihre Frische und Finesse verleihen. Wein aus dieser Gegend wird manchmal ohne den traditionellen Zusatz schwarztraubigen Weins als Blanc de Blancs verkauft. Es ist zwar eine Geschmackssache, aber ganz erfahrene Champagner-Liebhaber meinen, der Côte des Blancs allein habe nicht die vollendete Ausgeglichenheit, er sei zu leicht. Nichtsdestoweniger sind Avize und Cramant zwei Dörfer, deren Name seit langem wegen ihres (ungemischten) Weins hochgeachtet ist.

Heutzutage wird gut ein Drittel der Ernte von den Winzern selbst verarbeitet und verkauft. Für die zwei Drittel, die von den berühmten «Maisons» für ihre Marken aufgekauft werden, ist ein ungewöhnliches Preisgestaltungssystem im Schwang, in dem die Qualität der verschiedenen Anbaugebiete zum Ausdruck kommt. Zu Beginn der Ernte wird ein bestimmter Preis (pro Kilo Trauben) von einem aus Winzern und Händlern bestehenden Komitee festgesetzt. Die Winzer mit den besten Lagen, den Grands Crus, erhalten 100%, also den vollen Preis. Für Premiers Crus zahlt man zwischen 90 und 99%, und so geht es abwärts bis 77% für die Lagen der Randbezirke.

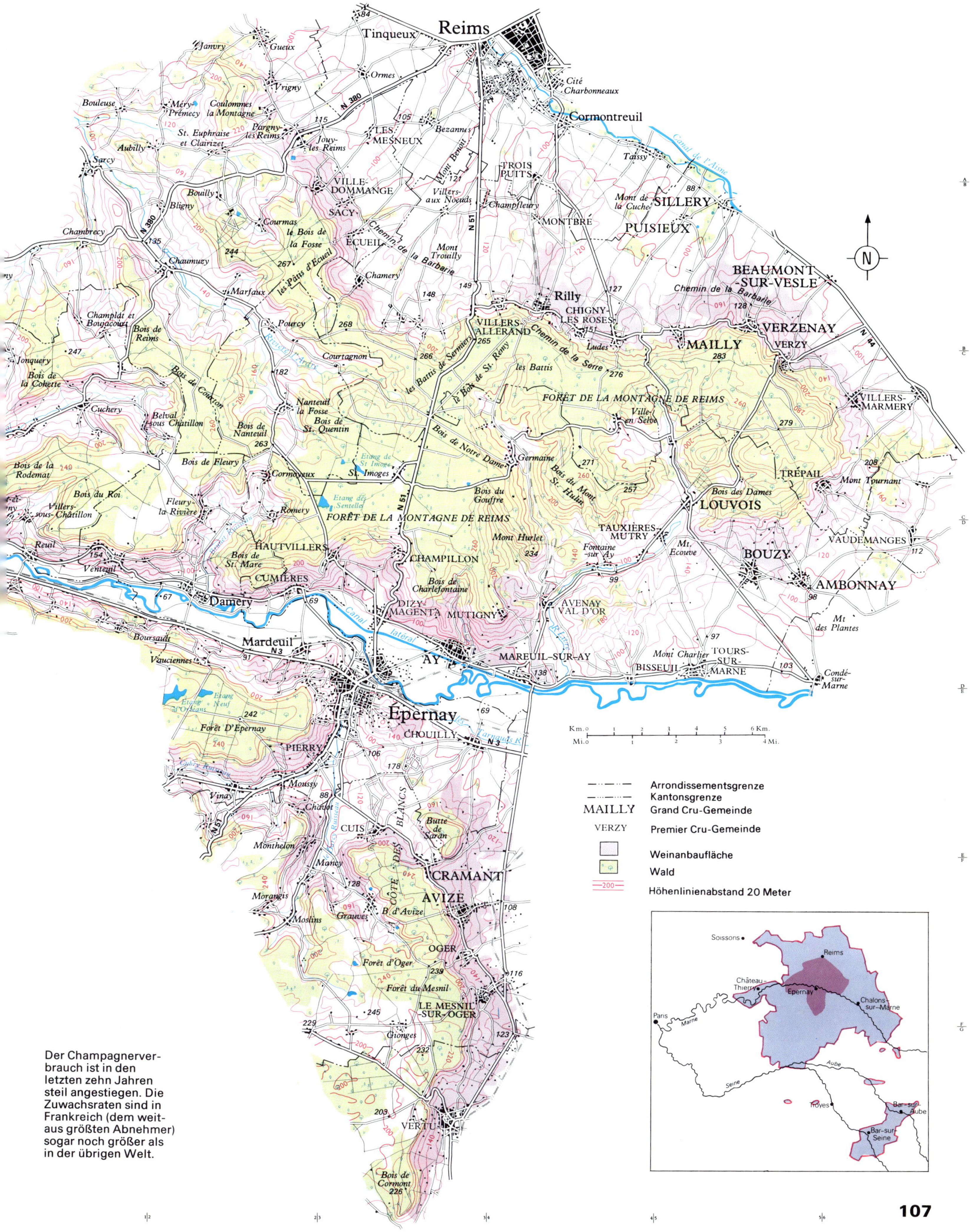

Der Champagnerverbrauch ist in den letzten zehn Jahren steil angestiegen. Die Zuwachsraten sind in Frankreich (dem weitaus größten Abnehmer) sogar noch größer als in der übrigen Welt.

Champagner-Städte

Oben: 1858 wurden die Champagnerflaschen (von rechts nach links) degorgiert, aufgefüllt, mit dem Hammer verkorkt; als letztes band man den Korken mit einer Schnur fest.

Was in den Städten der Champagne geschieht, ist für uns aber ebenso interessant wie die Weinberge auf dem Lande. Wenn die Trauben gelesen und gekeltert sind, fängt die Champagnerherstellung erst an. Der dunkle Most wird sofort in das «*maison*» der Firma in Reims, Épernay oder Ay gebracht. Und dort wird er mindestens die folgenden zwei Jahre verbringen.

Am Anfang gärt er heftig, doch wenn die Fermentation nachläßt, werden die Türen weit geöffnet, um die winterliche Luft hereinzulassen. In der Kälte (heute wird das natürlich mit Klimaanlagen gemacht) hört der Gärungsprozeß auf. Der Wein bleibt nun den Winter über im Kalten, während das weitere Gärvermögen in ihm ruht.

Früher wurde er in diesem Zustand ausgeliefert. Im 17. Jahrhundert waren die Engländer die eifrigsten Abnehmer für Fässer dieses feinen, recht scharfen Weins. Sie füllten ihn sogleich in Flaschen ab und stellten später fest, daß sie Schaumwein gewonnen hatten. Ob nun die Engländer die ersten waren oder nicht, auf jeden Fall ist die frühe Flaschenabfüllung der entscheidende Schritt in dem historischen Prozeß gewesen, der aus dem Landwein des nördlichen Frankreich die Primadonna der Welt hat werden lassen.

Dom Pérignon, gegen Ende des 17. Jahrhunderts Kellermeister des Klosters Hautvillers, wird das Verdienst der nächsten Entwicklungsstufe zugesprochen: der verschnürte Korken, die stärkeren Flaschen und vor allem die Kunst, Weine aus verschiedenen Teilen des Gebiets zu mischen, um den besten Geschmack zu erzielen.

Die Unterschiede zwischen den einzelnen Champagnermarken beruhen im wesentlichen auf der Zubereitung der *cuvée*, wie man den Verschnitt nennt. Dabei hängt alles vom Geschick des Chefs beim Kosten des jungen Rohweins und auch von der Frage ab, wieviel seine Firma für ihre Rohstoffe auszugeben bereit ist. Jedes Haus stellt traditionell einen bestimmten Champagnertyp her und sollte in normalen Weinjahren eine gleichbleibende Qualität liefern. Die Firmen Krug, Bollinger, Roederer, Cliquot und Pol Roger könnte man vielleicht als für den alten Stil typische Hersteller bezeichnen, die einen vollmundigen und ausgebaut schmeckenden Champagner bereiten.

Die Sprache des Etiketts

Vintage (z. B. 1961, 1964) Wein eines besonders guten Jahrgangs
Non-vintage (ohne Jahr) Verschnitt aus Weinen normaler Jahrgänge
Cuvée Verschnitt; alle Champagner sind verschnitten
Blanc de Blancs Ausschließlich aus weißen Trauben erzeugt
Crémant Leicht schäumend oder ‹kremig›
Rosé Roséfarbener Champagner, der einen kleinen Rotweinzusatz enthält
Réserve Jeder Wein darf als Réserve bezeichnet werden
Reserved for England Bedeutet, daß der Wein trocken ist, denn die Engländer bevorzugen trockenen Champagner
Récemment dégorgé Vor kurzem degorgiert
Brut Strengherb
Extra Sec (oder **Extra Dry**) Sehr herb, sehr trocken
Sec Leicht süß
Demi-sec Süß
Doux Sehr süß
Magnum Flasche mit zweifachem Fassungsvermögen
Jereboam Flasche mit vierfachem Fassungsvermögen
Rehoboam Flasche mit sechsfachem Fassungsvermögen
Methuselah Flasche mit achtfachem Fassungsvermögen
Nebuchadnezzar Flasche mit zwanzigfachem Fassungsvermögen

Ferner ist es heute Mode, einen Super-Luxuswein herzustellen, der – theoretisch – selbst die allerbesten Spitzenweine auf den zweiten Platz verweist. Zu dieser Kategorie zählen die Marken Moët et Chandon Dom Pérignon, Dom Ruinart, Heidsieck Diamant Bleu, Roederer Cristal und Taittinger Comtes de Champagne.

Die Witwe Cliquot leistete ihren Beitrag zur Weiterentwicklung des Champagner zu Anfang des 19. Jahrhunderts. Sie entwickelte ein Verfahren, das erlaubte, das aus der Flaschengärung resultierende Depot zu entfernen, ohne daß die Kohlensäure entweicht. Was sie erfand, war einfach ein Gestell, in dem die Flaschen mit dem Hals nach unten *(sur point)* stehen konnten. Das Kellerpersonal rüttelte und drehte *(remuage)* dann täglich jede Flasche leicht, bis sich der ganze Niederschlag zum Korken hin abgesetzt hatte. Dann entfernte man den Kork aus der immer noch auf dem Kopf stehenden Flasche, ließ etwa einen Eierbecher Wein mit dem Depot herausfließen *(dégorgement)*, füllte wieder Wein gleicher Beschaffenheit nach und verschloß die Flasche mit einem neuen Korken.

Das Verarbeitungsverfahren, um dessentwillen Tausende von Besuchern nach Reims und Épernay kommen, ist immer noch im wesentlichen dasselbe wie früher. Sehenswert sind vor allem auch die riesigen Keller, in denen es praktiziert wird. Manche davon sind aus der Römerzeit stammende Kalkbergwerke unter der Stadt.

Jede Spur Zucker im Champagner wird bei der erneuten Gärung, der Flaschengärung, aufgebraucht. Er wird vollkommen trocken – zu trocken für fast jermanns Geschmack. Deshalb wird beim *dégorgement* etwas Wein und Zucker hinzugefügt: weniger als 2% für Brut, 1,5 bis 2,5% für Extra Dry, 2 bis 4% für Sec, 4 bis 6% für Demi-Sec, über 6% für Doux. Die drei letzteren sind eigentlich Dessertweine.

Die volle Blume des Champagners geht verloren, wenn man ihn zu kalt serviert.

Berühmte Champagnernamen! Das Etikett unten links gehört zu einem nicht moussierenden Weißwein aus dieser Gegend, Appellation Vin des Coteaux Champenois (nicht Champagne). Der Bouzy ist der seltene nicht moussierende Rote.

Die Champagner-Häuser von Reims

1 Heidsieck Monopole
2 G. H. Mumm
3 Charles Heidsieck
4 Irroy
5 Krug
6 Lanson
7 Veuve Clicquot-Ponsardin
8 Louis Roederer
9 Massé
10 Lanson
11 Jacquesson
12 Piper-Heidsieck
13 Delbeck
14 Taittinger
15 Charles Heidsieck
16 Ruinart Père & Fils
17 Pommery & Greno
18 Henriot
19 Abel Lepître
20 Veuve Clicquot-Ponsardin

Die Champagner-Häuser von Épernay

1 Marne & Champagne
2 Moët & Chandon
3 Pol Roger
4 Perrier-Jouët
5 de Venoge
6 de Castellane
7 Mercier

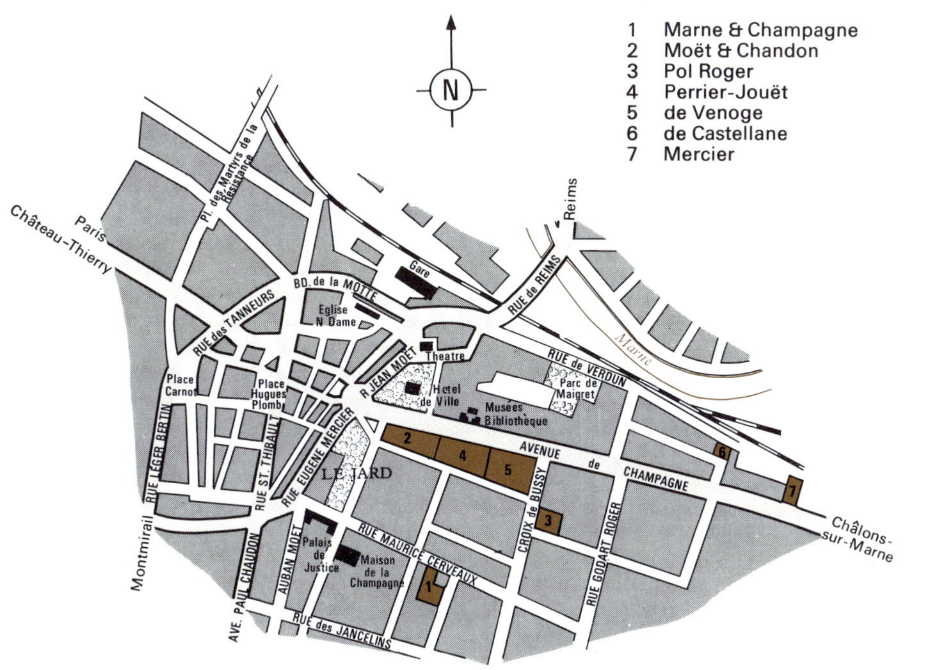

Elsaß

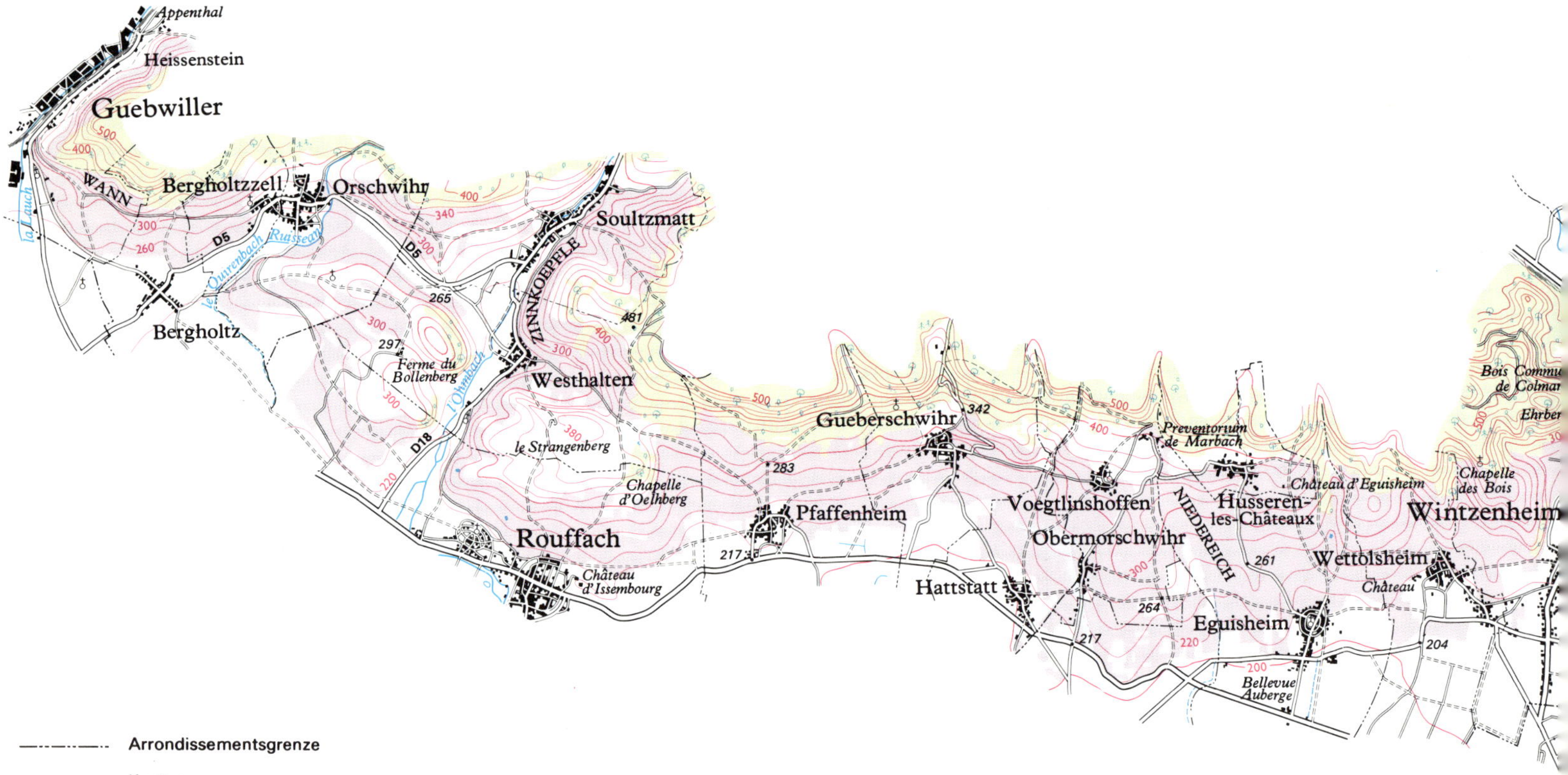

---·---·--- Arrondissementsgrenze

---·---·--- Kantonsgrenze

·····---···· Gemeindegrenze

BRAND Hervorragendes Wachstum

Weinanbaufläche

Wald

—100— Höhenlinienabstand 20 Meter

Übersichtskarte siehe Seite 113

Im elsässischen Wein drückt sich die eigentümliche Situation dieser Grenzlandprovinz aus. Ein Reisender zur Zeit der Französischen Revolution fand es unglaublich, daß dieses Land, das die Natur so unzweifelhaft als Teil Deutschlands vorgesehen hätte, zu Frankreich gehören sollte.

Heute denken die Elsässer, wenngleich sie noch eine deutsche Mundart sprechen, hierüber anders. Nicht geändert hat sich die physische Barriere zwischen ihnen und dem übrigen Frankreich; denn die Vogesen sind es, nicht der Rhein, die die große Landschafts-, Architektur- und Klimascheide darstellen – und nicht zuletzt auch eine Grenzlinie für den Wein bedeuten.

Das Elsaß macht einen germanischen Wein nach französischer Art. Seine Melodie wird vom Klima, dem Boden und der Auswahl der Traubensorten bestimmt, die alle den weiter nördlich, rheinabwärts in Deutschland gelegenen Weingebieten vergleichbar sind. Anders aber ist die Art und Weise, wie diese Melodie interpretiert wird – denn deutsche und elsässische Weinbauern stellen heute gegensätzliche Anforderungen an ihren Wein.

Auf eine knappe Formel gebracht, bedeutet dies, daß die Deutschen einen süßen, die Elsässer einen kräftigen Wein vorziehen. Deutscher Wein entfaltet seine besten Seiten nicht bei Tisch, sondern im Salon oder im Garten, während der elsässische Wein das großartige Attribut einer der hervorragendsten Küchen Frankreichs ist.

Die Confrérie St-Etienne mit ihren roten Roben ist der Weinbauern- und Weinhändlerverband des Elsaß.

Die elsässischen Reben werden sehr hoch erzogen. Die drei Exen sind ein Wahrzeichen Eguisheims.

Anstelle des fein im Wein durchschmeckenden Traubenzuckers schätzt hier der Winzer einen trockenen, kräftigen, reinen Geschmack. Er läßt jedes Gramm Zucker, das ihm die langen Sommer des Elsaß schenken, fermentieren, was dazu führt, daß sich die Essenzen seiner nach deutscher Art sehr bukettreichen Trauben manchmal zu einem erstaunlich würzigen Bukett konzentrieren.

Die Vogesen sind das Geheimnis des Erfolges dieser nach Osten gelegenen Weinberge, die sich in Höhen zwischen 200 und 400 Meter in einem nicht einmal 2 Kilometer breiten Band an ihrer Ostflanke hinziehen. Je höher die Berge, desto trockener ist das Land, das sie gegen die Niederschläge aus dem Westen abschirmen. Im Norden, wo sie niedriger sind, ist ihr Einfluß weniger ausgeprägt: Die Weine des Département Bas-Rhin sind zumeist weniger stark und markant. Im mittleren und südlichen Elsaß dagegen können die Berge den Himmel viele Wochen lang völlig wolkenfrei halten.

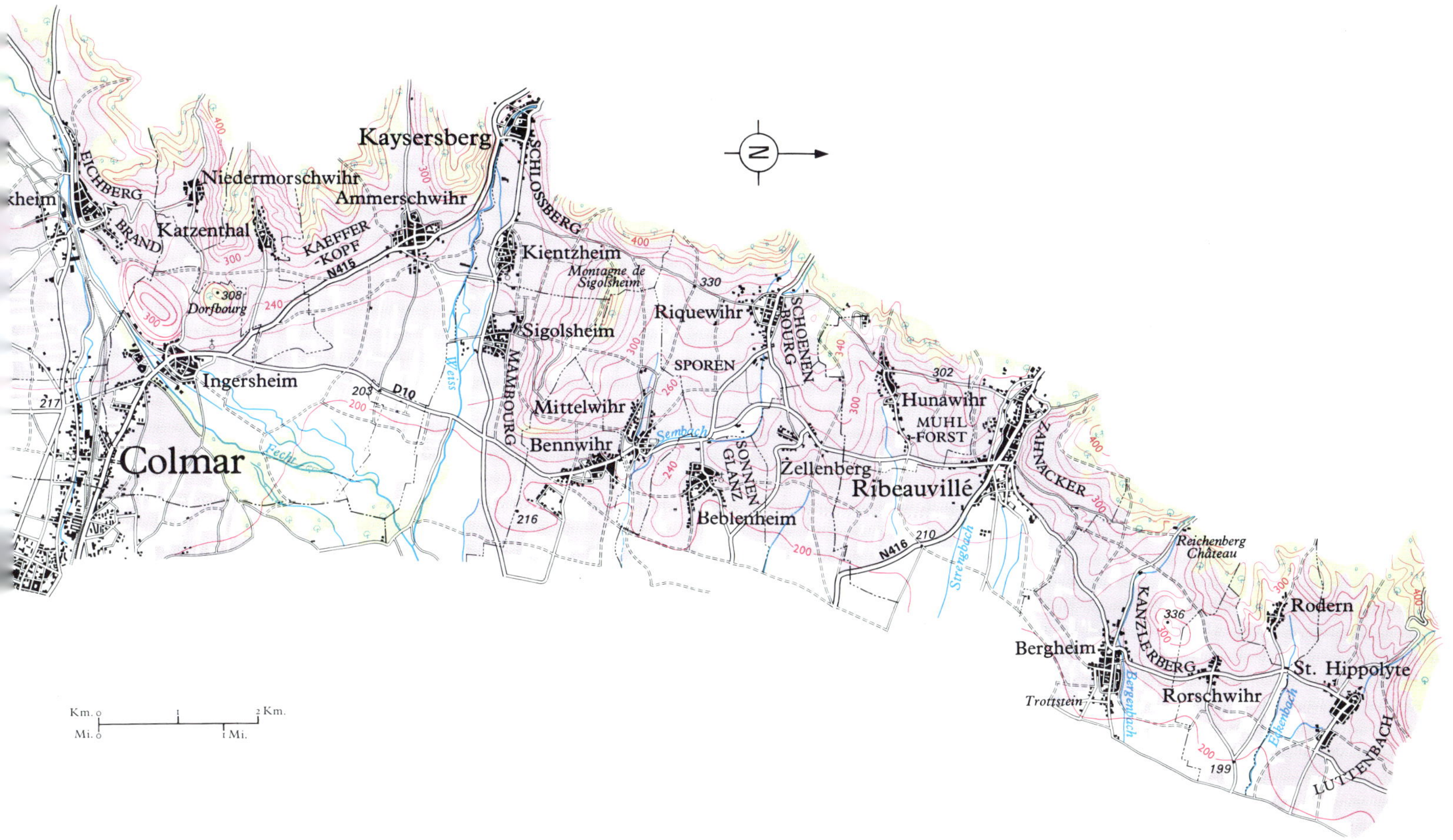

Die beste der elsässischen Trauben, der Rheinische Riesling, ist deutlich gesprenkelt, wenn sie reif ist.

Wie die Champagne, stellt auch das Elsaß eine Ausnahme hinsichtlich des sonst in Frankreich üblichen komplizierten Systems der Appellations Contrôlées dar, das jeden Wein genau nach seinem Geburtsort definiert.

Vertrieben wird dieser Wein vorwiegend über Handelsfirmen, die häufig selbst Weinbau betreiben, jedoch überall im Elsaß Wein für ihre Markensorten aufkaufen können. Statt unter Ortsnamen verkaufen sie unter Traubennamen. Das Elsaß ist der Teil Frankreichs, wo man «eine Flasche Riesling» oder «eine Flasche Sylvaner» bestellt, ohne die Herkunft zu spezifizieren.

Die Weine der verschiedenen Händler und Erzeuger drücken jedoch meist Eigenart und Qualität der Gegend des Elsaß aus, aus der sie stammen. Barr beispielsweise dürfte die beste Gemeinde in Bas-Rhin, im nördlichen Elsaß, sein, doch haben seine Weine mehr Säure und weniger Körper als die Weine aus Riquewihr. Die Gegend von Riquewihr, im mittleren Elsaß und mit guten Südhängen ausgestattet, scheint die ideale Lage zu sein. Im untersten südlichen Zipfel des Gebiets, in Guebwiller, ergeben die völlig geschützten Weinberge einen merklich weicheren und volleren Wein.

Bis 1975 gab es für das gesamte Weinanbaugebiet nur eine einzige Appellation Contrôlée. 1975 wurde eine neue Appellation «Alsace Grand Cru» eingeführt, die ab 1978 in Kraft tritt. Die Grands Crus sind dann Weine aus bestimmten, längst als die besten anerkannten Lagen, ausschließlich aus den «edlen» Sorten (Riesling, Gewürztraminer, Pinot Gris oder Muskat), und müssen einen bestimmten natürlichen Mindestgehalt erreichen, bevor Zucker hinzugefügt wird.

Die Karte auf diesen Seiten zeigt den mittleren und südlichen Teil des sich über rund 100 km erstreckenden elsässischen Weinanbaugebiets.

Das Zentrum Colmars, der Weinhauptstadt des Elsaß, ist ein typisches Denkmal des 16. Jahrhunderts.

Eine beschilderte Route des Vins führt den Besucher auf verschlungenem Kurs durch das ganze elsässische Weinland. An dieser Straße liegen einige der schönsten Weinstädtchen der Welt. Die üppigste Romantik ist hier Standardarchitektur: überkragende Giebel und Blumenhöfe, Brunnenhäuschen und Kopfsteinpflaster, verbleite Fenster und geschnitztes Fachwerk. Riquewihr und Kaysersberg sind die schönsten. In Colmar findet sich eine herrliche Ansammlung von Fachwerkhäusern, die ältesten aus dem 15. Jahrhundert.

Der Wein des Elsaß

Die Trauben, die den Weinen des Elsaß ihren Namen und besonderen Charakter verleihen, sind der Rheinische Riesling – der hier wie in Deutschland den besten Wein ergibt –, die Sorten Silvaner, Muskat, Pinot Noir, die weniger guten Chasselas und Knipperlé sowie der unvergleichliche bukettreiche Gewürztraminer.

Der Gewürztraminer ist die ideale Einführung ins Elsaß. Man würde nicht meinen, daß ein so reintöniger und trockener Wein so fruchtig-aromatisch sein kann. Diese Würze ist im Bukett wie im Abgang und bleibt noch zwei oder drei Minuten am Gaumen haften. Der Kenner findet einen Wein mit derart ausgeprägtem Charakter nach einer Weile langweilig. Als ihren wahrhaft großen Wein betrachten die Elsässer aber den Riesling. Er ist weitaus flüchtiger, harmonisch ausgeglichen zwischen weich und hart, blumig und kräftig.

Diese beiden Weine werden, zusammen mit zwei weniger bekannten, dem Pinot Gris (oder elsässischen Tokayer) und dem Muskat, als die edlen Weine des Elsaß bezeichnet. Nach den neuen Bestimmungen dürfen nur sie zur Bereitung von Grand-Cru-Weinen herangezogen werden. In jüngster Zeit hat der Tokay d'Alsace (nicht verwandt mit dem ungarischen Tokajer) wieder mehr Anklang gefunden; es ist der körperreichste, am wenigsten aromatische aller elsässischen Weine und bei Tisch zweifellos eine Alternative zu einem «großen» – und deshalb teureren – weißen Burgunder. Der Muskat überrascht jeden, der weiß, wie der aus der Muskattraube in anderen Teilen der Welt gewonnene Wein schmeckt – nämlich immer süß. Hier bewahrt er zwar sein volles charakteristisches Sortenbukett, ist im übrigen aber ein trockener, sehr sauberer Wein.

Eine Stufe über dem einfachen Wein dieses Gebiets, doch nicht ganz als Edelwein anerkannt, steht der Silvaner, das Mädchen für alles in den deutschen Weinbergen. Elsässischer Silvaner ist leicht und manchmal angenehm herb.

Die mittelmäßigen Traubensorten werden gewöhnlich nicht auf der Flasche angegeben oder sogar häufig gar nicht abgefüllt. Man schenkt sie in Cafés und Restaurants als offene Weine aus.

Allen diesen Weinen gemeinsam ist die elsässische Art der Weinbereitung, die geradezu fanatisch an der Naturreinheit festhält. Hört man einen elsässischen Winzer über deutsche Weine reden, könnte man meinen, sie alle würden von weißbekittelten Chemikern im Labor hergestellt. Der Elsässer verschmäht jede Schönung und alle Zusätze – außer Zucker, leider! Im übrigen aber läßt man ihn ungestört ausbauen und sticht und filtriert ihn so wenig wie möglich ab. Sie achten sogar darauf, die Flasche so weit wie möglich zu füllen, und verwenden einen besonders langen Korken – bloß um den Wein vor der Luft zu schützen. Dank diesen Bemühungen erreichen sie eine bemerkenswerte Ausgeglichenheit von Stärke und Frische, Fruchtigkeit und Säuregehalt.

Dennoch: Wenn ein wirklich schöner Herbst auf einen guten Sommer folgt und die Trauben herrlich ausreifen, dann kann selbst ein Elsässer nicht der Versuchung widerstehen und holt wie die Deutschen den letzten Tropfen Zucker aus seinen Reben heraus.

Diese Spätlesen werden manchmal sogar mit den deutschen Bezeichnungen Auslese und Beerenauslese benannt, obwohl der Ausdruck *vendange tardive* dem elsässischen Geschmack besser entspricht. Sie erreichen einen Grad der Köstlichkeit, der nahe an die seltensten und teuersten aller deutschen Weine herankommt. Eine Gewürztraminer- oder Muskat-Spätlese hat wahrscheinlich die exotischste Blume aller Weine der Welt und kann auch eine erstaunliche Reinheit des Geschmacks bewahren.

Auf den weniger hohen Stufen bedeuten die Bezeichnungen «Grand Vin» oder «Réserve Exceptionelle» bzw. jede andere Kombination mit «Grand» oder «Réserve» auf einer Flasche elsässischen Weins, daß dieser 11 Prozent Alkohol enthält – also etwas mehr als die besten deutschen Weine und ebensoviel wie ein guter weißer Burgunder.

Die neue Appellation Alsace Grand Cru (s. a. Seite 111) ist sehr viel strenger definiert. Es muß nicht nur ein bestimmtes natürliches Mostgewicht erreicht sein (entsprechend 10% Alkohol bei Riesling und Muskat, 11% bei Gewürztraminer und Pinot Gris), sondern auch der Ertrag pro Hektar ist auf 70 hl begrenzt (das ist freilich hoch angesetzt: im Burgund beträgt der Durchschnitt 45 hl), und auch die Traubensorte muß für die jeweilige Lage zugelassen sein. Beispielsweise darf Muskat nur an sehr wenigen Stellen ein Grand Cru sein. Außerdem müssen die Weine der einzelnen Lagen, Sorten und Jahrgänge getrennt gehalten werden – man strebt damit jene Art von unverwechselbarer Eigenständigkeit an, über die der Burgunder oder der Mosel bereits verfügt.

Aus dem Pinot Noir wird auch etwas Rotwein bereitet, doch entwickelt dieser selten eine dunklere Farbe als ein Rosé und nie einen sehr ausgeprägten oder vornehmen Geschmack. Rouge d'Alsace und zuweilen auch Vin gris oder sehr blassen Rosé findet man in *brasseries* (Restaurants, die elsässische Gerichte anbieten, zu denen üblicherweise Bier getrunken wird) in Paris und anderswo.

Im Elsaß gibt es zwei der besten französischen Restaurants. Und allgemein beweist die elsässische Küche, was ein französischer Künstler aus deutschen Ideen machen kann. Sauerkraut wird zum *choucroute* und damit auf einmal delikat. *Quiches* und Zwiebelkuchen sind geradezu herrlich schmackhaft, und auch *foie gras frais* verlohnt durchaus eine Reise dorthin. Gerichte, die so aussehen, als wären sie schwer, sind herzhaft, aber leicht. Niemand denkt hier daran, zu der Vielfalt der Speisen etwas anderes als die Weißweine der Gegend zu wählen.

Auf elsässischen Etiketts erscheint die Traubensorte gleich groß wie der Name des Erzeugers.

Die Sprache des Etiketts

Cuvée Verschnitt (im Elsaß ein übliches Verfahren)
Grand Vin Wein mit mehr als 11% Alkohol
Réserve Exceptionnelle Wie Grand Vin
Grande Réserve Wie Grand Vin
Grand Cru Die neue Appellation Contrôlée für Weine aus den edelsten Sorten und den besten, ausgesuchten Lagen
Mise d'Origine Alle Elsässer Weine werden jetzt im Elsaß abgefüllt
Vendange Tardive Spätlese, meist gehaltvoller und süßer
Spätlese, Beerenauslese, usw. Auch diese deutschen Bezeichnungen sind gebräuchlich

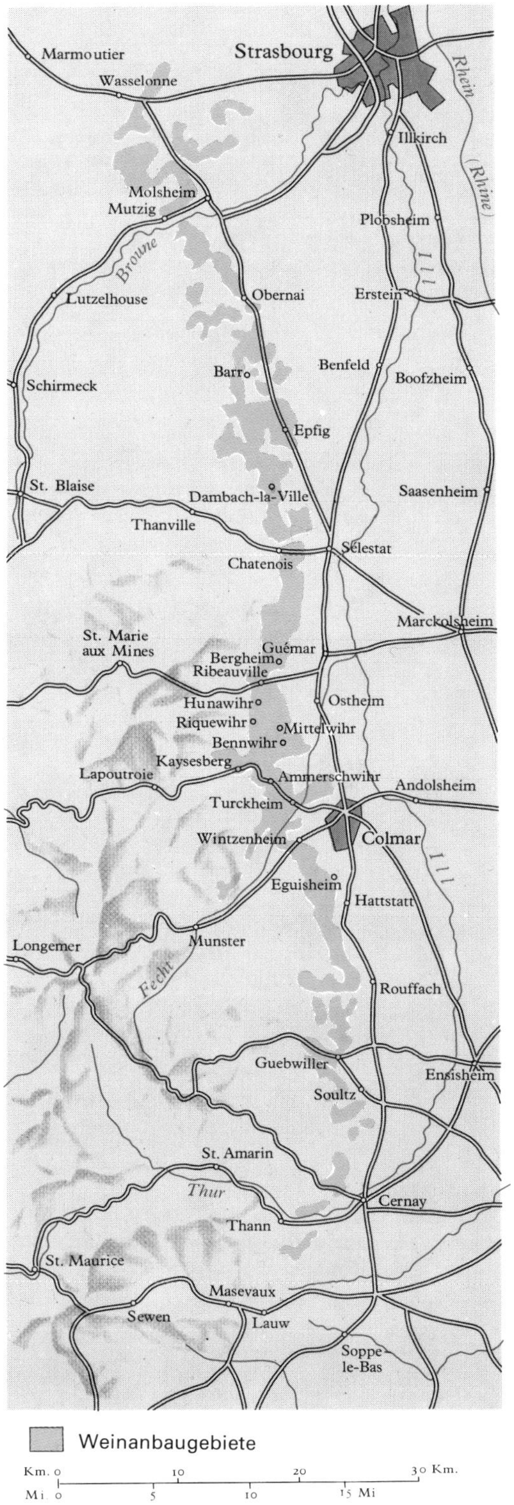

Rechts: Wie auf H. Bachers Holzschnitt drängen sich auch heute noch die Häuser des berühmten, noch in seiner mittelalterlichen Gestalt erhaltenen Städtchens Riquewihr innerhalb der Stadtmauer unter dem Schoenenberg dicht zusammen.

Loire-Tal

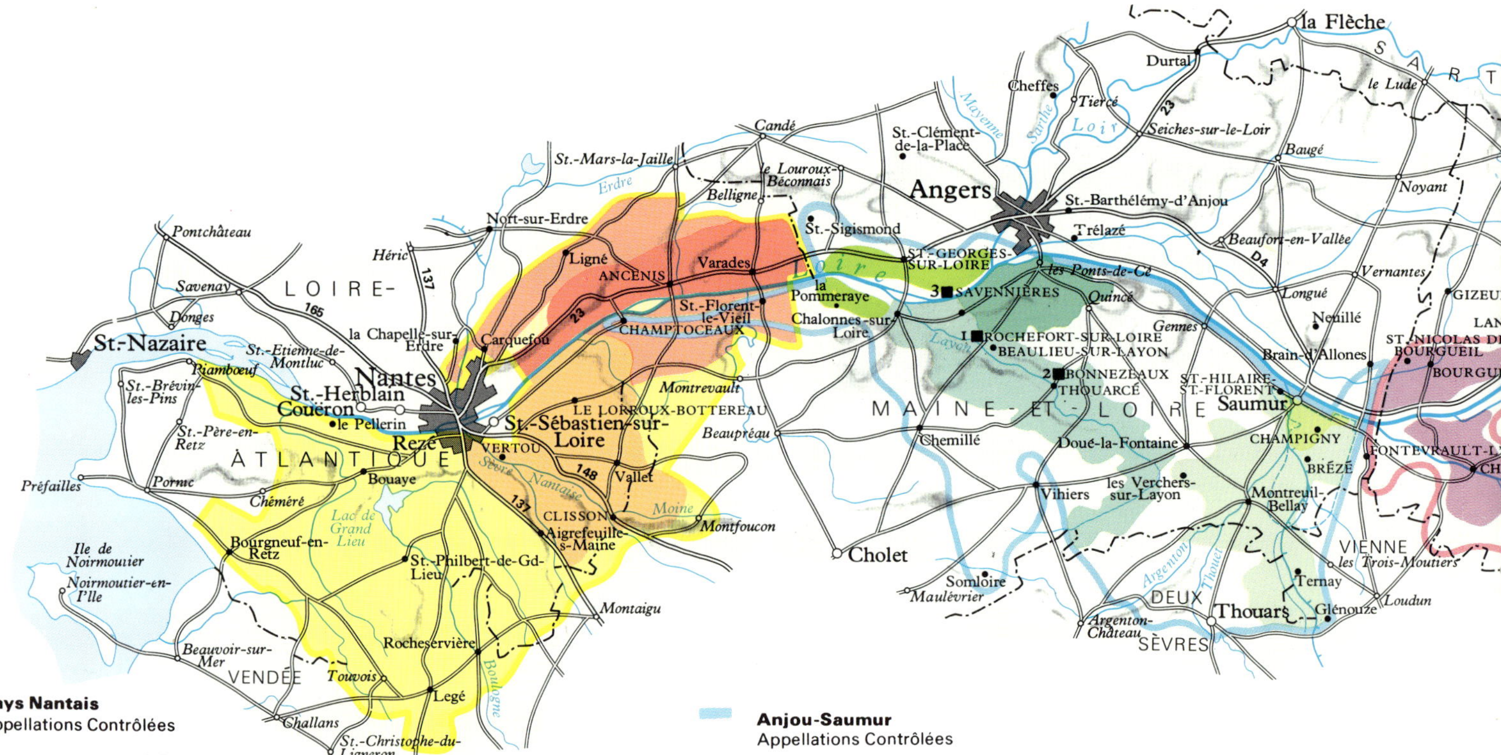

Pays Nantais
Appellations Contrôlées

- Muscadet und (V D Q S) Gros Plant du Pays Nantais
- Muscadet de Sèvre-et-Maine (s. unten)
- Muscadet des Coteaux de la Loire
- V D Q S Cotaux d'Ancenis

Anjou-Saumur
Appellations Contrôlées

- Saumur
- Saumur-Champigny
- Coteaux de Saumur
- Coteaux de l'Aubance
- Anjou-Coteaux de la Loire
- Coteaux du Layon (Seite 116)
- ■ 1 Quarts de Chaume (Seite 116)
- ■ 2 Bronnezeaux (Seite 116)
- ■ 3 Savennières (mit La Roche aux Moines, Coulée de Serrant, Seite 116)

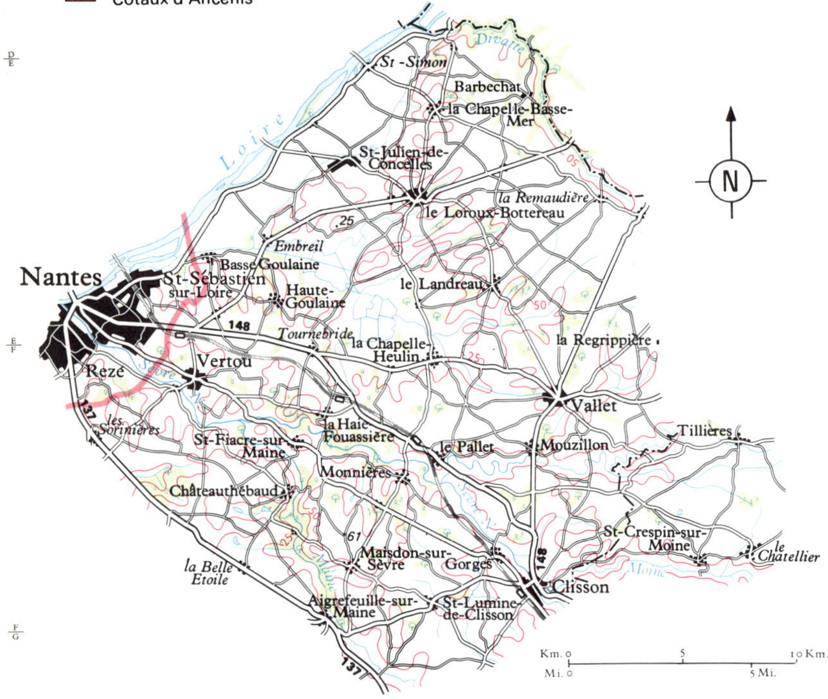

- Departementsgrenze
- Grenze der Appellation ‹Muscadet de Sèvre-et-Maine›
- le Pallet — Gemeinde mit Weinproduktion
- Wald
- 50 — Höhenlinienabstand 25 Meter

Die Spitzen-Muscadets, von Weingütern im Bezirk Sèvre-et-Maine, ferner ein bescheidenerer Gros Plant und der leichte rote Gamay aus Ancenis.

So weitläufig und vielgestaltig das Tal der Loire auch ist, es lohnt sich, es mit seinen Weinen hier auf Karten zu zeigen. Denn obwohl sich diese Weine auf nahezu tausend Kilometer französischer Landschaft mit unterschiedlichen Klima- und Bodenverhältnissen und Traditionen verteilen und aus vier oder fünf verschiedenen Traubensorten gewonnen werden, stellen sie doch eine richtige Familie dar. Sie sind leicht, fruchtig und ansprechend: «charmant», wie man sie klassisch nennt.

Auf dieser Seite finden Sie den Weingarten der Bretagne – das Pays Nantais, die Heimat des Muscadet. Dieser Wein ist die moderne Erfolgsgeschichte der Loire. Vor vierzig Jahren noch ein unbekannter Landwein, ist er heute der Wein schlechthin, den man zu den herrlichen Meeresfrüchten Nordfrankreichs trinkt. Seine Anbaufläche wurde in den letzten zwanzig Jahren verdoppelt. Der Muscadet ist ein preiswerter Wein – sehr trocken, doch eher weich als sauer: In sehr warmen Jahren fehlt ihm sogar etwas Säure.

Muscadet ist der Name der Rebe, nicht der eines Ortes. Die Region Sèvre-et-Maine, auf der Karte links, ist das Herz dieser Weinlandschaft und liefert die weichsten, bukettreichsten und frühreifsten Weine. Schon drei Monate nach der Lese werden sie *sur lie* – gleich vom Faß, ohne vorheriges Abstechen – verkauft. Im zweiten bedeutenden Gebiet, den Coteaux de la Loire, wächst in heißeren Jahren ein besserer Wein mit

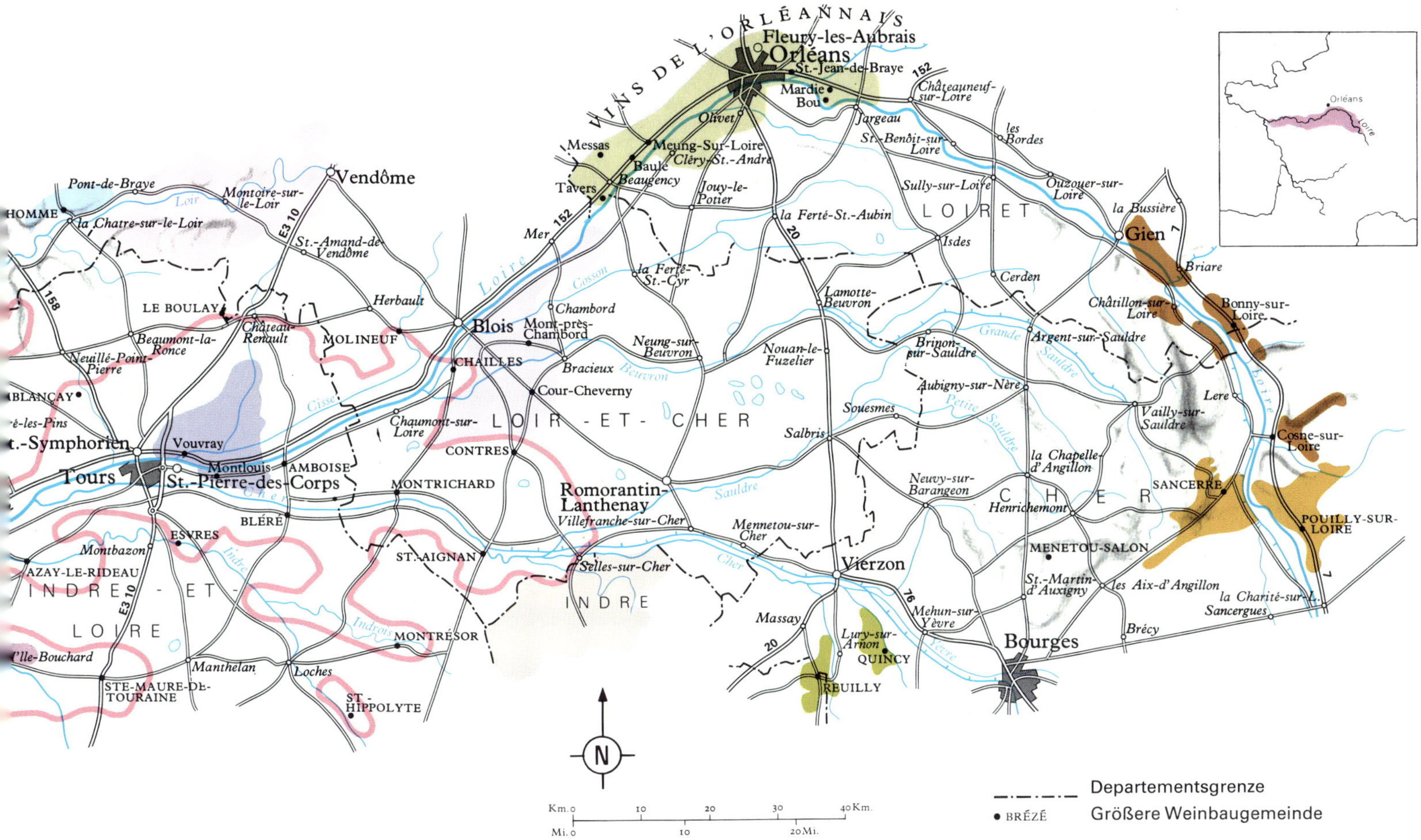

Departementsgrenze

• BRÉZÉ Größere Weinbaugemeinde

Coteaux de Touraine

Appellations Contrôlées

Bourgueil, St. Nicolas de Bourgueil und Chinon (Seite 117)

Vouray und Montlouis (Seite 118)

Appellations Contrôlées

Coteaux du Loir und Jasnières

Reuilly und Quincy

Sancerre und Pouilly-sur-Loire (Seite 119)

VDQS

Coteaux du Giennois

Vins de L'Orléannais

Cheverny

Valençay

Coteaux du Vendômois

weniger flüchtigen Eigenschaften. Auch die zweitwichtigste Traube der Region, die Gros Plant, ergibt einen guten Wein – einen kleineren Muscadet mit höherem Säuregehalt. In der Gegend von Ancenis wird aus der Gamay-Traube ein ansprechender Rotwein gekeltert. Rotwein ist auch die Spezialität des Gebiets Saumur-Champigny, das zu Anjou gehört, einem Gebiet also, dessen Weine überwiegend weiß und mittelsüß sind (s. S. 116).

Die Weine der oberen Loire haben heute buchstäblich Sammlerwert, mit Ausnahme des Sancerre und des Pouilly (S. 119). In Quincy und Reuilly sowie auf einer kleinen noch verbleibenden Anbaufläche in Menetou-Salon wächst ein fruchtiger Weißwein mit Feuersteingeschmack.

In der Gegend von Orléans werden aus der Pinot-Meunier-Traube recht anständige Rotweine gekeltert. Cheverny liefert trockenen, oft scharfen Weißwein aus einer Traube, die sonst nirgendwo zu finden ist: der Romorantin. Im weiter südlich gelegenen neuen VDQS-Bereich Valençay wird die Sauvignon-Blanc-Traube zu gefälligen Weißweinen und die Gamay- oder Pinot-Traube zu Rotweinen verarbeitet, während weiter nördlich die A.C.-Bereiche Jasnières und Coteaux du Loir guten, Vouvray-ähnlichen Weißwein und leichten Rotwein aus der lokalen Chenin-Noir- oder Pineau-d'Aunis-Traube bereiten.

Ungleichmäßige Qualität ist der Fluch eines so weit nördlich betriebenen Weinbaus. Viele Loire-Lagen fallen von Jahr zu Jahr so unterschiedlich aus, daß sie kaum noch ein und derselbe Wein zu sein scheinen. In einem schönen Herbst kann man fast zu Rosinen getrocknete Beeren lesen und einen intensiv süßen Wein keltern, in einem feuchten Jahr dagegen fällt die Produktion (wie in Deutschland) sehr sauer aus. Daraus erklärt sich der Umfang der Schaumweinherstellung in den Provinzen Touraine und Anjou. Ein verhältnismäßig schlecht ausgefallener Vouvray oder Saumur, fruchtig, aber sauer, eignet sich vorzüglich zur Weiterverarbeitung nach dem Champagnerverfahren.

Die Landschaft der Loire paßt gut zu dem weichen, fruhlingshaften Wein. Hier, bei Saumur, ist der Weiß-, Rose- und Rotwein gleichermaßen leicht und erfrischend.

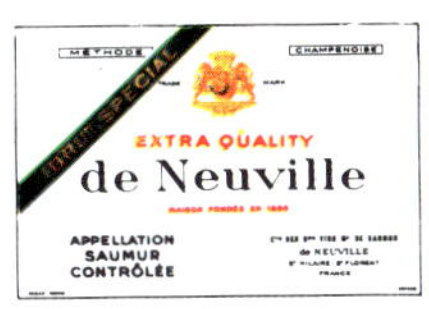

Rechts: Moussierender Saumur, süßer Jasnières, dunkler Cheverny und feuersteiniger Reuilly und Quincy sind Beispiele für die Vielfalt der Loire-Weine.

Anjou

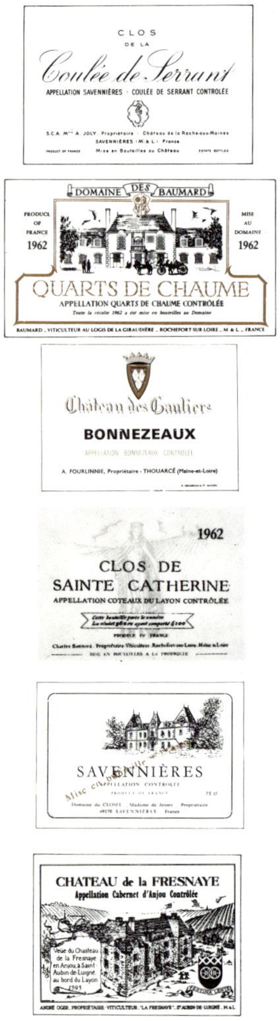

Die süßen Weißweine aus Anjou zählen zu den besten Frankreichs, obwohl der leichte Cabernet-Rot- und -Roséwein bekannter ist.

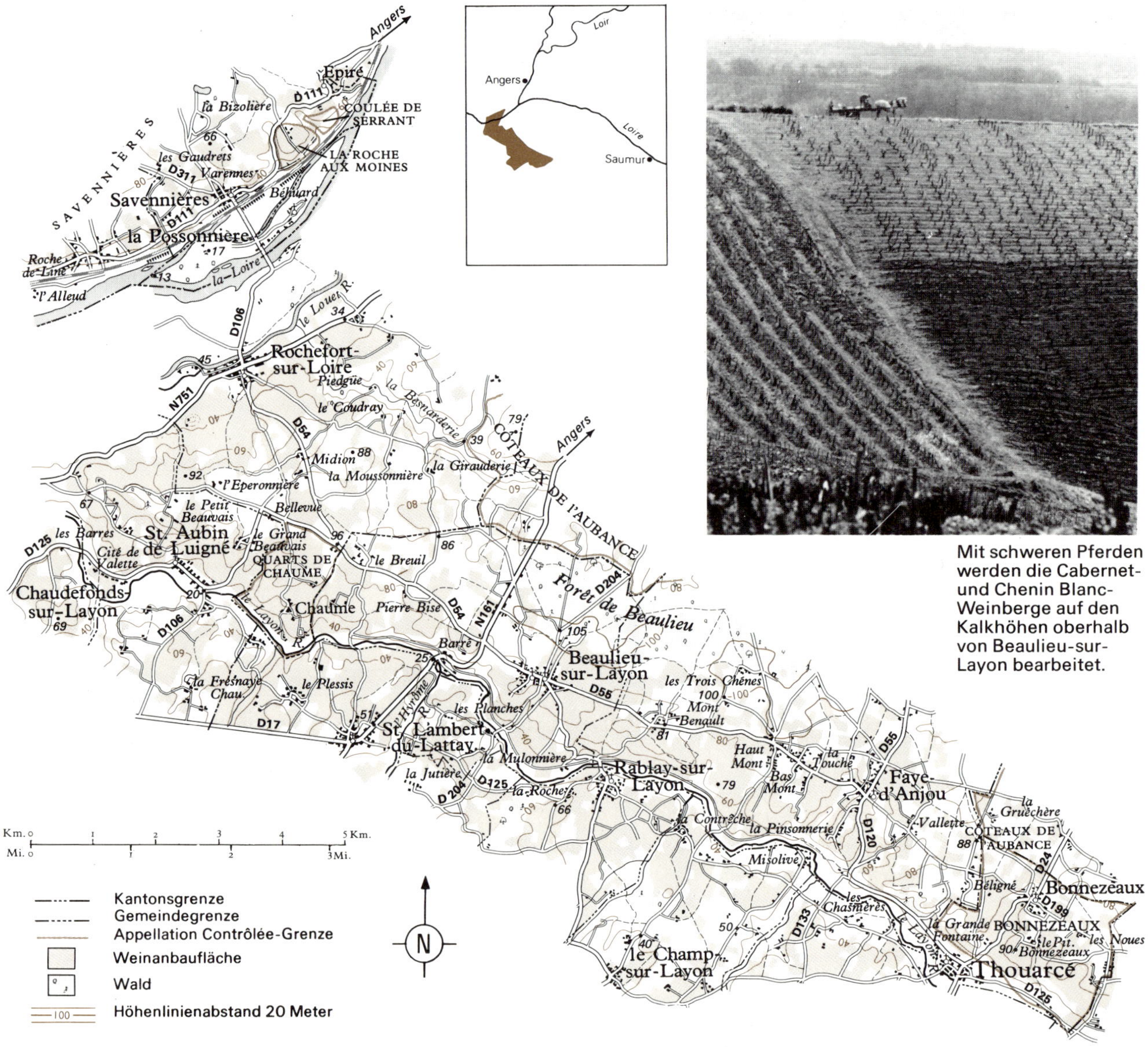

Mit schweren Pferden werden die Cabernet- und Chenin Blanc-Weinberge auf den Kalkhöhen oberhalb von Beaulieu-sur-Layon bearbeitet.

Die Weißweine aus Anjou und der Touraine haben mit den deutschen Weißweinen eines gemeinsam: je süßer, desto besser. Die besonders guten sind Dessertweine von geschmeidiger Struktur, weich aufgrund ihres Glyzeringehalts, mit einem kräftigen, aber frischen Bukett, das an Trauben, Pfirsiche, Aprikosen, Haselnüsse erinnert, doch mit einem darunterliegenden Feuersteingeschmack, der verhindert, daß man ihrer überdrüssig wird.

Die Traube, der wir dies alles zu verdanken haben, ist die Chenin Blanc, die man hier Pineau de la Loire nennt. Die Karte oben zeigt das Gebiet, wo sie am besten ausreift; hier treffen mehrere Bedingungen zusammen und geben ihr die trockenen, offenen Hänge, gegen Norden und Osten geschützt, die sie braucht.

Ein großer Teil dieses Tals führt die Appellation Coteaux du Layon und liefert im allgemeinen einen süßen Wein, der deutlich oberhalb der üblichen Anjou-Qualität liegt. Quarts de Chaume (nur knapp 50 Hektar) und Bonnezeaux (etwa doppelt soviel) sind jedoch so hervorragend, daß sie, wie die Grands Crus in Burgund, eigene Appellationen haben. Beaulieu, Rablay, Rochefort, St-Aubin, Faye und Thouarcé sind Gemeinden mit besonders gutem Wein; Rochefort ist das Zentrum dieses Bezirks.

Aus dem Tal der Aubance kommt ein ähnlich guter Wein. In diesen beiden Nebentälern wächst außerdem die rote Cabernet-Traube, aus der ein guter, heller Rotwein, der berühmte feine Cabernet Rosé d'Anjou, und – noch heller – ein Vin gris bereitet wird, der eigentlich nur ein leicht errötender Weißwein ist.

Gleich südlich von Angers, auf der Höhe von Rochefort, gibt es am Nordufer der Loire eine Reihe kleinerer Appellationen von lokaler Bedeutung. Wiederum ist es hier die Chenin Blanc, obwohl der Wein in dieser Gegend – entgegen der Regel – am besten ist, wenn er trocken ausfällt. Die allgemeine Appellation für diesen kleinen Bezirk (innerhalb des größeren Gebiets Coteaux de la Loire) lautet Savennières. Hier gibt es zwei Grands Crus – La Roche aux Moines (etwa so groß wie Quarts de Chaume) und die nur knapp fünf Hektar große Lage La Coulée de Serrant.

Der Coulée de Serrant ist ein Bilderbuchbeispiel dafür, daß eine außergewöhnlich gute Lage auch einen außerordentlichen Wein hervorbringt: Sie liegt nach Südwesten in einem Seitental, das noch mehr geschützt ist als das Ufer der Loire.

Der Savennières hat eine an Honig und Blumen erinnernde Nase, hinter der man seine Trockenheit gar nicht vermutet. Es heißt, sein bester Partner sei der Lachs, doch ist sein anhaltender Abgang so angenehm, daß es schade ist, ihn nicht auch vor dem Essen zu trinken.

Chinon und Bourgueil

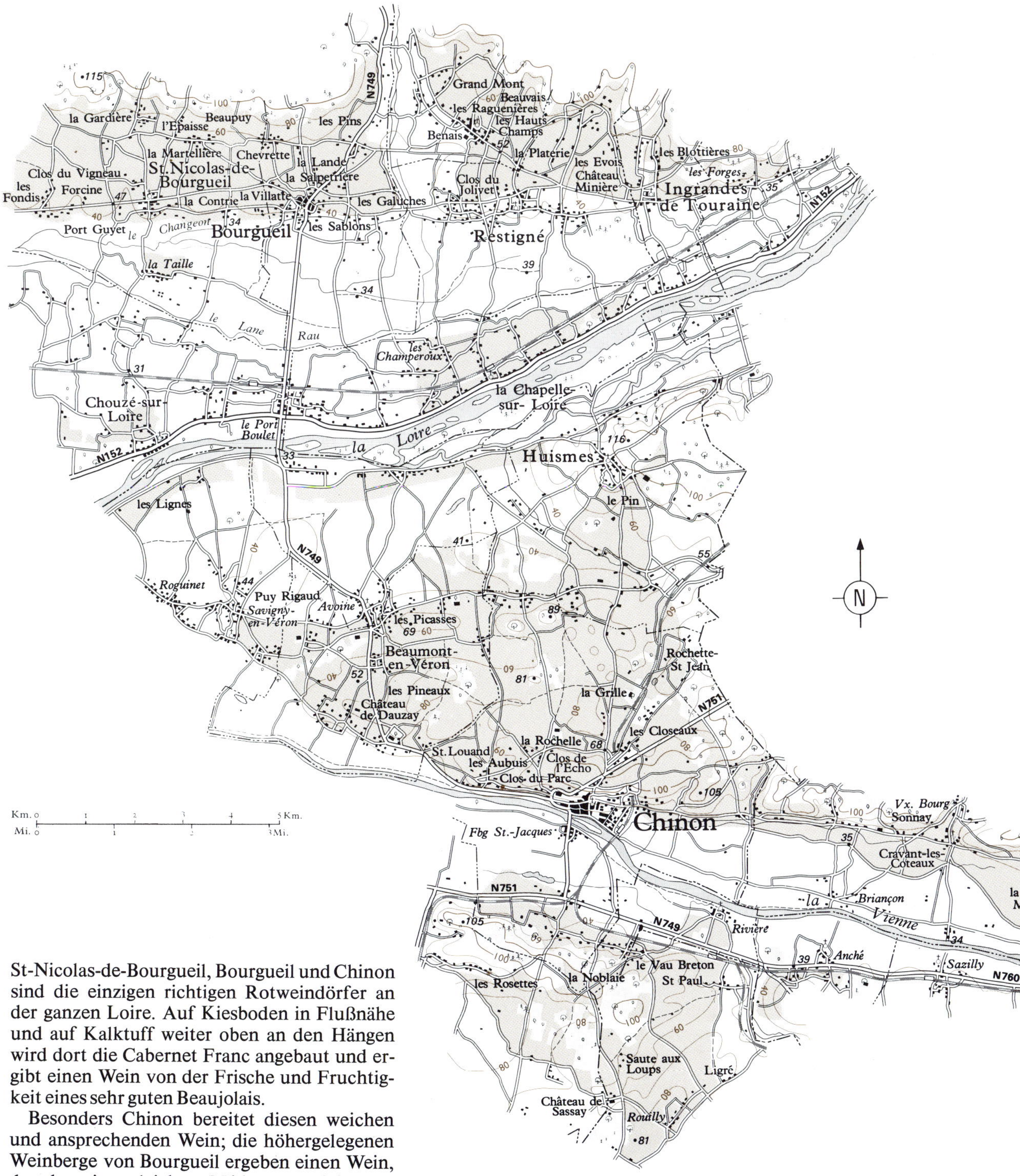

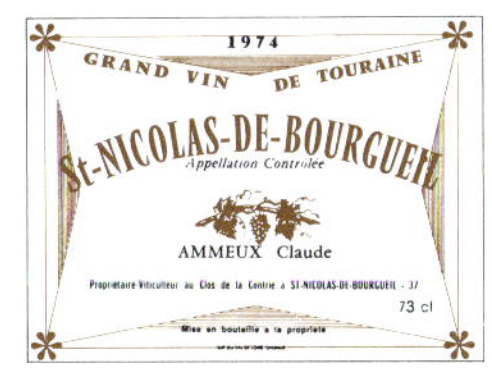

Die frischen Rotweine von Bourgueil und Chinon nennt man manchmal den Beaujolais aus der Bordeauxtraube: Cabernet.

St-Nicolas-de-Bourgueil, Bourgueil und Chinon sind die einzigen richtigen Rotweindörfer an der ganzen Loire. Auf Kiesboden in Flußnähe und auf Kalktuff weiter oben an den Hängen wird dort die Cabernet Franc angebaut und ergibt einen Wein von der Frische und Fruchtigkeit eines sehr guten Beaujolais.

Besonders Chinon bereitet diesen weichen und ansprechenden Wein; die höhergelegenen Weinberge von Bourgueil ergeben einen Wein, der eher einem leichten Médoc entspricht. Vor hundert Jahren stellte man ihn noch auf die gleiche Stufe wie etwa den Château Palmer aus Margaux, doch ist das heute keineswegs mehr der Fall.

In Chinon lebte einst Rabelais, der den Weißwein von Ligré «sehr taften» fand. Heute wird hier nur noch wenig Weißwein erzeugt, doch einige der besten Rosés der Loire werden aus den gleichen Trauben wie der Rotwein bereitet.

Kantonsgrenze
Gemeindegrenze
Weinanbaufläche
Wald
Höhenlinienabstand 20 Meter

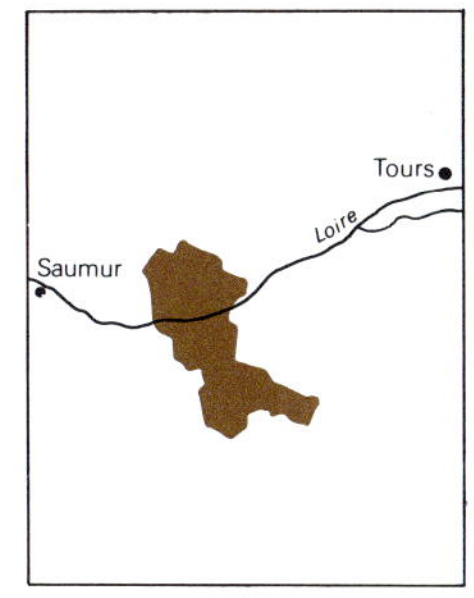

Vouvray

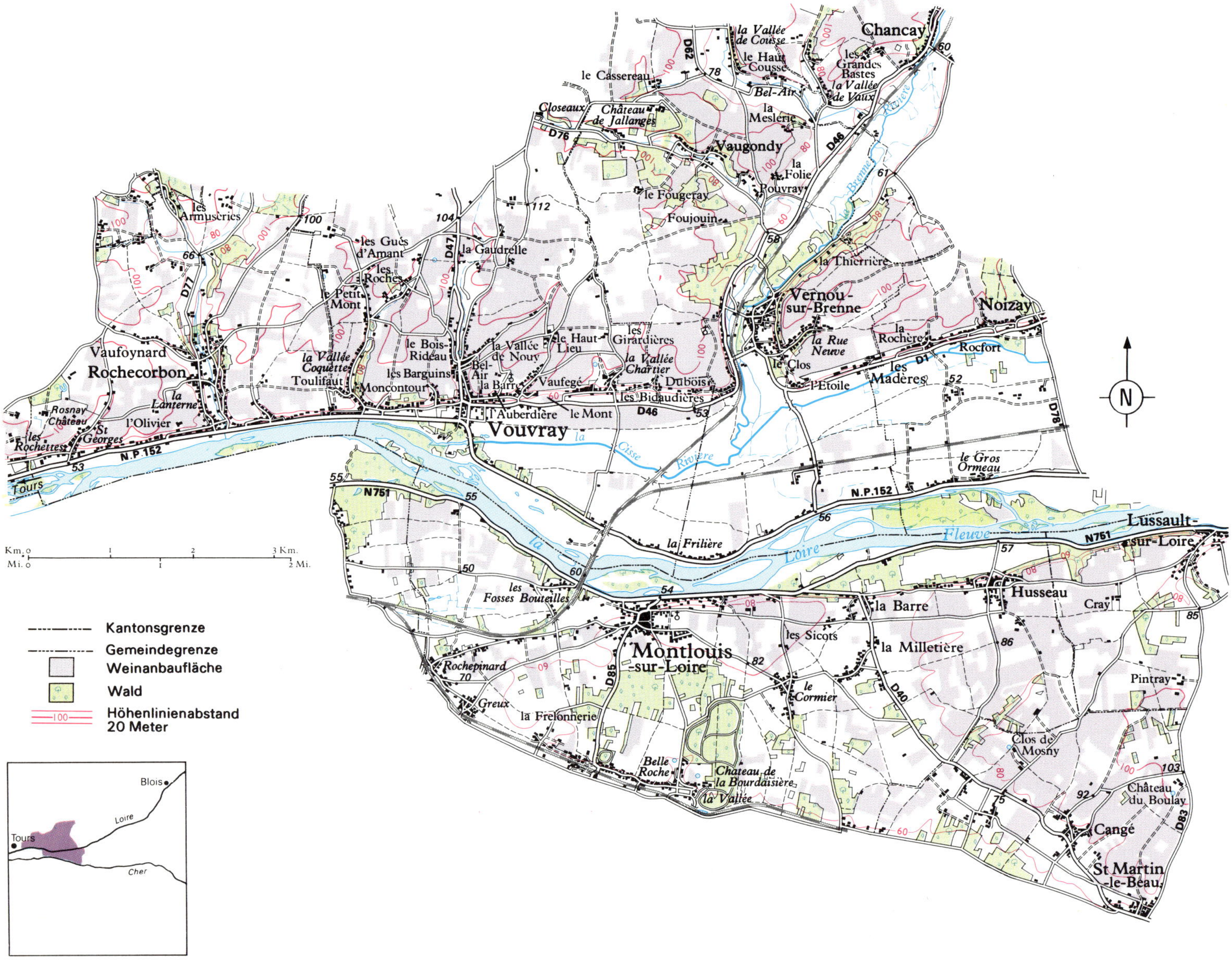

Wie Savennières fast vor den Toren von Angers liegt, so liegen Vouvray und Montlouis unmittelbar bei Tours an der Straße nach Amboise. Alles, was in Frankreich königlich und romantisch ist, konzentriert sich in dieser Landschaft mit ihren großartigen Schlössern und alten Städtchen am Ufer des gemächlich dahinfließenden Stromes.

Zwischen Noizay und Rochecorbon säumen flache Kalksteinhügel das Ufer. Seit Jahrhunderten haben sie mit ihren Höhlen den Winzern dieser Gegend Keller und Wohnung zugleich gestellt. Oberhalb der Keller, oft große Kavernen von 8000 und mehr Quadratmeter Ausdehnung, wächst die Chenin Blanc auf kalkigem Boden. Sie ergibt hier einen Wein, der zwar oft trockener als in Anjou ist, aber auch eine honigartige Süße erreichen kann. Was ihn aber vor allem auszeichnet, ist seine Langlebigkeit, die für einen verhältnismäßig leichten Wein erstaunlich ist: Es ist sehr selten, daß ein blaßfarbener, recht herber und feiner Wein mit den Jahren immer besser wird.

Die früher einmal bekannten Namen einzelner Lagen hört man heute kaum noch. Wichtiger ist es auch, zu wissen, ob eine bestimmte Flasche nun trocken, halbsüß oder aber *pétillant* oder voll schäumend ist: Der Vouvray nimmt von Jahrgang zu Jahrgang einen radikal anderen Charakter an, und seine natürliche Tendenz zur Nachfermentation hat eine Industrie ins Leben gerufen, die weniger guten Wein in sehr guten Schaumwein verwandelt. Ihre besten Kreszenzen füllen die Weinbauern aber stolz selbst ab und reservieren sie für einen kleinen Kreis von Kennern, auf die Namen wie Vallée Coquette wie ein Signal wirken.

Montlouis hat ähnliche Bedingungen wie Vouvray, aber ohne so hervorragende Lagen.

Nur noch eine ständig abnehmende Zahl kleiner Weinbauern erzeugt die großartigen süßen Weine der Gegend von Vouvray. Sehr viel Vouvray wird heute nach dem Champagnerverfahren zu süßem oder trockenem Schaumwein verarbeitet.

Pouilly und Sancerre

Oben: Sancerre ist immer noch das ummauerte Städtchen über der Loire, wie es dieser alte Stich zeigt.

Rechts: Die besten Sancerres kommen aus Chavignol und Bué. Pouilly wird von zwei großen Weingütern, du Nozet und de Tracy, beherrscht. Nur die besten Pouillys werden als Fumés bezeichnet.

Die Weine von Pouilly und Sancerre an der oberen Loire sind wahrscheinlich diejenigen Frankreichs, die am leichtesten zu erkennen sind. Auf dem kalkhaltigen Hügelland verleiht ihnen die Sauvignontraube einen erdig-feuersteinigen Geschmack: etwas rauchig, ein wenig grün, leicht würzig und für die meisten Menschen zunächst außerordentlich ansprechend. Im Unterschied zur Chenin Blanc der mittleren Loire verliert die Sauvignon jedoch bald an Reiz. Ein Sancerre und Pouilly-Fumé passen besonders gut zu Schalentieren. Doch nur die besten Jahre schenken diesem Wein die hochfeine und faszinierende Nuancierung.

Der Ort heißt Pouilly-sur-Loire; sein Wein heißt aber nur dann Pouilly-Fumé, wenn er aus der Sauvignon bereitet ist. Den zweiten Wein, aus der Chasselas und auf seine Art oft hervorragend, bezeichnet man als Pouilly-sur-Loire. Beide haben nichts mit dem Pouilly-Fuissé, dem Weißwein aus Mâcon, zu tun.

Zwischen dem Pouilly-Fumé und dem Sancerre gibt es kaum einen Unterschied. In schlechten Weinjahren können sie allerdings sehr sauer ausfallen, und ihre Blume hat man mit dem Geruch nasser Wolle verglichen. In ein- bis zweijähriger Flaschenlagerung entfalten sich die Qualitäten einer guten Sorte, doch sind sie nicht besonders langlebig.

Sauvignonwein findet immer mehr Anhänger. Les Monts Damnés in Chavignol und Clos du Chêne Marchand in Bué sind die beiden bekanntesten Weinberge im Bezirk Sancerre, die Châteaux du Nozet und de Tracy in Pouilly.

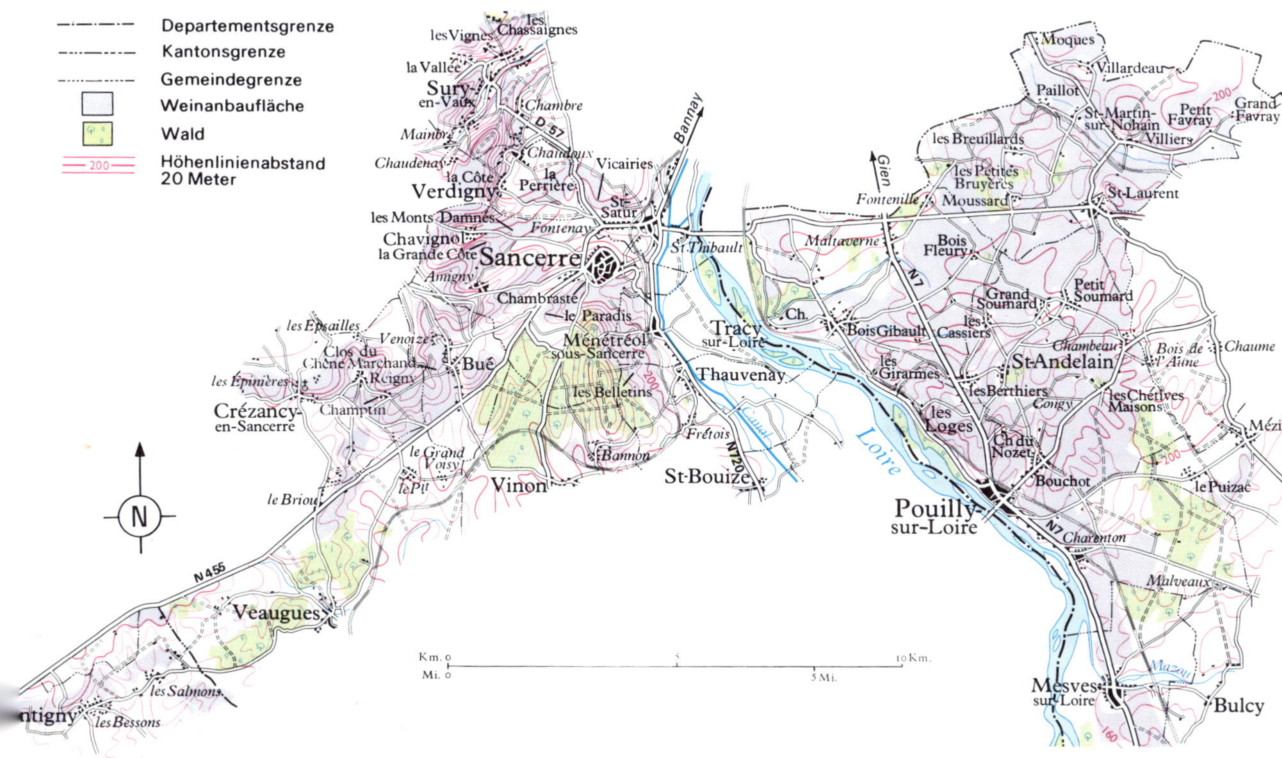

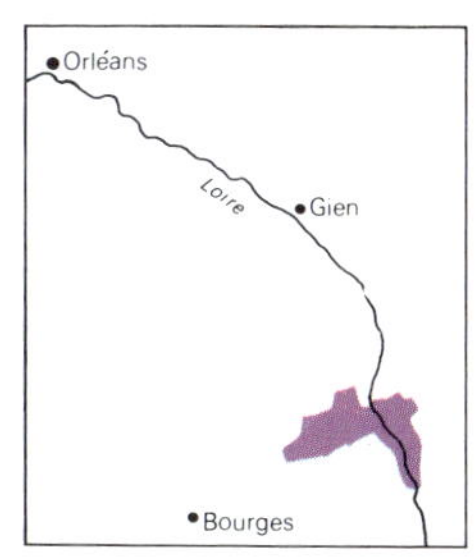

Das Rhône-Tal

Das Loiretal und das Tal der Rhône sind wie die beiden Seiten einer Medaille. Sie bieten jeweils das Beste der nord- bzw. südfranzösischen Weinkultur. Der Loirewein ist vorwiegend weiß, der Rhône-Wein meist rot.

Rhône-Rotweine umfassen tiefdunkle und bittere, runde und warme, stark aromatische und sehr weiche und geschmacksintensive Weine. Im Norden sind sie verhältnismäßig fein, im Süden manchmal geradezu übermächtig – doch weisen alle gewisse Grundmerkmale auf. Desgleichen sind die Weißweine von sattgoldener Farbe und sogar noch stärker als beispielsweise ein weißer Burgunder.

Mit dem Lauf der Rhône wandelt sich die Landschaft von Eichenwäldern, wo die Reben neben Pfirsich- und Nußbäumen auf den Feldern stehen, bis zum Buschwerk und den Olivenhainen der Provence. Im Norden wächst der Wein auf Granitschutt-Terrassen, wo immer die Sonneneinstrahlung am stärksten ist.

Rhône-Weine werden, im Gegensatz zum Burgunder, nicht grundsätzlich aus einer bestimmten Traube gewonnen, sondern aus zwei bis dreizehn verschiedenen Sorten verschnitten. Allgemein setzt man dem sehr dunklen Wein der Syrah, der klassischen Rotweintraube der Côte Rôtie und des Hermitage, ein wenig Wein aus einer weißen Traube zu. Châteauneuf-du-Pape besteht, wie der Chianti, aus einer ganzen Liste von roten wie weißen Weinen.

Die Appellation Côtes du Rhône ist eine allgemeine Bezeichnung für roten, weißen und Roséwein aus etwa 150 Gemeinden. Die Bezeichnung Côtes du Rhône-Villages dagegen dürfen nur vierzehn (bessere) Orte im südlichen Abschnitt führen. Fünfzehn weitere Bezirke, die alle – mit Ausnahme von Die – auf der Karte erscheinen, haben eine eigene Appellation.

Eine neue, kleinere Appellation, Coteaux du Tricastin, östlich von Montélimar, ist ebenfalls nicht mehr auf der Karte.

Auf den folgenden Seiten sind die drei besten Weinbaugebiete an der Rhône auf Detailkarten dargestellt. Um sie herum liegen weitere Landstriche mit ausgeprägtem lokalen Charakter: nördlich von Valence St-Joseph und Cornas mit ausgezeichneten, aber unterbewerteten Rotweinen. Nach Westen zu liegt St-Péray, wo es einen ungewöhnlichen Schaumwein gibt, körperreich und mit tiefgoldener Färbung. Am Flüßchen Drôme im Osten finden wir Die mit seinem blassen, spritzigen Clairette; nördlich von Avignon Tavel und Lirac mit ihren berühmten, ins Orange spielenden Rosé-Weinen. Nach Osten zu liegen noch Rasteau und Beaumes de Venise, bekannt für Dessertweine.

Zur Zeit sind die großen Rhône-Weine wie Hermitage im Vergleich mit vielen Grands Crus aus Burgund und Bordeaux wohlfeil, doch sind die Weinberge dort klein, und die Preise werden steigen, wenn man auf den Rhône-Wein wieder aufmerksamer wird.

Die vier oberen Etiketten stammen von Winzergenossenschaften der sehr unterschiedlichen Rhône-Bezirke Die (Schaumwein), Gigondas (rot), Beaumes de Venise (süßer Muskat) und Chusclan (Rosé).

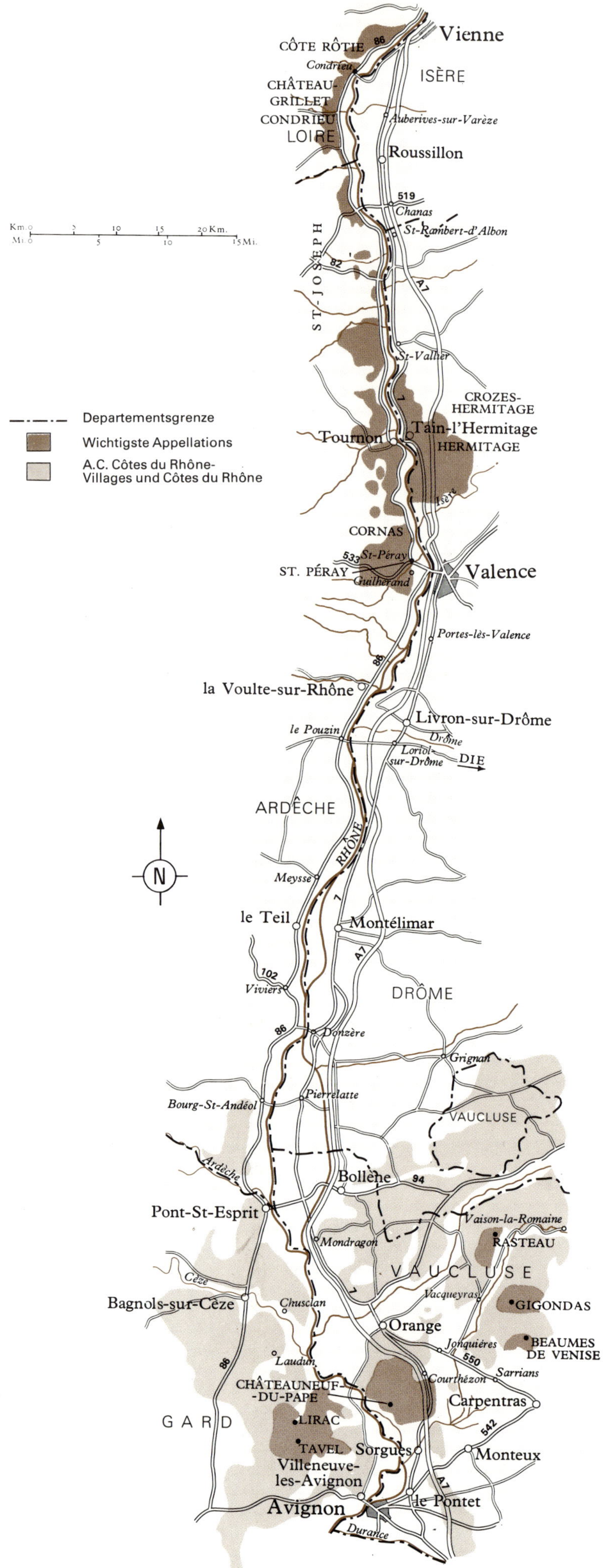

Côte Rôtie und Condrieu

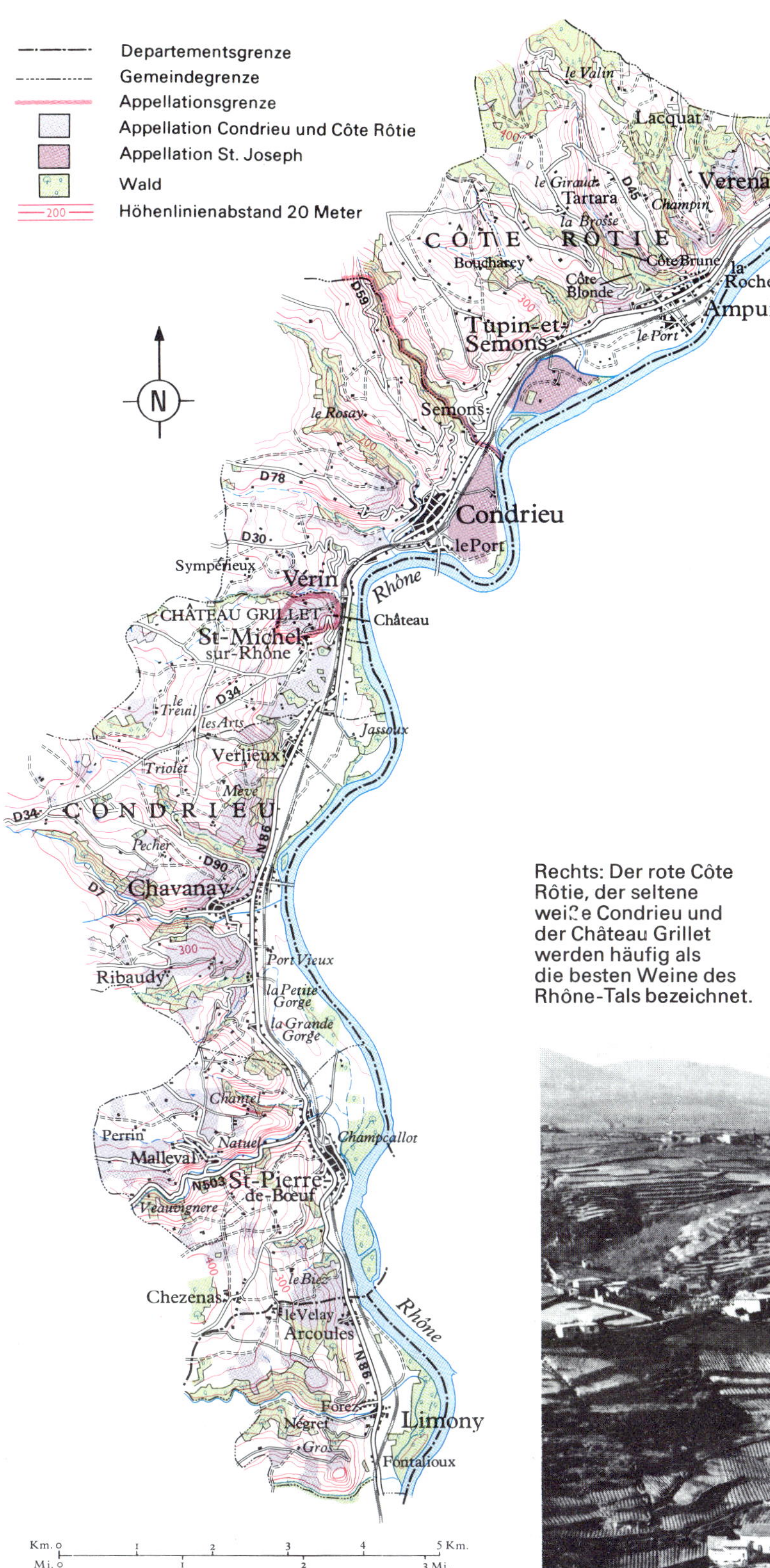

Château Grillet liegt am Fuß seines amphitheaterförmigen Weinbergs in vollendet geschützter Lage am Rhône-Ufer. Es ist die kleinste Lage mit eigener Appellation Contrôlée in ganz Frankreich.

Rechts: Der rote Côte Rôtie, der seltene weiße Condrieu und der Château Grillet werden häufig als die besten Weine des Rhône-Tals bezeichnet.

Der Côte Rôtie und der Condrieu aus dem nördlichen Rhône-Anbaugebiet sind nicht entfernt so bekannt wie der Châteauneuf-du-Pape aus dem Süden. Weil ihre Weinberge so winzig sind, müssen sie wohl Liebhaberweine bleiben. Zweifellos ist jedoch der Côte Rôtie einer der besten, wenn nicht gar der beste Rhône-Rotwein überhaupt. Und wer einmal einen Condrieu gekostet hat, wird auch diesen Weißwein ähnlich preisen.

Die Rechtsschleife des Flusses unterhalb Vienne säumt ein sehr steiler Hang mit überaus guter Sonneneinstrahlung. Hier finden sich auf den nur wenige Kilometer breiten Weinbergen unterschiedliche Bodenverhältnisse, so daß drei verschiedene Appellationen gelten.

Der nördliche Teil heißt Côte Rôtie und ist wiederum, wenngleich nicht offiziell, unterteilt in Côte Brune und Côte Blonde. Die Weine dieser beiden Côtes werden gewöhnlich miteinander verschnitten. Die Côte Rôtie bringt den nuancenreichsten und lohnendsten Rhône-Rotwein hervor. Beim Altern nimmt er eine fast dem Bordeaux vergleichbare Feinheit und einen unwiderstehlichen Himbeerduft an.

Der Condrieu ist das weiße Pendant dazu. Eine ungewöhnliche Traube, die Viognier, ist als einzige in diesem Bezirk zugelassen. Auch sie ergibt einen für die Rhône recht feinen Wein, einen trockenen weißen, der entfernt nach Blumen duftet, erregend an den Rhein erinnert und einen anhaltenden, recht würzigen Abgang hat. Das 1,6 Hektar große Weingut Château Grillet ist das innerste Heiligtum des Condrieu und Frankreichs kleinste Lage mit Appellation.

Hermitage

Schlängelnd bahnt sich der «Blaue Zug» seinen Weg am Fuß des Terrassenhügels von Hermitage und macht die glänzende Lage dieses die Rhône überblickenden Weinbergs Millionen Menschen vertraut.

Schon die Römer bauten hier Wein an. Vor hundert Jahren zählte man seine einzelnen *mas* – so nennt man hier die einzelnen Lagen – neben Château Lafite und Romanée-Conti zu den besten Rotweinen der Welt. Geblieben sind die *mas,* deren Namen man heute allerdings nur noch selten hört – und nie in einem Atemzug mit dem Château Lafite.

Das Adjektiv «männlich» haftet dem Hermitage an, seit man ihn zum erstenmal so genannt hat. Er hat fast die Eigenschaften eines Portweins ohne dessen künstlich gesteigerten Alkoholgehalt. Wie ein Port sondert auch er sehr viel Depot in der Flasche ab (er muß dekantiert werden) und wird mit den Jahren immer besser, bis Bukett und Geschmack geradezu überwältigend sind.

Dieser Hang ist auch für seine Weißweine berühmt, von denen heute der Chante-Alouette der bekannteste ist. Es ist ein *mas* und zugleich die Handelsmarke des Hauses Chapoutier. Dieser Wein ist goldfarben, trocken, von einem vollen, bemerkenswert feinen Geschmack und hält sich, wie der rote, viele Jahre lang.

Crozes-Hermitage ist eine umfassendere Appellation um den Hermitage herum – meistens gut, oft ausgezeichnet.

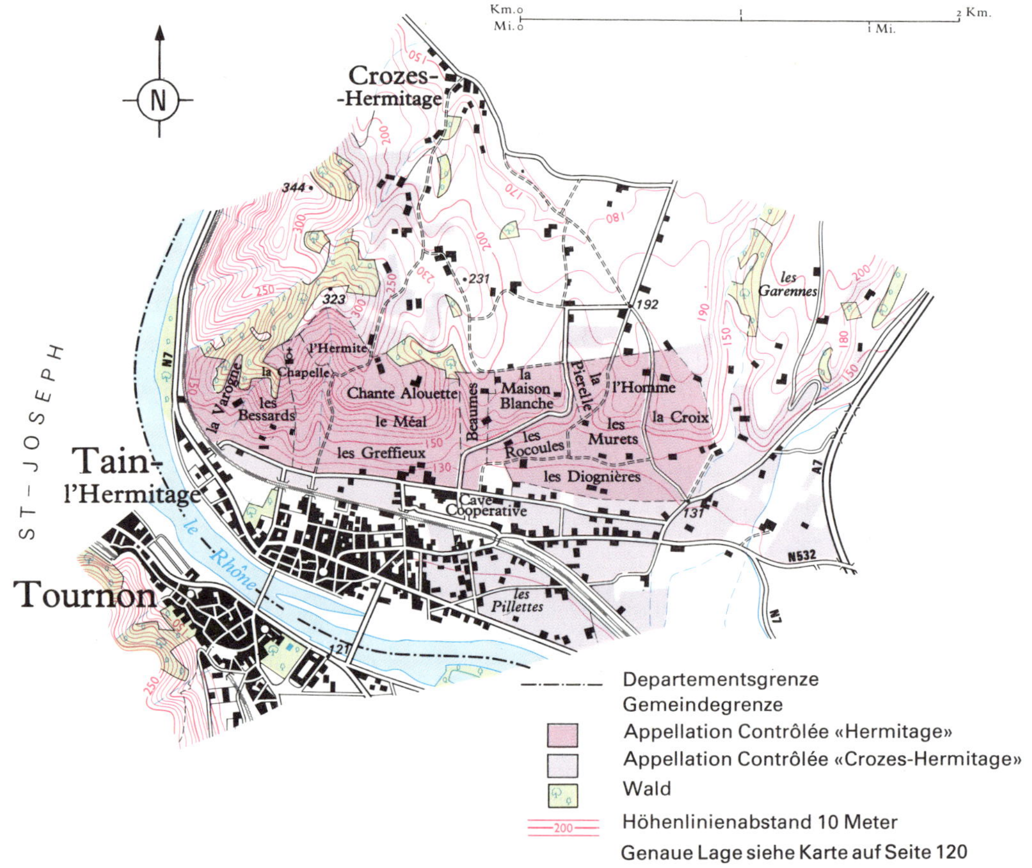

Der granitene Hermitagehügel, von oben bis unten terrassiert, erhebt sich an einer Rhône-Schleife bei Tain-l'Hermitage. Vor hundert Jahren zählte man die Hermitage-Rotweine zu den besten der Welt.

Ganz rechts: Der Boden im Gebiet von Châteauneuf-du-Pape ist wie ein Flußbett mit Steinen bedeckt, die am Tag die Sonnenwärme speichern um sie des Nachts wieder abzugeben. Die Trauben erreichen einen sehr hohen Zuckergehalt.

Rechts: Der Chante-Alouette ist der bekannteste weiße Hermitage. Crozes-Hermitage lautet die Appellation der Weinberge, die nicht am Hermitagehang selbst liegen.

Châteauneuf-du-Pape

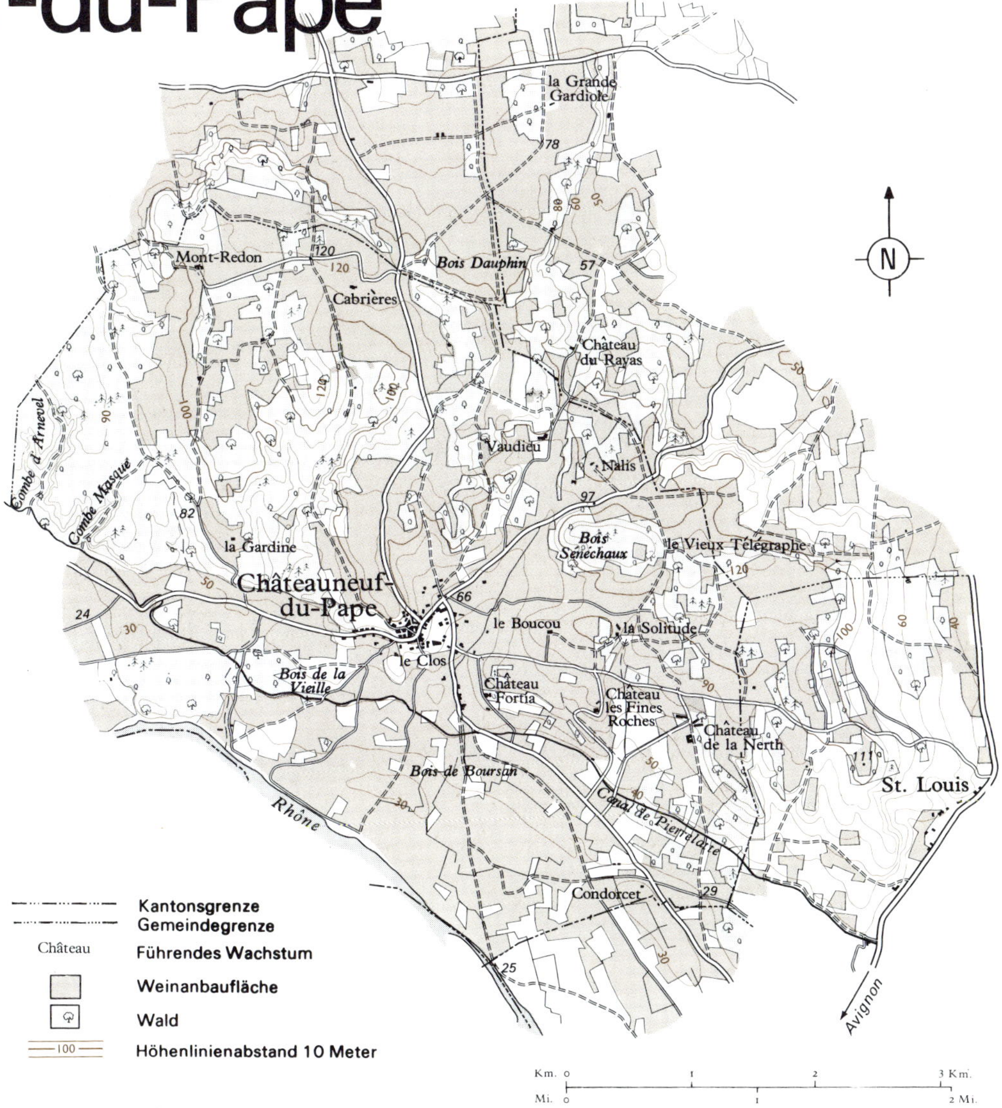

Châteauneuf-du-Pape liegt im Mittelpunkt der stärksten Konzentration von Rhône-Weinbergen auf den welligen Hügeln zwischen Avignon und Orange zu Füßen der Ruinen des päpstlichen Sommerpalastes. Hier stehen die Rebstöcke weit auseinander, wie niedrige Büsche in einem Meer glatter Steine. Der dunkelrote Châteauneufwein zeichnet sich dadurch aus, daß er nicht nur den höchsten Mindestalkoholgehalt (12,5 Prozent) aller französischen Weine aufweist, sondern auch der erste war, für den eine solche Norm aufgestellt wurde. Der verstorbene Baron Le Roy gab hier den ersten Anstoß zum späteren staatlichen System der Appellations Contrôlées. Sein ursprünglicher Vorschlag, 1923 unterbreitet, besagte, daß der für gute Châteauneuf-Reben (es gibt 13 verschiedene Sorten) geeignete Boden anhand der jeweils wachsenden Lavendel- und Thymiankombination bestimmt werden sollte. Ferner sollten Traubensorten, Rebschnitt, Quantität und Alkoholgehalt kontrolliert werden.

Über 45 000 Hektoliter Wein werden hier pro Jahr erzeugt; zu 99 Prozent ist er rot, überwiegend guter Durchschnitt und schon nach ein, zwei Jahren trinkfertig. Das benachbarte Gigondas (dem jetzt eine eigene Appellation zuerkannt worden ist) stellt einen ähnlichen Wein her. Eine Anzahl großer Weingüter erzeugt hier den klassischen, dunklen und vollen Châteauneuf-du-Pape.

Die Weingüter des Bezirks Châteauneuf-du-Pape sind groß im Vergleich zu den Châteaux in Bordeaux. Ihre eindrucksvollen Etiketten passen gut zu ihrem kräftigen und vollen Wein.

Châteauneuf-du-Pape wurde früher länger als alle anderen französischen Weine im Faß gelagert. Die moderne Praxis ergibt leichteren, schneller ausgereiften Wein.

Languedoc und Roussillon

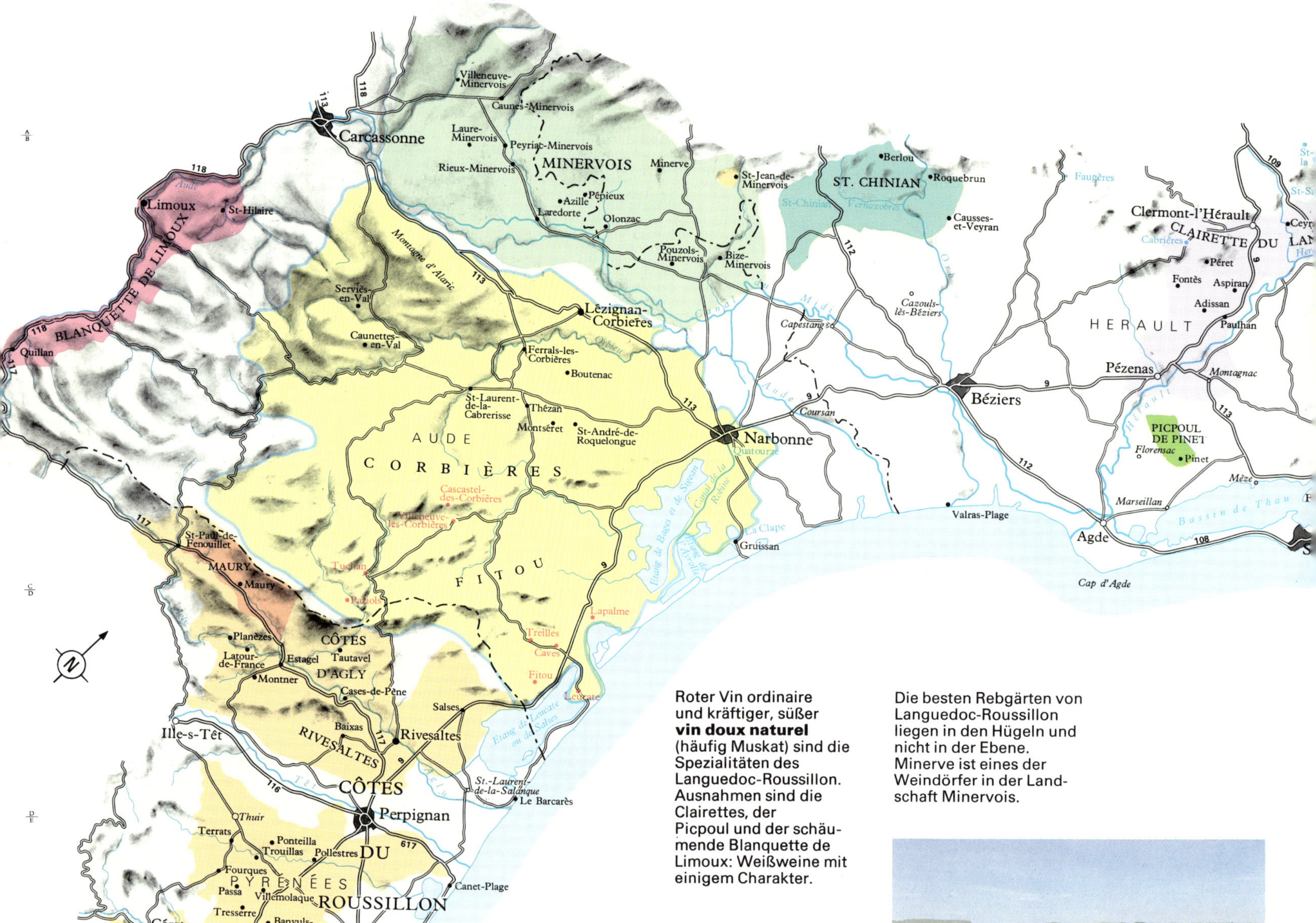

Roter Vin ordinaire und kräftiger, süßer **vin doux naturel** (häufig Muskat) sind die Spezialitäten des Languedoc-Roussillon. Ausnahmen sind die Clairettes, der Picpoul und der schäumende Blanquette de Limoux: Weißweine mit einigem Charakter.

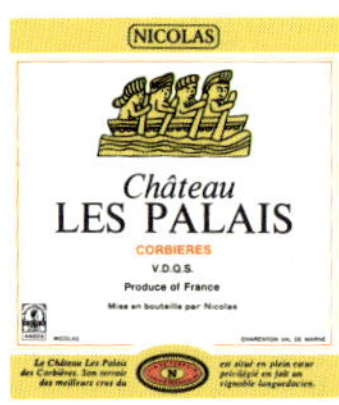

Die besten Rebgärten von Languedoc-Roussillon liegen in den Hügeln und nicht in der Ebene. Minerve ist eines der Weindörfer in der Landschaft Minervois.

Über ein Drittel des gesamten französischen Weins wächst in dem Gebiet, das auf dieser Karte gezeigt wird, im Midi. Das Département in der Mitte, Hérault, hat die größte Rebfläche in ganz Frankreich: über 160 000 ha (im Vergleich dazu Bordeaux: rund 100 000 ha). Dennoch hört man wenig vom dortigen Wein, niemand kennt seine Appellations. Es ist das Land des *vin ordinaire,* des *gros rouge,* den der französische Arbeiter mittags, abends und oft auch zum Frühstück trinkt.

Unter den ungeheuren Mengen namenloser Weine (und den durch immer wiederkehrende Schwemmen ausgelösten Streiks, die den Zeitungen willkommene Schlagzeilen liefern) werden die Qualitäten der besten Weine aus dem Süden und die unermüdlichen Anstren-

Appellations Contrôlées VDQS-Namen für Rotwein in Klammern

• Tuchan Gemeinde berechtigt, den Vermerk Appellation Contrôlée zu führen

- Banyuls
- Rivesaltes (Côtes du Roussillon)
- Maury (Côtes du Roussillon)
- Blanquette de Limoux
- St-Jean-de-Minervois
- Clairette du Languedoc
- Muscat de Frontignan
- Muscat de Mireval
- Lunel
- Clairette de Bellegarde

VDQS

• Langlade Gemeinde berechtigt, den Namen Coteaux du Languedoc zu führen

- Corbières
- Minervois
- St-Chinian
- Picpoul de Pinet
- Costières du Gard

— · — · — Departementsgrenze

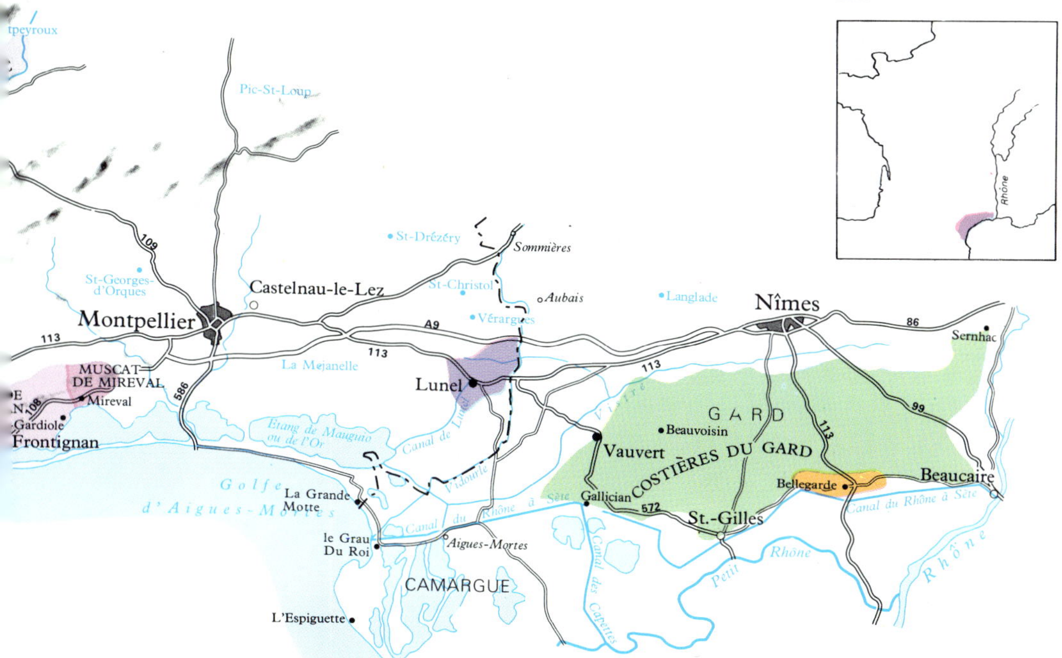

Km. 0 10 20 Km.
Mi. 0 10 Mi.

gungen um ihre Verbesserung begraben. Der Weinbau begann hier zur Zeit der Römer (Narbonne war die erste große Stadt in Gallien). Die Rebe gedieh überall dort, wo auf den steinigen Hügeln sonst nichts wachsen wollte, und sie brachte guten Ertrag. Erst als die Reblaus dem Weinbau auf den Hügeln den Garaus machte, kam die Rebe in die Ebene, und die permanente Krise der Überproduktion nahm ihren Anfang. Noch immer gibt es eingestreut in die überfruchtbaren Ebenen auch Zonen mit wertvollen Boden- und Klimaverhältnissen, in jedem Fall sind es höhergelegene Striche mit steinigem, gut entwässertem Boden.

Der Massenproduzent des Südens ist die Carignan-Rebe; sie liefert einen ausdruckslosen Wein. Deshalb bemüht man sich, den Anteil an Grenache, Cinsaut, Mourvèdre zu steigern – sie alle sind Midi-Trauben mit Charakter –, ja selbst Cabernet Sauvignon wird versuchsweise angepflanzt. Diese Rebe bewährt sich in Kalifornien, warum also nicht auch im Midi?

Zur Zeit gibt es nur zwei Appellations Contrôlées unter den Rotweinen im ganzen Midi: Fitou, eine Gruppe von neun Orten in Corbières, die einen kräftigen 12°-Wein mit einem gewissen Alterungsvermögen erzeugen, und Collioure, ein winziges Anbaugebiet.

Alle übrigen Appellations Contrôlées gelten für Dessertweine oder Weißweine. Die Dessertweine haben Charakter, aber der einzige mehr als nur einfach schmackhafte Weißwein ist der schäumende Blanquette de Limoux vom westlichen Rand des Anbaugebiets.

In Limoux ist es dank der Höhenlage und der Einflüsse des Atlantiks gelungen, frische, fruchtige und ausreichend säurehaltige Trauben zu ziehen, die sich nach der Champagnermethode zu einem überdurchschnittlichen Schaumwein verarbeiten lassen. Der beste Blanquette ist sehr blaß, sehr trocken, mit einer Spur Zitronengeschmack, durch den er sehr erfrischend wird. Es gibt auch eine süße Version, die aber ohne Reiz ist, und einen nicht schäumenden Wein, der zu Meeresfrüchten sehr gut ist.

Den meisten weißen Midi-Weinen, auch den Appellations Clairette du Languedoc und de Bellegarde, mangelt es an Frische und Fruchtaroma. Die Clairette-Traube ist neutral – der aus ihr gewonnene weiche, füllige, ziemlich alkoholreiche Wein ist die traditionelle Grundlage für französischen Wermut. Als Tischwein läßt er viel zu wünschen übrig, wenngleich es konservative Winzer manchmal verstehen, ihm eine warme, südländische Üppigkeit zu verleihen. Das Kalksteinmassiv von La Clape an der Küste bei Narbonne ist für solche Weine bekannt.

Picpoul de Pinet (der Picpoul ist die säurereiche Traube von Armagnac) mit seinem VDQS-Etikett genießt ebenfalls einen gewissen Ruf. Der «Blanc de Blancs», für den Midi ein Leichtgewicht, zeichnet sich sonst durch nichts weiter aus. Im Roussillon ist es seit alters üblich, unreife Maccabeo-Trauben zu lesen und aus ihnen einen *vin vert* herzustellen. Der portugiesische Vinho Verde ist allerdings sehr viel besser.

Gegenwärtig sind die Dessertweine die bekanntesten Weine dieses Gebiets. Die vollen braunen Muskatweine aus Frontignan, Mireval und Lunel in Hérault sowie aus Rivesaltes im Roussillon sind erstklassige Vertreter ihrer Art: alkoholreich, samtig und aromatisch. Die für diese sehr starken Erzeugnisse gewählte Bezeichnung «Vin Doux Naturel» ist freilich irreführend. Es sind ebenso gespritete Weine wie der Port. Ihre Gärung wird durch Zusetzen von Alkohol unterbrochen («muté»).

Roussillon ist Mittelpunkt der VDN-Produktion. Die allgemeine Appellation für seine Dessert- und Apéritifweine lautet daher auch Grand Roussillon. Die besten Anbaugebiete haben allerdings ihre eigenen für sie vorbehaltenen Appellations: Banyuls und Banyuls Grand Cru auf den felsigen Küstenbergen unmittelbar an der spanischen Grenze, Rivesaltes, Côtes d'Agly und Maury weiter landeinwärts. Dort werden die Weine zum größten Teil aus Grenache und anderen, nicht aromatischen Trauben hergestellt. Andere, denen das üppige Bukett der Muskattraube zugute kommt (z.B. der Muscat de Rivesaltes), sind ohne weiteres herauszufinden.

Alle diese Landschaften erzeugen bereits Weine von eigenem Charakter: Der St-Chinian ist herzhaft und rund, der Minervois-Rotwein ist zart und lebendig, der Corbières kraftvoll und solid, der Roussillon fest, körperreich und von den vieren vielleicht mit den besten Anlagen ausgestattet.

Von St-Chinian aus ostwärts sind dann in der Landschaft Coteaux du Languedoc die VDQS-Weine sehr viel dünner gesät: es gibt sie noch in vereinzelten Gemeinden mit Qualitätsehrgeiz – und mit Tradition: der St-Georges-d'Orques wurde von den englischen Touristen, die Napoleon in Montpellier interniert hatte, sehr geschätzt.

Südlich von Nîmes sind die Costières du Gard wirklich die letzten Weingärten an der Rhône. Eine tiefreichende Kieselsteinschicht im einstigen Flußdelta kommt den Reben dieser Gegend zugute und verschafft ihnen im Vergleich zu ihren Nachbarn vorteilhaftere Bedingungen.

Provence

- · — · — · · Departementsgrenze
- ▭ V D Q S Côte de Provence und Coteaux d'Aix-en-Provence
- ▥ Appellation Contrôlée Palette, Cassis und Bandol
- • Cogolin — Gemeinden mit einem Cru Classé
- • le Luc — V D Q S Gemeinden

Bandol und Palette sind die besten Rotweinbezirke der Provence. Auch andere Lagen liefern hier einen guten Wein, vor allem einen kräftigen Rosé.

Les Baux ist ein typisch provenzalisches Bergstädtchen. Hier findet man das beste Restaurant der Provence, das berühmte ‹L'Oustaou de la Baumanière›.

Im Süden Frankreichs gibt es nur wenige Weinbaugebiete mit vollgültigen Appellations Contrôlées. Statt dessen ist hier die Heimat des VDQS-Weins, des bemerkenswerten, anspruchsvollen lokalen Weins. Vom südlichen Rhônetal aus erstrecken sich sowohl nach Osten als auch nach Westen VDQS-Gebiete in großer Zahl. Die Karte zeigt das bekannteste unter ihnen (z. T. weil es um die Badeorte am Mittelmeer herum liegt): die Côtes de Provence mit den Coteaux d'Aix-en-Provence nördlich davon und drei kleineren Appellations, Palette, Bandol und Cassis.

In wohlwollenden Beschreibungen der Provenceweine fehlen nie die besonnten Pinien-, Thymian- und Lavendelkulturen und die Behauptung, aus ihnen beziehe der Wein seinen Charakter. Dies trifft auf einige der besten Weine zu – besonders auf den Palette Château Simone. Andere leben von einer hübschen Farbe und einem hohen Alkoholgehalt. «Mit Spitze umsäumter Persenning» ist eine realistische Charakterisierung eines der besseren Weine. Die Weißweine sind trocken, und es kann ihnen an Säure fehlen, um frisch zu sein; die Rotweine sind unkompliziert, kräftig und oft ein klein wenig eintönig, und es sind hier die Rosés, oft orangefarben, die am ansprechendsten sind.

Cassis und Bandol zeichnen sich durch ihre weißen bzw. roten Weine aus. Der Cassis ist insgesamt lebendiger als der übliche provenzalische Weißwein, und der Bandol ist aus dem gleichen Grunde der Spitzenrotwein.

Savoyen und der Jura

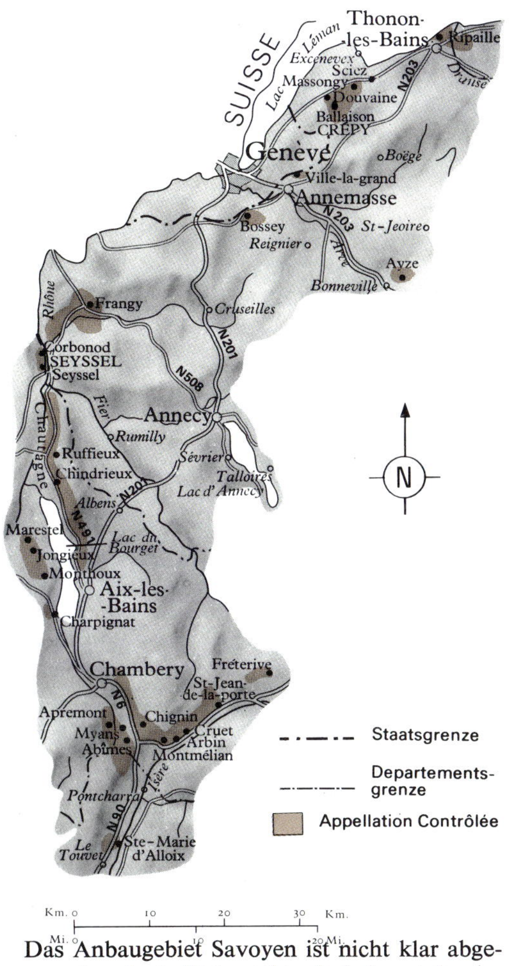

Das Anbaugebiet Savoyen ist nicht klar abgegrenzt und sein Wein nicht sehr bekannt. In vielerlei Hinsicht ist er ein Beispiel für den «kleinen Lokalwein», der nur im Märchen weite Reisen macht. Er ist so reintönig und frisch wie die Bergluft, die Seen und die Bäche – fast ausschließlich weiß: wie Wasser. Er hat eine Art trockener Milde, die entfernt an den Muscadet erinnert.

Bekannter ist die Schaumweinversion: Auch sie ist ebenso blaßfarben und flüchtig. Die besten Qualitäten sind trockener und feiner als jeder andere Schaumwein.

Eine ganze Reihe von Savoyer Weinen ist neuerdings (1973) in den Rang einer Appellation Contrôlée erhoben worden. Bis dahin war diese Ehre nur Crépy und Seyssel zuteil geworden. Crépy liegt unmittelbar an der Schweizer Grenze. Die dort gekelterte Traube ist die Schweizer Chasselas, und der Ort ist seiner ganzen Prägung nach mehr schweizerisch als französisch. In Seyssel wird meist Schaumwein erzeugt, aber auch der nicht moussierende Wein hat Feinheit und Charme.

Die Appellation Vin de Savoie gilt heute für Weißweine mit einem bestimmten Gehalt, die aus der hier vorherrschenden Rebe, der Jacquère, gekeltert werden. Ayze ist hier der bekannteste Name für Schaumwein, Apremont und Abymes für nicht moussierenden Wein.

Die wichtigste rote Traube ist die Mondeuse. Arbin, Montmélian und St-Jean-de-la-Porte sind für sie die bekanntesten Lagen.

Savoyen erzeugt überwiegend sehr trockenen und leichten Weißwein. Varichon & Clerk stellen einen hervorragenden Schaumwein her; der Chautagne ist ein ansprechender leichter Rotwein.

Breiter ist die Jura-Skala: gelber, roter, weißer, ‹grauer› und **vin fou** = Schaumwein.

Eine kleine Enklave mit einer nur 600 Hektar großen, verstreuten Rebfläche in Frankreichs offenbar entlegenstem Bergland, erzeugt der Jura nur einen Bruchteil dessen, was er früher zu produzieren pflegte. Doch ist sein Wein vielgestaltig, gut und rundweg originell. Die drei führenden Appellationen, Arbois, Château-Chalon (ein Dorf) und L'Etoile, haben alle einen eigenständigen Charakter.

Der Jura liefert nicht nur roten, weißen und Roséwein, sondern auch gelben und grauen Wein. Am besten ist der «gelbe», ein fester Weißwein aus der Savagnin-Traube (alias Traminer), der mindestens sechs Jahre im Faß gelagert wird und dort einen ähnlichen Umwandlungsprozeß durchläuft wie der Sherry. Die Appellation Château-Chalon ist für diesen eigenartigen, ausgezeichneten Wein reserviert, doch wird guter *vin jaune* auch in L'Etoile und Arbois bereitet. Eine besondere Flasche, der gedrungene *clavelin,* wird ausschließlich für diesen gelben Wein verwendet.

Der graue Wein ist einfach ein sehr blasser Rosé, ziemlich scharf. Der beste Jura-Rosé, aus Arbois, ähnelt dagegen mehr einem blaßfarbenen Rotwein und ist ungewöhnlich glatt. Der Weißwein, zum Teil aus der Chardonnay-Traube gewonnen, läßt sich ohne weiteres mit geringerwertigen Weinen der Côte de Beaune vergleichen.

Der Wein im Südwesten

Südlich des großen Weinbaugebiets von Bordeaux und westlich von dem noch größeren des Midi gedeiht die Rebe in weitverstreuten Landstrichen mit starker lokaler Tradition.

Cahors heißt der führende Wein in diesem Teil Frankreichs, führend dem Namen nach, jedoch nicht in der offiziellen Anerkennung. Erst 1971 wurde er zur Appellation Contrôlée erhoben, obwohl er schon seit langem als «der Erste unter den VDQS» bekannt war.

Der kräftige Rotwein von Cahors wurde «der Schwarze» genannt – und das mit Recht. Die hier angebauten Trauben und das Klima verliehen ihm im Verein mit altmodischen Methoden der Weinbereitung mehr Gerbsäure, als er vertragen konnte, und eine schwarzgetönte «Robe». Hinzu kam, daß man ihn zwölf oder fünfzehn Jahre lagern mußte, ehe man ihn trinken konnte – und heutzutage will man nun einmal rascher ausgebauten Wein haben.

Eine große Genossenschaft, les Caves d'Olt in Parnac, verarbeitet etwa die Hälfte der Produktion dieses Gebiets zu Weiß- und Roséweinen und dem immer roten Vin de Cahors. Jouffreau und Tesseydre sind gute Erzeuger mit eigener Abfüllung. Leygues bei Puy-l'Evêque, Prayssac und Luzech sind wichtige Zentren der besten Weine.

Es gibt in Frankreich ein paar Anbaugebiete, die eine Appellation Contrôlée tragen, dabei aber kaum noch den Wein erzeugen, den sie einmal erzeugt haben müssen, um diesen Titel zu verdienen. Gaillac ist das größte davon.

Die Berge am Flüßchen Tarn unterhalb von Albi und auch unterhalb der herrlichen Schlucht, die dieser Fluß in die Cevennen schneidet, sind noch heute eine reizende Landschaft mit schönen Städten und Dörfern. Dreiundsiebzig von ihnen gehören zur Appellation Gaillac, die somit einen sehr allgemeinen Namen für alle Weine, rot, weiß oder rosé, hergestellt aus einer Mischung von recht unterschiedlichen Trauben (u.a. auch Sauternes-Sorten für Weißwein, für Rotwein aber mehr Rhône-Reben als Bordeaux-Reben), abgibt.

Jeder Weiße oder Rosé aus diesem Gebiet, der nach Champagner-Art behandelt ist – und das sind nur wenige –, darf sich Gaillac Mousseux nennen.

Der klassische Gaillac dagegen war stets ein süßer Weißwein, und die innere Appellation Gaillac Premières Côtes für nur acht Gemeinden (zu denen Gaillac nicht gehört) bezieht sich allein auf süßen (eigentlich sogar nur mittelsüßen) Weißwein.

Die sich westlich anschließende Côtes de Fronton hat eine vorwiegend lokale Anhängerschaft; die Bürger von Toulouse nämlich trinken den aus einer lokalen Traubensorte, der Négrette, gekelterten Rotwein so ziemlich allein.

Noch weiter westwärts nehmen die Weinberge von Armagnac (Seite 260) das Hauptinteresse in Anspruch.

Nördlich von Armagnac liegt auf dem linken Ufer der Garonne die Appellation Côtes de Buzet, deren Produktion in den Händen einer einzigen wohlorganisierten Genossenschaft liegt. Die Buzet-Weine sind in jeder Hinsicht kleinere (aber nicht billige) rote und weiße Bordeaux-Weine.

Was im Bereich der hier gezeigten Karte noch an Weinen wächst, gehört in die baskische Provinz Béarn, die erst in jüngster Zeit eine allgemeine Appellation für ihre Rot-, Weiß- und Rosé-Weine erhalten hat.

Die Weinberge von Madiran liegen an den Hügeln entlang dem linken Ufer des Flüßchens Adour, unmittelbar südlich der besten Lagen von Armagnac. Die Lokaltraube trägt den Namen Tannat, der für den aus ihr gekelterten dunklen und tanninreichen, rauhen, aber sehr kräftigen Wein recht angebracht erscheint.

Der Jurançon ist denkwürdig, obgleich die Erzeugung heute nur noch einen Bruchteil der einstigen Produktion beträgt.

Das winzige Anbaugebiet der Appellation Irouléguy mit seiner Rebfläche von nur 40 Hektar ist die äußerste Bastion des Baskenlands. Hier keltert man unbeirrt roten, weißen und Rosé-Wein aus den Lokalsorten, zu denen auch die Tannat-Traube zählt.

Alle guten Weine dieser Landschaft kommen von den uralten Rebhängen («coteaux») im Südwesten. Sie hatten unter Reblausbefall schwer zu leiden, heute aber bekommt ihr Name wieder einen guten Klang.

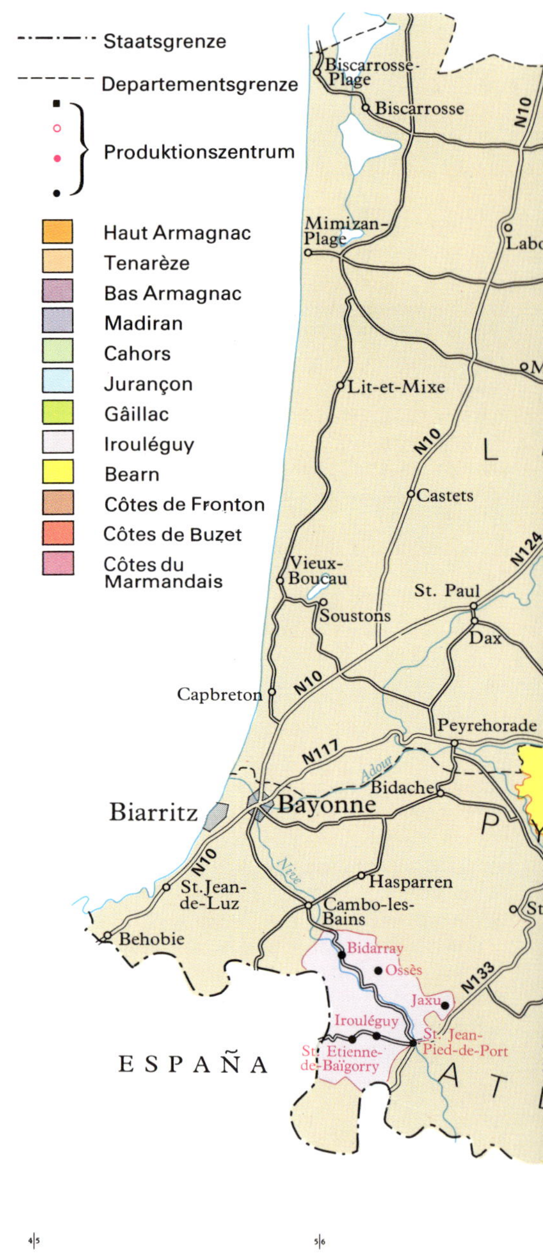

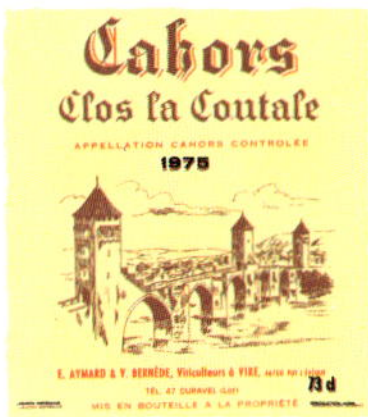

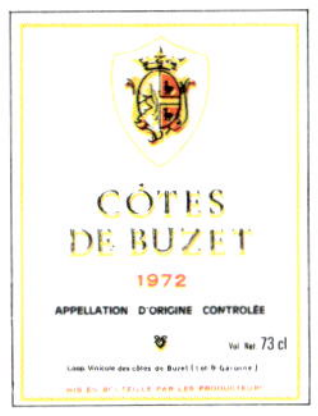

Cahors war jahrelang der erste unter den Vin Délimité de Qualité Supérieur in Frankreich. Die Etiketten stammen aus dieser Zeit. Heute ist er Apellation Contrôllée. Jurançons bester Wein ist «liquoreux» oder sehr süss, aber sehr selten.

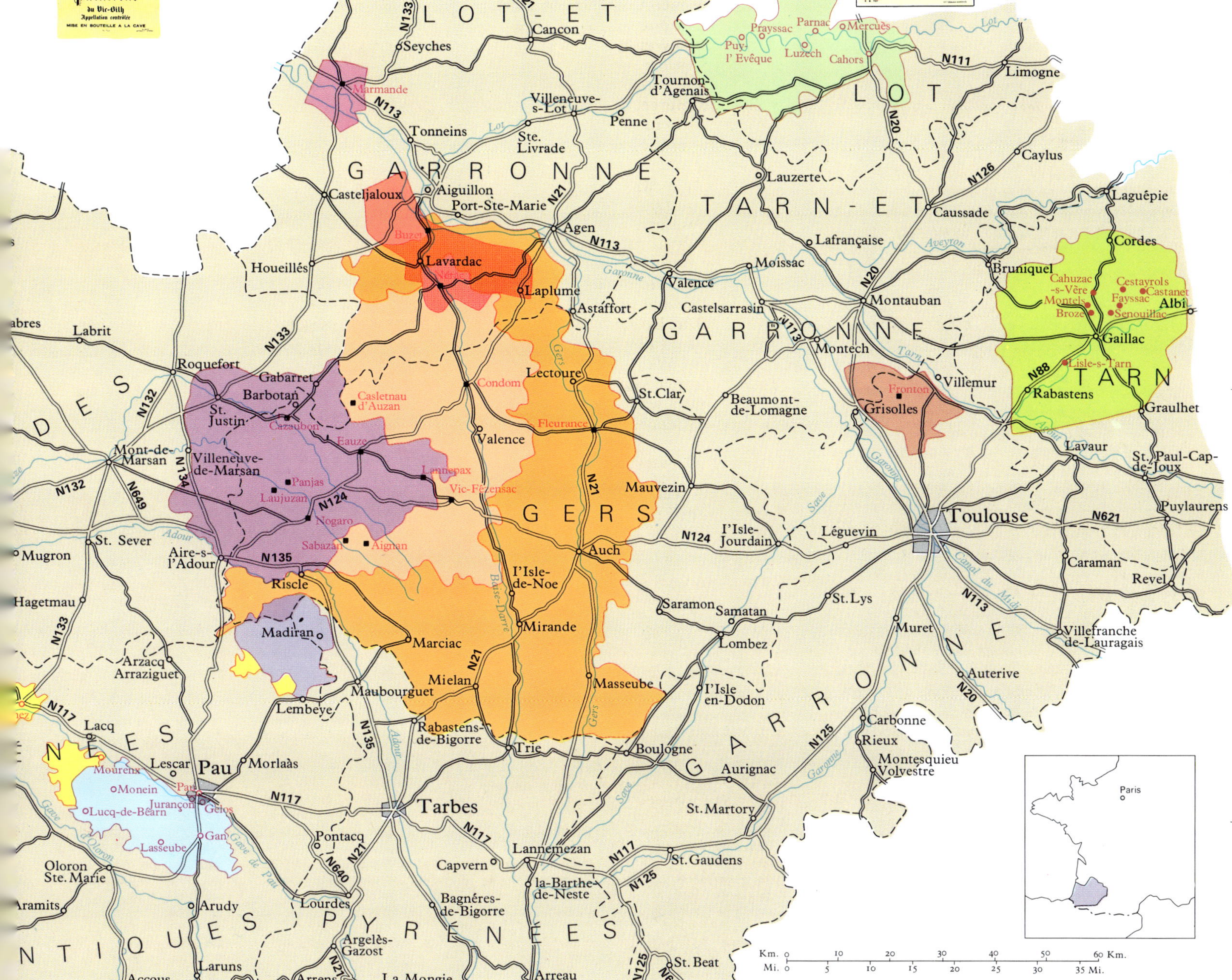

Landweine

Die hier gezeigte Karte bringt erstmals eine ganze Reihe von neuen, noch unbekannten Weinen: die neue französische Klasse der Vins de Pays.

Es gehört zur Eigenart Frankreichs, daß hier selbst in weltabgeschiedenen Winkeln Weine erzeugt werden, die – mit Ausnahme der allerbesten aus dem übrigen Europa – besser sind als alle übrigen. Frankreich verwendet viel Sorgfalt auf seine «kleinen» Weine und setzt den Stab von Inspektoren des bewundernswert gut organisierten Institut National des Appellations d'Origine dazu ein, sie laufend zu überwachen; so wie der Trainer den Nachwuchs nicht aus den Augen läßt.

Das System der Appellations entwickelte sich schrittweise in den 20er und 30er Jahren, 1949 folgte die Schaffung eines zweiten Rangs: Vins Délimités de Qualité Supérieure – VDQS. Diese Weine haben sich seit ihrer Anerkennung stetig verbessert, und vielen von ihnen wurde inzwischen die Appellation Contrôlée (AC) zuerkannt. Man kann fast sicher sein, daß fast alle übrigen folgen werden.

Inzwischen blieb in den Statuten noch eine ältere Version bestehen, die sogenannte «Appellation simple» (AS). Während in den AC-Bestimmungen nicht nur Anbaugebiete und Rebensorten, sondern auch Höchstmengen, Mindestgehalt, Schnittechniken und vieles andere festgelegt sind, brauchten AS-Weine lediglich von geduldeten Reben in anerkannten Regionen zu stammen. Ein normaler Tafelwein konnte wohl auf dem Etikett einen Regionalnamen tragen, aber niemand achtete viel darauf. Kein AS-Wein verfügte über einen so großen Ruf, daß er mehr als den üblichen Grundpreis hätte erzielen können. Die für ihn zuständige Behörde war lediglich das Office des Vins de Consommation Courante.

In den Jahren 1973 bis 1976 kam dann eine Reihe von Verfügungen heraus, die den eigenständigeren unter diesen Tafelweinen mehr Klarheit und Gewicht verleihen sollten, und zugleich wurde eine neue Behörde geschaffen, das Office National Interprofessionnel des Vins de Table, das sich um diese Weine zu kümmern hat.

Im Sommer 1976 erschien eine Liste von 75 Vins de Pays – für jeden, der ein Gefühl für die französische Landschaft hat, liest sie sich wie reine Poesie ...

In den Verordnungen ist genau bestimmt, welche Gemarkungen und Gemarkungsteile die jeweilige Bezeichnung tragen dürfen.

Die Kontrollbestimmungen für die Qualitätsklasse Vins de Pays sehen entsprechende Höchst- und Mindestgrenzen für den Säuregehalt und andere analysierbare Bestandteile wie auch einen Mindest-Alkoholgehalt (je nach Region zwischen 9,5 und 10,5%) vor. Sie werden einer Prüfung durch ein Expertengremium unterzogen – das wird z.B. beim deutschen Tafelwein nicht gefordert.

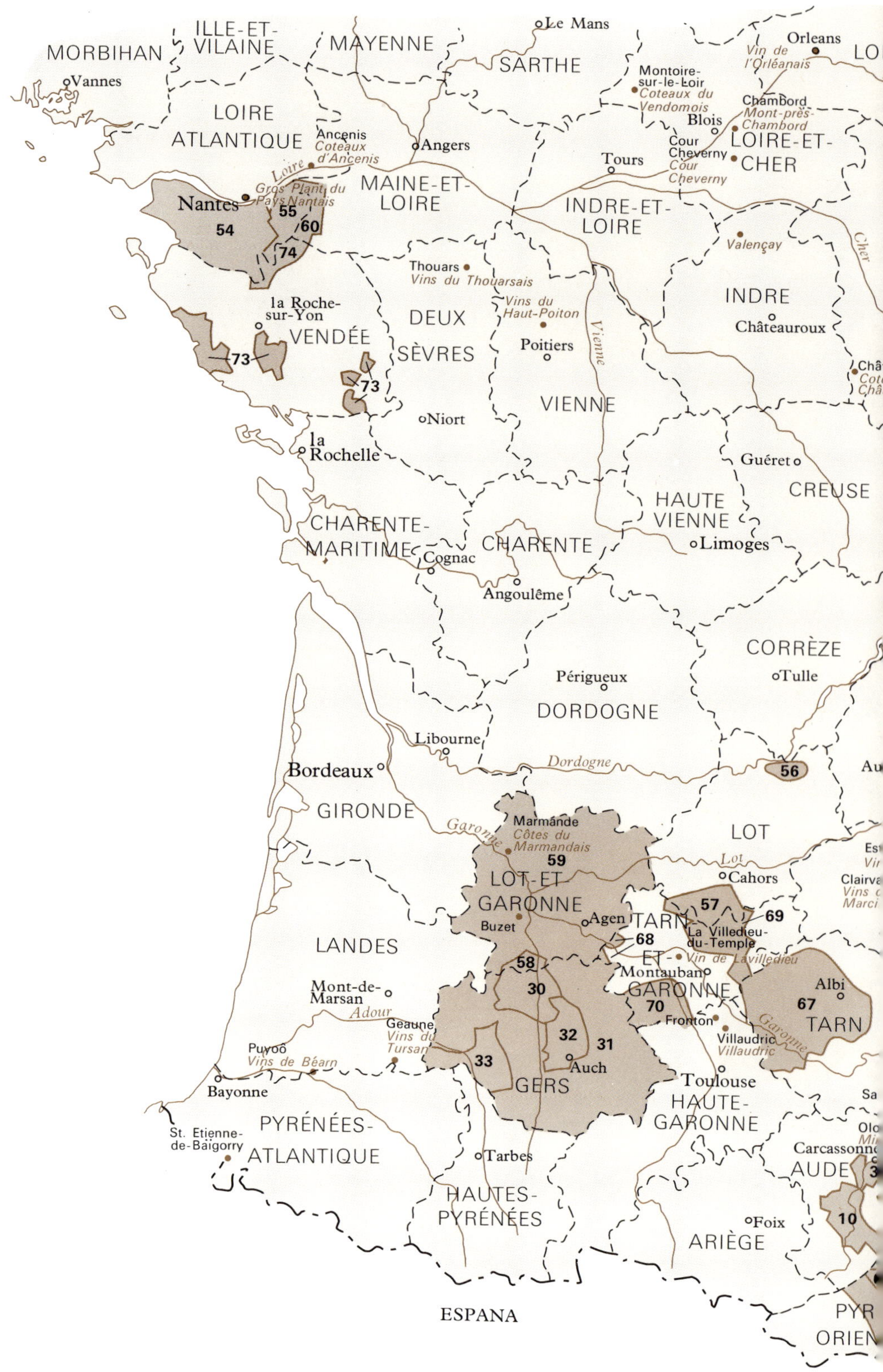

ARDÈCHE
1 Coteaux de l'Ardèche
AUDE
2 Coteaux de la Cabrerisse
3 Coteaux de la Cité de Carcassonne
4 Coteaux de Miramont
5 Coteaux de Peyriac
6 Coteaux du Termenès
7 Côtes de Perignan
8 Cucugnan
9 Hauterive en Pays d'Aude (also includes 2 11.15.)
10 Haute Vallée de l'Aude
11 Val d'Orbieu
12 Val de Cesse
13 Val de Dagne
14 Val du Torgan
15 Vallée du Paradis
BOUCHES-DU-RHÔNE
16 Petite Crau
17 Sables du Golfe du Lion
DRÔME
18 Coteaux de Baronnies
GARD
19 Coteaux Cévenoles
20 Coteaux Flaviens
21 Coteaux du Pont du Gard
22 Coteaux du Salavès
23 Coteaux du Vidourle
24 Mont Bouquet
25 Sables du Golfe du Lion
26 Serre de Coiran
27 Uzège
28 Val de Montferrand
29 Vistrenque
GERS
30 Côtes du Condomois
31 Côtes de Gascogne (includes 30. 32. 33.)
32 Côtes de Montestruc
33 Côtes de Saint-Mont
HÉRAULT
34 Bassan
35 Caux
36 Cessenon
37 Collines de la Moure
38 Coteaux d'Enserune
39 Coteaux de Laurens

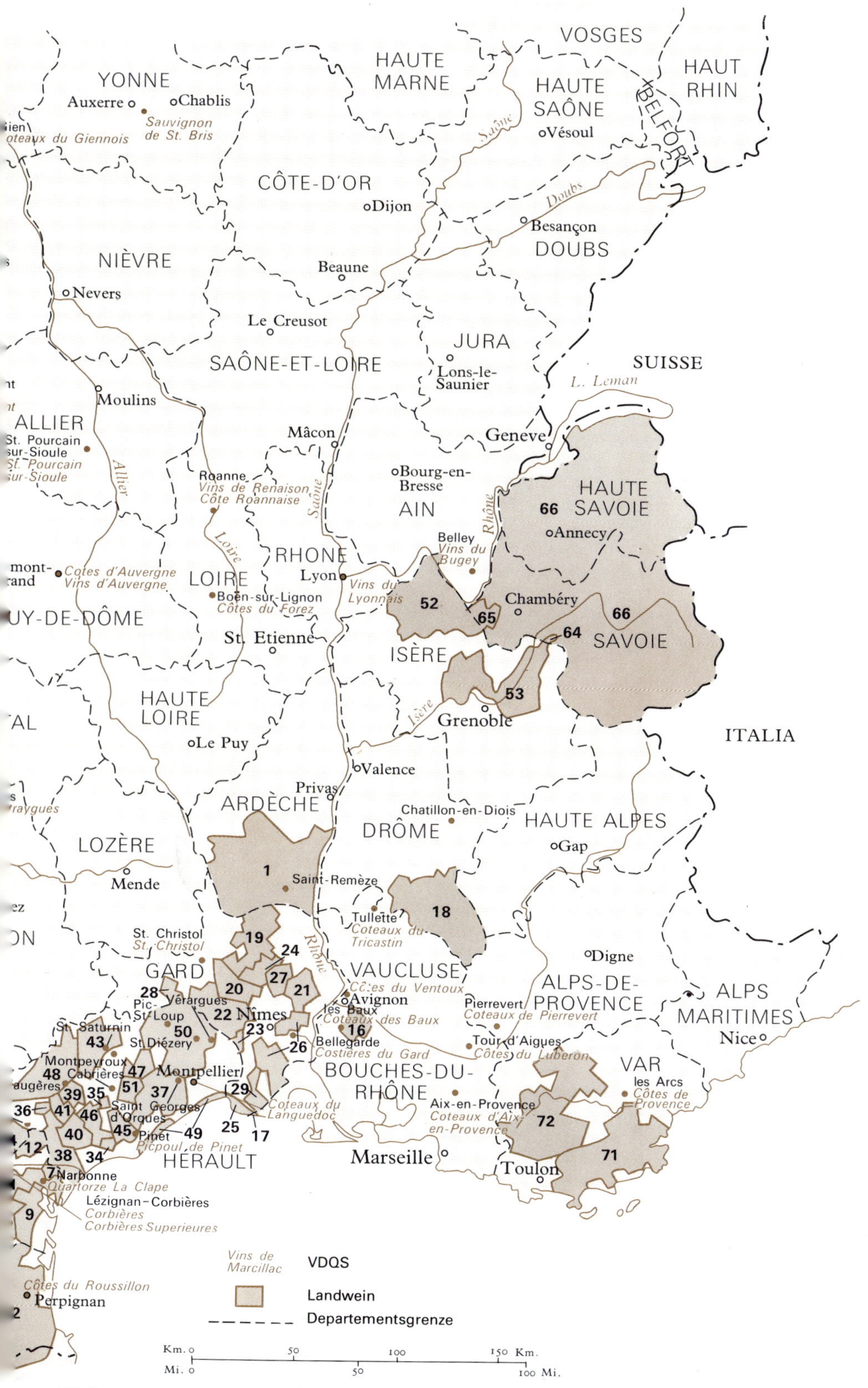

40 Coteaux du Libron
41 Coteaux de Murviel
42 Coteaux de Peyriac
43 Coteaux du Salagou
44 Côtes du Brian
45 Côtes de Thau
46 Côtes de Thongue
47 Gorges de l'Hérault
48 Haute Vallée de l'Orb
49 Sables du Golfe du Lion
50 Val de Montferrand
51 Vicomté d'Aumelas

ISÈRE
52 Balmes Dauphinoises
53 Coteaux du Grésivaudan

LOIRE-ATLANTIQUE
54 Pays de Retz
55 Marches de Bretagne

LOT
56 Coteaux de Glanes
57 Coteaux du Quercy

LOT-ET-GARONNE
58 Côtes du Condomois
59 Agenais (includes 58.)

MAINE-ET-LOIRE
60 Marches de Bretagne

PYRÉNÉES-ORIENTALES
61 Coteaux des Fenouillèdes
62 Pays Catalan
63 Vals d'Agly

SAVOIE
64 Coteaux du Grésivaudan
65 Balmes Dauphinoises

SAVOIE ET HAUTE-SAVOIE
66 Allobrogie

TARN
67 Côtes du Tarn

TARN-ET-GARONNE
68 Agenais
69 Coteaux du Quercy
70 Saint-Sardos

VAR
71 Les Maures
72 Coteaux Varois

VENDÉE
73 Fiefs Vendéens
74 Marches de Bretagne

VDQS

Die meisten französischen VDQS-Weine (Vins Délimités de Qualité Supérieure) sind auf Karten mit größerem Maßstab auf anderen Seiten zu finden. Auf dieser Seite stellen wir sie in Beziehung zu den Anbaugebieten ihrer kleineren Brüder, der Vins de Pays – der künftigen VDQS?

Die in dieser Karte erscheinenden, aber an anderer Stelle nicht näher besprochenen VDQS-Gebiete werden nachstehend mit ihren hauptsächlichen Weintypen aufgeführt.

Savoie-Bugey
Vins du Bugey: Roussette-Weißwein, ähnlich wie Crépy usw. Sehr leichter Rotwein, gute Lokalsorten. (Bugey + Ortsname weist auf etwas mehr Gehalt und – theoretisch – Qualität hin.)

Loire-Tal und Mittelfrankreich
Côtes d'Auvergne: frische Gamay-Rotweine (Chanturgues) und Roséweine (Corent).
Châteaumeillant: fruchtiger roter Gamay, sehr blaßfarbener Vin gris.
Côtes du Forez: roter Gamay, wie leichter Beaujolais.
Renaison, Côte Roannaise: leichter Rotwein mit gewissem Charakter.
St-Pourcain-sur-Sioule: ansprechender, trockener Weißwein, ebensolche Rot- und Roséweine.
Vins du Thouarsais: lieblicher Weißwein, leichter Rot- und Roséwein.
Vin du Haut-Poiton: sehr trockener Weißwein.

Südosten
Coteaux des Baux-en-Provence: ähnlich wie Coteaux d'Aix; am besten sind die Rotweine.
Vins du Lyonnais: Gamay und Syrah; leichte und fruchtige Rotweine.
Coteaux de Pierrevert: ein in Ausweitung begriffener Bezirk; Weine in provenzalischer Art.
Côtes du Luberon: hauptsächlich Weißweine, aber auch etwas Rot-, Rosé- und Schaumwein.
Côtes du Vivarais: überdurchschnittliche Rot- und Roséweine.

Languedoc-Roussillon
Côtes du Cabardes et de l'Orbiel

Südwesten
Côtes du Marmandais: leichte, eher hellrote Rotweine und einfache Weißweine.
Vins d'Estaing: gute Rotweine und trockener Weißwein.
Vins d'Entraygues et du Fel: sehr kleines Gebiet; leichter Rot- und Roséwein, wenig Weißwein.
Lavilledieu: ebenfalls winziges Gebiet; angenehmer leichter Wein.
Vins de Marcillac: ebenfalls winzig; ähnlicher Wein.

Drei VDQS-Gebiete erscheinen nur auf der Frankreichkarte Seite 51. Es sind dies:
Lothringen
Côtes de Toul und Vin de la Moselle: sehr blaßfarbener Vin gris und säuerlicher Rotwein. Die Trauben wurden früher nach der Champagne gebracht, wo sie verschwunden sind.
Nordburgund
Sauvignon de St-Bris: ein neues Anbaugebiet mit vielversprechendem, sehr trockenem Sauvignon-Weißwein; in guten Jahren mit einem Loirewein vergleichbar.

Korsika

Korsikas neue Weinberge im Osten und Süden wurden in den 60er Jahren von Winzern aus Algerien angelegt. Die alten Weinberge unterscheiden sich stark von ihnen: Es sind enge Terrassen an zerklüfteten Berghängen.

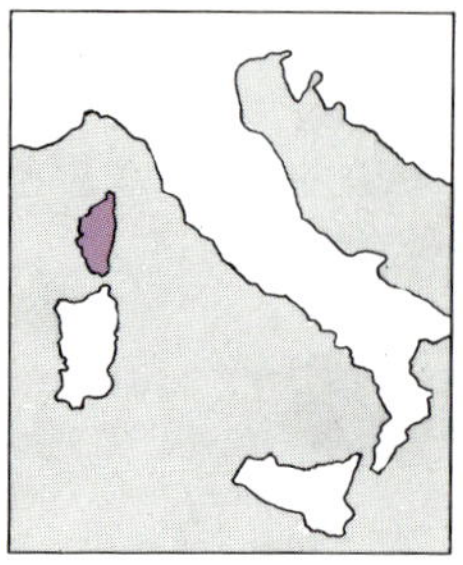

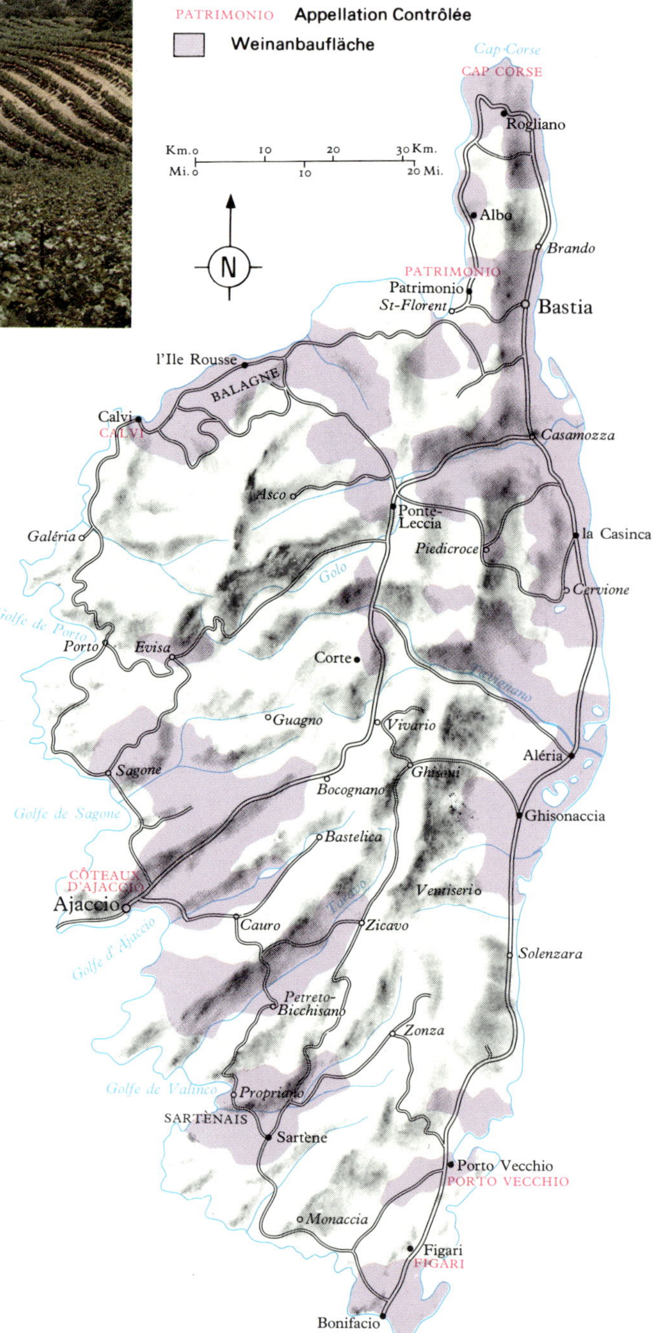

Korsika erscheint erst seit den letzten zwanzig Jahren auf der Weltkarte des Weins. Der *maquis,* dieses berühmte, gestrüppüberzogene und einst von Banditen unsicher gemachte Bergland, eignet sich kaum für den Weinbau; die Ebenen waren malariaverseucht.

Doch dann kam die Loslösung Algeriens von Frankreich.

In wenigen Jahren wuchs die alte Gesamtanbaufläche der Insel von etwa 8000 Hektar ziemlich unzusammenhängender Weinberge, die mehr dem italienischen als dem französischen Typ entsprachen, auf 30000 und mehr Hektar an. Die Malaria wurde besiegt, und von den Ebenen ergriffen Weinbauern Besitz, die Algerien hatten verlassen müssen. Modernste Verfahren ließen Korsika zu einem bedeutenden Erzeuger von Verschnittweinen für den französischen Markt werden, während die an den alten Lagen vorgenommenen Verbesserungen die Behörden dazu veranlaßt haben, sieben von ihnen (s. Karte) in den Rang der Appellation Contrôlée zu erheben.

Patriminio ist vor allem durch seinen Roséwein bekannt, der aus den hier angebauten Niellucio- und Grenache-Trauben gekeltert wird, obwohl sich die Appellation auch auf die roten und weißen (Vermentino-) Weine erstreckt. Die Hänge um die Hauptstadt Ajaccio tragen vorwiegend eine weitere einheimische Rebe, die Sciacarello, die roten und Roséwein liefert. Sartène hat sich durch seinen starken Rotwein und Cap Corse durch Dessertweine (neuerdings auch Weißwein) einen guten Namen erworben. Auch Figari und Porto Vecchio haben das Recht, den eigenen Namen als Appellation zu führen.

Bis vor kurzem war Patrimonio der einzige korsische Wein mit Appellation Contrôlée. Noch immer sind seine starken (12,5°) Rot-, Rosé- und Weißweine die besten der Insel. Die Muskatrebe wurde neu eingeführt, sie ist nicht zur AC zugelassen.

Deutschland

Riesling-Reben in ihrem Element: die Weinberge von Bernkastel an der Mosel

Deutscher Wein

Deutschlands beste Weinberge liegen so weit im Norden, wie man überhaupt nur Trauben zur Reife bringen kann. Sie wachsen auf einem Boden, der für normale landwirtschaftliche Nutzung ungeeignet ist: Gäbe es sie nicht, wären an ihrer Stelle Wälder und kahles Bergland. Alles in allem scheinen sie kaum dazu bestimmt, den besten Weißwein der Welt hervorzubringen. Und dennoch gelingt ihnen das zuweilen, und dann verleihen sie diesem Wein einen Charakter, den kein Wein der Welt nachahmen kann.

Ihr Geheimnis liegt in der Ausgewogenheit ihres Zucker- und Säuregehalts. In guten Jahren ist beides so fein aufeinander abgestimmt, daß der Wein die Unwiderstehlichkeit eines großen Kunstwerks hat. Diese Ausgeglichenheit erlaubt die vollendete Verschmelzung der Extraktstoffe und des Bodengeschmacks, deren Zusammenspiel man gewöhnlich «Rasse» nennt. Deutsche Weine weisen dies besonders ausgeprägt auf, weil ihr Alkoholgehalt niedrig ist; sie verfügen nicht über einen üppigen Körperreichtum, doch treten ihre Geschmacksnuancen glänzend hervor, und in ihrer Mehrzahl entfalten sie einen großartigen Bukettfächer.

Die besten dieser Weine haben so viel Charakter und Charme und sind so interessant, daß man sie, anders als französische Weine, am besten für sich allein und nicht beim Essen genießt. Eine Flasche Spätlese oder Auslese von der Mosel oder aus dem Rheingau ist ein Erlebnis für sich, von dem gerade eine gute Mahlzeit nur ablenken kann.

Ein deutscher Winzer pflegt seine verschiedenen, aus einem Jahr und einem Weinberg stammenden Fässer als verschiedene Weine zu betrachten. «Bestes Faß» ist keine leere Verkaufsparole, vielmehr lösen Faßnummern Emotionen aus. In Frankreich behandelt selbst Château Yquem alle Fässer eines Jahres gleich.

Dies ist die eine Seite, die des Weinfreunds. Für ihn wird in Deutschland gesorgt wie nirgendwo sonst in der Welt. Andererseits werden die meisten der deutschen Weine, wenn nötig, verschnitten und gewähren so unbeschwerten Genuß.

Die deutschen Weinberge liegen am Rhein und seinen Nebenflüssen. Im äußersten Süden sind sie spärlich, in der Pfalz nahe der französischen Grenze am dichtesten.

Außer den Ortsnamen und (bei sehr guten Weinen) den Lagen sowie den Weineigenschaften nennen deutsche Etiketten häufig auch die Traubensorte, aus der der Wein bereitet wurde.

Der Riesling (s. S. 22) ist Deutschlands Spitzentraube: Fast alle sehr guten deutschen Weine werden aus dieser Traube gekeltert, und man findet sie als nahezu einzige Sorte an Mosel, Saar, Ruwer und im Rheingau sowie in den besseren Lagen der weniger bekannten Gebiete.

Die Qualität wird allerdings auf Kosten der Quantität erzielt. Der Riesling ergibt nur halb soviel Wein pro Pflanze wie die Silvaner-Traube, die in den Gebieten Rheinhessen, Nahe, Pfalz und Franken (siehe kleine Karte) die am meisten angebaute Sorte ist. In den besten Lagen dieser

Das Große Faß von Heidelberg nimmt über 160 000 Liter oder 19 000 Dutzend Flaschen Wein auf.

Gebiete, besonders in Franken, liefert sie einen sehr guten Wein, doch erreicht er nur sehr selten die Rasse und harmonische Ausgeglichenheit eines guten Riesling.

Pinot Noir (Spätburgunder genannt) und die stärker verbreiteten Portugieser sind die führenden Rotweintrauben. Das Ahrtal bei Bonn ist ein stark auf Rotwein spezialisierter Anbaubezirk.

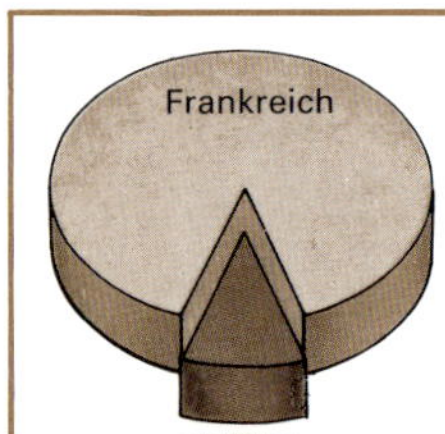

Links: Die deutsche Weinproduktion erreicht nur den siebenten Teil der französischen.

Links: Die USA und Großbritannien sind die größten Exportmärkte.

Unten: Weinimport und -export im Verhältnis 8:1.

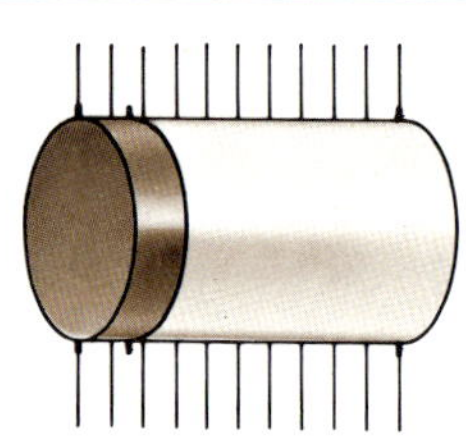

Oben: 85% deutscher Weine sind Weißweine; Rotweine werden meistens im Anbaugebiet selbst getrunken.

1975 betrug der deutsche Weinkonsum 14,4 Mio hl, das entspricht einem Pro-Kopf-Verbrauch von 23,2 l.
1,6% der Bevölkerung arbeiten in der Weinerzeugung und im Weinhandel.
Der durchschnittliche Erzeugerpreis für einfache Qualitätsweine schwankt zwischen 75 und 150 DM pro 100 Liter.
Der Durchschnittspreis, den ein Weinfreund für eine 0,7-l-Flasche Qualitätswein bezahlen muß, liegt bei 4,25 DM

Das Weingesetz 1971

Im deutschen Weingesetz werden, anders als im französischen, die Weinberge nicht klassifiziert. (So könnte in Deutschland jeder Weinberg theoretisch Spitzenweine hervorbringen.) Statt dessen legt das Gesetz genauestens fest, wie hoch der Zuckergehalt des Mostes für die jeweilige Qualitätsstufe sein muß. Im neuen deutschen Weingesetz von 1971 werden drei Qualitätsstufen unterschieden.

Deutscher Tafelwein Ein einfacher Tischwein, hergestellt aus amtlich zugelassenen Rebsorten. Dieser Wein darf vor der Gärung mit Zucker angereichert werden, um ausreichend Alkohol zu erzielen.

Qualitätswein bestimmter Anbaugebiete (Q. b. A-Wein) Dieser Wein darf nur aus einem der elf Anbaugebiete kommen und muß ausschließlich aus amtlich dafür zugelassenen Rebsorten hergestellt sein. Er muß je nach Gebiet ein Mindestmostgewicht von etwa 60°* erreichen, was einem natürlichen Alkoholgehalt von 7,5% entspricht. Er trägt eine amtliche Prüfungsnummer. Wenn er den Namen einer Einzellage trägt, müssen die Trauben zu 85% von diesem Weinberg stammen. Statt dessen kann er den Namen einer Großlage oder eines Bereiches tragen (siehe unten).

Qualitätswein mit Prädikat «Prädikatsweine» Spitzenwein, der weder als Most noch als Wein gezuckert werden darf. Sein natürliches Mostgewicht ist regional verschieden, liegt aber nicht unter 70°. Das entspricht einem natürlichen Alkoholgehalt von 9,5%. Der Wein darf nur aus einem Bereich innerhalb eines bestimmten Anbaugebietes kommen. Die Rebsorten müssen amtlich zugelassen sein. Das Prädikat wird durch die amtliche Prüfung mit der Prüfungsnummer erteilt.

Kabinett Mindestmostgewicht von 70° bis 81°

Spätlese Mindestmostgewicht von 80° bis 91°

Auslese Mindestmostgewicht von 83° bis 101°

Beerenauslese Mindestmostgewicht von 110° bis 125°

Trockenbeerenauslese Mindestmostgewicht von 150°

Die Lage Mit dem Inkrafttreten des neuen Weingesetzes 1971 reduzierte sich die Zahl der Einzellagen in Deutschland von 20 000 auf knapp 2600. Diese Neuordnung verschafft jedem Weinfreund eine bessere Übersicht.

Neben der **Einzellage** – sie ist ein individueller Weinberg – gibt es die **Großlage.** Sie ist eine Zusammenfassung mehrerer Einzellagen.

Der Bereich faßt mehrere Großlagen zusammen (siehe nebenstehende Karte) und entspricht flächenmäßig etwa einem Landkreis.

Das bestimmte Anbaugebiet besteht in der Regel aus mehreren Bereichen. Die elf deutschen Anbaugebiete heißen: Ahr, Mosel-Saar-Ruwer, Mittelrhein, Rheingau, Nahe, Rheinhessen, Rheinpfalz, Hessische Bergstraße, Franken, Württemberg, Baden.

*Die Grammzahl, um die ein Liter Most schwerer als ein Liter destilliertes Wasser ist.

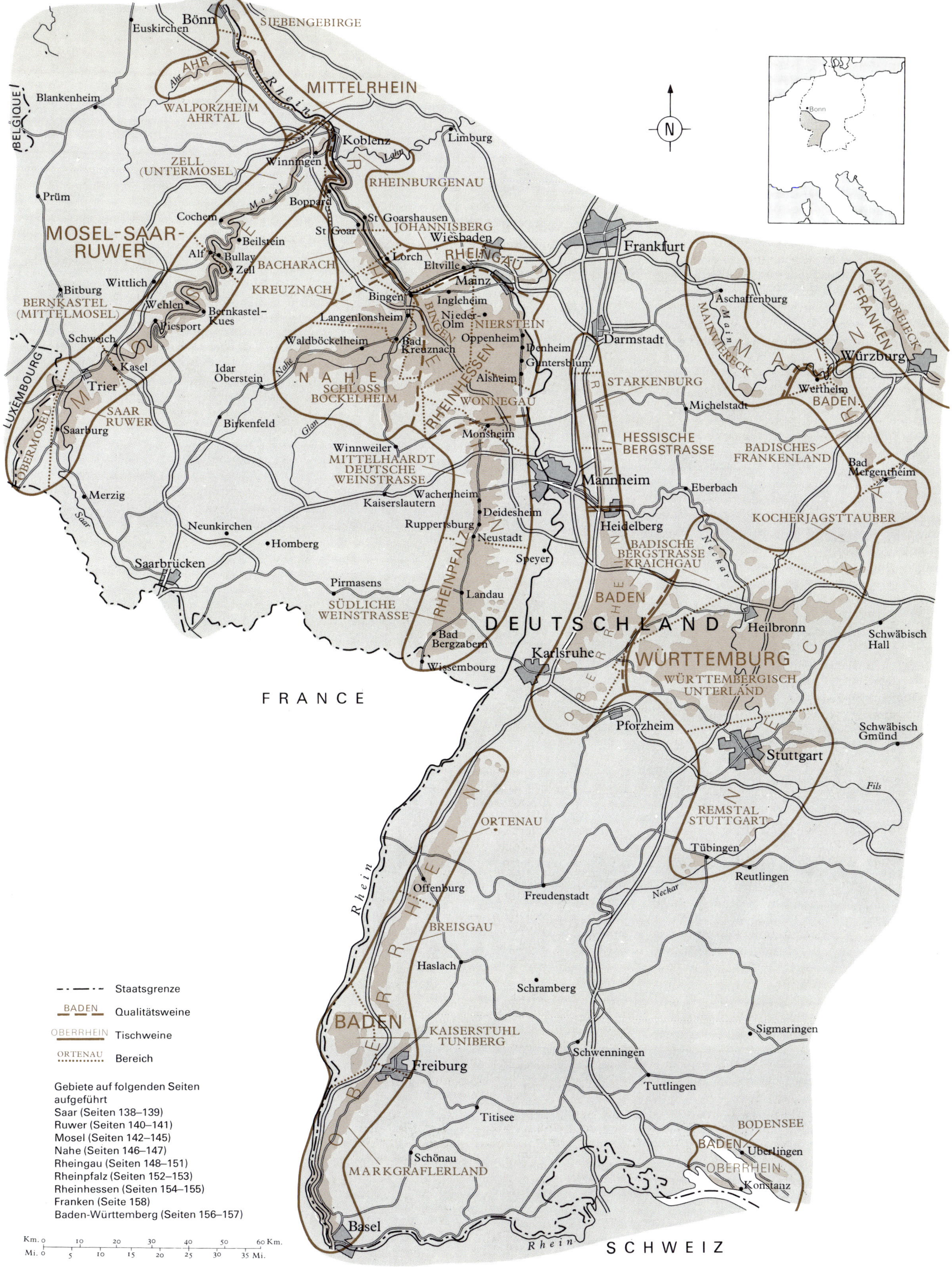

Gebiete auf folgenden Seiten aufgeführt
Saar (Seiten 138–139)
Ruwer (Seiten 140–141)
Mosel (Seiten 142–145)
Nahe (Seiten 146–147)
Rheingau (Seiten 148–151)
Rheinpfalz (Seiten 152–153)
Rheinhessen (Seiten 154–155)
Franken (Seite 158)
Baden-Württemberg (Seiten 156–157)

Deutschland – Qualitätsfaktor

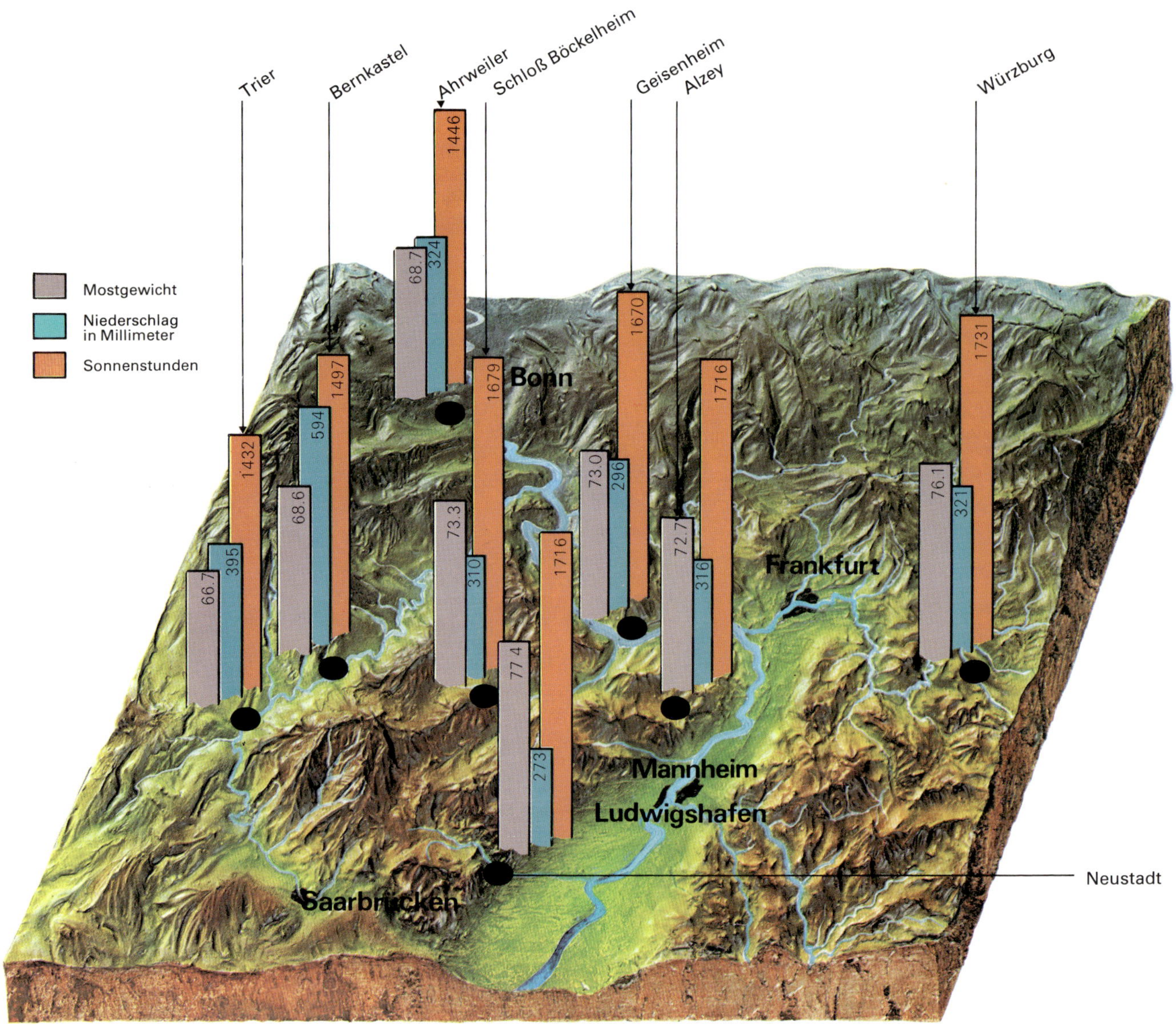

Links: Das Wetter ist der wichtigste Qualitätsfaktor in Deutschland. Die Karte zeigt die Sonnenstunden und Niederschlagsmengen der Gebiete in den Monaten Mai bis Oktober sowie den sich daraus ergebenden Reifegrad der Trauben im Mittel eines Jahrzehnts. Die Reife ist als Mostgewicht ausgedrückt.

Rechts: Eine Analyse des größten deutschen Anbaugebiets. Das Hessische Landesamt für Bodenforschung verzeichnete auf diesen Karten des Rheingaus die Boden-, Sonnen-, Frost- und Windverhältnisse, d. h. die für die Weinqualität bedeutsamen Faktoren. Sie sind hier mit freundlicher Genehmigung der Standortkartierung der hessischen Weinbaugebiete wiedergegeben. Die unterste Karte stellt den ersten in Deutschland unternommenen Versuch dar, Weinberge anhand der in den übrigen Karten verzeichneten Werte zu klassifizieren.

Legt man in Burgund das Hauptgewicht auf den Boden und das Mikroklima, in Bordeaux auf die physikalischen Drainagebedingungen, so ist in Deutschland das Wetter entscheidend. Jeden nur erdenklichen Aspekt des Wetters untersucht man hier auf seinen möglichen Einfluß auf das spezifische Gewicht des Traubensaftes, das «Mostgewicht» - oder den Zuckergehalt der Trauben.

Die Karte oben zeigt die Niederschlagsmengen in der Vegetationszeit und die Sonneneinstrahlung der führenden deutschen Weingebiete. Auf der Seite gegenüber sind einige Ergebnisse der wohl gründlichsten Untersuchung wiedergegeben, die man jemals der Weinqualität gewidmet hat: Die hessische Landesregierung gab viel Geld für eine sich über Jahre erstreckende Untersuchung des Rheingaus aus, eines Gebietes, das zu den besten deutschen Weinlagen zählt. Die Untersuchung hat für jedes Stückchen Rebfläche den Bodentyp ermittelt, der oft und häufig wechselt, ebenso die Sonneneinstrahlung, den Wind, die Spätfröste, die im Mai die Blüte stören können, sowie die Frühfröste, die im September die Blätter vernichten und den Reifeprozeß der Trauben unterbinden können (aus der Karte nicht ersichtlich). Schließlich brachte man sogar den unter Wissenschaftlern seltenen Mut auf, diejenigen Gegenden zu bestimmen, in denen der Wein am besten ausfallen *müßte* (letzte Karte).

Seit der Veröffentlichung dieser Karten wurden detailliertere Untersuchungen erarbeitet, um die Bodenarten und das Kleinklima einer Rebfläche genau zu ermitteln. So wurde, um einen optimalen Wein zu bekommen, eine besondere Art der Reberziehung und der Düngung empfohlen.

Die endgültige Karte eines kleinen Teils des Rheingaus – hinter Mittelrhein und Oestrich einschließlich Schloß Vollrads – ist bereits erschienen (neueste Untersuchungsergebnisse Seite 20/21).

Doch kaum war beispielsweise die Windkarte veröffentlicht, da schüttelten Meteorologen der berühmten Weinbauschule in Geisenheim den Kopf und meinten, es sei ja ganz schön, die Windgeschwindigkeiten zu registrieren – wirklich nötig sei jedoch eine Windrichtungskarte: Denn die Rebstöcke würden in Zeilen gepflanzt, und ein durch die Rebzeilen wehender Ostwind könne die Temperatur der Trauben verändern. Deshalb raten sie den Anbauern tatsächlich, die Zeilen nordsüdlich anzuordnen, um so zu verhindern, daß der Ostwind die Wärme aus den Weinbergen bläst.

Der Niederschlag ist im Rheingau verhältnismäßig gering. Die Entwässerung ist also kein wichtiger Qualitätsfaktor. Da der Winterregen rasch versickert und Sommerschauer schnell abfließen, wurzeln die Reben meist dicht unter der Oberfläche und sind gegen Regenfälle vor der Lese besonders anfällig, weil dann der Weinstock das Wasser in die Trauben pumpt. Ein Regenguß im letzten Augenblick kann das Mostgewicht leicht um zehn Grad verringern.

Wenn Frost und Regen lange genug ausbleiben und sich die Edelfäule ausbreiten kann, steigt der Zuckergehalt der Trauben immer weiter, bis schließlich doppelt so hohe Mostgewichte wie in normalen Jahren gemessen werden.

Erfrieren jedoch die Trauben am Rebstock, was nicht selten vorkommt, dann können die Winzer sie immer noch zu Eisweinen keltern.

Böden

- flachgründige, trockene, meist kalkfreie Böden
- mittel- und tiefgründige, lehmige, trockene bis frische, meist kalkfreie Böden
- tiefgründige, lehmige, frische, meist kalkfreie Lößböden
- häufig staunasse, meist kalkfreie Böden aus Tonen oder Lößlehmen
- tiefgründige, sandig-lehmige, trockene bis frische, kalkhaltige Böden
- tiefgründige, toniglehmige, frische bis feuchte, meist kalkhaltige Böden
- tonige, skelettarme, häufig staunasse, meist kalkhaltige Böden aus Mergeln

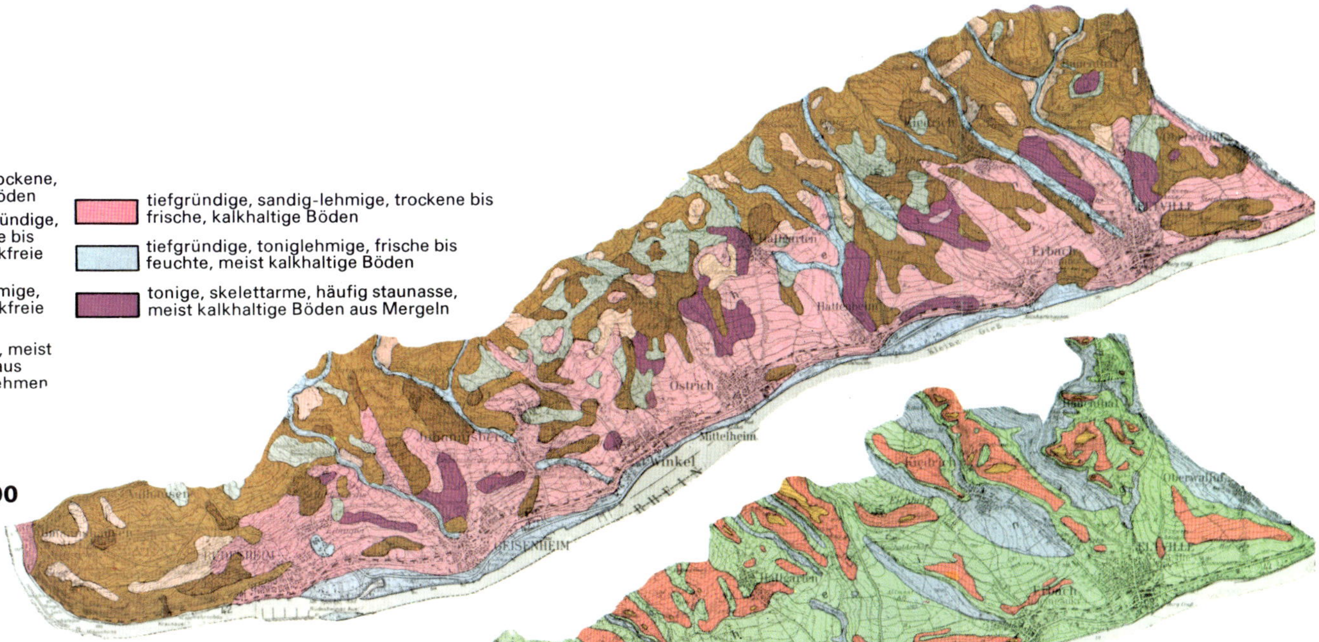

Maßstab 1:125 000

Mögliche Strahlungsmenge

April bis Oktober
in KCAL cm²

95 101 107

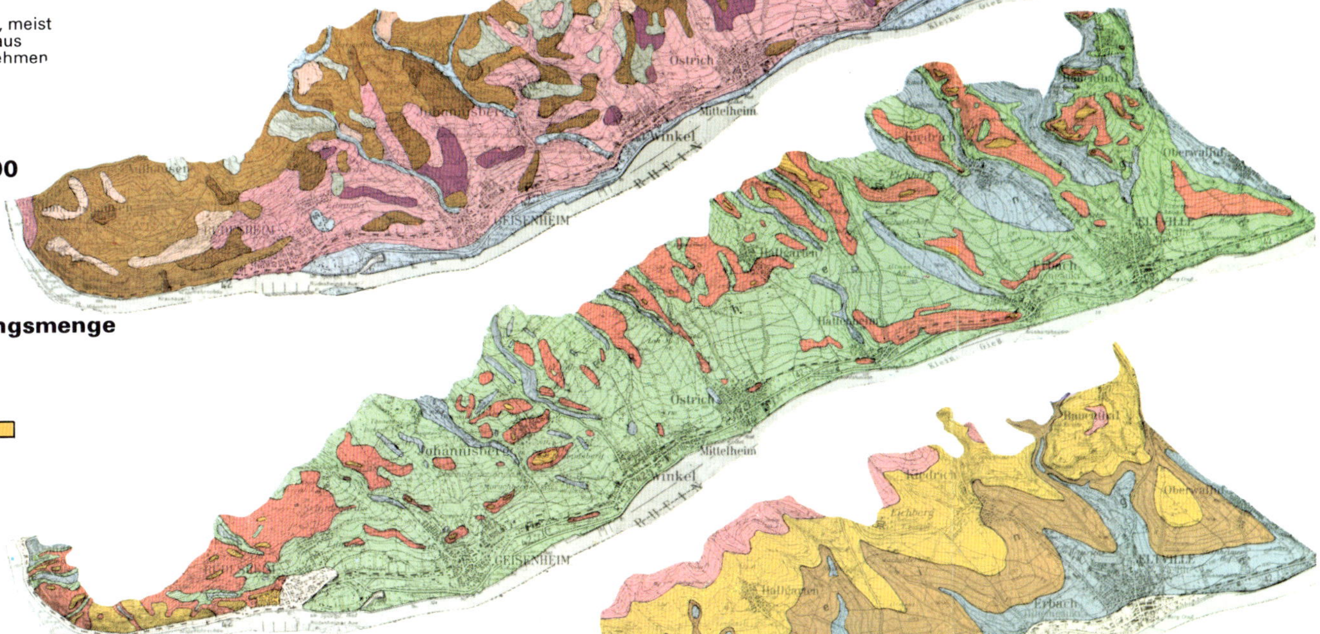

Spätfrostgefährdung

Frostwahrscheinlichkeit $-2^{\circ}C$

- ungefährdet sehr selten
- mäßig gefährdet in einem Jahrzehnt 1–2 mal
- schwach gefährdet in einem Menschenalter 1–2 mal
- stark gefährdet sehr häufig

Bewindung

(relative Windgeschwindigkeit)

70 80 90 100 110 120

Gütestufen

Allgemeine Eignung für Riesling

- bis 40 nicht brauchbar
- 41–50 wenig brauchbar
- 51–60 gering
- 61–70 mittel
- 71–80 gut
- 81–90 sehr gut
- 91–100 ausgezeichnet

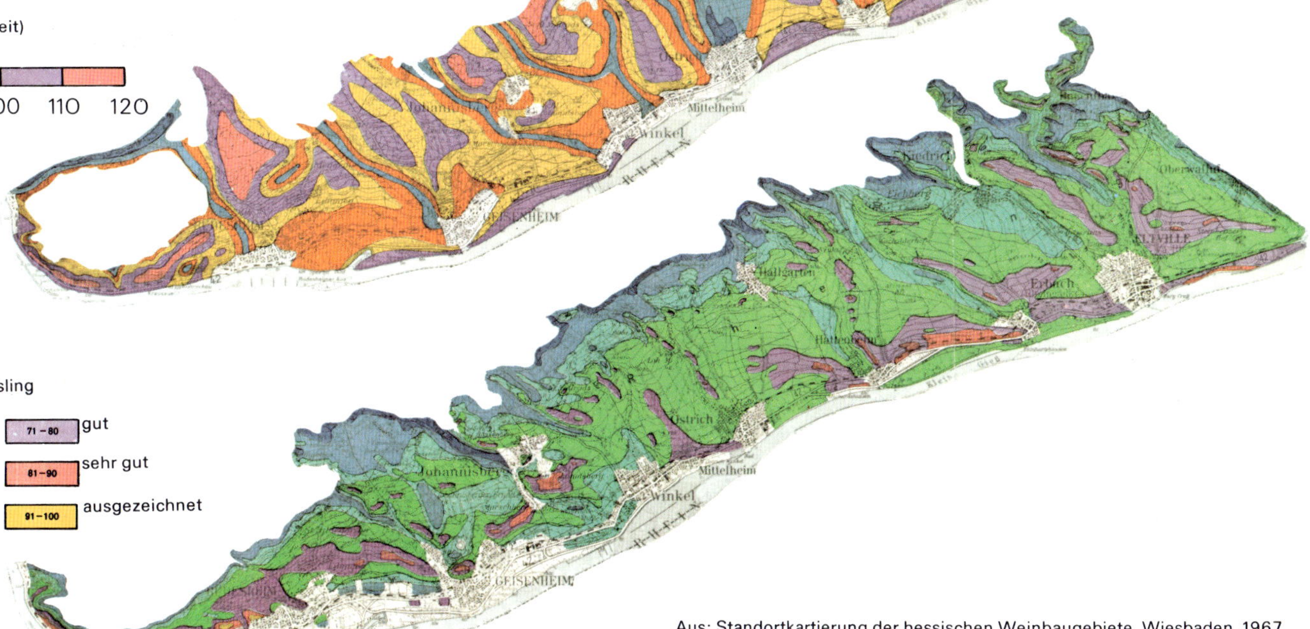

Aus: Standortkartierung der hessischen Weinbaugebiete, Wiesbaden, 1967

Saar

Links: Das Dorf Ockfen an der Saar (im Vordergrund) mit dem rechts im Hintergrund aufragenden berühmten Bockstein: in heißen Jahren eine der hervorragendsten deutschen Weißweinlagen.

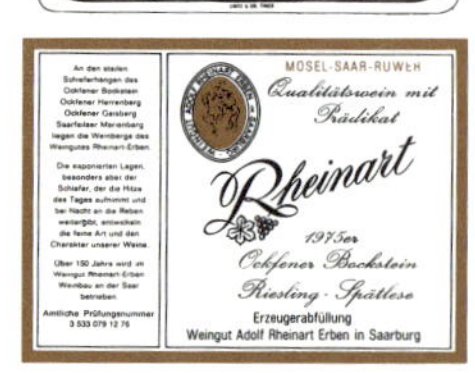

Rechts: Weniger elegant als würdevoll sind die Etiketten einiger der bekanntesten Weingüter an der Saar. Das neue Gesetz löscht viele der alten Lagenamen aus.

Kein Anbaugebiet zeigt die Probleme und Triumphe des deutschen Weins besser auf als das Tal der Saar. Hier, im kalten Winkel des Landes, wird der Kampf um den Zucker in den Trauben am hartnäckigsten geführt. Und nur in drei oder vier von zehn Jahren wird er ganz gewonnen. Dann aber entsteht einer der überragenden Weißweine der Welt, der Schluck für Schluck bezaubert.

1000 Hektar Rebfläche besitzt das Tal außer Obst- und Weideland. Es ist eine stille Bauernlandschaft, und man will kaum glauben, daß unweit flußaufwärts die Hochöfen des saarländischen Industriereviers rauchen.

Wie in den besten Mosellagen, findet sich auch hier Schieferboden und ist die Traube der Riesling. Die Eigenschaften des Moselweins – apfelähnliche Frische und leichte Bissigkeit, ein wunderbares Zusammenspiel von Honigduft und stahliger Eleganz – können im Saarwein ihren Höhepunkt erreichen. Hier liegt jedoch der Akzent mehr auf dem Stahligen.

In schlechten Jahren fällt der Wein dagegen so mäßig aus, daß selbst die besten Weingüter ihren Wein nur an die Sekthersteller verkaufen können.

Scheint jedoch die Sonne und reift der Riesling weit bis in den Oktober hinein, dann wäre das üppige Blumen- und Honigaroma zu überladen, wenn der Säuregehalt nicht so ausgeprägt wäre. Dann liefert die Saar einen süßen Wein, dessen man nie leid wird.

Manche Lagen sind besser als andere. Die meisten davon gehören wohlhabenden und alten Weingütern, die es sich leisten können, auf gute Jahre zu warten und daraus dann das Beste zu machen. Die Etiketten der führenden Häuser – nüchtern im Vergleich zu den blumenreichen Kreationen einiger anderer deutscher Gebiete – sind auf dieser Seite abgebildet. Eines der besten staatlichen Weingüter, dessen Verwaltungssitz die nahegelegene alte römische Weinstadt Trier ist, arbeitet hier. Seine Lagen in Ockfen und Serrig sind berühmt. Die Anbaufläche in Serrig ist ungewöhnlich, weil sie um die Jahrhundertwende vom Staat an Stelle einer wenig ertragreichen Waldfläche angelegt wurde, was recht optimistisch war, da Serrig noch unsicherere Wetterbedingungen als die übrige Saar hat. Man braucht hier schon einen phantastischen Herbst – dann aber lohnt sich jede Mühe.

Das bekannteste Weingut an der Saar gehört Egon Müller, dessen Haus auf der Karte als Scharzhof am Fuß des Scharzhofberges bei Wiltingen erscheint. Zu den anderen Besitzern von Lagen am Scharzhofberg zählt auch die «Hohe Domkirche» zu Trier, die das Wort «Dom» den Namen ihrer Weingärten hinzufügt. Egon Müller verwaltet auch das Weingut La Gallais mit seiner berühmten Lage Braune Kupp am anderen Ende von Wiltingen. Ebenfalls bekannt sind die Lagen Ayler Kupp und Herrenberg, Ockfener Bockstein und Herrenberg, Wawerner Ritterpfad und die Lage Falkenberg oberhalb von Niedermenning – für die guten Jahrgänge. Die neue Großlage für das gesamte Gebiet der Saar heißt (Wiltinger) Scharzberg, nicht zu verwechseln mit dem bekannten Scharzhofberg.

Viele Weinberge an der Mosel und besonders an der Saar gehören einem Kreis wohltätiger und religiöser Einrichtungen in Trier. Das Friedrich-Wilhelm-Gymnasium (Karl Marx' alte Schule), das Bischöfliche Konvikt (eine katholische Heimschule), das Bischöfliche Priesterseminar, die Vereinigten Hospizien (ein Altersheim) sind zusammen mit dem Dom alle bedeutende Weinerzeuger. Die beiden bischöflichen Institutionen und der Dom verwalten ihren Besitz gemeinsam.

Konz
Niedermennig
Obermennig
Krettnach
Kommlingen
Filzen
Kanzem
Hamm
Wiltingen
Oberemmel
Wawern
Schoden
Biebelhausen
Ayl
Ockfen
Niederleuken
Saarburg
Irsch
Beurig
Serrig
HOFBERG
HERRENBERG
SONNENBERG
BUCHANIUSBERG
BUCHARIUSBERG
ALTENBERG
WILTINGERKUPP
KUPP
BRAUNE KUPP
SAND-BERG
STEIN-BERGER
PULCHEN
URBELT
HÖLLE
ALTEN-BERG
HÖRECKER
UNTER-BERG
KIRCHBERG
FELD
LIEBFRAUEN-BERG
GOTTES-FUSS
KLOSTERBERG
AGRITIUS-BERG
KARLSBERG
ROSENBERG
RAUL
HÜTTE
RITTERPFAD
GOLDBERG
JESUITEN-BERG
SCHLOSSBERG
BRAUNFELS
FLÄCHEN
SONNEN-BERG
SCHLANGENGRABEN
SAARFEILSER-MARIENBERG
HERREN-BERGER
SCHEIDTER-BERGER
HEPPEN-STEIN
GEISBERG
BOCKSTEIN
ZICKEL-GARTEN
NEUWIES
HUBERTUSBERG
KLOSTER-BERG
FUCHS
STIRN
SCHLOSS-BERG
BERG-SCHLOSSCHEN
ANTONIUS-BRUNNEN
RAUSCH
VOGELSANG
HEILIG-ENBORN
HOEPP-SLEI
SCHLOSS SAARSTEINER
ANTONIUSBERG
SCHLOSS SAARFELSER SCHLOSSBERG
Weingut Othegraven
Weingut Priesterseminar
Hammerfahre
Jagdhutte
Sportplatz
Links der Saar
Winzergenossen-schaft
Scharzhof
Staatsforst Wawerner Hochwald
Sportplatz Saarburg-West
Aylerwald
Ayler Kupp
Graubusch
Mohlem's Kopf
Hohe Köpfchen
Kreuz Berg
Irminer Wald
Domane
Jungenwald
Forsthaus
Rauhof
Galgen Berg
Kloster Berg
Scharz Berg
Sonnenberg
Staatsforst
Saarburg Ost
Hasenheide
Schule
SCHARZBERG
SAAR-RUWER
N
SAAR-RUWER Bereichsgrenze
SCHARZBERG Großlagegrenze (Seite 134)
KARLSBERG Einzellagegrenze
Kreisgrenze
Gemeindegrenze
Weinanbaufläche
Wald
200 Höhenlinienabstand 20 Meter
Km. 0 2 Km.
Mi. 0 1 Mi.
Mosel
Trier
Saarburg
Saar
Saarbrücken

Ruwer

Die Ruwer ist nur ein Bach und ihre Anbaufläche nur halb so groß wie die einer einzigen Gemeinde an der Côte d'Or. Viele Jahrgänge des Ruwer-Weins sind unbefriedigend: leer und scharf. Aber unter richtigen Bedingungen vollbringt sie, wie die Saar, ein Wunder. Dann liefert sie die feinsten deutschen Weine: mild, unendlich zart und mit hochfeinem Bukett. Wo die Ruwer aus dem bewaldeten Bergland heraustritt, ist Waldrach das erste Weindorf, das einen guten leichten, aber selten besseren Wein erzeugt. Kasel ist schon bedeutsamer und liefert in heißen Jahren große Weine.

Mertesdorf und Eitelsbach sind zwar keine berühmten Namen, verfügen aber beide über je eine hervorragende Lage im Besitz eines der besten Weinerzeuger der Welt. In Mertesdorf steigt der Weinberg Maximin Grünhaus am linken Ufer auf; an seinem Fuß liegt das stattliche Gutshaus. Der größte Teil dieses Rebhügels heißt Herrenberg, der obere Teil Abtsberg und der weniger gut gelegene Osthang Brüderberg.

Auf der anderen Talseite ist der Karthäuserhof mit einem Gutshaus inmitten eines Parks.

Das nur wenige Kilometer moselaufwärts entfernte Trier beherbergt einen vorzüglichen Weinberg: den Tiergarten. Auf dem Weg dorthin kommt man an einer isolierten Rodung vorbei, dem Avelsbacher Hang, an dem ein dem Ruwer ähnlicher Wein wächst.

Oben: Das schöne altmodische Etikett und (unten) das Weingut Maximin Grünhaus. Links im Hintergrund sieht man Kasel, dahinter Waldrach.

Oben: Das Etikett des Eitelsbacher Karthäuser Hofberger wird am Hals der Flasche angebracht. Rechts oben und unten: Weingüter an der Ruwer, darunter die Bischöflich Trierischen Weingüter, die sich mit der Staatsdomäne in die Avelsbacher Weinberge teilen. (Avelsbach und Eitelbach gehören heute zur Stadt Trier.)

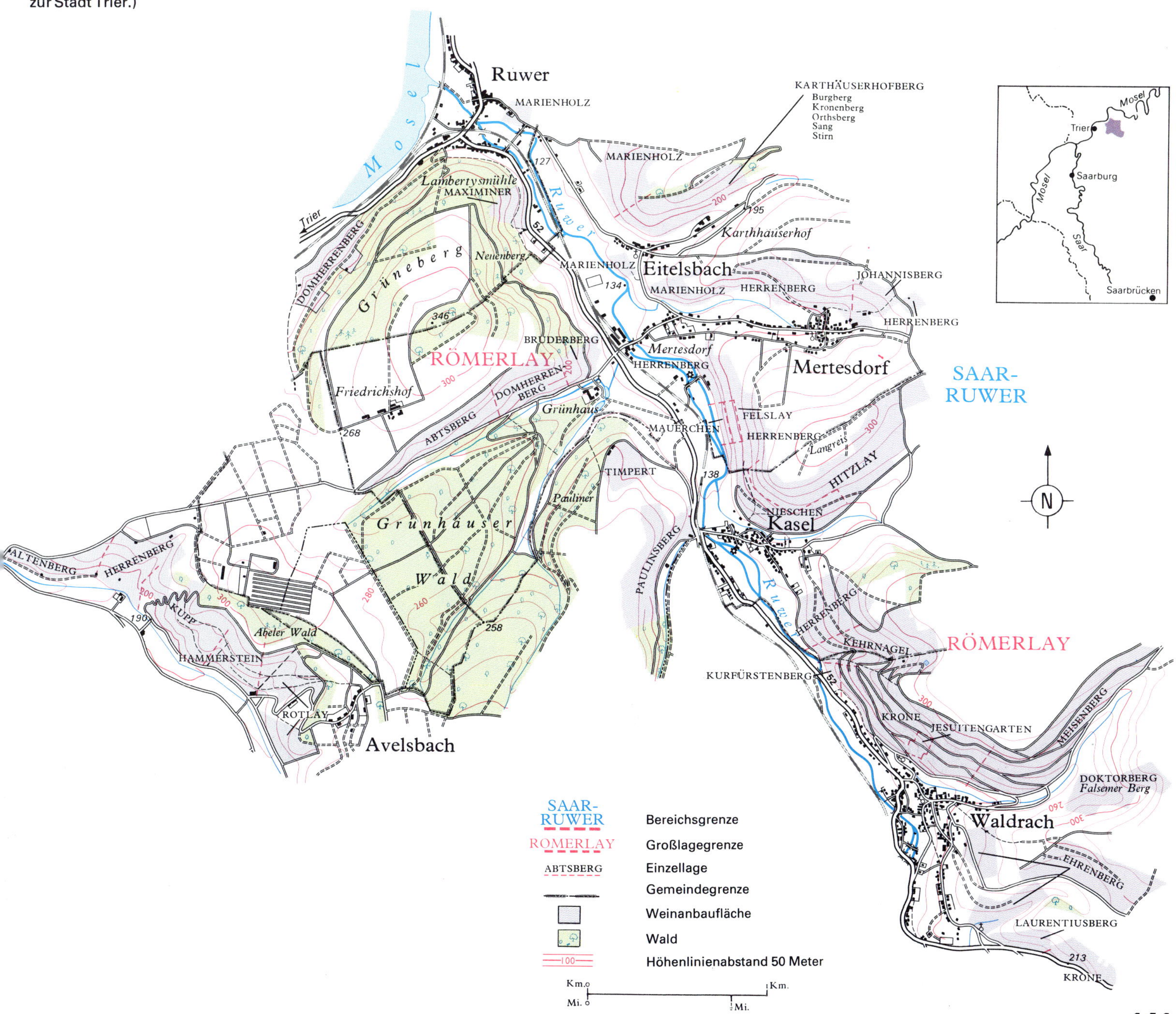

Mittelmosel: Piesport

Links: Wirklich berühmte Weingüter gibt es erst von Dhron an moselabwärts. Dünweg und Milz – beide in Neumagen zu Hause – sind zwei der bekannteren Namen weiter flußaufwärts. Das Etikett «Nicola Clüsserath» ist ein Beispiel für die Bezeichnung «naturrein» vor 1971, dem Jahr, in dem das neue deutsche Weingesetz in Kraft trat.

Oben, links und rechts: Dunkelgrauem Schiefer und goldenen Riesling-Trauben verdankt der Wein der Mittelmosel seine Qualität. Jede Rebe an den schwindelerregenden Hängen hat ihren eigenen Stützpfahl.

Die Mosel ist von ihrem Quellgebiet in den Vogesen bis zu ihrer Einmündung in den Rhein bei Koblenz von Reben begleitet. An der französischen Moselle wachsen nicht sehr bedeutende leichte Weine, in Luxemburg werden schon größere Mengen eines ansprechenden, doch immer noch recht dünnen Weins erzeugt. Nur im mittleren Abschnitt der deutschen Mosel bieten die imposanten Talwände aus Schiefer, die sich bis zu 250 m hoch über dem Flußlauf erheben, ideale Bedingungen für die Riesling-Rebe.

Die Mosel-Weine unterscheiden sich mehr untereinander als etwa die Burgunder von der Côte d'Or. Je steiler das Ufer, desto besser gerät der Wein an den Süd-, Südost- oder Südwesthängen. Nur weil die dünne Bodenschicht aus reinem Schiefer besteht und das Regenwasser wie ein Sieb durchsickern läßt, hält sich überhaupt Erdreich an den Steilhängen.

Das Gebiet der Mittelmosel ist nicht offiziell abgegrenzt. Auf den Karten haben wir es über die zentralen und bekanntesten Orte hinaus erweitert und einige Weindörfer hinzugenommen, deren Weine oft unterbewertet werden. Von Trier kommen wir zunächst nach Klüsserath. Die Weinlage Bruderschaft ist heute noch typisch für eine ausgezeichnete Mosellage. Ihre steilen Hänge erstrecken sich von Süden nach Südwesten.

Die lange Landzunge mit Trittenheim an der Spitze ist wie ein Kliff, von dem sich das Dorf Leiwen auf das andere Ufer absetzt und an dem es einen Teil der Weinlagen Laurentiuslay bewirtschaftet, den einzigen sanften Hang vor der Flußwindung. Bis hierher heißt die Großlage St. Michael.

Die besten Lagen von Trittenheim tragen die Namen «Apotheke» und «Altärchen» und haben ihren Standort jenseits der Brücke. Dies sind die ersten Moselweinberge, die einen wirklich rassigen Wein hervorbringen, einen Wein, der stets fein und leicht ist und doch niemals weich. In einem Jahr wie 1975, wenn die Weine von Saar und Ruwer zu Deutschlands besten heranreifen, sind die Trittenheimer etwas ganz Besonderes.

Neumagen, Schiffsanlegestelle der Römer, bewahrt auf seinem kleinen Marktplatz die römische Skulptur eines mit Fässern beladenen, von Galeerensklaven gesteuerten, Moselweinschiffs.

Bekannter sind die Weine aus Dhron. Gerade hier am Nebenfluß Dhron findet man steilste Hänge und beste Lagen.

Piesport genießt einen besonderen Ruf. Es ist ideal gelegen: in einem 3 km langen und 170 m hohen «Amphitheater», das sich genau nach Süden öffnet. Sein ausgezeichnetes Goldtröpfchen – am Hang und rund um das Dorf zu Hause – ist weltbekannt für seine runden, geschliffenen Weine, die alles andere als kräftig sind, dafür aber über unglaubliche Finesse verfügen. Die ausgedehnte neue Anbaufläche Piesporter Treppchen am gegenüberliegenden Ufer erreicht nicht ganz den Rang des Goldtröpfchens. Die Großlage an diesem Teil des Flusses – zwischen Trittenheim und Minheim – heißt Michelsberg.

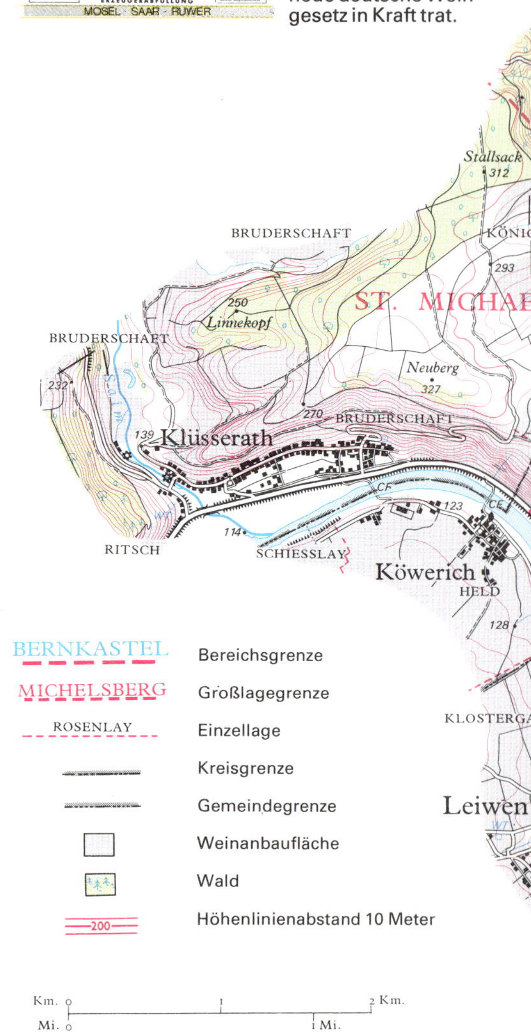

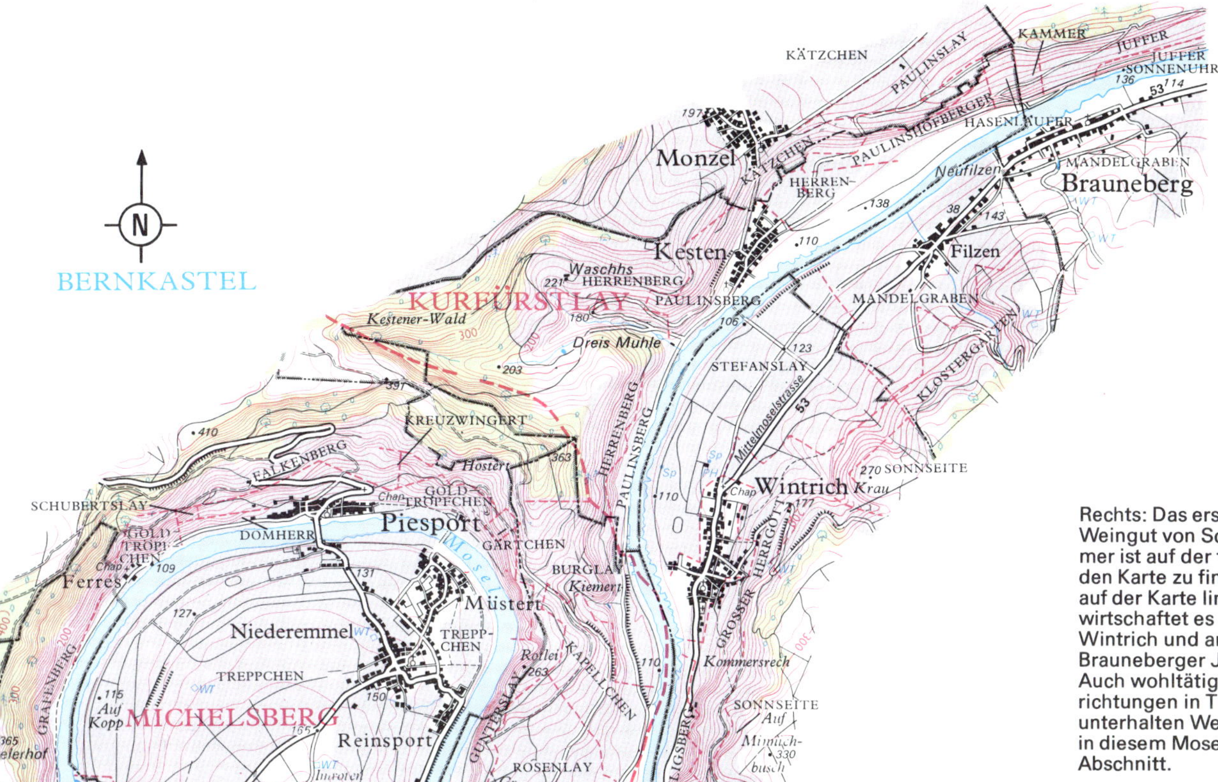
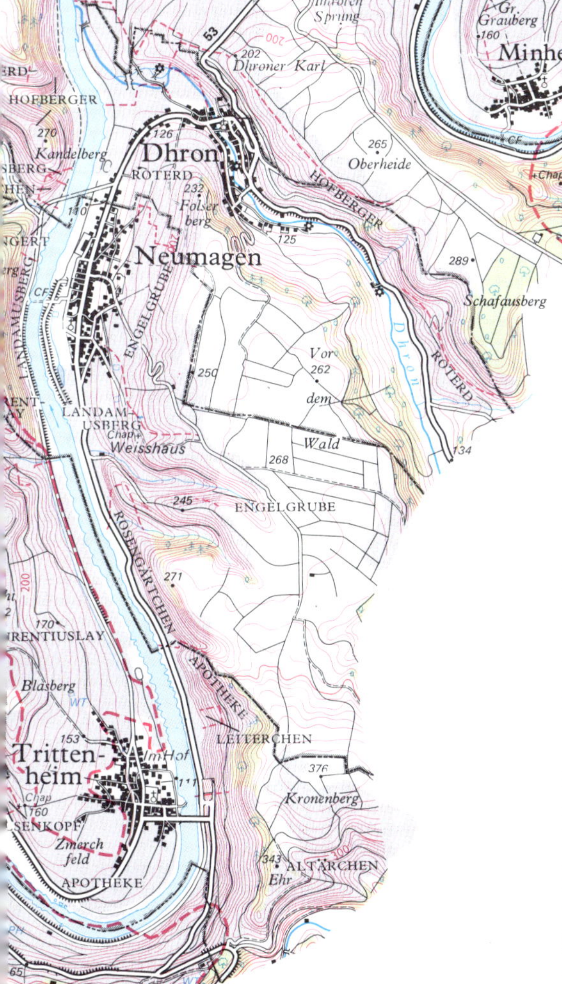

Rechts: Das erstklassige Weingut von Schorlemer ist auf der folgenden Karte zu finden; auf der Karte links bewirtschaftet es Lagen in Wintrich und am Brauneberger Juffer. Auch wohltätige Einrichtungen in Trier unterhalten Weinberge in diesem Mosel-Abschnitt.

Piesport ist ein kleines Dörfchen am Mosel-Ufer unterhalb des mächtigen Goldtröpfchen-Hanges. Niederemmel am gegenüberliegenden Ufer gehört jetzt auch zu dieser Großlage, obwohl sein Wein nicht die gleiche Qualität erreicht.

Mittelmosel: Bernkastel

Schaut man von der Bernkasteler Brücke nach Norden, blickt man auf einen über 200 m hohen und acht Kilometer langen Rebenwall. Von all den Flüssen, an denen die Rebe heimisch ist, dürfte wohl nur der Douro einen vergleichbaren Anblick bieten.

Zwischen Brauneberg und Kues sind die Hügel verhältnismäßig sanft. Der Kirchberg in Veldenz ist eine jener Randlagen, die wie die Trittenheimer Weinberge nach einem heißen Sommer einen herrlichen Wein hergeben. Am bekanntesten in Lieser dürfte das große Gut der von Schorlemers sein, die zu den größten Grundbesitzern dieser Gegend zählen.

Der großartigste Mosel-Weinberg erhebt sich abrupt über den Giebeln Bernkastels: dunkler Schiefer blickt finster auf dunklen Schiefer. Der Rumpf dieses Berges ist ein einziger Südhang: der Bernkasteler Doktorberg, wahrscheinlich der berühmteste deutsche Weinberg. Auch an seiner Flanke wachsen sehr stolze Mosel-Namen, und ein Vergleich des Weins aus Bernkastel mit Graacher und Wehlener Weinen, die oft von ein und demselben Erzeuger gezogen werden, ist faszinierend, doch lassen sie sich unmöglich in eine Rangfolge stellen. Es kommt vielmehr darauf an, von wann und von wem der Wein stammt.

Selbst der geringste dieser Weine hat eine ausgeprägte Persönlichkeit: fast wasserklar mit grünlichem Schimmer und mit 40 bis 50 kleinen Bläschen auf dem Boden des Glases, nahezu aggressiv nach Trauben duftend und den Mund mit Säure, Süße und Aroma ausfüllend.

Oben: Bernkastel mit der nach Kues führenden Brücke vom Doktorberg aus gesehen. Phantasiereiche Weinverkoster schmecken den Rauch der Bernkasteler Schornsteine im Doktor.

Unten: Ein Krankenhaus und die Pfarrkirche zählen zu den bekannteren Erzeugern von Bernkastel. In Wehlen ist Prüm der führende Name; alle vier Zweige dieser Familie sind bekannt.

Bernkasteler heißen nicht nur Weine rings um die Stadt, sondern auch aus den Großlagen Badstube und Kurfürstlay, die auch die umliegenden Orte Brauneberg und Wintrich einschließen und zur Verbandsgemeinde Bernkastel-Kues gehören. Mit «Bereich Bernkastel» können Weine von der gesamten Mittelmosel bezeichnet werden.

In Zeltingen hört der große Rebenwall auf; dieser Ort ist die größte Weinbaugemeinde an der Mosel und sicherlich eine der besten.

Die besten Weine aus Erden haben das gleiche Niveau wie die Ürziger. Ab Lösnich und Kinheim gibt es nicht so viele Qualitätsweinlagen.

In Kröv sind die Weinstuben voll mit Touristen, die sich immer wieder über das Nacktarsch-Etikett amüsieren. (Es zeigt einen kleinen Jungen, dem ein Kellermeister eine Tracht Prügel auf den nackten Po verabreicht.) Die Großlage Nacktarsch umfaßt alle zur Gemeinde Kröv gehörenden Einzellagen.

Traben und Trarbach bilden eine Gemeinde. Besonders bekannt sind die in den steilen, südwärts verlaufenden Seitentälern wachsenden Traben-Weine. Enkirch ist besser als sein Ruf. In alten Trinkstuben wird vor allem ein runder, leichter, feinwürziger Wein ausgeschenkt.

Bei Zell-Merl endet der Bereich Mittel-Mosel. Flußabwärts, Richtung Koblenz, wechseln romantische Winzerorte mit Weinbergen, die oft berühmte Namen tragen. Auch hier gibt es zwei hervorragende Weingüter. Die Stadt Zell ist wegen ihrer Großlage Schwarze Katz überall sehr bekannt. Nicht weniger beliebt sind die Weine aus Bullay. Die Weine aus Neef, dessen beste Einzellage der Frauenberg ist, sind sogar noch besser.

In den Deinhard-Kellereien in Kues stehen altmodische Pressen neben neuzeitlichen Maschinen. In der neuesten Kelter quetscht ein großer Ballon die Trauben an die Wandungen.

Nahe

Entlang der Nahe wird vielerorts Weinbau getrieben. An einer Stelle aber stellt sich dem Fluß eine Felsenbarriere in den Weg, und er hat hier an seinem Nordufer eine Bergkette herausgeschliffen – und damit plötzlich alle Voraussetzungen für einen großartigen Weinberg geschaffen.

Dieser Wein scheint alle die Qualitäten aufzuweisen, die man an deutschen Weinen besonders schätzt. Er ist sehr reintönig und fruchtig und entfaltet, wie ein guter Mosel- oder Saarwein, die ganze Intensität des Riesling. Gleichzeitig hat er etwas von jener Geschmacksfülle, die einen im Rheingau an den Alchimisten denken läßt und einem so vorkommt, als wären kostbare Mineralien, vielleicht sogar Gold, in ihm enthalten.

In Bad Kreuznach, dem Weinzentrum der Nahe, finden wir einige der besten Nahe-Lagen und die Kellereien der meisten führenden Erzeuger. Die Lagen Kauzenberg und Brückes kommen dem Fluß am nächsten und bringen oft einen außergewöhnlichen Wein hervor. Alle Lagen zusammen tragen den Namen «Bereich Kreuznach», der entlang der Unteren Nahe bis Bingen am Rhein reicht. Das Gebiet Obere Nahe heißt «Bereich Schloßböckelheim».

Das eigentliche Feuerwerk fängt aber erst flußaufwärts an der Nahe-Schleife bei Bad Münster an. Hier versperrt ein roter Steilhang, der Rotenfels, angeblich der höchste Felsen Europas nördlich der Alpen, das Flußbett. Am Fuß dieses Felsens liegt eine 30 m breite Schicht Geröll, eine kurze Rampe roter Erde. Auf diesem knappen Raum drängen sich die Reben dicht zusammen. Hier haben sie idealen Boden und eine einzige Sonnenfalle: die Traisener Bastei.

Für einen so nördlichen Weinberg ist es erstaunlich, mit wieviel Würze und Feuer ein Bastei-Wein in einem guten Jahr aufwartet.

An diese Schleife schließt sich flußaufwärts eine Kette schöner Hänge an, von denen keiner dem Rotenfels nahekommt, verläuft an den Dörfern Norheim und Niederhausen vorbei bis zum großartigsten Weinberg der ganzen Nahe, der Kupfergrube am Nordrand der Gemeinde Schloßböckelheim.

Das Weingut, das hier, wenn nicht gar in ganz Deutschland, die Weinbaukunst zur höchsten Vollendung gebracht hat, liegt gegenüber der Kupfergrube am letzten Hang von Niederhausen: die Nahe-Staatsdomäne; sie bewirtschaftet verschiedene Niederhausener Weinberge und legte die Kupfergrube auf dem Gelände einer alten Kupferschürfung an.

Nach Ansicht vieler Kenner weisen die Weine dieses Staatsgutes alle Eigenschaften auf, die sie sich bei einem Weißwein wünschen. Sie schmecken besonders reintönig und frisch, fruchtig, rassig und ausgeglichen, sind recht blaßfarben und haben fast ein so starkes Bukett wie ein Bernkasteler und einen langen Abgang mit vollkommen aufeinander abgestimmter Süße und Säure – ein Zeichen dafür, daß sie beim Altern noch weitere faszinierende Nuancen entwickeln.

Oben: Auf der kleinen Anbaufläche der hervorragenden Nahe-Weinberge betätigt sich nur eine Handvoll bekannter Erzeuger; daneben gibt es aber gute Winzervereine.

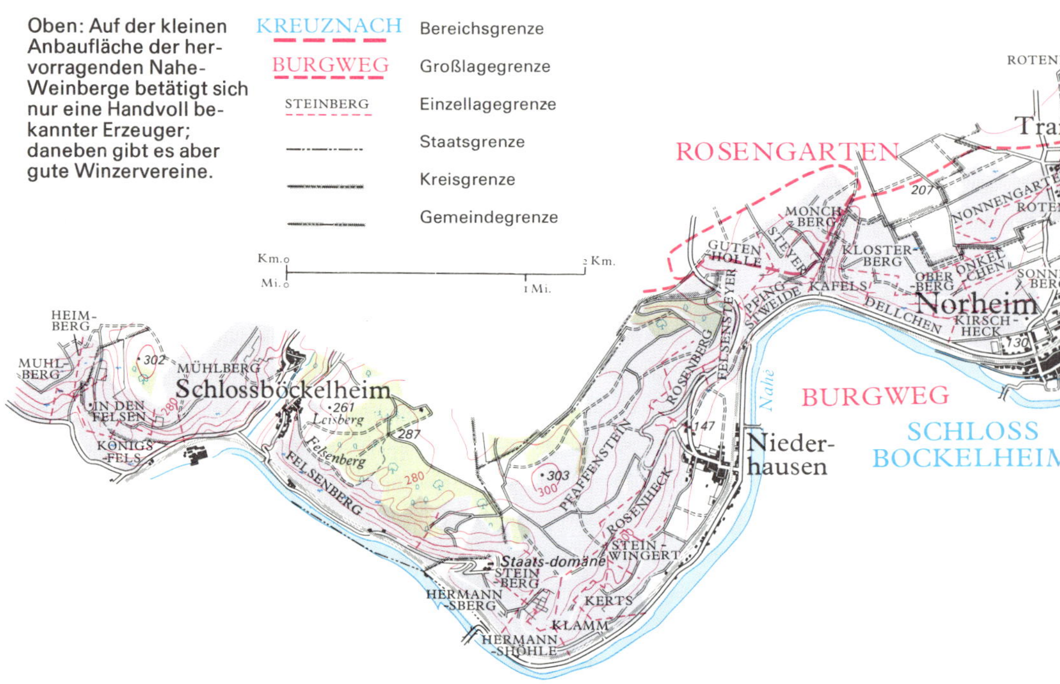

Links: Vom weißen Gebäude des staatlichen Weinguts am Rand des Hermannsberges bei Niederhausen sieht man durch eine schmale Senke den berühmtesten Nahe-Weinberg: die Schloßböckelheimer Kupfergrube (Bildmitte). Rechts: Der Rotenfels an der Nahe-Schleife bei Bad Münster soll der höchste Felsen nördlich der Alpen sein. Am Fuß seiner 200 m hohen Steilwände liegt der knapp 2,5 ha große Streifen der Traisener Bastei in Schutz- und Südlage.

Weinanbaufläche

Wald

Höhenlinienabstand 20 Meter

Rheingau: Rüdesheim

Im Rheingau erreicht der Weinbau seine höchste Vollendung. Fast in seinem ganzen Verlauf fließt der Strom in nordwestlicher Richtung, bis auf den Punkt gleich unterhalb von Mainz, wo ihm der Taunus den Weg versperrt und ihn für eine Strecke von nur 30 km nach Westen ablenkt, bis er den Rüdesheimer Berg erreicht. Dort erzwingt er sich dann durch Felsklippen wieder seinen Weg nach Norden. Und das breite Tal, das er sich vorher gegraben hat, schenkt Deutschland seinen prächtigsten Weinberg.

Das Herz des Rheingaus ist gegenüber sowie auf den beiden folgenden Seiten wiedergegeben. Die Karte rechts zeigt sein stromabwärts gelegenes Ende, wo die Schloßberg-Lage am Rüdesheimer Berg praktisch ein terrassierter Felsen ist. Nur hier ist es im Rheingau so steil; sonst hat er mehr oder weniger stark geneigte Hanglagen.

Der Riesling ist die Rebe des Rheingaus, wie er auch die der Mittelmosel ist; am übrigen Rhein dagegen ist er nur in den besten Lagen vertreten. Das Klima ist verhältnismäßig trokken und sonnig, und die Stromnähe sorgt für Temperaturausgleich und den die Edelfäule an den reifenden Trauben fördernden Nebel.

Der Rheingauer kann in seiner Höchstform den edelsten Charakter aller deutschen Weine erreichen. Er vereinigt in sich die duftige Blume des Riesling mit einer großartigeren und goldeneren Geschmackstiefe, als sie der Mosel aufweist, und vermittelt ausgeprägt das Gefühl der Reife.

Der auf der Karte rechts am weitesten westlich gelegene Ort ist Aßmannshausen; er liegt außerhalb des eigentlichen Rheingaus und stellt auch dessen Regeln sämtlich auf den Kopf, denn er ist ausschließlich für Rotwein bekannt. Sein Pinot Noir ist ziemlich blaßfarben und nicht so kräftig, wie er eigentlich sein sollte, doch bereitet das staatliche Weingut (neben anderen) einen sehr begehrten süßen Rosé aus spätgelesenen Trauben. Trockener Aßmannshäuser ist der bekannteste deutsche Rotwein.

Der Rüdesheimer Berg unterscheidet sich von den anderen Weinbergen dieser Gemarkung dadurch, daß das Wort Berg vor sämtliche Namen seiner Einzellagen gesetzt wird. Sie können überragende, ausgeprägt fruchtige und kräftige, doch fein nuancierte Weine hervorbringen. In heißeren Jahren dagegen geben die hinter der Stadt gelegenen Weinberge ihr Bestes her.

Zu den Erzeugern in der großen Gemarkung Rüdesheim zählt auch die Weinbauschule Geisenheim, eines der berühmtesten Weinwissenschaftszentren der Welt. Diese Forschungsanstalt experimentiert mit neuartigen Rebsorten, von denen man sich große Fortschritte für die Entwicklung des Weinbaus verspricht. Hier werden Bodenarten sowie Klimaverhältnisse untersucht und neue Rebsorten von internationaler Bedeutung gezüchtet.

Der gesamte Rheingau besteht seit 1971 merkwürdigerweise nur aus einem Bereich, nämlich Johannisberg.

Der Rheingau gilt als die beste deutsche Weingegend, und Familien, die (wie in einem Fall) seit 600 Jahren denselben Rheingau-Weinberg bewirtschaften, genießen das gleiche Ansehen wie die feinsten Adelshäuser Europas. Zu den größten Erzeugern zählen hier die gezeigten, ferner Prinz Friedrich von Preußen in Erbach, Graf zu Eltz und Freiherr Langwerth von Simmern in Eltville, Graf Schönborn in Hattenheim, Baron Ritter zu Groenesteyn in Rüdesheim, Landgraf von Hessen in Johannisberg und Fürst Löwenstein in Hallgarten. Neben dieser aristokratischen Gruppe wären besonders der Wegeler-Besitz und die Lagen der Geisenheimer Weinbauschule zu nennen. Manche Rheingauer Erzeuger kennzeichnen ihre Weinqualitäten mit einem komplizierten Code verschiedener Etiketten und bis zu zwölf verschiedenfarbigen Kapseln.

Oben: Kloster Eberbach mit seiner herrlichen Kirche (12. Jh.) ist der symbolische Sitz der hessischen Staatsweingüter, die rund 120 ha im Rheingau bewirtschaften. Ihr Etikett (links) trägt einen schwarzen Adler.

Links und unten: Schloß Vollrads ist seit dem 14. Jh. Sitz der Reichsfreiherren von Greiffenclau, seit 1860 der Grafen Matuschka-Greiffenclau. Hier wachsen einige der edelsten Weine.

Links und unten: Schloß Johannisberg wurde Metternich 1816 vom österreichischen Kaiser geschenkt. An seinem 27 ha umfassenden Hang wächst ein ausgezeichneter Wein.

Links: Zu den Anbauern in der großen Gemarkung Rüdesheim gehört auch die Geisenheimer Weinbauschule. Die beiden anderen Etiketten stammen von Weingütern am Rüdesheimer Berg.

Rechts: Blick auf den Rhein vom verschneiten Hang des Schlosses Johannisberg. Nach der Legende soll Karl der Große bemerkt haben, daß die Schneeschmelze an diesem Hang beginnt.

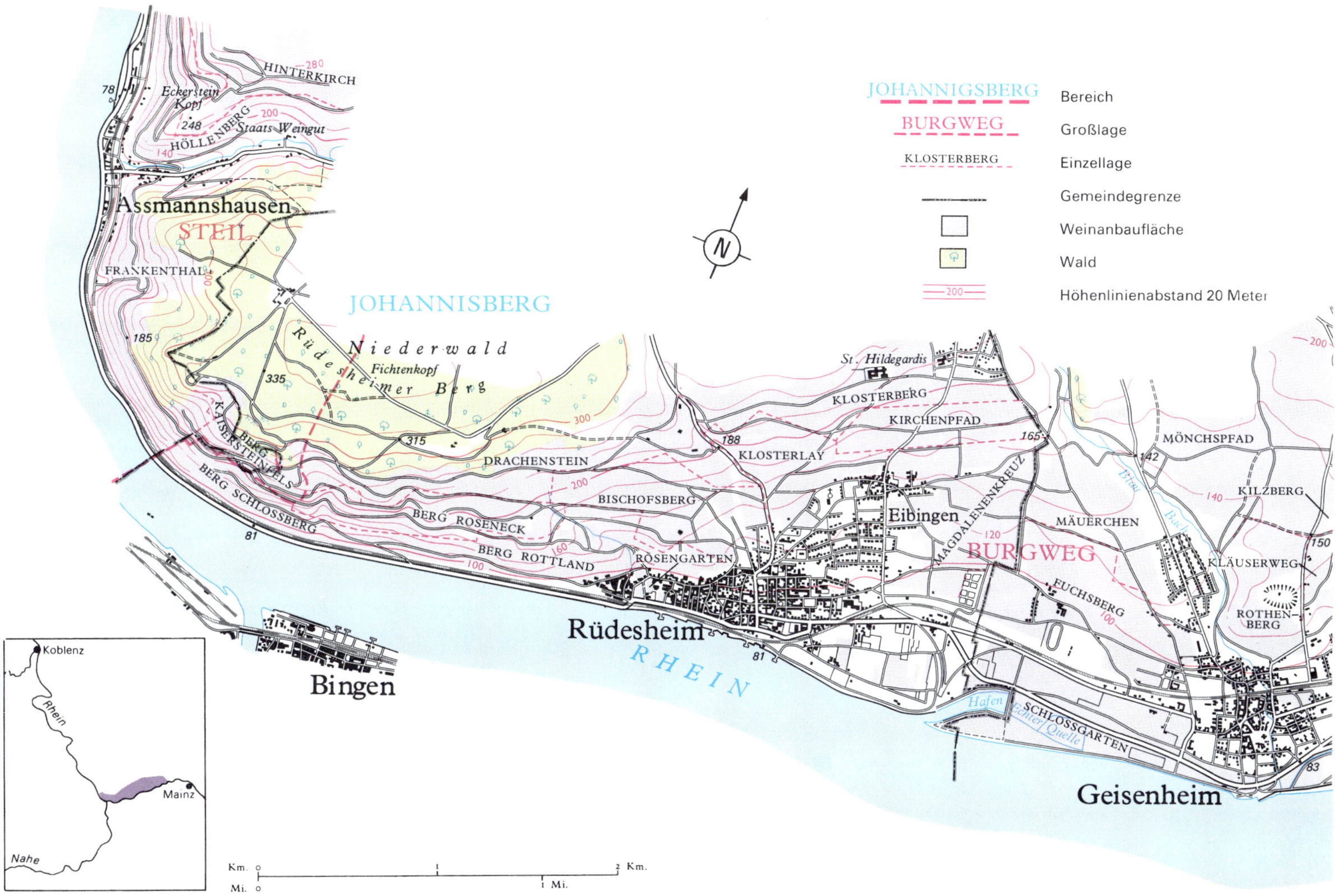

Rheingau: Eltville

Hoch über seinem Rebengürtel beherrscht Schloß Johannisberg die Landschaft zwischen Geisenheim und Winkel. Das enorme Prestige seiner Weine, für die die Weinkoster ihr Lieblingswort «elegant» erfunden haben könnten, überschattet leicht die anderen ausgezeichneten Lagen Johannisbergs.

Schloß Vollrads (S. 148) liegt fast zwei Kilometer von Winkel entfernt.

Winkels zweitbeste Lage, der Hasensprung, kann überragende Weine mit dem unendlichen Nuancenreichtum liefern, der den Rheingauer eine Klasse für sich sein läßt.

Mittelheim genießt nicht den gleichen Ruf wie Winkel und Oestrich; seinen Namen trägt kein Wein mit besonderer Note. Manche behaupten das gleiche von Oestrich, dem man vorwirft, seinen Weinen fehle es an «Rasse» – ohne Zweifel sind sie jedoch ausdrucksvoll und köstlich; Doosberg und Lenchen heißen seine Lagen, die man sich merken sollte.

Bei Hallgarten erreichen die Rheingauer Weinberge ihren höchsten Punkt; der Hendelberg liegt 330 m über dem Meeresspiegel, und in dieser Höhe gibt es weniger Nebel und Fröste. Die Lagen Würzgarten und Schönhell haben mergeligen Boden, auf dem kräftige Weine von großer Langlebigkeit gedeihen.

Die Hattenheimer Gemarkungsgrenzen laufen hoch in die Berge hinauf und schließen den gepriesensten Weinberg des Rheingaus ein: den Steinberg, der wie der Clos de Vougeot von einer Zisterzienser-Mauer umgeben ist. An seinem Fuß liegt das alte Kloster Eberbach, wo heute Seminare der Deutschen Wein-Akademie stattfinden.

Wie Hallgarten hat auch Hattenheim Mergelboden. An seiner Grenze zur Gemarkung Erbach liegt der einzige Weinberg, der unmittelbar am Rheinufer einen großen Wein hervorbringt, und zwar in einer Lage, die offenbar alles andere als eine gute Entwässerung aufweist. Dieser Weinberg heißt Marcobrunn und liegt teils auf Hattenheimer, größtenteils aber auf Erbacher Gebiet. Dieser Marcobrunner ist ein sehr saftiger, oft vollmundiger, fruchtiger und würziger Wein.

Auch die Gemarkung Erbach erstreckt sich in einem schmalen Streifen bis in die Berge hinauf, wo sich recht gute Weinlagen finden. Die Lage Steinmorgen dicht beim Ort liefert einen mächtigeren und denkwürdigeren Wein als die Lagen Michelmark und Hönigberg.

Das nächste Wahrzeichen ist die schöne goti-

Oben: Die gefeiertsten Rheingauer kommen zumeist aus großen privaten Weingütern. Auch einige Winzervereinigungen, beispielsweise die Hallgarter und Erbacher, genießen einen ausgezeichneten Ruf. Wein geringerer Qualität wird heute unter den verschiedensten Bezeichnungen, nicht aber unter einem Erzeugernamen verkauft.

sche Kirche von Kiedrich, dessen Weingärten einen außergewöhnlich ausgeglichenen und fein würzigen Wein liefern. Der größte Kiedricher Erzeuger ist Dr. Weil, und der Gräfenberg gilt als die beste Lage, wiewohl die Wasserrose und die Sandgrube ebenso bekannt sind.

In einem Bericht über den Rheingau häufen sich die Superlative. Wem aber die Eigenschaften eines großen Weißweins etwas bedeuten, dem bieten die hier bereiteten Weine mehr Stoff als jeder andere Wein der Welt für den Gaumen, zum Nachdenken und zum Diskutieren. Die Weine, die die höchsten Preise erzielen, nach denen die Lagen letztlich bewertet werden, sind stets die spätgelesenen, süßen und vollaromatischen Auslesen, die mit Hingabe und möglichst für sich allein und nicht nur bei Tisch getrunken werden wollen. In anderen deutschen Landschaften wachsen begehrtere, in Burgund weitaus bessere Tischweine. Man muß den Geist des Rheingauers erfassen: Es ist ein Wein um des Weines willen. Und er erreicht derartige Duft- und Geschmackshöhen, daß man ihn einfach nur superlativisch beschreiben kann.

Rauenthal, das letzte am Hang liegende und am weitesten vom Strom entfernte Dorf, erzeugt eine besondere Art Superlativ-Wein: den manchmal teuersten. Rauenthaler ist der deutsche Wein der Deutschen. Die Auslesen der Staatsweingüter und der beiden Eltviller Weingüter des Freiherrn Langwerth von Simmern und des Grafen Eltz sowie der kleineren Erzeuger am Rauenthaler Berg sind wegen ihres Zusammenklangs von Fülle, zarter Blumigkeit und würzigem Abgang gepriesen.

Eltville erzeugt größere Mengen eines nicht unbedingt zur Spitzenklasse zählenden Weins. Hier ist der Sitz der Staatsweingüter, und hier stehen die schönen alten, mit Reben und Rosen bewachsenen Gutshäusern der Familien Eltz und Langwerth von Simmern.

Ohne den gleichen Ruf wie die Nachbargemeinden zu genießen, kommen die Orte Nieder- und Oberwalluf und Martinsthal ihnen qualitativ jedoch recht nahe.

Zwanzig Kilometer weiter gibt es unerwartet noch eine Exklave des Rheingaus: Hochheim, in sanftem Hügelland am nördlichen Mainufer und isoliert in einer rebenlosen Landschaft gelegen. Gute Hochheimer (wir zeigen hier drei Etiketten) lassen sich mit den besseren, allerdings nicht mit den Spitzen-Rheingauern vergleichen.

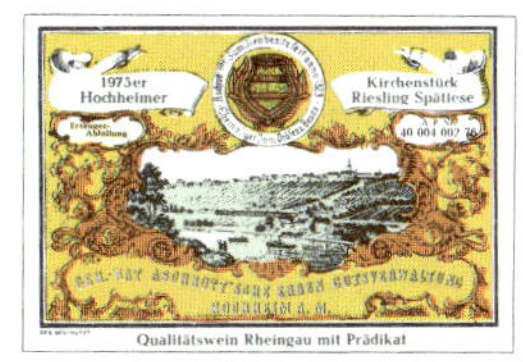

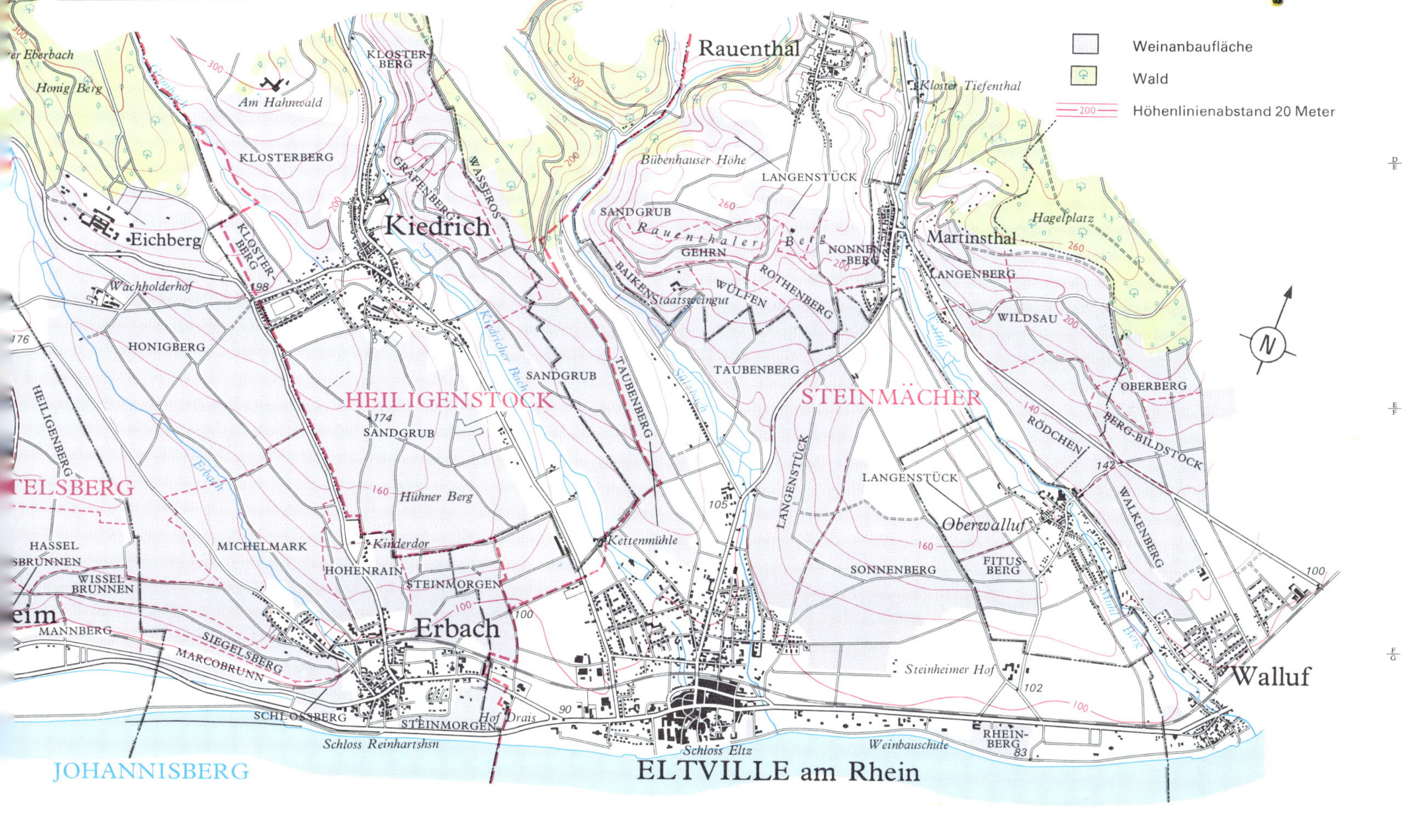

Rheinpfalz

Oben: Die beiden obersten Etiketten und das linke in der folgenden Reihe kennzeichnen drei Spitzensorten der Pfalz. Führende Erzeuger sind auch die Forster (zweite Reihe rechts) und Bad Dürkheimer (unten links) Winzervereine. Das Deutsche Weintor (unten rechts) ist die führende Genossenschaft in der südlichen Pfalz.

Ganz oben: Unstein, das stark an die Côte d'Or erinnert.
Links: Weingut in Deidesheim
Rechts: Die Dörfer an der Weinstraße sind von Obstgärten umgeben.

Die Pfalz ist der größte deutsche Rebgarten: ein 80 km langer Gürtel nördlich des Elsaß und im Windschatten der Haardt.

Wie das Elsaß ist auch die Pfalz der sonnigste und trockenste Landesteil, und ihre in Obstgärten gebetteten Dörfer sind von bestechendem Reiz und scheinen einer besseren, besonnten, ja fast einer Märchenwelt anzugehören. Eine gewundene Straße, die Deutsche Weinstraße, fängt am Tor nach Deutschland an (und zwar steht wirklich ein mächtiges Weintor im Grenzort Schweigen) und verläuft in nördlicher Richtung durch mehr Rebland und Weindörfer, als man sich überhaupt vorstellen kann. Ein großer Teil der Weine aus diesem Gebiet (Bereich südliche Weinstraße) wird in großen Genossenschaften erfaßt, die dank neuesten Weingewinnungsverfahren diesem Bereich zu weltweitem Ansehen verholfen haben. Hier hat es immer schon wenig Rieslingweine gegeben. Dieser Wein entwickelt sich hier eher säurearm und etwas lieblich. Neue Rebanlagen erbringen leichtere, vielfältige, ausgewogene Weine zu günstigem Preis.

Die meisten dieser Weine tragen Großlagenbezeichnungen, die über die Grenzen hinaus bekannt sind. Zu den wichtigsten gehören (Rhodter) Ordensgut, (Walsheimer) Bischofskreuz, (Bergzabener) Kloster Liebfrauenmilch und (Schweigener) Guttenberg.

Ruppertsberg ist das erste dieser Weindörfer, dessen Hoheburg und Gaisböhl als Spitzenlagen gelten. Dr. Albert Bürklin-Wolf und die Weingüter von Bassermann-Jordan und von Buhl (das größte deutsche Weingut in Privatbesitz) teilen sich in den Besitz der besten Mittelhaardt-Lagen. In Deidesheim, dem nächsten und allgemein als bester des gesamten Bezirks geltenden Ort, einem der schönsten deutschen Städtchen, liegen die Kellereien der Häuser Bassermann-Jordan und Buhl. Die Deidesheimer Spitzenlagen sind Kieselberg, Kalkofen, Grainhübel und Leinhöhle. Hohenmorgen, wahrscheinlich die beste Lage, gehört Bassermann-Jordan und Bürklin-Wolf gemeinsam.

Forst genießt den besonderen Ruf, Deutschlands süßesten Wein (nicht bloß in bezug auf den Zuckergehalt, sondern auch auf Art und Charakter) zu erzeugen. An einem schwarzen Basalthügel oberhalb dieses Ortes findet sich dunkler, kaliumreicher Boden, wie er in dieser ganzen Gegend sonst nicht vorkommt – wenngleich er abgebaut und, vor allem nach Deidesheim, in andere Weinberge gebracht wird. Der Basalt speichert hier, ähnlich wie am ungarischen Plattensee, die Wärme und sorgt für nächtlichen Temperaturausgleich. Forst ist ein reines Straßendorf, und sein bekanntester Weinberg, der

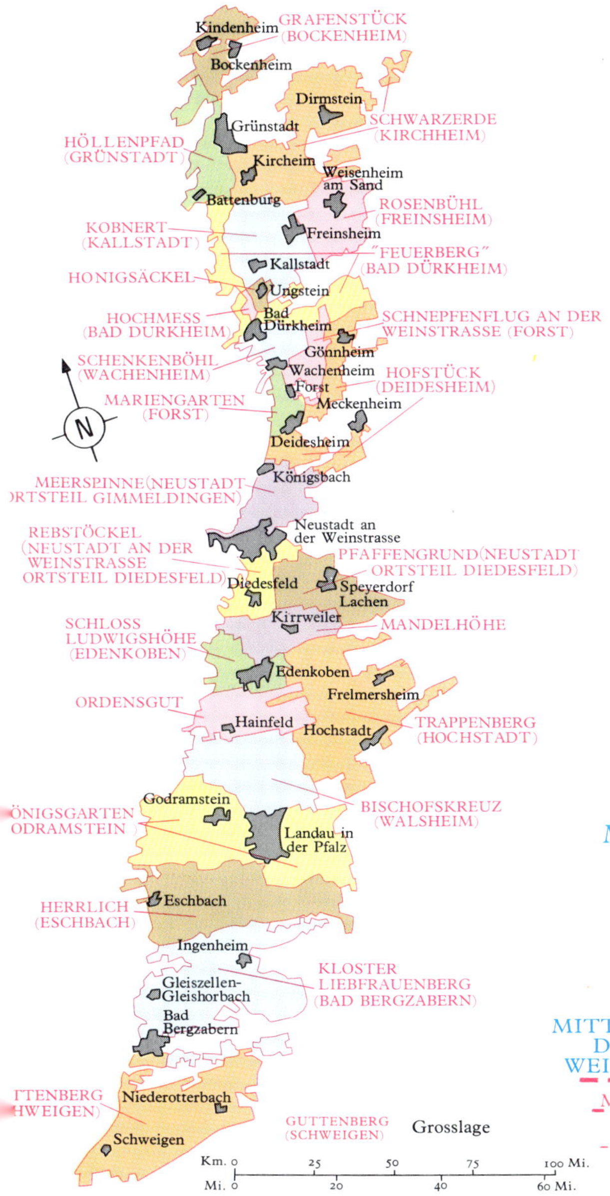

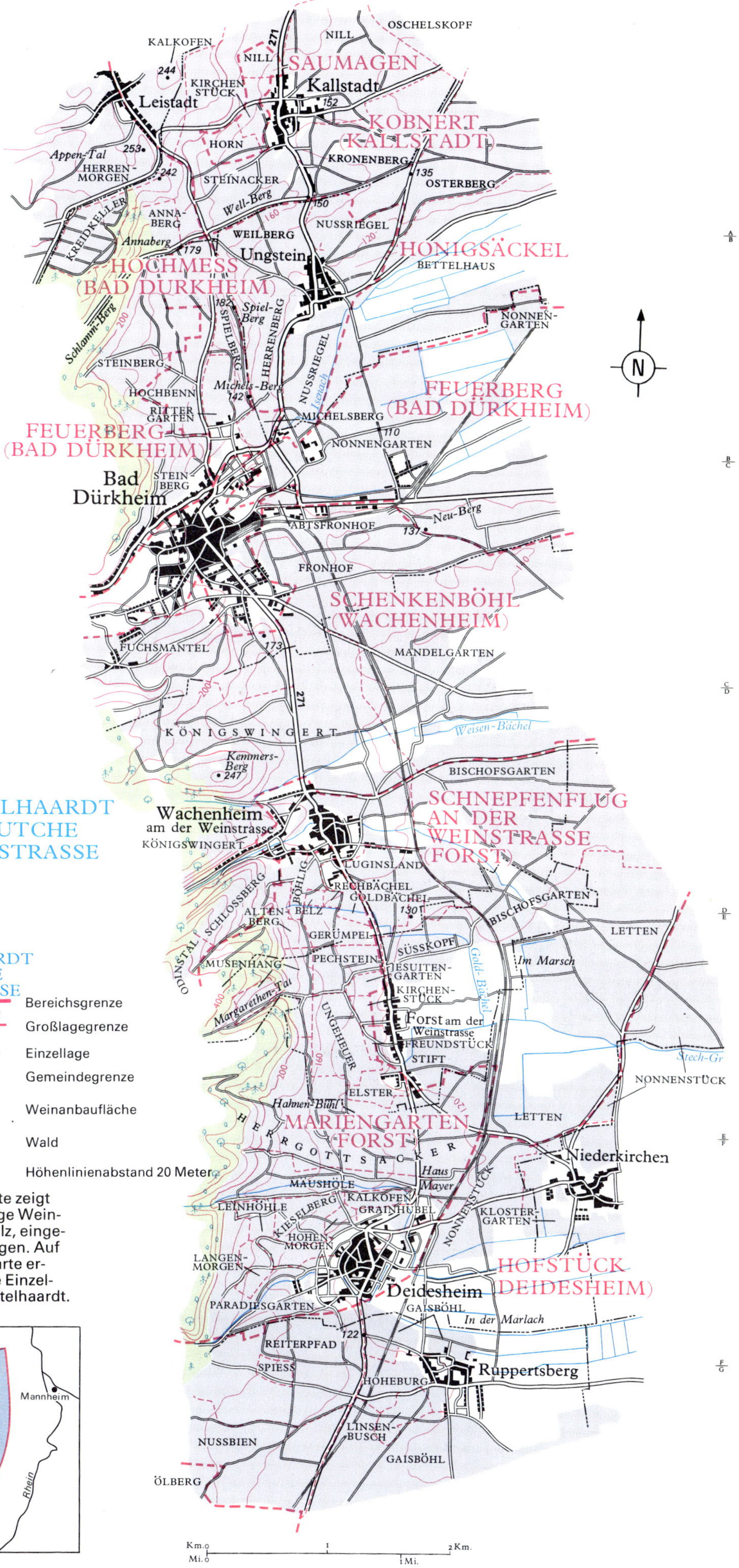

MITTELHAARDT DEUTCHE WEINSTRASSE

MITTELHAARDT DEUTSCHE WEINSTRASSE — Bereichsgrenze

MUNZLAY — Großlagegrenze

BURGLAY — Einzellage

Gemeindegrenze

Weinanbaufläche

Wald

200 — Höhenlinienabstand 20 Meter

Die kleine Karte zeigt die vollständige Weinregion der Pfalz, eingeteilt in Großlagen. Auf der großen Karte erkennt man die Einzelheiten der Mittelhaardt.

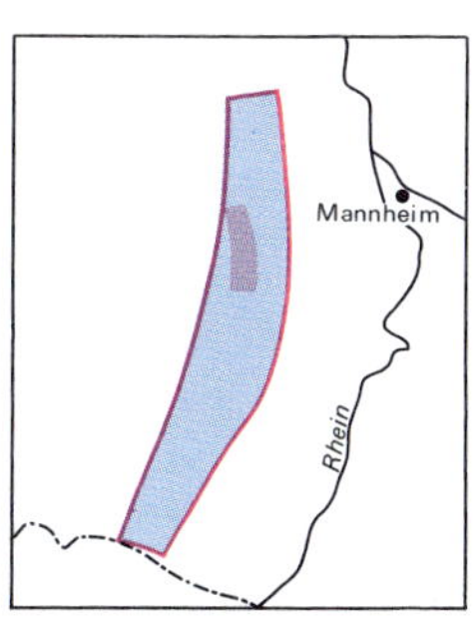

Jesuitengarten, sowie das ebenso vorzügliche Kirchenstück liegen gleich hinter der Kirche.

Dieses und Freundstück – zum großen Teil im Besitz von Buhl – sowie die oberhalb liegende Einzellage Ungeheuer sind von gleicher Güte.

Bei Wachenheim endet der beste Teil der Mittelhaadt mit einer Häufung berühmter Lagen. Die meisten sind so bekannt, daß sie die Nivellierung der neuen Bestimmungen überlebt haben. Die Spitzenlagen hier sind Rechbächel, Goldbächel, Gerümpel und Böhlig. Der Wachenheimer zeichnet sich weniger durch Vollmundigkeit als durch Finesse aus.

Bad Dürkheim ist mit seinen 800 ha Rebfläche eine der größten deutschen Weinbaugemeinden. Zur Zeit der Weinlese feiert man hier den Wurstmarkt und trinkt dazu den roten oder weißen Dürkheimer; der Riesling spielt hier keine große Rolle mehr und ist nur in den Spitzenlagen Michelsberg und Hochbenn zu Hause.

Rheinhessen

Die ursprüngliche Lage der Liebfrauenmilch bei der Liebfrauenkirche in Worms, 30 km südlich von Nierstein. Nylonnetze schützen die Reben vor den Vögeln.

Links und ganz rechts: In Nierstein gibt es nicht weniger als 300 Weingüter, von denen Guntrum, Balbach und F. K. Schmitt die größten sind. Ein weiterer sehr guter Erzeuger ist Freiherr Heyl zu Herrnsheim. Das unterste Etikett stammt vom führenden Bingener Weingut.

Rheinhessen liegt in einem riesigen Weindreieck zwischen Bingen, Mainz und Worms. Im Osten und Norden bildet der Rhein die natürliche Grenze.

Es ist eine fruchtbare, leicht hügelige Weinlandschaft, die sich nur in Rheinnähe verändert. Der Hauptanteil ihrer Weine (Müller-Thurgau und Silvaner) ist leicht und mild, gewöhnlich lieblich, manchmal ein wenig erdig. Am bekanntesten ist die Liebfrauenmilch, ein Name, der jetzt gesetzlich definiert ist als ein Qualitätswein aus den bestimmten Anbaugebieten Rheinhessen, Rheinpfalz, Nahe oder Rheingau, gewonnen aus Silvaner-, Riesling- oder Müller-Thurgau-Trauben mit lieblicher Geschmacksrichtung. Es gibt auch gute Liebfrauenmilchweine. Sie haben aber keinen ausgeprägten Charakter.

Die Karte auf der gegenüberliegenden Seite zeigt das ganze Anbaugebiet Rheinhessen mit seinen Großlagen, deren Namen meistens auf einem Rheinhessen-Etikett zu finden sind.

Eine Ausnahme stellt der auf der Karte gezeigte kurze Abschnitt des Rheinufers dar. Das Städtchen Nierstein ist, teils wegen der Zahl seiner Erzeuger (rund 300), teils, weil sein Name ausgiebig (gewöhnlich mit der Pseudo-Lagebezeichnung Domthal) mißbraucht wird, vor allem aber wegen seiner hervorragenden Weinberge heute genauso bekannt wie Bernkastel. Viele Lagen der beiden Nachbarorte Oppenheim und Nackenheim sind ebensogut wie die meisten Niersteiner, doch übertrifft keine den sandroten Uferhang nördlich Niersteins: Die Lagen Hipping, Pettenthal und Rothenberg (gehört zu Nackenheim) liefern einen Riesling, der so ausdrucksvoll ist wie ein Rheingauer.

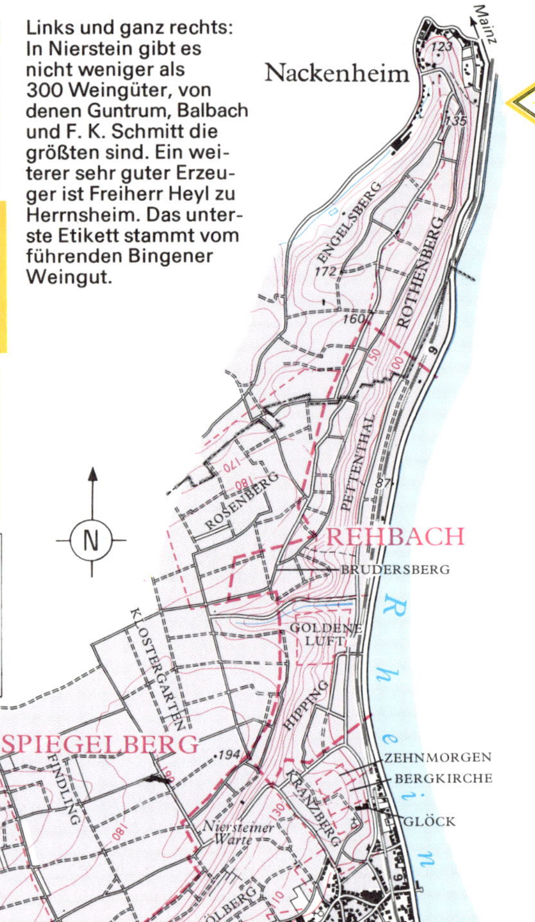
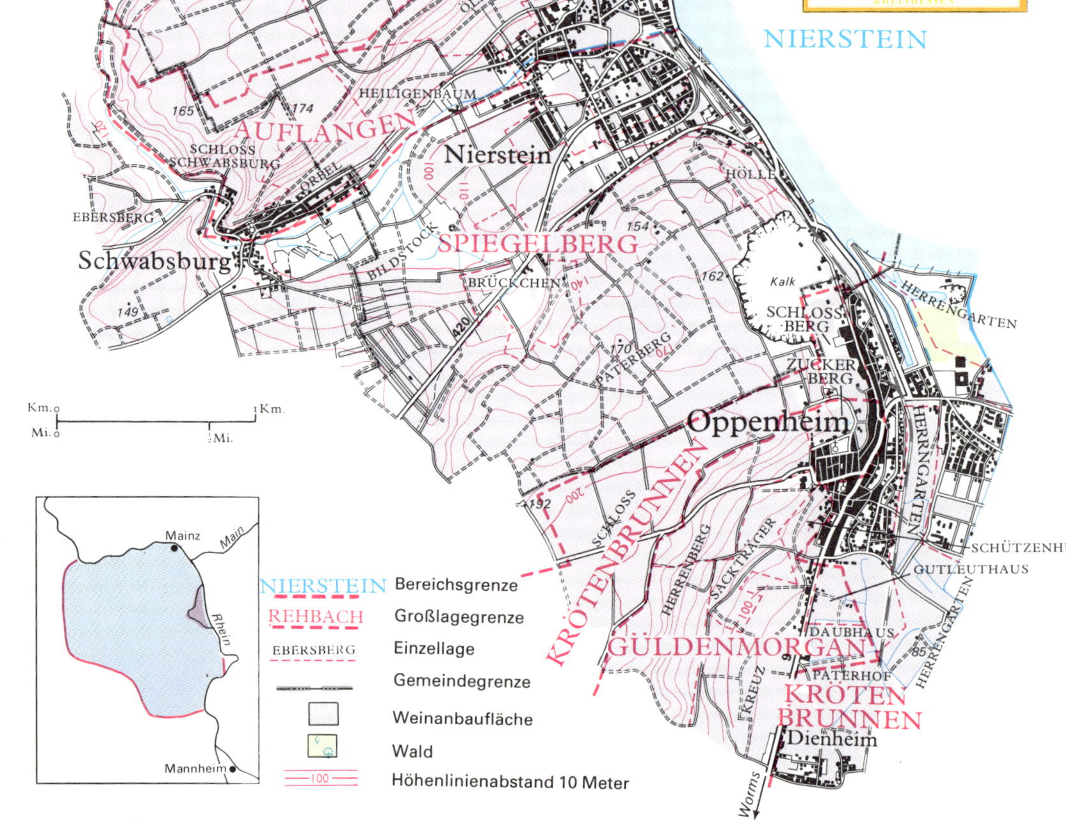

Jeder echte Niersteiner wird mit einem der auf unserer Karte verzeichneten Einzellagenamen etikettiert; bei den besseren wird außerdem angegeben, daß sie Rieslinge sind.

Die führenden rheinhessischen Weindörfer außerhalb des Kartenausschnitts liegen unmittelbar nördlich (Bodenheim) und südlich (Guntersblum und Alsheim) am Rhein sowie am anderen Ende des Gebiets, in der Gegend von Bingen, auf dessen Scharlachberg ein sehr edler Tropfen wächst.

Oben: Rheinhessen hat seine besten Weinberge (knapp 100 m Steilhang) an der «Rheinfront», nördlich und südlich von Nierstein. Hier wachsen die meisten rheinhessischen Rieslingweine.

Ein Kellermeister mißt den Zuckergehalt des Mostes mit einer Mostzuckerwaage (Aerometer). Fast überall findet der Gärungsprozeß in kühlen Kellern statt.

Baden-Württemberg

Die führenden Weingüter Baden-Württembergs liegen weit verstreut. Unten die Etiketten von vier Adelshäusern – Graf Adelmann nennt seinen Wein ‹Brüsseler Spitze› – sowie der Stadt Stuttgart und der Staatsdomäne in Meersburg.

Der Kaiserstuhl liegt wie eine Insel in der flachen Rheinebene. Im Hintergrund der Schwarzwald. Die weite Landschaft des Kaiserstuhls wurde durch intensive Flurbereinigung in moderne Anbauflächen verwandelt. Hier sind Deutschlands größte Winzergenossenschaften zu Hause.

Man sollte meinen, Süddeutschland produziere mehr Wein als der Norden des Landes. Vor hundert Jahren war dies auch der Fall. Baden-Württemberg war das größte deutsche Erzeugergebiet. Doch die besonderen Boden- und Klimabedingungen, die den Weinbau an aussichtslos scheinenden Plätzen an Mosel und Rhein lohnend machen, finden in ganz Baden-Württemberg nicht ihresgleichen. Seine Spitzenweine sind sehr gut, werden aber nur hier und da in sehr kleinen Mengen und aus einer erstaunlich großen Zahl von Rebsorten gewonnen.

Der «Seewein» aus dem südlichsten Landesteil, der Gegend um Meersburg am Bodensee, ist gewöhnlich ein heller Weißherbst: ein aus roten Trauben gekelterter Weißwein.

Die besten badischen Lagen finden wir auf einem vulkanischen, vom Schwarzwald abgesetzten Klotz in der Rheinebene, dem Kaiserstuhl. Hier ergeben die Ruländer-Rebe (oder Pinot Gris) einen fruchtigen Weißwein und die Pinot Noir einen leichten Rotwein.

Die Ortenau hat drei hochherrschaftliche Weingüter aufzuweisen, die des Markgrafen von Baden (Schloß Staufenberg), des Baron von Neveu und des Grafen Wolff von Metternich, deren Ruländer, Traminer und Klingelberger (so heißen hier die Rieslinge) berühmt sind. Neuweier ist der Mittelpunkt des Bezirks, in dem der «Mauerwein», der ausgezeichnete Karaffen-Riesling Baden-Badens, gekeltert wird.

Württemberg erzeugt mehr roten als weißen und auch etwas hellroten Wein. Der Weißwein ist der beste. Hier ist das Klima viel rauher, und es gibt nur wenige gute Lagen, die meisten davon im Neckartal. Ein bekanntes Weingut ist hier das des Grafen von Neipperg in Schwaigern.

Wie man ein deutsches Weinetikett liest.

Deutsche Weinetiketts geben viel genauer Auskunft über den Flascheninhalt als Etiketts anderer Länder – mit Begriffen allerdings, die man erst lernen muß. Die folgenden drei Etiketts stehen beispielhaft für die drei Qualifikationsstufen, die es für deutsche Weine gibt. Die Erklärungen und Formulierungen verdeutlichen, was auf einem deutschen Etikett alles stehen muß.

Deutscher Tafelwein gehört zur untersten Qualitätsstufe. Auf dem abgebildeten Etikett steht «Koblenz an Rhein & Mosel», die Hauptniederlassung der Deinhard-Weinkellerei. Der Bereich «Bernkastel» (s. a. Seite 135) erstreckt sich über die gesamte Mittelmosel. Als Alternative zum Bereichsnamen kann auf einem deutschen Tafelwein auch der Name des Ortes stehen, jedoch nicht der Name eines Weinberges. Die Rebsortenbezeichnung «Riesling» z. B. besagt, daß dieser Tafelwein mindestens zu 85% aus Rieslingtrauben dieses Gebietes hergestellt ist. «Deutscher Tafelwein» zeigt die Güteklasse an. Mit der Bezeichnung «Mosel» (auf Qualitätsweinetiketten heißt es «Mosel-Saar-Ruwer») ist das Tafelwein-Anbaugebiet gemeint (s. Seite 135). Andere Qualitätsangaben oder Herkunftsbezeichnungen sind nicht erlaubt.

Qualitätswein Dieser Wein stammt aus einem der elf deutschen Anbaugebiete (Q.b.A-Weine = Qualitätswein bestimmter Anbaugebiete). Gegenüber dem Tafelwein werden an ihn wesentlich höhere Anforderungen gestellt – in Qualität, Mostgewicht, Rebsorte und Herkunft. «Erzeugerabfüllung» bedeutet: Wein aus eigenen Weinbergen, abgefüllt vom Erzeuger. Die A. P. Nr. (Amtliche Prüfungsnummer) wird jedem deutschen Qualitätswein erteilt, der streng getestet wurde. «Mosel-Saar-Ruwer» ist eines der elf deutschen Weinbaugebiete. «Weingut: Der Josephshof» steht für den Namen des Erzeugerbetriebes. «Graach» (oder Graacher) ist der Name einer Gemeinde. «Josephshöfer» ist der Name der Einzellage. (Ebensogut könnte auch Graacher Münzlay auf dem Etikett stehen, denn diese Großlage schließt die Einzellage Josephshöfer ein.) «1974er» ist der Jahrgang, «Reichsgraf von Kesselstatt, Trier» die Firmenanschrift des Weingutbesitzers.

Qualitätswein mit Prädikat
Weine der obersten Güteklasse. Sie dürfen u.a. nicht mit Zucker angereichert werden. Und so liest sich beispielsweise dieses Etikett: «1974er», das Jahr, in dem der Wein gelesen wurde. «Oppenheim»: der Name des Weinortes. «Krötenbrunnen»: die Großlage (die aus 13 verschiedenen Orten und Ortsteilen, einschließlich Oppenheim, besteht; deshalb muß dieser Wein aber nicht unbedingt unmittelbar aus Oppenheim stammen). Der «Silvaner» ist die Rebsorte. «Kabinett» ist die Eingangsstufe für deutsche Prädikatsweine. Die «A. P. Nr.» (= Amtliche Prüfungsnummer) wird nur aufgrund einer analytischen und geschmacklichen Prüfung erteilt. Sie dient zur Nachprüfung der Identität. Die «Zentralkellerei» ist die Winzergenossenschaft von Gau-Bickelheim, die mit ihrem Namen für den Inhalt der Flasche bürgt.

Tafelwein Einfacher Tafelwein, der nicht unbedingt deutscher Herkunft sein muß.
Deutscher Tafelwein Ein einfacher deutscher Tafelwein.
Qualitätsweine bestimmter Anbaugebiete (= Q.b.A.-Weine) stammen zu 100% aus dem angegebenen Anbaugebiet. Sie müssen einer Qualitätsprüfung unterzogen worden sein und auf dem Etikett eine amtliche Prüfungsnummer tragen.
Qualitätsweine mit Prädikat sind nicht angereicherte Spitzenweine und sind amtlich geprüft. In dieser Klasse gibt es fünf Prädikate.
Kabinett Elegante, leichte, meist nicht zu süße Weine.
Spätlese Trauben für diese Weine werden im vollreifen Zustand im Anschluß an die Normalernte geerntet. Spätlesen haben mehr Körper und sind meist süßer als Kabinett.
Auslese-Weine Noch fülligere Weine von vollreifen Trauben, getrennt gelesen, von zurückhaltender bis vollfruchtiger Süße.
Beerenauslese Überreife Beeren, gesondert gelesen.
Trockenbeerenauslese Gewonnen aus eingeschrumpften Beeren, die bei besonders später Lese durch Edelfäule konzentriert sind.
Weißwein Gewonnen aus weißen Trauben.
Rotwein Gewonnen aus roten Trauben.
Weißherbst Hellroter Wein von roten Trauben.
Schillerwein Ein aus weißen und roten Trauben gemeinsam gekelterten Wein. Farbe: schillernd.
Perlwein Leicht perlender Wein mit zugesetzter Kohlensäure.
Schaumwein Durch 2. Gärung im geschlossenen Behälter mit mindestens 3,0 atü, 50 g Alkohol pro Liter. Weist in geschlossenen Behältern bei 20°C einen Kohlensäuredruck von 3,5 atü auf.
Sekt Qualitätsschaumwein mit Amtlicher Prüfungsnummer.
Eiswein Große Seltenheit, gewonnen aus Trauben, deren Wasseranteil bei mindestens –7°C zu Eis gefroren ist.
Trockener Wein Durchgegorene Weine mit maximal 4 g Fruchtzucker auf einen Liter. Auch für Diabetiker geeignet, sehr bekömmlich zum Essen.
Eigene Abfüllung oder Erzeugerabfüllung Aus eigenen Weinbergen geerntet und in eigenen Betrieben abgefüllt.
Winzergenossenschaft (= Winzerverein) Zusammenschluß verschiedener Erzeuger zur gemeinsamen Einlagerung und Vermarktung.
Weinkellerei Abfüllkellerei nicht unbedingt aus eigenen Weinbergen.
A.P. Nr.: (= Amtliche Prüfungsnummer) Gibt Aufschluß über Prüfstelle, Standort des Erzeugers, Erzeugerbetrieb und das Jahr der Prüfung (die beiden letzten Zahlen).

Franken

Oben: Franken ist das einzige deutsche Weinbaugebiet, das seine appetitanregenden, oft trockenen Weine in Bocksbeutel abfüllt, eine Flaschenform, die durch das Weingesetz von Franken geschützt ist.

Franken spielt unter den deutschen Weinbaugebieten geographisch wie auch mit seinen Traditionen eine Außenseiterrolle.

Es füllt seinen Wein nicht in schlanke, sich verjüngende Flaschen ab und gewinnt ihn statt aus dem Riesling aus der Silvaner-Traube. Und auch in Geschmack und Stärke entfernt sich der Frankenwein von der feinen Süße der meisten anderen deutschen Weine und ähnelt mehr manchen französischen Weinen, was ihn zu einem der besten Tischweine macht.

Häufig verwendet man den Namen Steinwein für alle Frankenweine schlechthin. Tatsächlich aber ist Stein der Name einer der beiden berühmten Lagen der Stadt Würzburg am Main, der Hauptstadt dieses Gebiets. Die andere Lage heißt Leist. Beide haben früher unglaublich langlebige Weine hervorgebracht: Ein Steinwein aus dem 16. Jahrhundert (aus dem prächtigen 1540er Jahrgang) war vor nur 10 Jahren gerade noch trinkbar. Diese Weine waren zumindest Beerenauslesen: ungeheuer süß. Heute erzeugt Franken nicht mehr viele Raritäten dieser Art. Der Wein in dem hübschen flakonförmigen Bocksbeutel ist für deutsche Begriffe meist ausgesprochen trocken und hat etwas vom Format und der Stärke eines weißen Burgunder.

Zehn oder zwölf Dörfer an den Mainschleifen oberhalb und gleich unterhalb Würzburgs erzeugen diesen Wein. Die bekanntesten sind Iphofen, Randersacker und Escherndorf. Zu den Spitzenerzeugern zählen das Juliusspital und das Bürgerspital zum Heiligen Geist mit ihren herrlichen Kellern in Würzburg. Die Weingärten reichen bis in die Stadt hinein und machen sie zu einem der schönsten Stützpunkte des Weins in der ganzen Welt.

Würzburg

Das Maintal

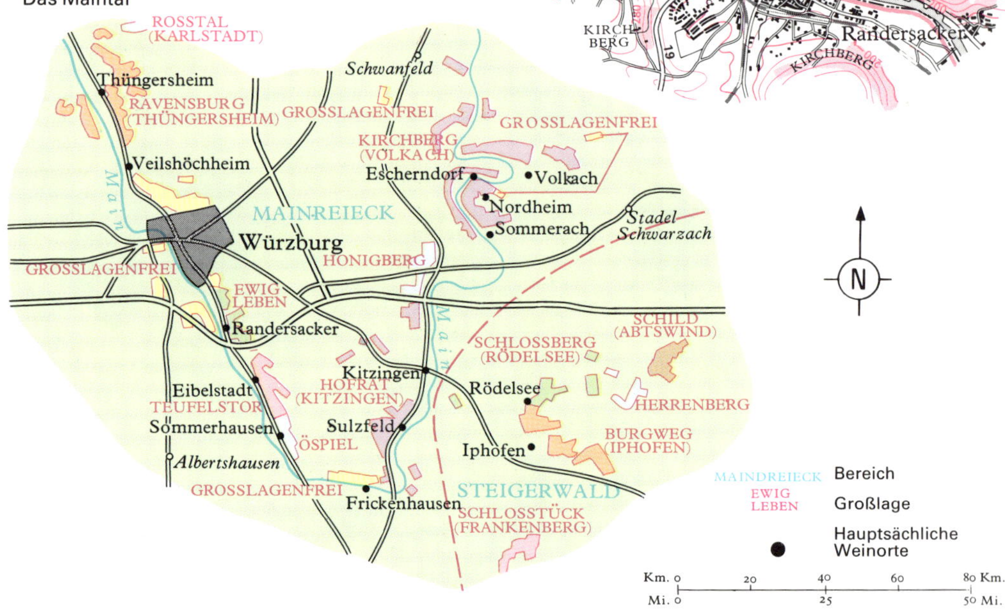

Rechts: In Würzburg vermählen sich Wein und Barock. Die Rebzeilen sind die einzigen geraden Linien in dieser Stadt. Von der Festung Marienberg neigt sich der Leisten-Weinberg bis an den Main herunter.

Süd- und Osteuropa und die Mittelmeerländer

Weinlese bei Colares an der Küste bei Lissabon.

Italienischer Wein

Die Griechen nannten Italien Oenotria – Land des Weins. Die Karte macht deutlich, daß es nur wenige italienische Landschaften gibt, die nicht mehr oder weniger Weinland sind. Heute ist Italien der bei weitem größte Weinerzeuger der Welt. Was an diesem Land jedoch liebenswert und ärgerlich zugleich ist, das ist seine uralte Unbekümmertheit in bezug auf den Wein.

Zunächst einmal ist die ordentliche Kennzeichnung des Weins nach seiner Herkunft in Italien nur eine von vielen Möglichkeiten. Im allgemeinen tragen italienische Weine einen *Namen,* der entweder die Rebsorte, einen Ort oder beides bezeichnet oder aber reine Phantasie, Poesie, historischer Hinweis oder einfach ein Markenname ist. Es ist nicht ungewöhnlich, daß ein und derselbe Name für Rot- und Weißwein, für süße wie für trockene Weine gleichermaßen benutzt wird, auch wenn diese Weine keinerlei verwandte Merkmale aufweisen.

1963 ging die italienische Regierung daran, ein wohldurchdachtes Kontrollsystem zu erarbeiten, bei dem das französische System Pate stand (siehe Weingesetz unten). Seine Grundlagen stellten einige freiwillige Konsortien oder Vereinigungen dar, die von Erzeugern in den besser organisierten Gebieten, wie z.B. Chianti, gegründet worden waren und bereits über Ansätze einer Weingesetzgebung verfügten, von denen die Regierung lernen, die sie übernehmen oder anpassen konnte.

Die bedeutenderen Weinbaugebiete sind heute klar abgegrenzt und zu DOC-Gebieten erklärt worden. Soweit sie bis 1975 feststanden, sind sie auf den folgenden Karten eingezeichnet; neueste DOC-Gebiete sowie noch nicht erfaßte Gebiete erscheinen lediglich als Namen ohne Grenzlinien.

Man muß betonen, daß gute Erzeuger schon seit langem einen zuverlässigen Wein liefern und die Qualitätsmaßstäbe in einigen Teilen Italiens – besonders in Piemont, Chianti, Verona und Trentino Adige (Südtirol) – streng sind.

Die Rotweine sind im allgemeinen in Italien die besten. Zwar mögen sie nie das Niveau eines großen Bordeaux oder Burgunder erreichen, doch haben sie ihre eigenen Qualitäten, die vom Glatten und Zarten bis zum Purpurroten und Kraftvollen reichen. Vor allem wollen diese Eigenschaften, wie überhaupt alle italienischen Weine, zusammen mit der unglaublich vielseitigen und dabei doch einfachen und sinnenfreudigen italienischen Küche beurteilt werden. Seinen wahren Genius offenbart Italien bei der Bereitung eines Festmahls, und dabei spielt der Wein die wichtigste Nebenrolle.

Weingesetz

Das italienische Weingesetz von 1963 legt drei kontrollierte Qualitätsklassen fest.

Die erste heißt: **Denominazione Semplice.** Sie entspricht etwa dem deutschen Tafelwein; zulässig ist nur ein einfacher Hinweis auf das Erzeugergebiet, Qualitätsmerkmale sind nicht festgelegt.

Denominazione di Origine Controllata ist die nächste Stufe. Jede Erzeugervereinigung kann die Registrierung ihres Weins als DOC beantragen. Sie muß sich mit Rom über die Gebietsabgrenzung und den einzuhaltenden Qualitätsstandard (z. B. Traubensorten, traditionelle Methoden, Ertragsbegrenzung, sachgemäße Alterung sowie Rechnungslegung) einigen. DOC-Weine sind Prüfungen unterworfen und müssen neben dem eigenen auch noch ein DOC-Etikett tragen.

Denominazione Controllata e Garantita, das Spitzenprädikat, wird nur bestimmten Weinen aus erstklassigen Lagen innerhalb größerer Gebiete zuerkannt. Um dieses Prädikat zu erhalten, muß der Wein vom Erzeuger oder einem anderen Vollverantwortlichen abgefüllt und mit einem staatlichen Siegel verschlossen werden. Die besten Weine Italiens dürften nach und nach ausnahmslos DOCG-Weine werden. Bis 1976 hatte noch kein Wein dieses Prädikat erhalten; der Barolo wird wahrscheinlich der erste sein.
Die Karten unseres Atlas zeigen die Grenzen der bis 1975 festgelegten rund 150 DOC-Weine. Dies sagt jedoch nichts über ihre Bedeutung aus. Der Zulauf folgte gewissermaßen einem allgemeinen Trend. Schon gibt es viel zu viele kleine DOC-Weingebiete, als daß irgend jemand damit geholfen wäre, und rund fünfzig stehen sogar noch aus. Vermutlich werden sich manche kleinere, nachdem sie ihren guten Willen gezeigt haben, doch zusammenschließen müssen.

Oben: Italien ist der größte Weinproduzent der Welt (69,8 Millionen hl gegenüber Frankreich mit 65,9 Millionen).

Italien verbraucht jährlich 60 Millionen hl: 108 l pro Kopf der Bevölkerung. 7,5% der Bevölkerung sind im Weinbau und Weinhandel beschäftigt. Frankreich nimmt über die Hälfte des italienischen Weinexports auf. Der zweitgrößte Markt ist Deutschland (Stand von 1975).

Unten: Im letzten Jahr überstieg Italiens Export den Import im Verhältnis 70:1. Der Export ist in den letzten Jahren stetig gestiegen und erreichte 1975 14 Millionen hl – nicht zuletzt ein Erfolg der Qualitätsfestigung durch die neuen Weingesetze.

Die Sprache des Etiketts

Tenementi Besitz oder Weingut
Vendemmia Jahrgang
Denominazione di Origine Controllata e Garantita Ähnliche Bedeutung wie Appellation Contrôlée
Riserva Über eine satzungsmäßige Zeit (meist drei Jahre) gelagerter Wein
Classico Aus dem Zentrum und der besten Gegend des Gebiets
Imbottigliato nello stabilimento della ditta . . . Kellereiabfüllung von . . .
Imbottigliato (oder **Messo in bottiglia) nell'origine** (oder **del produttore all'origine)** Weingutabfüllung
Fiasco (Pl. **fiaschi)** Rundbauchige, strohumhüllte Flasche (z. B. für Chianti)
Infiascato alla fattoria Von der Weinkellerei in Fiaschi abgefüllt
Vino da banco oder **vino ordinario** (oder **di tavola)** Einfacher Wein, meist nicht abgefüllt
Bianco Weiß
Rosso Rot
Nero Tiefdunkelrot
Rosato Rosé
Secco Trocken
Amaro Bitter oder sehr trocken
Amabile Mittelsüß, lieblich
Abboccato Desgleichen
Dolce Sehr süß
Spumante Schäumend
Frizzante Halbschäumend
Gradi (oder **Gradi alcool** oder **Grado alcoolico)** Gibt zusammen mit einer Zahl die Volumenprozente Alkohol an
Casa Vinicola Weinhandlung
Cantina Keller, Weinkellerei oder Bar
Cantina sociale (oder **co-operativa)** Winzergenossenschaft
Consorzio Örtliche Winzervereinigung mit gesetzlichem Status
Vin oder **Vino santo** Aus über Winter unter Dach getrockneten Trauben bereiteter Wein
Passito Ähnlicher Wein
Cotto Gekochter (d. h. konzentrierter) Wein, Spezialität einiger Gebiete
Stravecchio Sehr alt, ausgebaut, vollmundig
Vino liquoroso Gespriteter Wein

Unten: Cinzano, Martini, Carpano, Campari – alles vertraute Apéritifnamen – haben ihre Kellereien in der Gegend von Turin. Außerhalb des zentralen Piemont sind die Weinbezirke jedoch klein und vorwiegend von lokaler Bedeutung.

Der Nordwesten

Mit seinen bittersüßen Wermuts, saftigen Spumanti, prickelnden tiefroten Weinen zu Wild- und Käsegerichten ist Piemont ein lebendiger Ausdruck der Sinnenfreude des gastronomischen Italien.

Der übrige Nordwesten des Landes hat zwar auch gute Weine, doch ist die Produktion gering und nur von lokaler Bedeutung. Im französischsprachigen Valle d'Aosta wächst ein kräftiger roter Nebbiolo, der Carema und der Donnaz, sowie der leichtere Enfer. In Turin wird ein großer Teil des piemontesischen Weins zu dem weltberühmten Wermut verarbeitet. Vom südlichen Rand kommt der gefällige rote Freisa – gefällig allerdings nur, solange er nicht süß und schäumend bereitet wird.

Ein paar Städtchen zwischen Novara und dem Lago Maggiore bauen die hervorragende Nebbiolo-Rebe an (sie heißt dort Spanna), aus der ein viel milderer und ansprechenderer Wein als der Barolo bereitet wird. Gattinara, Ghemme, Boca, Fara, Sizzano sind Namen für diesen Wein, der aber kaum Unterschiede aufweist, um diese Vielfalt zu rechtfertigen.

Bekannter sind die ligurischen Weine, obwohl das echte Erzeugnis außerhalb dieser Region selten zu finden ist. Der Cinqueterre, der sehr süße, selten trockene Weißwein aus fünf Küstendörfern nördlich von La Spezia, hat einen schon nahezu legendären Ruf. Genuas Weißweine, die u. a. aus der Vermentino-Traube bereiteten Polcevera und Coronata, passen ausgezeichnet zu den genuesischen Fischgerichten. Die lokalen Rotweine der italienischen Riviera sind der Dolceacqua und der Rossese, die beide zwar gefällig, aber flach sind.

Die Karte zeigt ferner drei Weinbaudistrikte der Lombardei: Oltrepo Pavese (d. h. Pavia jenseits des Po) mit dem Weinzentrum Casteggio und den Sorten Clastidio (rot oder weiß), roter Buttafuoco, Sangue di Giuda und Barbacarlo. Der beste ist der Frecciarossa, ein Markenwein.

Piemonte

Links: Das Weingut Fontanafredda
Unten: Charaktervolle dunkle Rotweine und süße schäumende Weißweine, fein und fruchtig, sind die Spezialität Piemonts.

In Piemont gehören, wie in Burgund, Speisen und Wein untrennbar zusammen. Sie sind kräftig, vollmundig, individuell, ausgereift und haben etwas Herbstliches. Man spürt, daß diese italienische Region nicht umsonst die Frankreich am nächsten gelegene ist.

Piemont bedeutet: am Fuß des Gebirges, der Alpen. Doch nicht am Fuß der Alpen, sondern auf der Kette der stattlichen Monferrato-Berge wachsen die großen piemontesischen Weine. Dennoch üben die Alpen ihren Einfluß aus, indem sie dieses Gebiet schützen und ihm ein eigenes Klima mit sehr warmen Wachstumsperioden und nebeligen Herbsten bescheren.

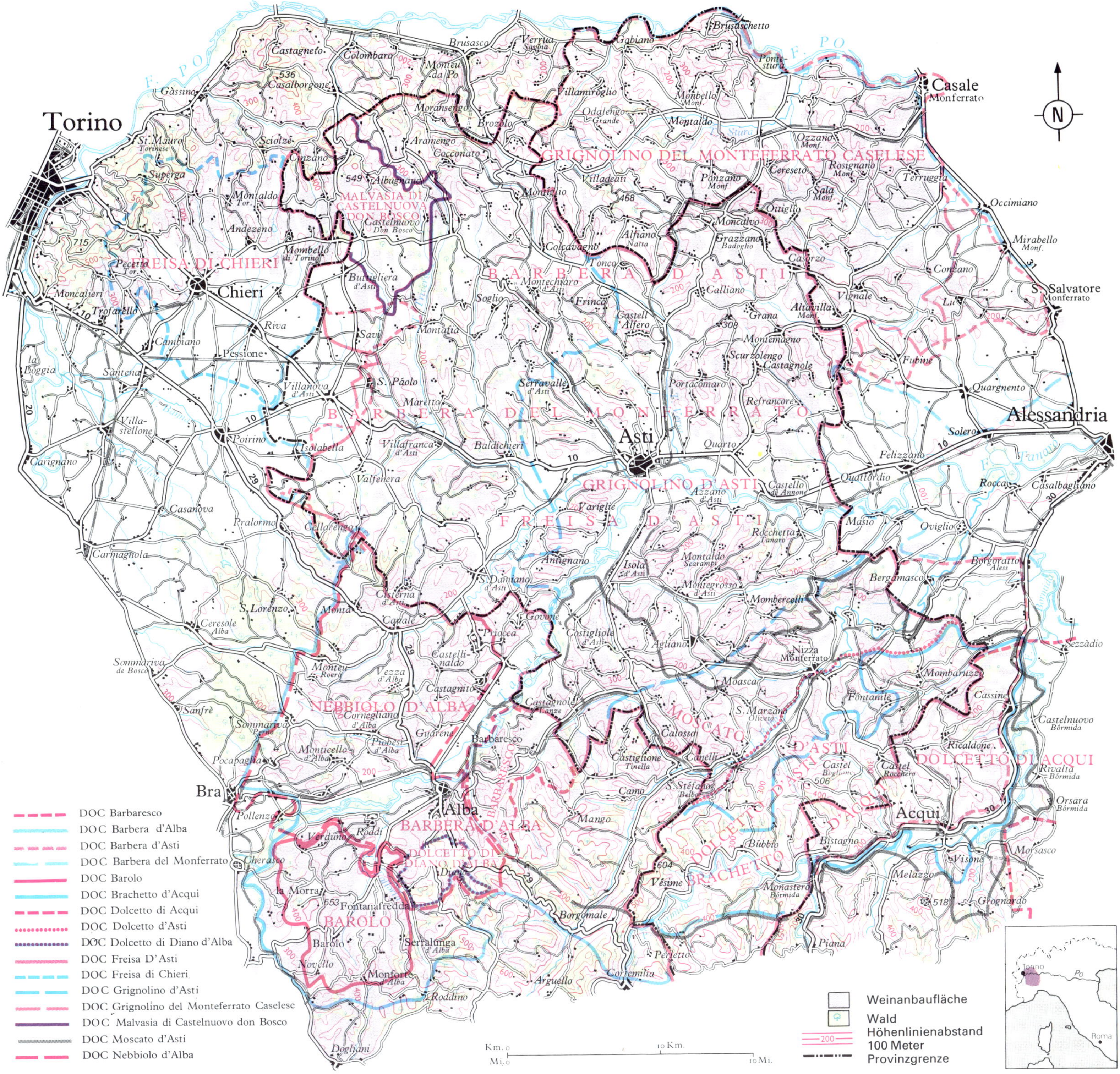

Zur Zeit der Weinlese sind die Hügel um Barolo halb verdeckt, und die Hänge mit den kupfer- und goldfarbenen Reben, den eingesprenkelten Haselnuß- und Pfirsichbäumen ragen aus dem nebelverhangenen Tal des Tanaro hervor.

Die besten Rotweine Piemonts, der Barolo und der Barbaresco, sind nach Weindörfern benannt. Die anderen heißen nach ihren Rebsorten: Barbera, Dolcetto, Grignolino, Freisa. Ist außer dem Traubennamen ein Distrikt angegeben (z. B. Barbera d'Asti), so bedeutet dies, daß der Wein aus einer abgegrenzten und theoretisch besseren Gegend kommt. Die Karte zeigt die Zonen des zentralen Piemont – einschließlich der Anbaugebiete des berühmten Moscato d'Asti Spumante. Der nicht moussierende trockene weiße Cortese di Gavi wächst weiter südwestlich.

Der Barolo ist ein Wein vom Niveau des Châteauneuf-du-Pape, dessen Mindestalkoholgehalt 12% beträgt, jedoch 15% erreichen kann. Häufig setzt er in der Flasche ein stärkeres Depot ab, selbst nach einer mindestens dreijährigen und oft noch längeren Faßlagerung. Deshalb werden Barolo-Flaschen, anders als alle anderen Rotweine, meist aufrechtstehend gelagert.

Der Geschmack des Barolo und vor allem seine Blume machen ihn zum bemerkenswertesten aller italienischen Weine. Die Nebbiolo-Traube verleiht ihm einen Anflug von Trüffeln, einen Hauch Teer und einen deutlichen Himbeerakzent. Der Barbaresco unterscheidet sich lediglich dadurch, daß er in tieferen Lagen wächst, wo die Nebel früher auftreten und den Wein etwas trockener, weniger vollausgereift ausfallen lassen.

Barbera ist dunkel, gerbstoffreich, oft pflaumenartig und säuerlich, ein idealer Wein zu gehaltvollem Essen. Freisa, die Spezialität von Chieri, kann ähnlich sein – manchmal aber auch süß und moussierend. Der offene Wein dieser Gegend ist der leichte, ein wenig bittere Dolcetto. Ebenfalls ein Leichtgewicht ist der Grignolino, er hat aber mehr Charakter.

Der Nordosten Italiens

Links: In den Weinbergen im Nordosten Italiens schneit es häufig, wie hier bei Trient.
Oben: Der hier gekelterte Wein hat einen entsprechend ausgeglichenen Charakter.

Der Nordosten Italiens hält sich weniger an die Tradition und dafür mehr an moderne Entwicklungen als das übrige Italien.

Verona und seine Weine – Valpolicella, Soave –, der Bardolino und die Weine vom südlichen Gardasee, aus Südtirol mit seinem Kalterer See und Santa Maddalena werden auf Seite 166–167 dargestellt. Die anderen größeren Weinbaugebiete liegen nördlich von Venedig bei Conegliano, an der jugoslawischen Grenze in Friaul sowie in Trient, nördlich des Gardasees.

Aus unerfindlichen Gründen trifft man im Ausland lombardische Weine nur selten an. Dabei gibt es ganz ausgezeichnete unter ihnen. Die besten sind die Rotweine von Valtellina, aus einem schmalen Rebenareal, das sich am Nordufer der Adda hinzieht (s. Karte Seite 161). Sie tragen die Namen Inferno, Grumello und Sassella, obgleich sich die drei kaum voneinander unterscheiden. Gekeltert werden sie aus der Nebbiolo-Traube, und sie sind magerer und weniger körperreich als Barolo und piemontesischer Nebbiolo.

Von den übrigen lombardischen Weinen in dieser Karte kommen die Weine von den Ufern des Gardasees, den Veroneser Gardaweinen im Charakter sehr nahe. Es gibt kaum Unterschiede zwischen einem Chiaretto von der Riviera del Garda (die besten Lagen sind südlich von Salo, insbesondere um Moniga del Garda) und einem Bardolino. Beides sind Rotweine, so hell, daß sie Roséweine sein könnten, oder so dunkle Roséweine, daß sie als Rotweine gelten dürfen, mit zartem Aroma, weichem Körper und leichter Süße, durch einen Anflug von Bittermandelgeschmack, wie er den besten Rotweinen aus diesem Teil Italiens gemeinsam ist, nur umso gefälliger. Man trinkt sie am besten sehr jung.

Die roten Botticino, Cellatica und Franciacorta sind ebenfalls leicht, wenn auch nicht immer so ansprechend wie der Chiaretto. Weißer Lugana vom Südzipfel des Gardasees ist gut und trocken, aber selten.

Aus dem flachen Tal des Po kommt nur ein berühmter Name – der moussierende rote Lambrusco aus der Gegend von Modena, vor allem aus Sorbara.

Der Charakter des Weins ändert sich im Veneto und weiter nach Osten. Schon in den Colli Euganei (und südlich davon in Legnago mit der exzellenten Lage Quarto Vecchio) wachsen die roten Cabernet- und Merlot-Trauben aus Bordeaux, vor allem die Merlot-Traube.

Diese beiden Reben bewähren sich hier ganz hervorragend – man kann einige von der Merlots ohne weiteres mit St-Emilion vergleichen, und die besten Cabernet-Weine haben sehr viel Charakter und Haltbarkeit.

Die DOC-Bereiche dieser Gegend sind genau definierte Gebiete, die ganzen Gruppen von roten und weißen Weinen ihren Namen geben. Heißt es beispielsweise einfach Colli Euganei Rosso, dann handelt es sich um Standardweine in einer zugelassenen Mischung von Traubensorten.

Breganze und Pramaggiore sind vor allem durch ihre Merlot- und Cabernet-Weine bekannt. Weiter im Osten liegt seit alters Weißweinland. Conegliano-Valdobbiadene ist auf Prosecco (trocken und lieblich, moussierend und nichtmoussierend) spezialisiert, Piave auf Tocai und Verduzzo (hat aber auch Merlot und Cabernet).

Die Provinz Friuli-Venezia-Giulia hat sechs DOC-Gebiete: Aquileia, Collio Goriziano, Colli Orientali del Friuli, Grave del Friuli, Isonzo und Latisana. Aus jedem dieser Gebiete kommt eine Reihe von Sortenweinen, vom Cabernet bis zum Tocai, von denen sich aber bisher noch keiner besonders ausgezeichnet hat. Der Qualitätsstand ist recht gut. Vermutlich wäre es aber leichter, sich mit einem oder zwei guten Weinen von eigenständigem Charakter einen Namen zu machen – wie es dem Trentino mit seinem Vollblutrotwein Teroldego gelungen ist, der aus der im felsigen, mit Rebenpergolen überspannten Etschtal um Trient angebauten Traube gleichen Namens gekeltert wird. Der beste Teroldego wächst nördlich zwischen Mezzolombardo und Mezzo-Corona (am Südrand der Karte auf Seite 166). Er führt die DOC Teroldego Rotaliano. Eine weitere Tiroler Rebe, die Schiava, liefert den alles in allem leichteren Casteller und Sorni. Die allgemeine Bezeichnung DOC Trento erstreckt sich auf Cabernet- und Merlot-Weine (beide sind hier gut und erreichen in der Provinzforschungsstation in San Michele All'Adige einen hohen Qualitätsstand), dann den Pinot Noir, dann noch zwei Tiroler Rote, den blassen Lagrein und den dunklen Marzellino sowie auf eine Reihe von Weißweinen, zu denen sehr annehmbare Rieslinge gehören. Der hervorragendste Weißwein Trients ist freilich der nach Champagnerart hergestellte Ferrari brut; vorwiegend aus der Pinot-Bianco-Traube erzeugt, ist er vielleicht der beste Schaumwein Italiens.

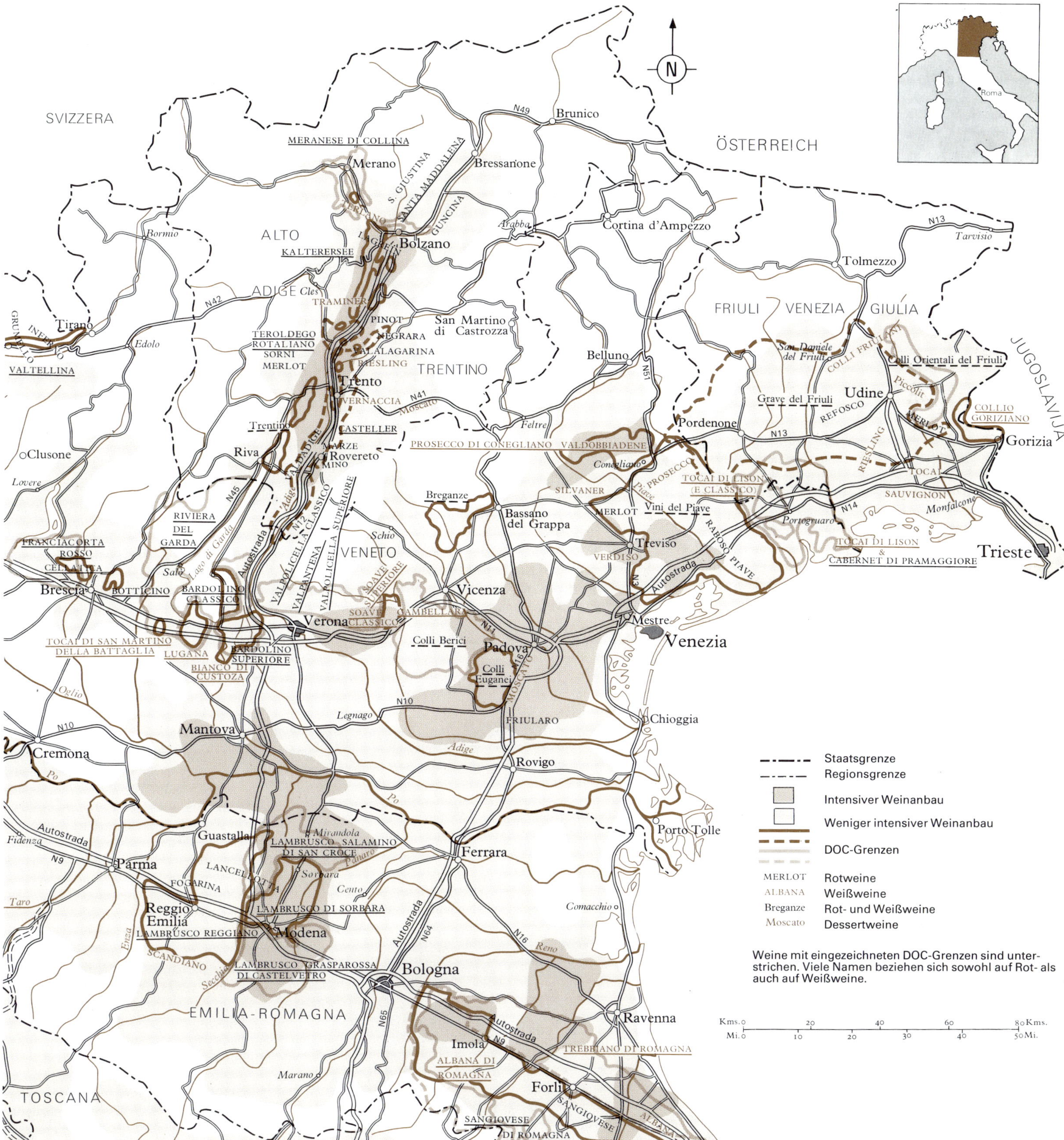
SVIZZERA
ÖSTERREICH
JUGOSLAVIJA
TOSCANA
ALTO ADIGE
TRENTINO
VENETO
FRIULI VENEZIA GIULIA
EMILIA-ROMAGNA
Roma
N
MERANESE DI COLLINA
Merano
S. GIUSTINA
SANTA MADDALENA
GUNCINA
Bressanone
Brunico
Bolzano
KALTERERSEE
TRAMINER
PINOT
NEGRARA
MALALAGARINA
RIESLING
TEROLDEGO ROTALIANO
SORNI
MERLOT
Trento
VERNACCIA
Moscato
CASTELLER
MARZE
MINO
Rovereto
Riva
Trentino
VALDADIGE
San Martino di Castrozza
Cortina d'Ampezzo
Arabba
Tolmezzo
Tarvisio
Belluno
Feltre
Tirano
INFERNO
GRUMELLO
VALTELLINA
Edolo
Bormio
Cles
Clusone
Lovere
RIVIERA DEL GARDA
FRANCIACORTA ROSSO
CELLATICA
Brescia
BOTTICINO
BARDOLINO CLASSICO
Salò
Lago di Garda
VALPOLICELLA CLASSICO
VALPOLICELLA SUPERIORE
VALPANTENA
VALPOLICELLA
SOAVE SUPERIORE
SOAVE CLASSICO
GAMBELLARA
Verona
Schio
Vicenza
Breganze
Bassano del Grappa
TOCAI DI SAN MARTINO DELLA BATTAGLIA
LUGANA
BARDOLINO SUPERIORE
BIANCO DI CUSTOZA
Colli Berici
Padova
Colli Euganei
MOSCATO
FRIULARO
PROSECCO DI CONEGLIANO VALDOBBIADENE
Conegliano
PROSECCO
SILVANER
MERLOT
Vini del Piave
TOCAI DI LISON (E CLASSICO)
RABOSO
PIAVE
Treviso
VERDISO
Mestre
Venezia
Chioggia
Pordenone
San Daniele del Friuli
Grave del Friuli
REFOSCO
COLLI FRIULANI
Colli Orientali del Friuli
Udine
Picolit
MERLOT
RIESLING
COLLIO GORIZIANO
Gorizia
TOCAI
SAUVIGNON
Monfalcone
Portogruaro
TOCAI DI LISON & CABERNET DI PRAMAGGIORE
Trieste
Oglio
Mantova
Cremona
Po
Legnago
Adige
Rovigo
Porto Tolle
Guastalla
Mirandola
LAMBRUSCO SALAMINO DI SAN CROCE
Panaro
Sorbara
Cento
Ferrara
Fidenza
Parma
Taro
LANCELLOTTA
FOGARINA
Reggio Emilia
LAMBRUSCO DI SORBARA
LAMBRUSCO REGGIANO
Modena
Enza
SCANDIANO
Secchia
LAMBRUSCO GRASPAROSSA DI CASTELVETRO
Bologna
Comacchio
Reno
Ravenna
Imola
ALBANA DI ROMAGNA
TREBBIANO DI ROMAGNA
Marano
Forlì
SANGIOVESE
ALBANA
SANGIOVESE DI ROMAGNA
Autostrada
N49
N42
N41
N45
N12
N51
N13
N14
N11
N16
N10
N9
N64
N65
N3
Staatsgrenze
Regionsgrenze
Intensiver Weinanbau
Weniger intensiver Weinanbau
DOC-Grenzen
MERLOT Rotweine
ALBANA Weißweine
Breganze Rot- und Weißweine
Moscato Dessertweine
Weine mit eingezeichneten DOC-Grenzen sind unterstrichen. Viele Namen beziehen sich sowohl auf Rot- als auch auf Weißweine.
Kms. 0 20 40 60 80 Kms.
Mi. 0 10 20 30 40 50 Mi.

Südtirol

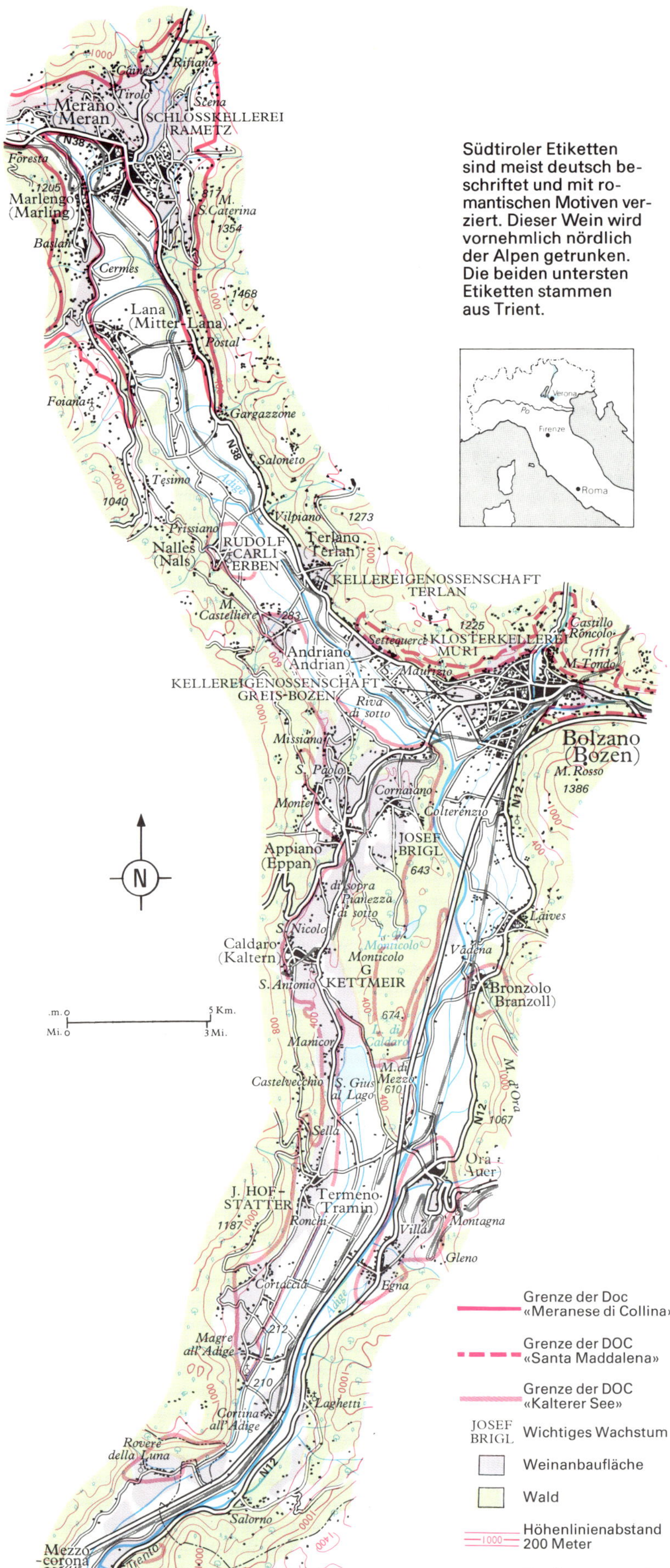

Grenze der Doc «Meranese di Collina»

Grenze der DOC «Santa Maddalena»

Grenze der DOC «Kalterer See»

JOSEF BRIGL Wichtiges Wachstum

Weinanbaufläche

Wald

1000 Höhenlinienabstand 200 Meter

Provinzgrenze

Südtiroler Etiketten sind meist deutsch beschriftet und mit romantischen Motiven verziert. Dieser Wein wird vornehmlich nördlich der Alpen getrunken. Die beiden untersten Etiketten stammen aus Trient.

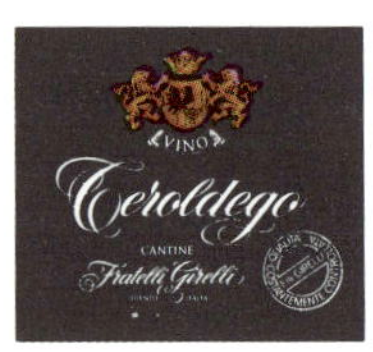

Provinzgrenze

Grenze des DOC-Gebiets

Grenze des Classico-Gebiets

Grenze des Valpantena-Gebiets

Weinanbaufläche

Wald

500 Höhenlinienabstand 100 Meter

Südtirol ist eine sehr aktive und lebenssprühende Provinz, die den halben Weinexport ganz Italiens bestreitet, obwohl sie unter den Weingebieten des Landes mit ihrer Produktion lediglich an elfter Stelle rangiert.

Hier wächst eine breite Palette roter und weißer Weine, die vor allem aus lokalen Rebsorten gewonnen werden, darunter die berühmte, aus dem Weindorf Tramin stammende Traminer-Traube. Die DOC Alto Adige mit Angabe der Rebsorte ist für einen großen Teil dieser Region gültig.

Die Rotweine sind weich und ausgeglichen und haben oft einen köstlichen Anflug von Bitterkeit. Am ausgeprägtesten ist das bei dem ausgezeichneten, aus der Lagrein-Rebe gewonnenen und gewöhnlich unter seinem Tiroler Namen als Lagrein-Kretzer bekannten dunklen Rosé. Auch die hier führende rote Traube, die Schiava, hat diese Note; Lago di Caldara (Kalterer See) ist die DOC für große Mengen Schiava-Wein von der Westseite des Tals bei Bozen.

Hier wird Pinot Noir in kleinen Mengen und Merlot in etwas größeren angebaut; beide Reben bewähren sich ausgezeichnet. Selten angebaut wird Cabernet, er besitzt aber von allen das beste Potential und ist gelegentlich einem guten Wein aus dem Napa Valley vergleichbar. Die Weißweine sind ebenso gut wie die Roten. Terlan, nach Norden auf Meran zu gelegen, liefert mit die besten (und verfügt über eine eigene DOC). Hierzu gehören Rieslinge, Silvaner, Traminer, weißer Pinot (der klassische Terlaner) und Sauvignon.

Verona

Die anmutige hügelige Gartenlandschaft um Verona, die sich von Soave bis zum Gardasee erstreckt, ist derartig fruchtbar, daß die Vegetation nicht zu bändigen ist: Die Reben wuchern auf den Terrassen und an den Pergolen der Landhäuser, Inbegriff italienischen Charmes.

Ihr Soave ist wahrscheinlich der bekannteste Weißwein Italiens. Das Gebiet ist sehr klein und wird überwiegend von seiner Cantina sociale, der angeblich größten Winzergenossenschaft Europas, kontrolliert. In Anbetracht der dadurch bedingten weitgehenden Standardisierung ist dieser Wein erstaunlich gut.

Der Soave ist ein flacher, trockener, blaßfarbener Weißwein. Aufregender läßt er sich schwerlich charakterisieren. Und doch hat er etwas – vielleicht seine besondere Weichheit –, was ihm eine Sonderstellung verleiht und ihn stets zu einem Genuß macht. Dank seiner Flachheit ist er auch sehr vielseitig. Man sollte beachten, daß er möglichst jung getrunken werden muß.

Dasselbe gilt für den Rotwein aus Valpolicella und dessen Unterbezirk Valpantena. Er hat eine schöne Kirschenfarbe, eine leicht süßliche Blume, einen milden und weichen Geschmack und ist im Abgang eine Spur bitter – solange er jung ist. Die besten Valpolicellas (manche werden von Anfang an in Glas- statt in Holzbehältern gelagert, damit sie weniger schnell altern) stammen von wenigen kleinen Erzeugern im Classico-Herzen des Bezirks – dem reizvollsten Hügelland, das man sich überhaupt vorstellen kann. Bei ihnen kann man den Wein probieren,

Oben: Zypressen, helle Steine und hochbeinige Rebstöcke auf Rasenflächen: Castelnuovo di Verona ist typisch für die Gartenlandschaft um Verona.
Rechts: Auch die Verona- und Garda-Weine sind lieblich, hell und rund.

ihr Brot, ihre gegrillte Wurst essen und meinen, nirgends auf der Welt je etwas Besseres getrunken und gegessen zu haben. Sie werden darauf bestehen, daß man auch noch von ihrem Recioto (süß) oder Amarone (stark und trocken) kostet, einem dunklen und manchmal leicht schäumenden Wein aus in gut durchlüfteten Speichern bis nach Weihnachten getrockneten Trauben.

Der Bardolino ist heller und weniger kräftig als der Valpolicella – fast schon ein Rosé, der möglichst sofort getrunken werden sollte.

Mittelitalien

Die beliebtesten, dem Reisenden vertrautesten italienischen Weine sind auf der hier wiedergegebenen Karte zu finden, vor allen anderen der Chianti, dessen Anbaugebiet mit dem Kernstück Classico (s. a. die nächsten Seiten) sich über den größten Teil der Toskana erstreckt. Der Chianti ist *der* mittelitalienische Wein schlechthin, und er ist natürlich rot. Seltsamerweise sind aber gerade in diesem Teil Italiens die Weißweine gegenüber den Roten in der Überzahl und ihnen (abgesehen vom Chianti) an Eigenständigkeit überlegen.

Die weiße Traube, die fast der gesamten Gegend ihr Gepräge gibt, heißt Trebbiano, an der toskanischen Küste und auf der Insel Elba Procanico genannt. Dieselbe Rebe wird im Midi unter dem Namen Ugni Blanc und in Cognac mit der Bezeichnung St-Emilion angebaut. Sie reift spät und verleiht dadurch den Procanico-Weinen von der Küste (DOC Parrina) eine erfrischende Säure. Sie schmecken zu Fischgerichten ganz hervorragend.

Nördlich von Chianti ist die Trebbiano-Traube Hauptbestandteil des ganz ausgezeichneten weißen Montecarlo. Im Süden liefert sie den größten Teil des Orvieto und seiner Nachbarn Est!Est!!Est!!! und Pitigliano. In der Mitte bewährt sie sich im angenehm milden Bianco Vergine Valdichiana. Selbst im Verdicchio findet sie sich in kleineren Mengen, und auch in Aprilia und in den Abruzzen werden eigene Trebbiani gekeltert. Der Frascati und seine Brüder in den Hügeln um Rom können bis zu 50% aus Trebbiano bestehen. Manchmal wünscht man sich wohl, eine so allgegenwärtige Traube hätte mehr Eigenart.

Drei weltberühmte Weißweine kommen aus dem Bereich dieser Karte: der Orvieto aus Umbrien, der Frascati aus Latium und der Verdicchio aus den Marche.

Der Orvieto ist von Natur aus süß, aber dennoch nicht als Dessertwein gedacht; er ist weder likörartig noch dick. Man wendet alle möglichen Mittel an, um ihn süß oder «abbocato» zu halten.

Die römischen Weißweine werden gewöhnlich als Frascati bezeichnet, ganz gleich, ob sie es wirklich sind oder ob sie aus dem weiteren Bereich der Castelli Romani oder anderen DOC-Lagen (Cori, Velletri, Zagarolo, Montecompatri-Collona, Colli Albani) der Umgebung stammen.

An der Küste wurde im Altertum mehr Wein erzeugt als heute (s. Karte auf Seite 13). Das DOC-Gebiet Aprilia mit weißem Trebbiano und rotem Merlot und Sangiovese hat nicht mehr denselben Wein wie der Albaner, der früher auf den Hügeln etwas weiter vom Meer entfernt wuchs. Der Cesanese, der – oft süße – Rotwein aus der Gegend südlich der Castelli Romani, ist da vielleicht eher ein Nachfahre, doch die Berge hinter Gaeta und Formia, einst Roms größter Weingarten, tragen jetzt keine Reben mehr.

Der vielgeliebte Weißwein von der Ostküste ist der Verdicchio dei Castelli di Jesi – er kommt in den italienischen Restaurants der ganzen Welt in Flaschen auf den Tisch, die wie Amphoren geformt sind. Er ist blasser, eine Spur kräftiger als der ihm sonst nicht unähnliche Soave, herzhaft, aber nicht schwer und wundervoll trocken. Ein bewunderungswürdiger, immer passender Tischwein. Sein Nachbar, der Bianchello, ist leichter und fruchtiger; der Albana, der typische Weißwein aus Bologna, ist ebenso kräftig, aber ziemlich neutral.

Entlang der Adriaküste drängen sich die DOC-Bereiche. Eigene Gebiete sind abgesteckt für den roten Sangiovese di Romagna und dei Colli Pesavesi, für den Rosso Conero und den Rosso Piceno, beide aus der Montepulciano-Traube gekeltert (Montepulciano ist zugleich der Name einer Stadt in der Toskana) und zugleich auch für den Montepulciano di Abruzzo. Der Rosso Piceno kann durchaus ein bemerkenswerter stattlicher Rotwein sein.

Ganz einsam im Herzen Umbriens findet man ein kleines DOC-Gebiet: Torgiano, mit einem weit besseren Rotwein, als man ihn hier oben in den Bergen erwartet; wenn er lange genug gelagert hat, hält er durchaus den Vergleich mit einem guten Chianti Riserva aus.

Noch zwei weitere lokale Spezialitäten sollte man unbedingt probieren: den Aleatico – er ist ein origineller, manchmal gespriteter Dessertwein, eine DOC-Lage ist für ihn Gradoli in der Nähe des Lago Bolsena; und dann den trockenen weißen Vernaccia aus San Gimignano am Rande des Chianti-Bereichs. Michelangelo soll von ihm gesagt haben: «Er küßt, schleckt, sticht, beißt und schmeißt» – eine so lebensvolle Weinansprache hört man nicht oft.

Oben: Die berühmten Weine Mittelitaliens sind, vom Chianti abgesehen, weiß: Frascati, Orvieto, Verdicchio.
Links: ‹Mischkultur› nennt man in Mittelitalien die Unbekümmertheit, mit der Reben, Bäume und Feldfrüchte durcheinander angebaut werden.

Staatsgrenze

Regionsgrenze

Intensiver Weinanbau

Weniger intensiver Weinanbau

DOC-Grenzen

CHIANTI Rotweine

ZAGAROLO Weißweine

Torgiano Rot- und Weißweine

Vin Santo Dessertweine

Weine mit eingezeichneten DOC-Grenzen sind unterstrichen. Viele Namen beziehen sich sowohl auf Rot- als auch auf Weißweine.

Chianti

Links: Auf einer Straße der Toskana werden Fässer für die Weinlese vorbereitet: Man füllt den Faßboden mit Wasser, damit das Holz aufquillt. Im Wasser spiegeln sich Zweige und der Campanile. Unten: Eine Auswahl der bekanntesten Chiantis. Der schwarze Hahn (oben links) ist das offizielle Etikett der Konsortien für den Chianti Classico. Das Etikett der übrigen Chiantis ziert ein Putto.

Im Bergland zwischen Florenz und Siena klingen Landschaft, Architektur und Landwirtschaft seit alters harmonisch zusammen.

In dieser zeitlosen Szenerie sind Weingärten, im Sinne disziplinierter Rebzeilen, die einzige Neuerung. Bisher war es üblich gewesen, daß Reben und Olivenbäume gemeinsam die trokkenen Kies- und Sandsteinhänge bedeckten. Noch auf einer Landwirtschaftskarte der Toskana aus jüngster Zeit findet man nicht einen einzigen Weinberg verzeichnet – überall nur das Symbol für «Reben und Oliven». Doch ist hier die Heimat des Chianti, und der ganze Weltververbrauch (123 Millionen Liter, davon 31 Millionen Chianti Classico) muß also aus diesen scheinbar primitiven Weingärten kommen. Es ist nicht verwunderlich, daß die Olivenbäume langsam weichen müssen und statt ihrer sich jetzt Rebzeilen ziehen.

Die Chianti-Gegend ist freilich geordneter, als es den Anschein hat. Sie war eines der ersten italienischen Weinbaugebiete, in denen sich ein Erzeugerkonsortium organisierte. Der Begriff des Chianti Classico, aus dem zentralen und besten Teil des Gebiets (siehe Karte rechts) wurde, neben sechs weiteren Distriktbezeichnungen (von denen Chianti Ruffino, nordöstlich von Florenz, der beste ist) lange vor den jetzt geltenden DOC-Bestimmungen eingeführt. Allerdings konnte dies auch nicht verhindern, daß erschreckend viel Wein anderer Herkunft als Chianti verkauft wird.

Der Wein wird hier aus vier Rebsorten gewonnen. Vor hundert Jahren stellte der illustre Baron Ricasoli, eine Zeitlang Premierminister Italiens, eine Formel auf. Der Chianti wird in ungewöhnlicher Weise verbessert, wenn man ihm nach der Gärung etwas unvergorenen Most aus getrockneten Trauben beigibt (dieser Trick wird als «il governo» bezeichnet).

Der beste Chianti wird allerdings über eine gewisse Zeit in Eichenfässern gelagert, bevor man ihn abfüllt. Man erkennt ihn daran, daß er in Bordeauxflaschen erscheint und nicht in den *fiaschi,* die überall in der Welt für den Chianti charakteristisch sind.

Jeder der beiden Chianti-Typen, der einfache und die Riserva, kann auf seine Art hervorragend sein: der eine leicht süßlich, eine Spur prickelnd, nach Trauben duftend und mit einer köstlichen und leicht pikanten Note; eine zehn Jahre alte Flasche Riserva dagegen faßt die Wärme und Mundigkeit des italienischen Weins besonders elegant zusammen, hat eine starke Blume und bleibt wunderbar lebendig.

In Siena gibt es etwas Einzigartiges: die Önothek von Italien, die in einer alten Medici-Festung untergebracht ist. Hier kann man nicht nur jeden beliebigen Chianti, sondern auch die meisten anderen italienischen Weine von Rang bei einem sehr guten Essen probieren.

Unsere Karte zeigt, neben der chaotischen Bergigkeit der Chianti-Landschaft und den in die Wälder eingestreuten Reb- und Olivenflächen, auch die Keller der meisten führenden Erzeuger des Chianti Classico, die sämtlich das oben abgebildete Etikett mit dem schwarzen Hahn benutzen. Der nichtklassische Chianti trägt einen Putto auf dem Etikett. Die besten dieser Weine, wie etwa der Nipozzano von Frescobaldi, stehen auf gleicher Stufe wie der Classico.

Provinzgrenze
Grenze des Classico-Gebiets
CASALINO Wichtiges Wachstum
Weinanbaufläche
Chianti-Anbau außerhalb des Classico-Gebiets
Wald
Höhenlinienabstand 50 Meter
Km. 0 4 8 Km.
Mi. 0 4 Mi.
N
FIRENZE
Maiano
Settignano
Ugnano
Stagno
Lastra
Calcinaia
Soffiano
Scandicci
Gaggio
Arcentri
Rovezzano
Badia a Ripoli
Bagno a Ripoli
Mosciano
Bricoli
Marliano
Roveta
Galluzzo
Staz. Firenze Est.
Grassina
Inno
Sorg
Marciola
Antella
Balatro
Cärcheri
la Sughera
Staz. Firenze Certosa
S. Andria a Morgiano
S. Vincenzo a Torri
S. Michele a Torri
Chiesa nuova
Tavarnuzze
Montebuoni
Pgio. di Firenze 694
Romola
CONTI SERRISTORI
S. Andria in P.
Capannuccia
Campo d. Ugolino
Cerbaia
Talente
PALAZZO AL BOSCO
Cigliano
ANTINORI
Terme di Firenze
Impruneta
M. Masso 467
S. Stefano a Tizzana
M. Muro 634
Montagnana
Montegufoni
N2
S. Polo
VITIANO
Linari
Fezzana
la Ripa
Argiano
S. Casciano
Strada
Borri
Incisa in V. d'Arno
298
Poppiano
Calcinaia
LE CORTI
Ferrone
FIRENZE
Poggio ala Croce
Montespertoli
MONTEPALDI
M. Moggino 730
Pgio Tendo 787
S. Piero
Massa
Lucignano
QUERCETO E SANTA LUCIA
Mercatale
TERCIONA
Chiocchio
Cintoia
Castellina 707
Brollo
Pgio Lorrina
S. Pietro
San Pancrazio
S. Angelo
CASTELLI GREVEPESA
GABBIANO
NOZZOLE
Passo de Pecorai
S. STEFANO Carpignalle
S. Martino a Toreggi
Ponterosso
Figline
Aliano
le Quattro Strade
Celle
S. Lorenzo
Fornacette
Bargino
le Bolle
S. Giusto a Montalbino
Montefiridolfi
S. Gaudenzio a Camp
VERRAZZANO
CASTELLO DI UZZANO
Rugliana
Tresanti
422
Lucardo
Maggiano
l'Olmo
CALCINAIA
VICCHIOMAGGIO
SOCIETA ESPORTAZIONE VINI AFFINI
Pavelli
N69
S. Gaudenzio a Ruballa
S. Donato 407
S. Michele a Polvereto
S. M. Macerata
S. Martino
Fiano
Fabbrica
CASTELLO DI MONTEFIORALLE
Greve
M. Domini 747
Restone
Porcellino
Romita
Noce
Passignano
M. Fili 554
Monte fioralle
Ottavo
Pescina
Lucolena
il Pino
Marciallo
Sambuca
Pta. 520
Pernano
Vitigliano
le Corti
S. Donato in Avane
Meleto
S. Barbara
Nebbiano
Torsoli
S.Gimignano
Canonica
Tavarnelle
Morrocco
CASENUOVE
MONTAGLIARI
Casole
M. d. Michele
M. S. Michele
Certaldo
S.M. a Bagnano
Magliano
MONTAGLIARI E CASTELLINUZZA
LA QUERCIA
la Villa
Lamole 852
S. Martino
Conv. di
Sciano
Barberino
S. Donato
SICELLE
Campana
LE PILE E LAMOLE
Badiaccia a Montemuro
C. Calvi
S. Donnino
Petrognano
Tignano
Sicelle
VIGNAMAGGIO
M. Querciabella 845
773
Ricasoli
S. Vito
Mad. di Pietracupa
Piazza
Pieve di Panzano
S. Benedetto
S. Filippo
LA PESANELLA
PIAN D'ALBOLA
Volpaia
Cavriglia
Montevarchi
Vico d'Elsa
Cortine
Lucarelli
Monti del Chianti
S. Appiano
Piecorto
Castelvecchi
CASTELLO DI VOLPAIA
M. Maione
Bugialla 812
Montaio
S. Tomme
Ulignano
TENUTA RICAVO' (Hotel)
Ricavo
PANERETTA
CAMPOMAGGIO
BADIA A COLTIBUONO
Montegonzi
Linari
MONSANTO
S. Marco
Rendola
SANTEDAME
Pgio. Cavallari 648
VIGNALE
VIGNAVECCHIA
Casaglia
Cedda
S. Agnese
GODENANO SECONDO
la Croce
Pgio. la Croce 633
Radda in Chianti
M. Grossi 701
Moncioni
Mercatale
MELINI S.p.a.
632
Poggioli
S.Giovanni
FRATENILLI ORMANNI
CONSORZIO AGRARIO PROVINCIALE DI SIENA
578
Castellina in Chianti
CASTELLINA
S. Giusto in Salcio
Gaiole in Chianti
Ucerano
Poggibonsi
S. Lucchese
Luco
SIENA
Barbischio
Galatrona
S. Lucia
VILLAROSA
Meleto
MELETO
Monte Calvo 838
Starda
S. Lealino
Monti
Bibbiano
525
Nusenna
Montauto
BIBBIANO
Ama
Rietine
Castagnoli
M. Luco 834
Solata
Castiglioni
Lecchi
FONTERUTOLI
Fonterutoli
620
S. Fidle
Lecchi
S.Martino
Linari
M. di Valdenano 693
Cennina
Colle di Val d'Elsa
LE PIAZZE
CERNA
LILLIANO
CAMPALLI
M. di Vielle 631
S. Sano
S.Vincenti
FRANCESCO BERTOLLI S.p.a.
S.Leonino
MOCENNI
Vagliagli
LODOLINE
CACCHIANO
Colle
BARONE RICASOLI S.p.a.
Duddova
S.Regollo
Cast. di Brolio
Pgio. a Termini 702
Rosennano
S.Martino
M. dei Casucci 555
Monte Benichi
S.Antonio
CASTELLO DI RENCINE
Petroio
CASALINO
AGRICOLTORI DEL CHIANTI GEOGRAFICO
Fornacella
Pgio. Macchioni 590
Busona
Lornano
Quercegrossa
Chieci
Monteriggioni
N2
LA PAGLIAIA
SAN FELICE
la Selva
Badesse
D. Arceno
Poggiolo
Pontignano
Canonica a Cerr.
PAGLIARESE
Basciano
CASTELLO DI CERRETO
S.Giusto alle Monache
VILLA ARCENO S.p.a.
Cast. di Montalto
CATIGNANO
CASTELL'IN VILLA
Uopini
Barca
S. Dalmazio
S. Giovanni
Pianella
Curina
Castelnuovo Berardenga
le Tolfe
Larniano
Pacina
Sestano
Vignano
Vico d'Arbia
Pietraia
Colonna del Grillo
Siena
Turlo
Montaperti
Guistrigona
S. Maria a Dofana
Presciano
N73
Verona
Po
Firenze
Roma

Süditalien

Weine mit eingezeichneten DOC-Grenzen sind unterstrichen. Viele Namen beziehen sich sowohl auf Rot- als auch auf Weißweine.

Unten: Einige süditalienische Weine beginnen sich auch im Export einen Namen zu machen. Vor noch nicht allzu langer Zeit war Marsala der einzige mit weltweitem Ruf – den er nicht zuletzt Garibaldi verdankte, der dort bei seiner Invasion Siziliens landete.

Alle vollständigen Listen der italienischen Weine haben immer etwas leicht Unwirkliches. So viele Namen – aber gibt es auch so viele verschiedene Weine? Es ist unmöglich, diese Frage zu beantworten. Denn die Benennung ist Sache des Winzers oder heute mehr der Winzervereinigungen. Manch stolze und traditionsreiche Lage wandert, besonders hier im Süden, Jahr für Jahr gleich in den Verschnittbottich, um dann als österreichischer Wein oder Beaujolais oder sonst etwas auf den Markt zu kommen. Diejenigen süditalienischen Weine, die als solche deklariert werden, gewinnen allerdings an Boden.

Den berühmtesten dieser Weine begegnet der Tourist um Neapel herum. Ischia war eines

der ersten Gebiete, die 1966 eine DOC für ihre Weine in Anspruch nahmen – für eine Insel keine sonderliche Schwierigkeit. Capri ist, obwohl es keine DOC hat, schon seit langem eine Art Markenbezeichnung für Weißwein; dabei sollen freilich die Weine auf der Insel selbst sehr viel besser sein als die meisten «Capri»-Weine.

Die Ravello-Weine, vor allem die aus der Erzeugung der Familie Caruso, sind ausgeglichen und frischer als die meisten Weine aus dem Süden.

Weniger bekannt als die Weine von der Küste sind die aus der Campania im Inneren, unter denen dem Taurasi höchste Ehre gebührt; er ist schwer, dunkel und tief, wie ein südlicher Wein eben sein soll. Die Traube, aus der er gekeltert wird, stammt, wie die ganze Kultur dieses Landstrichs, aus Griechenland. Sie heißt Aglianico (= ellenico) und liefert auch den guten, aber leichteren roten Aglianico del Vulture aus den Weinbergen von Basilicata in 750 m Höhe. In dem Namen Greco di Tufo, der einem Weißwein mit Charakter aus dem Inneren der Campania gehört, teilen sich Griechenland und das Tuffgestein, auf dem dieser Wein wächst, in den Ruhm.

Kalabrien hat einen starken Rotwein von großem Namen aufzuweisen, den Ciró (es gibt auch einen weißen Ciró), daneben aber auch drei neuere DOC-Weine: Donnici, Savuto und Pollino.

In Apulien werden heute sowohl rote als auch weiße Weine gut bereitet, nicht überstark oder schwer, oft eher neutral; vor allem die Weißweine geben daher eine ideale Grundlage für den Wermut ab. Die Roséweine von Castel del Monte sind zur Zeit vielleicht das Ansprechendste, was diese Region zu bieten hat.

Mehr aber als alle apulischen Weine macht sich heute der sizilianische Wein einen Namen. Der stark süße, dunkle Marsala, gewissermaßen ein entfernter Verwandter des Sherry, ist schon seit jenen Tagen berühmt, als Nelson die Royal Navy damit stärkte. Sizilianischer Tafelwein dagegen ist eine Neuerscheinung. Wenn er auch nicht gerade über ausgeprägte Eigenständigkeit verfügt, so ist doch der allgemeine Qualitätsstand hoch und zuverlässig. Sizilien hat sich als eigenes Qualitätsetikett für geprüfte Weine den Buchstaben «Q» zugelegt.

Hier haben vor allem die Marken und nicht so sehr die DOC-Bezeichnungen das Rennen gemacht. Ein bedeutendes Gebiet ist die DOC Etna, zu der Tafelweine vom ungeheuer fruchtbaren vulkanischen Boden dieses berühmt-berüchtigten Bergs gehören. Die roten und weißen Weine des Barons Villagrande sind deren typische Vertreter: lebendig und voll ausgeglichen.

Beliebte Marken, die aber auch Trauben aus anderen Teilen der Insel mitverwenden, sind Regaleali und der höchst erfolgreiche Corvo, der in der Nähe von Palermo in Casteldaccia erzeugt wird. Alcamo ist das DOC-Prädikat für Tafelweine aus den Weinbergen im Nordwesten, und Cerasuolo steht für leichte Rotweine aus Vittoria an der Südküste. Die übrigen sizilianischen DOC-Weine sind zugleich eine besondere Spezialität, nämlich Dessertweine. Gute Beispiele für eine der ältesten Weintraditionen Italiens sind die Muskatweine von Noto und Syrakus und der kleinen Insel Pantelleria sowie der Malvasia von Lipari.

Die besten sardischen Weine waren der Vernaccia, ein starker, trockener Weißwein, der eindeutig mit dem Sherry verwandt ist, und der Noragus, ebenfalls ein trockener Weißwein ohne übertrieben hohen Alkoholgehalt und (manchmal) mit einer festen Art, durch die er sehr ansprechend wirkt. Eine bestimmte Firma hat sich jedoch inzwischen auf die Bereitung von Rot- und Weißweinen im modernen Stil verlegt, die in riesigen, ebenfalls modernen Weinbergen um Alghero im Nordwesten wachsen.

Spanien

Die Sprache des Etiketts

Cepa Reb- oder Traubensorte
Viña, viñedo Weinberg
Cosecha Ernte, Lese – mit Jahreszahl: Jahrgang
Vendimia Jahrgang
Denominación de Origen Ähnliche Bedeutung wie Appellation Contrôlée
Consejo Regulador Schutz-, Kontroll- und Verkaufsförderungs-Organisation für eine denominación de origen
Reserva Ausgebauter Qualitätswein
Fino Gut (besonders für den trockensten Sherry gebräuchlich)
Vino de mesa (oder **de pasto)** Tischwein
Vino corriente Einfacher Wein, meist nicht abgefüllt
Vino de cosecha propria Vom Weingut bereitete Weine
Criado y embottelado por . . . Erzeugt und abgefüllt von . . .
Elaborado y añejado por . . . Erzeugt und gelagert bei . . .
Embottelado oder Engarrafado de origen Weingutabfüllung
Blanco Weiß
Tinto Rot
Rosado Rosé
Clarete Weißherbst, Klarettwein
Seco Trocken
Dulce Süß
Espumoso Schäumend
4. Año (oder **4 Años)** Nach vierjähriger Lagerung abgefüllt
Bodega Keller, in dem Wein gelagert, gekeltert oder auch getrunken wird
Bodega cooperativa Winzergenossenschaft

Links: Spaniens einziger wirklich großer Wein ist der Sherry aus Andalusien. Auf einem Sherry-Weingut – **caserio** – trägt ein Maultier Wasser in porösen Amphoren, die es in der Hitze kühl halten.

Spaniens Rebenanbaufläche ist größer als die irgendeines anderen Landes – selbst Italiens. Seltsamerweise jedoch beträgt die spanische Weinproduktion nur ein Drittel der italienischen. Das ist zum Teil auf verschiedene Vorstellungen darüber zurückzuführen, was als Weingarten gelten darf: Mischanpflanzungen mit anderen Pflanzen werden in Spanien mitgerechnet, in Italien aber nicht.

Noch vor zehn Jahren ging man mit Anbaugebieten, Qualitäten und Herkunftsbezeichnungen in den meisten Teilen Spaniens recht leichtfertig um. Erst 1970 wurde dies alles mit der Gründung des Instituto Nacional de Denominaciónes de Origen strenger gefaßt.

Im Lauf des letzten Jahrzehnts hat sich der Export versechsfacht, während der Anteil des Flaschenweinexports (als ungefährer Qualitätsindex) sogar noch rascher gestiegen ist.

Die Karte auf der gegenüberliegenden Seite zeigt die Regionen, die bisher eine Denominación de Origen erhalten haben – dabei ist zu beachten, daß dieser Begriff sehr viel weiter gefaßt ist als die Appellation Contrôlée. Die Qualitätsweinregionen (Jerez und Rioja, Montilla und Catalonia) sind auf den folgenden Seiten mit eigenen Karten vertreten. Die nebenstehenden Karten machen zunächst die ungeheure Konzentration der Weinerzeugung in der Ebene von La Mancha, südöstlich von Madrid, deutlich. Die Stadt Valdepeñas gibt von alters her einem großen Teil dieser Produktion ihren Namen; hauptsächlich ist es Rotwein, stark, um 13%, aber leicht auf der Zunge, ein nicht ungefälliger Vino de pasto, gekeltert aus gemischten roten und weißen Trauben, der schon nach ganz kurzer Lagerung getrunken wird.

Der Produktionsmenge nach auf dem nächsten Platz, wenn auch weit hinter La Mancha, folgen Valencia und Utiel-Requeña. Hier wachsen in der Hauptsache schwerere und süßere Rotweine als in der Ebene im Inneren des Landes.

Die Regionen Jumilla und Jecla (starke Rot- und Weißweine) sowie Alicante und Tarragona (ebenfalls schwere Rot- und Weißweine) sind untereinander gleich. Der Wein aus diesen Gebieten wandert zum großen Teil in die Mischtanks in Frankreich und Deutschland, wo er dem dünnen lokalen Gewächs auf die Beine hilft.

In den verstreuten Anbaugebieten im Inneren des Landes, im Norden und Westen, ist die Produktion kleiner. Meist laufen die schweren Weine aus Aragon, ob rot, ob weiß oder süß, unter dem Namen Cariñena, so wie der Wein von La Mancha unter dem Namen Valdepeñas reist. Navarra ist nur ein kleines Erzeugungsgebiet, aber seine besten Rotweine vom Señorio de Sarrîa reichen an den vorzüglichsten Rioja heran.

Westwärts, in Kastilien, kommen aus dem Weingebiet von La Nava-Rueda ausgeglichene Rot- und Weißweine, wobei der Weiße dem Sherry nicht unähnlich ist. Toro heißt ein weiteres rotes Schwergewicht.

Nordwestspanien ist im großen und ganzen Apfelweinland, aber in Ribeiro, Valdeorras und Valle de Monterey wird ein «grüner» Wein gekeltert, der dieser portugiesischen Spezialität nahekommt.

Ein zweiter berühmter Name aus Andalusien (vom Sherry wird auf den Seiten 176 bis 179 die Rede sein) ist der Malaga.

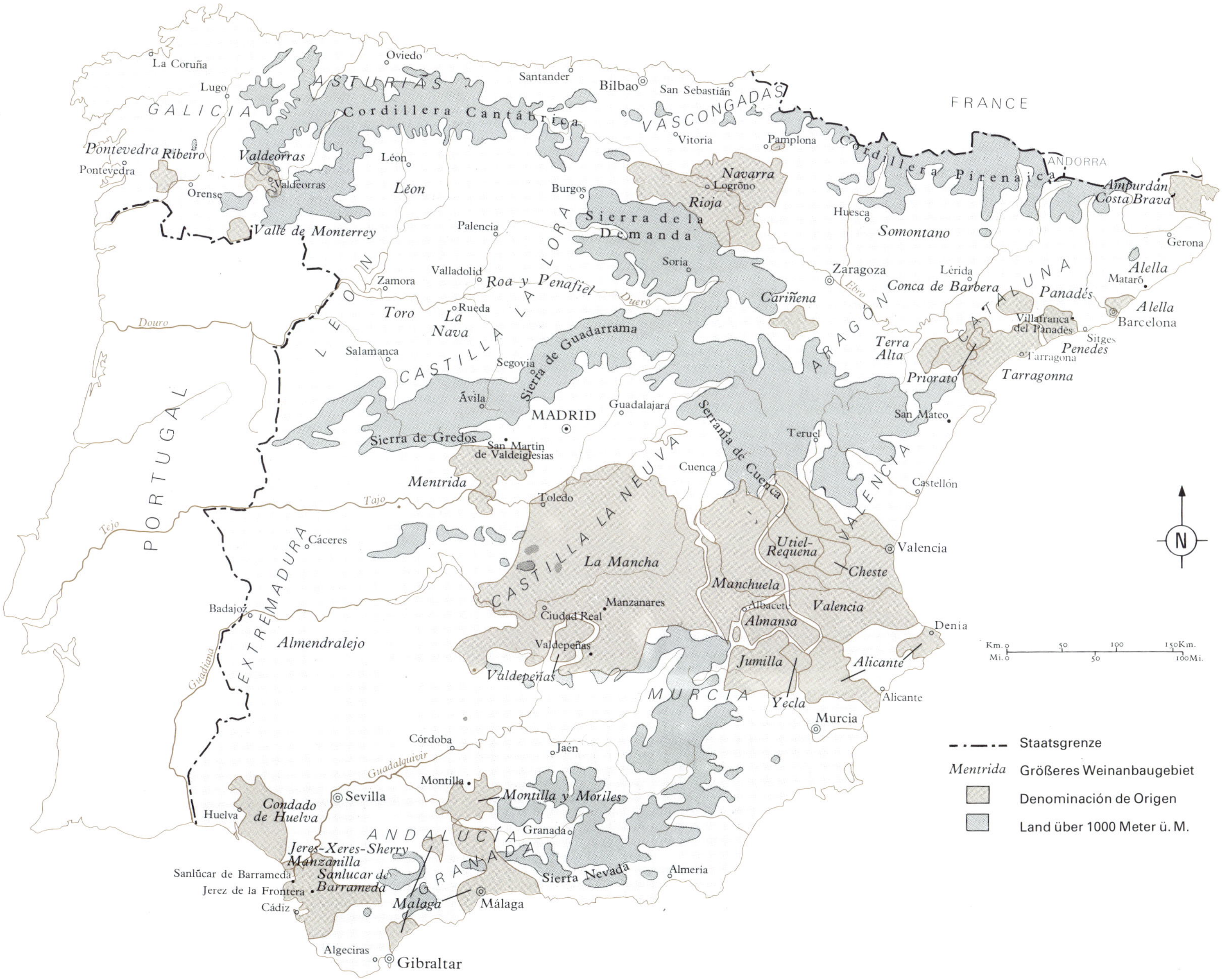

Verteilung der spanischen Weinbaugebiete

Unten: Im Ausland sind spanische Etiketten kaum bekannt. Exportwein ist meist verschnitten.

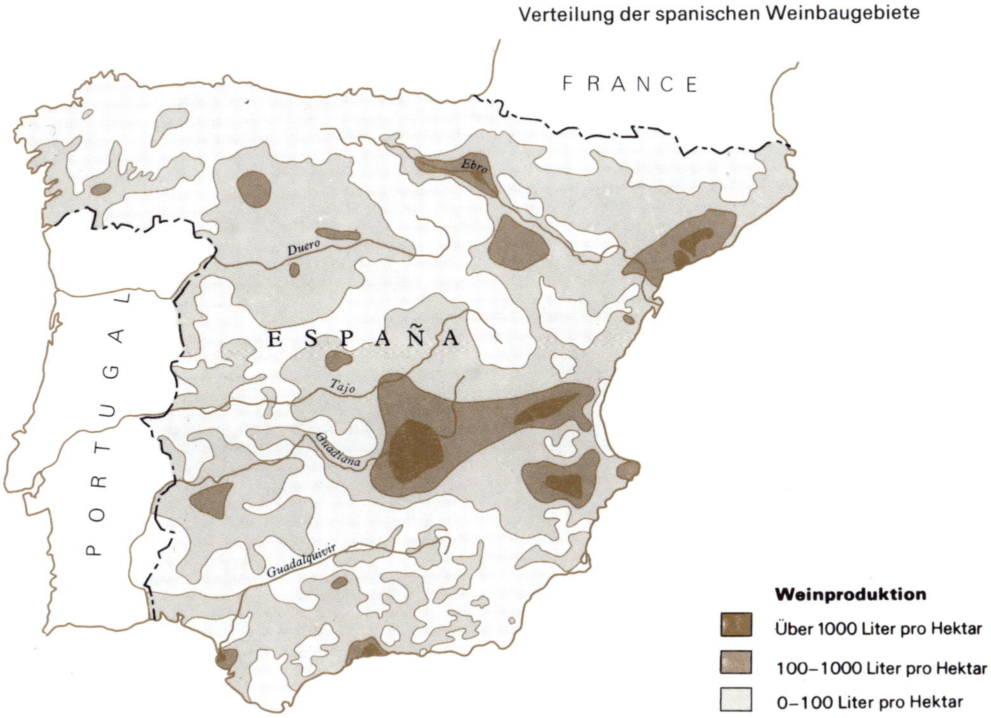

Sherry

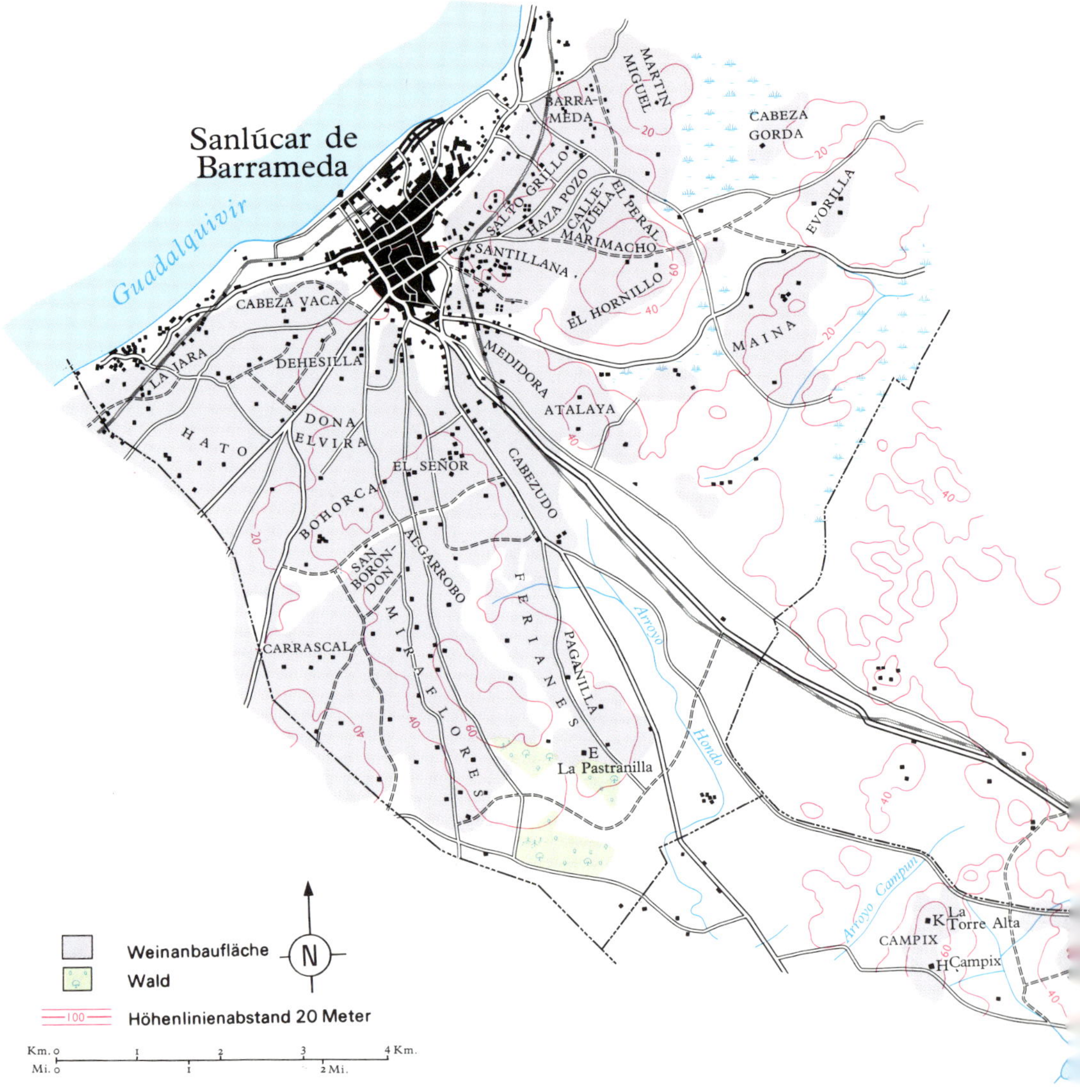

Finesse zählt zu den Eigenschaften, die man normalerweise nicht bei Weinen aus sonnenversengten Landschaften findet. Wo die Sonne den Boden fast schon grillt und die Trauben wie im Backofen reifen, entwickelt der Wein oft wunderbare Kraft, Schwere und Vollmundigkeit. Aber Finesse . . .

Sie ist das große Merkmal des Sherry. Nicht jede Flasche Sherry weist sie nach ihrem sehr langen Weg auf, doch ein wirklicher Fino, jener selten exportierte und nicht verstärkte Tropfen von den nackten weißen Kalkdünen von Macharnudo oder Sanlúcar de Barrameda, ist ein so vollendeter Zusammenklang von Wein und Holz, wie er in der Welt nicht noch einmal zu finden ist.

Gewöhnlich denkt man nicht daran, den Sherry mit den anderen großen Weißweinen der Welt zu vergleichen - doch ist er seltsamerweise von ihnen allen der billigste, selbst originalabgefüllt, voll ausgereift und trinkfertig.

Jerez de la Frontera, die Stadt, die dem Sherry seinen Namen gab, lebt und atmet so für ihn wie Beaune für den Burgunder und Épernay für den Champagner. Den Vergleich zwischen dem Sherry und dem Champagner kann man noch eine Weile weiterführen. Beide sind Weißweine mit besonderen Merkmalen ihres Kalkbodens, beide brauchen eine langwierige Bearbeitung, bis sie ihren besonderen Charakter annehmen, sind belebende Apéritifs, von denen man er-

Rechts und unten: In den Sherry-Weinbergen fühlt man sich eigenartig geblendet, weil der Kalk das Licht reflektiert. Die goldenen Palomino-Trauben kochen fast in der Hitze; vor der Kelterung breitet man sie oft auf Esparto-Matten aus, damit sie noch süßer werden und kräftigen, stabilen Wein ergeben, der – wunderbarerweise – zugleich fein ist.

staunlich viel trinken und sich dennoch lebendiger denn je zuvor fühlen kann.

Nicht überall ist der Boden weiß, aber am besten sind die kalkreichen Gebiete (die *albarizas* auf der Karte unten) – am bekanntesten die *pagos* (Bezirke) Carrascal, Macharnudo, Añina und Balbaina. Manche Rebgärten sind auf Sandboden angelegt und liefern zweitklassige Weine für Verschnittzwecke. Die Hauptanbauflächen von Jerez sowie des weiter westlich gelegenen Bezirks Sanlúcar de Barrameda mit seinem berühmten *pago* Miraflores sind auf der großen Karte vergrößert wiedergegeben. Die Lagen der meisten bedeutenden Weingüter von Jerez sind ebenfalls verzeichnet; da Sanlúcar unter zahlreiche kleinere Anbauer aufgeteilt ist, lassen sich die einzelnen Weingüter nicht auf der Karte darstellen.

Die Verwaltungen und Keller der Sherry-Firmen befinden sich in Jerez, Sanlúcar und Puerto de Santa Maria. Gewöhnlich bereiten sie ihren Wein in den in ihren Weinbergen liegenden *caserios*. Man hat den Eindruck, daß auf jeder Bodenerhebung solch ein flaches weißes Haus steht. In der Lesezeit essen die Arbeiter hier, und manchmal dienen ihnen die Häuser als Unterkunft. Früher stampften sie hier auch die Trauben mit nägelbeschlagenen Stiefeln, wobei die Beeren zerquetscht wurden, die Kerne aber unversehrt blieben.

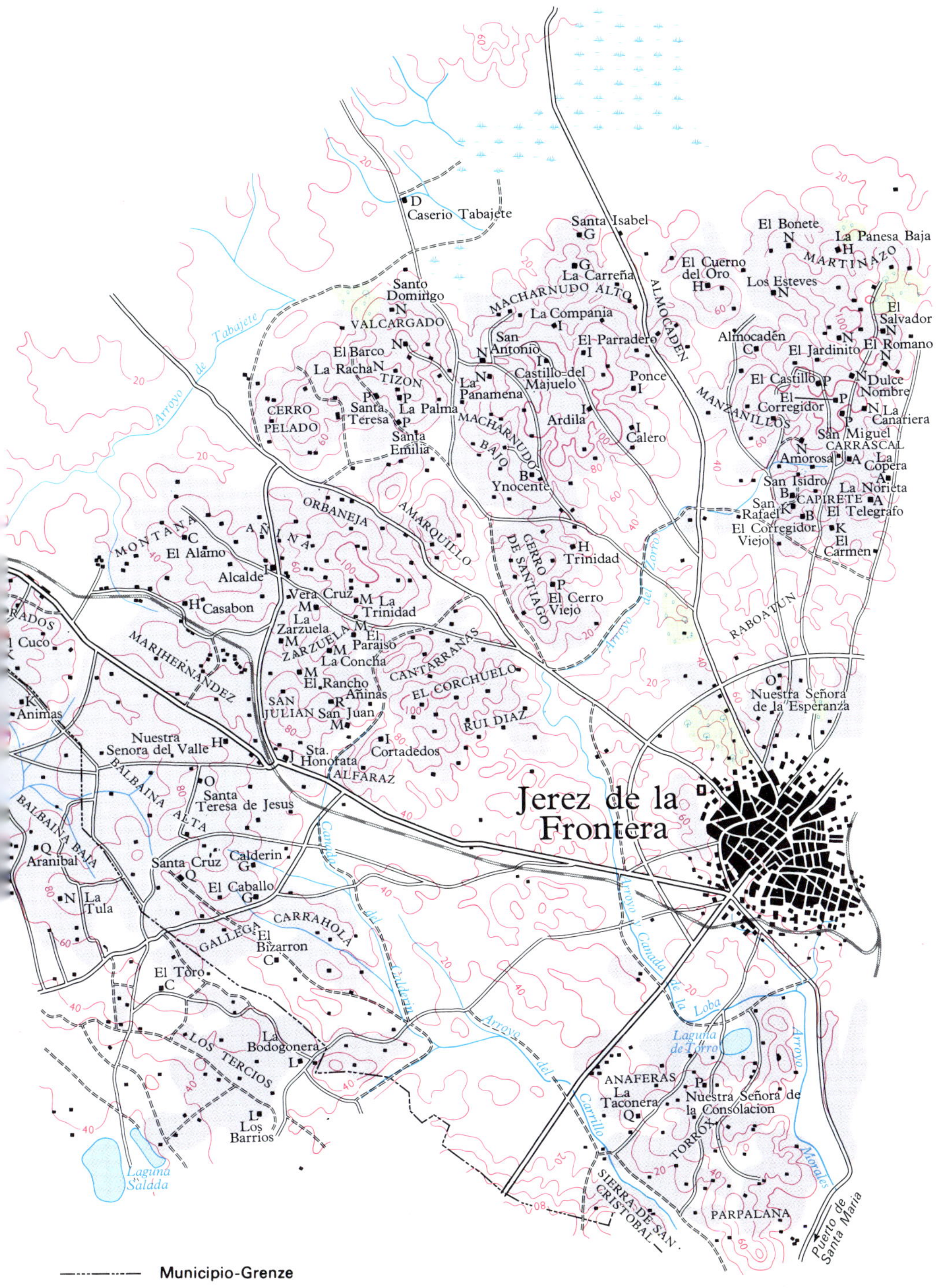

Municipio-Grenze

MARTINAZO Lage

A La Copera Wachstum

- **A** Diez Hermanos
- **B** Valdespino
- **C** Williams & Humbert
- **D** Manuel de la Calle
- **E** Delgado & Zuleta
- **F** Gaspar F. Florido Cano
- **G** Jose de Soto
- **H** Garvey
- **I** Pedro Domecq
- **J** Sanchez Romate
- **K** Barbadillo
- **L** Wisdom & Warter
- **M** Zoilo Ruiz-Mateos
- **N** Gonzales Byass
- **O** Emilio Lustau
- **P** Sandeman
- **Q** Fernando A. de Terry
- **R** Palomino & Vergara

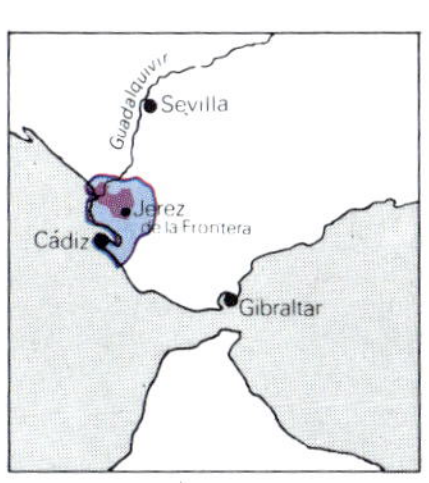

Das offizielle Sherry-Gebiet wurde vor allem aufgrund der Bodenverhältnisse abgegrenzt. Die Karte zeigt, daß die besten Lagen über **albarizas** (Kalkböden) verfügen. Die **barros** (Lehm- und Sandboden-Lagen) erzeugen guten Verschnitt-Sherry, niemals aber die klassischen Finos.

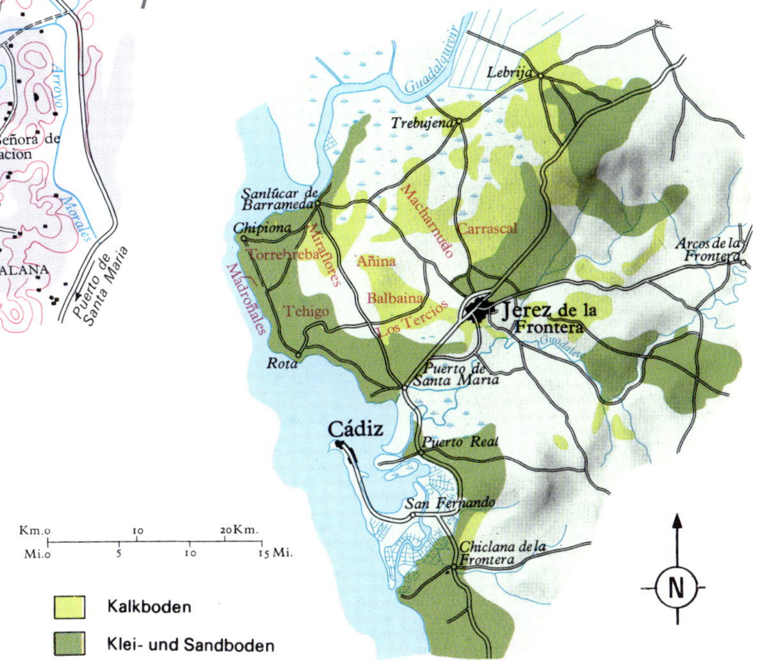

Kalkboden

Klei- und Sandboden

Jerez

In Jerez gibt es Bars, wo die *tapas,* die kleinen Happen, ohne die kein Jerezano das Glas zum Munde führt, die Ausmaße eines Banketts annehmen: Oliven, Käse, Krabben, roher Schinken, Pfefferwürstchen, Hummerscheren und mit goldbraunen Zwiebeln belegte Steaks. Dann füllt sich die kleine *copita* mit einem so strohfarbigen, kühlen und so berauschend köstlichen Wein, wie man ihn noch nie gekostet hat. Er scheint gleichzeitig knochentrocken und eine Spur ärgerlich süß zu sein, so daß man immer wieder daran nippen muß, um den Trauben auf die Spur zu kommen.

Sehenswert sind in Jerez die Kellereien der Sherry-Firmen. Mit ihren haushohen weißgetünchten Hallen, dunklen Dächern und ihrem Balkenwerk erinnern sie sehr an Kathedralen. Hier wird der junge Wein in manchmal in fünf Reihen übereinander angeordneten Fässern zur Reife gebracht. Er wird erst dann die Halle verlassen, wenn er einen komplizierten Verschnittprozeß, das sogenannte Solera-Verfahren, durchlaufen hat.

Hat der neue Wein seine Fermentation abgeschlossen, wird er als erstes in Kategorien eingestuft: in besseren oder schlechteren, leichteren oder körperreicheren . . . Je nach seinem Charakter kommt er dann in eine bestimmte *criadera* oder Kinderstube. Jeder Weintyp hat einen traditionellen Namen.

Aus diesen *criaderas* wird dann eine Partie Soleras oder Faßreihen – vielleicht 20, vielleicht mehrere hundert Faß – aufgefüllt, wobei jeder Wein in die Solera gegeben wird, die seinem Typ am nächsten kommt. Der neue Wein fließt in Fässer an dem einen Ende der Solera, und der reife, zum Verschneiden geeignete Wein wird am anderen Ende abgezapft. Das Solera-Verfahren ist also einfach ein fortschreitendes Auffüllen älterer Fässer aus jüngeren mit ähnlichem Wein, womit ein ständiges Verschneiden und ein gleichbleibender Geschmack erreicht wird.

Die Solera-Weine sind die Farbpalette des Sherry-Herstellers für seine Markenverschnitte oder die von Weinhändlern zum Verkauf unter eigenem Namen bestellten Handelsmarken. Die meisten Sherries im Handel sind gesüßte und verstärkte Mischungen aus mehreren Sorten. Die wenigen «echten Solera»-Sherries, die es zu kaufen gibt, sind durchweg ungesüßt und somit Weine für Kenner.

Die Kategorien, in die jeder junge Sherry eingeordnet wird, fangen beim Fino an. Finos sind die besten Sherries: feine und charaktervolle Weine, die mit einem Minimum an Verschnitt und Zuckerung auskommen. Sie altern ausgezeichnet, verfügen aber auch über Eigenschaften, die sie schon in ihrer Jugend vollkommen sein lassen. Ihre ausgeprägte Individualität verdanken sie einer besonderen, spanisch *flor*

Das Solera-Verfahren in Aktion: Sherry aus jüngeren Fässern wird in Krüge gelassen und im hohen Bogen in ein älteres Faß gegossen. Bei dieser Gießtechnik kann der Wein Luft aufnehmen.

Die Sherry-Bodegas von Jerez de la Frontera

1 Williams & Humbert
2 Zoilo Ruiz-Mateos
3 Gonzalez Byass
4 Sandeman
5 Diez Hermanos
6 Garvey
7 Valdespino
8 Pedro Domecq
9 La Riva
10 Agustin Blazquez

genannten Kahmhefe, die sich auf ihrer Oberfläche bildet. Frisch vom Faß sind sie lebendig wie frisch gebackenes Brot – zweifellos Spaniens schönster Wein.

Die nächste Stufe ist der Amontillado - ein weicherer, dunklerer Wein. Die besten Amontillados sind alte Finos, die nicht frisch genug waren, jung getrunken zu werden, wiewohl der Name im Handel häufig für mittelmäßige Verschnitte ohne besonderen Rang benutzt wird. Große Amontillados Soleras (denn nur bei einem Solera kann man wirklich die Individualität des Weins schmecken) sind trocken, haben einen fast stechend markanten Geschmack und eine dunkle, satte Lagerfarbe - doch reichen die Worte hier nicht aus.

Die folgende Hauptklasse ist der Oloroso: Weine, die gut zu altern versprechen, aber zunächst ein wenig zu schwer zu sein scheinen, kommen in diese Solera und sind die Grundlage der besten süßen Sherries - die, wenn sie verschnitten sind, wegen ihrer glatten, fetten Struktur oft Milch oder Creme genannt werden.

Außerdem gibt es die Weine aus Sanlúcar de Barrameda, die einen eigenen Charakter haben. Man nennt sie Manzanillas. Sie zählen zu den feinsten und herrlichsten Weinen und haben immer einen leichten Salzgeschmack, der vom Meer herrühren soll.

Ein Branchenverzeichnis führt über 600 Sherry-Marken auf. Viele davon, auch einige bekannte, gehören Weinhändlern, die überhaupt keine Niederlassung in Spanien haben und Wein nach bestimmten Spezifikationen bei einem der großen Hersteller bestellen und unter ihrem Namen verkaufen. Die besten Sherries kommen jedoch meist aus den – großen oder kleinen – Bodegas, die ihren eigenen Sherry-Typ selbst abfüllen. Sie alle liefern verschiedene Sorten, vom trockenen bis zum süßen.

Der bekannteste aller Finos (der sich nicht so nennt) ist außerordentlich trocken, frisch und jung und sehr fein.

Tres Palmas ist das Faßzeichen für einen überragenden Fino. La Riva füllt auch sehr alte Sherries ab.

Ein ausgezeichneter leichter Fino aus dem Jnocente-Weinberg; die einzige Lagenangabe auf einem Sherry.

Ein sehr heller und trockener Manzanilla einer der großen Firmen in Sanlúcar de Barrameda.

Carlos y Javier de Terry ist mit seinen Bodegas in Puerto de Santa Maria, dem zweitwichtigsten Ort des Jerez-Gebiets, beheimatet.

Die Familie Garvey kam aus Irland nach Jerez und nennt ihren besten Fino nach dem irischen Schutzpatron St. Patrick.

Dos Cortados ist das Zeichen für einen sehr trockenen Oloroso – einen der besten Sherries auf dem Markt.

Eine weitere Firma mit Bodegas in Puerto de Santa Maria: ein Fino, aber leicht gesüßt, deshalb nicht der beste.

Ein alter, ungesüßter **(al natural)** Wein vom Amontillado-Typ, obwohl dies nicht angegeben ist.

Duff Gordon gehört zu der Bodegas Osborne. Der beliebteste Wein dieser Firma heißt El Cid, ein halbtrockener Amontillado.

Ein herrlicher alter trockener Oloroso, einer der besten Weine aus einem der größten und besten Häuser.

Hier ist kein Typ angegeben: Es handelt sich um einen scharfen, dunklen und trockenen Oloroso.

Der Creme-Typ, auf der Grundlage alten Olorosos, ist sehr süß, sollte aber nicht den Nußcharakter überlagern.

Der berühmteste aller «Creams» kommt von einer englischen Firma aus Bristol, die ihn in Jerez herstellen läßt.

Die alte englische Firma Sandeman ist für Port und Sherry berühmt. Dry Don ist ein halbtrockener Amontillado.

Rioja

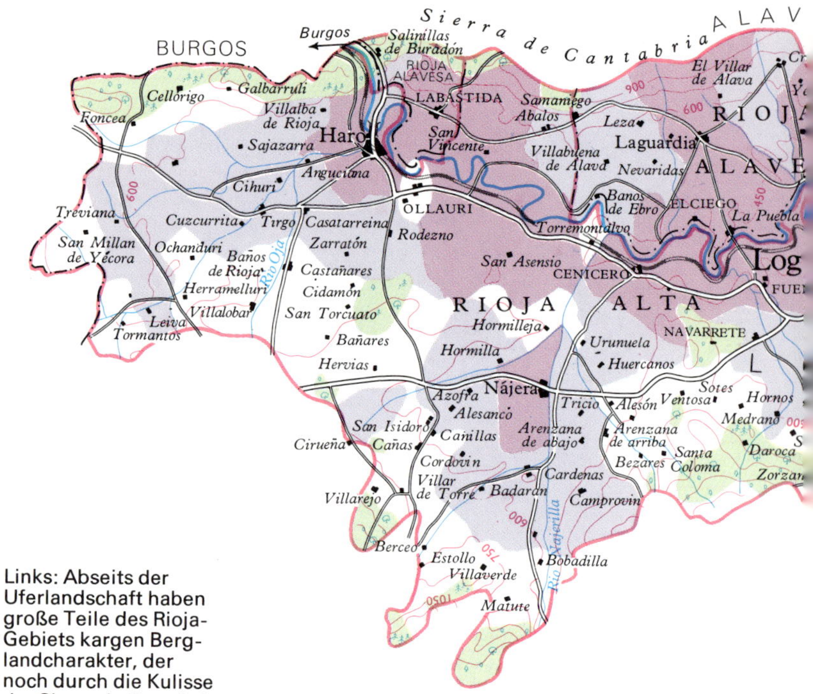

Links: Abseits der Uferlandschaft haben große Teile des Rioja-Gebiets kargen Berglandcharakter, der noch durch die Kulisse der Sierra de Cantabria unterstrichen wird, mit häufig verschneiten, zwischen Acker- und Weidenland eingestreuten Weinbergen.

Der Rioja hat schon seit langem praktisch ein Monopol auf den Weinkarten der guten Restaurants in Spanien. Zwar schenken sie Wein ihrer Gegend, oft gratis, in Karaffen aus, möchte man jedoch abgefüllten, besonders roten Wein, dann ist der Rioja der Burgunder Spaniens.

Dies liegt teils an der menschlichen, teils an der physikalischen Geographie: Von Rioja ist es nicht weit bis Bordeaux. Nach der Reblausinvasion vor hundert Jahren wanderten von dort viele Winzer nach Spanien aus. Sie fanden in Rioja zwar recht andersartige Bedingungen, aber dennoch die Voraussetzungen vor, einen guten Wein zu machen. Dann holte die Reblaus sie ein, und sie zogen wieder in ihre Heimat, ließen aber französische Methoden und Ideen zurück.

Rioja hat ausgeprägt den Charakter einer Berglandschaft. Gegen Norden schirmt die Sierra de Cantabria ab, aber die besten Lagen finden sich immerhin noch 500 Meter über dem Meeresspiegel. Statt endlos dürrer Sommer gibt es hier viel Niederschlag, einen langen Frühling und Herbst. Der Wein ist entsprechend weniger kräftig und interessanter als anderer spanischer Wein – wenn gut geraten, außerordentlich zart und fein, doch von einer leicht gerösteten und süßen Wärme, die seine spanische Herkunft verrät.

Das Gebiet gliedert sich in drei Bereiche, die sich topographisch und nach ihrer Höhenlage unterscheiden. Die Gegenden weiter flußaufwärts, Rioja Alta und Rioja Alavesa, sind kühler und feuchter. Rioja Alta hat die leichtesten und besten Weine, in Alavesa wächst ein etwas kräftigerer Rotwein. Rioja Baja hat ein mehr mediterranes Klima. Seine Weine haben einen höheren Alkoholgehalt und werden nur für die billigeren Rioja-Verschnitte verwendet oder unvermischt als *vino corriente* getrunken.

Es gibt in Rioja nur wenige Weingüter, die ihre eigenen Weine anbauen, bereiten und abfüllen. In vielen technischen Belangen hat Bordeaux der Gegend sein Gepräge verliehen, aber mit Ausnahme von Castillo Ygay hat sich das Châteaux-System nicht eingeführt. Eine Bodega muß hinreichend groß sein, um sich für die Herkunftsbezeichnung Rioja zu qualifizieren: die großen Bodegas arbeiten ähnlich wie die Sherry-Häuser oder die kalifornischen Weinkellereien: Zusätzlich zu den selbstangebauten kaufen sie Trauben bei anderen Weinbauern auf und erzeugen einen Verschnittwein nach Art ihres Hauses. Lagebezeichnungen findet man häufig auf Rioja-Flaschen: Viña Tondonia, Zaco, Paceta, Pomal sind bekannte Namen. Doch werden sie als bloße Markennamen für die besseren Sorten benutzt.

Der beste Rioja-Wein ist der rote. Er wird aus einer Traubenmischung bereitet, aus der allein die Garnacha (die hellrote Grenache der Rhône) vertraut ist. Für die trockeneren Weine werden Bordeaux-, für die volleren Burgunderflaschen verwendet. Clarete ist sehr heller Rotwein.

Im großen und ganzen bereitet man diese Weine so, wie es im vergangenen Jahrhundert in Bordeaux üblich war, und geht davon aus, daß sie mehrere Jahre im Faß lagern müssen (einfacher Wein zwei oder drei Jahre, Reservas bis zu zehn Jahren), damit ihre Dunkelheit und Fruchtigkeit gezähmt und durch die fast braungelbe Färbung und den leichten Vanillegeschmack der Eichenfässer ersetzt wird. In Spanien (wo der Rotwein meist dunkel wie Tinte ist) sind diese Weine sehr beliebt – leicht und glatt, wie sie bei der langen Holzlagerung werden. Nach heutiger französischer Auffassung müßten sie früher abgefüllt werden, damit sie, solange sie noch recht fruchtig sind, ihr Bukett in der Flasche entwickeln können. Es ist Geschmackssache, doch sicherlich sind viele Riojas älter, als es erforderlich wäre, während die Franzosen gewöhnlich den umgekehrten Fehler machen.

Sogar die weißen Rioja-Weine werden oft vier oder fünf Jahre lang im Faß gelagert. Erst wenn sie rund, goldfarben und von der Oxydation ziemlich flach geworden sind, betrachtet man sie als ausgebaut, während man sie vorher, wenn sie herrlich kernig sein und das Format eines Rhône-Weißweins erreichen können, für zu jung hält. Die trockenen Weißen sind besser als die süßen, denen die Edelfäule fehlt, weshalb sie ihren Zuckergehalt nicht konzentrieren können und meist mehr mittel- als honigsüß ausfallen. Auch wird etwas Schaumwein von guter Qualität erzeugt.

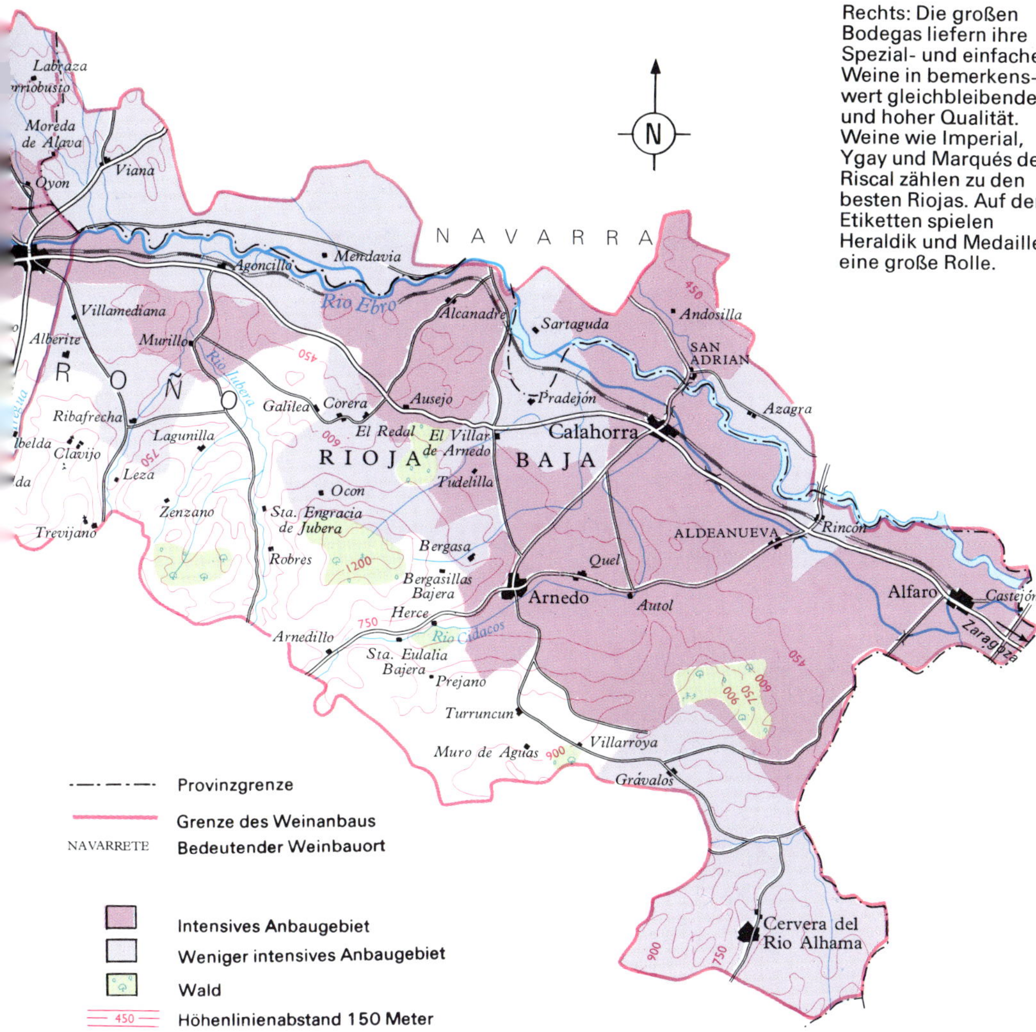

Provinzgrenze

Grenze des Weinanbaus

NAVARRETE Bedeutender Weinbauort

Intensives Anbaugebiet

Weniger intensives Anbaugebiet

Wald

450 Höhenlinienabstand 150 Meter

Niederschlag im Rioja-Gebiet.

Geringfeuchtes Klima

Halbtrockenes Klima

• Meteorologische Station (Die Zahlen geben den durchschnittlichen jährlichen Niederschlag in mm an.)

Oben: Die Niederschlagsmengen in den verschiedenen Teilen des Rioja-Gebiets haben großen Einfluß auf die Qualität, die spürbar von Westen nach Osten abnimmt. Die besten Weine kommen aus Rioja Alta und Rioja Alavesa.

Rechts: Die großen Bodegas liefern ihre Spezial- und einfachen Weine in bemerkenswert gleichbleibender und hoher Qualität. Weine wie Imperial, Ygay und Marqués des Riscal zählen zu den besten Riojas. Auf den Etiketten spielen Heraldik und Medaillen eine große Rolle.

Katalonien

An einer Küste, deren Produktion fast ganz aus schweren und dunklen Rotweinen besteht, die in aller Welt zu Verschnittzwecken gebraucht werden, ist man überrascht, auf die größte Schaumweinkellerei der Welt zu stoßen. Aber Katalonien ist anders als das übrige Spanien der Mittelmeerküste. Die Katalanen sind vitaler, anspruchsvoller, zugleich destruktiv und kreativ.

Der Panadés-Schaumwein (das Zentrum dieser Industrie ist San Sadurnî de Noya, und die großen Keller befinden sich in Cordonîu) ist außerordentlich gut. Zumindest die Exportqualität ist wohl ausgereift, sauber und sehr trocken – jedoch hat er nicht die Fülle und Finesse des Champagners.

Auch einige andere Weißweine von dieser Küste sind bemerkenswert leicht und ausgewogen. Der Viña Sol aus den Bodegas Torres in Panadés kann als beispielhaft hierfür gelten. Auch Alella Marfil (das Wort bedeutet Elfenbein – recht bildhaft für den etwas weichen Wein) kann gut sein. Allerdings besteht die Neigung, mit der Behandlung, die diesen Wein blaßfarben und leicht machen soll, zu weit zu gehen – manchmal ist er farblos und fast ohne Geschmack, seines natürlichen Goldes fast ganz beraubt.

Torres ist die führende Tafelweinmarke an der Küste: ein altes Familienunternehmen mit neuen Ideen. Seine Rotweine gehören zu den besten in Spanien, mannigfaltig und voll, ohne Überfülle oder übermäßigen Gehalt.

Der Name Tarragona darf nur für süßen, gespriteten Wein verwendet werden. In diesem Bereich liegt Priorato, ein kleines, auf starke trockene Rotweine von vielversprechender Qualität spezialisiertes Anbaugebiet.

Oben: Die besten katalonischen Weine (darunter auch gute Schaumweine) sind erstaunlich trocken und fein im Vergleich zu den schweren Tarragonas.
Links: Ein römischer Aquädukt durchzieht Weinberge und Olivenhaine bei Tarragona.

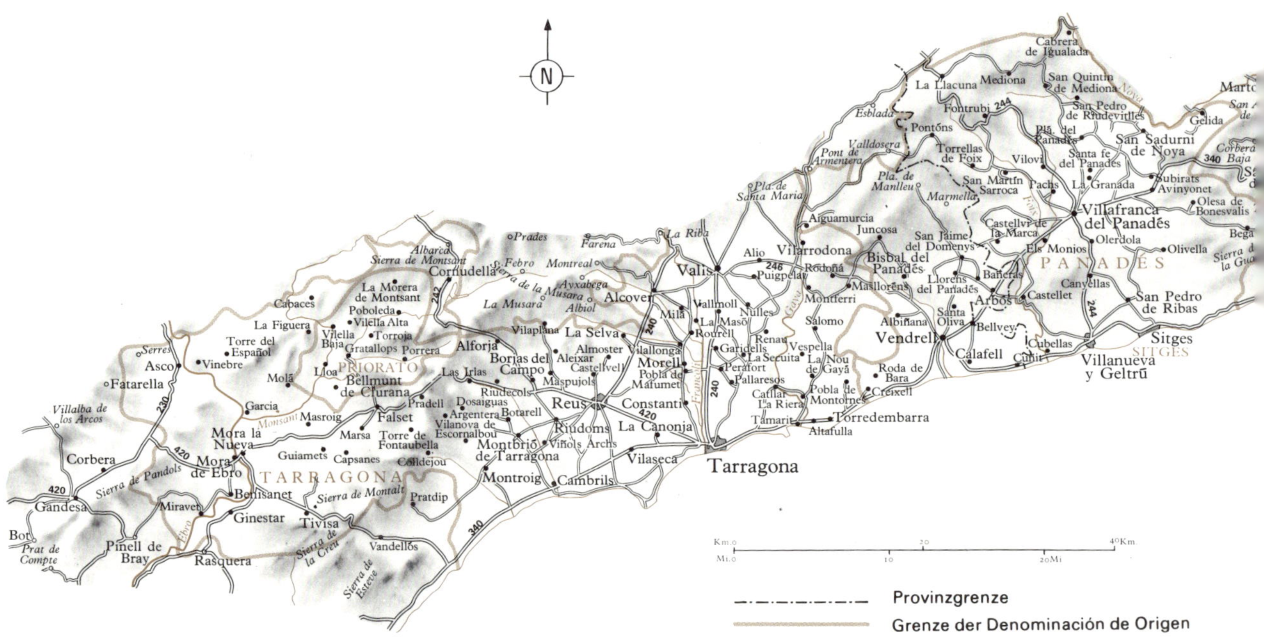

Montilla

Im Montilla hat der Sherry einen Doppelgänger. Genau der gleiche Kalkboden, der die herrlichen Finos von Jerez und Sanlúcar unten an der Küste hervorbringt, findet sich 180 Kilometer landeinwärts bei Córdoba noch einmal. Tatsächlich hat man erst vor verhältnismäßig kurzer Zeit, mit der Festlegung der Abgrenzungen, eine wirkliche Trennungslinie zwischen den Weinen des Jerez-Gebiets und denen aus dem ähnlichen, aber wärmeren und bergigen Montilla-Gebiet gezogen.

Im Ausland ist der Montilla noch wenig bekannt, obwohl er in Spanien einer der populärsten Weine ist, dessen Erzeugung fast $^2/_3$ des Jerez-Weins erreicht. Sein besonderer Reiz liegt in seiner sehr hohen natürlichen Stärke, die es erlaubt, ihn ungespritet abzufüllen, im Gegensatz zum Sherry, der fast immer etwas verstärkt wird. Es mutet seltsam an, bei einem Wein mit einem natürlichen Alkoholgehalt von 16% von Feinheit zu sprechen – doch zeichnet gerade diese Eigenschaft alle Finos aus und findet sich auch in einem wirklich guten Montilla.

Die Montilla-Rebe ist die Pedro-Ximénez – die in Jerez für die süßesten Weine angebaut wird. Das noch wärmere Binnenklima von Montilla verleiht ihr einen noch höheren Zuckergehalt, der schnell fermentiert (was in offenen irdenen Krügen geschieht). Auch die Flor-Hefe bildet sich rasch. Nach ein bis zwei Jahren ist der Wein trinkfertig, mit all der Finesse eines Fino, doch weicher als beispielsweise ein Manzanilla, der stets eine charakteristische Bissigkeit aufweist. Montillas sind trügerisch vollendete Apéritifs und trinken sich wie ein Tischwein.

Oben: Die starken Weine von Montilla gären ungestüm in den offenen irdenen **tinajas,** die an die Amphoren der Antike erinnern.

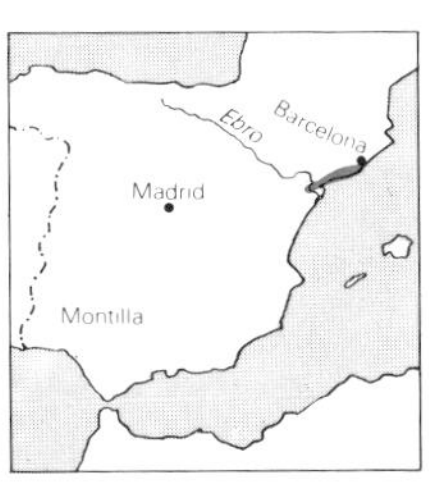

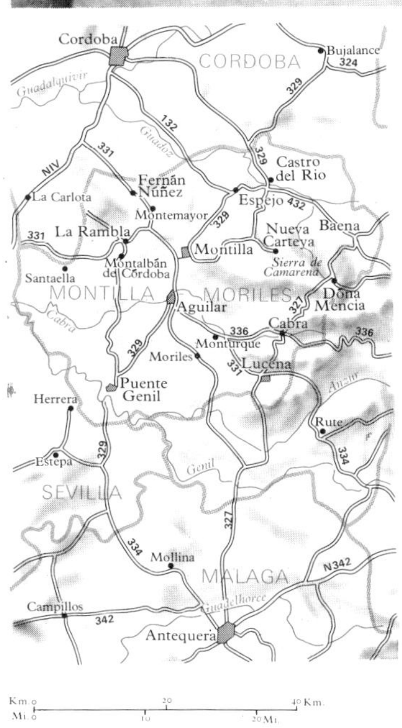

Montilla und Moriles sind die Zentren des Montilla-Handels. Am beliebtesten sind ihre Finos, doch erzeugen sie auch alte dunkle und süße Weine und geben ihnen dieselben Namen wie Jerez.

Madeira

Madeira ist vom Meeresspiegel bis hinauf zu Höhen von 1000 Meter fortlaufend terrassiert.

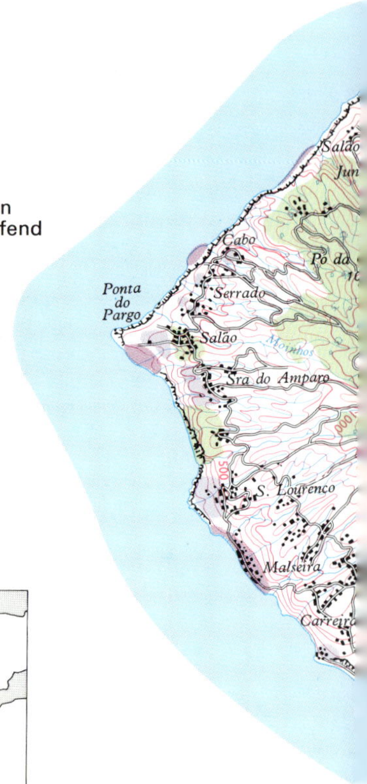

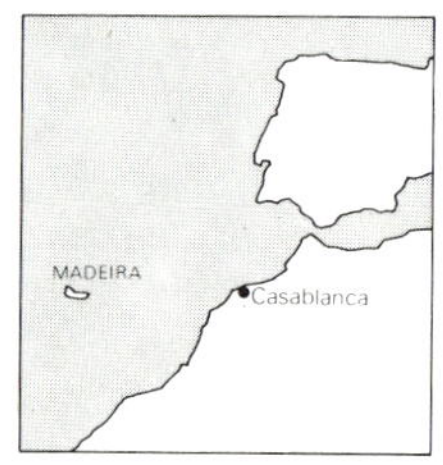

Km. 0 3 6 Km.
Mi. 0 1 2 3 Mi.

- Intensives Anbaugebiet
- Weniger intensives Anbaugebiet
- Wald
- 500 Höhenlinienabstand 100 Meter

Die Gruppe vulkanischer Inseln etwa 600 Kilometer vor der marokkanischen Küste, die man in der Antike die Verzauberten Inseln nannte, heißen heute Madeira, Porto Santo und Desertas-Inseln. Madeira ist die größte Insel dieses kleinen Archipels und eine der schönsten der Erde: steil wie ein Eisberg und grün wie eine Waldlichtung. Seit über 500 Jahren hat sie zu Portugal gehört, seit der Revolution 1974 ist sie autonom und hat ein eigenes Parlament.

Vom Rand des Meeres bis gut halb hinauf zu dem fast 2000 Meter hohen Gipfel ist Madeira fortlaufend terrassiert und von kleinen Rebparzellen, Zuckerrohrkulturen und Blumengärtchen überzogen.

Seit vier Jahrhunderten ist der Wein das Haupterzeugnis der Insel. Ihr naturreiner Wein fällt jedoch keineswegs so aus, wie dies die prächtigen Weinberge zu versprechen scheinen. Er hat eine saure Note, mit der man sich nicht so leicht befreunden kann. Wie der Portwein, mußte auch er auf einen genialen Verschnittkünstler warten, der ihn exportwürdig machte und nicht mehr lediglich einen nur in Notfällen getrunkenen Ballast der Segelschiffe sein ließ.

Es waren der Branntwein (zum Stoppen der Gärung, um ihn süß zu halten) und das Herumreisen als Ballast, was den Madeira schuf. Eine lange Seereise mit einer zweimaligen Überquerung des Äquators würde jeder schlechtere Wein nicht überstehen, doch fand man heraus, daß damit der entsetzlich langsame Reifungsprozeß des Madeira in einen Galopp verwandelt wurde.

Heute setzt man den Madeira nicht mehr langen Schiffsreisen, sondern einer Feuerprobe aus. Eine der tropischen Hitze ähnliche Wirkung wird dadurch erzielt, daß man den Wein lange Zeit auf 50 und mehr Grad Celsius erwärmt: Vier bis fünf Monate bleibt er in den Warmspeichern *(estufas)*. Kommt er dann heraus, hat er den charakteristischen Karamelgeschmack.

Die Madeira-Firmen verschneiden ihren Wein nach dem Solera-System von Jerez, um Marken gleichbleibender Qualität zu erzeugen. Viele Soleras sind sehr alt, allerdings ist es nach dem Gesetz nicht mehr erlaubt, daß sie das Datum (z.B. Solera 1853) tragen, zu dem sie zum ersten Mal mit Wein gefüllt wurden.

Auf der Höhe ihrer Blüte im 19. Jahrhundert gaben die Firmen auch den Jahrgang an, wie es

Auf Madeira-Etiketten ist meist außer dem Firmennamen auch die Rebsorte angegeben: Sercial, Verdelho, Bual oder Malmsey, die in dieser Reihenfolge immer vollmundiger und süßer werden. Die einzige heute noch gebräuchliche Herkunftsbezeichnung ist Cama de Lobos, das für seine süßen verschnittenen Weine bekannt ist.

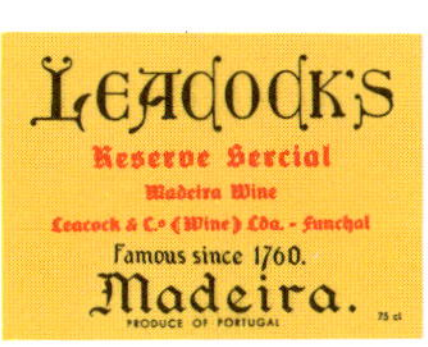

die Portweinfirmen heute noch tun – doch hat die doppelte Geißel des echten Mehltaus (um 1850) und des Reblausbefalls (um 1870) die Weinstöcke der Insel vernichtet.

Den heutigen Madeira unterscheidet man nach der Traubensorte, aus der er jeweils bereitet wird. Es gibt vier Sorten, die etwa verschiedenen Süßegraden entsprechen, wiewohl die Süße nicht von der Rebsorte, sondern von der Menge und dem Zeitpunkt des Branntweinzusatzes her bestimmt wird.

Der süßeste und wahrscheinlich auch beste ist der Malmsey: ein dunkelbrauner Wein, sehr blumig und süß, voll und fett, doch mit einer leichten Schärfe, die allen Madeiras eigen ist. Als Wein nach dem Essen ist er jedem Portwein ebenbürtig, außer vielleicht ganz hervorragenden Port-Jahrgängen.

Der Bual-Madeira ist leichter und nicht ganz so süß wie der Malmsey – aber durchaus auch ein Dessertwein. Ein guter Bual ist etwa das Pendant zum Sherry des Typs Bristol Cream.

Der Verdelho ist eine Spur weniger süß als der Bual – ein eigentümlich weicher und mundiger Wein, dessen leichter Honiggeschmack und ausgeprägte Rauchigkeit ihn gleichermaßen als Apéritif wie als Dessertwein geeignet sein lassen. Ein leichter Verdelho kommt unter der Bezeichnung «Regenwasser» auf den Markt.

Sercial, der trockenste Wein Madeiras, wächst in den höheren Lagen und wird als letzter gelesen. Die Traube ist keine andere als der rheinische Riesling. Ganz wie der deutsche Riesling reift sie spät, bringt keine großen Erträge, aber ungewöhnlich guten Wein. Sercial ist leicht, blumig, ein wenig scharf – und gleicht darin ganz dem Riesling, bis auf seine Madeira-Note. Er ist kräftiger als ein Fino-Sherry, dennoch ein vollendeter Apéritif.

Funchal ist der größte Weinbaubezirk und auch Sitz der Madeira-Häuser. Zu den Namen, die früher auf Etiketten erschienen und noch heute gelegentlich zu finden sind, zählen Camara (oder Cama) de Lobos und Campanário, zwei berühmte Weindörfer an der Südküste.

Heute hat sich der Markt für Madeira von Amerika und England auf Skandinavien, Frankreich und Deutschland ausgeweitet. Vor langer Zeit schon entdeckten die Franzosen seine einzigartigen Qualitäten als Kochwein.

Portugal

Links: Charakteristisch für Portugal sind die zu reizvollen und schattenspendenden Spalierlauben übermannshoch erzogenen Reben. Der berühmte ‹Grüne Wein› aus dem Norden wächst so.
Unten: Ungewöhnlich viele portugiesische Weine sind hier nicht nach ihrer Herkunft gekennzeichnet, sondern Marken-Verschnittweine, oft guter Qualität. Von den hier gezeigten Weinen hat nur der Moscatel de Setúbal eine Denominacão de origem.

Portugal ist das richtige Land für den Weinromantiker. Mehr noch als Italien ist es die Heimat der knarrenden Ochsenkarren, des durch Reblauben sprenkelnden Sonnenscheins, des Austretens von purpurrotem Most, der Krüge tragenden Mädchen und seit Jahrhunderten überlieferten Lieder.

Fünfzehn Prozent der Bevölkerung leben vom Weinbau und -handel, und dies, obwohl in einem Drittel des Landes, südlich des Tejo, so gut wie gar kein Wein angebaut wird. An manchen Stellen müssen es über 50 Prozent sein.

Das Klima ist in Portugal ideal für Reben. Der Weinbau treibende nördliche Landesteil hat reichlich Niederschlag, außer in Alto-Douro jenseits des Gebirges, und einen langen, mehr schönen denn glühend heißen Sommer – der Einfluß des Atlantik, der sich hier ähnlich wie im südlichen Bordelais auswirkt. Das allgemeine Qualitätsniveau, selbst des *vinho de consumo*, ist so hoch wie anderswo, und wenn auch die besten Weine (mit Ausnahme des Portweins) nicht mit denen Frankreichs oder Italiens konkurrieren können, so ist doch der Durchschnittswein mindestens ebensogut wie dort.

Portugals bester Wein ist der Portwein. Er wird im einzelnen auf den Seiten 178 bis 181 behandelt. Außer dem Portweingebiet unterscheidet der Staat zwei bedeutende Tischweingebiete und eine Handvoll kleiner Distrikte, die ähnlich wie die französischen Appellations Contrôlées abgegrenzt sind. In diesen Gebieten erzeugte und in Portugal abgefüllte Weine tragen ein staatliches Siegel, den *selo de origem*, als Nachweis ihrer Authentizität – eine lobenswerte Idee –, allerdings kommen weder alle portugiesischen Spitzenweine aus diesen Gebieten, noch sind deren Weine alle besonders gut.

Die beiden größten und drei bekannte kleinere Gebiete werden auf der Seite gegenüber gezeigt. Während die Ausfuhrtätigkeit der beiden ersteren, Vinho Verde und Dão, blüht, ist von den kleineren Gebieten, die einst ihrem Wein ihren eigenen Gebietscharakter aufprägten, nicht mehr viel übriggeblieben. Das Schwergewicht hat sich auf die sehr guten, nicht ursprungsgebundenen Standardweine einer Reihe großer Firmen verlagert, die ihre Verschnittweine überall aufkaufen können. Die Namen der großen Zulieferer-Weingüter sind kaum bekannt und auch nicht auf dem Etikett vermerkt. Sie liegen am Tejo, im Ribatejo-Bezirk nördlich von Lissabon sowie zwischen dem Tejo und dem Meer, mit den Zentren Torres Vedras und Alcobaça, Bairrada, zwischen Coimbra und Oporto, Lafoes, das sich südlich an die Vinho-Verde-Landschaft anschließt, am Oberlauf des Douro (nur für Portwein bekannt) sowie in Gebieten nördlich und südlich dieses Flusses – also in einem sehr großen Teil Portugals.

Der bekannteste aller portugiesischen Tischweine, der Mateus Rosé, kommt jedoch nicht aus einem abgegrenzten Gebiet, sondern aus der Vinho-Verde-Landschaft. Der seltene rote Ferreirinha, vielleicht der beste portugiesische Tafelwein, kommt aus derselben Gegend.

Südlich des Tejo gibt es noch zwei Weinbaubezirke, von denen der eine von bloß historischer Bedeutung, der andere im Vormarsch ist.

Moscatel de Setúbal heißt das abgegrenzte Gebiet gleich südlich Lissabons, das einen der besten Muskat-Dessertweine der Welt erzeugt. Er ist gespritet, aber nicht so sehr wie der Portwein, und die Traubenhülsen, die beim Muskat viele der Extraktstoffe enthalten, werden dem Wein zugesetzt, um sein Bukett zu verstärken.

Die Sprache des Etiketts

Vinha Weinberg
Quinta Weingut
Colheita Jahrgang
Região demarcada Gesetzlich abgegrenztes Gebiet
Denominacão de origem Ähnliche Bedeutung wie Appellation Contrôlée
Reserva Wein besserer Qualität
Garrafeira ‹Privatkeller›, d. h. beste Qualität
Vinho Verde ‹Grüner› oder junger Wein; Gebietsbezeichnung für die sehr leichten Rot- und Weißweine der Provinz Minho
Vinho de mesa Tischwein
Vinho de consumo Einfacher Wein
Maduro Alt oder ausgereift
Engarrafado na origem Weingutabfüllung
Branco Weiß
Tinto Rot
Rosado Rosé
Clarete Hellrot oder dunkelrosé
Sêco Trocken
Doce, Adamado Süß
Espumante Schäumend
Adega Keller (normalerweise Firmenkellerei)
Aguardente Branntwein

Die Weinbaugebiete Portugals

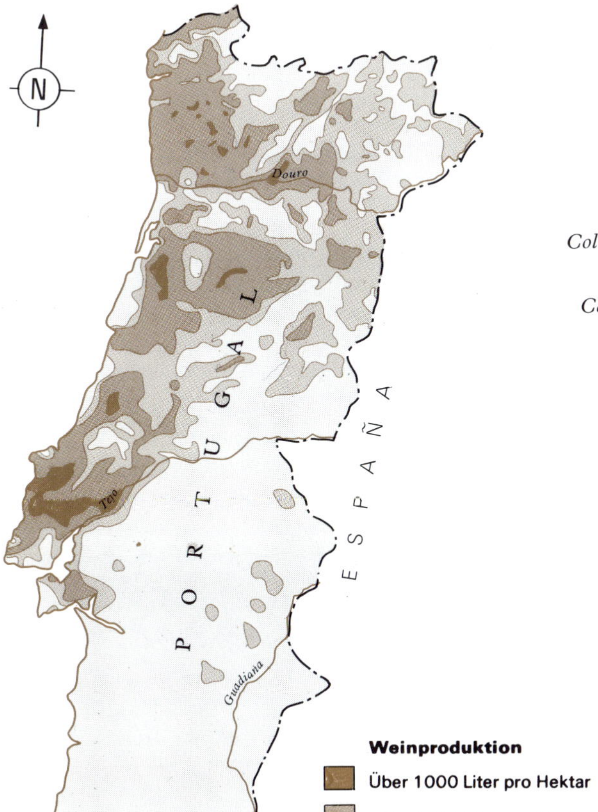

Lissabon

Oben: Diese über einen Bach gezogenen Reben sind typisch für die Landschaft des Vinho Verde. Links: Das Dorf Azenhas do Mar bei Colares.

Rechts und unten: Der tiefrote Colares und der weiße Bucellas sind die einzigen Überlebenden des Weinbezirks Lissabon. Viele halten sie für die besten portugiesischen Rot- und Weißweine.

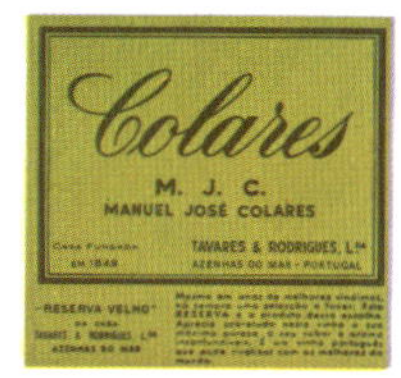

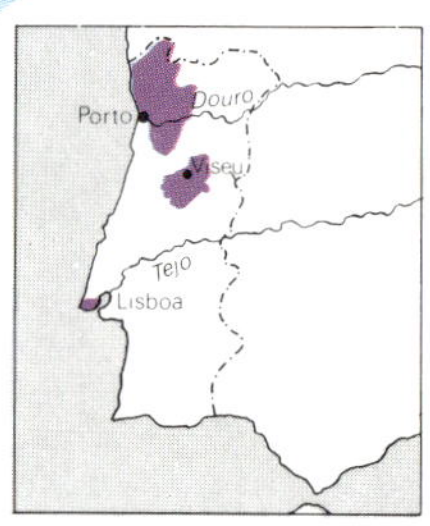

Es paßt zu seinem Ruf als Seefahrernation, daß Portugal die Reben näher als sonst irgendwo an das Meer heranrückt. Bei Colares wachsen sie sogar auf den Dünen.

Die Reblaus kann im Sand nicht leben, also sind die Reben hier vor ihr sicher. Sie kriechen am Boden entlang und strecken ihre alten Triebe wie Treibholz aus, an dem kleine Trauben mit intensiv blauen Beeren wachsen. Denn anstelle des Rebschnitts ziehen die Winzer hier die Methode der alten Römer vor und vermehren ihre Reben durch Ableger – indem sie ihre langen Zweige überall im Sand beliebig lange Wurzeln schlagen lassen.

Die Traube von Colares ist die kleine, dunkle und dickhülsige Ramisco. Ihr Wein ist entsprechend schwarz und gerbsäurereich und braucht eine so lange Ausbauzeit, wie sie vor hundert Jahren der rote Bordeaux gebraucht hat. Immer schon hat man ihn als den besten roten portugiesischen Tischwein betrachtet; allerdings wird heute nicht mehr viel davon erzeugt.

Carcavelos, ein weiterer abgegrenzter Weinbezirk, ist von dem vornehmen Badeort Estoril geradezu verschluckt worden. Die noch verbleibenden Lagen gehören zu Nachbargemeinden, die einen süßen und bernsteinfarbenen Wein bereiten. Im 18. Jahrhundert war der Carcavelos sehr en vogue, und zu Anfang dieses Jahrhunderts hat man versucht, seinen Absatz wiederzubeleben. Der interessanteste Wein Lissabons selbst dürfte der Bucellas sein.

Minho und Dão

Auf dem Gebiet der Tischweine ist der charakteristischste und beste Beitrag Portugals die Spezialität seiner nördlichen Bezirke, der Vinho Verde. Der Name Grüner Wein bezieht sich auf seine frische, leicht unreife Art, nicht auf seine Farbe, die (bei drei von vier Flaschen) rot oder fast wasserklar ist.

Auch wegen der Bodenknappheit in der Provinz Minho, dem am dichtesten besiedelten Landesteil, werden die Reben baumhoch und um die Felder herum an Pergolen erzogen.

Die Trauben werden früh gelesen und gären nur kurz, damit ein Wein mit niedrigem Alkoholgehalt und viel Säure entsteht. Man begünstigt die Nachgärung, um die überschüssige Apfelsäure in Milchsäure umzuwandeln. Die roten Weine sind oft trüb, aber ebenso wie in den (von Ausländern bevorzugten) weißen Weinen steigen in ihnen glitzernde kleine Bläschen auf, was sie herrlich erfrischend macht. Nur zu leicht ist man versucht, solchen Wein an einem heißen Tag wie Bier in großen Schlukken zu trinken.

Eine besonders gute Sorte Vinho Verde bereitet man aus der weißen Alvarinho-Traube in der Gegend von Monção. Er wird abgefüllt und hält sich sogar, wobei er einen Freesienduft annimmt, seine prickelnden Bläschen allerdings verliert. Es steht nahezu fest, daß dies der beste portugiesische Weißwein ist.

Der Dão ist für Portugal, was der Rioja für Spanien ist. Zwar hat er nicht die Tradition oder ein so großes Anbaugebiet wie der Rioja, doch gut gealterte Flaschen beweisen, daß sein Boden und sein Klima unter den richtigen Voraussetzungen – vor allem eine anspruchsvolle und urteilsfähige Käuferschaft – durchaus für einen sehr guten Wein geschaffen sind.

Dão ist eine Granitgebirgslandschaft, in der die nackten Felsen aus dem Sandboden herausragen. Sie liegt ziemlich weit landeinwärts und hat ein wärmeres Klima als die Küste unten. Weinberge fallen in dieser Gegend kaum ins Auge und sind hier und da in Rodungen der süß duftenden Pinienwälder angelegt.

Es gibt rote und weiße Dãos. Solange sie jung sind, können die Weißweine fest und duftig sein, sehr ordentlich und ansprechend als Tischwein für jeden Tag. Der rote ist – wie er meist verkauft wird, nämlich als ein vielleicht vier Jahre alter Verschnitt eines großen Weinhändlers – ein sauberer, runder und gut gemachter Wein, der allerdings hart ist und keine ansprechende Süße hat. Dagegen hatte eine 15 Jahre alte Reserva desselben Händlers eine sehr feine Blume, wie ein guter Bordeaux, entwickelt und war mild und gefällig. Solche Reservas sind allerdings weder billig noch leicht zu finden.

Rechts: Den scharfen und prickelnden Vinho Verde gibt es in unendlich vielen Variationen. Ein guter Dão wird nur von recht wenigen Weingütern erzeugt.

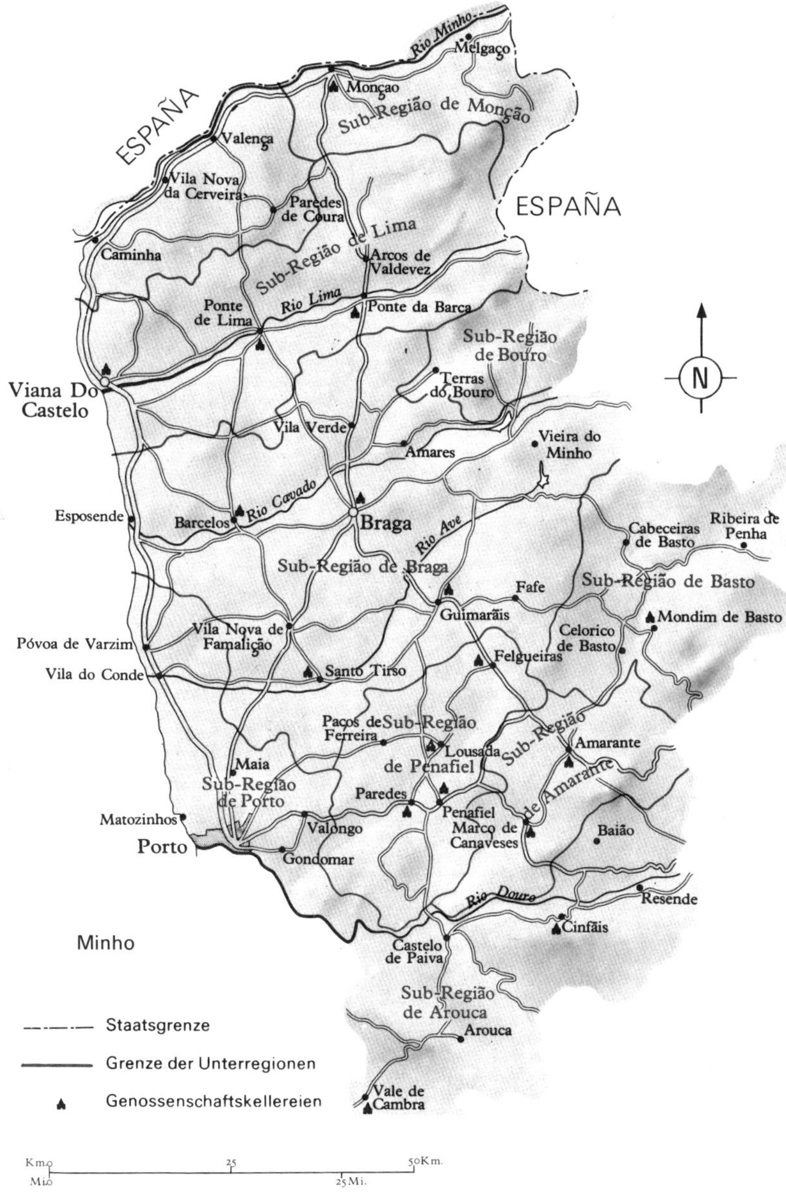

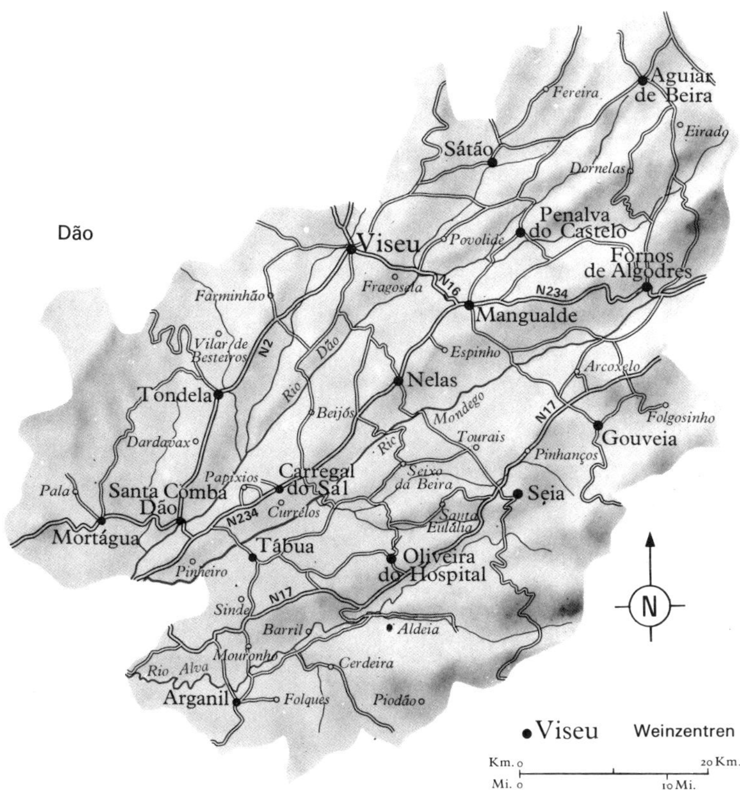

Der obere Douro

Das Städtchen Pinhão ist der Mittelpunkt des besten Port-Anbaugebiets. Links im Bild sieht man die Hauptstraße; der kleine Nebenfluß Pinhão in der Bildmitte mündet in den im Hintergrund zu erkennenden Douro. Vorn ragt ein terrassierter Weinberg steil aus der Stadt auf.

Von allen Plätzen, wo der Mensch Weinberge angelegt hat, ist der obere Douro der unwahrscheinlichste. Zunächst einmal gab es dort überhaupt keinen Boden – nur Schiefer- und Granithänge von 60 Grad Neigung, die eine 40 Grad heiße Sonne versengte und abbröckeln ließ. Eine äußerst trostlose Landschaft.

Die Rebe aber ist die einzige Nutzpflanze, die sich von solchen Bedingungen nicht völlig abschrecken läßt. Das mittelmeerische Klima dieser Gegend bekommt ihr gut. Erforderlich war also nur das technische Kunststück, Erdreich auf die Douro-Hänge zu schaffen und es dort zu halten. Was bedeutete, daß man um die Berge herum Tausende von Mauern wie Konturlinien zog, um die Fleckchen Erde festzuhalten und Reben dort zu pflanzen.

Hatte sich die Erde gesetzt und lief das Regenwasser nicht mehr einfach ab, begann sie sich in Boden zu verwandeln, den der Pflanzenbewuchs dann organisch anreicherte. Heute gedeihen dort Oliven, Orangen, Korkeichen und Pinien, und die Dörfer sind von Gemüse- und Obstgärten umgeben. Doch um dies möglich zu machen, mußten Männer erst überall den Schiefer sprengen und aufschlagen und die Brocken zu Terrassenmauern von bis zu fünf Meter Höhe aufeinanderschichten.

Der Douro fließt aus Spanien nach Portugal in einer Wildnis, die auch heute noch nur mit dem Maultier oder Kanu zugänglich ist. Eine 500 bis 600 Meter tiefe Schlucht hat er sich in die Felsschichten des ostportugiesischen Hochlands gefressen. Hier ist die Heimat des Portweins, die der 1400 Meter hohe Serra do Marão im Sommer gegen die atlantischen Regenwolken abschirmt.

Viele der ersten Terrassen aus dem 17. Jahrhundert sind noch erhalten in den Bergen oberhalb der Stadt Regua, dem ursprünglichen Portwein-Bezirk, der 1756 zum erstenmal offiziell abgegrenzt wurde. (Dies war die erste Abgrenzung eines Weinbaugebiets überhaupt.) Auch heute noch wird hier am meisten erzeugt, doch hat das Qualitätsstreben immer weiter flußaufwärts geführt. Das Anbaugebiet ist jetzt zwan-

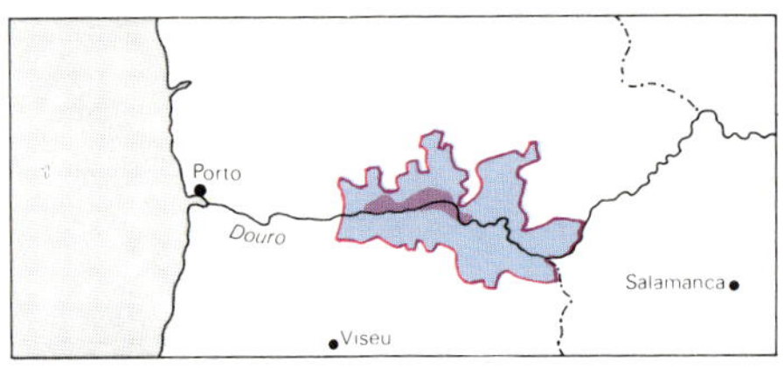

Distriktsgrenze
Gemeindegrenze
QTA. DA FOZ Lage
Weinanbaufläche
Wald
Höhenlinienabstand 100 Meter

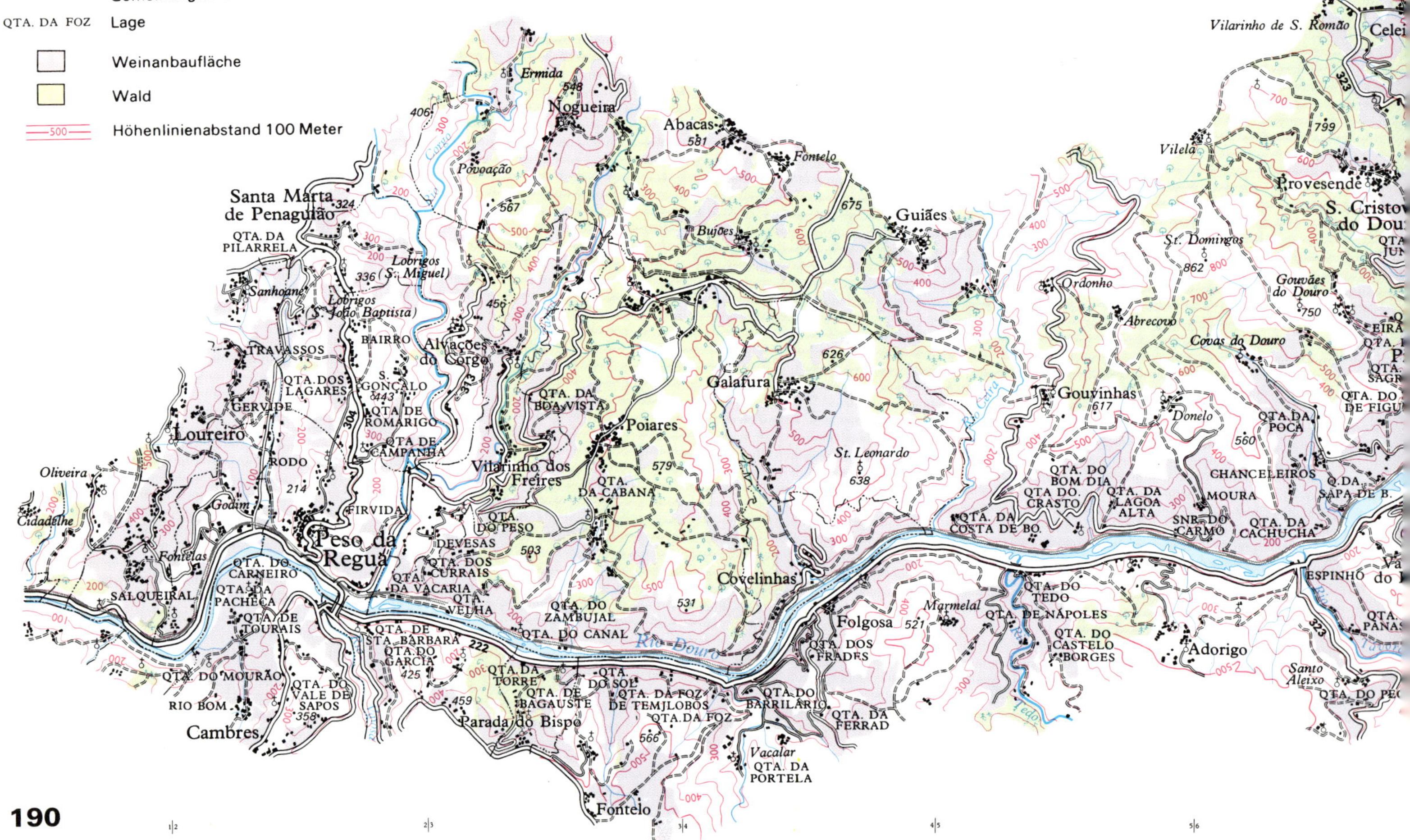

zigmal so groß wie im 18. Jahrhundert, und der beste Teil ist verhältnismäßig neu.

Die Zeit der Weinlese ist überall der Höhepunkt des Jahres, doch hier am Douro nimmt sie, vielleicht weil das Leben so hart ist, wahrhaft dionysische Formen an. Das Ritual hat etwas von der Besessenheit der Antike: die Lieder, die Trommel- und Flötenmusik, die langen Nächte, in denen beim Schein von Sturmlaternen die Trauben ausgetreten werden, derweil die Frauen und Mädchen miteinander tanzen.

Die bekannteren Firmen haben ihre eigenen Quintas in den Bergen: weiträumige, rebenbewachsene weiße Gebäude, die inmitten des Staubs und gleißenden Lichts mit ihren Fliesenböden kühle Oasen sind. Selten aber wird Wein nach einer solchen Quinta benannt. Und in dem ganzen Tal verkaufen nur drei oder vier, darunter die bei weitem bekannteste, die Quinta do Noval oberhalb Pinhãos, ihren Wein unverschnitten. Denn das Wesen des Portweins ist, wie beim Champagner und Sherry, das Verschneiden.

Links oben: Auf den Schultern tragen die Winzer die Körbe mit den Trauben aus den Port-Weinbergen.
Links unten: Ein Kontrast von neuen breiten und alten schmalen Terrassen an einem Berghang:
Rechts: mit den **barcos rabelos** wird noch auf dem Douro gefischt, seltener aber Wein transportiert.

Portwein – der Qualitätsfaktor

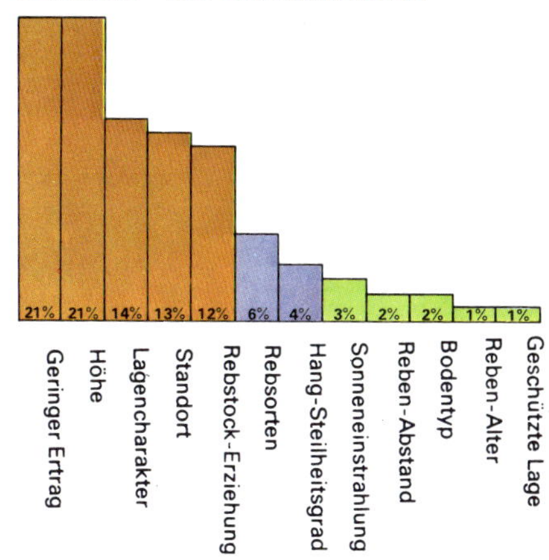

Die Portwein-Lagen sind in sechs Klassen eingeteilt. Das Diagramm zeigt, welches Schwergewicht hier auf einen geringen Ertrag (nicht mehr als 600 Liter pro 1000 Reben) und auf die Höhe der Lage (möglichst unterhalb 500 Meter) gelegt wird (braun). Die Rebsorten sind von zweitrangiger (blau) und die Sonneneinstrahlung (Nord- oder Südlage) nur von drittrangiger Bedeutung (grün).

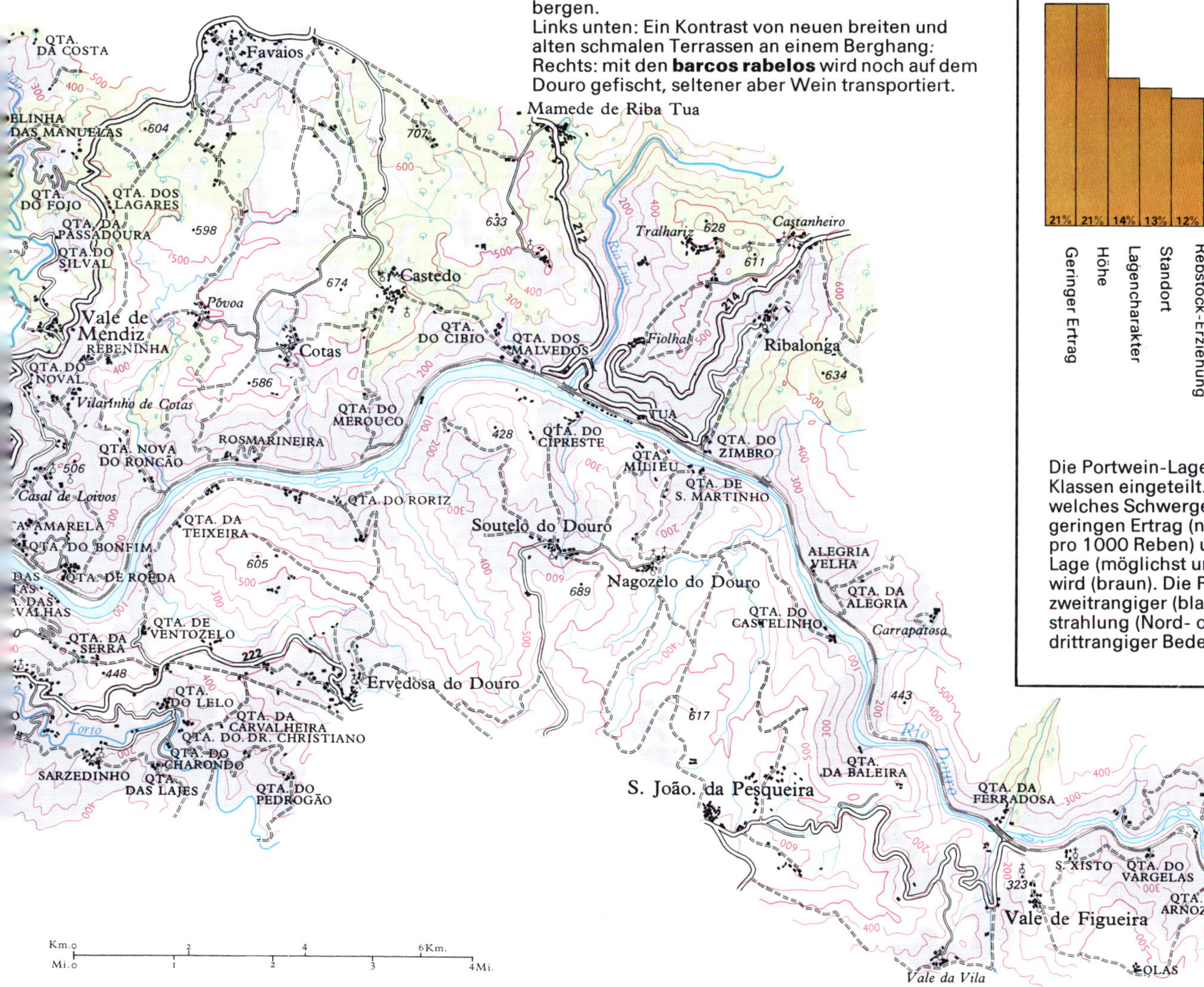

Portwein

Der aus großen Granitblöcken gefügte Bottich unter dem niedrigen Dach einer Winzerscheune ist ein **lagar,** in dem die Trauben für den Portwein ausgetreten werden. Auf diesem Bild aus dem entlegenen Dorf Ribalonga stampfen die Mädchen zusammen mit den Männern: eine revolutionäre Neuerung in diesem abergläubischen Land. Riesige Fässer wie das im Vordergrund werden für die Gärung verwendet. Die Firmen, die den Winzern ihren Wein abkaufen möchten, inspizieren jedes Faß und prüfen, ob es schimmelig oder sauer ist und den Wein verderben könnte.

Portwein wird gewonnen, indem man den teilvergorenen Rotwein in ein zu einem Viertel mit Branntwein gefülltes Faß gibt, solange mindestens sein halber Traubenzuckergehalt noch unvergoren ist. Der Branntwein stoppt die Fermentation, so daß die Mischung stark und süß zugleich ist.

Ferner braucht der Port die Pigmente der Traubenhülsen, damit er die richtige Färbung annimmt, sowie das in ihnen enthaltene Tannin als Konservierstoff. Normalerweise werden diese Stoffe bei der Weinbereitung im Verlauf der Gärung extrahiert. Da der Portwein jedoch nur eine unnatürlich kurze Fermentation durchläuft, müssen sie auf andere Weise gewonnen werden – im Douro geschieht das herkömmlicherweise durch Stampfen. Dabei werden die Traubenhülsen im eigenen Saft mazeriert und die in ihnen enthaltenen Substanzen aufgeschlossen. Die bloßen Füße sind dafür ein perfektes Werkzeug, denn sie sind warm und zerquetschen die Kerne nicht, wodurch Bitterstoffe in die Maische gelangen würden. Ein Dutzend Männer, die zwölf Stunden lang (in Viertelstundenschicht) die Maische rhythmisch in einem breiten Steintrog *(lagar)* knietief stampfen; das ist also die traditionelle Methode, wie dem Port Farbe und Fruchtigkeit verliehen wird und dazu die Fähigkeit, über Jahre hinweg zu lagern und ständig besser zu werden.

Dieses Stampfen wird jedoch immer mehr durch ein neuartiges Verfahren abgelöst. In einem geschlossenen Gärtank wird die Maische unter Kohlensäuredruck von unten her durch ein Rohr nach oben befördert und ergießt sich über die «Haube» aus schwimmenden Schalen. Dieser mehrere Tage hindurch vor sich gehende Kreislauf hat dieselbe Wirkung wie das mit teuren Arbeitslöhnen verbundene Stampfen im *lagar*. Heute wird der Portwein zum größten Teil nach diesem modernen Verfahren bereitet.

Selten lagert man Portwein oben am Douro. Es heißt, er nähme dann den sogenannten «Douro-Brand», einen leichten Röstgeschmack, an. Fast der gesamte Wein wird gleich nach der Kelterung talabwärts in den Hafenvorort der Stadt Oporto, Vila Nova da Gaia, gebracht.

Einst wurde die Fahrt flußabwärts mit hochschnabeligen Segelschiffen bewältigt, die acht Männer am Bug mit langen Rudern durch die Stromschnellen manövrierten. Heute befördert man den Portwein mit Lastwagen.

Die Lagerhäuser der Firmen in Vila Nova nennt man «lodges». Hier lagert der Portwein in den sogenannten Pipes, länglichen 520-Liter-Fässern, zwischen zwei und fünfzig Jahre lang.

In vielleicht drei von zehn Jahren sind die Bedingungen für die Portwein-Erzeugung nahezu vollkommen. Diese Jahrgänge brauchen nicht verschnitten zu werden, denn außer der Lagerung kann nichts zu ihrer Verbesserung beitragen. Wie roter Bordeaux wird er nach zwei Jahren abgefüllt und einfach mit Firmenname und Datum etikettiert. Das ist dann ein Jahrgangs-Portwein, und davon kann es nie genug geben.

Ein Portwein aus einem großen Jahrgang zählt unbestreitbar zu den allerbesten Weinen der Welt. Der übrige Portwein, der gleich unterhalb der Jahrgangsqualität liegt oder nur mittelmäßig ausgefallen ist, durchläuft ein Verschnittverfahren und ist danach ein Markenwein mit einem bestimmten Charakter und gleichbleibender Qualität. Ein solcher Wein, der in Holz altert, reift weitaus schneller als ein Jahrgangs-Port und büßt dabei an Zuckergehalt ein. Ein sehr alter Holz-Portwein ist verhältnismäßig hell und trocken, jedoch besonders rund. Man nennt ihn nach seiner Farbe Tawny. Die teuersten Tawnies kosten genausoviel wie ein guter Jahrgangs-Portwein.

Ein Jahrgangs-Portwein hat aber auch Nachteile. Er muß sehr lange gelagert und mit großer Sorgfalt behandelt werden. Da dieser Wein erst nach seiner Abfüllung ausbaut, bildet das Depot eine «Kruste» an der Flaschenwandung: einen dünnen, schmutzig aussehenden Schleier. Bewegt man die Flasche nicht sehr behutsam, bricht diese Kruste und vermischt sich mit dem Wein, der dann gefiltert werden muß. Auf jeden Fall muß man einen solchen Wein dekantieren, bevor man ihn serviert – was allein schon viele Menschen davon abhält, ihn zu kaufen.

Als einen Kompromiß zwischen dem Jahrgangs- und dem Holz-Portwein bieten manche Firmen jetzt auch einen sogenannten spätabgefüllten Jahrgangswein an – Port aus guten (wenngleich nicht immer den allerbesten) Jahren, der nicht verschnitten, aber faßgelagert, also nicht schon nach zwei Jahren abgefüllt worden ist. Nach acht Jahren etwa hat er sich von seiner Kruste befreit und ist so ausgereift wie nach einer doppelt so langen Flaschenlagerung.

Die Portwein-Lodges von Vila Nova de Gaia

1 Fonseca
2 Graham
3 Diez Hermanos
4 Ferreira
5 Companhia Velha
6 Delaforce
7 Nie Poort
8 Martinez Gassiot
9 Cockburn
10 Barros
11 Junta Nacional dos Vinhos
12 Dow
13 Burmester
14 Mackenzie
15 Ramos Pinto
16 Sandeman
17 Hunt Roope
18 Rozés
19 Kopke
20 Wiese & Krohn
21 Gonzales Byass
22 Rainha Santa
23 Croft
24 Taylor
25 Offley Forrester
26 Warre
27 Noval
28 Borges
29 Calem

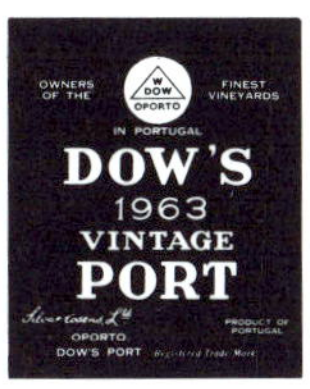

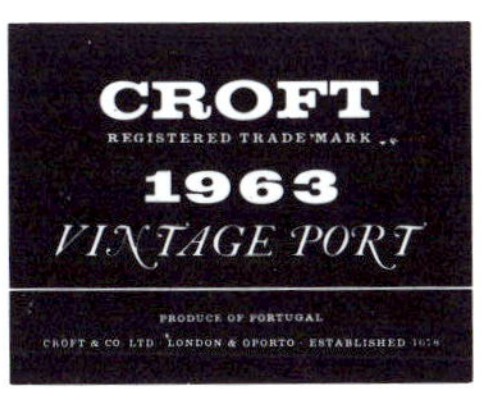

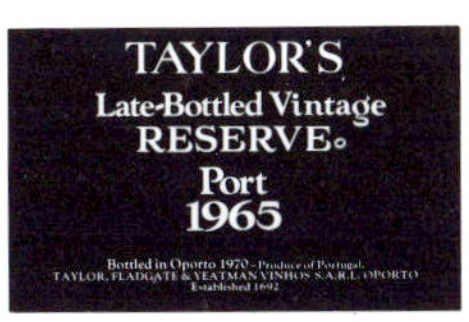

Oben: Die Küferei ist ein wichtiger Teil einer Portwein-Firma. Der meiste Portwein wird in Holz gelagert: von drei bis zu 50 Jahren. Gutes Eichenholz ist das einzige Material, das seine ständige Weiterentwicklung gewährleistet.

Links: Früher wurden die Flaschen des Jahrgangs-Portweins nicht etikettiert – ein mit einer Schablone mit weißer Farbe angebrachter Name, dauerhafter als Papier, war das Kennzeichnungsverfahren, das heute noch von der Quinta do Noval angewandt wird.

Die Sprache des Etiketts

Vintage Wein eines bestimmten außergewöhnlich guten Jahrgangs, früh zur Flaschengärung abgefüllt
Late-bottled vintage Ähnlicher Wein, doch erst reif abgefüllt; leichter als Vintage
Crusted Guter, aber kein Jahrgangs-Port, früh zur Flaschengärung abgefüllt
Vintage character Ähnlich wie Crusted
Tawny Viele Jahre in Holz gealterter Port, nimmt eine bräunliche Farbe an; rund und leichter als alle vorgenannten
Ruby Verhältnismäßig kurz in Holz gelagerter Port; dunkler und herber
White Port Aus weißen Trauben; häufig viel trockener als roter; wird als Apéritif verkauft

Schweiz – Wallis, Waadt und Genf

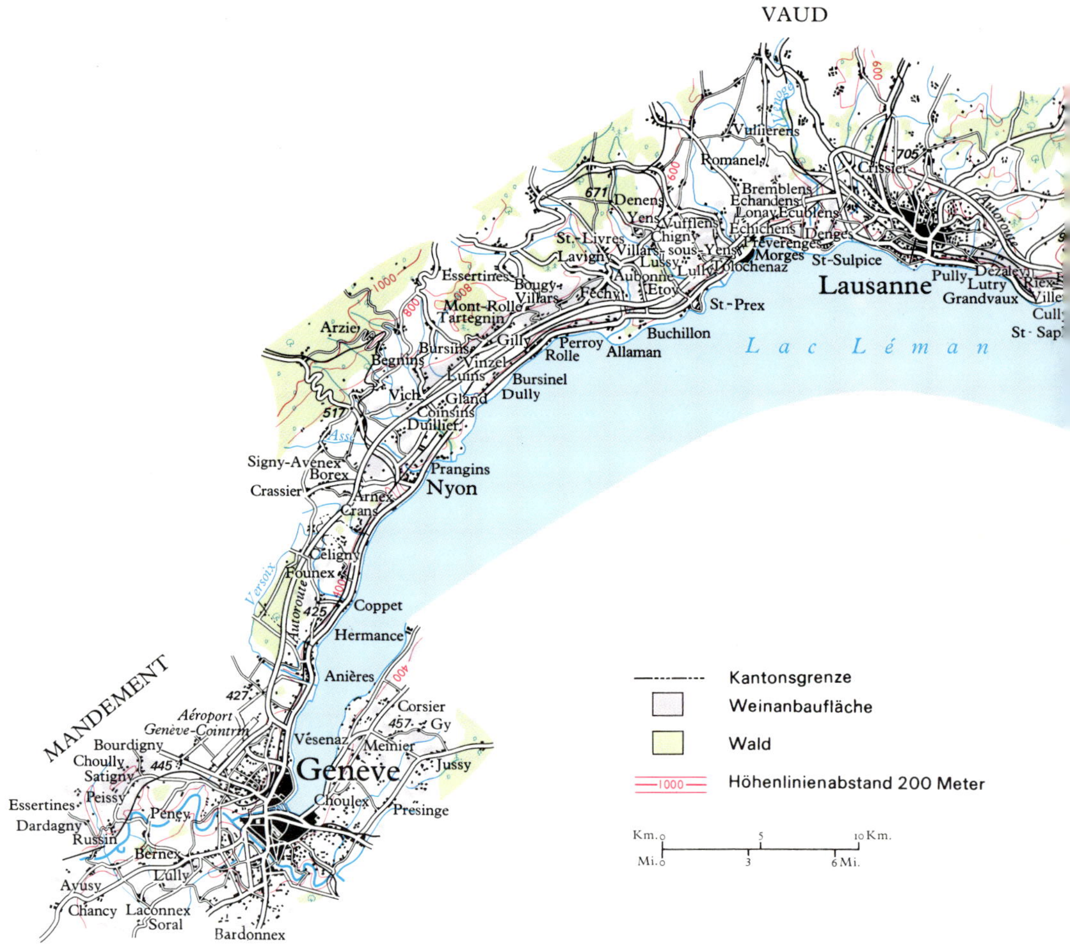

An die steilen Talwände, die sich die junge Rhône in die Alpen geschnitten hat, schließen sich, wo der Fluß in den Genfersee übergeht, sanftere Berghänge an. Bis dahin säumt ein fast ununterbrochener Gürtel von Weinbergen sein Nordufer. Der höchste Weinberg Europas liegt südlich des Flußlaufs, 1200 Meter über dem Meer bei Visperterminen.

Dieses Weinbaugebiet, die Kantone Wallis und Waadt, ist das größte und beste der Schweiz. Nimmt man den Genfer Wein hinzu, dann liefert das Rhônetal mehr als drei Viertel der schweizerischen Gesamterzeugung. Vier Fünftel davon sind Weißwein. Der Anteil war sogar noch höher, doch hat man in der Schweiz in jüngster Zeit die Pinot Noir in großem und die Gamay des Beaujolais in noch größerem Umfang angebaut. Die führende Rebe im Wallis wie im Waadtland ist die weiße Chasselas (Fendant genannt). Dorin ist der gemeinsame Name *aller* Waadtländer Weißweine.

Im Mittelpunkt des Fendant-Anbaus im Wallis stehen das Städtchen Sion und die gleich westlich davon gelegenen Dörfer Conthey, Vétroz und Ardon. Hier regnet es sehr wenig, und fortgesetzt scheint die Sonne. Entgehen die Reben den Frühjahrsfrösten, liefern sie einen mächtigen Wein mit bis zu 13% Alkoholgehalt. Bewässerung ist wichtig. Früher erfolgte diese über Holzrinnen, die sogenannten *bisses,* die steil den Berghang herunter verlegt waren.

Die 20 Hektar große Domaine du Mont d'Or hat die beste Lage von allen: einen 200 m breiten, am Fuß durch einen vorgelagerten Hügel geschützten Südhang. Der Silvaner («Johannisberg») übertrifft sich hier selbst. Näheres über die Walliser Reben und Weine ist im Glossarium auf Seite 196 zu finden.

Der beste Rotwein aus dem Wallis ist unter dem Namen Dôle bekannt. Im Waadtland heißt der Wein dieser Art Salvagnin. Chablais, der Bezirk zwischen dem Wallis und dem Waadtland von Martigny bis Montreux, gehört zwar noch zum Waadtland, zeigt aber Übergangscharakter. Aigle, Yvorne und Bex sind hier die bekanntesten Orte. Ihre Weißweine sind stark, aber trockener und nicht so voll wie der Fendant.

Das Gebiet zwischen Montreux und Lausanne nennt sich Lavaux. Die ansprechendsten Chasselas-Weine der Schweiz, trocken, zart und fruchtig, wachsen hier in den Orten Lutry, Villette, Epesses, St-Saphorin, Chardonne und Vevey und werden als Dorin mit dem Ortsnamen als Zusatz verkauft. Eine Ausnahme hiervon machen der Dézaley und der Dézaley-Marsens, die besten Weine vom See, lebendig und nachhaltig mit eigener Appellation. Hinter Lausanne hat La Côte leichtere, weniger ausdrucksvolle Weine. Der beste wächst bei Féchy. In Nyon, dem Handelszentrum, kommen mehr und mehr leichte Gamay-Rotweine vor. Dasselbe gilt auch für die Genfer Weinberge.

Schloß Aigle im Rhônetal, wo es sich zum See hin zu öffnen beginnt, ist heute als wertvolles Weinmuseum für Besucher geöffnet.
Die Nordhänge sind dicht mit Reben bepflanzt, auf der schattigen Südseite sind die Berge kahl.

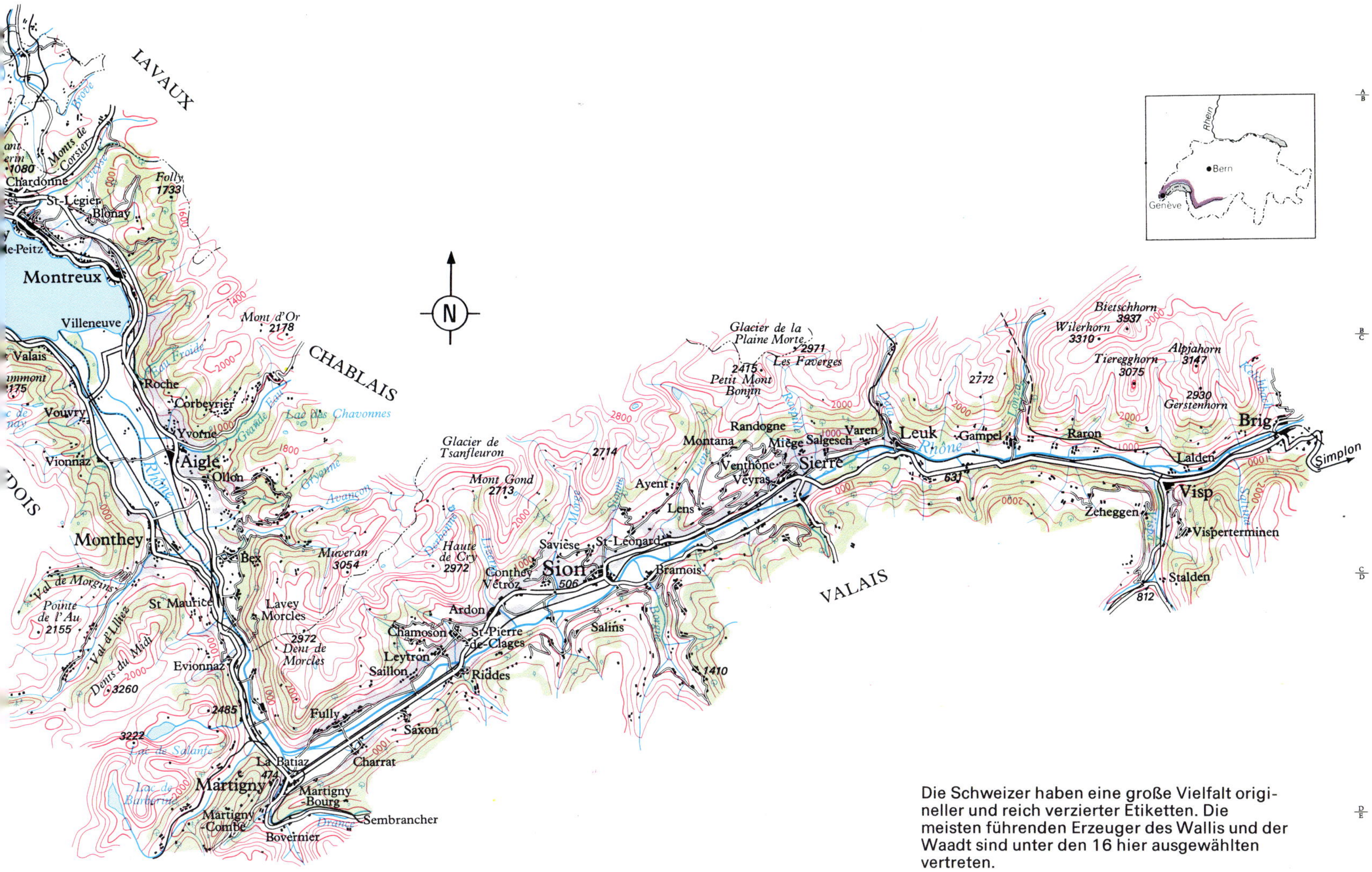

Die Schweizer haben eine große Vielfalt origineller und reich verzierter Etiketten. Die meisten führenden Erzeuger des Wallis und der Waadt sind unter den 16 hier ausgewählten vertreten.

Schweiz

Die Schweiz ist ein sehr weinbewußtes und auch bedeutendes Erzeugerland. Sie liegt zwischen Frankreich, der natürlichen Heimat des Weins, und Deutschland, wo der Wein etwas Besonderes ist, um dessentwillen sich aber auch jede Mühe verlohnt. Die Schweizer sind ihren eigenen heimischen Weinen treu, tun aber nicht so, als gäbe es in Frankreich nichts Besseres. Ihre Burgunder-Einfuhr ist die größte der Welt.

Die Schweizer sind rationelle, manchmal gar unromantische Weinerzeuger. Durch sorgfältigste Pflege ihrer Reben und Einsatz von Düngemitteln und Bewässerung bringen sie Erträge hervor, die doppelt so hoch sind wie in den französischen Appellation-Gebieten.

Gleichzeitig wurde das lange bestehende Beinahe-Monopol des Weißweins in der Schweiz gebrochen. Rotwein ist gefragt, eine Entwicklung der letzten zwanzig Jahre. Der Anbau der burgundischen Sorten Pinot Noir und Gamay ist in den wichtigsten Gebieten - Waadt, Wallis und Genf - sehr stark erweitert worden. Das Tessin hat sich auf die aus Bordeaux eingeführte Merlot konzentriert.

In der Schweiz erzeugt fast jeder Kanton ein wenig Wein. Außer dem Rhônetal und dem Genfersee sind weitere Weinbaugebiete von Bedeutung: das Tessin, Neuchâtel und die Ostschweiz.

Die italienische Schweiz, das Tessin, exportiert noch nicht lange Wein; der lokale Rotwein Nostrano ist auch nicht besonders bemerkenswert. Doch die Merlot gedeiht hier sehr gut und ergibt einen kräftigen, fruchtigen und typischen Rotwein. Bessere Ticino-Merlots werden jetzt als «Viti» gehandelt.

Neuchâtel ist gleichermaßen durch seine Rotweine wie seine Weißweine berühmt, obgleich drei Viertel der Ernte auf Weißweine entfallen. Zweifellos hat dazu beigetragen, daß das ganze Gebiet seine Weine einfach mit dem Namen seiner Hauptstadt benennt. Das Nordufer des Sees hat, durch den Jura abgeschirmt, ein gemäßigtes Klima. Der Pinot Noir gedeiht hier gut (die Gamay-Rebe kommt dagegen kaum vor) und liefert einen blaßfarbenen und leichten Wein, der jedoch Charakter und Eigenständigkeit besitzt.

Der weiße Neuchâtel wird, wie die Fendant- und Dorin-Weine aus dem Wallis und dem Waadtland, aus der Chasselas bereitet. Er ist aber leichter als diese beiden Typen und ein wenig prickelnd, was man dadurch erreicht, daß er *sur lie,* d.h. ohne Trennung von seinem hefehaltigen Depot, abgefüllt wird. In einigen Fällen wird das Verfahren auf die Bereitung voll moussierender Weine ausgedehnt, die in ihren besten Vertretern ganz ausgezeichnet sind.

Von den Gestaden am unmittelbar nordöstlich gelegenen Bielersee stammen ähnliche Weine, die in der Hauptstadt Bern gute Preise erzielen.

Die Weine aus anderen Kantonen kommen nicht weit herum. Die Bündner Herrschaft, ein kleiner Bezirk an der Grenze zu Österreich und Liechtenstein, dem die besondere Würde zukommt, das allererste Weinbaugebiet am hier noch jungen Rhein zu sein, baut fast ausschließlich Blauburgunder (oder Klevner) an. Die besten dieser Weine sind, wie es heißt, hervorragend; ihnen kommt der warme Föhn im Herbst zugute.

Zürich, St. Gallen, Schaffhausen, Basel und auch Luzern verfügen in kleinem Maßstab über eigenen Weinbau, der meist auf dem Blauburgunder beruht.

Schweizer Glossarium
Schweizer Weine erscheinen unter Regionalnamen, die sich auf Rebsorten und Qualitäten ebenso wie auf die geographische Herkunft beziehen. Auf den Etiketten findet man folgende Bezeichnungen:

Amigne: eine lokale weiße Traube aus dem Wallis; sie liefert schweren, vollmundigen, meist trockenen Wein.
Arvine oder **Petite Arvine:** ähnlich wie Amigne; vielleicht manchmal besser.
Blauburgunder: Pinot Noir aus deutschsprachigen Kantonen.
Dôle: Rotwein aus dem Wallis aus Pinot Noir- oder Gamay-Trauben oder beiden zusammen in geprüfter Qualität.
Dorin: weißer Wein aus dem Waadtland aus der Chasselas-Traube, das Gegenstück zum Walliser Fendant.
Ermitage: weiße Marsanne-Rebe aus dem französischen Rhônetal, angebaut im Wallis; voller, körperreicher, schwerer Wein, meist herb.
Fendant: Walliser Weißwein aus der Chasselas-Traube; der berühmteste Wein der Schweiz.
Gamay: die Traube aus dem Beaujolais, um Genf und in La Côte verbreitet angebaut.
Goron: Walliser Rotwein; Dôle, der die Qualitätsprüfung nicht bestanden hat.
Humage: seltener roter oder weißer Wein aus dem Wallis mit ländlichem Charakter.
Johannisberg: Silvaner aus dem Wallis.
Klevner: anderer Name für Blauburgunder.
Malvoisie: schwerer weißer Pinot Gris aus dem Wallis; oft mit getrockneten Trauben gesüßt («flétri»).
Merlot: die rote Bordeaux-Rebe, liefert den besten Tessiner Wein.
Nostrano: einfacher Tessiner Wein aus verschiedenen französischen und italienischen Trauben.
Œil de Perdrix: vor allem in Neuchâtel und Genf übliche Bezeichnung für leichten Rosé aus der Pinot-Noir-Traube.
Perlan: weißer Genfer (oder Mandement-)Wein aus der Chasselas-Traube.
Premier Cru: ein Wein aus der eigenen Domäne des Erzeugers.
Rèze: eine seltene Traubensorte, herkömmlicherweise für «Gletscherwein».
Riesling-Silvaner: Müller-Thurgau, in der Ostschweiz verbreitet.
Salvagnin: Rotwein aus dem Waadtland in geprüfter Qualität; das Gegenstück zum Dôle aus dem Wallis.
Schafiser oder **Twanner:** leichter, aber teurer Wein vom Bielersee im Kanton Bern, rot oder weiß.
Viti: roter Merlot mit einem bestimmten Qualitätsstand aus dem Tessin.
Alle nicht ausgesprochen trockenen Schweizer Weine müssen laut Gesetz den Vermerk «légèrement doux» oder «avec sucre résiduel» tragen.

Rechts: Rot- und Weißwein-Etiketten aus Neuchâtel, für einen Merlot aus dem Tessin und einen Klevner (oder Pinot Noir) aus der Nordostschweiz. Die Weine aus Neuchâtel sind leicht; der weiße wird vielfach zu Schaumwein verarbeitet. Die Stadt Neuchâtel zählt zu den Spitzenerzeugern.

Links: Die höchsten Weinberge Europas liegen 1128 Meter hoch bei Visperterminen, hoch über der Bahn, die Skifahrer und Bergsteiger nach Zermatt bringt.

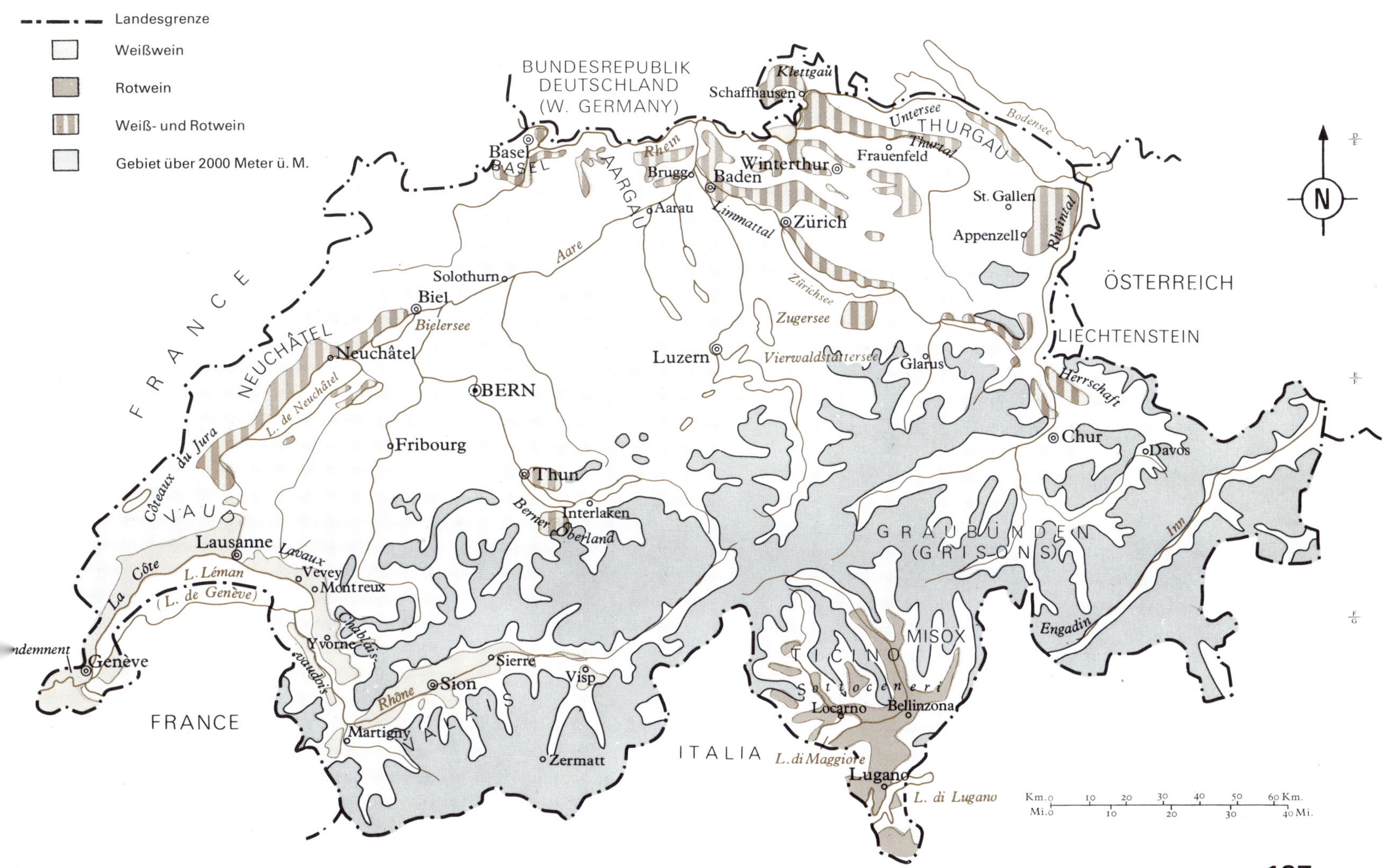

Österreich

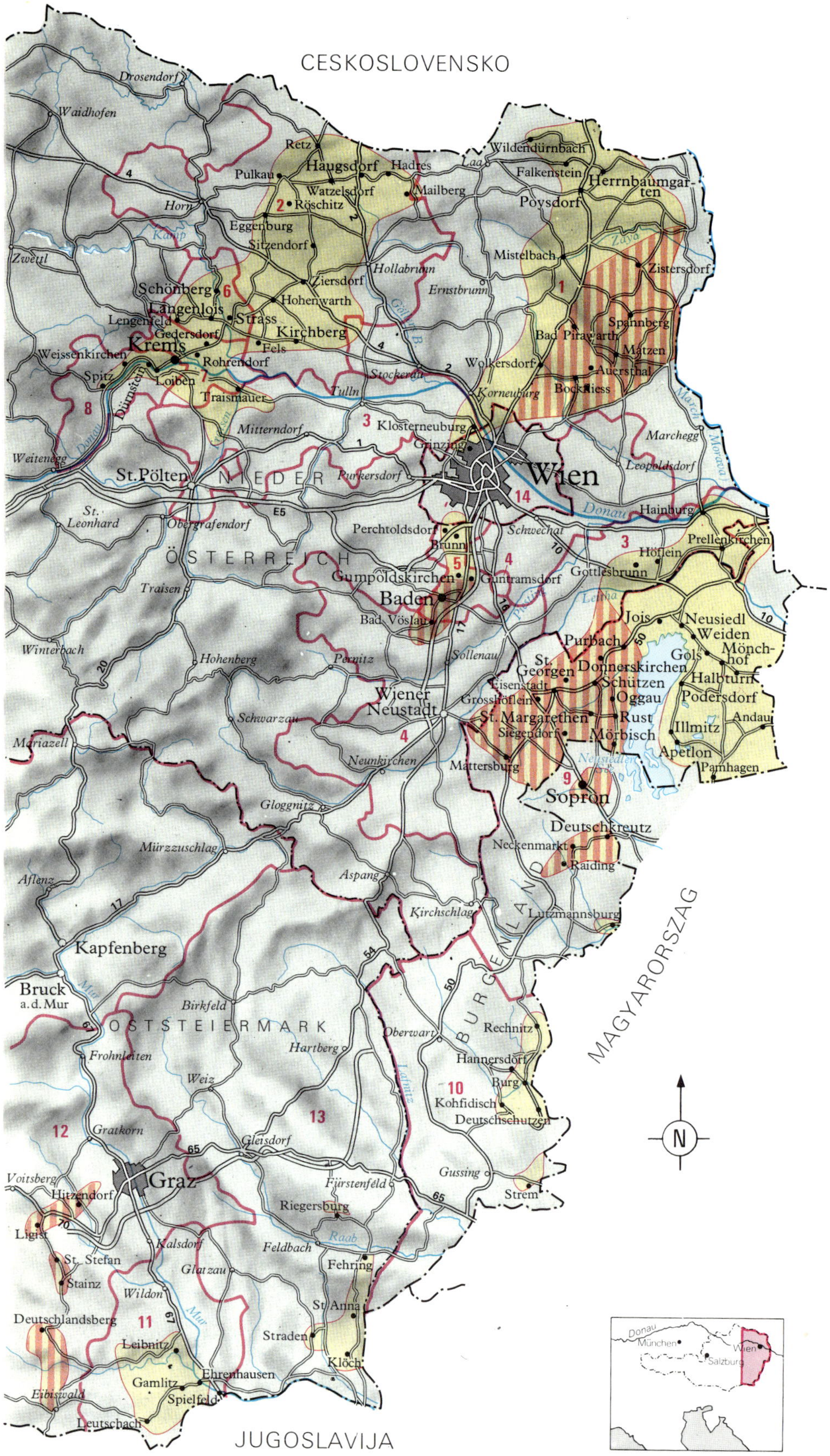

— · — · — Staatsgrenze

— · — · — Grenze des Bundeslandes

Grenze der Weingegend

St. Georgen Gemeinde mit mehr als 300 Hektar

Vorwiegend Weißwein

Vorwiegend Rot- und Weißwein

1 Falkenstein
2 Retz
3 Klosterneuberg
4 Voslau
5 Gumpoldskirchen
6 Langenlois
7 Krems
8 Wachau
9 Rust-Neusidder-See
10 Eisenberg
11 Sudsteiermark
12 Weststeiermark
13 Kloch Oststeiermark
14 Wien

Km. 0 — 50 Km.
Mi. 0 — 25 Mi.

Rechts: Die Weingärten von Nußdorf liefern den Weinlokalen in Wien und im Wiener Wald den Heurigen.
Oben: Etiketten aus dem Burgenland und der Steiermark.

Wachau

Dürnstein in der Wachau nach einer Darstellung aus dem 19. Jahrhundert. Die Burg, in der Richard I. gefangengehalten wurde und aus der er von seinem Sänger Blondel befreit worden sein soll, ist heute völlig verfallen.

Oben: Die Wachau ist fast die einzige Gegend mit auch im Ausland bekannten Weinlagen.

Die Wachau ist das bekannteste österreichische Weingebiet. Sie liegt nur 70 Kilometer westlich von Wien, an einer Stelle, wo die Donau die Mittelgebirgslandschaft 300 Meter tief eingeschnitten hat. Auf einem kurzen Abschnitt findet man dort an ihrem Nordufer, so steil wie einige der Moselhänge, auf Gesimsen und Vorsprüngen kleine Rebflächen.

Da gibt es Fleckchen mit tiefem Boden und andere, wo man schon auf Fels stößt, wenn man nur kratzt, solche mit Sonnenschein und andere, die ständig im Schatten zu liegen scheinen. Hier gibt es keine ausgedehnten Rebflächen, keine großen Weingüter und keine einzigartige Weinsorte. Die Wachau setzt sich aus gemischten kleinen Anbauflächen kleinerer Winzer zusammen, die einen guten Wein bereiten.

Aus der Wachau hauptsächlich exportiert wird ein als Schluck bekannter herber Wein, der aus verschiedenen Traubensorten gekeltert wird. Zu einem guten Teil kommt er auch aus dem Kamptal, einem bedeutenden Weinbaugebiet, das sich von Langenlois nach Süden bis Krems auf eigenartig weichem Löß – halb Boden, halb Gestein – erstreckt. Der eigentliche Charakter dieses Landstrichs kommt jedoch besser im Grünen Veltliner zum Ausdruck, einem oft wunderbar spritzigen und feurigen, temperamentvollen Wein.

Das ganze Gebiet wird von seiner leistungsfähigen Winzergenossenschaft bestimmt, der tausend Weinbauern angehören. Sie hat sogar die Lagebezeichnungen abgeändert, um das Marketing der Weine zu erleichtern. (Die Karte zeigt die von ihr für die verschiedenen «Riede», d. h. Weinbergabschnitte, verwendeten Namen.)

Östlich der Wachau, unterhalb des Städtchens Krems (nicht mehr auf der Karte), ziehen sich die Berge nach Nordosten von der Donau zurück, werden flacher und sandig. In dieser Gegend liegt Rohrendorf, wo der bekannteste österreichische Weinerzeuger, Lenz Moser, seine Keller hat. Moser war es, der das Verfahren entwickelte, Rebstöcke mit Drähten auf das Doppelte ihrer gewöhnlichen Höhe zu ziehen, so wie es viele fortschrittliche Anbauer überall in der Welt inzwischen tun. Er sagt, mit seinem «Hochkultur»-System erziele er größere Erträge, eine bessere Qualität und Einsparung von Arbeitszeit.

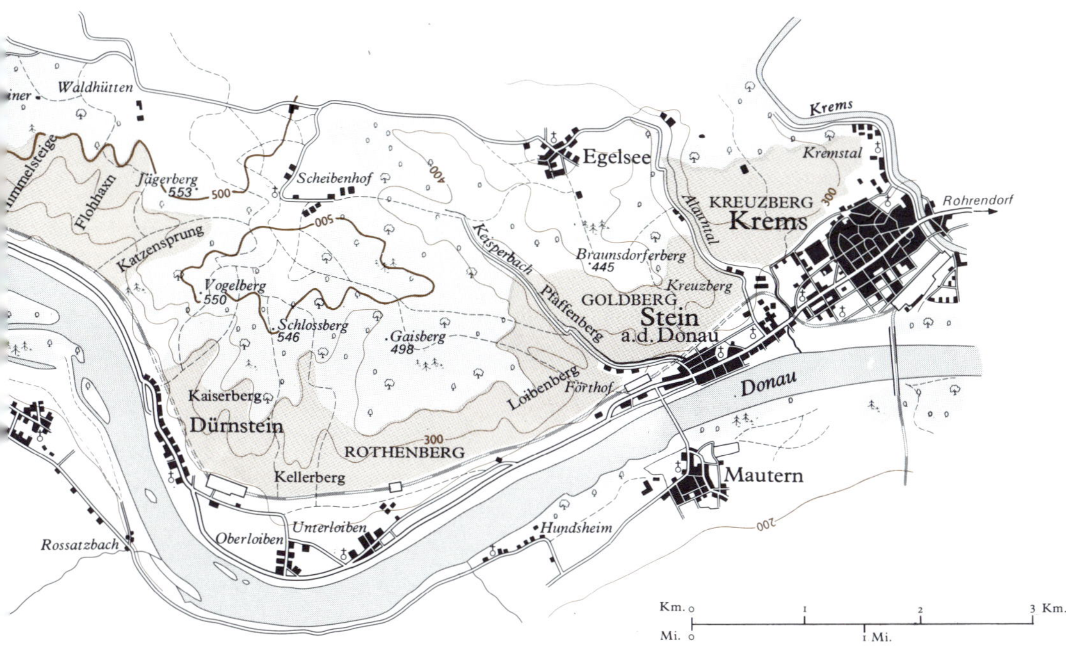

Die Sprache des Etiketts

Viele der vor der neuen Weingesetzgebung auf deutschen Etiketten gebräuchlichen Bezeichnungen sind auf österreichischen weiterhin zu finden, beispielsweise:
Naturwein Ungezuckerter Wein
Reinsortig Aus einer bestimmten Traubensorte
Originalabfüllung Weingutabfüllung
Eigenbaugewächs Aus eigenen Weinbergen des Abfüllers
Ried Lage

Ungarn

Die Sprache des Etiketts

Ungarische Etiketten enthalten meist nur wenige Angaben, da praktisch der gesamte abgefüllte Wein aus der einen oder anderen der mehreren Dutzend staatlichen Kellereien oder aus der wichtigsten Exportkellerei in Budafok bei Budapest kommt.
Aszu Entspricht der deutschen Auslese: überreife, zum Süßen des Tokaiers gelesene Trauben
Szamorodni Wörtlich ‹wie er kommt›, d. h. ein nicht mit Aszu verbesserter Tokaier, der somit mehr oder weniger trocken ist
Minösegi bor Wein bester Qualität
Borkülönlegessége szölögazdaságának Spezialität aus den Weinbergen des Bezirks
Asztali bor Tischwein
Kímert bor Einfacher Wein
Palackozott Abgefüllt
Fehér Weiß
Vörös Rot
Száras Trocken
Édes Süß
Habzó Schäumend
Magyar Állami Pincegazdaság Ungarische Staatskellereien
Monimpex Staatliches Ausfuhrmonopol

In keinem anderen Land der Welt hat der Wein – wie auch die Speisen – einen so ausgeprägten Nationalcharakter wie in Ungarn. Der typische ungarische Wein ist weiß – oder richtiger: warm goldfarben. Wenn er gut ist, schmeckt er ausgesprochen süß, ist jedoch voller Feuer und sogar eine Spur hitzig. Doch ist er keineswegs ein Dessertwein, vielmehr ein Wein zu einem mit mehr Gewürzen, Pfeffer und Fett bereiteten Essen, als es ein leichter Weißwein vertragen kann.

Über die Hälfte der ungarischen Weinbaufläche liegt in der großen Donau-Tiefebene im Süden des Landes, auf Sandboden, auf dem außer Reben kaum etwas anderes wächst. Tatsächlich hat man Reben zur Stabilisierung von Sanddünen angepflanzt, die früher, wie in der Sahara, im Sturm zu wandern pflegten. Der Wein aus der großen Tiefebene, zur Hälfte roter Kadarka und im übrigen viel aus dem italienischen Riesling (dort Olasz genannt) bereiteter Weißwein, ist leicht, weich, nicht besonders charaktervoll und gewiß nicht lagerfähig. Er ist der Vin Ordinaire Ungarns.

Die andere Hälfte verteilt sich auf das Mittelgebirge, das sich vom Südwesten bis zum Nordosten des Landes erstreckt und in den Tokajhegyelja, den Tokajer Bergen, ausläuft. Im Süden bauen die Bezirke Szekszárd, Villány und Mecsek sowohl Rot- als auch Weißwein an, doch nimmt der rote zu. Die herkömmliche Rebe ist die Kadarka; Pinot Noir und Cabernet sind hier aufgehende Sterne und liefern fruchtige und leichte Weine guter Qualität.

Um den Plattensee herum (siehe folgende Seiten) wachsen einige der besten ungarischen Tischweine. Auch die beiden kleinen isolierten Berglandbezirke Somló, im Westen und mit Furmint- und Riesling-Lagen, sowie Mór, im Norden und mit Ezerjó-Weinbergen, erzeugen Weine mit sehr ausgeprägtem Charakter: Somló einen milderen, Mór einen trockeneren und kräftigeren Wein.

Das fast an der österreichischen Grenze gelegene Sopron ist ein Rotwein-Außenposten, der den Kékfrankos, einen lebendigen, aber schwerlich großen Wein erzeugt. Barsonyos-Császár, östlich von Sopron, baut Weißwein an.

Dann schließt sich unterhalb des Mátra-Gebirges bis Eger das zweitgrößte Weinbaugebiet Ungarns an. Sein bekanntester Wein ist der süße weiße Hárslevelü aus dem Bezirk Debrö (bestehend aus den Dörfern Aldebro, Feldebro und Verpelét), daneben werden aber auch die Sorten Olasz-Riesling und Kadarka angebaut.

Der bekannteste aller ungarischen Tischweine dürfte wohl der Bikavér oder das Ochsenblut aus Eger sein. Das schöne alte Städtchen Eger ist einer der wichtigsten Weinhandelsplätze Ungarns, mit gewaltigen staatlichen Kellern, eindrucksvoll aus dem Tuffgestein der Erde herausgehauenen Kavernen.

Doch wird hier nicht nur Bikavér, der gut altert und nach zehn Jahren einem guten alten Chianti ähnelt, sondern auch ein «Médoc Noir» (oder Merlot) angebaut. Früher war Eger ausschließlich Rotweingebiet. Heute halten viele den Leányka für den besten Wein des Bezirks.

Der Ursprungsbezeichnung wird in Ungarn gewöhnlich die Rebsorte hinzugefügt. Der abgefüllte Wein kommt meist aus staatlichen Kellereien.

Tokaier

Auf der Straße nach Tokaj überholen gelb bemalte vierspännige Gigs die grauen alten Faßkarren. Vom Bodrog-Fluß steigt Nebel auf und umspielt den kupferfarbenen Rebhang, der sich über die Straßen des Städtchens zu neigen scheint. Aus der Tür der Halászosárda dringt ein herrlicher Geruch von Hecht, Paprika, Schinken, Klößen, saurer Sahne und Kaffee.

Die Tokajer Berge sind erloschene Vulkane, mit sandigem Lehm überdeckte Lava – ein idealer Boden für Reben. Aus der Ebene im Süden kommen warme Sommerwinde und vom Fluß Feuchtigkeit, während die Berge gegen Norden abschirmen.

Die auch in anderen Teilen Ungarns angebauten Trauben Furmint und Hárslevelü reifen hier prächtig. Mehr noch, sie werden von der nämlichen «Edelfäule» wie die Sauternes-Trauben befallen, die Zuckergehalt und Geschmackstoffe konzentriert. Sie gären langsam, ergeben aber einen sehr kräftigen Wein mit intensivem Sortenbukett.

In Tokaj ist es üblich, die am stärksten edelfaulen (oder «Aszu»-)Trauben auszusondern und aus ihnen in Puttonyok genannten kleinen Bottichen eine besondere Maische zu bereiten. Von dieser Maische werden den Fässern mit einjährigem Wein jeweils mehrere 32-Liter-Puttonyok zugesetzt. Die Gönci, wie man die Tokaier-Fässer nennt, fassen nur 160 Liter, so daß er nach einem Auffüllen mit fünf Puttonyok ein reiner Aszu ist – oder etwa einer deutschen Beerenauslese entspricht.

Der kostbarste Tokaier wird ausschließlich aus dem Saft bereitet, den die Aszu-Trauben von selbst ziehen, bevor sie gekeltert werden. Diese «Essencia» hat einen Zuckergehalt von nicht weniger als 60% und gärt fast überhaupt nicht. Normalerweise verwendet man sie heute zum Süßen von Aszu-Weinen – früher jedoch ließ man sie langsam gären (sie erreichten nie einen höheren Alkoholgehalt als 7%) und hob sie für die Sterbebetten von Monarchen auf. Die Staatskellereien in Tállya haben 60 Gönci Essencia; abgefüllt wird nichts davon, doch darf ein Überredungskünstler einmal davon kosten. Von allen Auszügen der Traube ist dies der geschmeidigste, am meisten pfirsichartige und eindringlichste.

Noch heute wird der Tokaier sechs bis sieben Jahre in engen, pechschwarzen, aus der Lava herausgeschlagenen Tunneln gelagert. Mit ihren langen Reihen kleiner Fässer, ihren dick mit Moos bewachsenen und nur von einer flackernden Kerze beleuchteten Gängen zählen sie zu den romantischsten Kellern der Welt.

Heute wird der Tokaier mittels Pasteurisierung stabilisiert, worauf teilweise sein leicht Madeira-artiger oder Kochgeschmack zurückzuführen sein mag. Früher wurde statt dessen Branntwein verwendet. Die wenigen noch überlebenden Flaschen mit Weinen aus den berühmten alten Privatkellern lassen vermuten, daß die guten Weine früher besser waren.

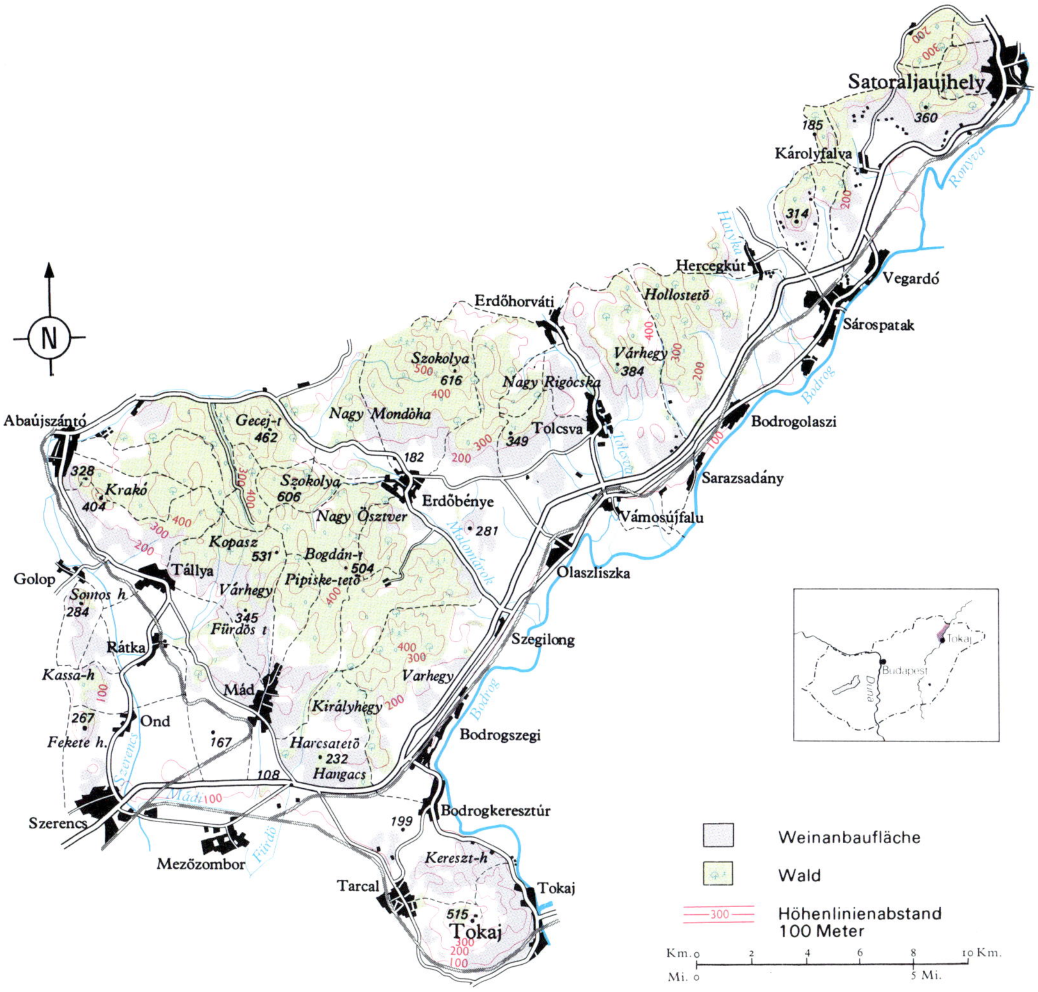

Oben: Tokaier-Etiketten in der Reihenfolge ihres Süßegrades und ihrer Qualität, mit einem Aszu als Höhepunkt. Das Hals-Etikett gibt die Anzahl der süßenden Puttonyok an.
Rechts. Weinmarkt in Tokaj.

Plattensee

Der Plattensee (Balaton) hat, abgesehen davon, daß er der größte See Mitteleuropas ist, für Ungarn besondere Bedeutung. In einem Land, das keine vielfältigen Landschaftsformen und keine Küste hat, ist dieser See das Meer und der schönste Landesteil. An seinen Ufern drängen sich die Sommerhäuser und Ferienorte und sind vom Duft einer ausgezeichneten Küche erfüllt. Hier ist das Wetter gut und das Leben gesellig. Das – nicht etwas wirklich Ungewöhnliches – sind seine Attraktionen.

Das Nordufer des Plattensees hat alle Vorzüge einer guten Sonneneinstrahlung und geschützten Lage wie auch die klimatisch ausgleichenden Einflüsse eines großen Gewässers. Zwangsläufig ist es also Weinbaugebiet.

Doch sind die besonderen Bedingungen nicht nur klimatischer Natur – hinzu kommt eine Kombination aus Sandboden und eigenartigen Vulkanstümpfen, die aus der im übrigen flachen Landschaft ragen und wovon der bekannteste der Badacsony ist. Die steilen Hänge mit ihrem sandigen Basaltboden entwässern gut und speichern die Wärme. Hier sind die Reben in ihrem Element.

Einst hatten viele Adelsfamilien der österreichisch-ungarischen Monarchie hier ihre

Links oben: Am Plattensee erntet man die Trauben in offenen Bottichen, in denen sie dann mit einer Holzstampfe ausgepreßt werden.
Links: Die einfacheren Balaton-Weine werden faßweise exportiert und im Ausland abgefüllt. Die besseren Sorten Kéknyelü und Szürkebarát vom Badacsony tragen Monimpex-Etiketten.

Weinanbaufläche
Wald
250 Höhenlinienabstand 50 Meter

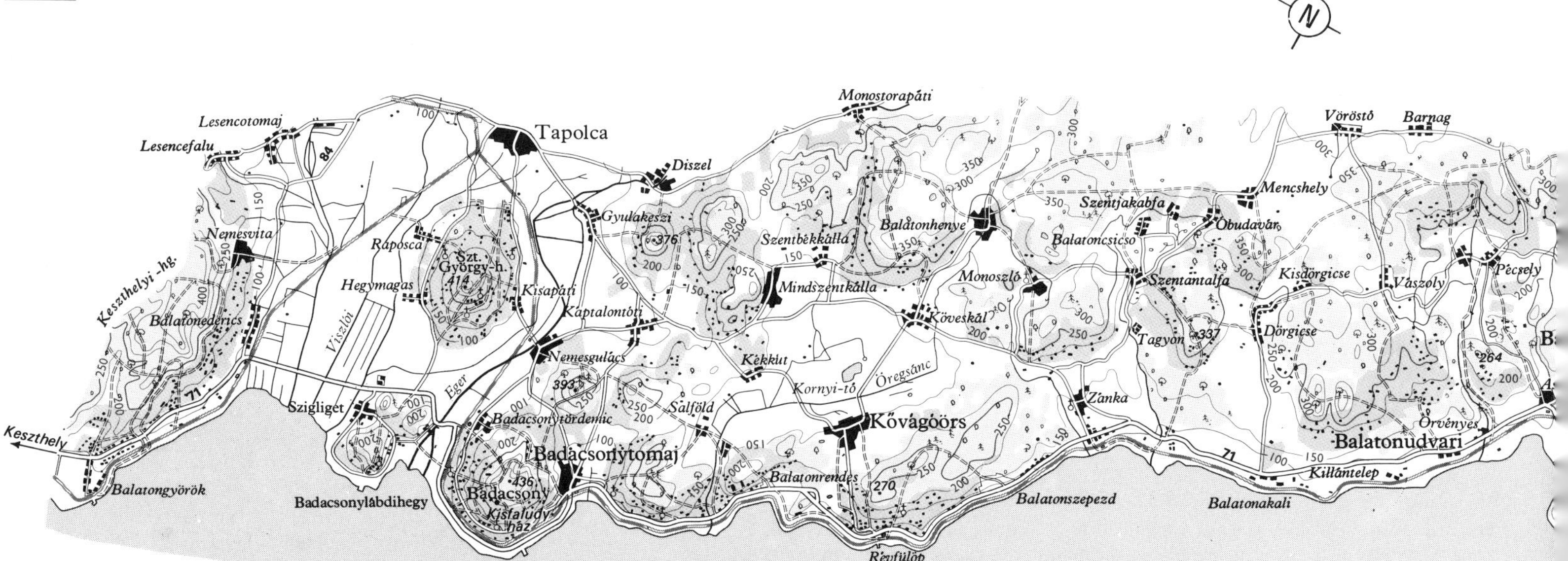

Weinberge. Das Gut Esterhazy liegt an idealer Stelle auf halber Höhe an der Südseite des Badacsony. In seinen schlichten Kellern läßt sich der Charakter des ungarischen Weins leicht erfassen: Er ist kräftig, unkompliziert und frisch und hat oft die Schönheit dessen, was jung und bodenständig ist.

Der Olasz-(italienische)Riesling ist die meistangebaute Weißweinrebe. Ihr Wein ist sehr gut, wenn er ein Jahr alt ist: trocken, frisch, sauber und nicht zu stark. Die eigentlichen Spezialitäten aber sind die Trauben, die einen kräftigen, nach Honig duftenden Wein liefern: die weißen Sorten Furmint, Szürkebarát und Kéknyelü.

Noch nach einem Jahr kann ein vom Faß probierter Szürkebarát so weiß wie Milch sein und ungestüm sprudelnd gären. Nach zwei bis drei Jahren haben diese Weine – unter denen der Kéknyelü als der «steifste» und beste gilt – allerdings beachtliches Format. Sie sind aromatisch und feurig, nicht eigentlich Dessertweine, vielmehr ziemlich genau der Wein, der zu den bei den Ungarn so beliebten scharf gewürzten Speisen paßt.

Sie werden am ganzen Nordufer erzeugt. Meist heißt der einfache Wein dieses Bezirks schlicht Balatoni, mit zusätzlichem Hinweis auf die Rebsorte. Der Name Badacsony auf dem Etikett kennzeichnet einen stärkeren, süßeren und für ungarische Begriffe besseren Wein.

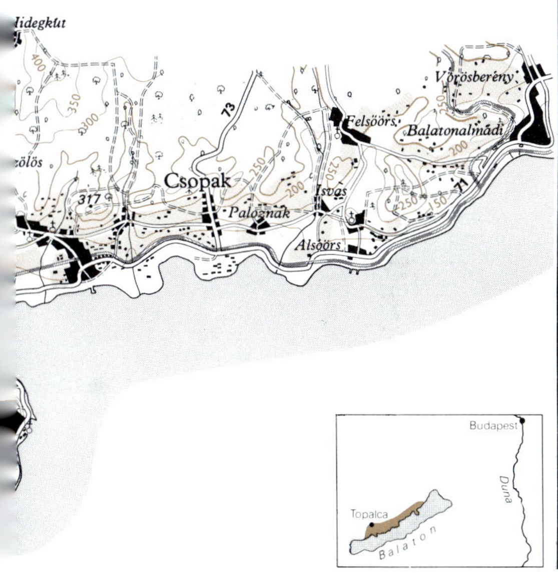

Tschechoslowakei

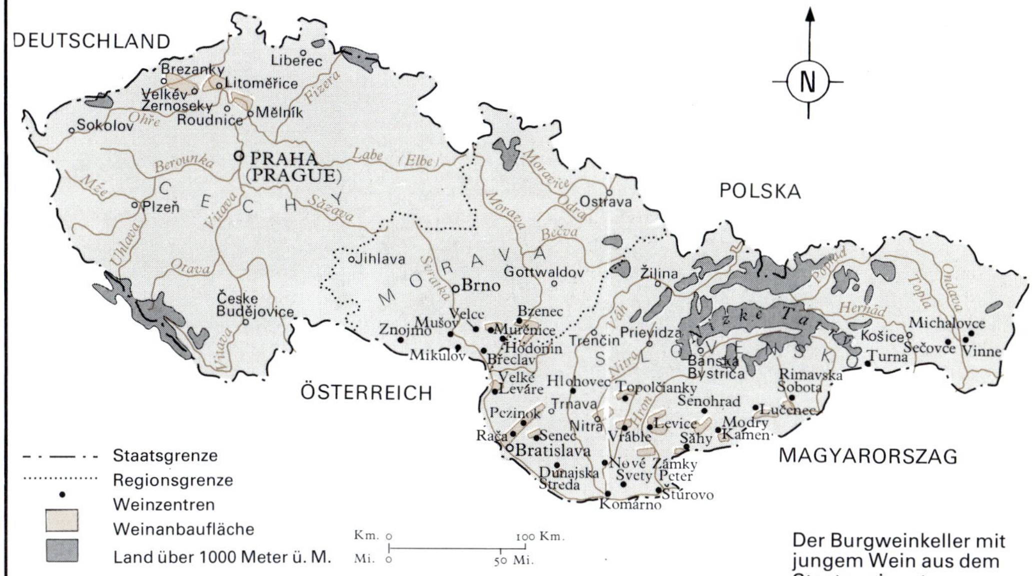

Der Burgweinkeller mit jungem Wein aus dem Staatsweingut von Roudnice in Nordböhmen.

Die Tschechoslowakei liegt entlang der Nordgrenze so notorischer Weinländer wie Österreich und Ungarn, und da wäre es wohl mehr als verwunderlich, wenn nicht auch hier guter Wein erzeugt würde. Wie gut er aber wirklich ist, bleibt beinahe ein Geheimnis, denn fast nichts davon kommt über die Grenzen: Die ganze Produktion von 900 000 Hektoliter wird im Lande selbst getrunken. Besucher der regelmäßig stattfindenden internationalen Weinmesse in Bratislava (Preßburg) – wo die Sowjetunion mehr Goldmedaillen gewinnt als bei den Olympiaden – berichten von sehr guten Dingen.

Von den drei Teilen der Tschechoslowakei ist die Slowakei mit rund zwei Dritteln an Anbaufläche und Produktion der bei weitem größte Weinerzeuger. Der Rest kommt hauptsächlich aus Mähren. In Böhmen gibt es nur 400 Hektar Weinbaufläche, entlang dem rechten Elbeufer nördlich von Prag.

Zwischen den Weinen dieser drei Regionen und denen ihrer jeweiligen Nachbarn in Ungarn, Österreich und Deutschland lassen sich mit großer Sicherheit Parallelen ziehen.

Die größten Weinberge der Slowakei und damit des ganzen Landes liegen nördlich von Bratislawa um Modra und Pezinoc und weiter ostwärts verstreut entlang der ungarischen Grenze. Hier wächst typischer mitteleuropäischer Wein, meist Weißwein, gekeltert aus denselben Trauben wie in Nordungarn: italienischer Riesling, Müller-Thurgau, Leányka, Muskat-Ottonel, Ezerjó und Veltliner. Sie werden zum größten Teil in Genossenschaften verarbeitet, und der Wein wird unter Markenbezeichnungen verkauft, aus denen die Traubensorte oder die genaue Herkunft nicht unbedingt erkennbar werden. Als Beispiel mag der Malokarpatské Zlato (Kleinkarpaten-Gold) dienen. In den Westen gelangte «Kostproben» waren trocken und charaktervoll.

Jugoslawien

Links: Vor der Lese reinigt man die Fässer auf der dalmatinischen Insel Hvar mit Salzwasser.
Oben: Jerusalem, die bekannteste Lage Ljutomers.

Jugoslawien liegt mit den Füßen auf dem Balkan, mit dem Kopf in den Alpen und lehnt sich an Italien an. Dieses Bild eignet sich gut zur Charakterisierung der jugoslawischen Weine, auch wenn es politisch schon seit 50 Jahren überholt ist. Das Spektrum der jugoslawischen Weine ist außergewöhnlich breit und reicht von vergleichsweise nördlichen und fruchtigen Weißweinen bis zu ausgesprochen südlichen, starken, samtigroten Weinen. Jugoslawien ist das zehntgrößte Weinerzeugerland der Erde; seine Weinbaugeschichte reicht bis ins Altertum zurück.

Am einfachsten teilt man die Weingebiete so ein: die nördlichen, Slowenien und Teile Kroatiens, die den besten Wein liefern, die Küste von Rijeka bis Dubrovnik und darüber hinaus, deren Qualitätsniveau am unbeständigsten ist, sowie die östlichen und Binnenlandgebiete, die Woiwodina in der großen Donau-Ebene, das Bergland Fruška Gora an der Donau, Mittelserbien, Kosovo und Mazedonien, die sich in rascher Entwicklung befinden.

Die Karte zeigt die wichtigsten Erzeugergebiete mit den dort am meisten angebauten Reben. Hier gelten jetzt gesetzliche Kontrollen im Stil der EG zur Definition von Qualität und Herkunft. Die zum Export gelangenden Weine (12% der Erzeugung) sind zuverlässig und hochwertig. Unverkennbar ist die Tendenz, die rund 300 traditionellen Rebensorten durch westliche Standardsorten zu verdrängen.

Der Hauptteil des Exports besteht aus slowenischen Weißweinen. Die hier kultivierte Riesling-Rebe ist der italienische Riesling (auch als Graševina bezeichnet). Er ist kein so ausdrucksvolles oder edles Gewächs wie der Rhein-Riesling, erreicht aber hier unter den vereinten Einflüssen der Alpen, der Adria und des mitteleuropäischen Hochlands sein bestes Niveau. Der Wein ist ausgeglichen, körperreich, dabei jedoch angenehm frisch; es fehlt ihm lediglich die Lebhaftigkeit fruchtiger Säure, wie sie der deutsche Wein erreichen kann.

Unter den traditionellen Sorten sind die interessantesten slowenischen Weißweine der Šipon (in Ungarn Furmint), der Tokai, der Malvasia und Ramina (in Österreich heißt er Bouvier); unter den Rotweinen ein starker Teran und der blasse Cviček. Serbien und Kroatien haben den ungarischen Kadarka und den rumänischen Ottonel im Repertoire.

Reist man durch Jugoslawien, begegnet man weiteren Rebsorten. So liefert die Žilavka ihren besten Wein bei der alten Türkenstadt Mostar nördlich von Dubrovnik: einen trockenen, scharfen und erstaunlich fruchtigen Weißwein – sehr oft der Spitzenwein jugoslawischer Restaurants. Eine weitere Rebe ist die rote Prokupac, deren Wein das Standardgetränk Südserbiens und Mazedoniens ist. Zwischen Smederevo und Svetozarevo, in Župa Kruševac und weiter südlich in Mazedonien liefert sie 85% des gesamten Traubenertrags, aus dem man einen guten, festen und bukettreichen Rosé und einen zwischen dunkler Bitterkeit und ansprechend fruchtiger Süffigkeit schwankenden Rotwein keltert. Häufig wird dieser Wein mit dem milderen Plovdina verschnitten und unter Ortsnamen verkauft.

Den stärksten Kontrast zu den umfangreichen Genossenschaften im Norden und Osten des Landes stellt die dalmatinische Küste dar. Auf den vorgelagerten Inseln wachsen sehr ausdrucksvolle Weine, oft auf kleinen steinigen Parzellen unter Feigenbäumen, werden in altertümlichen Pressen gekeltert und wie Schätze gehütet, über die der Staat nicht zu befinden hat. Der trockene braune Grk aus Korčula, der blaßfarbene und manchmal aromatische Bogdanuša aus Hvar und der ähnliche Vugava aus Vis, die dicken süßlichen Dingač und Postup von der Pelješac-Halbinsel und der mächtige Prošek, der wie Feigensirup und (gelegentlich) wie ein guter Portwein-Ersatz ausfallen kann, sind alles Spezialitäten kleiner Weinbaugemeinden.

Die Sprache des Etiketts

Visokokvalitetno	Hohe Qualität
Čuveno vino	Auslese
Stolno vino	Tischwein
Punjeno u . . .	Abgefüllt von . . .
Proizvedeno u vinariji . . .	Erzeugt von . . .
Proizvedeno u viastitoj vinariji poljoprivredne zadruge . . .	Erzeugnis der Winzergenossenschaft . . .
Prirodno	Naturrein
Bijelo	Weiß
Crno	Rot
Ružica	Rosé
Biser	(wörtlich: Perle) Schäumend
Suho	Trocken
Polsuho	Halbtrocken
Slatko	Süß
Desertno vino	Dessertwein
Vinjak	Weinbrand

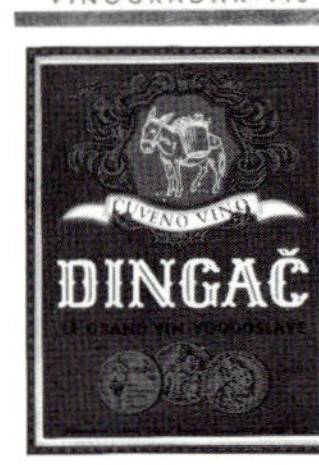

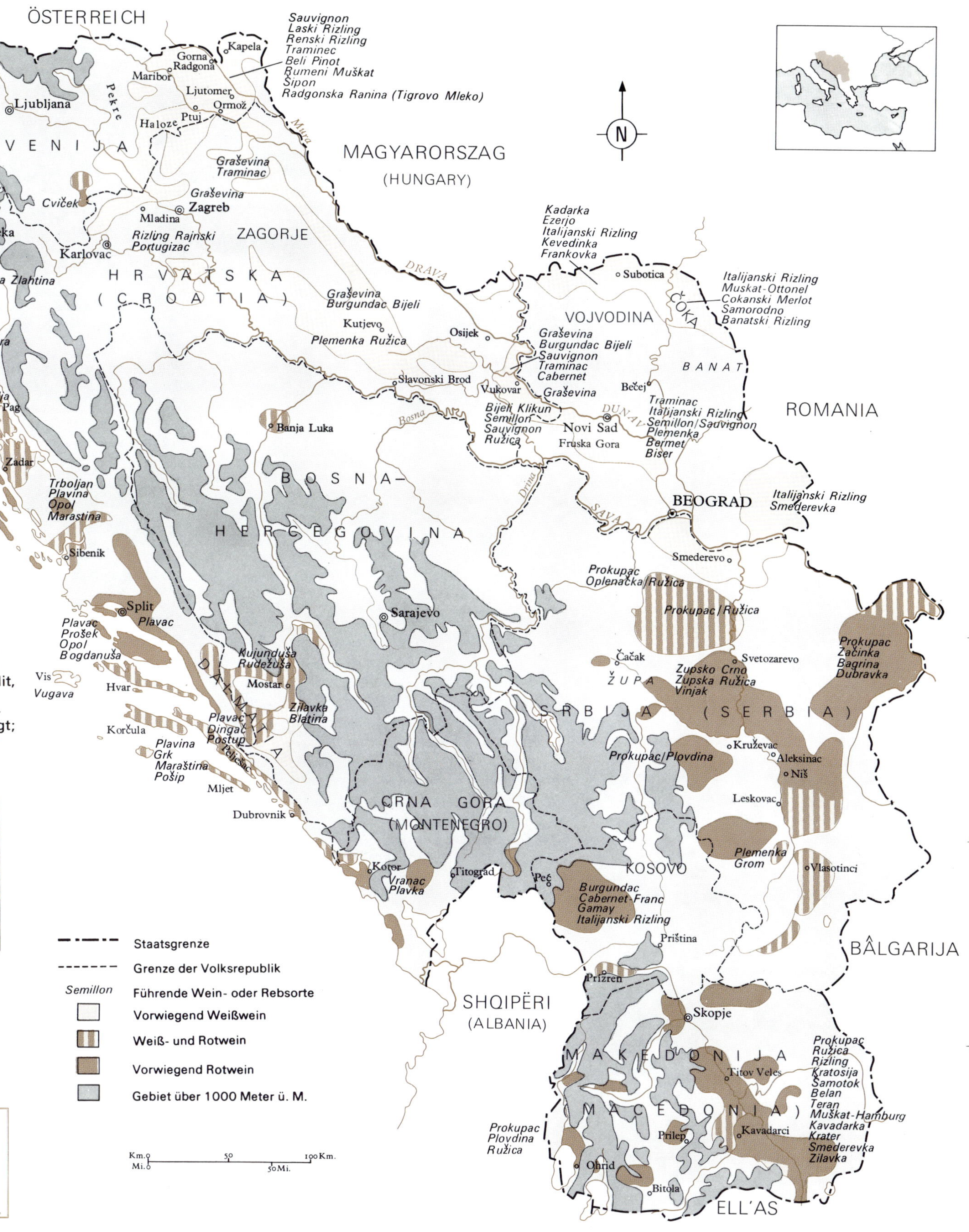

Unten: Dalmacijavino heißt die bedeutende Genossenschaft in Split, die einige der ungewöhnlichsten jugoslawischen Weine erzeugt; Navip heißt die große serbische Genossenschaft in Belgrad.

Rumänien

Unter den rasch expandierenden Weinländern am Schwarzen Meer und auf dem Balkan dürfte Rumänien das größte Qualitätspotential haben: Nicht nur wegen seiner geographischen Lage – Rumänien liegt in denselben Breiten wie Frankreich –, sondern auch wegen seines Temperaments. In Rumänien scheint eine natürliche Verwandtschaft zur französischen Kultur zu bestehen. In der rumänischen Weinliteratur findet sich viel vom lyrischen Überschwang des französischen gastronomischen Schrifttums. Zwar unterscheidet sich der atlantische Einfluß, der Frankreich ein mild-feuchtes Klima beschert, sehr von dem Kontinentalklima, das die rumänischen Sommer glühend heiß werden läßt. Doch sind es die gemäßigteren Küstengebiete und der Norden des Landes, die den besten Wein liefern.

Die Karpaten winden sich wie ein Schneckenhaus in der Mitte Rumäniens. Sie nehmen fast die Hälfte des Landes ein und steigen aus der Ebene zu Höhen von über zweieinhalbtausend Metern auf. Durch den Süden des Landes fließt die Donau in einer sandigen Ebene: Dort und an den südlichen und östlichen Karpaten-Ausläufern liegt das größte rumänische Weinbaugebiet.

In Rumänien ist – wie in Rußland, aber nicht im gleichen Maßstab – die Anbaufläche innerhalb von 15 Jahren um 51% vergrößert worden, was Rumänien unter den europäischen Weinländern an die sechste Stelle gerückt hat. Interessanterweise gehören allerdings bis heute nur 16% der Anbaufläche dem Staat. Die Hälfte ist im Besitz der großen örtlichen Genossenschaften, und die restlichen 34% sind weiterhin in privater Hand.

Wie in Ungarn gibt es auch in Rumänien einen Wein, der einst in ganz Europa bekannt war. Während aber der Tokaier weiterhin seinen Platz auf den Weinkarten behauptet, ist der Cotnari, der früher in Pariser Restaurants als «Perle de la Moldavie» angeboten wurde, in der Versenkung verschwunden. Der Cotnari ist ein naturreiner weißer Dessertwein wie der Tokaier, nur zarter und weniger körperreich. Probiert man ihn, spürt man sofort, daß seine Art und sein Charakter außergewöhnlich sind.

Der Cotnari kommt aus jenem Teil der Moldau-Region, der Rumänien belassen wurde, nachdem Rußland ein großes Stück des Landes annektiert hatte. Im heute russischen Bessarabien lag einst ein großer Teil der rumänischen Weinbaufläche.

Der gesamte rumänische Spitzenwein ist heute weiß. Neben alten heimischen Reben wie der Fetească, Grasă und Tămîioasă werden die internationalen Riesling-, Pinot- und Aligoté-Sorten gezogen, am meisten der italienische Riesling und die Fetească regală (die Cotnari-Rebe).

Neben dem Cotnari erzeugen zwei weitere Bezirke exportwürdige Weißweine: Tîrnave in Siebenbürgen liefert einen recht guten Riesling und eine leichtere, etwas süßliche Spezialität, den Perla; Murfatlar in der Dobrudscha nahe der Schwarzmeerküste, liefert als bekanntesten Wein einen süßen, blaßgolden-bräunlichen Muskat, wiewohl auch der Chardonnay und andere französische Reben mit Erfolg angebaut werden. Es ist möglich, daß die Muskat-Tradition hier bis in die Antike zurückreicht, denn die Griechen sollen die Muskat-Rebe bis zur Krim gebracht haben, und an der Stelle der heutigen Hafenstadt Constanza stand im Altertum die Stadt Tomis.

Heute ist Focşani, östlich der Karpaten, das größte Weingebiet Rumäniens. Es hat verschiedene Bodentypen, besteht aber zum großen Teil aus Sandboden, den man, wie in Ungarn, erst kürzlich bezwungen hat. Die Reben müssen in tiefe Pflanzlöcher gesetzt werden, damit ihre Wurzeln den Unterboden erreichen, der stellenweise erst 3 m unter der Oberfläche anfängt. Dies hört sich wie ein hoffnungsloses Unterfangen an, zumal die Rebe einige Zeit braucht, bis sie die Oberfläche erreicht und Früchte trägt, doch werden hier tatsächlich gute leichte Weine erzeugt, wo früher überhaupt nichts wuchs.

Der rote Băbească aus Nicoreşti ist ein gutes Beispiel für den Landescharakter: angenehm säuerlich mit einem Gewürznelkengeschmack, frisch originell, ansprechend.

Das nächste Weingebiet am Karpatenbogen ist Dealul Mare mit dem größten staatlichen Versuchsweingut, Valea Călugărească, das stolz, aber nicht immer mit glücklichen Resultaten die Cabernet zieht: Wie viele rumänische Rotweine ist auch dieser Wein süß und kann dick und unelegant ausfallen, möglicherweise aufgrund der an diesen Südhängen sehr warmen Spätsommer.

Weiter westlich schließen sich die Weiß- und Rotweingebiete um Piteşti und Drăgăşani an. Aus dem südlichen Teil der Ebene werden der Segarcea Cabernet und Sadova Rosé exportiert.

Die Sprache des Etiketts

Vie Rebe
Viile Weinberg
Strugure Traube
Recolta Jahrgang
Vin Superior Qualitätswein
Vin de masă Tischwein
Vin uşor Leichter Wein
GAS (Gospodariile Agricole de Stat) Staatlicher Landwirtschaftsbetrieb
Vinexport Die staatliche Exportorganisation
IAS (Intreprinderile Agricole de Stat) Neuere Bezeichnung für GAS
Imbuteliat Abgefüllt
Vin alb Weißwein
Vin roşu Rotwein
Vin rose Roséwein
Sec Trocken
Dulce Süß
Spumos Schäumend
Pivniţă (Plur.: pivniţele) Kellerei
Ţuica Pflaumenschnaps
Fructexport Staatl. Exportagentur

Unten: Der Cotnari ist der edelste rumänische Weißwein: ein kräftiger, leicht trockener naturreiner Dessertwein aus der Grasă-Traube, die wie die Semillon (s. S. 23) von der ‹Edelfäule› befallen wird. Auf den meisten rumänischen Etiketten wird an erster Stelle die Rebsorte genannt; am besten sind die Weißweine (Riesling, Fetească, Furmint usw.) Der weiße Perla ist eine siebenbürgische Spezialität.

Oben: Die großen Lager- und Abfüllanlagen des staatlichen rumänischen Wein- und Spirituosen-Monopols (früher Romagricola, heute Vinexport) befinden sich in der Hauptstadt Bukarest.
Rechts: Rebflächen im Donau-Delta erzeugen den für Rumänien typischen leichten und fruchtigen Rotwein aus Trauben wie der Babeaşcă. Niculiţel ist der bekannteste Weinort dieses Gebiets.

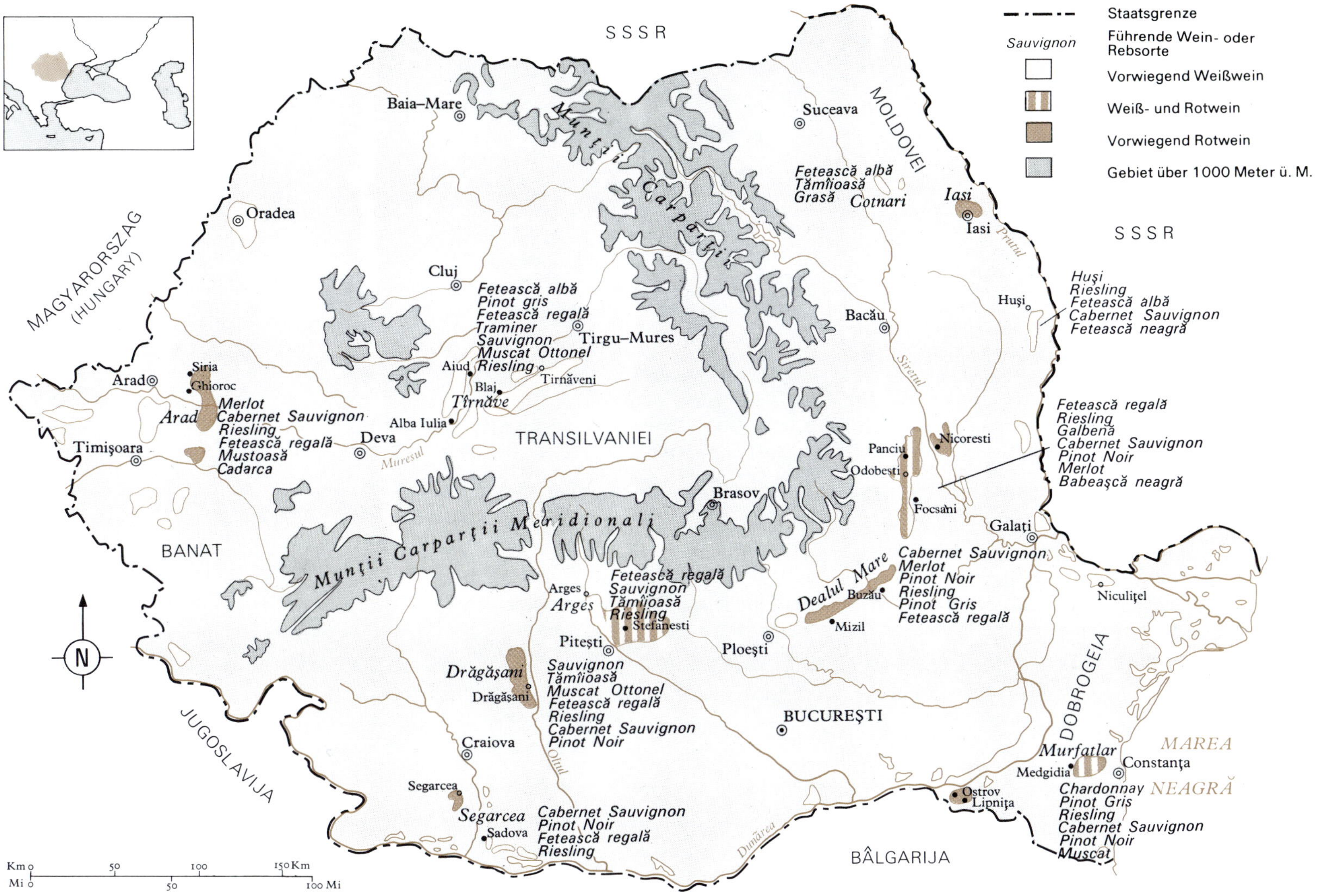

Bulgarien

Oben und rechts: Die bulgarische Weinbauindustrie ist fast ausschließlich eine Schöpfung des 20. Jahrhunderts. Unter türkischer Herrschaft gab es nur vereinzelte Weingärten in bäuerlichem Besitz. Heute dagegen verschwinden selbst so zeitlose Weinleseszenen wie die oben gezeigte. Auf den riesigen flachen Weinfeldern werden die Trauben von automatischen Erntemaschinen gepflückt, die die Rebzeilen überspannen und die Trauben in einen Anhänger werfen.

Die Sprache des Etiketts

Лозова пръчка (Lozova prachka) Rebe oder Rebsorte
Лозя (Lozia) Weinberge
Винопроизводител (Vinoproizvoditel) Weinerzeuger
Бутилирам (Butiliram) Abfüllen
Натурално (Naturalno) Naturrein
Бяло вино (Bjalo vino) Weißwein
Червено вино (Cherveno vino) Rotwein
Сухо вино (Suho vino) Trockener Wein
Сладко вино (Sladko vino) Süßwein
Искрящо вино (Iskriaschto vino) Schaumwein
Коняк (Koniak) Weinbrand
С остатъчна захар (Sostatachna zahar) Mit Restzucker, also halbtrocken oder süß
Vinimpex Das bulgarische ‹Staatliche Handelsunternehmen für den Wein- und Spirituosen-Export und -Import›, ein Monopol, das die gesamte Weinausfuhr tätigt.

Etiketten der in Bulgarien heimischen Reben: Gamza, Kadarka (aus Ungarn), Melnik und Mavrud sind rote Tischweine, Trakia und Dimiat trockene oder halbtrockene Weißweine, der Hemus ist ein weißer Süßwein, der Tirnovo ein süßer Rotwein und der Iskra der halbtrokkene bulgarische Schaumwein.

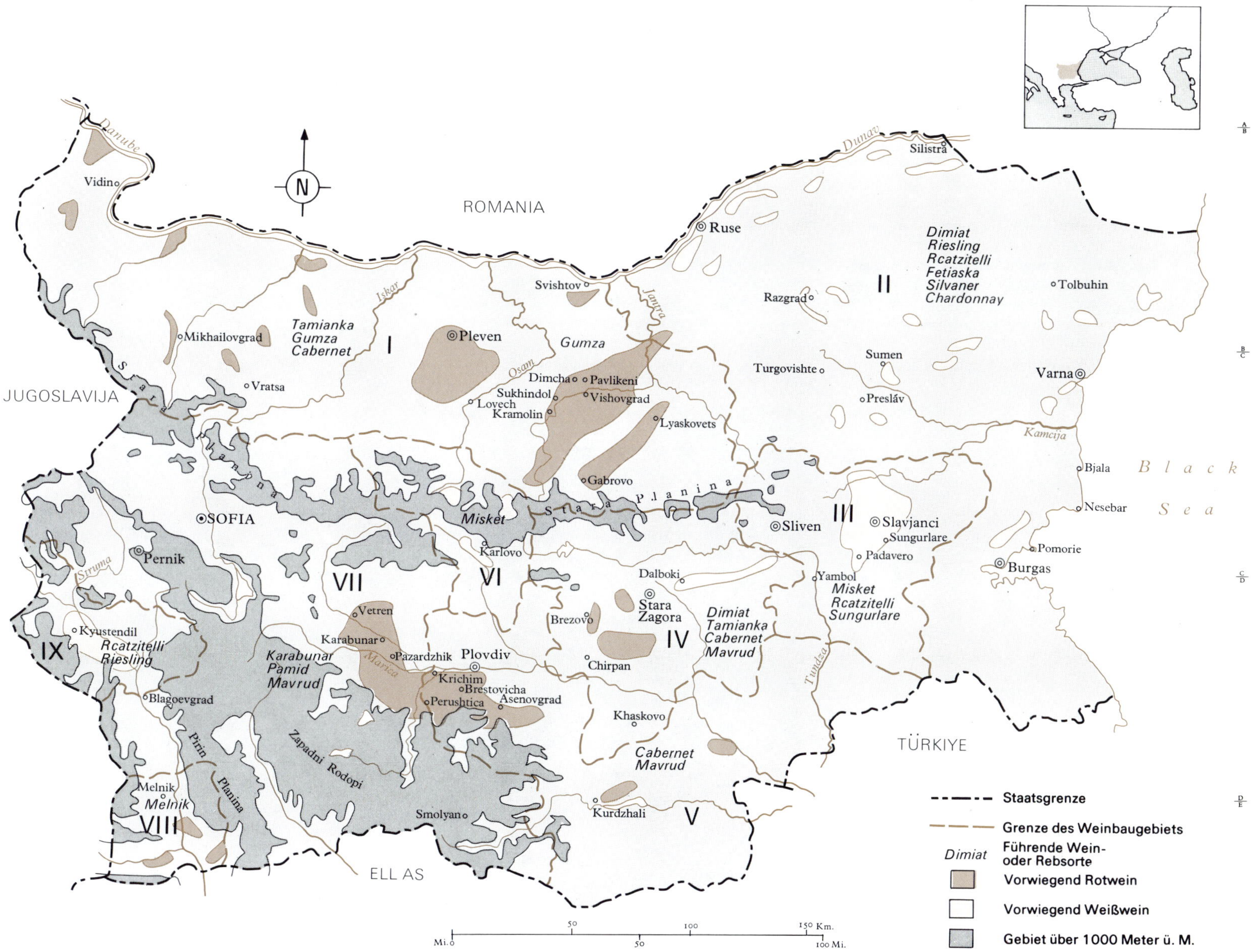

Bulgarien hat – vielleicht weil es in vielerlei Hinsicht weniger zivilisiert und entwickelt ist als Rumänien – seinen Weinbau mit einem beachtlichen Tempo einer umfassenden staatlichen Regie unterstellt, sobald es beschlossen hatte, seine Weinwirtschaft zu modernisieren. Und obwohl es damit erst 1949 angefangen hatte, war Bulgarien bereits 1966 der sechstgrößte Weinexporteur der Welt geworden, nach den weitaus älteren Weinländern Algerien, Frankreich, Italien, Spanien und Portugal. Heute werden 80 Prozent der Weinernte ausgeführt, vor allem nach Ostblockländern und Deutschland.

Die Weine, die in Bulgarien über alle Erwartungen gut geraten, werden aus den Trauben französischer Reben für den Verbrauch in der westlichen Welt bereitet – aus Cabernet und Chardonnay. Der Cabernet insbesondere hat Frucht, Lebendigkeit, Ausgeglichenheit – die festen Qualitäten eines großen Bordeaux.

Es gibt neun bulgarische Weinbaugebiete von recht unterschiedlicher Größe: Eines liegt nördlich des Balkangebirges und zieht vor allem Rotwein, ein zweites im Osten an der Schwarzmeerküste, das den Großteil des Spitzenweißweins liefert. Die anderen Gebiete im Süden und Westen des Landes bauen Rotwein und schweren oder süßen Weißwein an, mit Ausnahme eines angenehm duftigen Muskat, der unter dem Namen Misket verkauft wird und im Gegensatz zu allen anderen Muskatweinen Osteuropas und Rußlands zu einem ziemlich trockenen Wein voll vergoren wird und dem Elsässer Muskat nahekommt, wenn er auch schwerer und nicht so elegant ausfällt. Der Misket ist die Spezialität von Karlovo, das in einem Tal liegt, in dem Moschusrosen zur Rosenölgewinnung angebaut werden, sowie von Sungurlare weiter im Osten.

Die lokalen Rotweine reichen von einem kurz vergorenen leichten Konsumwein mit dem Namen Pamid bis zu dunklem, pflaumenartigem Mavrud (der griechische Mavrodaphne?) und einem starken Alicante-ähnlichen Melnik im Südwesten. Aus der Gamza (oder Gumza), derselben Traube wie die ungarische Kadarka, wird im Norden ein gefälliger, leichter, trockener Rotwein gekeltert. Er heißt, je nach dem Anbaugebiet: Pleven, Sukhindol, Pavlikeni oder Kramolin.

In Ostbulgarien, zwischen Ruse an der Donau und Burgas, wächst die Mehrzahl der sehr guten bulgarischen weißen Tischweine. Hier ist die Dimiat die führende Rebe und das weiße Gegenstück der Gamza, und auch ihr Wein wird nach dem jeweiligen Anbaubezirk benannt: Varna, Presláv oder Pomorie. Außerdem wird italienischer Riesling gezogen, der einen ähnlichen Wein wie in Ungarn ergibt. Die Rcatzitelli, eine weitere, rund um das Schwarze Meer wachsende Rebe, liefert einen starken Weißwein – der in Rußland häufig auch als Süßwein bereitet wird.

Für den wichtigen deutschen Markt hat sich die Ausfuhrorganisation Vinimpex klangvolle Namen einfallen lassen: Sonnenküste für den Rcatzitelli, Klosterkeller für den körperreichen trockenen Silvaner und Donauperle für den trockenen Fetiaska. Der beliebte weiße Hemus ist halbtrocken, der Tamianka sehr süß.

Sowjetunion

Die Sowjetunion hat sich in den fünfziger Jahren offiziell auf Kosten des Wodkas für den Wein entschieden. 1950 verfügte sie über eine Weinanbaufläche von 400000 Hektar. Heute sind es 1,2 Millionen Hektar, und das Planziel für 1980 lautet 1,4 Millionen Hektar; damit wäre sie hinter Spanien das Land mit der zweitgrößten Anbaufläche der Erde. Heute steht Rußland sowohl nach der Anbaufläche als auch der Produktionsmenge an vierter Stelle.

Sicherlich ist das die gewaltigste und schnellste Ausweitung der Weinbaukapazität, die es in der Welt je gegeben hat. Doch offenbar ist das immer noch nicht genug: die Sowjetunion ist ein unersättliches Weineinfuhrland, der wichtigste Markt für Rumänien, Bulgarien, Algerien . . .

Die Industrie, die diese eindrucksvoll durstigen Kehlen zu versorgen hat, war in den letzten Jahren in fast jeder Hinsicht enormen Veränderungen unterworfen. Ein riesiges Netz von Primär- und Sekundär-Weinfabriken überspannt heute die Sowjetunion, wobei in den Sekundärbetrieben der Wein in den Verbrauchsgebieten von Leningrad bis Wladiwostock fertig behandelt und in Flaschen abgefüllt wird.

Die Qualitätsklassen werden in einer dem EG-Dreistufensystem nicht unähnlichen Weise definiert; dabei ist auch noch ein Schuß des amerikanischen Systems der «reinsortigen» Weine hinzugekommen (die in Rußland zu 85% aus der angegebenen Sorte bestehen müssen, gegenüber der vergleichsweise liberalen amerikanischen Regelung mit 51%).

Die drei Stufen sind: einfacher Wein (ohne Alterung und ohne Regional- oder Lokalnamen), Wein mit Benennung (ausgebaut und mit Herkunftsangabe) und «Kollektsionye» (aus ausgewählten Gebieten und Sorten mit mindestens zwei Jahren Flaschenlagerung).

Soweit ist die Sache ganz einfach. Die Komplikationen beginnen erst mit den Namen, die von der einfachen Bezeichnung mit Lage + Sorte bis zu romantisch-phantastischen Namen wie «Schwarze Augen» für russischen «Port» reichen. Auf der Karte sind die wichtigsten Weinnamen den ungefähren Bereichen zugeordnet, aus denen sie kommen.

Die Sprache des Etiketts

Винозавод (Winosawod) Weinkellerei
Столовое вино (Stolowo wino) Tischwein
Белое вино (Belo wino) Weißwein
Красное вино (Krasno wino) Rotwein
Розовое вино (Rosowo wino) Roséwein
Сухое вино (Sucho wino) Trockener Wein
Дессертное вино (Desertno wino) Dessertwein
Шампанское (Schampansko) Schaumwein
Грузинское вино (Grusinsko wino) Grusinischer Wein

Der sowjetische Weingürtel erstreckt sich von der Moldauischen Sowjetrepublik im Westen bis nach Armenien an der türkischen Grenze. Zwei Gebiete, die Krim und Georgien, sind seit der Antike für ihren guten Wein bekannt.

Die moldauischen Weinbezirke bauen die übernommenen rumänischen Reben, aber auch neue Sorten wie die Cabernet und Aligoté an. Der Fetjaska ist ein frischer trockener Weiß-

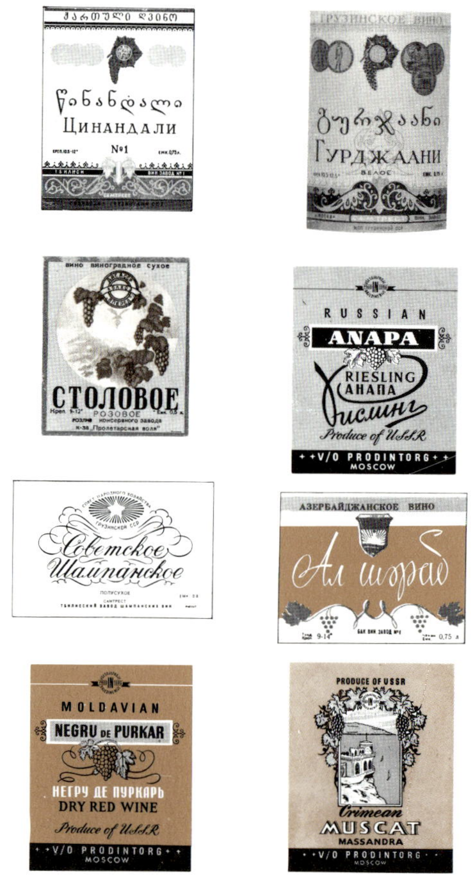

Oben: Etiketten aus Georgien (oben), der Russ. Föd. Sowjetrepublik (2. Reihe), für grusinischen ‹Champagner› und Dessertwein aus Aserbeidschan (3. Reihe), Weine aus der Moldauischen Sowjetrepublik und von der Krim (unten). Ganz rechts: Bei Tiflis in Georgien wird in einer Kellerei ‹Champagner› unter Druck abgefüllt.

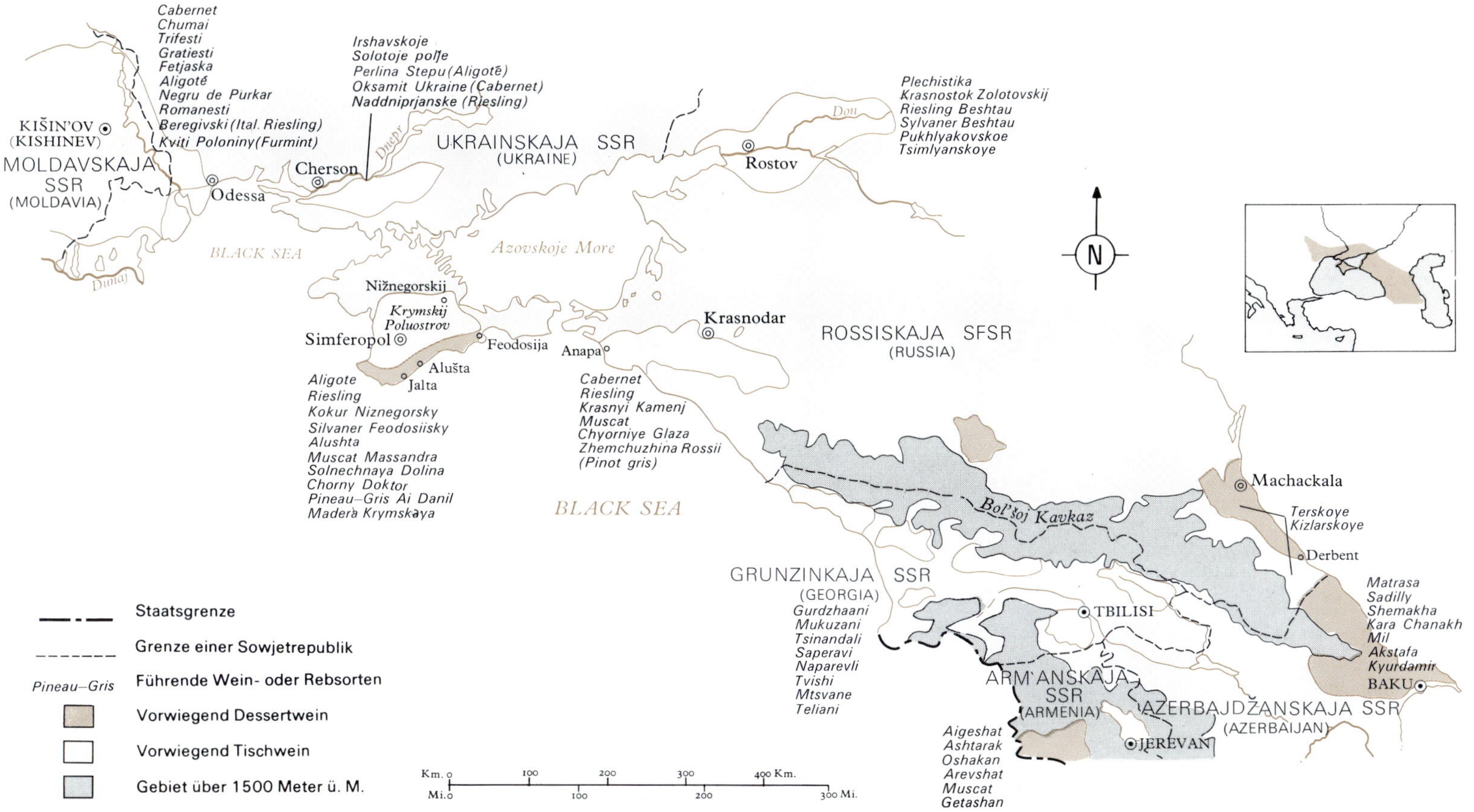

wein, und der Negru de Purkar der traditionelle trockene, aber fruchtige Rotwein. Der Romanesti wird aus einer Bordeaux-ähnlichen Mischung von Cabernet, Merlot und Malbec bereitet, der Tschumai dagegen ist ein Dessertwein aus der Cabernet. Trifesti (Pinot - oder Pineau - Gris) und Gratiesti sind weiße Dessertweine.

Die Ukraine ist die Republik mit der größten Weinanbaufläche einschließlich der Krim. Der Name des bekanntesten Weinguts auf der Krim, Massandra, früher ein Besitz des Fürsten Woronzow, steht weithin für Dessertweine, die ja die Spezialität der Südküste sind. Massandra-Muskat ist voll und braun.

Von den sonst für die Krim auf der Karte verzeichneten Weinen sind Kokur Niznegorski und Silvaner Feodosiisky trockene, aber körperreiche Weißweine. Der Aluschta gilt als der beste Rotwein, beim Solneschnaja Dolina und Tschorni Doktor handelt es sich um einen weißen bzw. roten Dessertwein, und der Pinot Gris aus Ai Danil ist so süß wie ein moldauischer Trifesti.

Das Don-Becken bei Rostow ist auf Schaumwein spezialisiert. Sehr beliebt ist der rote, süße und schäumende Zimlianskoje. Südlich Krasnodar wird der einzige russische Export-Riesling bei Anapa angebaut. Der Tschiornije Glaza ist Rußlands Portwein. Einige der traditionellen grusinischen Weine haben sich in der Welt einen gewissen Namen als gute trockene Allzweckweine erworben.

Armenien, Aserbeidschan und das Gebiet am Kaspischen Meer bis Machatschkala ist Dessertweinland. Alle angegebenen Sorten sind süße und starke, rote, braune oder weiße Weine, einige mit Madeira-ähnlichem Kochgeschmack. Ausnahmen sind der Matrasa und Sadeli, rote, bzw. weiße Tafelweine aus Baku.

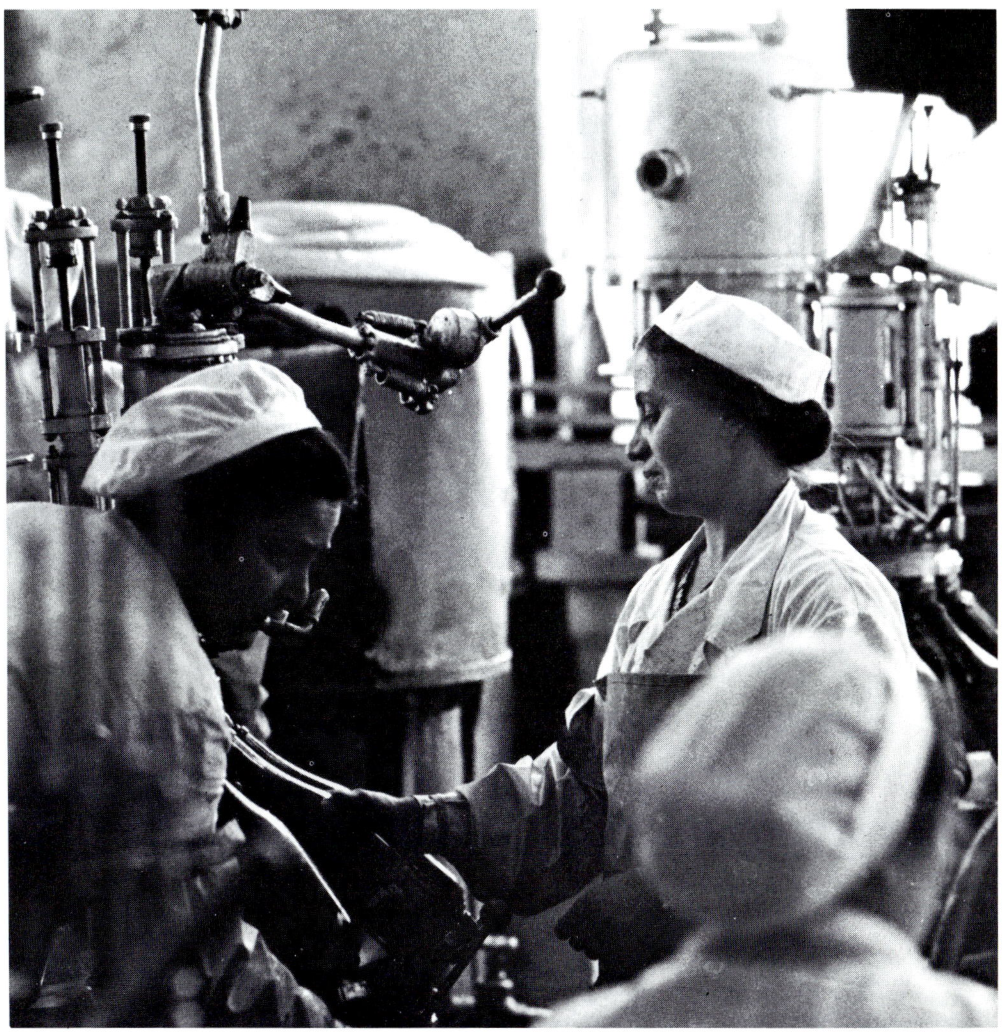

Griechenland

Oben: Zeus-Tempel bei Nemea inmitten von Rotwein-Reben.
Rechts: Sifnos ist typisch für die felsigen ägäischen Inseln, wo man die Reben recht nachlässig zieht.

Zwischen dem antiken und dem heutigen Griechenland liegt eine Kluft mit ein paar wenigen Brücken. Eine davon ist die Vorliebe für mit Harz aromatisierte Weine, wahrscheinlich die einzige Tradition, die 3000 Jahre oder älter ist und aus einer Zeit stammt, zu der die Götter noch auf Erden wandelten.

Dionysos, der Gott des Weins, war der Sohn des Zeus und der glücklosen Tochter des Königs von Theben, Semele. Nachdem seine Mutter der olympischen Intrige zum Opfer gefallen war, wurde Dionysos von den Nymphen von Nysa in Thrakien aufgezogen. Sein Lehrmeister war der alte Satyr Silenus, der ihn die Weinbereitung lehrte.

Spuren von Kiefernharz hat man schon in den allerältesten Amphoren gefunden. Es wird allgemein angenommen, daß es zur Konservierung zugesetzt wurde. Doch altert geharzter Wein nicht sehr gut. Der eigentliche Grund dürfte wohl sein, daß griechischer Wein durch das frische, saftige terpentinartige Aroma des Harzes spürbar verbessert wird, wenn es während der Fermentation beigegeben wird. Die Hälfte des in Griechenland erzeugten Weins wird so behandelt, und das Ergebnis ist eines der eigentümlichsten und appetitanregendsten Getränke der Welt.

Attika, das Gebiet um Athen, ist die Heimat dieses Retsina, der zumeist weiß und aus der Savátiano-Traube bereitet ist; daneben gibt es auch einen Rosé oder Kokkineli.

Über ein Drittel der griechischen Weinbaufläche liegt auf dem Peloponnes, dessen Spezialität schon seit langem Süßweine sind. Monemvassia erzeugt Malmsey, Malvasia und einen Malvoisie. Der Mavrodaphne, ein süßlicher, dunkler und starker Rotwein, etwa von der Art des italienischen Recioto, gilt als der Spitzenwein dieses Gebiets.

Rotwein wird allgemein als Mavro bezeichnet; die wörtliche Bedeutung «schwarz» ist oft zutreffend. Die Weine aus Nausa in Mazedonien, Nemea auf dem Peloponnes, aus Kreta, Páros, Lemnos, Lefkás, der Mavroudi aus Delphi und der Ropa von Korfu sind alles bekannte Mavros. Sie sind allerdings, mit Ausnahme einiger Markenweine, sehr dunkel und wenig ansprechend, doch gute Verschnittweine.

Trockener griechischer Weißwein ist gewöhnlich nicht besonders bemerkenswert. Ein paar Markenweine, darunter der Santa Laura, Hymettus und Demestica, sind gefällig, und der Rombola von Kephallonia, der Verdea von Sákynthos, der Thíra und der Lindos von Rhodos überdurchschnittlich, noch besser aber ist der weiße Muskat von Samos.

Rechts (v. l. n. r.): ein trockener Weißwein aus Marmarion an der Südspitze von Euböa, ein guter Standard-Rotwein aus Attika, der rote Nausa aus Mazedonien, der rote «Romeiko» aus Kreta, der süße Malvasia oder Malmsey von Rhodos, ein dunkler Rosé aus Nemea auf dem Peloponnes, ein kräftiger Rosé von Kreta, ein bekannter Retsina, der süße Rotwein aus Patras und der berühmte süße weiße Samos-Muskat.

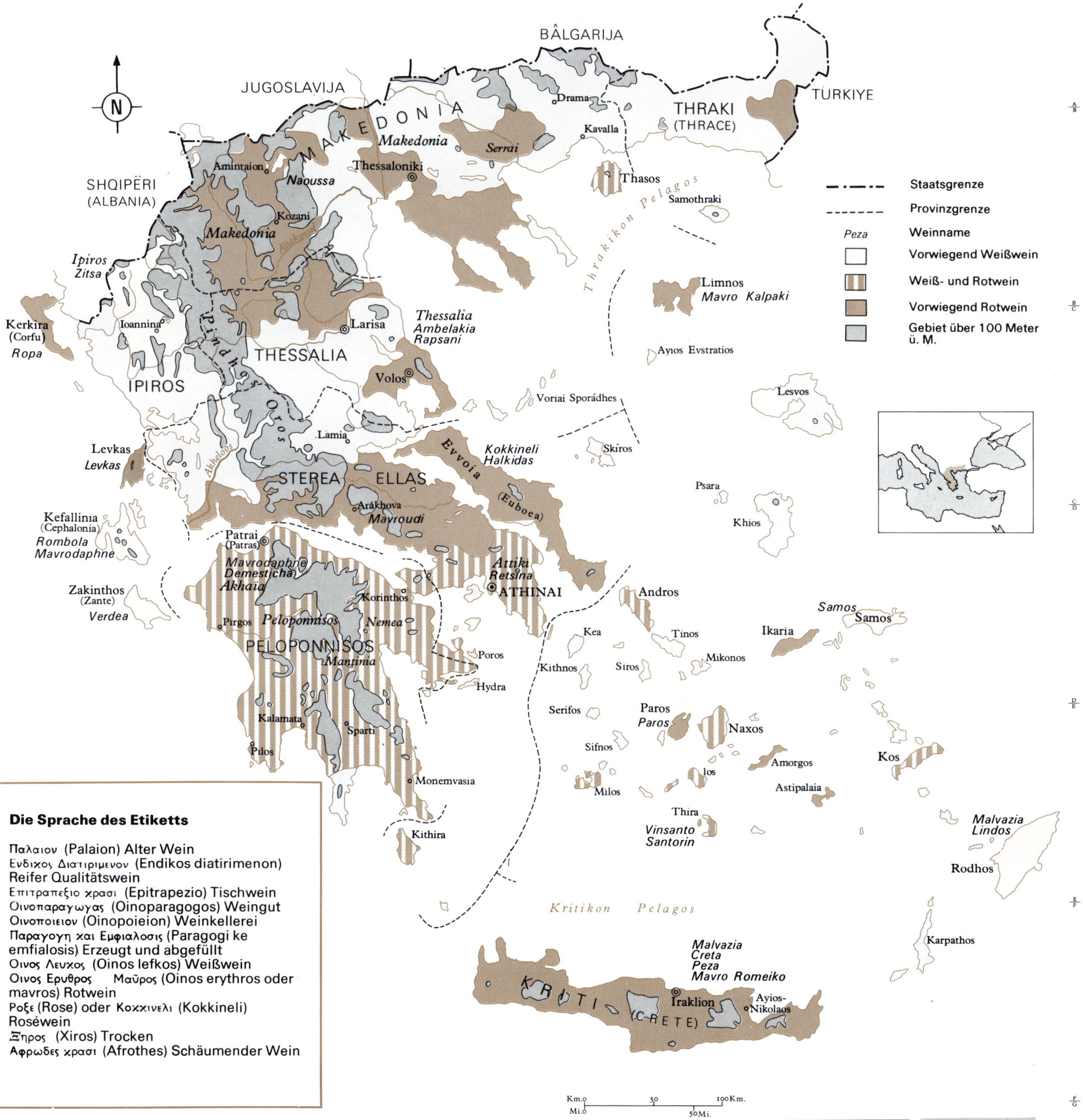

Die Sprache des Etiketts

Παλαιον (Palaion) Alter Wein
Ενδιχος Διατιριμενον (Endikos diatirimenon) Reifer Qualitätswein
Επιτραπεξιο χρασι (Epitrapezio) Tischwein
Οινοπαραγωγας (Oinoparagogos) Weingut
Οινοποιειον (Oinopoieion) Weinkellerei
Παραγογη χαι Εμφιαλοσις (Paragogi ke emfialosis) Erzeugt und abgefüllt
Οινος Λευχος (Oinos lefkos) Weißwein
Οινος Ερυθρος Μαῦρος (Oinos erythros oder mavros) Rotwein
Ροξε (Rose) oder Κοχχινελι (Kokkineli) Roséwein
Ξηρος (Xiros) Trocken
Αφρωδες χρασι (Afrothes) Schäumender Wein

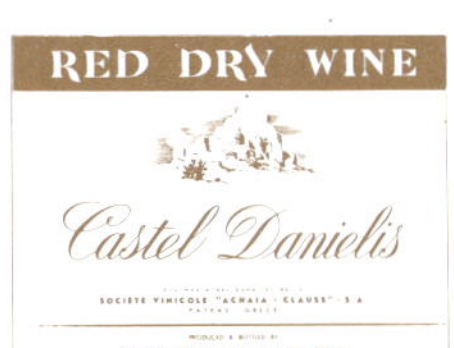

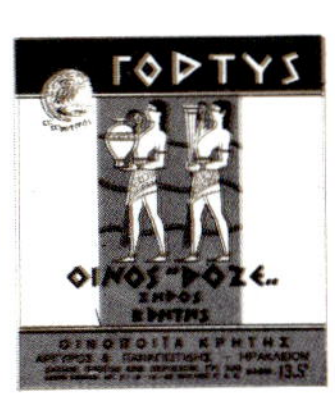

Zypern und Malta

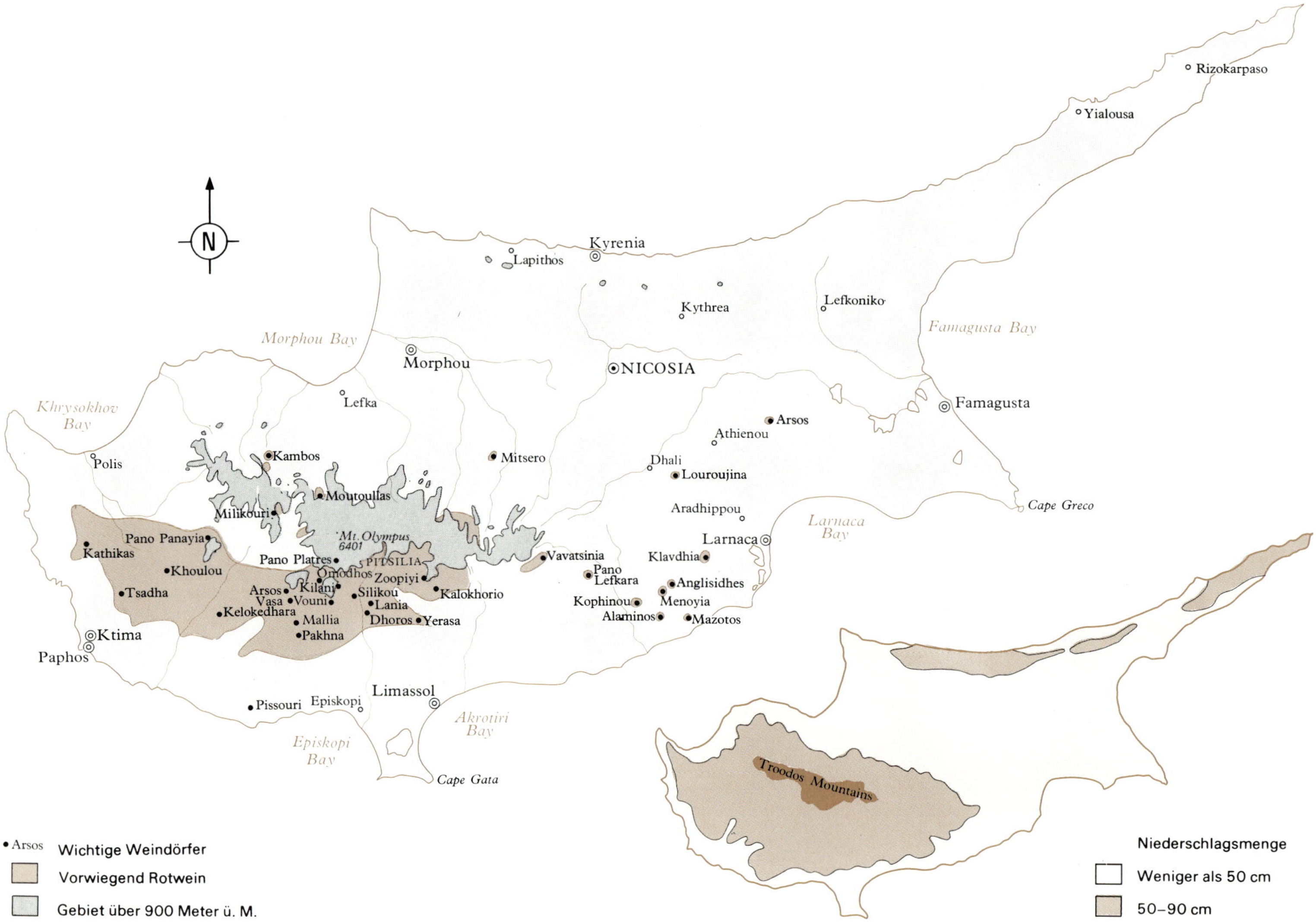

• Arsos Wichtige Weindörfer

Vorwiegend Rotwein

Gebiet über 900 Meter ü. M.

Niederschlagsmenge

Weniger als 50 cm

50–90 cm

90 cm und mehr

Km 0 — 25 Km
Mi 0 — 25 Mi

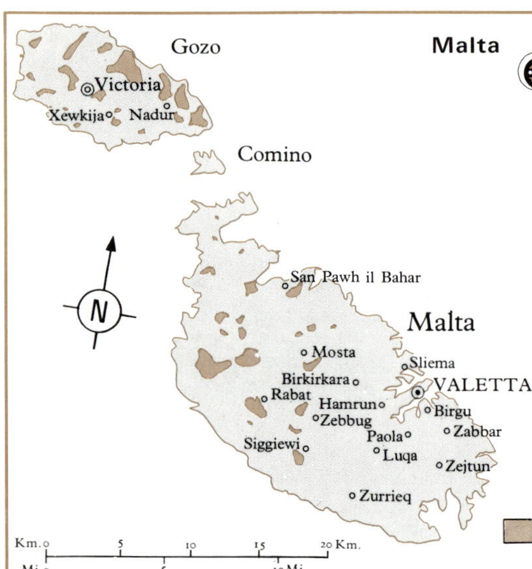

Wieviel Wein auf Malta aus hier gewachsenen Trauben (roter Gellewza ist gut, weißer Ghirgentina ist schlecht) und wieviel aus importierten italienischen oder afrikanischen Trauben erzeugt wird, ist nicht bekannt. Zahlen liegen nicht vor, und der Qualitätsstand ist, gelinde gesagt, uneinheitlich.

Vorwiegend Rotwein

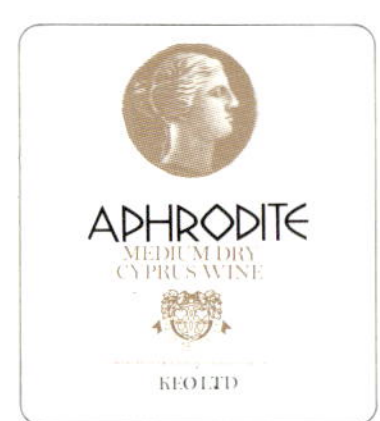

Zypern-Sherry ist der im Ausland bekannteste Wein der Insel, obwohl auch ihre kräftigen Rotweine gut sind. Der Konsum-Commandaria wird schwerlich dem alten Ruf dieses Weins gerecht.

Im Troodos-Massiv bringen Maultiere unter silbernen Olivenbäumen Trauben zum Kelterhaus. Hitze und Trockenheit geben dem zypriotischen Wein seine Stärke. Nur im Troodos-Gebirge, wo gelegentlich Regen fällt, können sich auf Zypern Reben voll entwickeln.

Zypern ist nicht nur eines der ältesten Weinländer der Welt, sondern auch das bei weitem entwickeltste und erfolgreichste Anbaugebiet der östlichen Mittelmeerregion.

In den letzten 15 Jahren haben fortschrittliche und ständig verbesserte Verfahren dem Zypern-Wein einen großen Exportmarkt erschlossen. Bislang hat der «Sherry» das Rennen gemacht, doch dürfte der Tischwein zweifellos folgen.

Das Troodos-Gebirge sorgt für Regen und macht den Weinbau auf Zypern möglich. Die Weinberge liegen in den Niederschlagsgebieten in Höhen bis über 1000 m. Die ganze Südseite des Troodos bietet sich für den Weinbau an. Limassol, der Hafen an der Südküste, ist Stapelplatz und Sitz der drei großen Weinfirmen Keo, Sodap und Haggipavlu.

Der originellste Zypern-Wein ist der fast likörige Commandaria, der aus getrockneten – roten wie weißen – Trauben in einer Reihe von Dörfern am Fuß des Troodos gekeltert wird. Commandaria macht man dort mindestens seit Ende des 12. Jahrhunderts, als die Kreuzritter mit ihrer Grande Commanderie auf der Insel Fuß faßten. Seine intensive Süße (er kann viermal soviel Zucker wie Portwein enthalten) ist aber schon weitaus länger bekannt: Bereits in der altgriechischen Literatur werden solche Weine beschrieben, die stets mit Wasser verdünnt getrunken wurden.

Heute wird Commandaria als Konsum-Dessertwein mittleren Alters, billig und gefällig, doch uninteressant, von einer Handvoll von Traditionalisten, aber auch als der recht erregende konzentrierte Tropfen der Legende angeboten. Ein alter echter Commandaria ist in Geschmack und Struktur schon mehr als sirupartig und hat etwas bemerkenswert Weiniges.

Die Insel ist nie von der Reblaus heimgesucht worden, und um sich nicht dem Risiko auszusetzen, sie mit Importreben einzuschleppen, haben sich die Erzeuger an die drei herkömmlichen Inselreben gehalten: die schwarze Mavron, die weiße Xynisteri und die Alexandria-Muskat. Der beste Rotwein soll aus Platres kommen, und aus der Gegend darum herum der beste Kokkineli, ein schwerer Rosé. Das Weißweinzentrum liegt um Paphos, der bekannteste Xynisteri-Bereich dort ist Pitsilia.

Nur ein Viertel der Gesamterzeugung sind Weißweine, die leicht oxydieren; bis vor kurzem war zypriotischer Sherry nichts anderes als gespriteter und gesüßter oxydierter Weißwein. Man hat jedoch mit spanischen Sherry-Verfahren experimentiert, und der jüngste Exportboom ist teilweise darauf zurückzuführen.

Nordafrika

Oben und unten rechts: Bevor die Franzosen im 19. Jh. kamen, waren Reben in Algerien nahezu unbekannt. Zwischen 1860 und 1889 wurde die algerische Anbaufläche von 4600 auf 22 720 ha erweitert. Später wuchs sie dann auf 400 000 ha an.

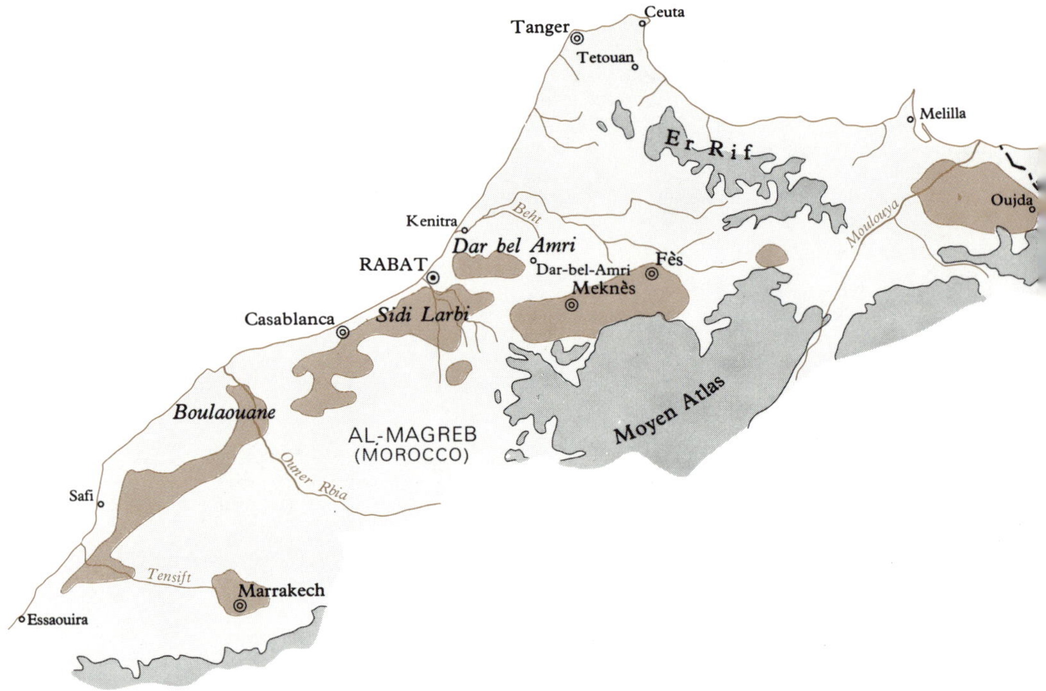

Die Regel, daß in den Ländern, die viel Wein erzeugen, auch viel Wein getrunken wird, gilt in Nordafrika nicht. Anderswo belaufen sich die Ausfuhren auf durchschnittlich nur 10% der Weinerzeugung, während die Inlandmärkte die restlichen 90% aufnehmen. Dagegen bestritten Algerien, Marokko und Tunesien zu Anfang der fünfziger Jahre etwa 10% der Weltweinerzeugung und nicht weniger als zwei Drittel des gesamten internationalen Weinhandels. Mit anderen Worten: sie waren die einzigen Länder, die spezifisch für den Export anbauten – und unglücklicherweise spezifisch für einen einzigen Markt: den französischen.

In Frankreich interessierten sich vor allem die Verschnittwein-Erzeuger, nicht die Konsumenten, für diese nordafrikanischen Weine. Leichte Sandböden und sehr heiße Sommer lassen den Säuregehalt, der die nördlichen Weine konserviert, niedrig ausfallen. Sie altern schnell und eignen sich zur Harmonisierung zu saurer Weine. Ferner liegt ihr Alkoholgehalt zwischen 12 und 15%, was sie zu einem wichtigen Rohstoff zur Verwandlung der dünnen, oft nur 9prozentigen Midi-Weine in das Standardgetränk des französischen Arbeiters, den 11prozentigen Vin ordinaire, machte.

Dann aber wurde Algerien, das bei weitem größte nordafrikanische Erzeugerland, 1962 unabhängig, und fast gleichzeitig begannen in Frankreich Maßnahmen zur Verbesserung des Midi-Weins erste Früchte zu tragen. Nach langen Verhandlungen nahm Frankreich dann lediglich noch einen Bruchteil seiner früheren

Oben: Marokkanische Etiketten sind meist recht verschwiegen.

Links: Die besten algerischen Weinberge liegen alle im Bergland. Heute ist ihre Zukunft ungewiß.

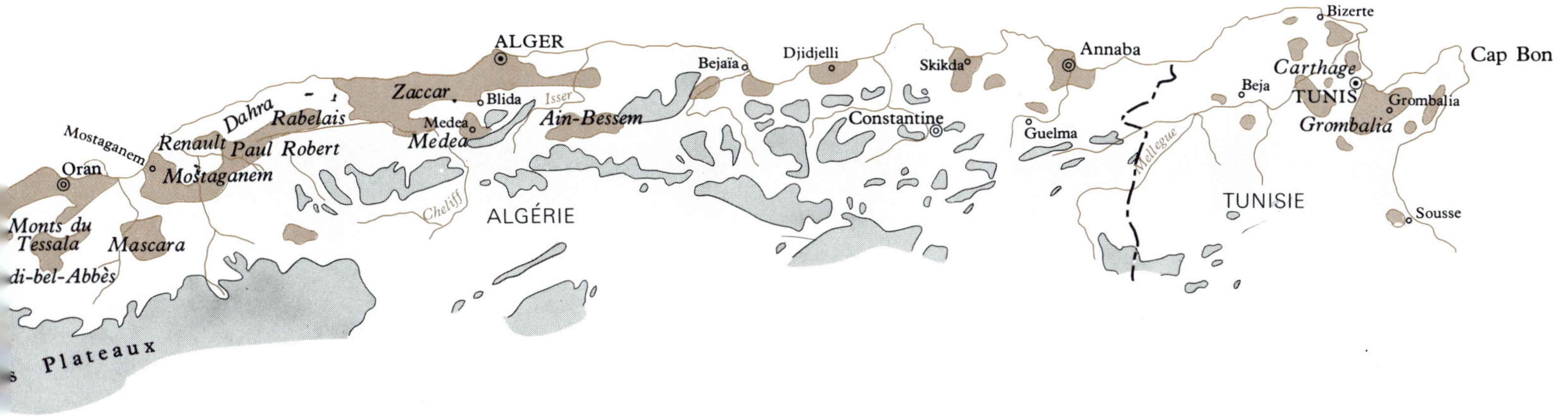

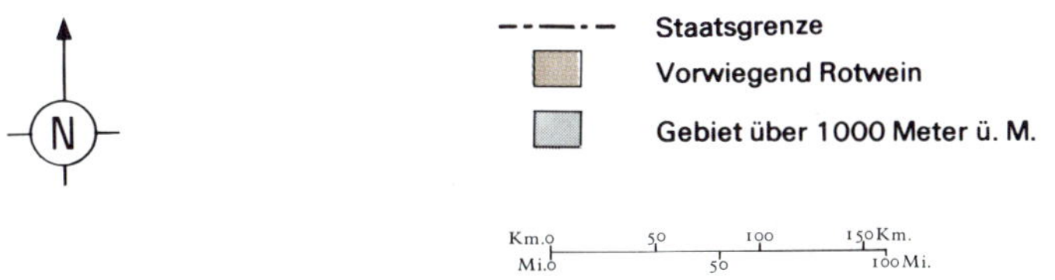

Einfuhrmengen ab, weshalb Algerien heute weitaus mehr – hauptsächlich nur für Verschnittzwecke geeigneten – Wein erzeugt, als es absetzen kann.

Diese politischen Entwicklungen gefährden die Zukunft des Nordafrikaweins. Zwar hat er neue Märkte gefunden: Deutschland und Rußland und die Länder der Franc-Zone kaufen heute direkt, statt über Frankreich ein, doch droht der Welt eine Schwemme einfachen Weins, wenn sie nicht bereits davon überflutet ist. Die einzig vernünftige Maßnahme wäre es, die ausgedehnten Anbauflächen in den Ebenen aufzugeben und sich auf den Anbau besserer Weine im Bergland zu konzentrieren. Zwischen 1966 und 1976 hat sich die Weinanbaufläche in Algerien um fast ein Drittel, in Marokko und Tunesien um 15 bzw. 20% verringert. Der Gesamtertrag ist dabei bis auf die Hälfte gesunken: von 16000 auf 8000 Hektoliter.

Nordafrikanischer Wein ist zwar Gegenstand immer neuer Geschichten von heimlichen Tankwagen-Transporten nach Beaune, aber man kommt selten auch nur auf die Idee, sie könnten auch unverschnitten trinkbar sein. Besucher Nordafrikas, besonders Marokkos, sind stets überrascht, wie gut diese Weine tatsächlich sind. Die fetten weichen Rotweine schmecken köstlich zu gegrilltem Fleisch, und die jungen Rosés sind erstaunlich hart, trocken und frisch und passen gut zu Schalentieren. Die Fremden lernen allerdings schnell, die Finger von den Weißweinen zu lassen.

Oben: Tunesischen Wein gibt es seit der Blütezeit Karthagos; heute erzeugt Tunesien guten einfachen Rotwein und Muskat. Linke Reihe: Unter der französischen Herrschaft bekam ein Dutzend algerischer Weine das VDQS-Prädikat. Die technischen Schwierigkeiten waren weitgehend gelöst. Die gezeigten Etiketten stammen von besseren Weingütern.

Marokko ist das jüngste dieser drei Weinländer. Erst nach dem Zweiten Weltkrieg wurden anstelle der früher üblichen, verstreut unter Bäumen gesetzten Weinstöcke moderne Weinberge angelegt. Diese neuen Anbauflächen finden sich vor allem südlich und östlich der Hauptstadt Rabat sowie in der Ebene südlich von Meknès bei Fès, einige auch auf den Atlas-Vorbergen. Südlich von Casablanca wird hingegen weniger Weinbau und meist noch nach herkömmlicher Art getrieben, obwohl es auch in Boulaouane ein modernes Weingut gibt.

Die algerischen Rebflächen wurden in der zweiten Hälfte des vergangenen Jahrhunderts von Franzosen angelegt. Sie überzogen das nackte rote Bergland so sehr mit Reben, daß zu einem Zeitpunkt 40% aller algerischen Erwerbstätigen im Weinbau arbeiteten.

Bis 1962 waren zwölf algerische Bergland-Weinbezirke in Frankreich als Vins Délimités de Qualité Supérieure eingestuft; die bekanntesten sind die Berge von Tlemcen, die Haut-Dahra-Berge (die drei Dörfer mit den denkwürdigen Namen Rabelais, Renault und Paul Robert erzeugen Rotwein, der vielfach als der beste Algeriens beurteilt wird), Mascara (besonders der Clos de l'Emir), die Gegend von Zaccar westlich von Algier (Château Romain) und die Domaine de la Trappe Staouëli südöstlich der Hauptstadt.

Zweiundsiebzig Prozent der algerischen Weinbaufläche liegen in der Provinz Oran, im wesentlichen im Flachland: Hier wächst ein guter, kräftiger, dunkler, säurearmer Verschnittwein. Dreiundzwanzig Prozent der Rebfläche sind in der Provinz Algier, und je weiter man nach Osten geht, desto weniger stark und ausdrucksvoll wird der Wein. Die auf unserer Karte gezeigten Bezirke erzeugen überdurchschnittlich gute Qualitäten.

Tunesien war schon in der Antike für seinen Wein bekannt; tatsächlich wurde Mago, der erste Verfasser eines Lehrbuchs für Winzer (und andere Landwirte) im vierten Jahrhundert v. Chr. in Karthago geboren. Eine Spezialität ist der Muskat-Anbau. Die tunesischen Spitzen-Rotweine sind den besten algerischen Sorten vergleichbar.

Das östliche Mittelmeer

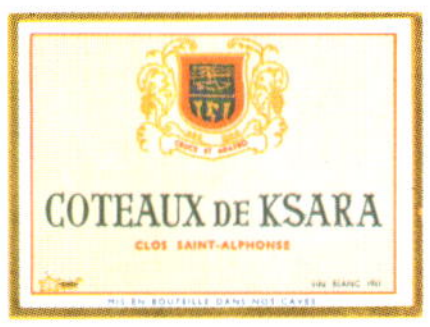

Oben: Die beiden bekanntesten türkischen Weine, zwei wegen der Gestaltung ihres Etiketts ausgewählte sowie zwei israelische Etiketten, ein libanesisches und ein ägyptisches. Rechts: Rebflächen im Bekaa-Hochtal, Libanon

Ernüchternd ist die Vorstellung, daß an einem Punkt dieser Karte der Mensch zum erstenmal Wein genossen hat. Es besteht nämlich kein Zweifel, daß der Nahe Osten seine Heimat ist. Noah, Naboth, Christus, Paulus, der große römische Tempel in Baalbek, sie alle bezeugen, daß das östliche Mittelmeer das Frankreich der Antike war.

Dann verbot der Prophet den Weingenuß. Man hat oft darüber gestritten, wie wirksam dieses Gebot wohl gewesen sein mag. In geringem Maße wurde zwar weiterhin Weinbau getrieben, doch erst gegen Ende des vorigen Jahrhunderts fand sich der Wein wirklich wieder in seine Heimat zurück. Als die Reblaus die europäischen Weinberge vernichtete, sprang Asien in die Bresche. Im Jahre 1857 gründeten Jesuiten die Kellereien von Ksara im Libanon, auch heute noch das größte Weingut im Nahen Osten. In den 1880er Jahren brachten die Rothschilds den Weinbau wieder nach Palästina. Bei Alexandria, dessen Weine in römischer Zeit berühmt waren, pflanzte Nestor Gianaclis die ersten Reben der neuen ägyptischen Weinwirtschaft.

In allen diesen Ländern, mit Ausnahme des türkischen Thrakien und der Küste des Marmarameeres, ist es zu heiß für das übliche Verfahren der Tischweinbereitung. Deshalb mußte man dort warten, bis die neuen Rebzüchtungen und Ausrüstungen aus der Neuen Welt kamen.

Die Türkei ist das größte Erzeuger- und Ausfuhrland am östlichen Mittelmeer. Sie verfügt über die fünftgrößte Rebfläche der Welt, aber nur aus 3% der Trauben wird Wein erzeugt. Die übrigen werden gegessen. Die Weinwirtschaft leidet unter dem kaum vorhandenen Inlandmarkt – denn 99% der Türken sind weiterhin Moslems.

Die ägäische Küste und Thrakien/Marmara erzeugen bei weitem den meisten Wein: drei Fünftel der Gesamtmenge. Ihnen folgen das Gebiet von Ankara und dann, weit zurück, Südost- und Südanatolien. Das Staatsmonopol unterhält 17 Weingüter und bestreitet den Großteil des türkischen Weinexports. Am gefragtesten ist der hochprozentige Verschnittwein, obwohl auch die Namen Trakya und Buzbağ, ihre leichteren bzw. dunkleren Rotweine (aus Thrakien bzw. Südostanatolien), geläufig sind. Auch gibt es einen weißen, aus der Semillon-Traube gekelterten Trakya.

Die große Anlage in Ksara ist das Zentrum des libanesischen Weinbaus. Am besten sind ihre aus den französischen Ordinaire-Trauben – Cinsault, Carignan, Aramon – gewonnenen Rotweine. Kleine Weinbauern bedienen sich noch biblischer Verfahren der Weinbereitung und lagern ihren Wein in Amphoren oder aber destillieren ihn selbst, um daraus das Nationalgetränk, den Arrak, zu bereiten.

Die beachtlichen Weinberge in Richon-le-Zion und Sichron-Jaakov hat Baron Edmond de Rothschild dem Staat Israel geschenkt. Ihre 5600 Hektar große Weinanbaufläche ist zum größten Teil mit französischen roten Sorten bepflanzt (41% Carignan und 32% Alicante-Grenache); an weißen Trauben werden Muskat, Semillon und die uns bereits aus dem Languedoc vertraute Clairette kultiviert. Trotz des heißen trockenen Klimas werden hier mit modernen Einrichtungen Weine verschiedenster Art bereitet, u. a. auch ein guter Schaumwein «The President's».

In Ägypten werden die Rebflächen nordwestlich des Nildeltas bei Abu Hummus weiterhin bewirtschaftet. Hier baut man viermal soviel weiße wie rote Reben an, doch werden drei Viertel des Weißweins destilliert. Die bekanntesten Weißweine heißen Cru des Ptolemées und Reine Cléopatre. Einer der Rotweine, Omar Khayyam, hat einen verführerischen Dattelgeschmack.

Der Ferne Osten

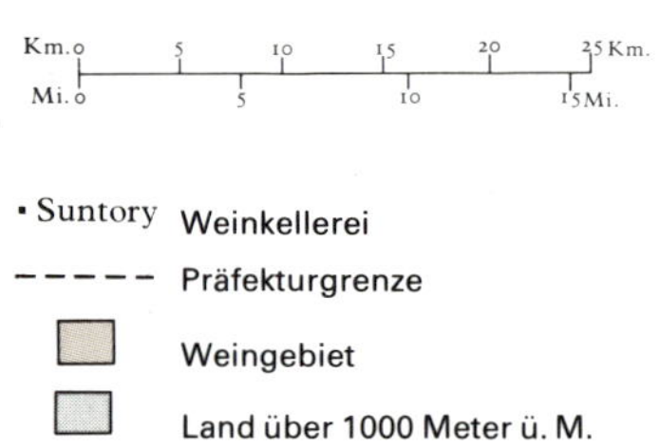

Aus ihrer frühesten Heimat ist die Rebe nach Westen gewandert, hat das Mittelmeergebiet erobert und seither in Westeuropa ihre besten Ergebnisse erzielt. Doch ist sie auch ostwärts gewandert, durch Indien und nach China hinein. Die Chinesen wußten, wie man Wein aus ihr bereitet, und taten es auch gelegentlich. Warum also ist die Rebe bei ihnen nicht richtig heimisch geworden, wie es doch in allen westlichen Ländern der Fall ist, in denen sie gut gedeiht?

Edward Hyams, der dieser Frage nachgegangen ist, kommt zu dem Schluß, daß Wein dem asiatischen Temperament einfach nicht liegt. Zweifellos bringt er den Mittelmeermenschen in Höchstform – doch auf den Chinesen hat er keine Wirkung. Dem Alkohol ist der Osten allerdings nicht abgeneigt: Aus Reis gewinnt er ein Getränk, das er Wein nennt.

Dies vorausgeschickt, muß man sagen, daß im China unserer Tage etwas Weinbau getrieben und auch ein wenig Wein exportiert wird. Der Weißwein aus Tsingtau (bzw. der Provinz Schantung) läßt sich mit einem naturreinen Sherry mit ausgeprägtem Säuregehalt vergleichen. Als Apéritif ist er sehr ansprechend. Gewiß gibt es keinen Grund, warum nicht auch auf chinesischem Boden feine Weine wachsen sollten . . . doch scheint es irgendwie unwahrscheinlich, daß die Chinesen in der gegenwärtigen Phase ihrer Geschichte plötzlich den Weinbau aufnehmen sollten.

Mit den Japanern verhält es sich anders. Bis zum Ende des vergangenen Jahrhunderts gingen sie in der Ablehnung alles Westlichen noch weiter als China. Aber ihre Reaktion darauf war dann, daß sie westliche Gewohnheiten im großen Stil ausprobierten, darunter auch den Weinbau. Zunächst experimentierten sie mit amerikanischen Rebsorten, nicht mit der echten Weinreben-Spezies Vitis vinifera. Und erst in jüngster Zeit haben sie echte Weinreben, besonders die Sorten Semillon und Cabernet, mit einigem Erfolg angebaut.

Das feuchte Klima und die starken Regenfälle in Japan bewirken eine starke Ausbreitung von Rebkrankheiten, und die meisten Menschen, die einmal japanischen Wein probiert haben, beschreiben ihn recht mitleidsvoll. Allerdings kann man sich schlecht vorstellen, daß den Japanern, wenn sie Wein in größerem Umfang erzeugen wollen, dies nicht auch gelingen sollte.

Im Augenblick kommt die japanische Gesamterzeugung von rund 190000 Hektolitern fast ausschließlich aus Kofu und Katsunuma in der Provinz Yamanashi, westlich von Tokio.

Die wenigen japanischen Weinberge und die vier wichtigsten Weinkellereien liegen in der obstbautreibenden Präfektur Yamanashi zwischen Tokio und Osaka beisammen.
Links: Auf japanischen Etiketten findet man Bezeichnungen wie Premier Cru Classé und sogar (unten rechts) Darstellungen eines Château. Links ein guter trockener Weißwein aus der chinesischen Provinz Schantung.

Die Neue Welt

Arbeit an einer Etikettiermaschine für «Burgunder-Schaumwein» in der Frühzeit einer kalifornischen Weinkellerei.

Vorwort

Die Rebe zog mit, als sich die Neue Welt auftat, wie sie bei der Entstehung der Alten Welt dabeigewesen war: zunächst mit den Missionsvätern, die Meßwein anbauen wollten, dann mit den Gouverneuren der neuen Kolonien, die europäische Zivilisation an die Spitze Afrikas oder die Botany Bay verpflanzen wollten.

Auf dem amerikanischen Kontinent wurde der erste Weinberg Mitte des 16. Jahrhunderts angelegt. Knapp hundert Jahre später erzeugte Südafrika seinen ersten Wein. Gegen Mitte des vorigen Jahrhunderts faßte der Weinbau Fuß in Australien, Argentinien und Kalifornien. Anfangs experimentierte und imitierte man, denn das Hauptziel der Weinerzeuger war, eine heimische Version der vertrauten europäischen Weine zu schaffen. So versuchten sie, jede der klassischen Sorten zu machen: roten, weißen, süßen, trockenen, schäumenden Wein - in ein und demselben Weinberg und sogar aus ein und derselben Traubensorte.

Auf diese Weise bildete sich eine Tradition heraus, die unerfreuliche Konsequenzen haben sollte. Die Namen Chablis, Sauternes, Burgund, Champagne - alles Namen französischer Landschaften - verbanden sich fest mit den Weinwirtschaften ferner Länder. Alle nur erdenklichen Scheinargumente wurden vorgebracht, um zu beweisen, daß beispielsweise Chablis eigentlich überhaupt kein Ortsname sei.

In den letzten 20 Jahren hat sich jedoch eine revolutionäre Entwicklung vollzogen, die das wichtigste Ereignis in der Geschichte des Weins überhaupt sein dürfte. Universitätsforschungen und sich daran anschließende Feldexperimente haben Rebenauswahl und -anbau und die Verfahren der Weinbereitung so sehr verbessert, daß heute gute leichte Tischweine aus buchstäblich in Wüsten wachsenden und in Massen geernteten Trauben erzeugt werden können.

Vor allem die Kältetechnik hat den Winzern dabei geholfen. Spät in einem nordeuropäischen Oktober reifende Trauben gären in kalten Schuppen ganz allmählich. Dagegen war beispielsweise in Südafrika das ungestüme Brodeln des Mostes im März dazu angetan, den ganzen Säure- und Extraktstoffgehalt des Weins, der seinen Charakter ausmacht, abzubauen. Flache, starke Weine waren das Ergebnis.

Es sieht so aus, als ob der Weinbau in Australien, Kalifornien und Chile noch weiter aufblühen wird. Auch Neuseeland hat den Weinbau aufgenommen, und in den US-Staaten Oregon und Washington, mit nicht weniger günstigen Klimabedingungen als in Nordkalifornien, gibt es junge und expandierende Weinbaugebiete.

Bei den augenblicklichen Investitionsraten, mit denen die Neue Welt ihre Weinwirtschaft ausbaut, spricht manches dafür, daß der Wein eines Tages das Alltagsgetränk sein wird.

Rechts: Hier in Nordkalifornien bewahrheitet sich, was die Neue Welt verspricht: die Verwandlung einer Waldrodung in einen fruchtbaren Weinberg.

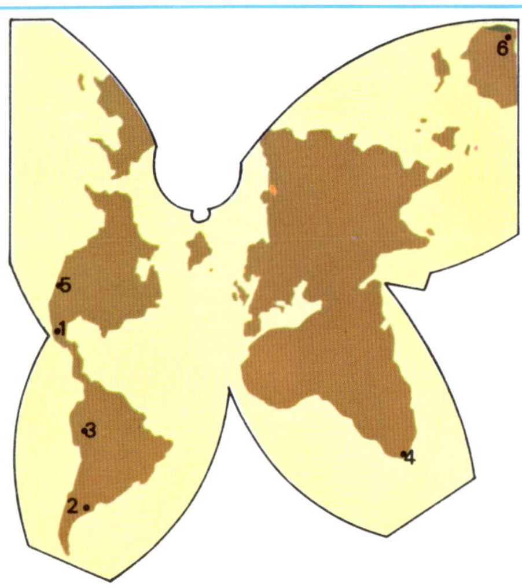

In die Neue Welt kam die Rebe mit den ersten Missionaren: um 1520 nach Mexiko 1; 1560 nach Argentinien 2; und nach Peru 3 gegen Ende des 16. Jahrhunderts. In Südafrika wurden die ersten Weinstöcke 1655 am Kap 4 gepflanzt. 1769 hatten Missionare sie nach Kalifornien 5 gebracht. Die Antipoden waren die letzten: 1788 gelangten die ersten Reben nach Australien 6, und in den beiden ersten Jahrzehnten des 19. Jahrhunderts wurde dort der Weinbau aufgenommen.

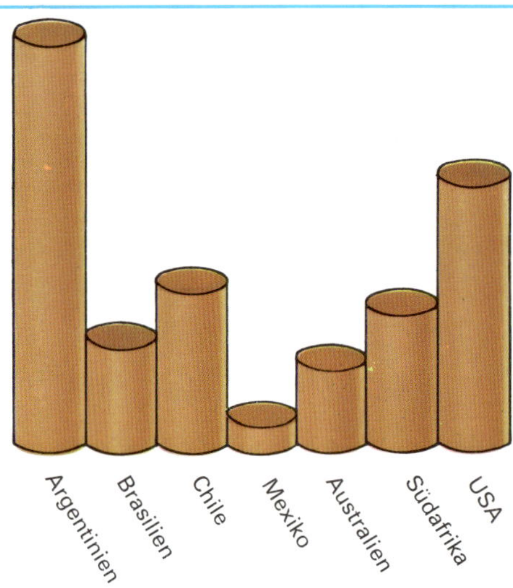

Argentinien ist mit 345 000 Hektar das größte Weinbauland der Neuen Welt und das fünftgrößte überhaupt. Es folgen die USA mit 301 000 (85% davon in Kalifornien), Chile mit 130 000, Südafrika mit 110 000, Australien mit 72 000, Brasilien mit 63 000, Mexiko mit 33 000 und Neuseeland mit 2000 Hektar. Die Qualität der Weine der Neuen Welt hat sich in letzter Zeit so verbessert, daß ihre große Zeit erst jetzt anbrechen dürfte.

Der Wein in Nordamerika

Der Jesuiten-Missionar Pater Junípero Serra soll 1769 die ersten Reben in Kalifornien gepflanzt haben.

Thomas Jefferson, Weinkenner und Weinbau-Amateur, empfahl den Wein als das beste Mittel gegen den unmäßigen Alkoholgenuß.

«Der fruchtbarste Boden unter dem Himmelszelt», so beschrieb einer von Raleighs Männern das neu entdeckte Carolina. Mit am eindrucksvollsten war hier der Anblick der Reben, die mit Girlanden von üppigen Früchten die Wälder durchzogen. Die Trauben waren süß, freilich etwas eigentümlich im Geschmack. Auf jeden Fall erschien es als völlig gewiß, daß unter den guten Dingen, die man von der Neuen Welt erwarten durfte, auch der Wein zu finden sein würde.

Doch die 300 Jahre amerikanischer Geschichte sprechen von den zuschanden gewordenen Hoffnungen derer, die es mit dem Weinbau versuchten. Zuerst wurden diejenigen enttäuscht, die aus den vorgefundenen wilden Reben Wein machen wollten. «Sie sind fett, und der Saft ist dick. Aber der Geschmack behagt nicht, wenn sie zu Wein bereitet sind», schrieb Captain John Smith im Jahr 1606. Dann zerbrachen die Hoffnungen derer, die europäische Reben mitbrachten und sie in den neuen Kolonien anpflanzten. Diese Reben gingen ein.

Aber so leicht gaben die Kolonisten nicht auf. Da sie keine Ahnung hatten, weshalb ihre Reben abstarben, glaubten sie, sie hätten etwas falsch gemacht, und probierten verschiedene Sorten und verschiedene Methoden aus. Noch zur Zeit der Revolution unternahm Washington Versuche, und Jefferson, ein großer Weinliebhaber, machte eigens eine Reise durch Frankreich und bemühte sich mit großem Eifer. Aber nichts wollte fruchten. Der amerikanische Boden war durchsetzt mit dem tödlichsten Feind der europäischen Rebe, der Reblaus. Im Verein mit bitterkalten Wintern und feuchtheißen Sommern, wie Europa sie nicht kennt und die der Entstehung von Pilzkrankheiten Vorschub leisteten, ließ sie alle Anstrengungen, in Amerika europäischen Wein zu machen, zunichte werden.

Wenn nun auch der amerikanische Wein aus amerikanischen Trauben schlecht war, so gab es doch Unterschiede. Der Stammbaum der Weintraube läßt sich kaum bis in seine Ursprünge verfolgen; ob es nun irgendeine zufällige Abart einer amerikanischen Rebe oder eine zufällige Kreuzung zwischen einer amerikanischen und einer europäischen Rebe war, die lange genug gelebt hatte, um Blüten zu treiben, so entstand doch Hoffnung auf eine Besserung. Zur Freude der Gärtner, die unermüdlich Traubenkerne säten und die entstehenden Pflanzen prüften, kamen weitere Verbesserungen zustande. Einige Hybriden kamen zu Ruhm und Ehre. Die Catawba-Rebe entstand so und schließlich im Jahre 1843 die Concord-Rebe – eine der gesündesten, fruchtbarsten, ansehnlichsten und am besten schmeckenden Trauben, die es je gab.

Die Eigentümlichkeit der amerikanischen Trauben, die bei den Kolonisten soviel Mißfallen erregte, kommt erst voll zum Vorschein, wenn man Wein aus ihnen macht. Dieser Wein hat einen Beigeschmack, der als «fuchsig» bezeichnet wird – einen deutlichen, unverkennbaren scharfen Geschmack und Geruch, der jede Feinheit oder Komplexität überdeckt. Es gibt viele amerikanische Spezies, doch ist der Fuchsgeschmack in *Vitis labrusca* am ausgeprägtesten. Unglücklicherweise muß *V. labrusca* ihre Erbanlagen auch der Catawba-Rebe mitgeteilt haben, und sie muß wenigstens ein Elternteil der Concord-Rebe gewesen sein. Auch wurde sie von den Züchtern, die viele andere amerikanische Reben hervorbrachten, beispielsweise die Delaware-Rebe, immer wieder verwendet.

Da diese aber die besten Reben waren, die den Amerikanern zur Verfügung standen, so bauten die Amerikaner sie auch an. In New York, New Jersey, Virginia und vor allem in Ohio entstanden Weinberge. Cincinnati-Ohio ist die Geburtsstätte des ersten kommerziell erfolgreichen amerikanischen Weins – es war Nicolas Longworth's berühmter Sparkling Catawba.

Die Freude war nur von kurzer Dauer. Rebenkrankheiten, der Bürgerkrieg und schließlich Longworth's Tod im Jahr 1863 machten mit Cincinnati als Konkurrenten für Reims ein Ende. Aber der Stein war ins Rollen gekommen. Die Champagner-Kellermeister Longworth's fanden bald neue Brotgeber: die neuentstandene Pleasant Valley Wine Co. in Hammondsport an den Finger Lakes im Staat New York. Jetzt hatte der amerikanische Wein sein Zuhause gefunden.

Im 17. Jahrhundert hatten die Jesuitenpater Reben nach Mexiko mitgebracht, um ihren Meßwein bereiten zu können. Ihre ursprüngliche Rebe, bekannt unter dem Namen «Mission» (vermutlich ein Sämling, denn in Europa ist sie unbekannt), gedieh in Baja California prächtig. 1767 wurden die Jesuiten aus Mexiko vertrieben und zogen an der Küste entlang nordwärts. In San Diogo Mission soll Vater

Der Ungar Agoston Haraszthy führte um 1840 Unmengen neuer Rebensorten in Kalifornien ein und gab damit dem kalifornischen Weinbau den entscheidenden Anstoß.

Frank Schoonmaker, Schriftsteller und Weinhändler, förderte nach der Prohibition die Erzeugung sortenreiner Weine in Kalifornien.

Philipp Wagner, Schriftsteller und Weinerzeuger, führte in den Staaten im Osten der USA die Hybrid-Rebe ein – eine epochemachende Tat in der amerikanischen Weingeschichte.

In der landwirtschaftlichen Versuchsstation legte Eugene Hilgard 1880 den Grundstein zum wissenschaftlich betriebenen Weinbau in Kalifornien.

James D. Zellerbach wirkte als Pionier für die Verwendung französischer Eichenfässer zur Lagerung kalifornischer Weine.

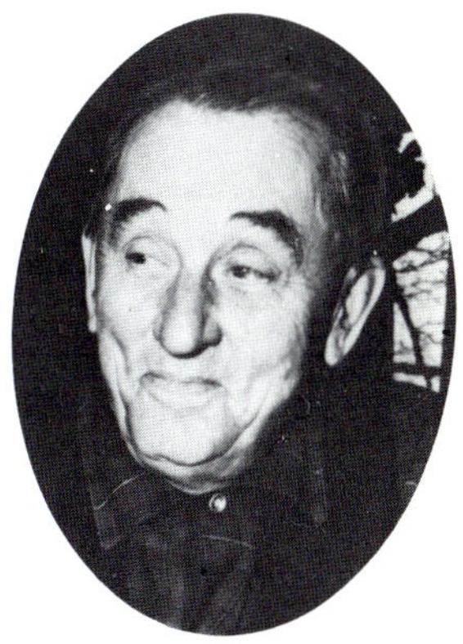

Dr. Konstantin Frank bewies, daß im Finger Lakes District von New York guter Wein auch aus europäischen Trauben erzeugt werden kann.

Junípero Serra die ersten Reben in den kalifornischen Boden gepflanzt haben.

Hier gab es nicht die Schwierigkeiten wie an der Ostküste. *Vitis vinifera* hatte ihr Gelobtes Land gefunden. Die Rebe zog mit den Missionsstationen an der Küste entlang nach Norden und gelangte 1805 in Sonoma an ihren nördlichsten Punkt. Obwohl die Missionen dort wieder zurückgingen, blieb der Weinbau und florierte.

Jean-Louis Vignes brachte aus Europa bessere Reben als die Mission mit nach Los Angeles. Der Goldrausch führte große Menschenmassen ins Land. Um 1850 übernahm eine etwas dunkle Gestalt, Agoston Haraszthy, die Führung und gewissermaßen die Organisation der neuen Weinbauindustrie und brachte selbst 100000 Stecklinge unzähliger Sorten aus Europa mit.

Somit hatte Amerika um die Mitte des 19. Jahrhunderts zwei Weinbau-Industrien, zwischen denen Welten lagen. Das ist heute noch so. Beide schleppten sich durch die katastrophale Zeit der Prohibition, indem sie Meßwein (sogar Meß-Sekt) erzeugten und Traubensaft mit der unheilverkündenden warnenden Aufschrift «Achtung – keine Hefe beifügen, Inhalt gärt sonst!» verkauften. Nach dem Ende der Prohibition brauchten sie ein Jahrzehnt, um wieder auf die Füße zu kommen, und die Amerikaner brauchten mehr als eine Generation, um wieder zum regelmäßigen Weintrinken zurückzufinden. Heute ist die Szene mit hektischer Aktivität und mit Experimenten angefüllt; Weingärten werden angelegt (in vielen Fällen neu angepflanzt), und zwar nicht nur in Kalifornien und New York sondern (wie die Karte zeigt) in gut der Hälfte aller anderen Staaten der USA.

An der Westküste sind die Staaten Washington und Oregon überzeugt, daß bei ihnen mindestens so guter Wein wie in Kalifornien wachsen kann. Die Verhältnisse sind allerdings schwieriger. Der Küstengürtel ist regenreich, wahrscheinlich allzu regenreich, und das große Yakima-Tal im Regenschatten der Cascades ist so trocken, daß hier bewässert werden muß, und zugleich sind hier die Winter außerordentlich kalt. Freilich sind hier bisher hauptsächlich die widerstandsfähigen Concord-Reben angepflanzt worden, aber St. Michelle und Boordy Vineyards haben in Washington schon gute Vinifera-Weine hervorgebracht. Der St. Michelle Riesling kommt der deutschen Art näher als jeder kalifornische Wein, und Hillcrest in Roseburg im Umpqua-Tal in Oregon macht sich mit Riesling- und Chardonnay-Weinen einen Namen.

In Kanada gibt es sowohl in British Columbia als auch in Ontario Weinberge. In British Columbia stützt sich der Weinbau auf die amerikanischen Reben, daneben werden nur wenige Hybriden angebaut.

Die Provinz hat sich eine Art Appellation Contrôlée geschaffen: «Ontario Superior» für Tischweine aus bestimmten Traubensorten.

Kalifornien

Kalifornien genießt eine Vorzugsstellung unter den Weinbaugebieten der Neuen Welt: vor allem aufgrund seiner klimatischen, aber auch wegen seiner gesellschaftlichen Verhältnisse. Daß hochzivilisierte Länder die Weiterentwicklung der Weinbaukunst verlangen und fördern, haben Frankreich und Deutschland schon vor langer Zeit bewiesen. Heute ist Nordkalifornien eines der führenden Kulturzentren der Welt. Die vielen Weinkenner fordern die Erzeuger zu ständigen Qualitätsverbesserungen heraus.

Die besten kalifornischen Weine zählen heute zur Weltspitzenklasse. Noch bedeutsamer aber ist, daß Kalifornien entdeckt hat, wie man einen *guten* einfachen Wein billig und beständig erzeugt. Da also sowohl die Spitzenweine als auch die gewöhnlichen Weine in jeder Hinsicht hervorragend sind und sich der Markt rasch ausweitet, haben wir es hier zweifellos mit einem der großen Weinländer von morgen zu tun.

Im Augenblick ist die kalifornische Gesamterzeugung noch nicht sehr groß: ein Viertel der spanischen und nur ein kleiner Spritzer im Vergleich zur italienischen oder französischen. Doch neue Kulturen werden in großer Zahl angelegt.

Das Anbaugebiet läßt sich grob in ein Küsten- und ein Binnengebiet einteilen. Das Landesinnere ist sehr heiß und erzeugte nur einfache Weine, bis die neuen Verfahren Qualitätsverbesserungen herbeiführten. Die einzelnen Küstenbezirke unterscheiden sich stark untereinander. Das Viticulture and Enology Department der University of California hat den Staat nach der sogenannten Wärme-Sonneneinfalls-Methode in fünf Zonen eingeteilt, von denen die kälteste Nordeuropa klimatisch am nächsten kommt.

Dieses Önologie-Institut hat immer die These vertreten, man könne nur dann weitere Fortschritte erzielen, wenn man die richtige Rebsorte am richtigen Platz anbaue. Es erteilt konkrete Ratschläge und hat erreicht, daß sich das Interesse auf die Frage der Rebsorten konzentriert hat. Dies vor allem hat dazu geführt, daß man sich immer mehr von den «generischen» (z. B. Chablis, Rhein) Weinbezeichnungen getrennt hat. Heute sind die Rebsorten der Schlüssel zum kalifornischen Wein. Eines Tages wird sich jeder Bezirk auf eine Rebsorte spezialisiert haben.

Bis dahin ist allerdings noch ein weiter Weg. Manche große Weinkellerei klebt nach wie vor «Chablis»- oder «Rhein»-Etiketten auf Wein aus ein und demselben Faß. Und das Gesetz verlangt weiterhin nur, daß nach Traubensorten benannte Weine zu mindestens 52% aus der angegebenen Sorte bestehen müssen.

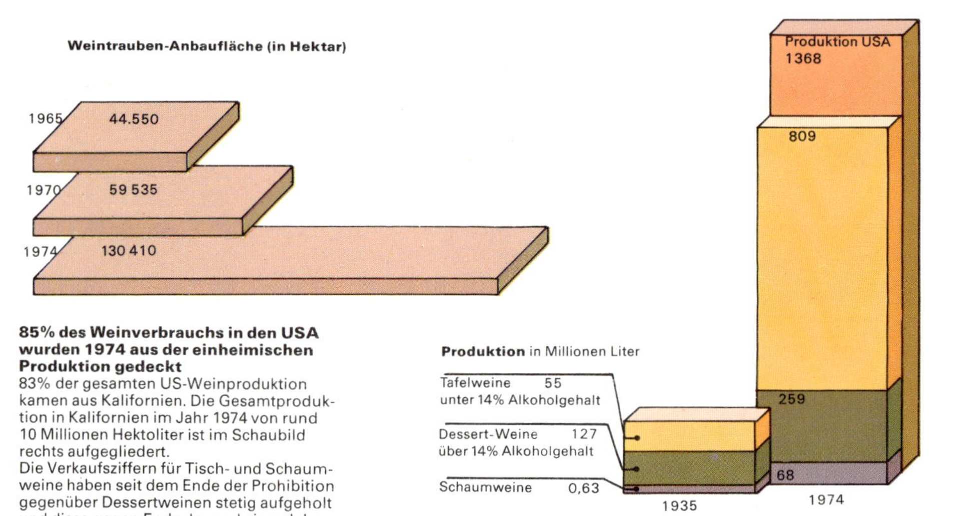

85% des Weinverbrauchs in den USA wurden 1974 aus der einheimischen Produktion gedeckt
83% der gesamten US-Weinproduktion kamen aus Kalifornien. Die Gesamtproduktion in Kalifornien im Jahr 1974 von rund 10 Millionen Hektoliter ist im Schaubild rechts aufgegliedert.
Die Verkaufsziffern für Tisch- und Schaumweine haben seit dem Ende der Prohibition gegenüber Dessertweinen stetig aufgeholt und diese gegen Ende der sechziger Jahre überholt.

Kalifornischer Wein-Führer

Nachstehend werden 17 der besten, von der Universität Kalifornien empfohlenen Sorten mit den Klimazonen (Seite gegenüber) beschrieben, und der normale Ertrag pro acre (1 acre = 40,47 a). Eine Tonne Trauben ergibt ungefähr 606 Liter Wein. 5 Tonnen/acre = 3030 Liter/acre oder ungefähr 73 Hektoliter/Hektare. Kleinerer Ertrag bedeutet meistens bessere Qualität. Die Anbaufläche (1975) der führenden Regionen ist bei jeder Sorte am Schluß erwähnt.

Barbera (Regionen 3–4; 5–8 Tonnen). Dunkler Rotwein (italienische Art) mit einem auch in sehr warmen Lagen gut ausgewogenen Säuregehalt. Fresno 5.694; Kern 4.313; Madera 3.751

Cabernet Sauvignon (Regionen 1–2; 4–6 Tonnen) Der beste Rotwein: aromatisch, fruchtig, trocken, langlebig. Muß mindestens vier Jahre altern. Monterey 5.634; Napa 5.209; Sonoma 4.164; Santa Barbara 1.889

Chardonnay (Regionen 1–2; 4–6 Tonnen) Der beste Weißwein: trocken aber voll und saftig; duftend; Traubengeschmack; wird bei kurzer Eichenlagerung besser; langlebig. Monterey 2.929; Napa 2.249; Sonoma 1.808

Chenin Blanc (Region 1; 6–10 Tonnen) (Manchmal fälschlich White Pinot genannt; es ist nicht Pinot Blanc). Im Bergland zuweilen ausgeglichener, voller aber herber Wein. Oft nicht sehr ausgeprägt. Kern 4.844; Fresno 2.373; Merced 2.377; Monterey 2.092

French Colombard (Regionen 3–4; 6–10 Tonnen) Ziemlich neutraler, trockener und zu Verschnittzwecken verwendeter Weißwein; in kühleren Gegenden frisch und unverschnitten ansprechend. Fresno 5.835; Kern 4.995; Madera 3.365; Merced 2.509

Gamay (auch als Napa-Gamay bekannt) (Regionen 1–2; 6–9 Tonnen) Die echte französische Gamay-Traube eignet sich eigentlich nur für die Kelterung des Rosé. Monterey 1.218; Napa 1.006; Kern 425; Sonoma 328

Gamay Beaujolais (Regionen 1–2; 3–4 Tonnen) Eine Art Pinot Noir; leichter Rotwein, nicht mit dem französischen Beaujolais vergleichbar. Monterey 1.223; Napa 603; Mendocino 589; San Benito 518

Gewürztraminer (Region 1; 4–6 Tonnen) Mild, oft leicht süßer, ausgeprägt würziger Weißwein. Monterey 795; Sonoma 473; Napa 300

Grenache (Region 2; 5–9 Tonnen) Sehr gut als Rosé; der helle körperreiche Rotwein wird als Verschnittwein verwendet. Madera 3.967; Kern 3.578; Fresno 3.041

Petite Sirah (auch Shiraz genannt) (Region 2; 4–8 Tonnen) Dunkelrot, stark, gerbstoffreich und langlebig. Monterey 2.234; Kern 1.887; Fresno 1.358; Sonoma 1.194

Pinot Blanc (Region 1; 4–6 Tonnen) Fruchtig, trocken, mittlere bis gute Qualität. Monterey 670; San Benito 180; Sonoma 74

Pinot Noir (Region 1; 3–4 Tonnen) Guter, eher leichter Rotwein mit ausgeprägtem Traubenaroma; selten ausgesprochen erstklassig in Kalifornien. Monterey 2.590; Napa 2.526; Sonoma 2.523; Santa Barbara 826

Ruby Cabernet (Regionen 3–4; 6–8 Tonnen) Neue, in heißen Gebieten einen guten trockenen Tischwein ergebende Sorte; recht gut, aber nicht hervorragend. Kern 4.802; Fresno 4.014; Madera 2.525

Sauvignon Blanc (Regionen 2–3; 4–7 Tonnen) Guter bis sehr guter erdig-fruchtiger, trockener Weißwein. Monterey 1.027; Napa 534; Merced 390

Semillon (Regionen 2–3; 4–6 Tonnen) Mittelsüßer bis süßer goldfarbener Weißwein; manchmal ausgezeichnet. Kern 670; Stanislaus 504; Monterey 519

White Riesling (auch Johannisberg Riesling genannt) (Regionen 1–2; 4–6 Tonnen) Aromatischer, fruchtiger, herber, aber oft weicher erstklassiger Weißwein. Monterey 2.374; Napa 1.414; Santa Barbara 1.009; Sonoma 814

Zinfandel (Region 1; 4–6 Tonnen) ‹Kalifornischer Beaujolais›; himbeerartig, würzig und gut; auch als Verschnittwein verwendet. San Joaquin 10.927; Sonoma 3.721; San Bernardino 3.303; Monterey 3.194; Napa 1.315

Die Klimazonen des kalifornischen Weinbaus
In Kalifornien herrschen sehr unterschiedliche klimatische Bedingungen. Anhand der Anzahl der sogenannten Grad-Tage vom 1. 4. bis zum 31. 10. hat man seine Weinbaubezirke in fünf Regionen eingeteilt. Die Grad-Tage (oberhalb 50° F = + 10° C) wurden wie folgt errechnet: Betrug das Temperaturmittel in einem Zeitraum von fünf Tagen beispielsweise 70° F, so ergab dies (70–50 = 20) x 5 = 100 Grad-Tage.

Region I	2500 Grad-Tage oder weniger
Region II	2501 bis 3000 Grad-Tage
Region III	3001 bis 3500 Grad-Tage
Region IV	3501 bis 4000 Grad-Tage
Region V	mehr als 4000 Grad-Tage

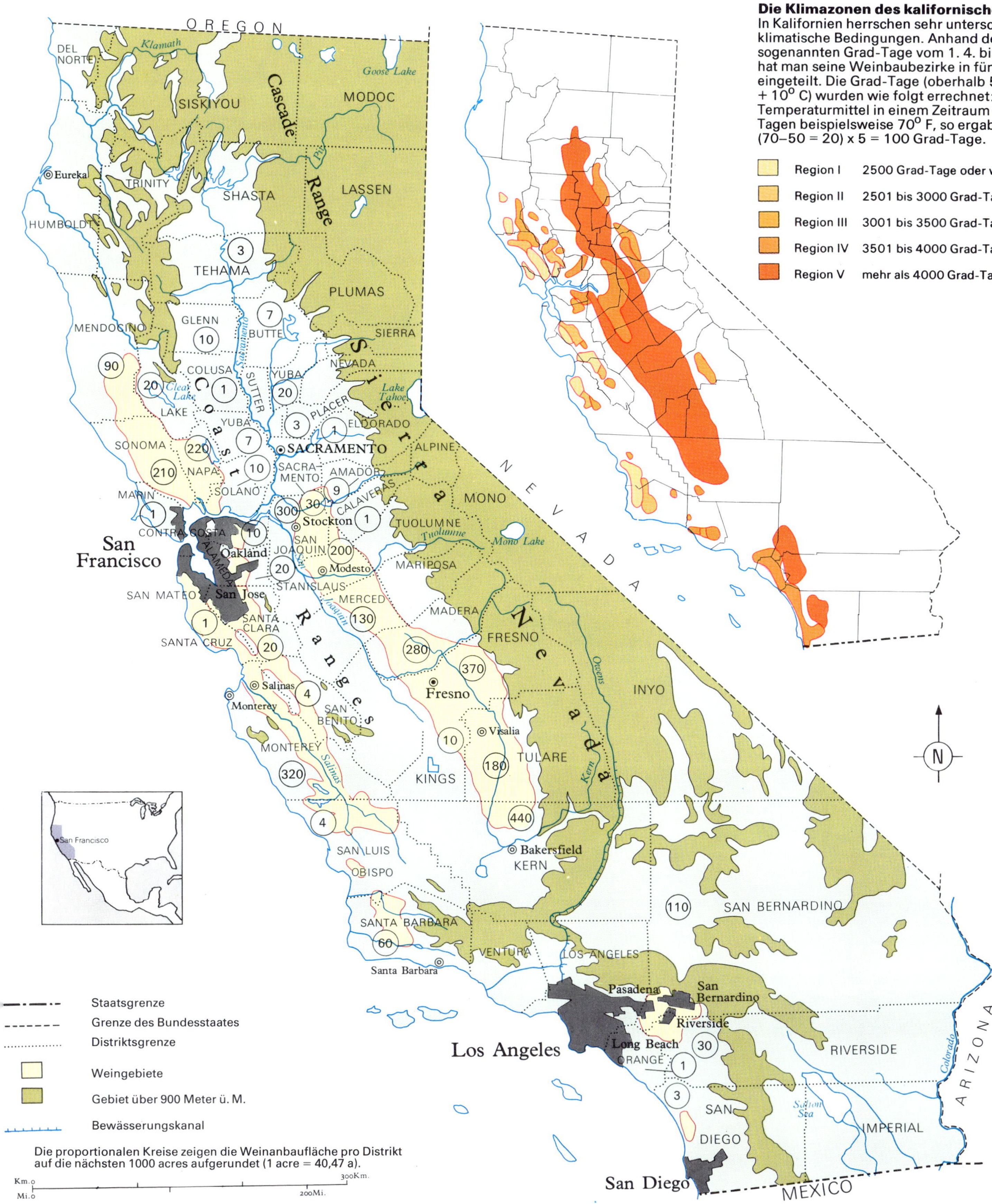

Russian River

Das kalifornische Küstenklima ist ungewöhnlich. Nördlich der Bai ist es zunächst kühl, wird dann aber nach Norden zu rasch wärmer. Die Gegend von Santa Rosa ist noch als Region 1 eingestuft, 50 km weiter nördlich, bei Asti, herrschen jedoch schon die Bedingungen der Region 3: das bedeutet vorwiegend Rotweinanbau.

Seit jeher kommt aus dem Einzugsgebiet des Russian River ein guter Tischwein, der in Massen von den Großen Firmen des Central Valley gekeltert wird. Es ist auch das Hauptanbaugebiet der ausgezeichneten Gallo-Standardweine. Das berühmteste Weingut ist die Italien Swiss Colony, I.S.C., gegründet 1881 in Asti durch die Familie Rossi, die auch heute noch zu den größten amerikanischen Weinkellereien gehört und als ein Pionier der fruchtigen Weine angesprochen werden kann.

Die Weinberge der Firma Korbel liegen zwischen den Stümpfen eines ehemaligen Rotholzwaldes in den Mäandern des Russian River. Selbst in Kalifornien dürfte es nur wenige so schöne Weinberge geben. Ihre Spezialität sind «Champagner» und Weinbrand. Korbel Brut ist sicher einer der besten Schaumweine Kaliforniens, was schon etwas bedeuten will. Über die Region hinaus bekannt sind noch die kleinen Familienunternehmungen Pedroncelli und Parducci.

In den letzten fünf Jahren hat sich der Sinn für den Reiz und die Möglichkeiten der Weinbereitung vom Napa-Tal aus über das Russian-River-Becken verbreitet. Das Alexander-Tal, dessen beste Qualitätsweine kaum zehn Jahre alt sind, ist bereits eine respektheischende Appellation. Simi ist typisch für die verschlafenen, in Stein gebauten Kellereien, die heute zu neuem Leben erwachen. Souverain dagegen ist charakteristisch für den neuen Typus, der nach dem Motto «Kosten spielen keine Rolle» arbeitet. Die Weintechnologie hat derartige Fortschritte gemacht, daß saubere, saftige Weine im neuen Stil ohne weiteres erreichbar sind. Was sich daraus von selbst ergibt, ist faszinierend in dem Maße, wie die Weinerzeuger die vollen Möglichkeiten ihrer Weingärten und Gärtanks richtig einzuschätzen wissen.

Sonoma Vineyards ist in dieser Gegend bereits ein Name mit gutem Klang. Cambiaso, Foppiano und Nervo sind kleinere Weinproduzenten, die aber ebenfalls mit der Zeit gehen.

Eine Firma, die bewußt Neuland betritt, ist die Firma Parducci, deren Anbauflächen bei Ukiah im Bezirk Mendocino liegen (nördlich von Cloverdale, auf der Karte rechts nicht mehr verzeichnet). Ukiah liegt in der Region 3, aber die Parduccis pflanzen ihre Reben auch in den benachbarten Tälern an, und zwar in verschiedenen Lagen und Höhen, um alle Möglichkeiten des Mendocino-Bezirks zu testen. Seit kurzem befassen sich auch die Firmen Cresta Blanca in Livermore und Weibel in San José mit ähnlichen Versuchen.

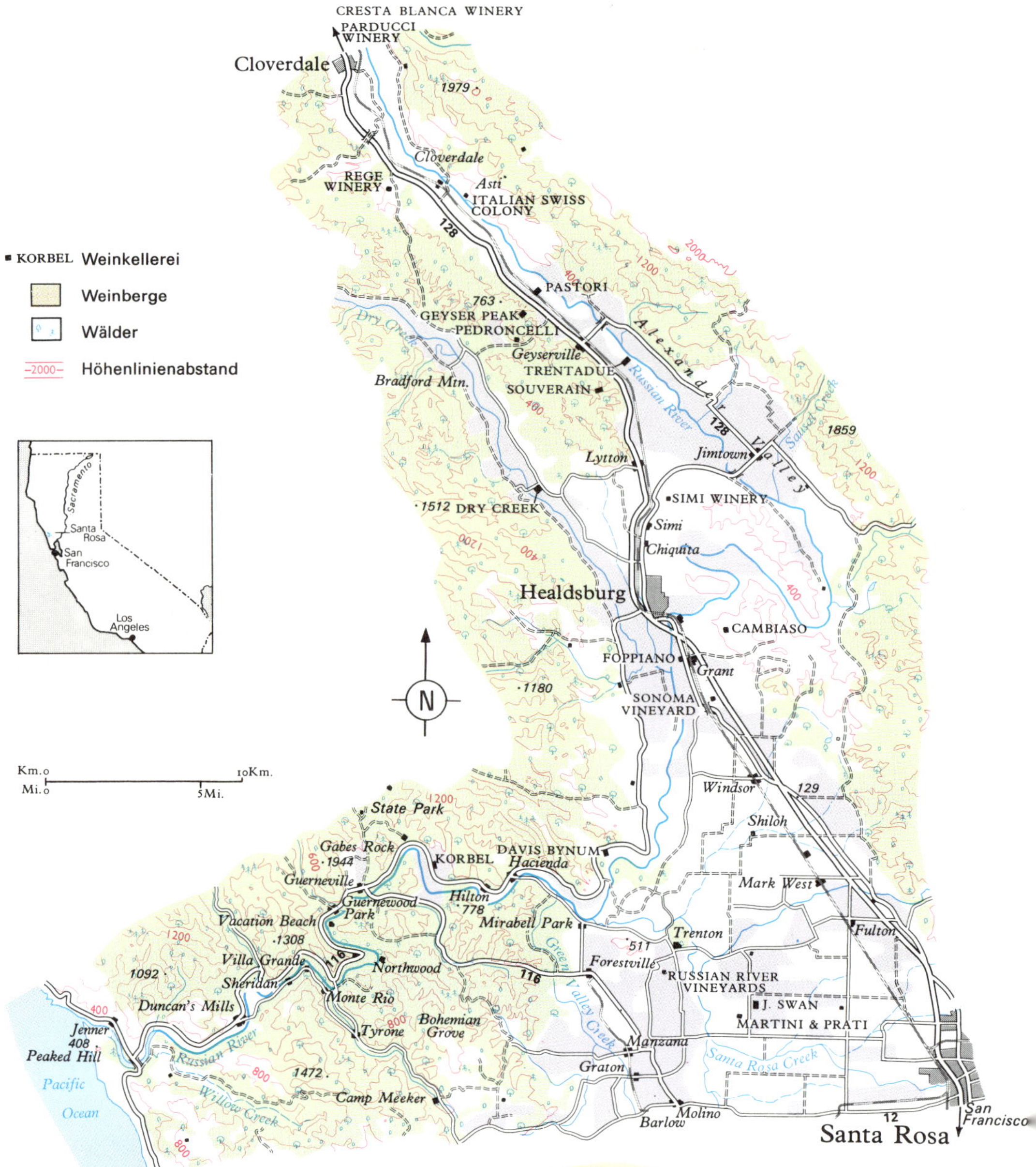

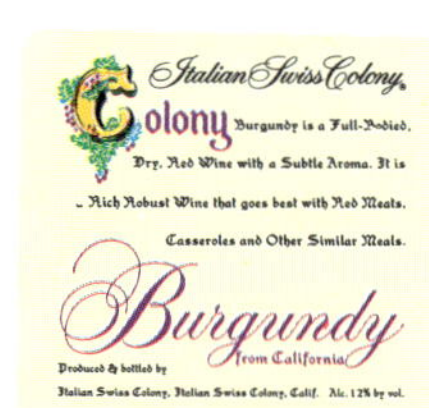

Das Napa-Tal

Links: Das Weingut Joseph Phelps besteht aus einem mit viel Phantasie gebauten Rotholz-Gebäude. Oben: Sein Nachbar, das aus Steinen erstellte Weingut Heitz in Spring valley. Zwei der besten Beispiele für den Napa-Stil: handwerkliche Tüchtigkeit in einem idyllischen Rahmen.

Das Napa-Tal ist heute Symbol und Zentrum der Spitzenweinerzeugung in Kalifornien. Doch hat es keineswegs ein Monopol darauf. Aber mit seinen Weinen, seinen Winzern und der fast idyllischen Golden-Age-Atmosphäre, die es von einem grünen Berghang bis zum anderen erfüllt, spricht es die Phantasie an und bleibt im Gedächtnis haften.

Die meisten Rebflächen liegen auf der fast ebenen Talsohle. Realistischerweise zählt man die Weinberge der alten Stadt Sonoma, der proklamierten Hauptstadt der nie zustande gekommenen Republik Kalifornien, zu diesem Komplex hinzu, obwohl sie jenseits der Mayacamas-Berge liegen. Auf diesen Bergen befinden sich einige der besten «Napa»-Lagen, und man wird sicherlich in diesem Gebirge wie an dessen südlichen Ausläufern an der Bucht von San Franzisko den Anbau in Zukunft noch erweitern.

In Sonoma ist das berühmteste Weingut aus der kalifornischen Frühzeit: die von Oberst Agoston Haraszthy 1857 begründete Buena-Vista-Lage. Sie wird seit 1943 wieder bewirtschaftet und liefert heute guten Tischwein, darunter den Zinfandel, den es nur in Kalifornien gibt und den man den kalifornischen Beaujolais nennt.

Das sehr kleine, auf Spitzenweine spezialisierte Weingut Hanzell nördlich Sonoma liefert einen hervorragend vollmundigen und kräftigen Chardonnay und Pinot Noir. Ein rein italienischer Familienbetrieb ist Sebastiani, dessen Visitenkarten ein roter Barbera und (weißer) Green Hungarian sind: rassige, zu italienischen Gerichten, Olivenöl, Schinken und Käse passende Weine.

Das typische Napa-Tal-Weingut liegt abseits der Straße inmitten seiner Reben, bewirtschaftet aber noch weitere, in der Ebene und in den Bergen verstreut liegende Rebflächen.

Das Tal gliedert sich in zwei Klimazonen. Die Region 1 reicht von Napa bis Rutherford und ist die kühlere; Region 2, ein wenig wärmer, schließt sich nördlich daran an, und man sollte meinen, hier läge das Schwergewicht mehr auf Rot- als auf Weißwein. Tatsächlich aber hängt sehr viel von der Höhe der Lagen ab: einige am Nordrand des Gebiets, u. a. Souverain und Stony Hill, sind für ihre Varietal Wines (nach einer bestimmten Traubensorte benannte Weine) bekannt, und Schramsberg und Kornell sind auf «Champagne» spezialisiert.

Das südlichste Weingut auf der Talsohle ist die nagelneue Mondavi-Anlage nördlich von Oakville. Die beiden nächsten Rebflächen an der Talstraße zählen zu den bekanntesten des Napa-Tals. Beide gehören heute der gewaltigen Heublein Corporation, halten aber an ihrer Tradition fest und erzeugen Napa-Wein allerbester Qualität, besonders Cabernet Sauvignon: dunkel, fett und elegant – mehr als jeder andere in Kalifornien ein Wein zum Hinlegen.

Vor St. Helena kommt ein kleines Ausstellungsgebäude der angesehenen Kellerei Heitz – und dann die großen schlichten Hallen des Hauses Louis M. Martini, des in vielerlei Hinsicht führenden Weingutes in Kalifornien überhaupt. Martini zeichnet sich besonders durch seine Spitzenweine (vor allem Cabernet und Chardonnay), aber auch seine überraschend guten «Krugweine», Mountain Red und Mountain White, aus, die zu den vorteilhaftesten Weinkäufen der ganzen Welt zählen dürften.

Hinter St. Helena liegen die letzten beiden großen Weingüter des Tals: das hervorragende Haus Charles Krug (mit einem breiten Fächer gut durchschnittlicher Varietals) und das kürzlich von der Firma Nestlé gekaufte Weingut Beringer Brothers.

Hier verengt sich das Tal, und die Landschaft wird immer schöner. Eichen und Kiefern, Bäche, eine reiche Vogelwelt, Obstbäume und sonnige Wiesen füllen das Tal bis zu dem kleinen Erholungsort Calistoga und weit darüber hinaus. Unten im Tal gibt es hier nur noch die beiden Weingüter Freemark Abbey, neu und mit sehr hohem Qualitätsniveau, und die Larkmead Winery von Hanns Kornell.

Doch oben in den Wäldern liegen Stony Hill, Souverain und Schramsberg, drei der besten Napa-Namen. Noch höher, auf einem Berg im Südwesten ganz für sich allein und mit einem überwältigenden Blick auf den Lake Hennessey, den Mount Helena und das Napa-Tal, bewirtschaftet das neue Weingut Chappellet einen ansehnlichen, amphitheatralisch angelegten Weinberg. Die dort erzeugten Chenin Blanc und Cabernet dürften durchaus zu den künftigen klassischen Weinen Kaliforniens gehören.

Napa-Tal: Die Qualitätsfaktoren

Es wird gern behauptet, daß in Kalifornien jedes Jahr ein guter Jahrgang sei. Soweit es sich um das Central Valley handelt, stimmt es auch, daß die Trauben gleichmäßig reifen und der Wein aus einem Jahr so ziemlich gleich ist wie der aus einem anderen. Die Weinbaugebiete in den Küstenlandstrichen aber haben ungünstigere Witterungsbedingungen, ein unterschiedlicheres Kleinklima und verschiedenartigere Bodenstrukturen, als daß solche Verallgemeinerungen gültig wären.

Zur Zeit steckt noch alles im Experimentalstadium. Nur ein paar einzelne Lagen haben sich schon den Ruf schaffen können, daß auf ihnen bestimmte Reben ganz besonders gut gedeihen.

Die Karten auf dieser Seite stellen den ersten Versuch dar, die Qualitätsfaktoren für einen kleinen Bereich, nämlich das nördliche Napa-Tal, im Detail aufzuzeichnen. Sie wurden speziell für unseren Atlas von James Lider, jahrelang offizieller landwirtschaftlicher Berater in diesem Gebiet, in Zusammenarbeit mit seinem Bruder Lloyd Lider von der University of California in Davis ausgearbeitet.

Drei variable Faktoren beeinflussen die Entscheidung des Winzers, welche Reben er an welchen Stellen anpflanzen soll. Der erste Faktor ist der Boden. In diesem Bereich gibt es zwei hauptsächliche Bodentypen: den «Hanglagenboden», einen sandigen Lehm, der guten Wasserabzug hat und sich rasch erwärmt, an den unteren Hängen der umliegenden Berge; und dann den schwereren Tonboden in der Talsohle.

Der zweite Faktor ist die Durchschnittstemperatur, in Kalifornien nach der auf Seite 229 beschriebenen Methode gemessen. Schon in diesem kleinen Bereich von 26 auf 7,5 km lassen sich drei verschiedene Temperaturzonen unterscheiden.

Der dritte Faktor ist die Gefährdung durch vernichtende Spätfröste im Frühjahr, die sich auf der Talsohle am schlimmsten auswirken, weil sich die kalte Luft hier absetzt.

Das höchste Qualitätspotential besitzen diejenigen Rebflächen, die auf dem Hanglagenboden angelegt und wenig durch Fröste gefährdet sind (dies trifft meist zusammen), sofern sie mit den für die jeweilige Temperaturzone am besten geeigneten Reben bepflanzt wurden.

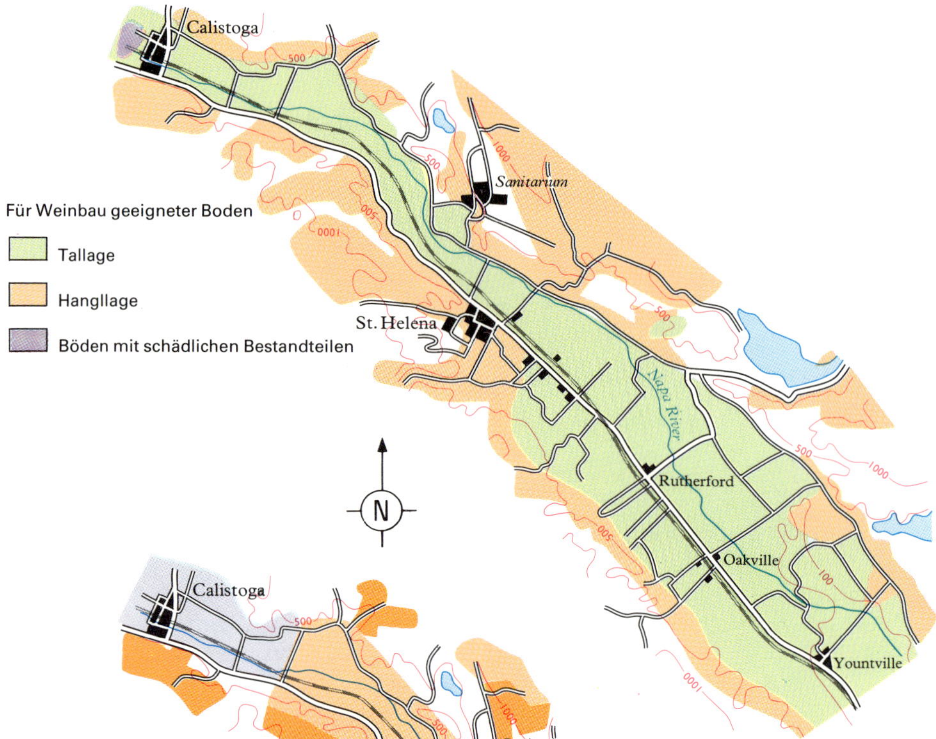

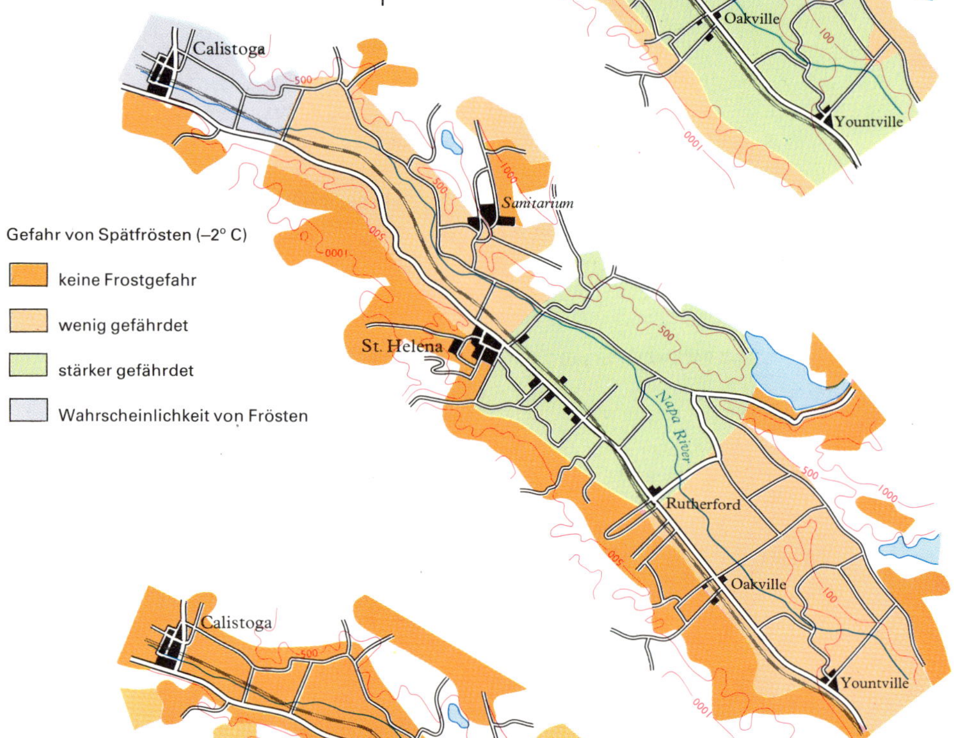

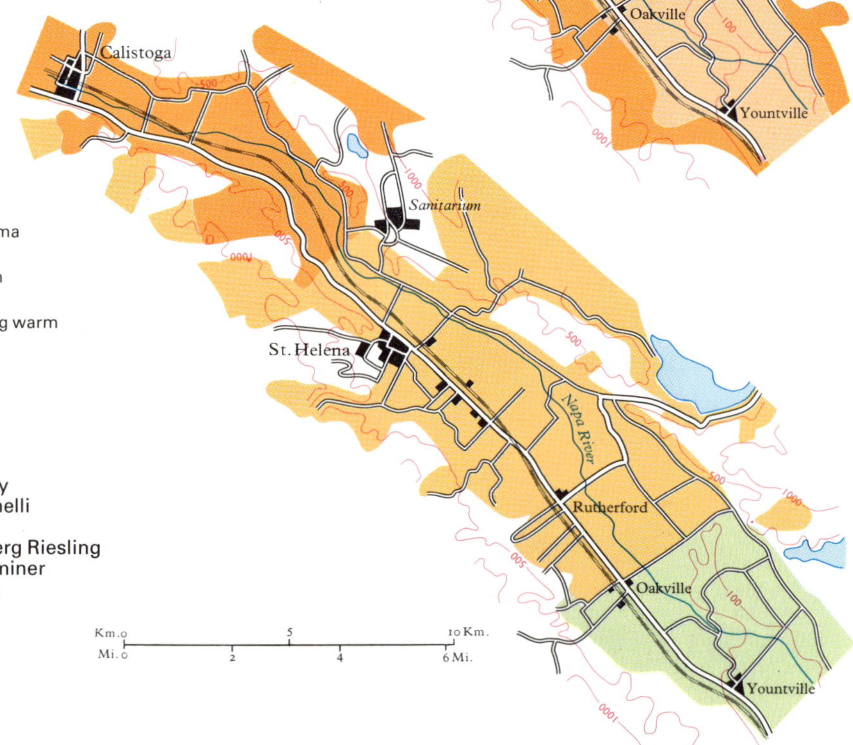

Einige Rebensorten, die sich für die drei Temperaturzonen im Napa-Tal eignen:

Warm	Mäßig warm	Kühl
Petite Sirah	Cabernet Sauvignon	Chardonnay
Zinfandel	Zinfandel	Muscat Canelli
Cabernet Sauvignon	Semillon	Silvaner
Sauvignon Blanc	Refosco (Mondeuse)	Johannisberg Riesling
Barbera	Napa Gamay	Gewürztraminer
Grenache	Merlot	Pinot Blanc
Gamay	Gamay Beaujolais	Pinot Noir
Carignan	Chenin Blanc	
	Grauer Riesling	

Unten: Die besten Napa-Tal-Weine sind unter den roten der Cabernet Sauvignon, unter den weißen der Johannisberg Riesling und Chardonnay. Auch Napa-‹Champagne› kann außerordentlich gut sein.

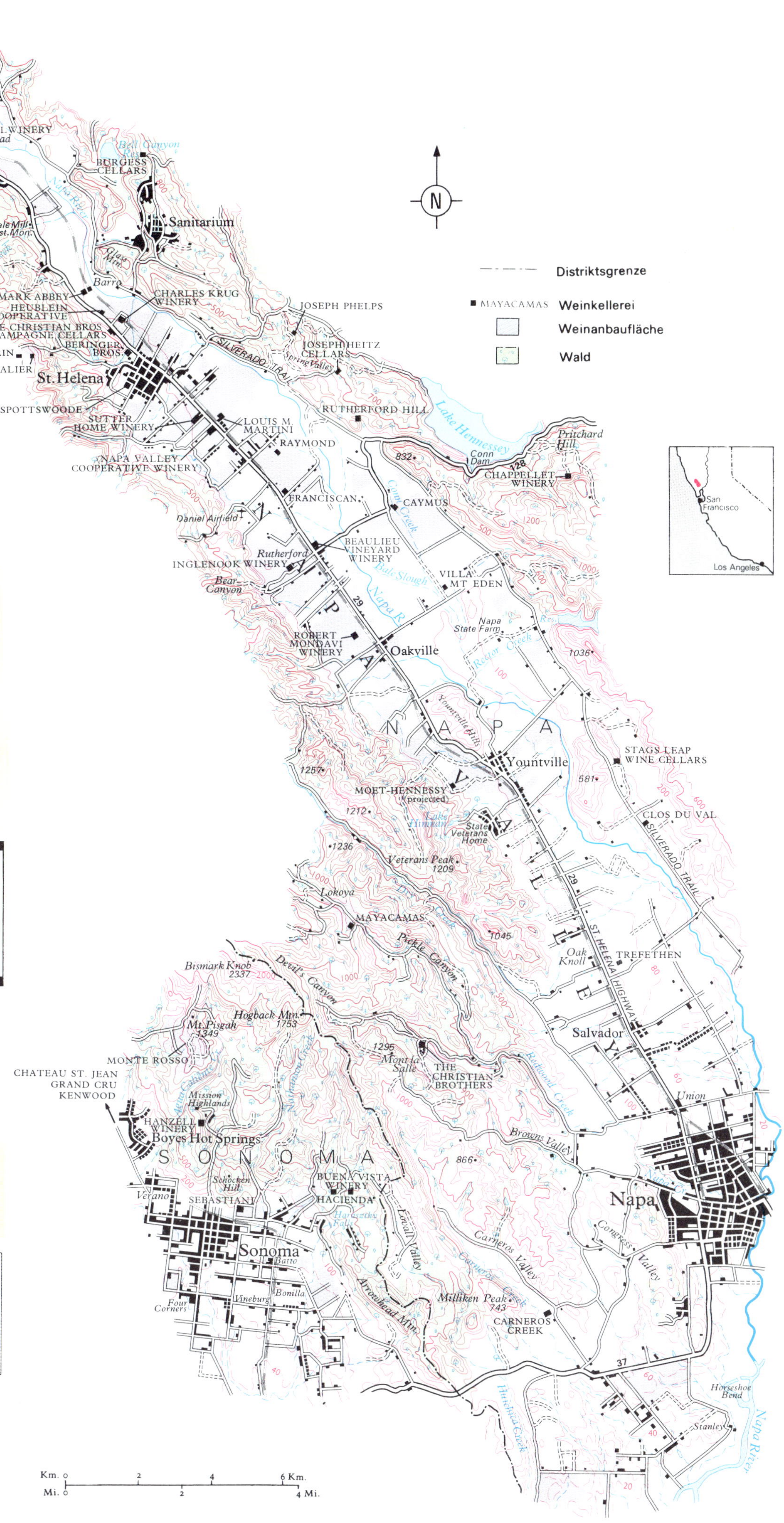

Central Valley

Vier von fünf Flaschen kalifornischen Weins kommen aus dem San Joaquin Valley alias Central Valley. Anders gesagt: Wenn man den ganzen Wein Amerikas in eine Flasche füllen könnte, dann würde alles bis auf ein Glas und ein bißchen aus diesem gigantischen Weingarten stammen.

Hier ist alles anders als im Bergland an der Küste. Hier wächst alles. Der Boden, reiche Flußablagerung, ist fruchtbar und über 600 km in Nord-Süd-Richtung und bis zu 150 km in Ost-West-Richtung völlig flach. Hier steht die Rebe neben Obstbäumen und trägt Tafeltrauben und Rosinentrauben neben Weintrauben.

Das Klima ist zuverlässig, stetig, oft drükkend heiß. Über den größten Teil des Tals hinweg schirmen die Berge entlang der Küste gegen alle Einflüsse des pazifischen Ozeans ab. Auf der Skala der University of California wird es weitgehend als Region 5 geführt. Das natürliche Produkt eines solchen Klimas besteht aus Trauben mit immens hohem Zuckergehalt und praktisch keiner Säure. So war das beste, was das Tal leisten konnte, schwerer, süßer Wein, bis ihm schließlich die Technologie zu Hilfe kam.

Noch vor 50 Jahren tranken die Amerikaner zu 70% schweren Wein und zu 30% leichten Tafelwein. Heute hat sich das Verhältnis umgekehrt. Das Central Valley hat sich mit unglaublicher Schnelligkeit und größtem Erfolg an die neue Nachfrage angepaßt. Die Universität Kalifornien lieferte die Mittel dazu in Form neuer Traubensorten, neuer Anbaumethoden und neuer Weinerzeugungstechniken – ganz abgesehen von den neuen Weinfachleuten.

Verschiedene der neuen Sorten, vor allem Emerald Riesling und Ruby Cabernet, haben sich bereits als kalifornische Standardsorten durchgesetzt. Wieder andere, wie z.B. Carmine, Centurion und Carnelian (siehe Seite 24), sollen sogar noch besser sein.

Die neuen Anbaumethoden bestehen in der Hauptsache in der hohen Erziehung unter Anwendung verschiedener Hilfsmittel, um ein möglichst dichtes Laubdach über den Trauben hervorzubringen, außerdem im Versprühen von Nebeln zum Abkühlen der Weinpflanzungen bei heißem Wetter sowie in der Einführung maschineller Ernteverfahren.

In den Kellereien zeigen sich die großen Neuentwicklungen in Tanks aus Edelstahl und anderen neutralen Werkstoffen, in denen Trauben, Most und Wein gegen Sauerstoff geschützt sind, ferner in Pressen, Pumpen und Filtern verschiedenster Ausführungen – vor allem aber in der Form der Temperaturregelung.

Die Führung haben bei allen diesen Neuentwicklungen die Gebrüder Ernst und Julio Gallo übernommen, deren Familienbetrieb in Modesto das größte zusammenhängende Weinerzeugungsunternehmen der Erde ist. Schon die statistischen Daten sind überwältigend: Die Kapazität beträgt 7 Millionen Hektoliter; am Anfang der Abfüllstraße steht die größte Glasfabrik westlich des Mississippi; eine Lagerhalle mit 100000 m^2 Grundfläche faßt nur einen Vorrat für 4 Wochen. In dieser Halle können 40 Güterwagen auf einmal beladen werden.

Solche Zahlen wären für eine Bierbrauerei oder Mineralwasserfabrik schon eindrucksvoll. Denkt man aber daran, daß es sich um Wein und alles in allem sehr guten Wein handelt, dann werden sie ehrfurchtgebietend. Die Gallos haben einen großen Einfluß auf den Weingeschmack Amerikas – wie könnte es auch anders sein, da jede dritte oder vierte Flasche (genaue Zahlen sind nicht zu erhalten) aus ihrer Erzeugung stammt. Sie nehmen ihre Ver-

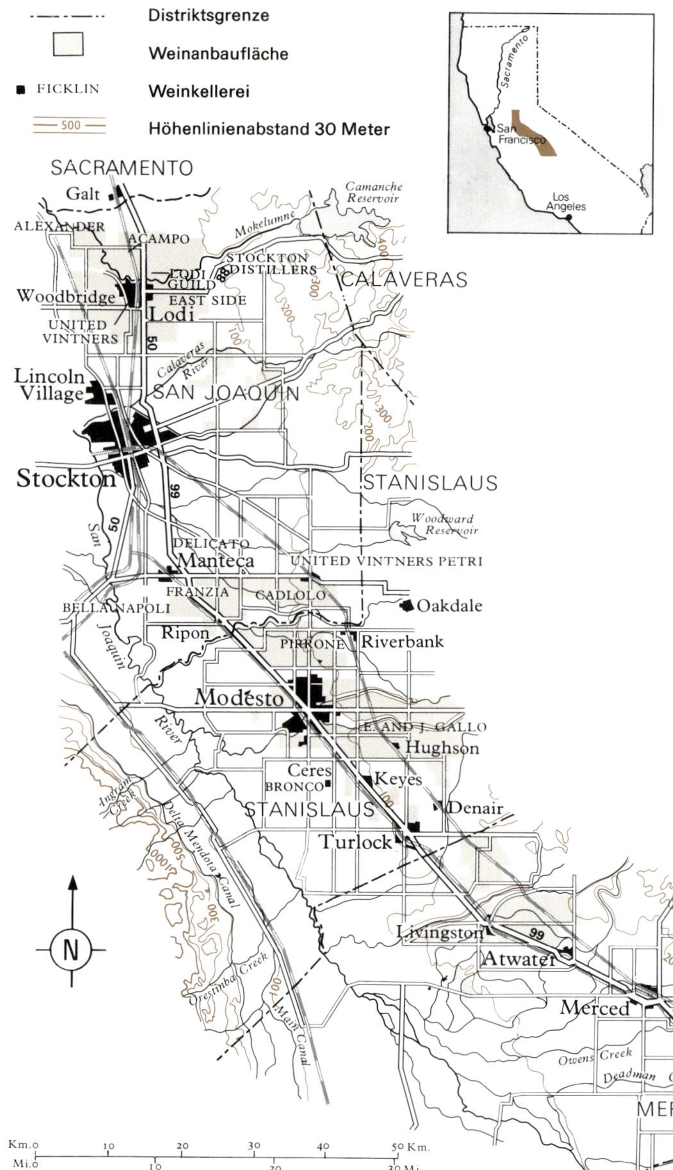

Oben: Die bizarre Silhouette alter Weinstöcke im Winter vor einem Hintergrund aus kahlen Bergen: ein vertrauter Anblick am Westrand des San Joaquin Valley.

Rechts: Der größte Weinerzeugungsbetrieb der Welt: E. & J. Gallo in Modesto. Der größte Tank hat ein Fassungsvermögen von 4 Millionen Liter. Die Lagerhalle im Hintergrund hat eine Grundfläche von 100 000 m².

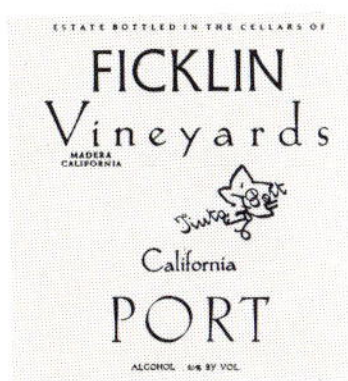

antwortung ernst und liefern vom Anfängerkurs, bestehend aus Apfelwein und anderen «Popweinen» in leicht faßbarer Form an Süße und Fruchtbarkeit, alles bis zu «Burgundern» und «Chablis» mit einem Qualitätsstandard, der mit zum Besten gehört.

Guild in Lodi ist eine Winzergenossenschaft, deren Weine im italienischen Stil (d.h. ziemlich süß) unter dem Markennamen Tavola außerordentlich beliebt sind. Die Spitzenmarke heißt Winemasters' Guild. Eine weitere große Firma ist United Vintners mit den Marken Italian Swiss Colony, Petri, Lejon und Inglenook – der Name eines Zweigbetriebs im Napa-Tal, der heute auf den Etiketten vieler Verschnittweine erscheint.

Außer den im Central Valley beheimateten Weinerzeugern pflanzen oder kaufen noch viele bekannte Firmen, deren Sitz anderswo liegt, einen großen Teil ihres Weins hier; The Christian Brothers, Paul Masson und Almaden sind Beispiele hierfür. Auch praktisch die gesamte Produktion an kalifornischem «Port», «Sherry» und Brandy beruht auf Trauben aus dem Central Valley, ganz gleich, wo sie hergestellt werden und von wem. Nur von einem Teil dieses Tals kann man sagen, daß es sich in Charakter und Stil von dem Rest unterscheidet. Es ist das nördliche Ende, wo sich der San Joaquin River nach Westen wendet und träge der Bucht von San Francisco zuströmt. Der Einfluß der hier noch weit entfernten Bucht macht sich dennoch durch viel kühlere Nächte bemerkbar, als sie es weiter im Süden sind. Lodi, das Herz dieses Weinbaugebiets, hat dementsprechend einen eigenen Namen, weil seine Tafelweine besser sind als der Durchschnitt.

Der südliche Zipfel

Das Gebiet südöstlich der Bucht von San Franzisko ist ebenso altes Weinland wie das Napa-Tal. Hier gibt es weniger Weinbaubetriebe, aber einige von ihnen zählen zu den berühmtesten Namen Kaliforniens. In jüngster Zeit wurden sie durch die explosionsartig sich ausweitende Besiedlung zur Suche nach neuen Anbaugebieten gezwungen – und dabei machten sie eine Entdeckung von Bedeutung.

Klimauntersuchungen der University of California in Davis hatten ergeben, daß die sich durch die parallel verlaufenden Gebirgszüge – Salinas, Gabilan, Santa Cruz, Diablo – zum Meer hindurch windenden Seitentäler Kaltluftkorridore sind, weil sie nahe an der See und der Bai liegen, aber gegen die dichten Pazifiknebel abgeschirmt sind. So ist es in Salinas tatsächlich, obwohl es 240 Kilometer südlich von St. Helena liegt, etwas kühler; somit könnte es für die besten Tischwein-Rebsorten sogar noch besser geeignet sein.

Das Weingut Almaden, dessen Lagen bei Los Angeles schnell von den Vorstädten verschluckt wurden, führte den Zug nach Süden an und ging nach Paicines, 300 Meter hoch im Bezirk San Benito. In jüngerer Zeit sind Paul Masson aus Saratoga, Mirassou aus San Jose und die Wente Brothers aus Livermore, alle unter dem Druck der Vorstädte, weiter nach Süden ins Salinas-Tal umgezogen. In dieser Gegend stehen jetzt schon mehr Hektar unter Reben als im Napa-Tal, und zwar sind es praktisch nur sehr gute Sorten. Die ersten Ergebnisse dieser neuen Lagen sind mehr als zufriedenstellend, und es werden dort bereits Spitzenweine erzeugt.

Die traditionellen Weinbaugebiete reichen hier nicht so weit nach Süden. Sie liegen vor allem im Livermore-Tal östlich der Bai (Kiesboden, gut für Weißwein), einem der wenigen geschlossenen Anbaugebiete Kaliforniens mit deutlich eigenständigem Charakter, ferner an den westlichen Ausläufern der Diablo-Kette, um die Städtchen südlich der Bai sowie auf dem Kamm der Santa-Cruz-Berge, von Redwood City bis zu einer bekannten Gruppe italienischer Familienbetriebe um den Hecker-Paß bei Gilroy. Man kann schwerlich sagen, diese Weine hätten Gebietscharakter. Sie reichen von den außerordentlich teuren Spitzensorten von Martin Ray bis hinunter zu dem sehr guten und billigen «Burgunder» aus Live Oaks.

Ein kleines Weingut, Chalone, hat 600 Meter hoch in den Bergen unmittelbar östlich von Soledad angefangen, wo es einen perfekten Kalkhang mit dem idealen kühlen Klima entdeckt hatte. Hier wie im Napa-Tal ist man von der Energie und dem Interesse der neuen Weinerzeuger beeindruckt und davon überzeugt, daß sie einer glänzenden Zukunft entgegengehen.

Der Zug nach Süden ist aber noch nicht zu Ende, jetzt dringt die Rebe auch in die Bezirke San Luis Obispo und Santa Barbara ein.

Oben: Weinberge und das typisch kalifornische goldene Grasland mit Gruppen dunkler Eichen.
Unten links: Traubenpflückmaschinen.
Unten: Einige bekannte Weingüter dieses Gebiets; hier liegt die Zukunft in der Spezialisierung auf erstklassige Tischweine.

Distriktsgrenze
WEIBEL Weinkellerei
Weinanbaufläche
Wald
500 Höhenlinienabstand 60 m
Livermore
Pleasanton
WENTE BROS.
CONCANNON
VILLA ARMANDO
Alameda Creek
Niles District
Newark
ALAMEDA
Fremont
WEIBEL
Warm Springs
Palo Alto
Calaveras Res.
San Francisco
Menlo Park
WOODSIDE
GEMELLO
Alviso
Milpitas
Los Altos
Mountain View
Sunnyvale
Alum Rock
Diablo Range
Santa Clara
Cupertino
Black Mt.
RIDGE
SAN MATEO
Campbell
San Jose
MIRASSOU
PAUL MASSON
Saratoga
Pescadero Ck.
Cambrian Park
Robertsville
Edenvale
Coyote Ck.
MARTIN RAY
NOVITIATE OF LOS GATOS
Los Gatos
ALMADEN
SANTA CLARA
Mt. Thayer 3483
Anderson Lake
Pine Mt.
DAVID BRUCE
Santa Cruz Mountains
RICHERT
GUGLIELMO
Boulder Creek
Morgan Hill
PEDRIZZETTI
Glenwood
Ben Lomond Mt.
SANTA CRUZ
San Martin
SAN MARTIN
Uvas Res.
Felton
Bonny Doon
NICASIO
BONESIO
LIVE OAKS
Davenport
FORTINO
Gilroy
Santa Cruz
HECKER PASS
BERTERO
CONROTTO
Soquel
Aptos
Capitola
BARGETTO
La Selva Beach
Dunneville
Johnston Corner
Watsonville
Monterey Bay
Hall
San Benito
Hollister
San Juan Bautista
San Andreas Rift Zone
SAN BENITO
Tres Pinos
Prunedale
Castroville
Fremont Peak 3171
ALMADEN
Paicines
Mt. Harlan
Marina
Graves
Ord
Bluerock Mt.
Workfield
Salinas
Monterey
Pacific Grove
Gabilan Range
Seaside
Del Ray Oaks
Serra Village
Mt. Johnson
Cypress Pt.
Chualar
International
MONTEREY PENINSULA
Carmel
Salinas
THE MONTEREY VINEYARD
Mt. Toro 3560
Carmel Highlands
Gonzales
PINNACLES NAT. MON.
Pinyon Peak 2249
Mirassou
CHALONE
Sierra de Salinas
Molus
The Monterey Vineyard
Soledad
Notleys Landing
Mt. Carmel 4417
PAUL MASSON
Junction Viticulture
MONTEREY
December Pacific
Little Sur
Santa Lucia Range
Elephant Mt.
Mirassou
Greenfield
Point Sur
Ventana Cone 4720
Wente Brothers
International
Arroyo Seco
Paul Masson
LOS PADRES
Big Sur
Arroyo Center
Monterey Farming Corporation
Posts
Junction Viticulture
Spring Canyon
King City
Anderson Peak
NATIONAL FOREST
Almaden
Monterey Farming Corporation
Pinyon Peak 5264
Long Valley
Welby
Pine Canyon
San Martin Vineyard Company
5039 Junipero Serra Peak
Los Angeles
Vina Monterey
San Lucas
Paul Masson
Sacramento
San Francisco
Los Angeles
N

Der Staat New York

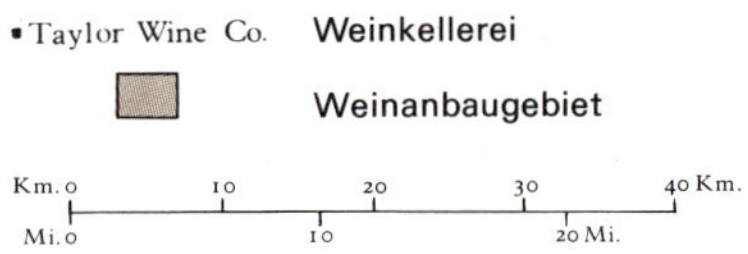

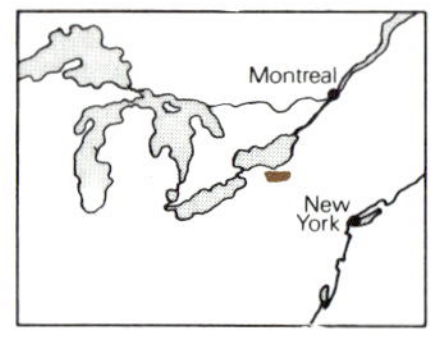

Das Haus der Pleasant Valley Wine Company ist das imposanteste Gebäude in der kleinen Stadt Hammondsport. Die Hauptmarke dieses besonders für ‹Champagne› bekannten Hauses heißt Great Western.

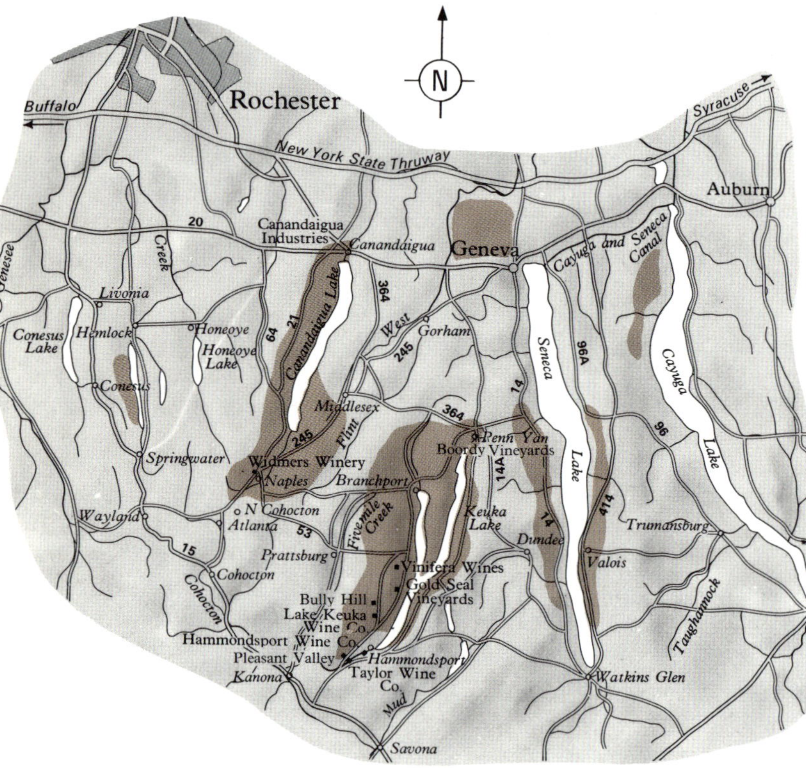

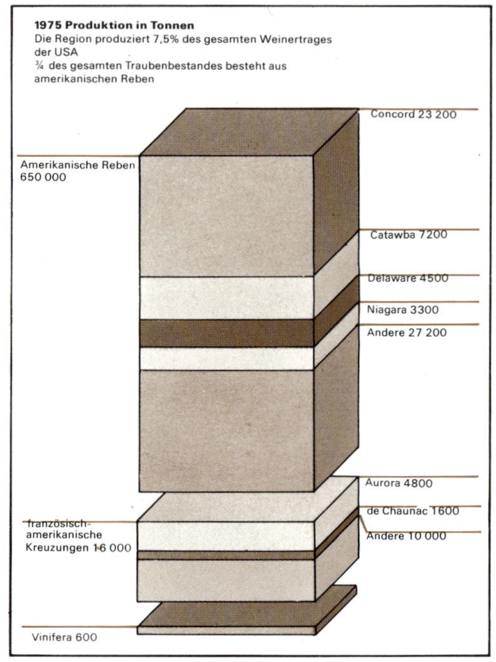

Die Weintradition der Staaten im Osten beruht heute auf dem oberen Staat New York in der Gegend von zahlreichen Gletschergräben, die als die «Finger Lakes» bekannt sind und unmittelbar südlich des Ontario-Sees liegen, der ein großes Binnenmeer bildet.

Einen geradezu gewaltsamen Gegensatz stellt der Anblick von Rebenfeldern in diesem ausgeprägt nördlichen Land mit niedrigen, von Birken und Eichen bedeckten Hügeln, an den sich lang hinstreckenden blauen Seen und mit seinen Holzhäusern im Neu-England-Stil dar, die wie überall in diesen ruhigen Landschaften der Nordost-Staaten weiß und blau und grün gestrichen sind. Obwohl die Finger Lakes und der Ontario-See das Klima hier gemäßigt gestalten, ist es doch immer noch rauh und kontinental.

Der Weinbau begann hier in den 50er und 60er Jahren des vorigen Jahrhunderts, und damals waren die amerikanischen Reben die einzigen, die hier im Osten angebaut werden konnten (siehe Seite 226/227). Der Geschmack des aus ihnen gewonnenen Weins ist zwar für den an europäischen Wein Gewöhnten eigenartig, gehört aber zur amerikanischen Tradition. Zudem sind die amerikanischen Reben hier noch immer am leichtesten anzubauen und liefern die besten Erträge. Von Anfang an war der Schaumwein die Spezialität der Finger Lakes, und heute entfällt rund ein Viertel der Produktion auf «New York State Champagne». Zum größten Teil ist er allzu fruchtig und süß für den anspruchsvollen Gaumen, aber das ist er aus Absicht, nicht aus Notwendigkeit. Die besten trockenen Weine von Great Western oder Charles Fournier beispielsweise halten den Vergleich mit guten kalifornischen Schaumweinen ohne weiteres aus.

Unausweichlich geworden ist die Diskussion über die Zukunft der traditionellen amerikanischen Rebensorten im Wein aus New York. Die größeren Weinbaubetriebe stützen sich in hohem Maße auf sie, und doch sind sich fast alle darin einig, daß im Licht neuer Erkenntnisse eine Änderung eintreten muß – insbesondere im Hinblick auf die von Philipp Wagner eingeführten französisch-amerikanischen Hybriden. Hierin verfolgt jedes Unternehmen seinen eigenen Weg, aber der Trend zu einem Wein, der den Fuchsgeschmack ganz vermeidet, ist unverkennbar.

Ob sich die klassischen europäischen Vinifera-Reben wirklich in größerem Maße durchsetzen werden, ist noch immer sehr umstritten. Im Mittelpunkt der Debatte steht Dr. Konstantin Frank – ein in Rußland geborener Deutscher, dessen pointiert unter dem Namen Vinifera Wines auftretendes Unternehmen mit Riesling, Chardonnay und Pinot Noir erstaunliche Erfolge erzielt hat. Sein Finger-Lakes-Riesling-Trockenbeerenauslese war 1961 eine Sensation.

Franks inzwischen klar bewiesene Behauptung lautete, daß Vinifera-Reben, auf die richtige Unterlage veredelt und im Winter durch Anhäufeln geschützt, ebenso widerstandsfähig sind wie die amerikanischen Reben oder die Hybriden. Sie gelangen auch ebenso gut zur Reife.

Die Weinbau-Unternehmen an den Finger Lakes sind nicht zahlreich, aber berühmt. Hammondsport am Südende des Lake Keuka ist das Zentrum der Industrie; Taylor ist das größte Unternehmen, es erzeugt in der Hauptsache traditionelle «Gattungsweine» unter Bezeichnungen wie Sherry, Burgunder und Sauternes, verfügt aber auch über eine selbstgeprägte «Appellation»: Lake Country. Taylor-Weine haben einen ausgeprägten Fuchsgeschmack, heute aber nicht mehr so stark wie

früher, da inzwischen immer mehr Hybridtrauben in den Mischungen verarbeitet werden.

Ein kleineres Unternehmen, Bully Hill, wurde 1970 von Walter Taylor, der mit der Linie der Familie nicht einverstanden war, gegründet. Bully Hill Weine werden aus amerikanischen und Hybridreben entweder in Mischung oder für sich unter Sortennamen bereitet.

Philipp Wagners Boordy Vineyards haben sich am Lake Keuka ebenso etabliert wie in Maryland (ihrer Stammheimat) und in Washington, aber die von diesem Unternehmen verarbeiteten Hybrid-Trauben wachsen in einem anderen Anbaugebiet des Staats New York, das mehr durch Traubensaft als durch Wein berühmt ist: Chautauqua, am Südufer des Eriesees.

Es gibt im Staat New York noch zwei weitere Bereiche mit einer beträchtlichen Weinanbaufläche, nämlich Niagara und das Hudson-Tal. Die Niagara-Falls-Weinkellerei im ersteren Bereich sowie High Tor und Benmarl im letzteren sind energische kleine Unternehmen von der Sorte, die sich oft durchsetzen.

Der Wein im Staat New York wird heute noch aus amerikanischen Rebsorten gewonnen. Die ‹Champagner› sind mit die besten Weine des Gebiets.

Baco Noir (bzw. 1) Rote Hybride der Vitis riparia. Hoher Säuregehalt, aber ein guter, sauberer und dunkler Wein
Catawba Eine der ersten und besten Weiterentwicklungen der Vitis labrusca. Hellrote Traube, aus der Weiß-, Rot- oder Roséwein bereitet werden kann. Säuregehalt nicht zu hoch
Chelois Eine von Seibel gezüchtete Hybride. Trockener Rotwein, leicht ‹fuchsig›
Concord Die am meisten angebaute dunkelrote kleine Vita labrusca. Muß stets gezuckert werden und ergibt einen Wein mit starkem Fuchsgeschmack
De Chaunac Eine gute franz.-amerik. Hybride; dunkel; reicher schwerer Wein
Delaware Eine blaßrote Traube, nur ganz leicht ‹fuchsig›; reift gut und braucht kaum gezuckert zu werden
Duchess Weißweinrebe, ziemlich neutral
Elvira Weiße Traube, heute nicht mehr viel angebaut
Seibel Französisch-amerikanische Hybride, verschiedene Sorten, u. a. die populäre Aurora
Isabella Süßliche, dunkelrote Traube. Sehr ‹fuchsig›
Moore's Diamond Trockener Weißwein, recht neutral
Niagara Süßer Weißwein, sehr ‹fuchsig›
Seyve-Villard Verschiedene Weißweinsorten; gut, ziemlich neutral

Australien

Es ist reizvoll, sich einmal vorzustellen, was wohl geschehen wäre, wenn die erste Fahne, die 1770 über australischem Boden flatterte, nicht die rot-weiß-blaue König Georgs, sondern die gold-weiße der Bourbonen gewesen wäre.

Doch auch in angelsächsischen Händen wurde der Weinbau rasch aufgenommen. Die Erste Flotte des Jahres 1788 hatte außer den ersten Dauersiedlern bereits Reben an Bord; der erste Gouverneur baute Wein an, und in den zwanziger Jahren des 19. Jahrhunderts wurde aus den Beeren der ersten heute noch in New South Wales bestehenden Rebflächen Wein gekeltert.

Unter den Einwanderern waren Ärzte, Bierbrauer, Seeleute, ungelernte Arbeiter, die davon überzeugt waren, daß sie sich mit dem Weinbau eine Existenzgrundlage schaffen könnten, und das menschenleere Land auf der Suche nach geeigneten Anbauplätzen durchstreiften. Dabei richteten sie sich nach der vorhandenen Vegetation, den Standorten bestimmter Bäume (u. a. Eukalyptus und Buchs) und Flächen mit bestimmten Gräserarten. So spürten sie sehr

Die meisten australischen Weinbaubetriebe haben sich schon seit Generationen vom Vater auf den Sohn vererbt. Murray Tyrrell von Tyrrell's Vineyards, Pokolbin im Huntertal, Neusüdwales, führt ein Familienunternehmen, das im Jahr 1858 gegründet wurde. Die australischen Weinerzeuger sind stolz auf ihre Tradition, aber für Experimente aufgeschlossen: eine ideale Kombination.

entlegene Fleckchen mit besonderer Bodenbeschaffenheit auf und legten dort ausgezeichnete Weinberge inmitten von Landstrichen an, die nur mittelmäßige Erträge erbringen würden.

Die besten Lagen wurden zuerst bepflanzt. Gegen Mitte des vergangenen Jahrhunderts etablierten sich mächtige Familiendynastien, die heute in der fünften oder sechsten Generation auf denselben Flächen Wein erzeugen.

Die guten Weingegenden Australiens liegen zwischen dem 38. und 34. Breitengrad. Melbourne hat die gleiche Äquatorentfernung wie Córdoba in Spanien (oder Sizilien und San Franzisko). Sydney liegt auf der Höhe von Rabat. Man kann also starke Weine mit hohem Zuckergehalt und meist zuwenig Säure erwarten, und tatsächlich hat Australien bislang auch diesen Weintyp erzeugt.

Doch der weltweite Trend zu leichteren Weinen sowie die neuen Kühltechniken verändern das Bild rasch. Die australischen Spitzenweine sind bereits heute Tischweine, und ihr Anteil wird mit jedem Weinjahr größer.

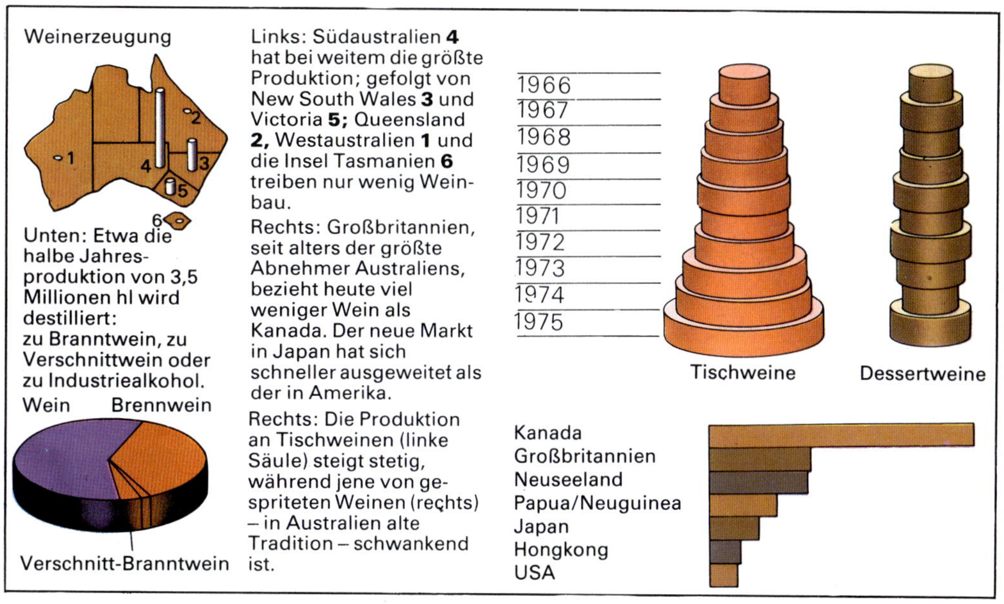

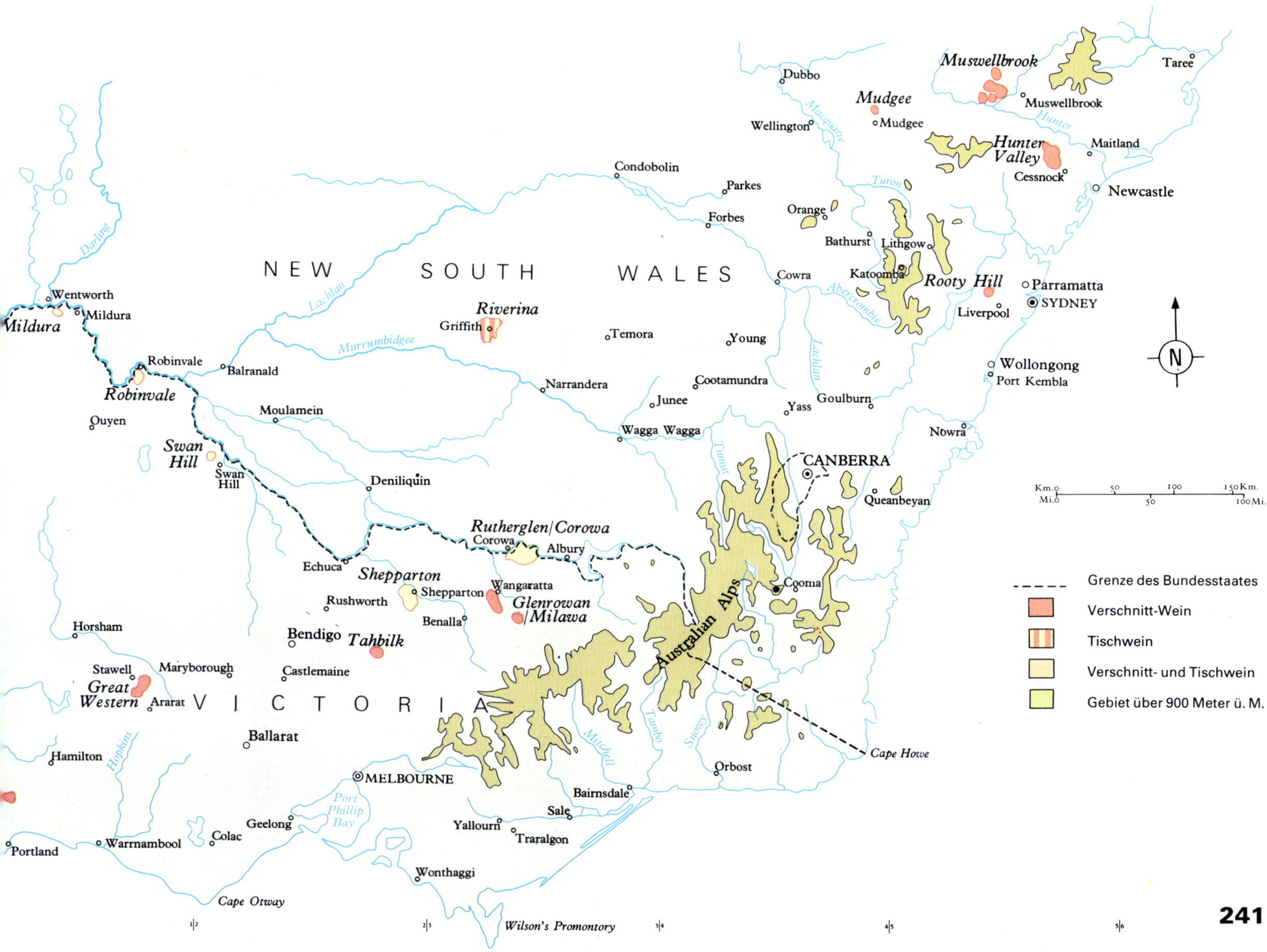

Neusüdwales

Neusüdwales, die Wiege des australischen Weins, ist längst von dem neuen Anbauzentrum Südaustralien überrundet worden. Doch gibt es einen Bezirk 160 km nördlich von Sydney, dessen Weine weiterhin einen besonders guten Namen haben: das Huntertal in der Umgebung von Branxton und der Bergbaustadt Cessnock.

Die berühmten alten Weinbaubetriebe des Tals sowie einige neuere von Bedeutung (vor allem Rothbury Estate, Hungerfordhill und Lake's Folly) liegen an den unteren Hängen und im anschließenden Flachland vor den Bergen. Das Huntertal ist das nördlichste unter den erstklassigen australischen Anbaugebieten; der Sommer ist hier sehr heiß und der Herbst oft ärgerlich naß.

Die Huntertal-Weißweine des alten Stils waren schwer und golden, gehaltvoll und weich. Ihre Liebhaber nannten sie die «Hunter-Honigweine». Heute bleiben sie durch frühe Lese und Kühlung frischer. Manchmal wird auch etwas Chardonnay beigemischt: ein hoffnungsvolles Anzeichen für die Zukunft. Semillon wird auf den Etiketten meist als Hunter-Valley-Riesling ausgegeben.

Penfold und Lindeman sind die größten Weinfirmen hier. McWilliam in Mount Pleasant, mit vier dicht beieinanderliegenden Rebenarealen von insgesamt über 200 Hektar Fläche (auch Rosehill und Lovedale sind bekannte Besitzungen dieser Firma), ist das größte allein in Neusüdwales konzentrierte Unternehmen. Bei den australischen Weinfirmen ist es üblich, Besitzungen in verschiedenen Bezirken und Staaten zu unterhalten und die dort erzeugten Weine untereinander zu mischen.

Sitz der Firma Lindeman in diesem Gebiet ist Ben Ean. Penfold ist vom früheren Dalwood (heute umbenannt in Wyndham) auf ein neues Dalwood-Gut 60 km flußaufwärts nach Westen bei Wybong (nicht mehr auf der Karte)

Oben rechts: Große Firmen benennen ihre Weine nach ihren verschiedenen Weingütern, auch wenn diese (wie Minchinbury) nicht mehr bewirtschaftet werden.

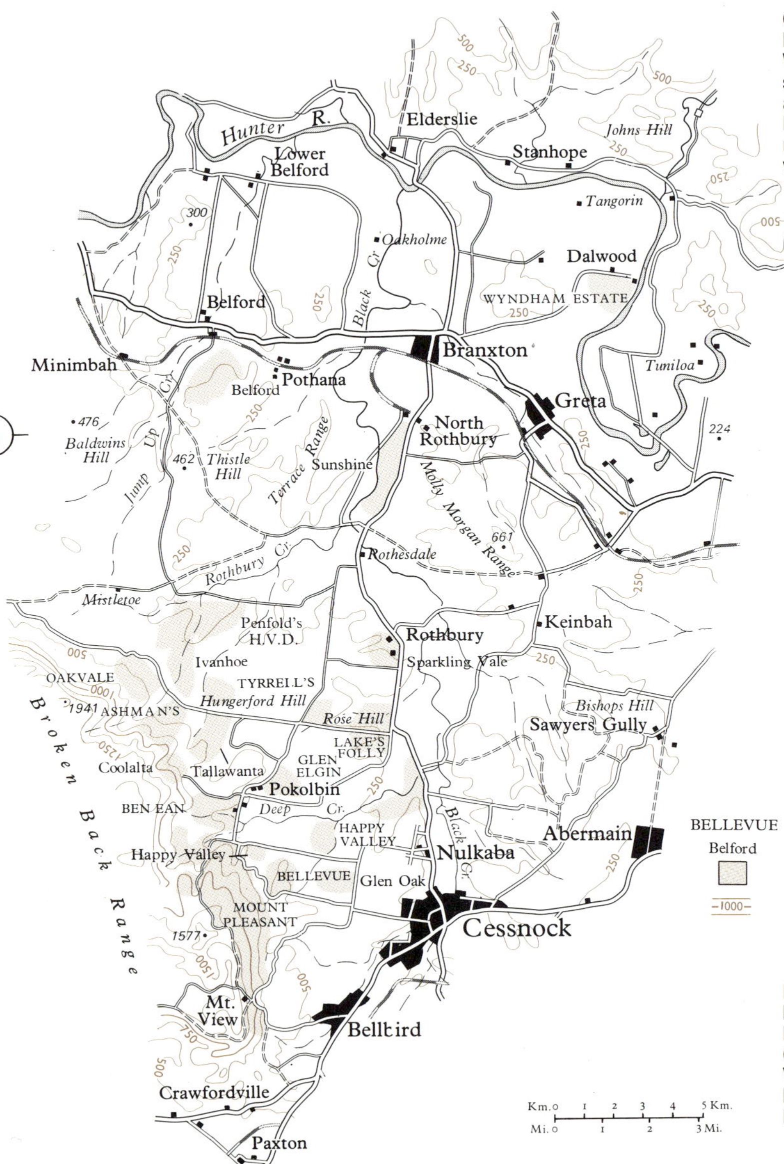

Weinberg mit Kellerei
Wachstum
Weinanbaufläche
Höhenlinienabstand 75 Meter

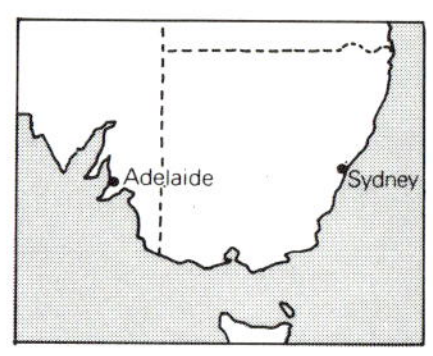

Rechts: Dieses für das Huntertal typische Familienweingut bei Cessnock liegt auf den Vorbergen der Broken Back Range nordwestlich von Sydney.

Victoria

umgezogen, das eine Rebfläche von rund 480 Hektar hat. Gefolgt sind Arrow Field, Rosemount und Hollydene und andere. Ebenfalls in Neusüdwales ist der kleine Distrikt Mudgee (90 km weiter im Westen) in Expansion begriffen. Den größten Erfolg aber hatte in den letzten Jahren der Riverina-Distrikt bei Griffith (450 km nach Südwesten) zu verzeichnen, wo das kanalisierte Wasser aus dem Murrumbidgee die Wüste in Obst und Weingärten verwandelt. Nachdem hier lange Zeit nur Weine geringer Qualität, meist gespritete, entstanden, hat der Bezirk Riverina dem Zeitalter der Kühltechnik seine Wiedergeburt zu verdanken.

Gegen Ende des 19. Jahrhunderts gab es in Victoria so viele Weinberge wie in Neusüdwales und Südaustralien zusammen: 1200 über den ganzen Bundesstaat verstreute Anbauflächen. Doch die Reblaus, die nie nach Südaustralien vorgedrungen ist, richtete hier ein verheerendes Zerstörungswerk an; heute steuern die Weinberge des Staats nur noch 15% zur Gesamtproduktion Australiens bei, und zwar aus weit verstreuten Regionen. Für keine von ihnen lohnt sich eine eigene Karte, aber ausgezeichneter Wein wird doch noch in vielen erzeugt.

Rutherglen-Corowa an der Grenze zu Neusüdwales und Wangaratta, ein paar Kilometer südlich davon, sind auf Dessertweine spezialisiert, unter denen sich Australiens feinster findet: ein «Liqueur»-Muskat von ganz erstaunlich samtiger Fülle, vielleicht ein Nachfahr des einst berühmten Constantia vom Kap. Eine erstklassige Marke ist Morris, weitere sind Brown, Booth, Bailey (die Rotweine dieser Marke wurden unter dem Slogan «Essen, Wein und eine gute Zigarre» bekannt), Buller, Smith's «All Saints», Campbell, Chambers und Seppelt. Der rote Rutherglen ist etwas plump, gewinnt aber durch Alterung beträchtlich.

Westwärts entlang dem Murray River liegt eine Reihe von bewässerten Weinbaugebieten. Die bedeutendsten davon sind Mildura und Renmark (bereits in Südaustralien). Die Marke Mildara (sie heißt wirklich so) aus Mildura ist durch «Sherry» (der «George» ist hervorragend) und Brandy bekannt.

Etwas mehr als 200 km nordwestlich von Melbourne liegt Great Western in 330 m Höhe am äußersten westlichen Ende des Great Dividing Range. Hier sind zwei Firmen ansässig, Seppelt mit 26 Hektar und Best mit 20 Hektar Rebfläche. Das bei weitem berühmteste Produkt ist Seppelts «Great Western Champagne», Australiens bester Schaumwein.

Oben: Der gewaltige Ertrag eines Jahrgangs der dreißiger Jahre wurde mit Pferdegespannen und Traktoren eingebracht. Unten: Victoria-Etiketten.

Der noch junge Weinbau Neuseelands hat sich in den letzten Jahren schon beträchtlich gemausert. Fast 3/4 der Rebfläche von 2260 Hektar sind heute mit Vinifera-Sorten bestellt, die Hälfte davon Müller-Thurgau. Im feuchten Norden werden Hybriden angepflanzt. 50% der Produktion entfallen auf Tafelwein, der stets besser wird.

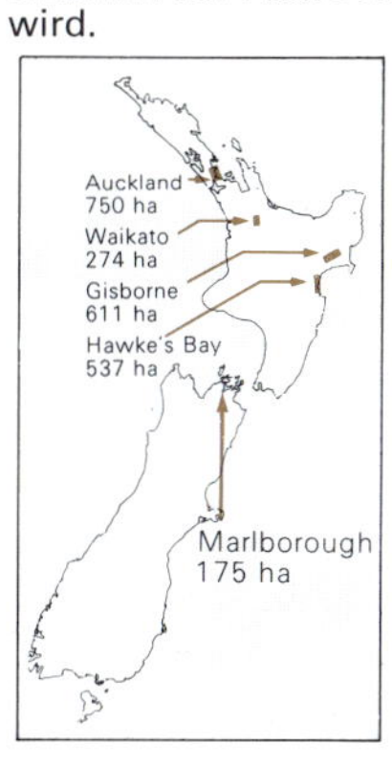

Süd-Australien

Adelaide, die Hauptstadt Südaustraliens und damit des heutigen australischen Weinbaus, ist von Weinbaubezirken umgeben. Ein paar Weinberge haben sich sogar bis heute in den Randgebieten der Stadt selbst behauptet.

Das berühmteste Weinbaugebiet dieser Gegend ist zweifellos das nur rund 55 km nordwestlich gelegene Barossa-Tal, eine einst von deutschen Einwanderern gegründete Siedlung.

Mit 8800 Hektar ist es das größte Qualitätsweingebiet Australiens. Es zieht sich etwa 30 km am Fluß Para entlang und dann nach Osten in das angrenzende Tal hinein.

Hier begann der Weinbau auf der Grundlage einiger der besten Port- und Sherry-Weine Australiens, die auch heute noch ihre Bedeutung haben. Freilich ist jetzt hier der Rhein-Riesling der große Star. In seinen besten Lagen, besonders auf hochgelegenem Grund, liefert er Wein, der für ein derart heißes Klima bemerkenswert viel Säure und Zartheit besitzt. Zwar läßt er die Rasse der großen deutschen Weine vermissen, trotzdem aber hat der Barossa-Riesling in seinen besten Vertretern eine ansprechende eigene Art. Yalumbas Pewsey Vale und Gramps Steingarten bringen hervorragenden Wein.

Die gefeiertsten Weine kommen aus den Kellereien Gramps Orlando, Yalumba, Hardy, Leo Buring und Henschkes Keyneton. Die Winzergenossenschaft in Nuriootpa, die ihren Wein unter dem Namen «Kaiser Stuhl» vertreibt, erzeugt auch ausgezeichnete Einzellagen-Rieslinge sowie gute Cabernet-Weine mit großer fruchtiger Art.

Die Barossa-Rotweine (oft Cabernet und Shiraz in Mischungen) sind weniger hart und konzentriert als andere.

Barossa-Tal

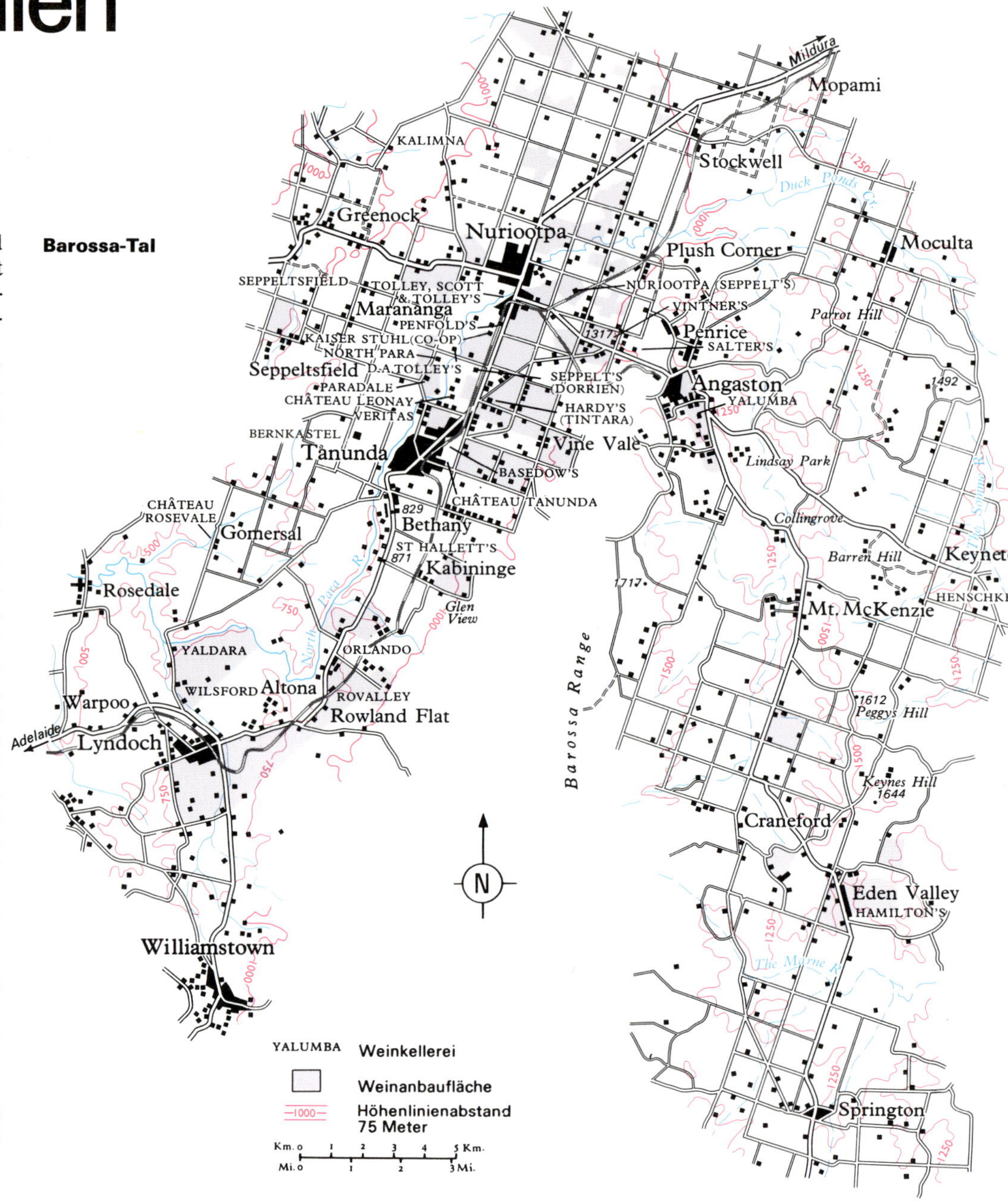

Oben: Die ersten deutschen Siedler im Barossa-Tal bauten im 19. Jh. reizvolle Häuser.
Links: Wettbewerb im Trauben-Austreten beim Weinlesefest des Barossa-Tals im April.
Rechts: Die Rebflächen liegen im Flachland, doch bewähren sich auch Versuchskulturen im Bergland.

Der Bezirk Southern Vales schließt sich fast an den Südrand der Stadt Adelaide an. Er ist das älteste australische Weingebiet: John Reynell, der dem Besitz Reynella seinen Namen gab, pflanzte dort 1838 seine ersten Reben. Heute bewirtschaftet das von ihm begründete Weingut insgesamt 220 ha der umliegenden Rebflächen.

Reynella, Seaview und Tintara (Hardy) sind die ganz großen Namen unter vielen kleineren Weingütern in Southern Vales, aber auch d'Arenberg und Coriole sind Namen, auf die man achten muß.

Ein paar Kilometer weiter östlich liegt ein Reben-Areal von 80 Hektar, das durch wuchtige Rotweine aus der Erzeugung der Firmen Bleasdale und Metala bekannt ist.

Sogar in der Stadt Adelaide gibt es noch Weinberge, darunter auch (wenigstens dem Namen nach) die Heimat des berühmtesten australischen Rotweins: Penfold's Grange Hermitage. Grange hieß das ursprüngliche Besitztum der Firma Penfold in den Vorbergen des Mount Lofty Range, das jetzt in den östlichen Vororten der Stadt liegt. In derselben Gegend haben auch Wynn und Stonyfell Besitzungen.

120 km nördlich der Stadt liegt der kleine Bezirk Clare-Watervale (2100 ha), der in mancher Hinsicht das Hunter-Tal von Südaustralien ist; er hat ein wärmeres Klima und erzeugt schwere, weiche Weine.

Von Coonawarra zeigen wir keine Karte, doch sind viele der Auffassung, daß dieser kleine und entlegene Bezirk die besten australischen Rotweine überhaupt liefert. Zwischen Naracoorte und Millicent (S. 240) gelegen, ist es die südlichste Weingegend Südaustraliens und entsprechend kühler und frostgefährdeter.

Southern Vales

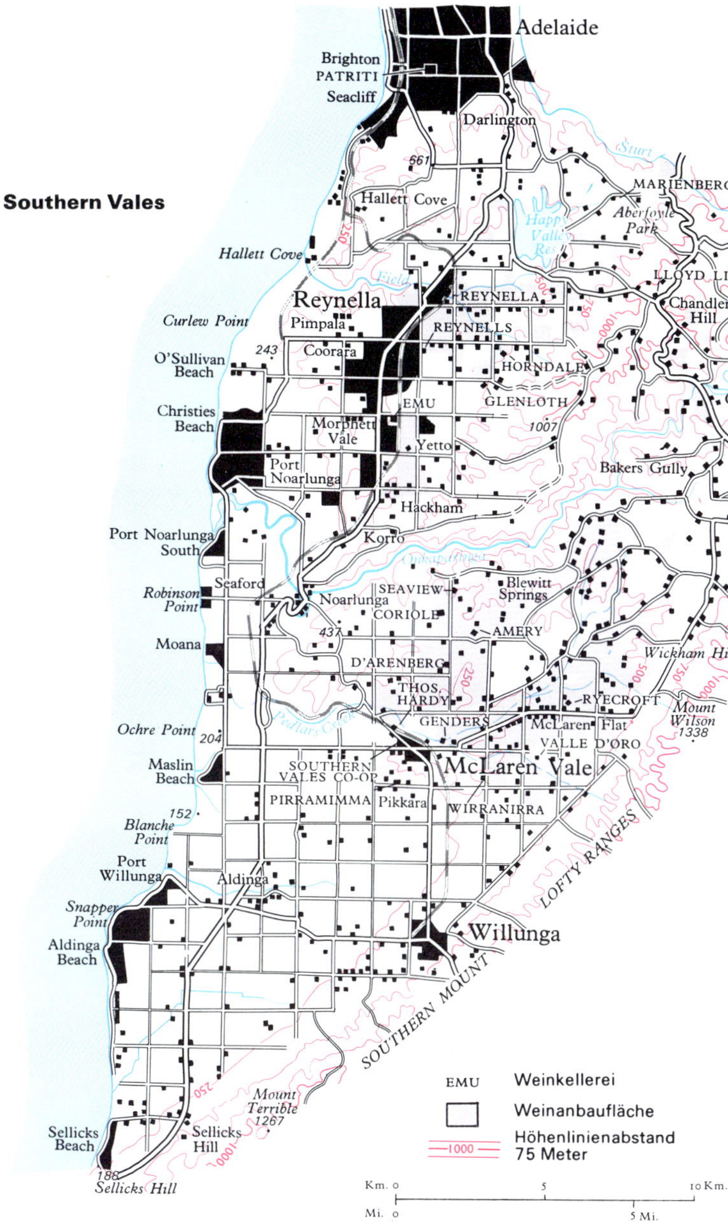

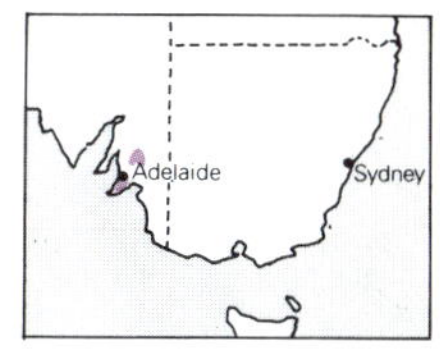

Unten: Die bekanntesten australischen Weine kommen zumeist aus den drei berühmten Gebieten Südaustraliens: Barossa, Southern Vales und dem winzigen Coonawarra-Distrikt. Metala liegt in einem vierten Weinbezirk namens Langhorne Creek.

Südafrika

In der Kapprovinz wechseln sich üppige und öde Landstriche ab. Blauschattige Felsen ragen aus grünem Weideland empor. Kleine Bewässerungsbäche winden sich zwischen kahlen Felsblöcken. Ein nahezu ideales Klima mit wenig Sommerregen gibt der Rebe alles, was sie braucht.

Von diesen elysischen Feldern kam einst einer der allergrößten Weine der Welt: der legendäre Constantia, den europäische Höfe zu Anfang des 19. Jahrhunderts dem Yquem, Tokaier und Madeira vorzogen . . . ein Zeichen dafür, daß das Kap Weine der allerhöchsten Spitzenklasse hervorbringen kann.

Außer den richtigen klimatischen Bedingungen sind aber auch bestimmte soziale Voraussetzungen zum Aufbau einer Edelweinwirtschaft erforderlich. Diese waren unter den ersten holländischen Gouverneuren gegeben – der zweite, Van de Stel, legte den Constantia-Weinberg an und gab Stellenbosch seinen Namen. Doch in neuerer Zeit ist Südafrika mehr ein Land der Spirituosentrinker gewesen, und erst vor kurzem hat sich der Trend wieder dem Wein zugewandt. Noch immer wird rund die Hälfte der Traubenernte destilliert, aber heute trinken die Südafrikaner etwa 9 Liter Wein pro Kopf im Jahr.

Die Schwierigkeiten, denen die Weinbauern der Vergangenheit begegnet sind, haben ein nützliches Erbe in Form eines Gremiums für die Kontrolle der Preise und die Aufnahme der Überschüsse hinterlassen. Es ist die KWV, eine Art von nationaler Genossenschaft mit fünf Kellereien und mit modernsten Weinverarbeitungsanlagen in Paarl.

1972 führte die südafrikanische Regierung ein ausgedehntes System zur Kontrolle von «Wines of Origin», das sich mit den EG-Bestimmungen vergleichen läßt, ein. Darin sind 14 Herkunftsbereiche festgelegt (auf der nebenstehenden Karte eingezeichnet), und gleichzeitig wird der Gebrauch von Begriffen wie «Estate» oder «Superior» fest umrissen; dasselbe gilt für Jahrgangs- und Sortenangaben. Jede Angabe von Herkunft, Sorte, Jahrgang, Lage oder höherem Qualitätsstand muß jetzt durch ein staatliches Siegel am Flaschenhals nachgewiesen werden. Dieses Siegel ist auf der gegenüberliegenden Seite abgebildet und erläutert.

Das Herz der Qualitätsweinregion Südafrikas um die Städte Stellenbosch und Paarl ist auf den folgenden Seiten auf Einzelkarten dargestellt. Die vorherrschenden Westwinde gestalten das Klima am Kap selbst und im unmittelbar dahinter liegenden Bergland kühler und feuchter als weiter im Norden und Osten jenseits der Gebirge.

Die hauptsächliche Rotweintraube ist die Cinsaut aus Südfrankreich, die in Südafrika bessere Weine liefert als in Europa. Sie ist hier mit dem Pinot Noir gekreuzt worden; das Er-

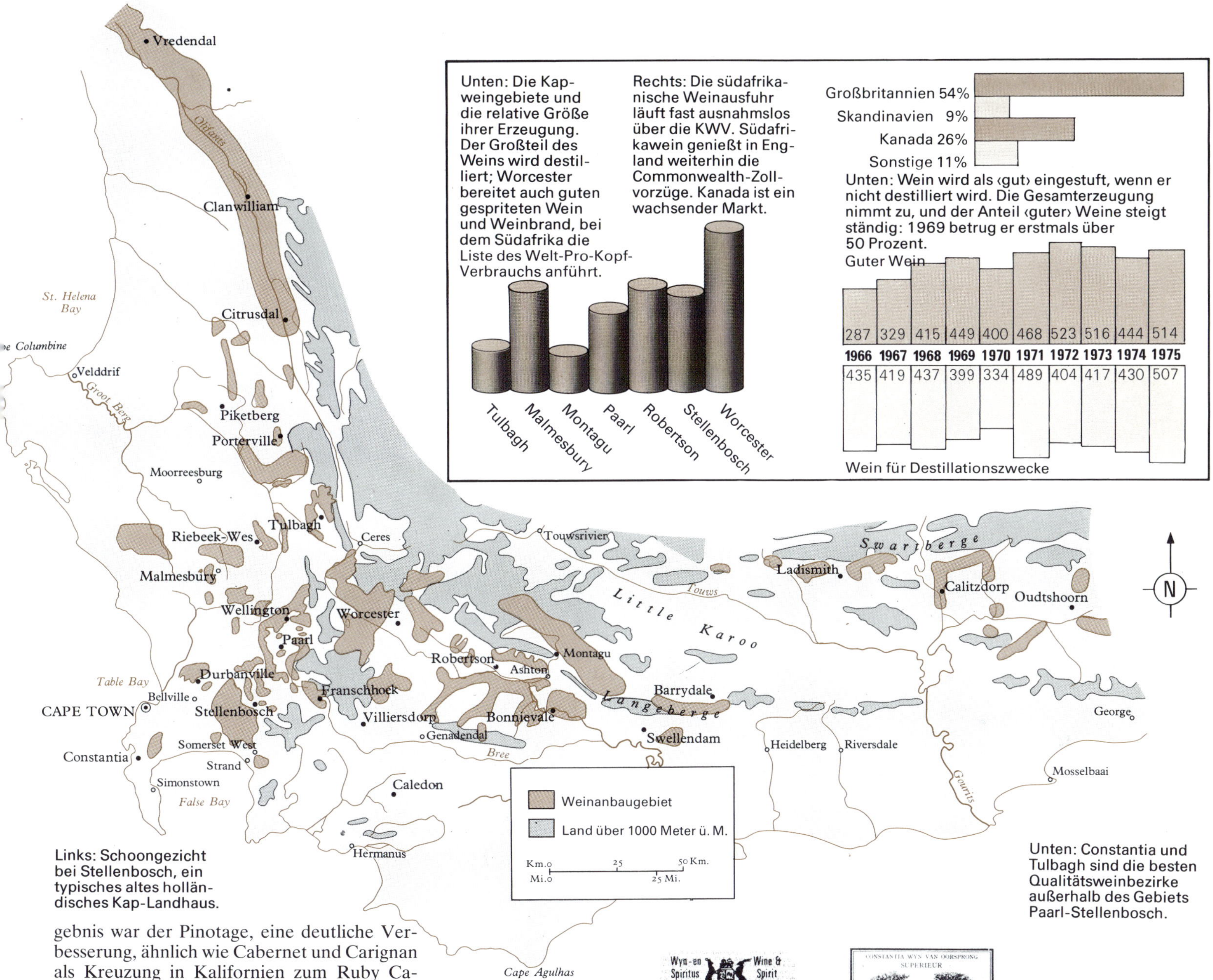

Unten: Die Kapweingebiete und die relative Größe ihrer Erzeugung. Der Großteil des Weins wird destilliert; Worcester bereitet auch guten gespriteten Wein und Weinbrand, bei dem Südafrika die Liste des Welt-Pro-Kopf-Verbrauchs anführt.

Rechts: Die südafrikanische Weinausfuhr läuft fast ausnahmslos über die KWV. Südafrikawein genießt in England weiterhin die Commonwealth-Zollvorzüge. Kanada ist ein wachsender Markt.

Unten: Wein wird als ‹gut› eingestuft, wenn er nicht destilliert wird. Die Gesamterzeugung nimmt zu, und der Anteil ‹guter› Weine steigt ständig: 1969 betrug er erstmals über 50 Prozent.

Links: Schoongezicht bei Stellenbosch, ein typisches altes holländisches Kap-Landhaus.

Unten: Constantia und Tulbagh sind die besten Qualitätsweinbezirke außerhalb des Gebiets Paarl-Stellenbosch.

gebnis war der Pinotage, eine deutliche Verbesserung, ähnlich wie Cabernet und Carignan als Kreuzung in Kalifornien zum Ruby Cabernet geführt hat.

Ein guter, leichter und fruchtiger Wein wird auch aus einer seit alters angebauten Form der Loire-Traube Chenin Blanc gekeltert, die hier aber Steen heißt. Auch die Semillon-Rebe (Grüne Traube genannt), die Palomino aus Jerez (hier Französische Traube!), die Clairette aus dem Languedoc und der Riesling bewähren sich ausgezeichnet. Die Erzeuger süßer Weine im Binnenland bauen die Muskadel und die Muskat-Rebe aus Alexandria an (die Südafrikaner nennen sie Hanepoot).

Das berühmte Gut Groot Constantia am Kap (siehe Seite 248) ist heute ein Staatsweingut mit einem großen Ruf für seine ausgezeichneten Erzeugnisse. Weiter nördlich an der Küste liegen die Bereiche Malmesbury und Piquetberg.

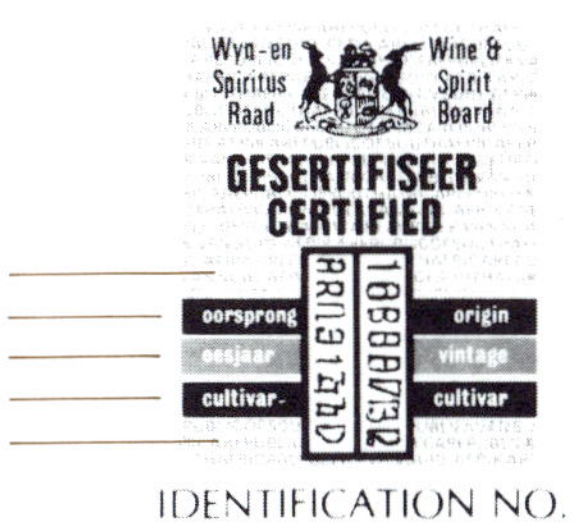

Oben: Südafrika führte 1972 das hier abgebildete Herkunftssiegel ein, durch das bescheinigt wird, daß der Wein aus dem auf dem Etikett genannten Gebiet stammt. Ein blaues Band bedeutet, daß die Herkunft bestätigt ist. Ein zusätzliches rotes Band bedeutet Jahrgangsbestätigung, und mit einem grünen Band wird die Traubensorte garantiert (der Wein muß zu 80% aus der genannten Sorte bestehen). Das Wort «Estate» ist rund 40 genehmigten und genau festgelegten Gütern vorbehalten, die nur selbsterzeugten Wein abfüllen. Ein «Superior» muß zu 100% rein aus der angegebenen Sorte gekeltert sein.

Paarl und Stellenbosch

Stellenbosch ist das Zentrum der Lagenweinerzeugung in Südafrika und Sitz der größten Weinfirma des Landes, der Stellenbosch Farmers Winery. Paarl ist die Hauptstadt der Sherry- und Dessertwein-Industrie und beherbergt das Hauptquartier der großen staatlichen Genossenschaft KWV.

Es ist nicht zu übersehen, daß die Weingärten von Paarl fast auf gleicher geographischer Höhe liegen wie Jerez. Seit Anbeginn in den 30er Jahren ist die Sherry-Produktion, nach spanischen Methoden mit dem Solera-System und der Florhefe durchgeführt, den Südafrikanern zum Segen ausgeschlagen. Sie erzeugen hier den besten imitierten spanischen Sherry der Welt – kaum jemand kann ihn vom Original unterscheiden. Was ihm fehlt, ist lediglich der Kreideboden von Jerez, der diesem Wein die letzte Feinheit verleiht.

Paarl ist außerdem das Zentrum der Industrie für die Herstellung von Port-artigen Weinen als Tawny-, Ruby- und Jahrgangs-Qualitäten – die besten sind bemerkenswert.

Auch sind dies für Südafrika, selbst hier in seinen kühleren Landstrichen, gewissermaßen die naturgegebenen Weinarten. Die Tafelweine hatten früher stets unter zuviel Schwere, vor allem aber durch zu schnelle Gärung zu leiden, die zu Oxydation, Dunkelfärbung und Mangel an Duftstoffen Anlaß gab. Die Kältetechnik erlaubt jetzt insbesondere in der Gegend von Stellenbosch auch die Bereitung ausgeglichener und sehr feiner Tischweine. Der Gegend kommt allerdings die bei False-Bay im Süden zum Meer hin offene Lage zugute.

Oben: Weingut (17. Jh.) des Gouverneurs de Stel in Groot Constantia bei Kapstadt.
Unten: Steen, Roodeberg und Mymering sind Marken der KWV, der Lanzerac und La Gratitude sind Weine der Winzergenossenschaft Stellenbosch. Nederburg, Bellingham und Schoongezicht sind private Weingüter.

Oben: Die Kleinen Drakensteinberge ragen fast senkrecht 1500 m aus der rebenbedeckten Talsohle südlich Paarl empor. Der Simonsberg und der Paarlberg tragen dazu bei, daß dies eines der schönsten Weingebiete der Erde ist.

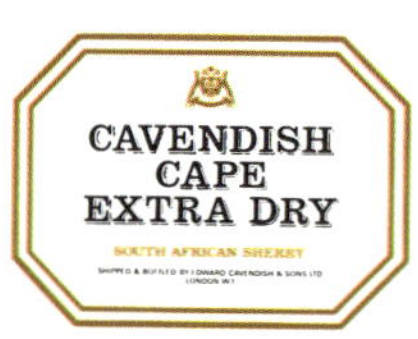

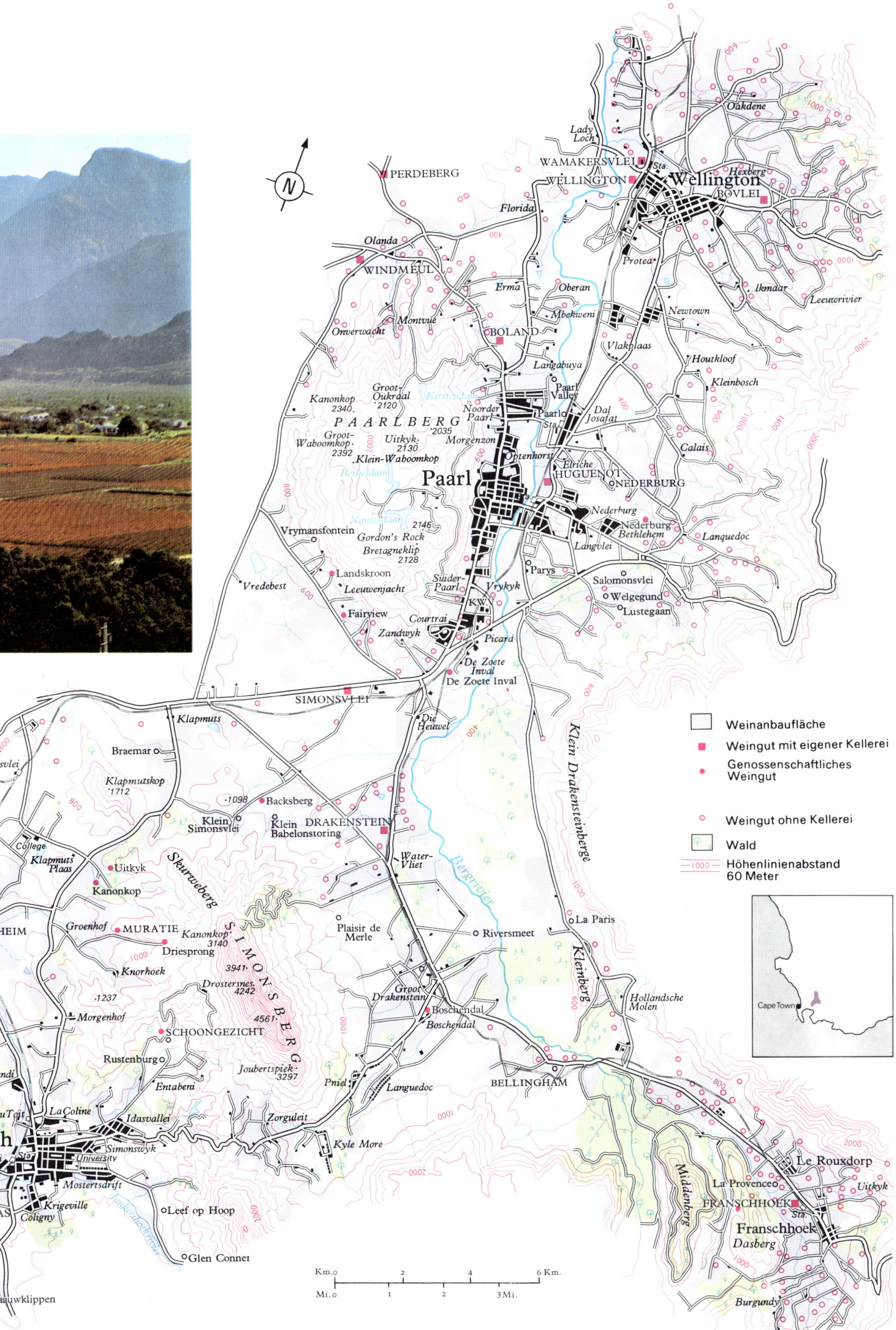

Weinanbaufläche
Weingut mit eigener Kellerei
Genossenschaftliches Weingut
Weingut ohne Kellerei
Wald
1000 Höhenlinienabstand 60 Meter
Cape Town
Km. 0 2 4 6 Km.
Mi. 0 1 2 3 Mi.
N
Wellington
WAMAKERSVLEI
WELLINGTON
BOVLEI
Lady Loch
Hexberg
Oakdene
Florida
PERDEBERG
Olanda
WINDMEUL
Protea
Ikmaar
Leeuwrivier
Erma
Oberan
Mbekweni
Newtown
Montvue
Onverwacht
BOLAND
Vlakplaas
Houtkloof
Langabuya
Kleinbosch
Kanonkop 2340
Groot-Oukraal 2120
Kirstendam
PAARLBERG
Noorder Paarl
Paarl Valley
Paarl Sta.
Dal Josafat
Groot-Waboomkop 2392
Uitkyk 2130
2035
Morgenzon
Klein-Waboomkop
Optenhorst
Calais
Bethel dam
Paarl
Etriche
HUGUENOT
NEDERBURG
Nederburg
Nantes dam
2146
Vrymansfontein
Gordon's Rock
Bretagneklip 2128
Nederburg Bethlehem
Languedoc
Langvlei
Landskroon
Parys
Salomonsvlei
Vredebest
Suider-Paarl
Vrykyk
Leeuwenjacht
Welgegund
KWV
Lustegaan
Fairview
Courtrai
Zandwyk
Picard
De Zoete Inval
De Zoete Inval
SIMONSVLEI
Klapmuts
Die Heuwel
Klein Drakensteinberge
KOELENHOF
Muldersvlei
Braemar
Klapmutskop 1712
1098
Backsberg
Klein Simonsvlei
Klein Babelonstoring
DRAKENSTEIN
College
Mariendal
Klapmuts Plaas
Uitkyk
Skurweberg
Water-Vliet
Bergrivier
Simonsig
de Hoop
Kanonkop
Koelenhof
Sta.
BOTTELARY
DELHEIM
Groenhof
MURATIE
Kanonkop 3140
Driesprong
Plaisir de Merle
Riversmeet
La Paris
Montange
Devon Vale Estates
Knorhoek
SIMONSBERG
3941
Drostersnes 4242
Kleinberg
Hollandsche Molen
1237
Morgenhof
Groot Drakenstein
Boschendal
Boschendal
4561
SCHOONGEZICHT
Rustenburg
Joubertspiek 3297
Kayamandi
Entabeni
Pniel
Languedoc
BELLINGHAM
Middelvlei
DuToit
La Coline
Idasvallei
Zorguleit
Papegaaiberg 847
Kyle More
Stellenbosch
Overgaauw
Onder Papegaaiberg
Safari
Sta.
University
Simonswyk
Le Rouxdorp
Middenberg
La Provence
Uitkyk
FRANSCHHOEK
Sta.
Vredenburg
Mostertsdrift
VLOTTENBURG
LIBERTAS
Krigeville
Coligny
Leef op Hoop
Franschhoek
Dasberg
Cape Town
Eersterivier
Jonkershoekrivier
Glen Conner
Blaauwklippen
Burgundy

Südamerika

Südamerika erzeugt jede achte Flasche Wein in der Welt. Argentinien wetteifert mit Rußland um den vierten Platz auf der Produktionsrangliste, dennoch hört man vom argentinischen Wein ebensowenig wie vom russischen, und das aus dem gleichen Grund: der heimische Markt ist offenbar unersättlich. Die Argentinier trinken Wein wie die Franzosen und Italiener.

Der Weinbau ist hier im Stil einer Massenproduktion organisiert. Es gibt nur wenige Weine mit individuellem Interesse – kein Napa Valley. Statt dessen gibt es einen unendlichen Strom solider, befriedigender und erfreulicher Standardweine aus vollen, reifen, gesunden Trauben, die unter idealen Bedingungen wachsen. 70% der argentinischen Weinfelder (das ist die Hälfte aller südamerikanischen) liegen im Staat Mendoza am Fuß der Anden, auf gleicher geographischer Höhe wie Marokko. Das zweitgrößte Rebenareal liegt nördlich davon in San Juan.

Hier wird dieselbe Produktionsmenge erreicht wie in Rußland, aber nur auf einem Drittel der Anbaufläche: In der trockenen Luft gibt es wenig Krankheiten, bei reichlicher Wasserzufuhr bringen die unveredelten Reben gewaltige Erträge.

Die Einrichtungen sind modern, die Technik ist geradezu raffiniert. Abgesehen von der traditionellen, jetzt aber schwindenden Criolla-Rebe wird am meisten Malbec, eine der weniger bedeutenden Bordeaux-Sorten, angebaut. Aber auch Cabernet und Pinot Noir nehmen ständig zu, und die guten Cabernet-Weine halten den Vergleich mit dem chilenischen in echter Güte aus. Alles in allem sind die Rotweine besser als die Weißen, die sich meist dem oxydierten Zustand von Sherry nähern (die wichtigste Traube ist die spanische Pedro Ximénez, und der Name Jerez wird unbekümmert verwendet). Seltsamerweise ist einer der besten Weine des Landes ein von einem Zweigbetrieb von Moët & Chandon hergestellter «Champagner», der aber den Schimmer des echten Champagners nicht hat.

Die argentinischen «Krugweine», sie kommen in 5-Liter-Flaschen auf den Markt, sind anregend und gut, nach italienischer Art leicht süßlich. Die chilenischen dagegen sind trockener und fallen mehr in die französische Geschmacksrichtung.

Das Zentrum des chilenischen Weinbaus liegt nur 225 km westlich von Mendoza. Auf dieser kurzen Strecke aber steigen die Anden bis auf 5000 m an. Nördlich davon erreicht der höchste Gipfel der Anden, der Aconcagua, 6959 m. Hier stellt sich ein radikaler Klimawechsel ein; die vom bolivianischen Plateau bis nach Nordchile hereinreichende trockene Zone zieht sich quer durch die Anden bis nach Argentinien. Arica in Nordchile bekommt 1 mm Regen im Jahr ab. In Santiago sind es 370 mm, in Concepción, nur 375 km weiter südlich, fallen 1320 mm und in Mendoza 200 mm Regen.

Oben und rechts: Die Weinberge Chiles liefern den besten Wein aus Südamerika. Die meisten müssen bewässert werden; allerdings bekommen die im Bild oben gezeigten Hanglagen von Los Perales in Marga-Marga im Süden genug Regen. Niedrige Arbeitslöhne sind mit ein Grund dafür, daß chilenischer Wein trotz hoher Qualität noch erstaunlich billig ist.

Auch in Santiago reicht die Regenmenge nicht aus, um Trauben ohne Bewässerung kultivieren zu können. Ein von den Inkas geschaffenes erstaunliches Netz von Kanälen und Bächen versorgt alle Weinberge mit Wasser. Das ozeanische Klima scheint den Bordeaux-Reben großartig zu behagen. In den Flußtälern des Aconcagua, des Maipo, des Cachapoal und des Maule, die vom Meer im Westen und den hochaufragenden Anden im Osten kühl gehalten werden, sind nach der Art von Bordeaux Cabernet-, Merlot-, Sauvignon- und Semillon-Reben angepflanzt.

Der Cabernet ist fruchtig, gerbstoffreich, ausgeglichen und langlebig. Nach Bordeaux-Art behandelt, nach zwei Jahren auf Flaschen gezogen und noch vier oder fünf Jahre gelagert, entwickelt er sich zu großer Feinheit. Auch der Sauvignon Blanc ergibt einen mächtigen Wein, trocken, aber mild und sehr charakterreich, ähnlich wie er in Kalifornien geraten kann.

Die bekanntesten Bodegas liegen um Santiago herum: Viño Cusiño in Macul, fast noch in den östlichen Vororten, Undurraga im Süden, Concho y Toro im Südosten, Santa Rita im Maipo-Tal. Feine, zarte Cabernets kommen auch noch weiter aus dem Süden der Provinz Talca, von Viña San Pedro und Lomas de Pulmodón.

Brasilien und Uruguay verfügen über eine florierende Weinindustrie für den heimischen Markt. Das Zentrum des brasilianischen Weinbaus, die Provinz Rio Grande do Sul, liegt auf demselben Breitengrad wie Mendoza. Hier gibt es reichliche Regenfälle, und das Klima ist mild und feucht. Da die Vinifera-Reben sich bisher nicht bewährten, wurden hier amerikanische Reben angebaut. Neuerdings sind auf eine Studie der Universität Kalifornien hin neue Pflanzungen angelegt worden, und Unternehmen wie National Distillers, Cinzano, Pedro Domecq und Moët & Chandon beginnen sich für lokale Lieferquellen für den wachsenden brasilianischen Markt zu interessieren. Die Zeitschrift *Wines & Wines* aus San Franzisko berichtet, daß Cinzano von Rebenfeldern bei Recitife, nur 10° vom Äquator entfernt, zweimal im Jahr eine Traubenernte einbringt. Die Gegend ist trocken, und die Reben werden durch Einstellen der Bewässerung zur Vegetationsruhe und zur Ausbildung neuer Knospen gebracht.

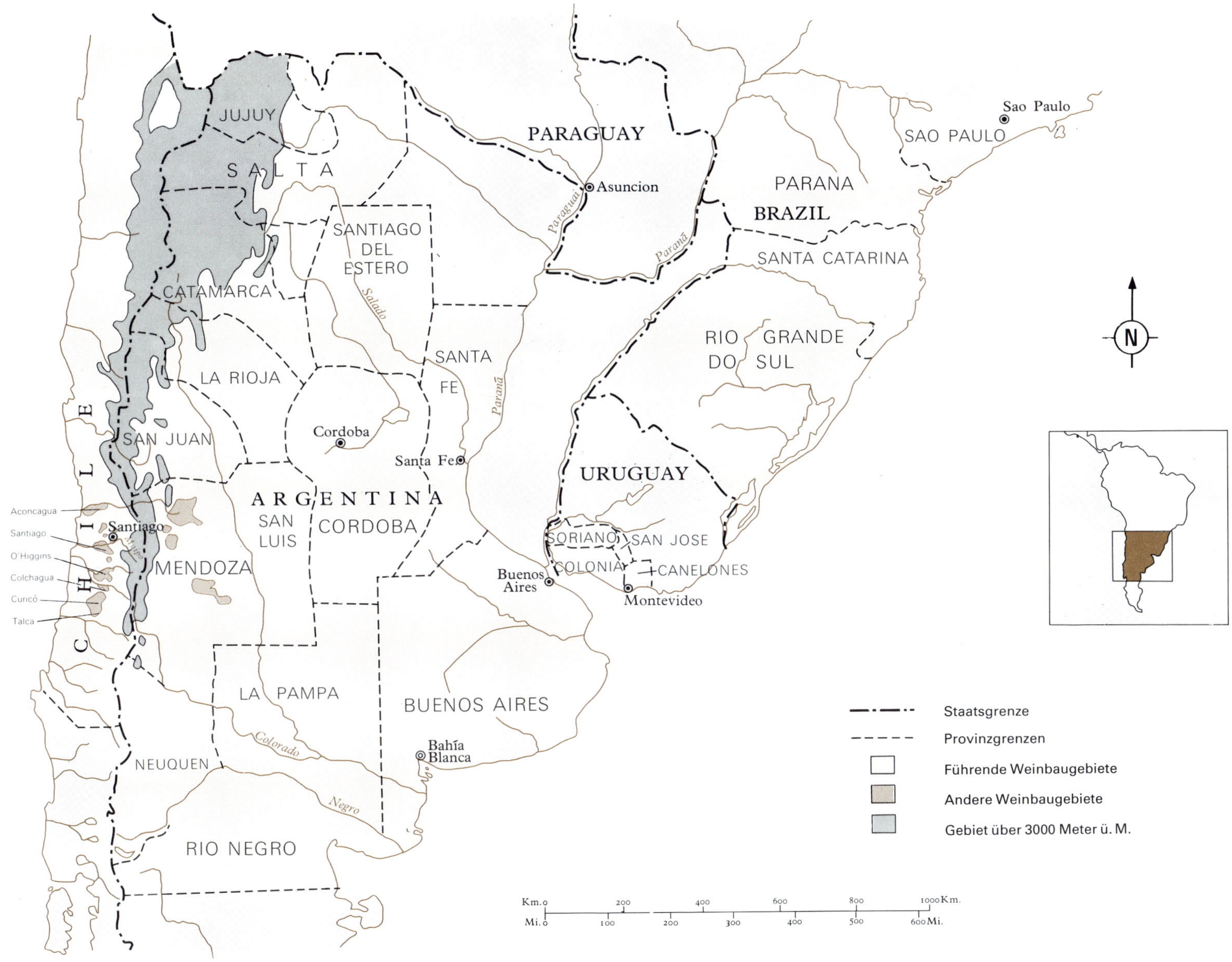

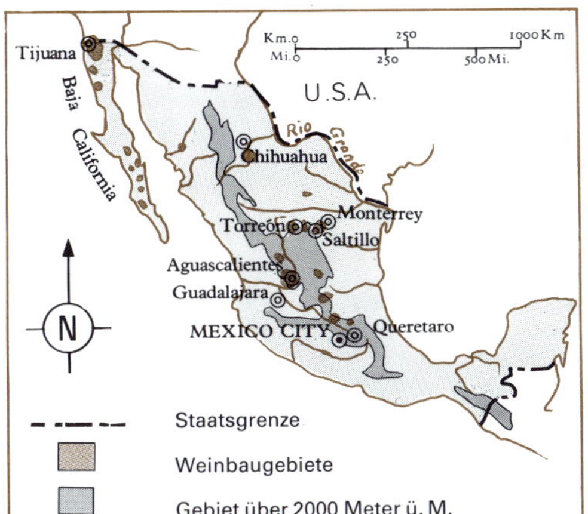

Mexiko ist als Weinerzeugerland im Wachsen: 140 000 hl Jahresproduktion, 40 000 ha Rebenareal. Bereits im 16. Jh. pflanzten Missionare Reben an, Qualitätsweine wurden aber erst durch die moderne Technologie möglich. Die bekannteste Bodega ist Santo Tomás in Baja California.

Links: Die Etiketten der linken Reihe kommen aus Chile, woher auch der beste südamerikanische Wein stammt; die in der zweiten Reihe kommen aus Argentinien, die in der dritten aus Brasilien, das letzte Etikett ist aus Uruguay.

England und Wales

Links: Der englische Wein ist heute zumeist weiß, mit Ausnahme des Roséweins Beaulieu Abbey. Bei den Etiketten gibt es bereits einen eleganten Landhausstil; das Hambledon-Motiv ist das Emblem des ersten Kricket-Klubs, der in Hambledon gegründet wurde.

Oben: Eine eigentümliche Rebenkultur: Sir Guy Salisbury-Jones zieht in Hambledon bei Portsmouth auf 2 ha Seyve-Villard- und Chardonnay-Reben: pro Jahr rund 12000 Flaschen.

In den letzten Jahren beginnt sich das Zutrauen in den englischen Wein langsam durchzusetzen. Früher dachte man, England liege zu weit im Norden, als daß hier Trauben zur Reife gelangen könnten – und außerdem sei es viel zu regnerisch.

Tatsächlich aber waren im frühen Mittelalter die englischen Klosterweinberge ausgedehnt und allen Überlieferungen zufolge auch recht erfolgreich. Und hätte sich England nicht 1152 Bordeaux angeeignet und sich damit eine leicht zugängliche Quelle besseren Weins erschlossen, dann gäbe es sie wohl heute noch.

Heute verfügen England und Wales über eine nahezu ganz mit weißen Trauben bepflanzte Anbaufläche von 196 Hektar. Der größte Teil davon liegt im Süden Englands. In der Karte sind alle Rebenareale mit mehr als 1 ha Größe im Vergleich mit den Lagen bekannter mittelalterlicher Weinberge gezeigt.

Die zur Zeit beliebtesten Reben sind Müller-Thurgau und Seyval Blanc (eine französische Hybride). Beiden reifen früh und sind widerstandsfähig gegen Krankheiten. Wie in Deutschland und oft in Burgund muß dem Wein gewöhnlich mit Zucker nachgeholfen werden. Doch ist er erfreulich gut und brauchte nur etwas mehr staatliche Förderung: Dann wäre eine kleine, aber durchaus ernst zu nehmende englische Weinwirtschaft denkbar.

Rechts: Auf der Karte sind die heutigen Rebenareale in England und Wales mit über 1 ha Fläche im Verhältnis zu bekannten mittelalterlichen Weinberglagen (weiße Punkte) dargestellt.

1 Linton, Cambridge
2 Cavendish, Suffolk
3 Inkpen, Berks.
4 Godalming, Surrey
5 Adgestone, Isle of Wight
6 Biddenden, Kent
7 Nettlestead, Kent
8 Felsted, Essex
9 Ashton Keynes, Wilts.
10 Westfield, Sussex
11 Pangbourne, Berks.
12 Goudhurst, Kent
13 Otley, Suffolk
14 Camborne, Cornwall
15 Sout Kilworth, Leics.
16 Diss, Norfolk
17 Dereham, Norfolk
18 Arundel, Sussex
19 Broadclyst, Devon.
20 Wickhambrook, Suffolk
21 Colchester, Essex
22 North Wooton, Somerset
23 Pilton, Somerset
24 Purleigh, Essex
25 Rodmell, Sussex
26 Bradfield, Berks.
27 Wedmore, Somerset
28 Barningham, Suffolk
29 Duddenhoe End, Essex
30 Prithsden, Herts.
31 Bury St. Edmonds, Suffolk
32 Lamberhurst, Tunbridge Wells
33 Ardleigh, Essex
34 Lamphey, Pembrokeshire
35 Horam, Sussex
36 Beaulieu, Hants.
37 Singleton, Sussex
38 Bickleigh, Somerset
39 Newent, Glos.
40 Clyro, Herehordshire
41 Cranmore, Yarmouth
42 Bolney, Sussex
43 Sandy, Beds.
44 Thurston, Suffolk
45 Hambledon, Hants.
46 Bradford on Avon, Wilts.
47 Wilburton, Cambs.
48 Ashton Keynes, Wilts.
49 Cratfield, Suffolk
50 Rowlands Castle, Hants.
51 Purley, Berks.
52 Llanarth, Cardiganshire
53 Finchampstead, Berks.
54 Alresford, Hants.
55 Blackfield, Hants.

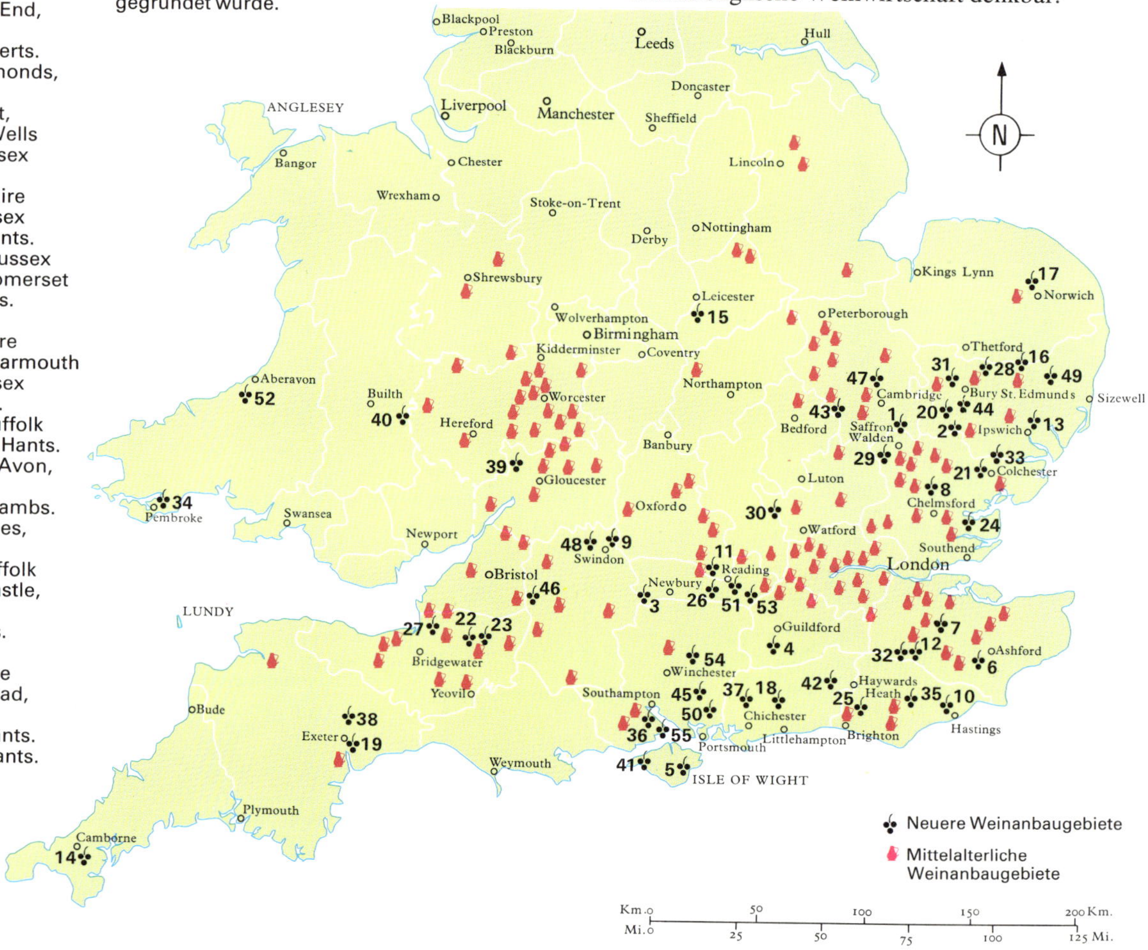

Spirituosen

Whisky-Brennerei in der kargen Schönheit der westschottischen Inseln: Laphroaig auf Islay

Spirituosen

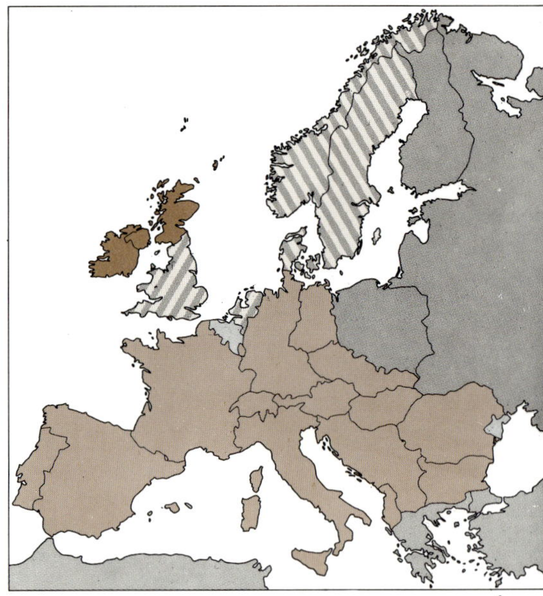

Die Weinländer der Welt liegen alle in der gemäßigten Zone und in Regionen, deren Lebensstil von der Mittelmeerkultur geprägt ist. Spirituosen sind dagegen nicht an klimatische und kulturelle Bedingungen gebunden. Die Destillation gehört nicht mehr zur bodenständigen Landwirtschaft, sondern ist ein Industriezweig. Wo immer Wasser fließt und ein Lastwagen hingelangt, da kann man auch Whisky, Weinbrand, Gin, Rum oder jede beliebige andere Spirituose herstellen.

Gelegentlich aber führt eine Reihe natürlicher Voraussetzungen zu einem Getränk, dessen Charakter und Qualität sich zwar nachahmen, niemals aber reproduzieren lassen. Es sind dies jene Spirituosen, die ihre geographische Herkunft wie ein Wappen tragen und deren Herstellung – wie die Weinbereitung – teils eine Wissenschaft, zumeist harte Arbeit, teils aber auch eine Kunst ist. Der Welt-Spirituosenhandel befaßt sich fast ausschließlich mit diesen besseren Erzeugnissen und ist auf die reichen Länder beschränkt.

Spirituosen lassen sich aus jedem Material destillieren, das vergoren werden kann und Zukker enthält, der sich in Alkohol umwandeln läßt. Mit großer Findigkeit hat die Menschheit die unwahrscheinlichsten vergär- und destillierbaren Ausgangsstoffe aufgespürt.

Einige davon, vom Wein bis zur Milch, zu Kräutern, Kartoffeln und Kaktus, sind in der Liste unten aufgeführt. Außerdem geht aus den Karten hervor, was der Mensch an Spirituosen zu trinken vermag (oder wenigstens dafür ausgibt), von 14,8 Liter pro Jahr in der Sowjetunion (1969) bis zu 2 Liter im überreichlich mit Steuern belegten England.

Ausgangsstoffe der Spirituosen der Welt

Äpfel	
Applejack	New Jersey, USA
Bätzi	Schweiz
Trebern	Österreich
Aprikosen	
Barack pálinka	Ungarn
Datteln	
Arak, Arrack	Vorderasien, Nordafrika
Zibib	Ägypten, Vorderasien
Enzianwurzel	
Enzian	Deutschland, Schweiz
Getreide	
Akvavit	Dänemark, Norwegen, Schweden
Akvaviittee	Finnland
Bourbon Whisky	USA
Jenever	Holland
Gin	England, Nordamerika
Korn	Deutschland
Poteen	Irland
Schnaps	Deutschland
Steinhäger	Deutschland
Whiskey	Irland
Whisky	Schottland, Nordamerika
Wodka	Polen, Rußland
Kaktus	
Pulque	Mexiko
Tequila	Mexiko
Kartoffeln	
Akvavit	Dänemark, Norwegen, Schweden
Akvaviitee	Finnland
Schnaps	Deutschland
Wodka	Finnland, Schweden
Kirschen	
Kirsch	Deutschland, Österreich, Schweiz
Kirsebaerlikoer	Dänemark
Kokosnüsse	
Arak, Arrak	Asien
Melasse	
Aguardiente	Westindien
Arrak	Indonesien
Basi	Philippinen
Pinga	Brasilien
Rum	Westindien, Mexiko, Mittelamerika und Südamerika, Madagaskar, Neuengland, Java, Philippinen, Ägypten
Milch	
Awein	Tartar. Rußland
Sukkou	Kaukasus, Rußland
Obst	
Alcools blancs	Frankreich
. . . Geist	Deutschland, Schweiz
. . . Wasser	Deutschland, Schweiz
Pflaumen	
Rakia	Bulgarien
Šljivovica, Slibowitz	Jugoslawien
Szilva	Ungarn
Ţuica	Rumänien
Pflümli	Schweiz
Reis	
Arak, Arrak	Asien
Traubenhülsen	
Bagaceira	Portugal
Grappa	Italien, Schweiz
Komovica	Jugoslawien
Marc	Frankreich, Schweiz
Wassermelonen	
Kislaw	Rußland
Wein	
Aguardente	Portugal
Aguardiente	Spanien
Arak, Arrak	Naher und Ferner Osten
Armagnac	Frankreich
Brandy, Weinbrand	Australien, Deutschland, Italien, Naher Osten, Neuseeland, Südafrika
Cognac	Frankreich
Coñac, Kanjak	Spanien, Portugal
Konjak usw.	Chile, Griechenland, Osteuropa, Türkei
Mastika	Griechenland
Ouzo	Ägypten, Griechenland, Naher Osten
Pisco	Chile, Peru
Rajikam Raki, Rakia	Balkan, Naher Osten, Türkei
Vinjak	Jugoslawien
Zider	
Calvados	Frankreich: Calvados
Eau-de-vie de cidre	Nordfrankreich
Zuckerrohr	
Cane spirit	Südafrika
Rum	Westindien

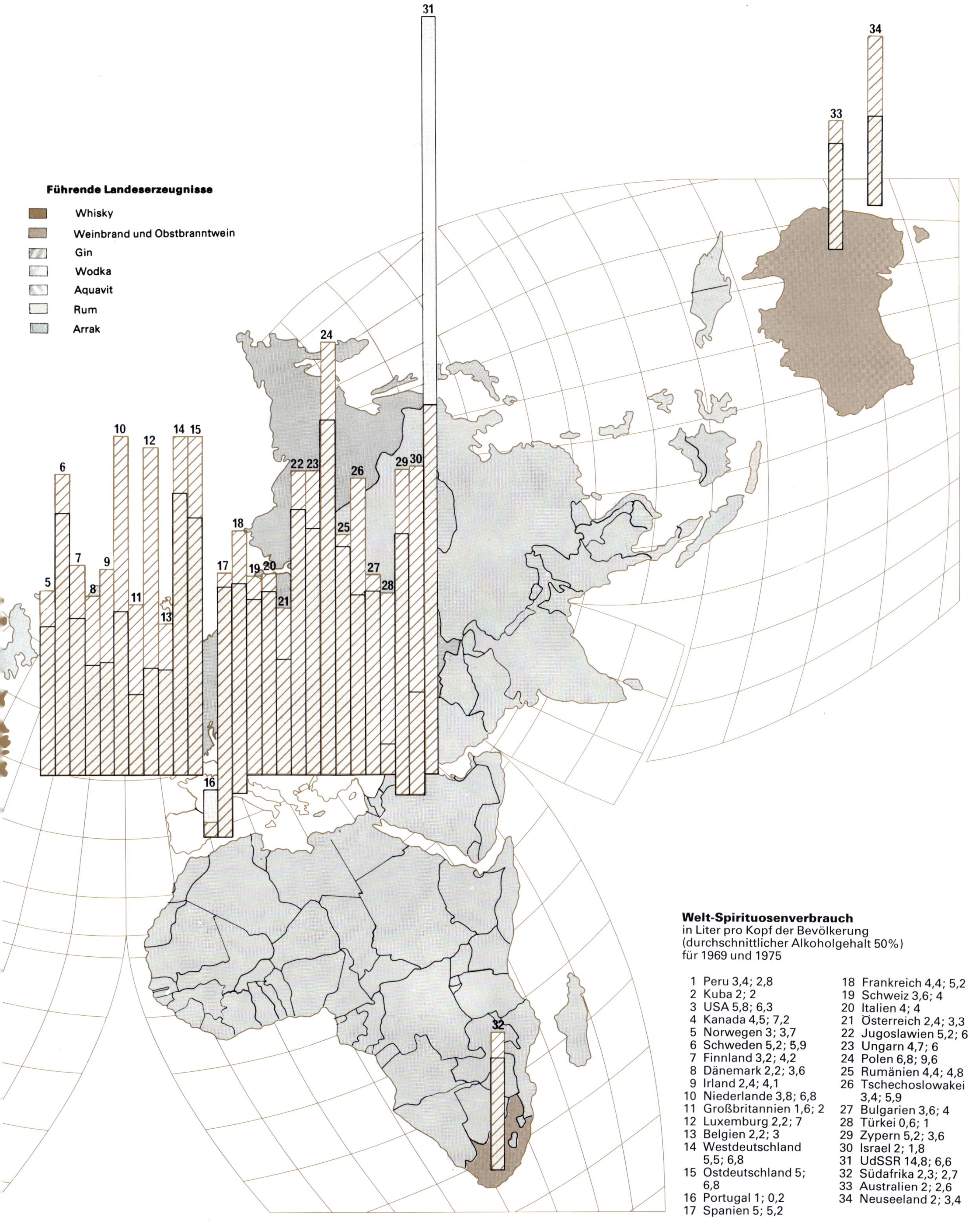

Welt-Spirituosenverbrauch
in Liter pro Kopf der Bevölkerung
(durchschnittlicher Alkoholgehalt 50%)
für 1969 und 1975

1 Peru 3,4; 2,8
2 Kuba 2; 2
3 USA 5,8; 6,3
4 Kanada 4,5; 7,2
5 Norwegen 3; 3,7
6 Schweden 5,2; 5,9
7 Finnland 3,2; 4,2
8 Dänemark 2,2; 3,6
9 Irland 2,4; 4,1
10 Niederlande 3,8; 6,8
11 Großbritannien 1,6; 2
12 Luxemburg 2,2; 7
13 Belgien 2,2; 3
14 Westdeutschland 5,5; 6,8
15 Ostdeutschland 5; 6,8
16 Portugal 1; 0,2
17 Spanien 5; 5,2
18 Frankreich 4,4; 5,2
19 Schweiz 3,6; 4
20 Italien 4; 4
21 Österreich 2,4; 3,3
22 Jugoslawien 5,2; 6
23 Ungarn 4,7; 6
24 Polen 6,8; 9,6
25 Rumänien 4,4; 4,8
26 Tschechoslowakei 3,4; 5,9
27 Bulgarien 3,6; 4
28 Türkei 0,6; 1
29 Zypern 5,2; 3,6
30 Israel 2; 1,8
31 UdSSR 14,8; 6,6
32 Südafrika 2,3; 2,7
33 Australien 2; 2,6
34 Neuseeland 2; 3,4

Die Spirituosenherstellung

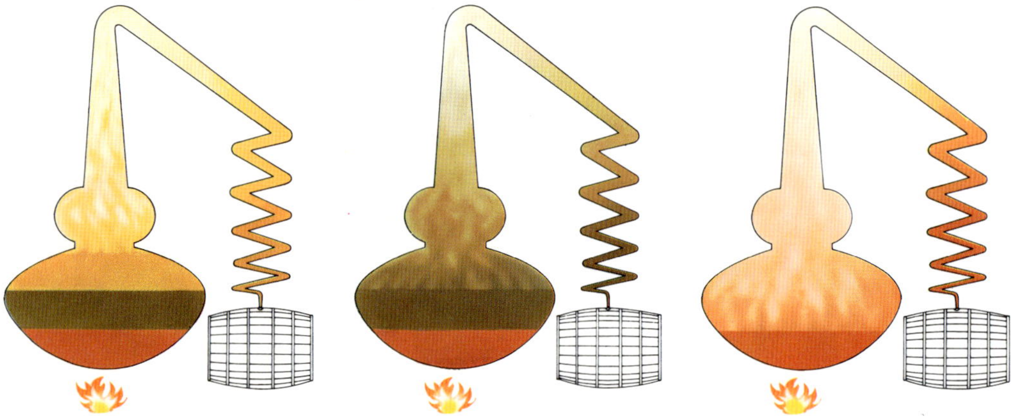

Der Brennkolben oder Destilliertopf: das ursprüngliche Prinzip und immer noch das beste. Ein Kessel mit 1200 l Weißwein wird (zur Cognac-Destillation) erhitzt. Zunächst verdampfen die hochgradig flüchtigen Stoffe. Bei stärkerer Erhitzung verdampft der Alkohol, wird ebenfalls kondensiert und in ein anderes, das ‹Brouilli›-Faß geleitet. In einem dritten Faß schließlich werden die weniger flüchtigen Substanzen, die ‹Feints›, gesammelt, die dann wieder dem nächsten Topf Brennwein zugesetzt werden. Denselben Prozeß durchläuft dann noch einmal der Inhalt des ‹Brouilli›-Fasses; das dabei destillierte mittlere Faß ist dann Cognac (bzw. Whisky).

Oben: Aus dem Kondensator einer Brennblase fließender Branntwein in Cognac. Das wasserklare Destillat wird in ein Eichenfaß geleitet. Unten: Eine der wenigen großen Brennereien in Cognac arbeitet mit sechs Retorten über gemauerten Brennöfen. In den kleineren Tanks oben rechts wird der Wein zuvor erwärmt.

Auf die einfachste Formel gebracht, ist die Destillation ein Verfahren zur Konzentration der Stärke und Geschmacksstoffe eines alkoholischen Getränkes auf dem Wege der Eliminierung eines Großteils seines Wassergehalts. Es beruht darauf, daß Alkohol flüchtiger als Wasser ist – was bedeutet, daß er einen niedrigeren Siedepunkt hat. Erhitzt man Wein in einem Kochtopf, so verliert er seinen Alkohol und die meisten Aromastoffe, lange bevor der übrige Topfinhalt verdampft ist. Fängt man den Dampf ein und kondensiert ihn, so hat man Alkohol und nur sehr wenig Wasser – das heißt Weinbrand gewonnen.

Dies war seit vielen tausend Jahren in Asien bekannt. Im 14. Jahrhundert machten die Araber, deren Wort *al cohol* wir heute noch verwenden, das Abendland mit dieser Technik vertraut.

Die ursprüngliche Form des Destillierapparates, die Brennblase (Abb. links), war einfach ein auf einem Feuer stehender Kessel mit einer langen, meist schlangenförmigen Tülle, in der

Oben: Erst im Spätmittelalter wurde die Destillation in Europa bekannt. Dieser Stich (1480) ist eine der ersten Darstellungen der Brennblase.

der Dampf kondensierte. Dies ist bis heute das beste Konstruktionsprinzip geblieben und wird für alle hochwertigen Spirituosen angewandt. Denn der Destillateur kann genau bestimmen, welchen Teil der Dämpfe er haben will, und so den gewünschten Alkohol- und Geschmacksstoffgehalt regulieren. Unerwünschte Stoffe, die vor dem Alkohol verdampfen oder weniger flüchtig sind, kann er abtrennen.

Der Nachteil der Brennblase ist, daß sie langsam arbeitet, von einem Mann bedient und nach jedem Brennvorgang gereinigt und neu gefüllt werden muß.

Heute verwendet man vornehmlich das kontinuierliche Destillierverfahren, das schneller und billiger als der Brennkolben bzw. die Brennblase arbeitet. Sein einziger Nachteil ist, daß man ein ziemlich hochprozentiges Destillat braucht, wenn man eine Spirituose gewinnen will, die rein genug und trinkbar ist; man kann nicht genau bestimmen, welche «Fraktion» des Verdampften man haben will und welche nicht.

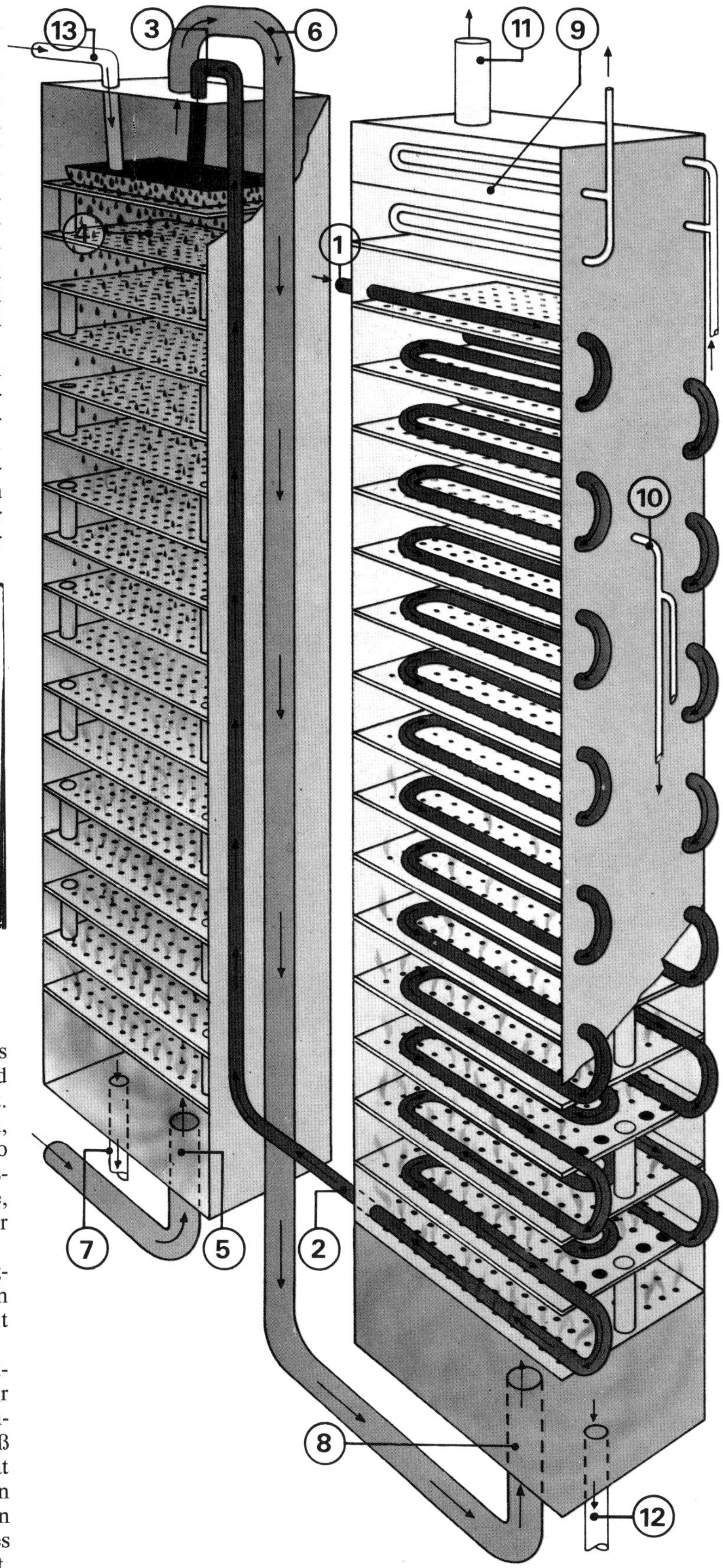

Links: Die meisten Spirituosen werden im kontinuierlichen Verfahren gebrannt. An einem Ende wird ständig vergorene ‹Maische› (aus Wein, Bier, vergorener Melasse usw.) zugeführt, und am anderen Ende fließt das Destillat heraus. Die Kolonnen der kontinuierlichen Brennanlage können bis zu 25 m hoch sein. Kalte Maische fließt bei 1 in die ‹Rektifikationskolonne› und wird beim Durchlaufen der Röhrenschnecke von aufsteigendem heißem Wasserdampf erhitzt. Bei 2 verläßt sie sehr heiß die Kolonne und wird in den ‹Analysator› 3 geleitet, wo sie zunächst in einen Trog kommt. Der Trog läuft über, und die heiße Maische fällt auf perforierte Platten 4.
Gleichzeitig tritt bei 5 sehr heißer Dampf ein und trifft auf die Maische, deren flüchtige Stoffe sofort verdampfen. Bei 6 verlassen sie dampfförmig den Analysator. Das in der Maische enthaltene Wasser fließt zum größten Teil zum Boden der Kolonne und wird bei 7 abgelassen.
Bei 8 tritt der Spritdampf (von 6) wieder in die Rektifikationskolonne ein. Beim Hochersteigen in dieser Kolonne und Abkühlen an den Kühlrohren kondensieren als erstes die weniger flüchtigen Stoffe (die ‹Feints›) und setzen sich bei 12 ab. Von dort werden sie nach 13 gepumpt, der frischen Maische zugesetzt und durchlaufen den Prozeß erneut.
Nur das eigentliche Destillat steigt bis oben, wo es ein Wasserkühler 9 schließlich kondensiert, worauf es bei 10 die Kolonne verläßt.
Nur die besonders flüchtigen Stoffe (die dem Vorlauf beim Brennkolben entsprechen) bleiben dampfförmig und treten bei 11 aus.
Die Brennblase wird weiterhin für feine Spirituosen (z. B. Cognac und Malz-Whisky) verwendet, die mehr Geschmacksstoffe enthalten müssen.

Cognac

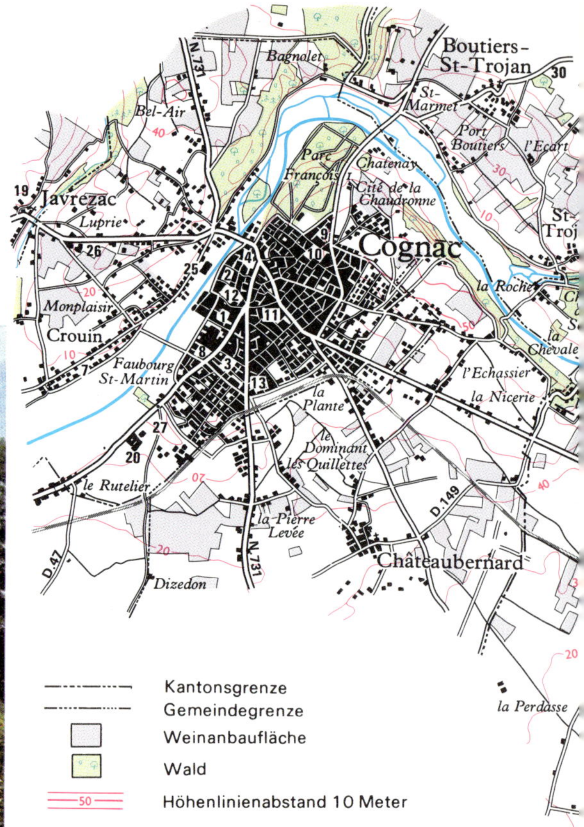

Kantonsgrenze
Gemeindegrenze
Weinanbaufläche
Wald
Höhenlinienabstand 10 Meter

Km. 0 1 2 3 4 Km.
Mi. 0 1 2 Mi.

Die Cognac-Firmen

- 1 Martell
- 2 Hennessy
- 3 Remy Martin
- 4 Otard-Dupuy
- 5 Courvoisier
- 6 Ricard-Bisquit Dubouché
- 7 Hardy
- 8 J. G. Monnet
- 9 Camus
- 10 Salignac
- 11 Prince de Polignac
- 12 Castillon
- 13 Larsen
- 14 Hine
- 15 Tiffon
- 16 Frapin
- 17 Croizet-Eymard
- 18 Dist. de Segonzac (Marte
- 19 Dist. de Galienne (Martell
- 20 Dist. de St-Martin (Marte
- 21 Moulineuf (Martell)
- 22 Hennessy
- 23 Viticulteurs Réunis
- 24 Coop. de Cognac et Vins Charentais
- 25 Hennessy
- 26 Hennessy
- 27 Martell
- 28 Hennessy
- 29 Hennessy
- 30 Hennessy
- 31 Delamain

Brennerei   Handelshaus

Oben: Reben an der Charente bei Jarnac.
Unten: Dunst- und pilzgeschwärzte Dächer.
Ganz unten: Cognac altert in Eiche.

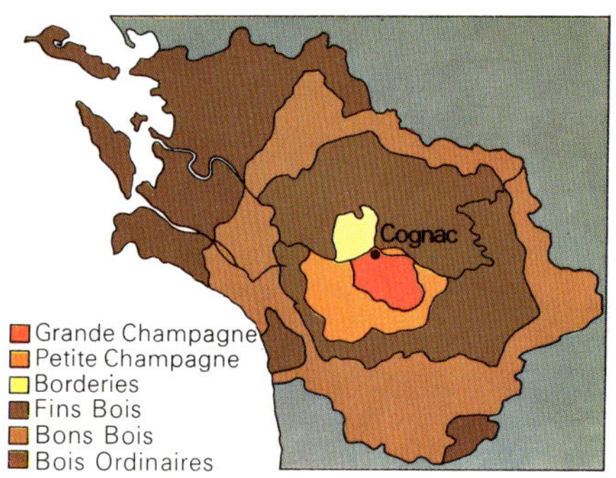

Oben: Das Cognac-Gebiet ist in 6 Zonen eingeteilt; die feinsten Sorten kommen aus den Kernzonen.
Unten: Die Hauptabnehmerländer des Cognac

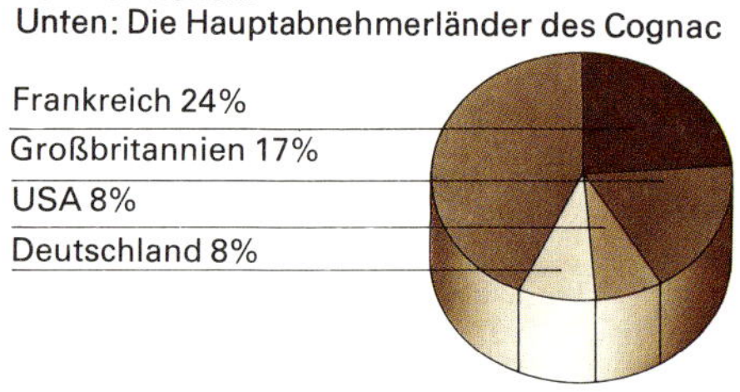

Guter Cognac zeichnet sich durch eine eigentümlich traubenfrische Süße aus, die einem das Gefühl vermittelt, als hätte sich die Seele der Rebe verflüchtigt und ihn ihm kondensiert. Er schmeckt nicht bloß nach Wein, sondern nach einem großen Wein – denn er hat den gleichen Nuancenreichtum, die gleiche Rasse und Ausdrucksfülle.

Und doch ist der Wein, aus dem er gewonnen wird, alles andere als ein großer Wein. Die Winzer der Charente, die heute ausschließlich die Cognac-Brennereien beliefern, waren früher einmal die armen Hausierer, die ihre miserable Ware bei fremden Seeleuten los wurden, von denen sich einige hier niederließen, um Salzhandel zu treiben. Erst im 17. Jahrhundert versuchten ein paar dieser Einwanderer, den Wein zu «brennen». Nachdem das Experiment gelungen war, sprach sich dies schnell herum. Ein Mr. Martell kam von den Kanal-Inseln, ein Mr. Hennessey aus Irland, und der Cognac war geboren.

Die AC Cognac umfaßt nahezu zwei ganze Départements nördlich der Gironde-Mündung, das Charente-Becken und sogar noch vorgelagerte Inseln.

Die Zeichen auf Cognac-Etiketten sind nicht einheitlich festgelegt. Ein Dreistern-Cognac ist recht jung; ein VSOP ist älter und hat Likörqualität, Jahrgangs-Cognac wird nur von Händlern angeboten, die ihn außerhalb Frankreichs lagern.

Rund 50 000 Winzer bauen in dieser Gegend weiße Trauben an, und jeder zehnte von ihnen hat eine Brennblase zur Destillation des Weins aufgestellt. Die von ihnen bevorzugten Rebsorten – heute vor allem die Ugni Blanc, dort St-Emilion genannt – liefern einen Wein, mit dem kaum etwas anderes anzufangen ist: Er enthält nur etwa 7,5% Alkohol und nicht mehr als 10 g Säure pro Liter. Tatsächlich werden diese Trauben meist schon gepflückt, bevor sie voll ausgereift sind, damit die Säure auch erhalten bleibt.

Die Qualität des Weinbrands hängt fast ausschließlich vom Boden ab. Im Herzen der Charente (siehe die kleine Karte) kann er so kreidereich wie in der Champagne sein. Dies erklärt auch die Ähnlichkeit der Bezeichnungen in diesen sonst recht unterschiedlichen Anbaugebieten. Um das Zentrum ziehen sich konzentrische Kreise fortschreitend weniger kreidereicher und (zumindest für diesen Zweck) weniger guter Böden. Von einem Oberboden mit 35% Kalk und einem schon bei 20 cm Tiefe beginnenden Unterboden mit 80- bis 90prozentigem Kalkgehalt sinkt der Kreideanteil des Oberbodens auf 25 bzw. 15% von der Grande Champagne zur Petite Champagne bzw. den Randgebieten. In der Cognac-Region bedeutet die analoge Degression der Bodenqualität eine fortschreitende Verminderung der Finesse und Zunahme des Körperreichtums. Außerhalb der kleinen und zentralen Borderies weisen die drei Bois – Fins, Bons und Ordinaires – gelberen, fetteren Boden auf, der einen weniger feinen Cognac mit einem deutlichen *goût de terroir* ergibt.

Man brennt den Cognac in den Wintermonaten, sobald der Wein aufhört zu gären. Der dazu verwendete Brennkolben ist auf Seite 256 abgebildet. Zunächst wird der Wein in einem Tank erwärmt und dann über einem gleichmäßigen Kohlefeuer verkocht. Zwei Brennvorgänge sind erforderlich, um die Fraktion mit dem richtigen Alkohol- und Extraktgehalt abzutrennen. Sie fließt beim zweiten Mal wasserklar als etwa 70prozentiges Destillat aus dem Kolben – ein Faß aus zehn Faß Wein.

Junger Cognac ist herb, überstark, unfertig. Die Eichenholzlagerung ist ebenso wichtig wie die Destillation. Dazu liefert der Limousin-Wald genau das richtige Material: Eichenholz mit großer Porosität und einem recht geringen Tanningehalt. Zwei Jahre in einem Limousin-Faß ist das gesetzliche Minimum für jeden Cognac; die guten Sorten lagern drei und die VSOPs (Very Special Old Pale) fünf Jahre und länger. Die luftigen *chais* mit den Lagerfässern sind auf das ganze Gebiet verteilt, ihre Dächer von einem schwarzen, vom Dunst lebenden Pilz überzogen. Denn die Verdunstungsquote ist erschreckend: Jedes Jahr verflüchtigt sich genausoviel Cognac in die Luft, wie in ganz Frankreich getrunken wird.

Fünf Jahre ist das Höchstalter, das nach den gesetzlichen Bestimmungen auf einem Cognac-Etikett angegeben werden darf, einerlei wie alt der Inhalt tatsächlich ist. Die früher übliche Praxis, unverschnittene Jahrgänge zu lagern, ist heute verboten, weil sie sich nicht kontrollieren läßt. Doch gibt es auch heute noch nachweislich ältere Cognacs: die in ausländischen Häfen «frühgelandeten» und während der Alterung in Zollverschlußkellern gelagerten Fässer.

Normaler Handels-Cognac wird mit destilliertem Wasser auf 40% Alkoholgehalt verdünnt und seine Süße und Farbe mit Zucker und Karamel reguliert.

Armagnac

Es gibt nur einen Weinbrand in der Welt, der einen Vergleich mit dem Cognac aushält - und auch er kommt aus Westfrankreich, aus einem Gebiet, das an einem Punkt nur 130 km von der Charente entfernt ist. Allerdings gleicht der Armagnac nur in seiner Feinheit und hohen Qualität dem Cognac, im übrigen sind diese beiden Weinbrände in ihrer Art wie in ihrer Herstellung Gegenpole.

Abgesehen vom Boden und dem in Armagnac allgemein milden Klima beruht der große Unterschied zwischen dem Armagnac und dem Cognac auf verschiedenen Brennverfahren und Holzarten. Die Armagnac-Retorte ist ein Mittelding zwischen einer Brennblase und einem kontinuierlichen Brennapparat, eine Art Doppel-Boiler, in dem der Wein nur einen Brennvorgang durchläuft und ein Destillat ergibt, das schwächer als die meisten anderen Spirituosen ist: 53% gegenüber 70% beim Cognac.

Je weniger stark das Destillat ist, desto mehr Geschmacksstoffe enthält der Weinbrand. Deshalb ist ein junger Armagnac extraktreicher und blumiger als Cognac. Hinzu kommt die Note des «schwarzen» Eichenholzes jener Gegend, das viele Aromastoffe enthält. In diesem Schwarzeichenholz altert der Armagnac viel schneller als der Cognac in der weißen Limousin-Eiche. Nach acht Jahren ist er gut ausgereift und nach 20 Jahren superb.

Bis 1905 hatte das Armagnac-Gebiet kein rechtes Profil und verkaufte seine guten Qualitäten an Firmen der Charente; damals war also ein großer Teil des Cognac in Wirklichkeit Armagnac, denn mit seiner tiefdunklen und ein hohes Alter versprechenden Farbe konnte man jungem Cognac ein älteres Aussehen geben.

Bei einem Geschmacksvergleich zwischen Armagnac und Cognac wird ersterer immer als «rustikaler» beurteilt, was besagen soll, daß er der plumpere der beiden ist. Man hat ihn mit handgewebtem Tweed, im Gegensatz zum Kammgarn-Cognac, verglichen. Doch ist Tweed ja ein rauher Stoff, während sich der Armagnac gerade durch seine herrlich samtene Weichheit auszeichnet. Gleichzeitig ist er trocken, und normalerweise wird ihm, anders als beim Cognac, kein Zucker zugesetzt. Der scharfe Armagnac-Geschmack hält sich lange im Mund und sogar im Glas. In seiner Feurigkeit ähnelt er dem Cognac. Die einzige großartige Eigenschaft der Spitzen-Cognacs, die ihm fehlt, ist die erlesene, Champagner-artige Feinheit.

In Armagnac gibt es keine Großfirmen wie Martell und Hennessy. Aus der großen Zahl kleiner Betriebe zeigen wir hier die Etiketten einiger führender Häuser, von denen manche auch Likör herstellen - wozu sich der geringerwertige Branntwein anbietet.

Oben links: Das Armagnac-Verfahren ist anders als die Cognac-Destillation und ergibt ein weniger starkes Destillat mit mehr Geschmacksstoffen. Links: Die grüne Landschaft Bas-Armagnac im Westen des Gebiets erzeugt die besten Qualitäten.

Südlich an die beste Armagnac-Gegend schließen sich zwei kleine AC-Bezirke an: Der Madiran ist ein kräftiger Rotwein, der Pacherenc du Vic-Bilh ein süßer Weißwein.

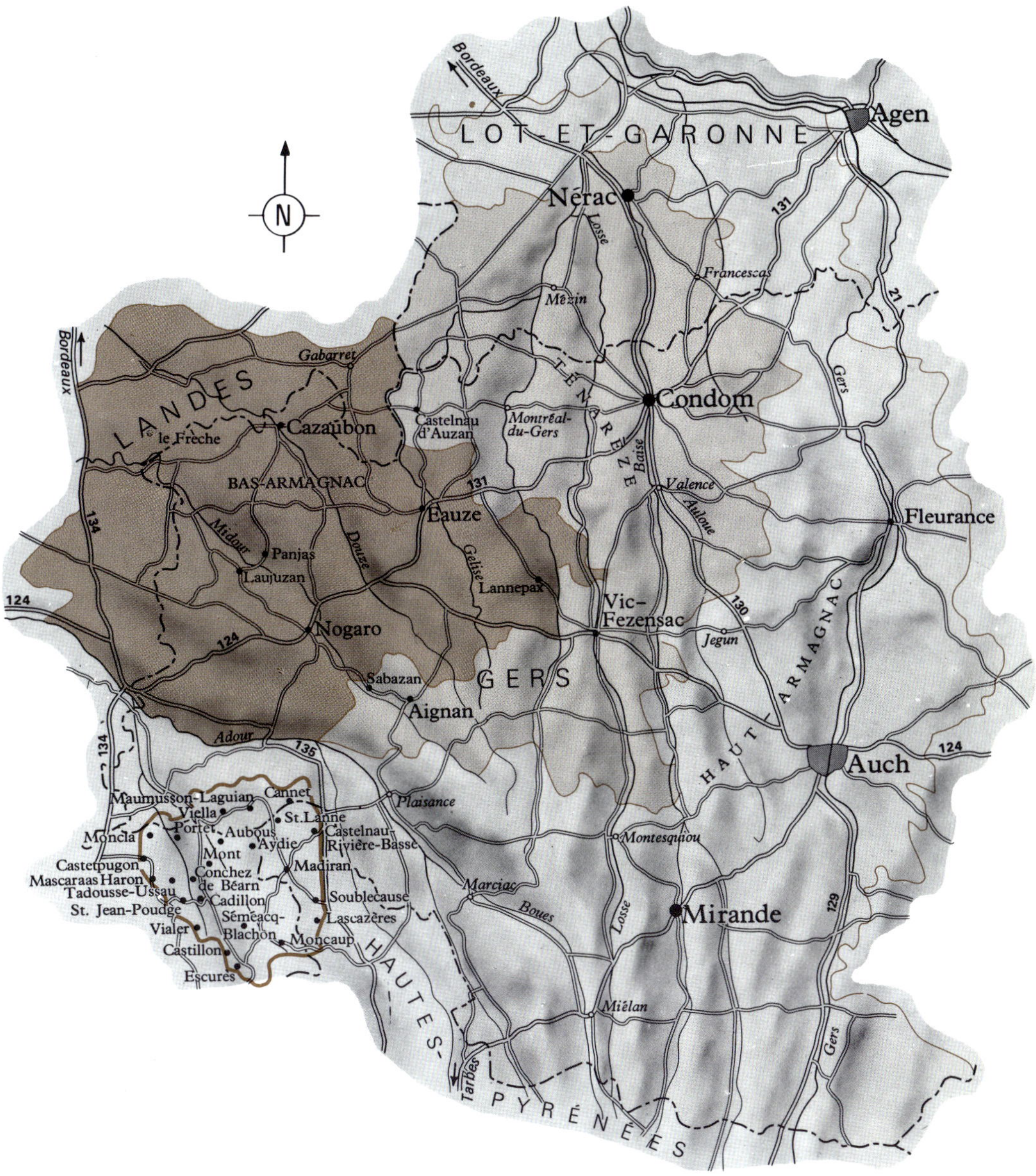

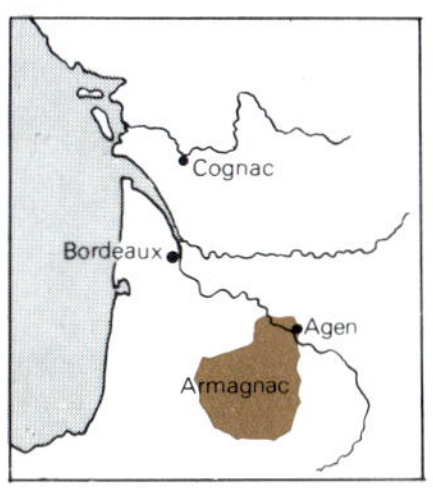

Grenze der Appellation Contrôlée Madiran und Pacherenc du Vic Bilh

Departementsgrenze

Haut-Armagnac

Ténarèze

Bas-Armagnac

•Panjas Produktionszentren

Km. 0 10 20 30 40 Km.

Mi. 0 10 20 Mi.

Unten: Die große Zahl kleiner Erzeuger macht den Armagnac zu einem interessanten Forschungsobjekt. Armagnac altert schneller als Cognac und hat nach 10 Jahren eine dunkle Farbe und ein außerordentlich reizvolles Bukett entwickelt.

Schottland

Oben: Das Feuer und das Wasser der Highlands: Torf für die Malzdarre und das Silberband des Spey. Unten: Einige der klassischen Sorten. Nur ein Teil der auf der Karte gegenüber verzeichneten Brennereien verkauft ihren Whisky unverschnitten.

Die «singles», d.h. unverschnittenen Malz-Whiskys aus dem Speyside-Bezirk in den Highlands sind beim schottischen Whisky das, was die originalabgefüllten klassifizierten Sorten beim Bordeaux sind. Sie vereinen in sich die höchste Qualität mit einem Höchstmaß von Individualität und Erlesenheit, sind überragend, unverwechselbar und beständig wie kein anderer Whisky der Welt.

Der Malz-Whisky wird größtenteils zum Verschneiden verwendet und verleiht den bekannten, in der ganzen Welt verkauften Marken ihren Charakter. Nur wenig davon wird unverschnitten gehandelt: Er hat mehr Körper, Blume, Struktur und meist auch mehr Süße als verschnittener Whisky – doch ist jeder Malz-Whisky wieder anders.

Auf den Karten der folgenden Seiten werden alle schottischen Erzeugergebiete vorgestellt. Die Karte rechts zeigt das Herz der Whisky-Welt: die außergewöhnliche Konzentration einer Industrie, die zugleich eine Kunst und in dem unfruchtbaren und schönen Bergland am Moray Firth in Nordostschottland zu Hause ist.

In einer charakteristischen Speyside-Brennerei pflegt es geruhsam zuzugehen, und es scheint mehr das Tempo der Landwirtschaft als das der Industrie zu herrschen. An einem klaren kühlen Sommermorgen wie in der fast ununterbrochenen Dunkelheit eines schottischen Winters wiederholen stille Männer immer wieder dieselben einfachen Arbeitsgänge.

Endlos ist der Streit darüber, was die Qualität und den Charakter des Scotch eigentlich ausmacht. Ein beliebter Gesprächsstoff ist das Wasser, und man ist allgemein der Ansicht, es sollte weich sein, da weiches Wasser ein besseres Lösungsmittel als hartes sei und mehr Eiweißstoffe aus der gemälzten Gerste extrahiere. Man hat schon immer gesagt, das beste Wasser komme aus über rotem Granit lagernden Torfschichten – wie es bei den kleinen, von den kahlen Bergen hinter den Brennereien sprudelnden Bächen auch der Fall ist.

Ein weiterer Faktor ist die Gerste. Highland-Gerste ist nicht «fett», sondern enthält sehr viel Eiweiß, was Geschmacksfülle bedeutet. Ferner kommt es auf den Brenntorf an, über dem sie gedarrt wird und dessen Geruch in den Geschmack eingeht; des weiteren auf die Form des Brennkessels und die Eichenfässer, in denen der Whisky reift – am besten sind ausgediente Sherry-Fässer.

Am wichtigsten aber ist das Alter. Drei Jahre ist das gesetzliche Minimum, doch erst nach zehn oder mehr Jahren erreicht ein Malz-Whisky seinen Höhepunkt.

Die bekannteste aller Brennereien ist Glenlivet, an einem kahlen Hang oberhalb des Flüßchens Livet an der Stelle gelegen, wo es aus dem Glenlivet-Wald heraustritt und in den Avon, einen Nebenfluß des Spey, mündet. Sie war die erste Brennerei, die den Bestimmungen entsprach, die 1823 die mehreren hundert Kleinbrennereien der Highlands für ungesetzlich erklärten. Heute beruht ihr Ruhm auf ihrem leicht süßlichen, etwas rauchigen und feinen Whisky.

Nicht weniger als 23 Firmen im Speyside-Bezirk haben irgendwann den Namen Glenlivet ihrem eigenen hinzugefügt, unter anderen die Häuser Glen Grant, Macallan, Longmorn, Dufftown und Glenfarclas – die alle einen vorzüglichen Whisky bereiten und (in kleinen Mengen) unverschnitten verkaufen.

Ferner kann man hier «Single»-Whisky bei Glenfiddich, Balvenie und Mortlach in Dufftown sowie Strathisla in Keith kaufen. Die anderen liefern nur Verschnitt-Whisky. Doch gäbe es sie nicht, hätte die Welt den Scotch nicht so, wie sie ihn kennt.

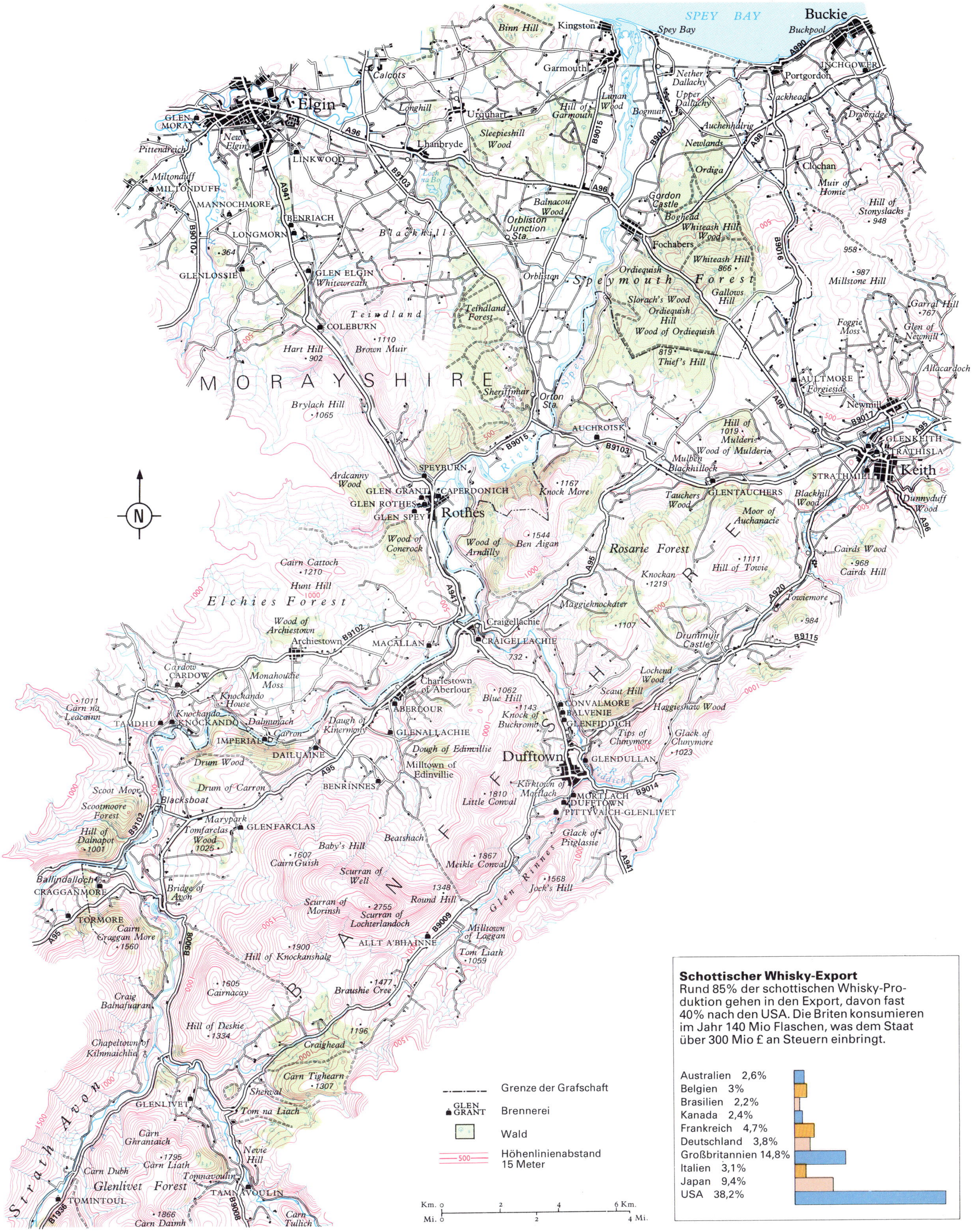

Schottischer Whisky-Export
Rund 85% der schottischen Whisky-Produktion gehen in den Export, davon fast 40% nach den USA. Die Briten konsumieren im Jahr 140 Mio Flaschen, was dem Staat über 300 Mio £ an Steuern einbringt.

Australien	2,6%
Belgien	3%
Brasilien	2,2%
Kanada	2,4%
Frankreich	4,7%
Deutschland	3,8%
Großbritannien	14,8%
Italien	3,1%
Japan	9,4%
USA	38,2%

Scotch Whisky

Jeder in Schottland gebrannte Whisky ist ein Scotch, einerlei, ob er aus den Highlands oder den Lowlands kommt, ob er aus Gerste oder anderem Getreide, ob er in einer Brennblase oder einem kontinuierlichen Destillierapparat entstanden ist. Die große Mehrzahl der handelsüblichen Scotchs sind Mischungen all dieser verschiedenen Whisky-Arten und Standardsorten. Es gibt über 2000 solcher Verschnitte. Jedermann könnte morgen einen neuen hinzufügen. Doch bestehen sie alle aus nur 130 verschiedenen Whiskys aus 130 Brennereien. Und von diesen hundert werden lediglich 40 unverschnitten und unter dem Namen ihrer Brennerei verkauft.

Grob vereinfacht gesagt, ist Whisky destilliertes Bier, und zwar ungehopftes Bier. Zunächst macht der Brenner dasselbe wie der Brauer: er bereitet Malz aus Gerste, löst es in Wasser und läßt die gewonnene Maische vergären. Der Bierbrauer würde dieser «Würze» dann Hopfen zusetzen, der Whisky-Brenner dagegen destilliert sie zweimal. Der beim zweiten Mal aus dem Kondensator fließende Vor- und Nachlauf wird erneut gebrannt.

Der Charakter dieses Whiskys hängt davon ab, wo, in welchen Anlagen und aus welchen Rohstoffen er gebrannt wird. Man unterscheidet fünf verschiedene Scotch-Typen.

Der erste ist der aus Gerste und Mais kontinuierlich destillierte Korn-Whisky – ein vergleichsweise junger Typ, der aber den größten Teil der Gesamterzeugung ausmacht: Korn-Whisky hat wenig Aroma und Farbe. Er wird so gut wie gar nicht unverschnitten getrunken, ist aber die Basis für die verschiedenen Geschmacksrichtungen aller verschnittenen Scotchs; die billigeren Mischungen bestehen zu 70%, die Spitzensorten zu 30% aus solchem Korn-Whisky.

Ein reiner Korn-Whisky aus der Cameron-Bridge-Brennerei wird unter dem Namen «Old Cameron Brig» angeboten.

Alle anderen Scotch-Typen werden als Malz-Whiskys bezeichnet – da sie aus gemälzter Gerste hergestellt werden.

Am besten und bekanntesten sind die Malz-Whiskys aus dem Speyside-Bezirk. Sie werden auf den beiden vorangegangenen Seiten behandelt. Ihnen am nächsten kommen die Malz-Whiskys aus Nordschottland, die zum Teil ebenso fein sind und oft ein stärkeres Aroma haben.

Die markantesten Malz-Whiskys kommen von den westschottischen Inseln Islay, Jura und Skye. Man erkennt sie an ihrem starken Torfgeruch und -geschmack, der ihnen einen leichten Arzneicharakter verleiht. Eine Theorie besagt, der Inseltorf bestehe aus alten jodhaltigen Seegrasablagerungen. Zweifellos sind dies die am leichtesten zu erkennenden Malz-Whiskys, und wer so etwas mag, wird nichts anderes mehr trinken. Den Verschnitten wird immer nur wenig davon beigemischt. Laphroaig (die Brennerei ist auf Seite 253 im Bild zu sehen) ist der berühmteste Malz-Whisky von den Inseln. Eine andere Brennerei aus Islay, Lagavulin, verkauft kleine Mengen in Flaschen und wird dafür sehr gerühmt.

Die anderen Malz-Whiskys gelten als Lowlands und mildere, weniger aromatische Scotchs. Mit Ausnahme dreier Firmen – Bladnoch im Westen sowie Rosebank und Littlemill im Zentrum dieses Gebiets – verkaufen alle Brennereien hier ihre gesamte Produktion als Verschnitt-Whisky.

Von den hundert Scotch-Mischungen sind die sechs von der gewaltigen Distillers Co. hergestellten klassischen Marken die bekanntesten: John Haig, Johnnie Walker, Black & White, Dewar's White Label, White Horse und Vat 69. Sie sind alle tadellos und von gleichbleibender Qualität. Viele Kenner halten Haig für die beste Marke; am meisten verkauft wird Johnnie Walker, und White Horse ist der malzigste.

Zu ihren Hauptkonkurrenten zählen die amerikanischen Lieblingsmarken Cutty Sark und J&B Rare, die wenig Farbe und Aroma haben, sowie Marken wie Standfast, Teacher's, Bell's, Long John, Ballantine's und Whyte & Mackay's. Ferner gibt es eine Reihe ausgezeichneter kleinerer Hersteller mit Marken wie «The Famous Grouse», Catto's, Usher's, McCallum's, Queen Ann und Spey Royal. Schließlich gibt es dann noch eine Reihe von Luxusmarken, u.a. Dimple Haig, Johnnie Walker Black Label, Islay Mist und Chivas Regal, die mehr und älteren Malz-Whisky enthalten.

Ganz links: Die Maische aus Gerstenmalz und Wasser fermentiert kurz und heftig, bis sie den Alkoholgehalt von Starkbier erreicht.
Links: Malz-Whisky wird zweimal gebrannt.
Oben: Das ‹Safe› nimmt die ‹Low Wines› aus der Maische-Destillation sowie aus dem zweiten Brennvorgang den Whisky und schließlich die ‹Feints› auf.

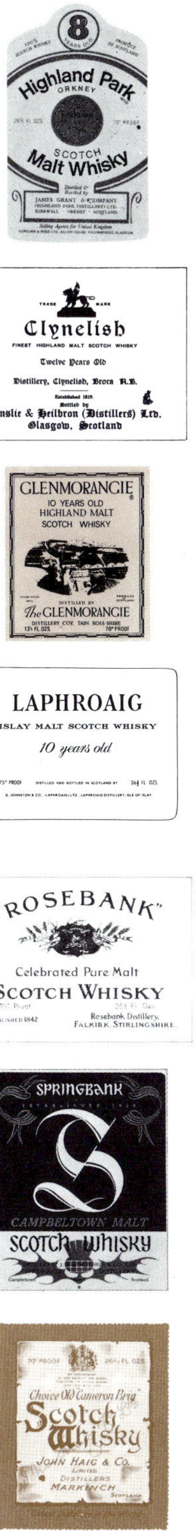

Einige der Sorten, die unverschnitten verkauft werden: Mit Ausnahme des untersten Etiketts (für den einzigen reinen Korn-Whisky auf dem Markt) handelt es sich um Malz-Whiskys.

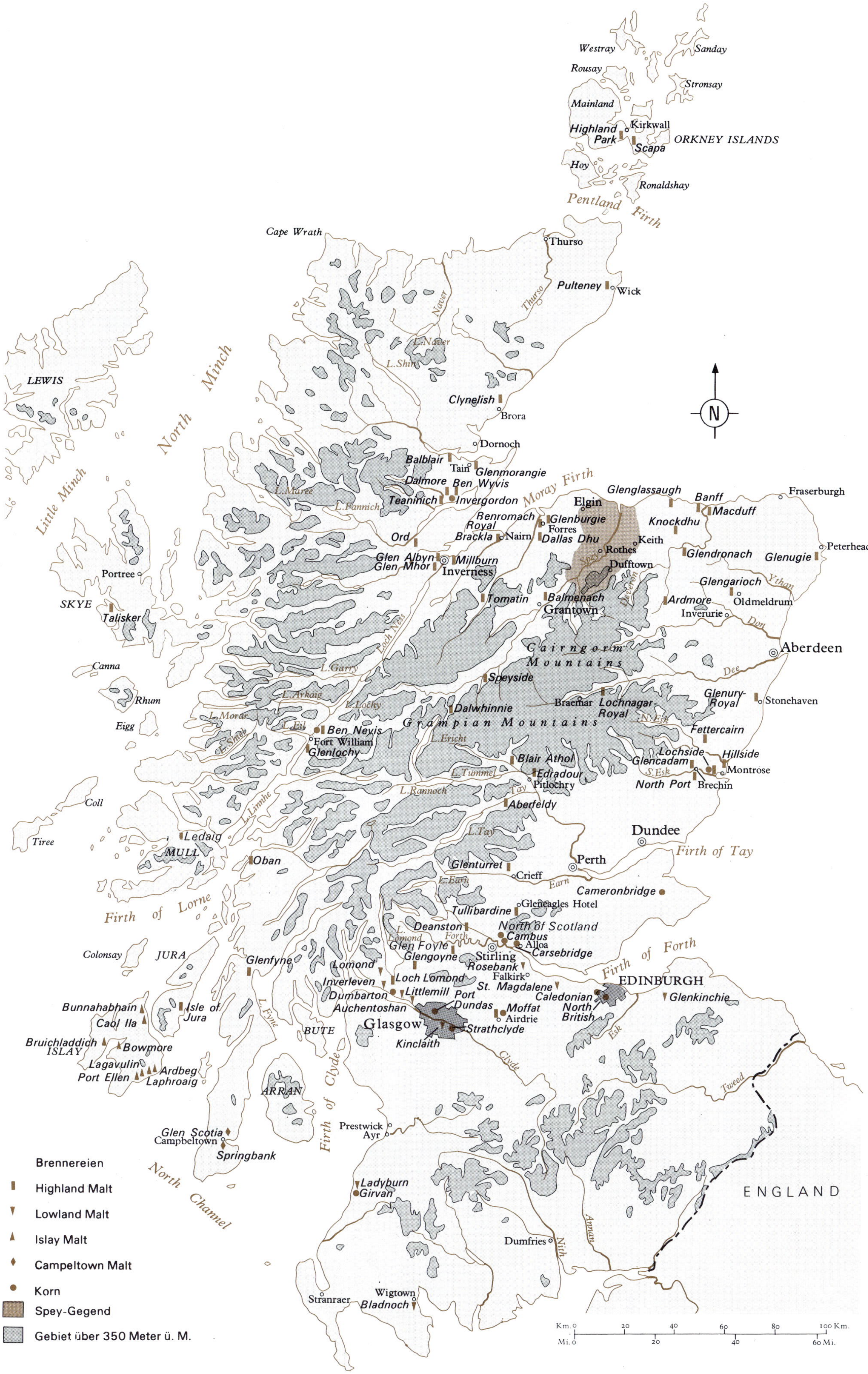

Rum

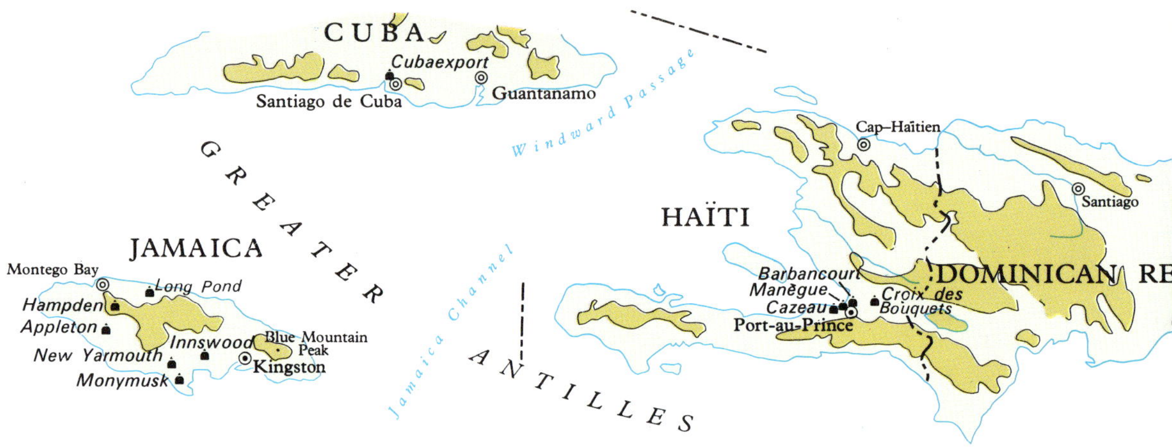

Seit die Spanier im 16. Jahrhundert das Zuckerrohr, das aus China nach Europa gelangt war, in ihrer Kolonie Santo Domingo anpflanzten, ist dessen feuriges Destillat das Getränk jener Inselkette, die sich wie eine Machete von Kuba bis Venezuela krümmt. Alle diese Inseln erzeugen zumindest ein wenig Rum, manchmal nur in einem verbeulten Kupferbrenntopf in einer Palmwedelhütte in den Zuckerplantagen.

Die heutigen Rum-Brennereien haben mit solchen Praktiken aber nur noch wenig gemein. Da der Rum zunehmend gesellschaftsfähig wird, expandiert und konzentriert sich die Industrie von Jahr zu Jahr immer mehr. Die Karte zeigt die Standorte der führenden Firmen.

Rum wird entweder aus mit Walzenmühlen aus frischem Zuckerrohr gepreßtem Saft oder aus Melasse, dem Rückstand nach dem Verkochen des Saftes zu Zucker, gebrannt. Beide Ausgangsstoffe werden zunächst vergoren und dann in Brennblasen oder kontinuierlich destilliert.

Aufgrund der unterschiedlichen Verfahren und Geschmacksrichtungen auf den einzelnen Inseln gibt es viele Arten Rum. Die Brennereien behaupten ferner, der Charakter ihrer Erzeugnisse werde von den verwendeten Hefen, ihrem Wasser, der Zuckerrohr-Sorte und den Bodenverhältnissen (etwa in dieser Rangfolge) geprägt. Besonderes Gewicht wird auf die Hefe gelegt. Heute verwendet man gern Reinhefekulturen aus dem Laboratorium, die eine raschere und sauberere Gärung gewährleisten, anstatt der zufällig vorhandenen Naturhefe des Rohrzuckers. Bei dem auf Jamaika als Plummer- oder Wedderburn-Rum und auf Martinique als Grand Arôme bekannten Typ lagert man die Brennrückstände in sogenannten «dunder pits», wo sie langsam weitergären: ein schwarzes und erstaunlich scharfes Konzentrat all dessen, was Geschmack und Geruch des Rums ausmacht. Dieser «dunder» wird als Gäransatz für frische Maische verwendet, so daß eine Art Verwandtschaft zwischen den Partien gewahrt bleibt.

Rum braucht bei weitem nicht so lange zu altern wie Weinbrand – für einen guten leichten Rum genügen sechs Monate in Eichenholz, und keine Sorte erfordert mehr als fünf Jahre.

Gefragter als die süßen dunklen Sorten ist heute der hellere, trockenere und nicht so aromatische Rum, der sich besser für Mischgetränke eignet. In Deutschland und Frankreich ist der Rumgeschmack noch beliebt, in den USA dagegen weniger. Die besten Sorten zeichnen sich heute durch die vertraute Herbheit und einen leichteren und eleganteren Körper aus.

Kuba, die ursprüngliche Heimat des Bacardi, exportiert heute zwar nur wenig, doch ist der Kuba-Rum ausgezeichnet und leicht.

Jamaika lieferte schon immer die schwersten Sorten, von denen einige mit überreichem Aroma ausgestattet sind und als Basis des mit neutralen Destillaten vermengten deutschen Rum-Verschnitts dienen.

Haiti bereitet einen reichen, vollen Rum, dessen beste Sorten sich – da sie wie Scotch oder Cognac eine zweifache Retortendestillation durchlaufen – durch echte Finesse auszeichnen.

Puerto Rico erzeugt den meisten Rum, und zwar ausschließlich in kontinuierlicher Destillation. Seine klassischen Sorten sind der Bacardi

Links: Bacardi brennt heute auf Puerto Rico, den Bahamas, in Mexiko und Spanien. Lemon Hart ist ein Jamaika-Verschnitt; die französischen Marken kommen von Martinique, der Mount Gay von Barbados, der Caroni von Trinidad und der Lamb's aus Guayana.
Rechts und unten: Zuckerplantage und Farm auf Guadeloupe.

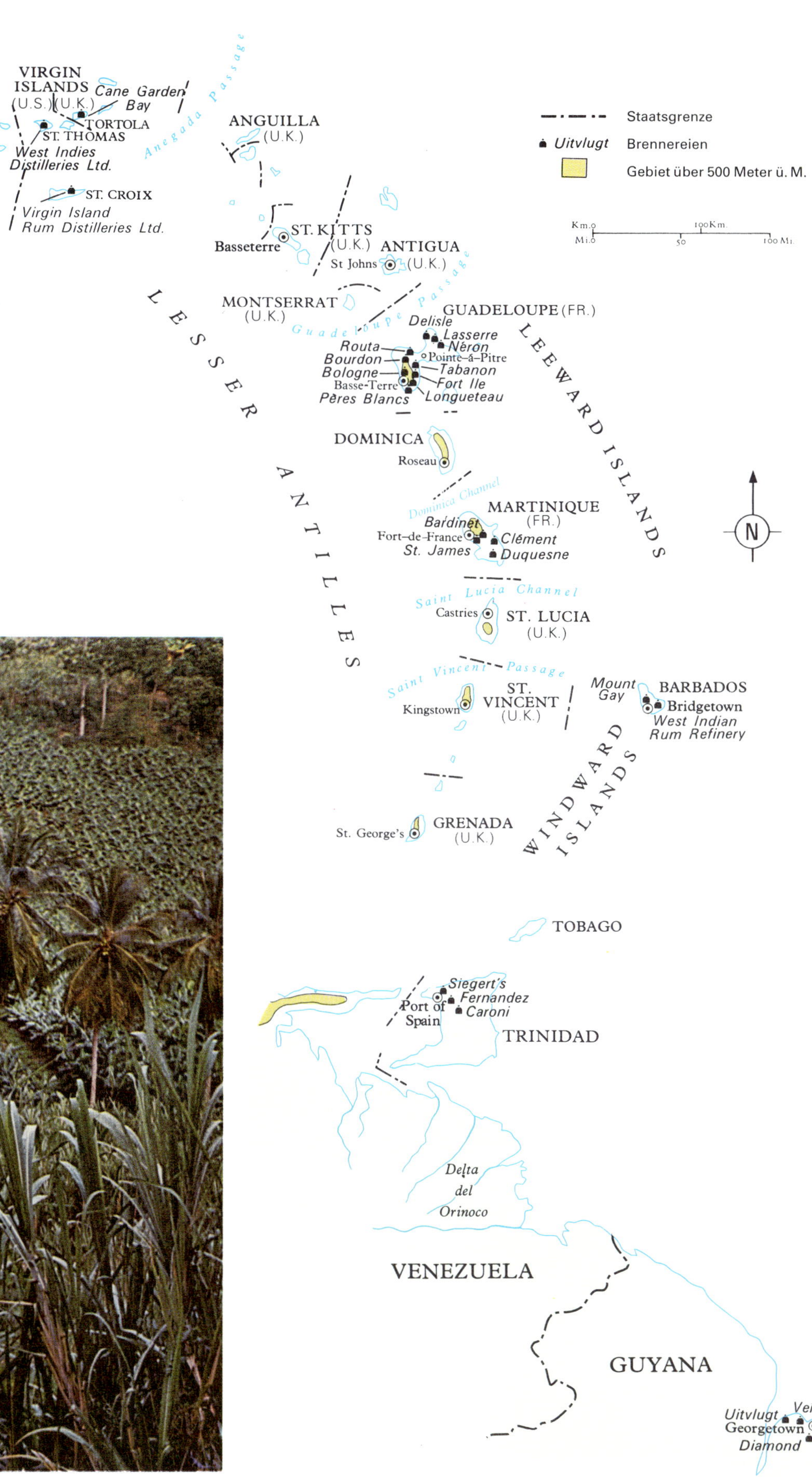

Carta Blanca und Carta Oro, ein weißer trockener bzw. blaßgoldener und etwas vollerer Rum.

Martinique und *Guadeloupe* stellen vor allem feinen und aromareichen Rum her. Besonders aus Martinique kommen einige der besten Sorten überhaupt: Der St. James ist nach Jamaika-Art dunkel und fruchtig, der Clément ebenfalls außerordentlich geschätzt.

Barbados liefert nach beiden Verfahren gebrannten mittelschweren Rum guter Qualität. Der Mount Gay gilt als eine der Spitzen-Marken.

Trinidad bietet einen kontinuierlich gebrannten Rum, der gut, aber nicht besonders ausdrucksvoll ist.

Guayana-Rum ist nicht der fruchtigste, hat aber eine recht dunkle Farbe und beachtlich viel Charakter. Ein Drittel der Produktion wird in der Brennblase erzeugt.

Kentucky Bourbon

Was Bourbon-Whisky oder -Whiskey ist, entscheiden Ausgangsstoffe und Herstellungsverfahren, nicht die Herkunft. Kentucky hat kein Monopol auf seine Erzeugung. Dennoch ist der Bourbon historisch und gefühlsmäßig mit diesem amerikanischen Staat verknüpft, in dem er zum erstenmal bereitet wurde und in dem heute noch zu Hause ist.

Nach der US-Gesetzgebung muß Bourbon aus einer mindestens 51% Mais enthaltenden Maische gewonnen, nicht stärker als auf 160 US Proof (d. h. 80% Alkohol) gebrannt, vor der Alterung auf 125 Proof verdünnt, mindestens zwei Jahre in neuen, innen angekohlten Weißeichenholz-Fässern gelagert und mit einem Mindestalkoholgehalt von 70 Proof abgefüllt sein.

In bildhaften Worten gesagt ist Bourbon ein hellbrauner, fruchtig-aromatischer, oft ziemlich süßer Whisky mit durchdringendem und unvergeßlichem Geschmack nach verkohltem Eichenholz und Karamel. In der Praxis wird er aus einer Mischung aus Mais-, Roggen- und Gerstenmalz hergestellt, das mit der besonderen Hefesorte des jeweiligen Erzeugers und oft etwas «saurer» oder gereifter Maische vergoren wird, um die Kontinuität zu wahren.

Je höher der Maisanteil, desto leichter fällt das Destillat aus. Gibt man mehr Roggen in die Maische, gewinnt man einen volleren und aromatischeren Bourbon, der eine längere Reifezeit braucht.

Man hat den Bourbon zurückverfolgt bis zum Brenntopf des Baptisten-Predigers Craig in Georgetown, 15 km nördlich Lexington. Er soll 1789, also in dem Jahr, als George Washington erster Präsident wurde, den ersten Bourbon gebrannt haben. Seine Neuerung bestand darin, daß er in seiner Maische eine Mischung verschiedener Getreidesorten verwendete.

Bourbon wird gewöhnlich unverschnitten oder «straight» verkauft – d. h. entweder als Erzeugnis einer oder als Mischung von «straights» verschiedener Brennereien. Ist er, wie einige billigere Mischungen, mit neutralem Sprit verschnitten, heißt er nicht mehr Bourbon, sondern «Blended Whiskey». Trägt das Etikett den Vermerk «Bottled in Bond», ist er stärker (50% Alkohol gegenüber den üblichen 43%), älter (mindestens 4 Jahre) voller und besser.

Es gibt über 2900 Bourbon-Marken. Ihr Gesamtumsatz dürfte den jeder anderen Spirituose übertreffen.

Die meisten Bourbon-Brennereien außerhalb des Staates Kentucky liegen auf demselben Kalksteingürtel: Virginia brennt hervorragenden Bourbon, und auch in Pennsylvania und Maryland gibt es Bourbon-Brennereien. Tennessee schließlich liefert den Jack Daniels und den George Dickel, das ist Bourbon besonderer Art, der durch «Ablaugen» des Roh-Whiskys durch pulverisierte Zuckerahorn-Holzkohle gewonnen wird und unbestritten zu den besten Amerikas gehört.

Ganz oben: Als der Bourbon noch faßweise verkauft wurde, nahmen die Etiketten den ganzen Faßboden ein.
Oben: Ein Teich mit dem berühmten kalkhaltigen Wasser neben einer Brennerei in Kentucky.
Links: Bourbon muß in neuen Weißeichenholz-Fässern reifen; die benutzten Fässer werden (u. a.) zur Weiterverwendung an schottische Brennereien verkauft.
Rechts: Die Fässer werden innen ausgebrannt; das angekohlte Holz gibt dem Bourbon Aroma und Farbe.

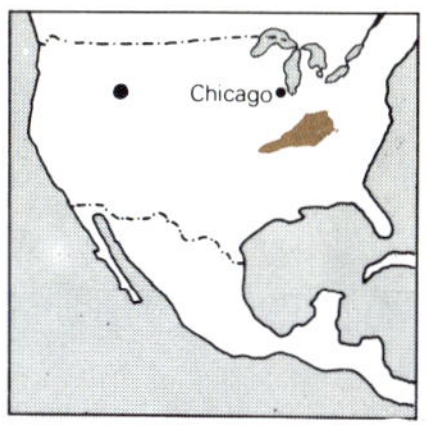

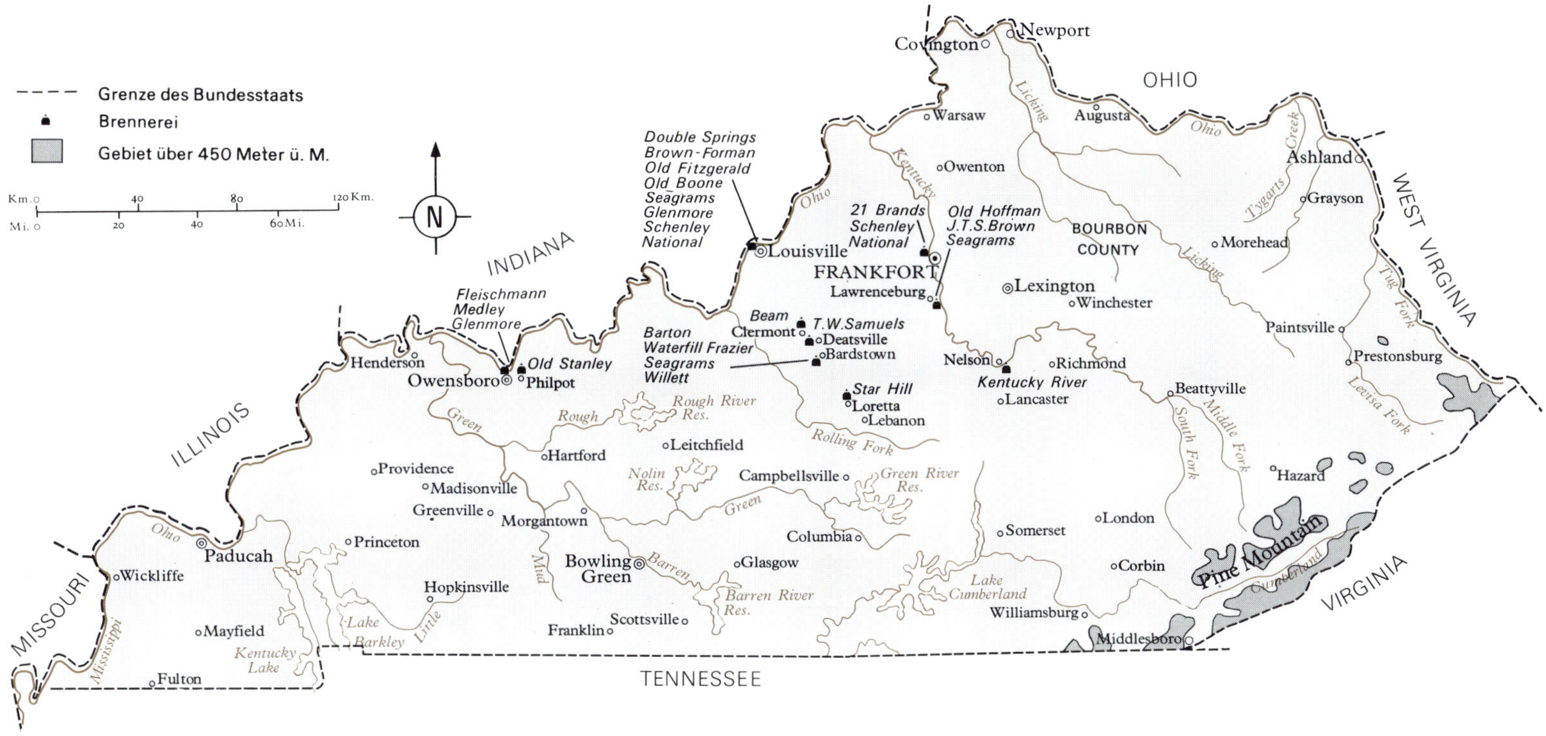

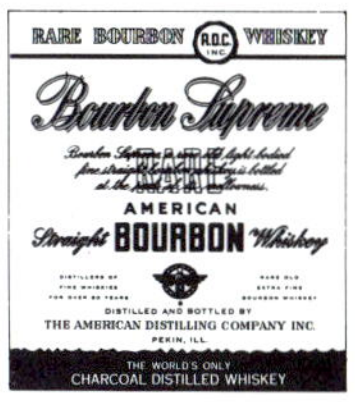

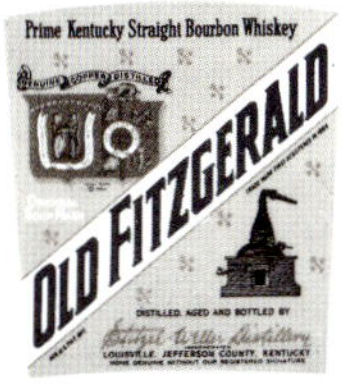

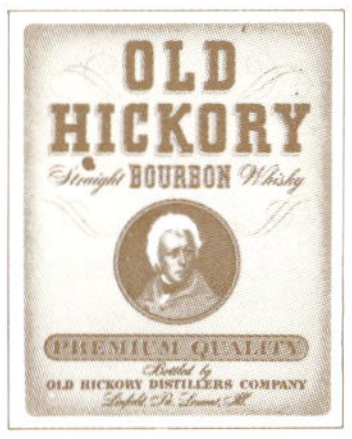

Oben und rechts: Einige der besten Bourbons aus Kentucky und zwei ausgezeichnete Marken aus dem benachbarten Illinois (Bourbon Supreme und Old Hickeroy) sowie eine aus Virginia, dem östlichen Nachbarstaat. Die Karte oben zeigt die führenden Brennereien in Kentucky.

Obstbranntwein

Alle in Obstgärten der Schweiz, der Vogesen und des Schwarzwalds wachsenden Früchte werden gebrannt: zu wasserklaren, hocharomatischen Obstbranntweinen.

Branntwein wird heute fast ausnahmslos industriell erzeugt. Zwar gibt es immer noch Schwarzbrenner und Alkoholschmuggler – vielleicht mehr, als allgemein angenommen –, doch sind in den meisten Ländern die kleinen Heimbrennereien aufgrund hoher Besteuerung eingegangen. Nur wo sie Außergewöhnliches leisten, existieren sie weiterhin. Dies ist vor allem östlich und südlich der Vogesen der Fall: im Schwarzwald und in der Nordschweiz.

Dort wird Branntwein aus allen eßbaren und sogar einigen nicht verzehrten Früchten destilliert. Der Kirsch ist das am weitesten verbreitete dieser «Wässer» – die man so nennt, weil sie in Glas- oder Steingutbehältern und nicht in Holz reifen und deshalb farblos bleiben. Daneben werden Birnen, Aprikosen, Pflaumen, Himbeeren, Walderdbeeren und sogar Vogelbeeren gebrannt. Dazu sind gewaltige Mengen dieser Früchte erforderlich.

In der Obstbrennerei betätigen sich nur verhältnismäßig wenige größere Firmen. Bekannt sind Namen wie Schladerer, Jacobert und Etter sowie einige Handelsmarken elsässischer Weinhäuser. Einige der besten Qualitäten kommen aus Bauernhäusern im Schwarzwald oder in den Vogesen, wo die Brennblase in einer kleinen Kammer neben der Küche steht und der Lagerschuppen mit den Essenzen der umliegenden Obstgärten in kleinen Gefäßen nicht größer als eine Einzelgarage ist.

Die Franzosen brennen gern leicht, um ein möglichst starkes Aroma zu erzielen, die Schweizer gehen weiter und gewinnen ein weniger geschmacksintensives Destillat. Die Deutschen unterscheiden zwischen einem unmittelbar aus der vergorenen Frucht gebrannten «Wasser» und einem «Geist», der teils aus «Wasser», teils aus im Alkohol getränkten Früchten besteht.

Die besten Obstbranntweine gewinnt man aus Birnen, Himbeeren, Kirschen, Aprikosen, Pflaumen, Enzian und, vor allem in Frankreich, aus Mirabellen, Walderdbeeren, Heidelbeeren, Brombeeren und Vogelbeeren.

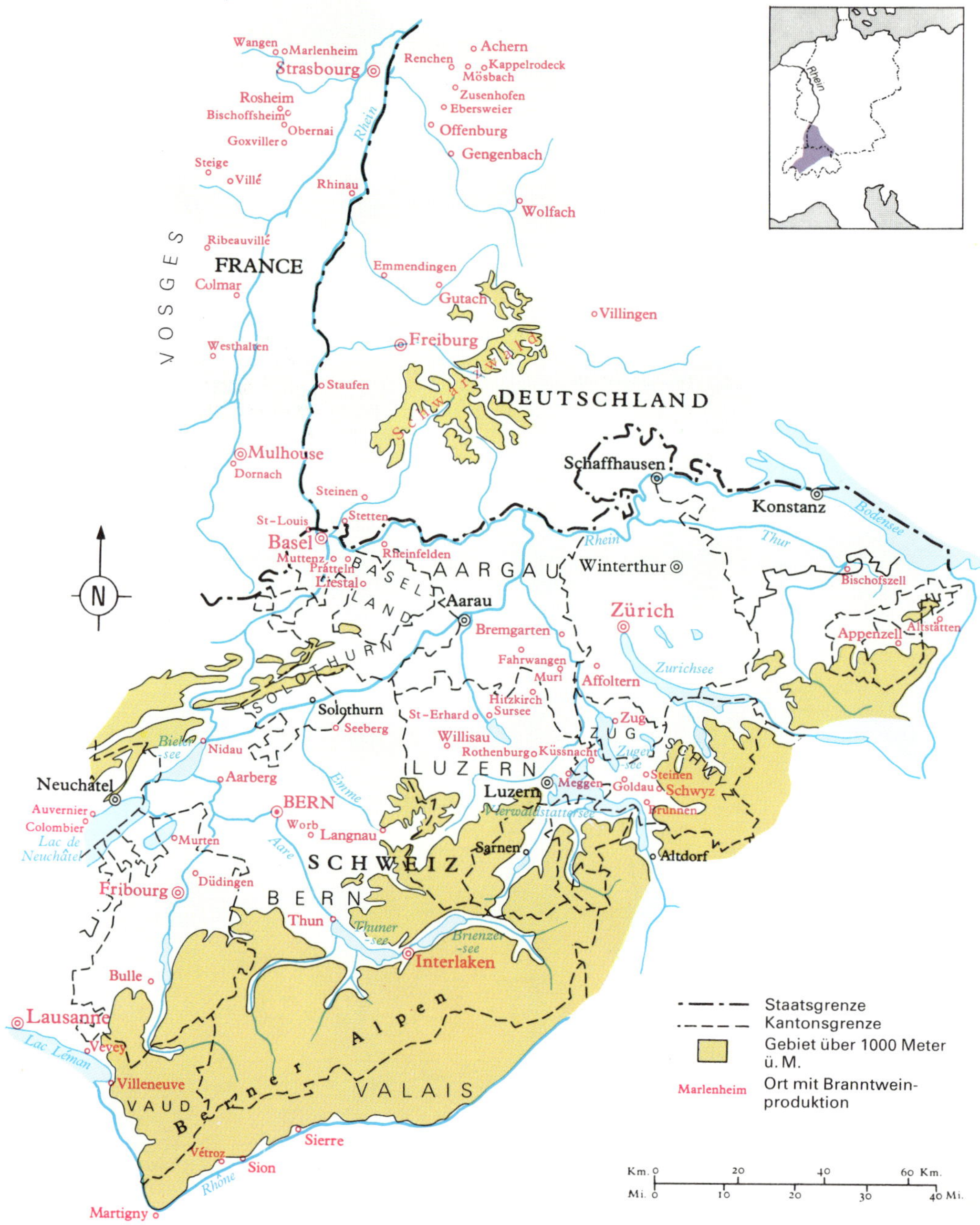

Calvados

Rechts: Calvados du Pays d'Auge lautet die AC für den Calvados, der frisch gebrannt feurig ist und intensiv nach Äpfeln duftet, nach der Reifung aber mehr einem Weinbrand nahekommt.

Eine Armada-Galeone namens *El Calvador*, die an der normannischen Küste zerschellte, soll dem Departement Calvados und damit dem bekanntesten Apfel-Branntwein der Welt seinen Namen gegeben haben. In diesem rebenlosen Teil Frankreichs tritt der Zider an die Stelle des Weins. Und der Branntwein dieser Gegend ist der in einer Brennblase destillierte Zider. Die Zider-Brennerei ist auf der Halbinsel Contentin seit dem 16. Jahrhundert bezeugt. Heute verwenden die elf auf der Karte oben gezeigten Bezirke diesen Namen in Verbindung mit ihrem eigenen.

Im Jahre 1946 wurde einem begrenzten Gebiet und einem bestimmten Zider-Brennverfahren eine Appellation Contrôlée zuerkannt: dem Calvados du Pays d'Auge, der aus in herkömmlicher Weise gestampften und mindestens einen Monat lang vergorenen Äpfeln gebrannt sein muß (allerdings beträgt der Alkoholgehalt nach diesem einen Monat nur 4%). Er muß, genau wie der Cognac, zweimal in der Brennblase destilliert werden, und zwar ebenfalls auf etwa dieselbe Stärke (72% Alkohol). Verkauft werden muß er in einer Stärke zwischen 40 und 50%, nach mindestens einjähriger Lagerung.

Ein gut gemachter Calvados ist recht ansprechend, obwohl er jung ausgesprochen feurig ist. Doch reifen die guten Sorten mehrere Jahre in großen Eichenfässern. Vor der Abfüllung wird er leicht mit Karamel gefärbt, gewöhnlich aber nicht gesüßt, so daß er ein sehr trockener Branntwein bleibt. In seiner Duft- und Geschmacksintensität ähnelt er dem Weinbrand, doch zeichnet sich ein guter Calvados durch ein starkes Apfelaroma aus. Er spielt eine große Rolle in der Küche der Normandie, und es ist dort eine verbreitete Sitte, zwischen zwei Gängen einer Mahlzeit ein Glas Calvados zu trinken, um Platz, ein «trou Normand», zu schaffen, das man dann mit weiteren köstlichen Speisen füllen kann.

Die anderen Calvados-Bezirke sind nicht auf die Brennblase festgelegt und haben keine AC, sondern nur eine Appellation Réglementée.

Photos und Abbildungen

von links nach rechts und von oben nach unten

6 Mary Evans Picture Library
9 Colin Maher
12 *B* Michael Holford
13 *A* BPC Library: *B, C* Reading Museum
14 *A* Bodleian Library, Oxford: *C* John Rylands Library: *E* Michael Holford
15 Giraudon, Paris
16 *A* André Simon Collection: *B* Richard Winslade
18 Pierre Mackiewicz
26 *A* Elizabeth Photo Library: *B* Colorific
32 *A* Roland Vadi: *B* Musée des Arts et Traditions Populaires, Paris
38 *A* Giraudon
39 *B* Historisches Museum der Pfalz
41 *A* Richard Winslade
43 French National Tourist Office
44 John Hedgecoe: Bacchus, Modell von Alistair Bowtell
45 Photographie von Michael Broadbent, Weindirektor von Christie's, von John Hedgecoe
48 Richard Winslade
49 *A* John Hedgecoe: *B* Richard Winslade
50–51 John Hedgecoe: punch bowl, N. Bloom & Son, London: Karaffen-Etiketten, Wyard Druit & Co, London
57 Hugh Johnson
58 John Bulmer
60 Jean Michot
64 *B, E* Jean Michot: *C, D, F* Guy Gravett
66 *A, B, D, E* Hugh Johnson: *C* Guy Gravett
69 Hugh Johnson
70 Guy Gravett
71 Hugh Johnson
73 Guy Gravett
74 *A* Robert Harding Associates: *B* Hugh Johnson
75 Robert Harding Associates
76 *A, B* Picturepoint
78 Guy Gravett
81 Guy Gravett
84 *A* Guy Gravett: *B* International Distillers & Vintners, London
86 Guy Gravett
88 *B* Marc Riboud
90 Les Editions des Deux Coqs d'Or
94 *A* Grants of St Jame's: *B* Guy Gravett
96 Robert Harding Associates
98 *A, B, C* Guy Gravett
100 *A* Marc Riboud: *B* Guy Gravett
102 Guy Gravett
105 Aerofilms
106 Daily Telegraph Colour Library
108 *B* Comité Interprofessionnel du Vin de Champagne
110–111 *A* Ian Yeomans: *B, C, D* Comité Interprofessionnel du Vin d'Alsace
115 Guy Gravett
116 Guy Gravett
119 Französisches Verkehrsbüro
121 Editions J. Cellard
122–123 *A* Editions des Deux Coqs d'Or: *B* Guy Gravett: *C* ZEFA
124 Virginia Fass
128 ZEFA
132 ZEFA
138 Bavaria Verlag
140 Bavaria Verlag
142 *A* Hugh Johnson: *B* Adam Woolfitt
143 Toni Schneiders
144–145 Deinhard & Co
146 Staatliche Weinbaudomänen Niederhäusern-Schloßböckelheim
147 Picturepoint
148 *A* Peter Hallgarten: *B, C* Editions des Deux Coqs d'Or
149 Peter Hallgarten
152 *A* Editions des Deux Coqs d'Or: *B, C, D* Urbanus-Fotopress
154 Adam Woolfitt
155 *A* ZEFA: *B* Colin Maher
156–157 Foto Muhlbauer
158 *A* Rodney Todd-White: *B* ZEFA
159 Hugh Johnson
162 Guy Gravett
164 Staatl. Italienischer Fremdenverkehrsverband
167 Camera Press
168 Popperfoto
170 Hugh Johnson
173 ZEFA
174 Guy Gravett
176 *A* Guy Gravett
178 Guy Gravett
180 Picturepoint
182 Anne Bolt
183 Western Licence Suppliers
184 Picturepoint
186 Guy Gravett
188 *A* Hugh Johnson: *B* Guy Gravett
190–191 Guy Gravett
192–193 Guy Gravett
194–195 Camera press
196 *A, B* Schweizerische Verkehrszentrale
198–199 *A* ZEFA: *B* Hugh Johnson: *C* Österreichische Fremdenverkehrswerbung
201 Picture Library
203 Editions des Deux Coqs d'Or
204 CTK, Tschechoslowakei
206 *A* David Ross: *B* Guy Gravett
209 *A* Rumänisches Pressebüro: *P* Camera Press
210 Keystone
212 Novosti
213 Peter Keen
214 *A* Guy Gravett: *B* Griechische Zentrale für Fremdenverkehr
217 Guy Gravett
218 *B* Paul Almasy
221 M. E. Archives
223 Wine Institute
225 Wine Institute
226–227 Wine Institute/Mansell Collection/Crown Zellerbach Corporation/D. J. Flanagan-Buffalo/Philip Wagner/Konstantin Frank
231 Harolyn Thompson
234 *A* Wine Institute: *B* Ted Streshinsky
235 Hugh Johnson
236 *A* Wine Institute
238–239 Taylor Wine Co
240 Colorific
242 New South Wales Government Office
243 George Rainbird
244–245 John Hedgecoe
246 KWV
248 KWV
250–251 *A* Anglo-Chilean Society: *B* Picturepoint: *C* Evans Brothers
252 Guy Gravett
253 Scotch Whisky Association: *B* Hugh Johnson
264 *A, B, C* Distillers Co Ltd
266–267 Yves Alexandre, Paris
268–269 Bourbon Institute
270 Schweizerische Verkehrszentrale
271 Guy Gravett

Register

A

Abfüllen 28, 33, 35, 36, 240
Abruzzen 168
Abtsberg 140
Abu Hummus 221
Abymes 127
Achaia-Clauss 214
Aconcagua 250
Adelaide 244, 245
Adelmann, Graf 156
Adige, Alto 22, 164, 166*
Adour, Fluß 128
Aegean Sea 23, 214, 221
Aegypten Weinanbau: 10, 11, 12, 221*, 254
Aglianico 173; del Vulture 173
Aguardente 187, 254
Aguardiente 254
Ahr, Fluß 134
Ai Danil 213
Aigle 194
Aigrots 69
Ajaccio 132
Akvaviittee, Akvavit 254, 255
Alameda 228
Alava 180
Alba 163
Albana 168
Albanien 10
Albanum 168
Albariño 174
Albariza (Kalkzone) 177
Albi 128, 129
Alcamo 173
Alcobaca 186
Alkohol 16, 30, 31, 44, 64, 78, 100, 112, 123, 124, 125, 130, 134, 163, 183, 189, 194, 212, 218, 254, 257, 259, 260
Alcools blancs 254, 270*
Aldebro 202
Aldehydes 38, 44
Aleatico 168, 173
Alella 182
Alembic 256, 257
Alexandrien 246
Algarve, Die 186
Algerien Weinanbau 10; Weinverbrauch 11, 25, 132, 212, 218–219*
Alghero 173
Alicante 16, 174; Grenaché 221
Aligoté Mâcon 75; Rumänien 208; UdSSR 212; Burgund 61, 63, 74
Alkohol 16, 30, 31, 44, 64, 78, 100, 112, 123, 124, 125, 130, 134, 163, 183, 189, 194, 212, 218, 254, 257, 259, 260
All Saints (Victoria) 243
Almadén 235, 236
Almendralejo 174
Aloxe-Corton 63, 68–69*
«Alsace Grand Cru» 111
Alsheim 155
Altärchen 142
Altesse 127
Alushta 213
Alvarinho 22, 189
Alves, J.C. 186
Alzey 154
Amarante 189
Amarone 167
Amboise 118
Amerine, M.A. 24
Amiens 98
Amigne 196
Ammerschwihr 112
Amontillado 179, 183
Amoureuses, Les 72
Amphora 12, 174, 183, 221
Amselfelder 206
Anapa 213
Ancenis 115
Andalusien 12, 22, 174
Andes 250
Angaston 244
Angers 116, 118
Angerville, Marquis d' 67
Angove's vineyard 245
Añina 177
Anjou 23, 47; Gläser 50; Jahrgänge 54; 114, 116*
Annaberg 153
Apéritif 47*, 112, 127, 160, 173, 177, 183, 185, 222
Apetlon 199
Apfelsäure 33, 36
Apotheke 142
Appellation Communale 64; Contrôlée 24, 58*, 61, 81, 123, 125, 127, 129, 130, 132, 174, 219, 238, 271; Réglementée 271
Appellation simple 130
Applejack 254
Apremont 127
Aprikosengeist 270
Aprilia 168
Aquavit 254, 255
Aguileia 164
Arak 221, 254, 255
Aral 221
Aramon 221
Arbin 127
Arbois 127
Arcins 90
Ardon 194
Arealva 186
Argentinien Weinanbau 10; Weinverbrauch 11; 32, 224, 250–251*
Arica 250
Arinto 22
Arkansas 227
Armagnac 25, 125, 128, 254, 260–261*
Armenien 213
Arrack 221, 254, 255
Arrowfield (Weinberg) 243
Arsac 92
Arvine 196
Asprinio 173
Assmannshausen 148
Asti (Kalifornien) 230
Asti Spumante 47
Aszu 202, 203
Atatürk, Kemal 221
Atlas de la France Vinicole 8
Attica 214
Auberge de l'Ill 112
Auch 260
Aude Valley 125
Auktionen 41, 46
Aurora 238, 239
Ausbruch 199
Auslese 24, 41, 55, 112, 134, 157
157, 199
Australien Weinanbau und Verbrauch 11, 22, 23, 25, 32, 47, 224, 240–245*, 247, 254; Spirituosenverbrauch 255
Aux Armes de France 112
Auxey-Duresses 63, 66, 67
Avaux 69
Avelsbach 140, 141
Avensan 90
Avignon 120
Avize 106
Awein 254
Ay, 17, 108
Ayl, -er Kupp 138
Ayze 127
Azerbaijan 213

B

Băbească 208, 209
Bacardi 266, 267
Bacchus 16, 24, 44
Baco I 24, 239
Baco Noir 238
Badacsony 204
Bad Dürkheim 153
Baden (Österreich) 200
Baden (Deutschland) 156
Baden-Württemberg 156–157*
Bad Kreuznach 146
Bad Münster 146
Badstube 145
Bad Vöslau 200
Bagaceira 254
Baily A 222
Bailey's wine co 243
Bairrada 186
Baja 226
Baja California 251
Bakersfield 235
Baku 213
Balaton, Lake 152, 202, 204–205*
Balatonfüred 205
Balbach 154
Balbaina 177
Balblair 264
Bali Hai (Wein) 230
Ballantine's (Whisky) 264
Baltimore 227
Balvenie (Whisky) 262
Banat 208
Bandol 126
Banyuls 23, 125
Barack pálinka 254
Barbacarlo 161
Barbados 266, 267
Barbancourt 266
Barbaresco 163
Barbera 22, 161; d'Asti 163; Kalifornien 228, 232, 262
Barbosa, João T. 186
Barcelos 189
Bardolino 164, 167
Barengo 235
Barley 262, 264, 268
Barolo, Jahrgänge 56; 160, 161, 162–163*
Barone Vilagrande 173
Barossa valley 244*, 245
Barrel 12, 16, 32, 33, 39, 129, 193
Barrère, M 129
Barrique 36, 37
Barros 193
Barrow, Nicolas 90
Barsac 17; Jahrgänge 54; 83, 96*
Barsonyos-Császár 202
Barten, & Guestier 88; Ronald 88
Bartzch 254
Basalt 152, 204, 242
Basel 197
Basi 254
Basilicata 173
Bass Charrington 92
Bassermann-Jordan, von 152
Basses Vergelesses 69
Basto 189
Bâtard-Montrachet 67
Bätzi 254
Baumé 24
Bayeux Teppich 14
Bear Mountain co-operative 235
Béarn 128
Beaujeu, Hospices de 77
Beaujolais 22, 23, 33, 38; Jahrgänge 53, 60, 61, 66, 75; Villages 76; 76–77*, 114, 117, 131, 173, 196
Beaulieu (Anjou) 116
Beaulieu winery 231
Beaumes (Hermitage) 17, 122
Beaumes de Venise 23, 120
Beaune (siehe auch Côte de Beaune) 23; 53, Stadt 60; Weinhändler 64; 65–69*, 100, 114, 219
Beaune, Hospices de 60, 64*; Preise 66*, 69*, 68
Beauroy 78
Becker, Helmut 24
Beerenauslese 41, 55, 112, 134, 157, 158, 197, 199
Bekaa 221
Belgien 10; Weinverbrauch 11; 58, 60, 83, 90, 263
Belgrade 207
Belgrave 89
Bellet 126
Bellingham 248
Belloc, Hilaire 73
Bell's (Whisky) 264
Ben Ean 242, 243
Benicarlo 16
Benmarl 239
Bereich 134, 146, 154, 157
Bereich Bernkastel 145
Bergerac 105*
Bergstraße 157
Bergzaberner 152
Beringer Bros 232
Bern 196
Bernkastel, Bernkasteler 133, 144–145*, 146, 155, 157
Berry Bros & Rudd 16, 40, 41
Berry, Duc de 15
Besancenot, Pierre, 63
Bessas, Les 17, 122
Best 243
Bewässerung Schweiz 194; Australien 243; Südafrika 246; Südamerika 250
Bex 194
Bianchello 168
Bielersee 196
Bienvenues, Les 67
Bikavér 202
Bingen 146, 154
Birngeist 270
Bischöfliches Konvikt 138; Priesterseminar 138; Weingut 138, 140, 142
Bischofskreuz 152
Blackstrap 266
Black & White (Whisky) 264
Bladnoch 264
Blagny 67
Blanc de Blancs 106, 108
Blanquette de Limoux 47, 124, 125
Blauburgunder Schweiz 196, 197; Österreich 199
Blaufränkisch 199
Blaye 83, 104*
Blazquez, Agustin 179
Bleasdale 245
Blending 35, 70, 108; Spanischer Wein 174; Sherry 178; 184, 218, 243; Whisky 262
Blütezeit 18, 26–27*, 29
Boberg 247
Boca 161
Bocksbeutel 158
Bockstein 138
Bodega 174, 177, 178, 192
Bodenheim 155
Boden 19, 29; Côte d'Or 62*, 65, 68, 70, 71, 72 Mâcon 75, Médoc 19*, 37, 82*, 83, 84, 86, 92; Graves 94; Pomerol 98; St. Emilion 100; Champagne 106; Loire 117, 118; Rheingau 137*, 148; Mosel 142; Jerez 176, 177; Portugal 188; Duoro 190; Ungarn 202, 204; Rumänien 208, 209; Nordafrika 218, Kalifornien 232, 236; Australien 243, Südafrika 248; Cognac 259, Armanac 260; Kentucky 268; Kreidehaltig 75, 100, 106, 118, 176, 177, 248, 259, 260; Lehm 82, 83, 98, 177; Kies 19, 82, 83, 84, 92, 94, 100, 117, 236; Kalkstein 62, 68, 82, 243, 268; Mergel 19, 62, 68, 70, 72; Sand 19, 62, 82, 83, 98, 177, 188, 202, 204, 208, 209, 218, 260; Schlamm 37, 62, 70, 82, Schiefer 142, 190
Bodensee 157
Bodrog, Fluß 203
Bogdanusa 206
Bohemia 205
Böhlig 153
Bolivien Weinanbau 10; Weinverbrauch 11
Bollinger 108
Bologna 168
Bolsena, See 168
Bolzano 166
Bommes 17, 96
Bonnes-Mares, Les 17, 72*
Bonnezeaux 116
Boordy Weingut 227, 239
Booth's wine company 243
Bordeaux 8, 13, 16, 17, 20, 22, 23, 25, 27, 36, 37; Preise 40; 41; Gläser 51; Flaschen 52; Jahrgänge 53–55; 81–104*; Export 83; Universität von 83; 106, 120, 124, 180, 211, 245
Bordeaux, 17; Makler 40; 82, 98, 128, 252
Bordeaux und seine Weine 42, 90 Bordeaux mixture' 17, 19, 28
Bodensatz 33
Borges 193
Borges & Irmão 186
Botrytis cinerea (siehe auch Noble rot) 96
Botticino 164
Bouchard Ainé & Fils 64
Bouchard Père & Fils 64, 67, 68
Boucherottes 69
Bouchet (Traube) 98
Boudriotte, La 65
Boulaouane 218, 219
«Bouquet» 16, 38, 45, 180
Bourbon 254, 268–269*
Bourg 83, 104*
Bourgogne (Appellation) 61, 63, 64; Aligoté 61, 63; Grand Ordinaire 61; Passe-Tout-Grains 61; 74
Bourgueil 117*; Bouvier 199, 206
Bouzeron 74
Bouzy 106, 109
Bozen 166
Brachetto d'Acqui 163
Braga 189
Brandy 31, 50; in Madeira 185; Porto 192; Tokay 202; California 235; 254, 255; Destillieren 256–257; Cognac 258–259; 260, 270, 271
Branxton 242
Brasilien Weinanbau 10; Weinverbrauch 11; 224, 250*, 254, 263
Bratislavien 205
Braune Kupp 138
Brauneberg 142, 144, 145
Braunerde 62, 137
Breganze 164
Brescia 161
Bressandes 68, 69
Bretagne, eau de vie de 271
Bright's wine co 227
Bristol 8, 84, 179
Bristol Milk 185
British Columbien 227
Brittanien 25
Brix 24
Brnó 205
Broadbent, Michael 46
Broadbent-Johnson tasting card 46
Brocard 64
Brochon 73
Broken Back Range 242
Brolio 170
Brookside 230
Brouilly 76
Brown Brothers 243
Bruce, David 236
Brückes 146
Bruderberg 140
Bruderschaft 142
Brunello di Montalcino 25, 170
Bual 185
Bucellas, Bucelas 188
Buknarest 209
Bué 119
Buena Vista (Weinberg) 231
Buenos Aires 250
Bugey 131
Buhl, von 152, 153
Bulgarien 10; Weinproduktion und Verbrauch 11; 23, 210–211*; 212, 254, 255
Bullay 145
Bull's Blood 202
Buller's wine co 243
Bully Hill 239
Bundner Herrschaft 196
Burgas 211
Burgenland 196, 199
Bürgerspital zum Heiligen Geist 158
Burges, Les 17
Burgundac 206
Burgunder 8, 13, 16, 20, 22, 23, 25, 27, 41, 43, 47; Gläser 51; Flaschen 52, 53; 60–79*; Geologie 62; Duke of 64; Schäumend 70, 74, 83; weißer 22, 32, 112, 120; 110, 112, 120, 131:.131; Schweizer Importe 196; Neue Welt 224, 234, 238
Buring's Wine Co 244, 245
Bürklin, Dr Albert 152, 153
Burmester 193
Buttafuoco 161
Buxy 74
Buzbag 221
Byass, Gonzalez 179, 193

C

Cabernet (Cabernet Sauvignon) 19; Traube 22–23, 24, 25; Bordeaux 82; Pauillac 86; St-Julien 89; Bourg 104; Loire 116; Midi 125; Alto Adige 164, 166; Chianti 170; Ungarn 202; Jugoslavien 206; Rumänien 208; Bulgarien 210; UdSSR 212; Israel 221; Japan 222; Kalifornien 228, 231, 232, 233, 234, 236, 246; Australien 242, 244; Südafrika 248; Südamerika 250
Cabernet Franc 23, 117
Cabernet Rosé d'Anjou 116
Cáceres 174
Cachapoal, Fluß 250
Cadarca (siehe auch Kadarka) 208
Cadaujac 94
Cadiz 42, 176
Cahors 128–129*, 213
Cailleret, Le 67
Caillerets, Les 67
Cailles, Les 70
Caldaro, Lago di 164, 166
Caledon 247
Calem 193
Calendar 28–29
Calistoga 231
Caluso 163
Calvados 254, 271*; du Pays d'Auge 271
Calvet (Weinhändler) 64, 67
Camargue 125
Camara (Cama) de Lobos 185
Cambas, Andrew 214
Cambiaso 230
Camensac 89
Cameronbridge 264, 265
Campanário 185
Campania 173
Campari 160
Campbell's wine Co 243
Campbeltown 264
Camus (Cognac) 258
Camus (Gevrey-Chambertin) 73
Canada Weinanbau 10; Weinverbrauch 247, 255, 263
Cane spirit 254
Cañepa 250
Cannonau 173
Cantenac 92
Cantina Sociale (Co-operativa) 160, 167
Cap Corse 132
Cape, the 224, 243, 246, 247; Province 246
Capri 173
Carcavelos 188
Carelle 66
Carema 161
Caribbean 266
Carignan 22, 25, 232, 246; Midi 24, 125; Libanon, Israel 209
Cariñena 174
Carmignano 170
Carmine 24, 234
Carnelian 24, 234
Carolina 226, 227
Caroni (Rum) 266
Carpano 160
Carrascal 177
Carruades de Lafite 86
Carta Blanca 267
Carta Oro 267
Caruso family 173
Casablanca 219

Cascades 227
Caserio 174
Cassis 126
Casteggio 161
Castel Danielis 214
Castel del Monte 173
Casteldaccia 173
Casteller 164
Castelli Romani 168
Castelnuovo di Verona 167
Castillo Ygay 180
Castillon 258
Catalonia 174, 182*
Catawba 25, 226, 227, 239
Catto's (Whisky) 264
Caves d'Olt, Les 128
Caves de la Reine Pédauque 64
Cellar 48–49*; Bücher 49; 53, 78
Cellatica 164
Cent-Vignes 69
Central valley (Kalifornien) 25, 234–235*
Centrifuge 32, 33
Centurion 24, 234
Cerasuolo 168, 173
Cesanese 168
Cessnock 242
Cevennes 125, 129
Chablais 194
Chablis 23; Jahrgänge 53; 60, 61, 75, 78–79*; Neue Welt 224; Kalifornien 230, 234
Chacoli 174
Chagny 74
Chai 36, 81, 84, 89, 259
Chai, maître de 37, 81
Chaintré 75
Challonais 74*
Chalonnaise, Côte 61, 74*
Chalone (Kalifornien) 236
Chalon-sur-Saône 74, 75
Chambers' wine co 243
Chambertin 17, 23, 41; Jahrgänge 53; Boden 62; 63, 64, 68, 72–73*
Chambolle-Musigny 63, 72*
Champagne 8, 13, 17, 23, 25, 27; Preise 40, 41, 47; Gläser 50; Flaschen 52; Jahrgänge 55; 57, 106–109*; Reife 109; 112, 127, 131, 250
Champagne' Georgia 212; Neue Welt 224; Kalifornien 230, 232; Staat New York 238
Champans 66, 67
Champs-Pimont 69
Chanson Père & Fils 64, 68
Chante-Alouette 122
Chanturgues 131, 132
Chapoutier 122
Chappellet winery 231, 232
Chardonnay Traube 22–23; 25, 28; Burgunder 64, 65, 66; Champagner 106; Jura 127; Rumänien 208; Bulgarien 210–211; Kalifornien 32, 227, 228, 231, 232, 233, 236; Oregon 227; Staat New York 238, 239; Australien 242; England 252
Chardonne 194
Charente 258, 260
Charlemagne 149
Charmes, Les (Chambolle-Musigny) 72
Charmes, Les (Meursault) 66
Chassagne 63, 64, 65, 66; Chassagne-Montrachet 64, 65
Chasselas Trauben 22; Elsaß 112; Loire 119; Savoyen 127; Baden-Württemberg 196; Schweiz 24, 157, 194
Château 36–37*; Preis 41; 81, 83
Château-Chalon 127
Château Gai 227
Château-Gris 70
Châteaumeillant 131, 132
Châteauneuf-du-Pape 22, 23; Jahrgänge 55; 120, 123*, 163
Châteaux
d'Angludet, Preise 41, 92
Anseillan 87
Barbé 104
de Barbe 104
Baret 94
Barsac 96
Batailley 87
Bel-Air 102
Bellefont-Belcier 102
Beychevelle 88, 89
Bontemps 89
Bouscaut 94
du Bousquet 104
Boyd-Cantenac 92
Branaire-Ducru 89
Brane-Cantenac 92
Branne-Mouton 17
Calon-Ségur 84
Canon 100
Cantebau-Couhins 94
Cantemerle 92
Cantenac-Brown 92
Capet-Guillier 102
Carbonnieux 94
des Carmes-Haut-Brion 94
Caronne-Ste-Gemme 90
Certan-de-May 98
Chasse-Spleen 90
La Chesnaye-Ste-Gemme 90
Cheval Blanc 100
Citran 90
Climens 96
Clos l'Eglise 98
Clos Fourtet 100
Clos-René 98
La Closerie du Grand Poujeaux 90
La Conseillante 98
Cos-d'Estournel 84
Cos-Labory 84
Couhins 94
Courant 90
La Couronne 87
Coutet 96
La Croix-de-Gay 98
de La Croix-Millorit 104
Croizet-Bages 87
Dauzac 92
Desmirail 92
Doisy 96
La Dominique 100
Ducru-Beaucaillou 88, 89
Duhart-Milon 86
Durfort-Vivens 92
L'Eglise-Clinet 98
L'Evangile 98
de Ferrand 102
Ferrière 92
de Fieuzal 94
Figeac 100
Filhot 96
des Fines-Roches 122
La Fleur 98
La Fleur-Pétrus 98
La Fleur-Milon 87
Fombrauge 102
Fonbadet 87
Fourcas-Dupré 90
Fourcas-Hostein 90
La Gaffelière 100
La Garde 94
Le Gay 98
Gazin 98
Giscours 92
du Glana 89
Gloria 88, 89
Gorce 17
Grand-Puy-Ducasse 87
Grand-Puy-Lacoste 86, 87
Gressier Grand Poujeaux 90
Grillet 17, 121
Gruaud-Larose 88, 89
Guiraud 96
Haut-Bages-Avéroux 87
Haut-Bages-Libéral 87
Haut-Bages-Monpelou 87
Haut-Bailly 94
Haut-Batailley 87
Haut-Brion 17, 94
Haut-Marbuzet 84
Haut-Sarpe 102
d'Issan 92
Kirwan 92, 93
Labégorce-Zédé 92
Lafaurie-Peyraguey 96
Lafite 16, 17, Preise 40, 82, 84, 86, 122
Lafon-Rochet 84
Lagrange 89
La Lagune 92
Lalande 86
de Lamarque 90
La Louvière 94
Lanessan 90
Langoa (Langoa-Barton) 88, 89
Larcis-Ducasse 102
Larose-Balguerie 17
Larose-Trintaudon 89
Larrivet-Haut-Brion 94
Lascombes 17, 92
Lassegue 102
Latour 17, 41, 82, 84, 86, 88
Latour-à-Pomerol 98
Laville-Haut-Brion 94
Léoville 17, 88
Léoville-Barton 88
Léoville-Lascases 88, 89
Léoville-Poyferré 89
Liversan 87
Longueville 88
Loudenne 84
Lynch-Bages 86
Lynch-Moussas 87
Magdelaine 100
Malartic-Lagravière 94
Malescasse 36, 90
Malescot-St-Exupéry 92
De Malle 96
Margaux 17, 92
Marquis-d'Alesme-Becker 92
Marquis de Terme 92
Le Menaudat 104
Meyney 84
La Mission-Haut-Brion 94
Monbazillac 105
Monbousquet 102
Montrose 84
Moulin-à-Vent 98
Mouton-Baron-Philippe 86
Mouton-Rothschild 86
Nenin 98
du Nozet 119
Olivier 94
Les Ormes-de-Pez 84
Palmer 92, 117
Pape-Clément 94
Pavail-de-Luze 90
Pavie 100
Pédesclaux 87
Petit-Village 98
Pétrus 98
de Pez 84
Phélan-Ségur 84
Pichon-Longueville 17
Pichon-Longueville-Baron 86
Pontac-Monplaisir 94
Pontet-Canet 86
Pouget 92
Poujeaux-Theil 90
Prieuré-Lichine 92
Puy-Blanquet 102
Rausan-Ségla 92
Rauzan 17
Rayne-Vigneau 96
Rieussec 96
Romain 219
Rouet 104
St-Georges 102
St-Pierre 89
Segonzac 104
Sevaistre 89
Simone 126
Siran 92
Smith-Haut-Lafitte 94
Sociando 104
Suduirraut 96
Tahbilk 243
Talbot 88, 89
Tayac 104
du Tertre 92
La Tour Blanche 96
La-Tour-Haut-Brion 94
La Tour-Martillac 94
La Tour-de-Mons 90
La Tour-Pibran 87
La Tour-du-Pin-Figeac 100
Tronquoy-Lalande 84
Trotanoy 98
Villegeorge 90
Vraye-Croix-de-Gay 98
Yquem 41, 96, 134
de Chaunac 239
Chautagne 127
Chautauqua 239
Chavignol 119
Cheilly 65
Chelois 238, 239
Chénas 76
Chenin Blanc Traube 22–23, 54; Loire 116, 118, 119; Kalifornien 228, 232; Südafrika 246
Chenin Noir 115
Chevalier, Domaine de 94
Chevalier-Montrachet 64, 67
Chevaliers du Tastevin 70
Cheverny 115
Chianti 22, 25; Flaschen 52; Jahrgänge 56; 120, 160, 168, 170*; Classico, Rufina 170
Chianti Riserva 168
Chiaretto del Garda 164, 167
Chieri 163
Chile Weinanbau 10; Verbrauch 11; 22, 23, 224, 250*
China 11, 222*, 266
Chinon 117*
Chiroubles 76
Chivas Regal (Whisky) 264
Chorny Doktor 213
Christian Brothers 231, 235, 236
Christie's 41, 46
Chumai 212
Chusclan 120
Chyorniye Glaza (Black Eyes) 213
Cider 254, 271
Cincinnati 226
Cinqueterre 161
Cinsaut 125, 221, 246, 248
Cinzano 160, 250
Ciro 173
Cissac 84
Clairette de Die 120; de Bellegarde 125; du Languedoc 124, 125; Israel 221; Südafrika 246
La Clape 125
Clare (Südaustralien) 244, 245
Claret (siehe auch Kalifornien Bordeaux) 31; 41, 92; Kalifornien 230; Australien 245; Südamerika 250
Clarete; Spanien 180; Portugal 187
Classico 160, 167, 170
Clastidio 161
Clément (Rum) 267
Clerc-Milon 86
Clermont-Ferrand 98
Clevner 196
Clicquot 108
Clos des Amandiers 111
Clos des Avaux 69
Clos de Bèze 16, 72
Clos du Chapitre 75
Clos du Chêne Marchand 119
Clos de Chênes 67
Clos de la Commaraine 68
Clos des Ducs 67
Clos de l'Emir 219
Clos de Lambrays (Premier cru Les Larreys) 72
Clos Morjot 17
Clos des Mouches 68
Clos de Prémeaux 17
Clos de la Roche 17, 63, 72
Clos du Roi 68, 69
Clos St-Denis 63
Clos St-Georges 17
Clos St-Jacques 73
Clos St-Jean 17, 65
Clos Ste-Hune 111
Clos de Tart 17, 72
Clos de Tavannes 65
Clos de Vougeot 17, 39, 60, 62, 63, 70, 71*, 72, 150
Clozet, Le 17
Clynelish 264
Coca-Cola 235
Cockburn (Portwein) 193
Codorniu 182
Cognac 22, 25; Gläser 50; 84, 168, 254, 257, 258–259*, 260
Colares 188
Colli Albani 168
Colli Berici 164
Colli di Bolzano 166
Colli di Conegliano 164
Colli Euganei 164
Colli orientali del Fruili 164
Colli Pesaresi 168
Collio Goriziano 164
Collioure 125
Commandaria 216, 217
Comme, La 65
Companhia Velha 193
Completer 197
Compostella 174
Comtes de Champagne 108
Concha y Toro 250
Concord (Traube 25, 222, 226, 227, 239
Condom (Armagnac) 260
Condrieu 121*
Conegliano 164
Confrérie St-Etienne 110
Congenerics 257, 259
Consejo Regulador 174
Consorzio 160, 170
Constanta 208
Constantia 17, 23, 243, 246, 247
Conthey 194
Coonawarra 244, 245*
Cooperage 41, 78, 193, 268
Co-operatives 34, 74, 84; Deutschland 146, 153, 156; Italien 160, 167, 173; Österreich 201; Rumänien 208
Copita 50, 178
Copper sulphate 17, 18, 19, 28
Corbières 125
Cordier 84, 88
Córdoba 183, 241
Corent 131, 132
Corgo 192
Cori 168
Coriole 245
Cornas 120
Coronata 161
Corowa 243
Cortaillod 194
Cortese di Gavi 163
Corton 16, 17, 23; Preise 40; 62, 63, 64, 68–69*
Corton, Le 17, 68*
Corton-Charlemagne Preise 40; 62, 68*, 69, 78
Corvo 173
Costières du Gard 125
Costs, Weinberg 21
Côte, La 194, 196
Côte de Beaune 16, 23, 32; Jahrgänge 53; 60, 62, 64, 65–69*, 74, 100, 127
Côte de Beaune-Villages 63
Côte des Blancs 106
Côte Blonde 121
Côte de Brouilly 76
Côte Brune 121
Côte Chalonnaise 61, 74*
Côte de Dijon 73
Côte de Léchet 78
Côte Mâconnaise 60, 61, 75*, 76
Côte de Nuits 8, 16, 53, 60, 62, 63, 64, 70–73*, 82
Côte de Nuits-Villages 73
Côte d'Or 23, 32; Jahrgänge 53; 60, 61, 62–73*, 76, 140
Côte Roannaise 131
Côte Rôtie 55, 120, 121*
Côte St-Luc 238
Coteaux d'Aix 126, 131
Coteaux des Baux-en-Provence 126, 131
Coteaux du Giennois 115
Coteaux du Languedoc 125
Coteaux du Layon 23, 54, 116
Coteaux de la Loire 115, 116
Coteaux de Pierrevert 126, 131
Coteaux du Tricastin 120
Coteaux du Vendomois 115
Côtes d'Agly 125
Côtes d'Auvergne 131
Côtes de Buzet 128
Côtes du Cabardes 131
Côtes de Duras 105
Côtes du Forez 131
Côtes du Frontenais 128
Côtes du Luberon 126, 131
Côtes du Marmandais 131
Côtes de l'Orbiel 131
Côtes de Provence 126
Côtes du Rhône 55, 120
Côtes du Rhône-Villages 120
Côtes St-Emilion 100
Côtes de Toul 131
Côtes du Vivarais 131
Cotentin 271
Cotesti 208
Cotnari 208
Coulée de Serrant, La 116
Courvoisier 258
Cream (Sherry) 179
Crépy 127, 131
Criadera 178
Crimea 23, 208, 212, 213
Criolla (Traube) 250
Criots, Les 67
Croft (Portwein) 41, 56, 193
Crozes-Hermitage 122
Cru Artisan 81, 83
Cru Bourgeois Preise 41, 81, 83, 84, 87, 88, 89, 100
Cru Bourgeois Supérieur 81, 83
Cru Classé 81, 83, 86, 126
Cru Exceptionnel Preise 41, 81, 83, 90
Cru Paysan 81, 83
Cru des Ptolemées 221
Cruse family 86, 92
Crusher 30; -Stemmer 31
«Crust» («crusted port») 56, 192, 194
Csopak 205
Cucamonga 230
Cucugnan 130
Cups, Wein 47
Cussac 90
Cutler 235
Cutty Sark (Whisky) 264
Cuvée 61, 64, 108, 112
Cuvée (Hospices de Beaune) 66, 68, 69
Cuvier 28, 36, 81, 98
Cviček 206

D

DOC 160*, 164, 166, 168, 173
Dalmatien 207
Dalmore 264
Dalwood 242, 243
Damoy (Wachstum) 73
Dänemark Verbrauch 11; 60, 254, 255
Danube Ungarn 202
Jugoslavien 206; Rumänien 208, 209; Bulgarien 211
Dão 186, 189*
Dar bel Amri 219
D'Arenberg 245
Davis (Californien) 24, 232, 236
Dealul Mare 208
Deauville 92
Debrö 202
Deidesheim 152
Deinhard's 8, 145, 148, 157
Delamain (Cognac) 258
Delaware 222, 226, 239
Demerara 267
Demestica 214
Denno 164
Denominacão de Origem 187
Denominación de Origen 174, 182
Denominazione Controllata e Garantita 160
Denominazione di Origine Controllata (DOC) 160*, 164, 166, 168, 173
Denominazione Semplice 160
Dessert Wine 47, 108, 206, 212, 241
Destillation 31, 247, 254, 256–257*; Cognac 259; Armagnac 260; Whisky 262, 264; Rum 266; Bourbon 268; Weißwein 270; Calvados 271
Deutscher Tafelwein 157
Deutsche Wein-Akademie 8, 150
Deutschland, Ost (DDR) 205, 255
Deutschland, West (BRD) 8, Weinanbau 10, 11; Verbrauch 11; 16, 17, 25, 58, 60, 83, 90, 96, 110, 112, 115, 134–157*; Rotwein 148, 160, 174, 185, 205, 228, 254, 255, 258
Dewar's White Label 264
Dézaley 194
Dézize 65
Dhron 142; -hofberger 142
Diabetiker-Wein 157
Diablo 236
Dickel, George 268
Die 47, 120*
Diez Hermanos 177, 179, 193
Dimiat 210
Dimple Haig (Whisky) 264
Dingač 206
Dionysus 13, 214
Distillers Co 264
Dobrogei 208
Doctor, Doktor (Bernkastel) 144
Dolceacqua 60, 161
Dôlcetto 163
Dôle 38, 194, 196
Doluca 226
Domaine de Chevalier 94
Domaine Dujac 72
Domaine du Mont d'Or 194
Domaine de la Romanée-Conti 67, 71
Domaine La Solitude 94
Domaine de la Trappe Staouëli 219
Domecq, Pedro 177, 179
Dom Pérignon (Champagne) 108
Dom Ruinart 108
Domtal, Domthal 155
Don, Fluß 213
Donau Perle 211
Donnaz 161
Donnici 173
Doosberg 150
Dordogne 23, 54, 105; Fluß 81, 83, 98, 100
Dorin 194, 196
Dos Cortados (Sherry) 179
Douro 16, 17, 144, 186, 190–191*, 192
Drăgăsani 208
Drainage 19, 37; Côte d'Or 62–63; Entwässerungsanlage Bordeaux 82, 83, 92; Rheingau 136, 148
Drôme, River 120
Drought 19, 21, 83, 123
Drouhin, Maurice 68, 69
Drumborg 243
Dubrovnik 206
Duchess 239
Duff Gordon 179
Dufftown 262
«Dunder pits» 266
Dünger 19, 29, 83
Dünweg 142
Duresses 66
Dürnstein 201

E

East Side winery 235
Eau-de-vie (s.a. Brandy) 254, 255, 270, 271
Eauze 260
Eberbach 8
Ebro, Fluß 180
Echallas 20
Echézeaux 71
Edelfäule (siehe Noble rot) 136
Edelzwicker 112
Eger 202
Egrappoir 31
Equisheim 110
Ehrenfelser 24
Eiche Harraßen 16, 32, 33, 35, 39, 45; Rioja 180; Portwein 192–193; 231, Cognac 258, 259; Armanac 260; Scotch Whisky 262; Rum 266; Bourbon 268;

Calvados 271
Eigene Abfüllung 157
Einzellage 134*, 145, 146, 152, 154, 157
Eire 254, 255
Eisenstadt 199
Eiswein 53, 136, 157
Eitelsbach 140; -er Kartkäuserhofberg 141
El Cid (Sherry) 179
Elbe, Fluss 205
Eleanor of Aquitaine 252
«Elegant» 45, 150
Elevé (Wein) 61
Elsaß 13, 22, 23, 25; Preise 40; Gläser 50; Flaschen 52; Jahrgänge 55, 110–112*, 152, 156, 157
Eltville 148, 150–151*
Eltz, Count 148, 151
Elvira (Traube) 239
Emerald Riesling 24, 234, 236
Emilia-Romagna 161
Enfer 161
England 15, 16, 40, 41, 108, 252*, 254
Englischer Wein 252
Enkirch 145
Enoteca (Weinbibliothek von Italien) 170
Entre-Deux-Mers 47, 81, 83
Enzian 254, 270
Epenots 66, 68
Epernay 106, 108
Epesses 194
Erbach 148
Erbaluce 163
Erdöbénye 203
Erie, See 227
Ermitage 196
Erzeugerabfüllung 157
Escherndorf 158
Espiguette 125
Esprit d'Amour l' 266
Essaouira 219
Essencia 203
Esterhazy 199
Esters 38, 44
Est! Est! Est! 168
Estufas 184
Etiketts, Sprache des Burgunder 61; Bordeaux 83; Champagne 108; Elsaß 112; Deutschland 157; Italien 160; Spanien 174; Portugal 187; Porto 193; Schweiz 196; Österreich 201; Ungarn 202; Jugoslawien 206; Rumänien 208; Bulgarien 210; UdSSR 212; Griechenland 215
Etikettieren 28
Etna 173
Etter 270
Exporte Frankreich 58; Burgund 60; Bordeaux 83; Champagne 107; Deutschland 134; Italien 60; Alto Adige 166; Portwein 193; Jugoslavien 206; Rumänien 208; Bulgarien 210, 211; UdSSR 212; Malta 216; Zypern 217; Nordafrika 218–219; östliches Mittelmeer 221; China 222; Australien 241; Südafrika 247; Cognac 258; Whisky 263
«Extract« 24
Extremadura 174
Ezerjó 202, 205

F

False Bay 248
Famous Grouse (Whisky) 264
Fara 161
Farbe 31, 39, 44, 45, 46
Fargues 96
Faye 116
Féchy 194
Feldebro 202
Fendant 194, 196
Ferner Osten 26
Ferrari 164, 166
Ferreira 56
Ferreirinha 186
Fertilizer 19, 29, 30, 83
Feteasca, Fetiaska, Fetjaska Rumänien 208; Bulgarien 211; UdSSR 212
Fiaschi 170
Fiasco 52, 160
Ficklin 235
Figari 132
Filice winery 235
Filtrierung 30, 33, 35
«Finesse» 45, 176, 248, 260
Finger Lakes 226, 227, 238–239*
Finnland Weinproduktion 11; 254; Spirituosenproduktion 255
Fino 174, 176, 178, 183
Fish, Weißwein 74, 111, 116
Fitou 125
Fixin 73
Flagey 71
Flaschen 12, 16, 52*; Clavelin 127; Chianti 170; Rioja 180
«Flétri» Traube 196
Fleurie 76
Flor (yeast) 178, 183, 248
«Flute» (Flasche) 52
Flûte (Champagnergläser) 50
Focsani 208
Folle Blanche 22, 25
Fontanafredda 162
Foppiano 230
Forbes, Patrick 108
Foreshots 256, 257
Formia 168
Forst 152
Fountain Grove 228
Fourchaume 78
Forneaux, Les 78
Fournier, Charles 238, 239
«Foxiness» 24, 45, 226, 238, 239
Franciacorta 164
Franconia (Franken) 25, 55, 134, 158*
Frangy 127
Frank, Dr. Konstantin 227, 238, 239
Frankreich 8, 10; Weinanbau und Verbrauch 11; 13, 14, 15, 16, 17, 19, 22, 23, 24, 26, 27, 28, 29, 36, 37, 38; Preise 39; 40, 41, 42, 43, 47, 49, 50, 51, 52; Jahrgänge 54–55; 57; Exporte, Preise, Anbau 58; 58–132*, 160; Importe von Spanien 174; Markt für Madeira 185; Markt für Porto 192; 208; Importe von Nordafrika 218; 228, 254, 255, 258, 259, 260, 261; Whisky Importe 263; Rum Verbrauch 266; 270, 271
Franzia Weingut 235
Französiche Traube 246
Frascati 32, 168
Frauenberg 145
Frecciarossa 160
Friedrich, Prinz von Preußen 148, 151
Freemark Abbey 231
Freisa 161, 163
French Colombard 228
Frescobaldi 170
Fresno (Californien) 228, 235
Freundstück 152
Friedrich Wilhelm Gymnasium 138
Friuli 164
Fronsac 102
Frontignan 125, 213
Fronton 128
Frost 18, 26, 28, 29, 35, 56 63, 78, 82, 94, 100, 136, 137, 232
Fruška Gora 206
Fuchsberg 148
Fuissé 75
Funchal 185
Furmint Traube 22; Österreich 199; Ungarn 202, 203; 205; Rumänien 208

G

Gabilan 236
Gadille, Rolande 26, 42, 63
Gaeta 168
Gaillac 128
Gaillac Mousseux 128
Gaillac Premières Côtes 128
Gallais, Le 138
Gallo-Kellerei 230, 234, 235
Gamay Traube 22–23; Hamlet 66; Burgunder 73; Beaujolais 76; Loire 114, 115; Savoien 127; 131; Schweiz 194; 196; Jugoslavien 206; Californien 231, 232
Gambellara 164
Gamza (oder Gumza) 210, 211
Gärbehälter 30, 31, 32, 33, 37; Mischen 70
Gärung 28, 29, 30, 31, 32–33, 36, 38, 76, 108, 125, 155; Portwein 192; zweite 28, 36; 155
Gärungsfaß 30, 31, 37, 84
Garda, See 164, 167
Garganega Traube 164
Garibaldi 173
Garnacha (siehe auch Grenache) 23, 180
Garonne, Fluß 81, 83, 94, 128
Garvey (Sherry) 177, 179
Gaston Huet 115
Gattinara 161
Gau-Bickelheim 157
Gebiet 157
Geisböhl 152
Geisenheim 20, 24, 150; Forschungsinstitut 149; Weinschule 25, 148
Gellewza 216
Genfersee 194, 196, 197
Genever 254
Genevrières 66
Geologische Bedingungen 19; Côte d'Or 62–63; Bordeaux 82–83; Rheingau 137; Sherry 177
George 243
Georgetown (Kentucky) 268
Georgien (UdSSR) 213
Geruchszentrum 44
Gerümpel 153
Geschichte vom ein 12–17
Gevrey 64;
Geschmack 26, 31, 32, 33, 38, 45, 56, 74, 83, 115, 130, 134, 184, 218, 259
Gevrey 64; -Chambertin 62, 63, 72–73*
Gewürztraminer Traube 22; Elsaß 25, 55, 112; 111; Österreich 199; Kalifornien 228, 232
Ghemme 161
Ghirgentina 216
Gianaclis, Nestor 221
Gigondas 55, 120, 123
Gilbey's 84
Gilroy 236
Gimmeldingen 153
Gin 47, 50, 254, 255
Giro 173
Gironde 81, 82, 83, 84, 104, 258
Gisborne 243
Givry 74
Gläser 50–51*, 152
Glen Grant 262
Glenfarclas 262
Glenfiddich 262
Glenlivet 262
Glenmorangie 264
Gold Seal Co 238, 239
Goldbächel 153
Goldtröpfchen 142
Gönci Fässer 203
Gonzales Byass 177, 179, 193
Goron 196
Gottweig 199
Goulburn, Fluß 243
Goût de terroir 259
«Governo, il» 170
Graacher 144, 157
Graacher Munzlay 157
Gradlage 229
Gradoli 168
Grafenberg 151
«Graffenberg» 17
Grainhübel 152
Gramp's Orlando 244
Gramp's Steingarten 244
Gran Furore Divina Costiera 173
Grand Arôme 266
Grand Cru, Chablis 53, 78; 61, 64; Côte de Beaune 66, 67, 68; Côte de Nuits 70, 71, 72, 73; Beaujolais 76; St-Emilion 100, 102; Champagne 106; 112; Elsaß 112; 116
Grand Poujeaux 90
Grand Roussillon 125
Grand Vin 83, 112
Grande Rue, La 71
Grands Echézeaux 62, 71
Grande Hermitage 245
Granite 76, 189, 190, 262
Grappa 254
Grasa 208
Grasěvina 206
Gratiesti (Rcatzitelli) 212
Gravains 69
Graves 23; Jahrgänge 54–55, 65, 83, 84, 86, 94*
Gravières, Les 65
Gray Riesling 228
Great Western 238, 243, 244
Greco di Tufo 173
«Green Hungarian» 231
Gréfieux 17, 122
Greiffenklau, Graf 148
Grenache Traube 22–23; 24; Rhône 123; Midi 125; Korsica 132; Spanien 180; Israel 221; Kalifornien 228, 232
Grèves 68, 69
Griechenland, Antike 12, 23, 173, 208, 214–215*, 217
Griechenland, heutiges 10; Weinverbrauch 11; 214–215*
Griffith 243
Grignolino 163
Grinzing 200
Grk 206
Groot Constantia 247, 248
Gros Plant 25, 114, 115
Großbritanien 10; Weinverbrauch 11; 12, 15, 16; Preise 40; 41, 60, 64, 83, 107, 108, 134, 160, 216, 241, 247; Weinberge 252; 254; Spirituosenverbrauch 255; 258; Whisky 262–265
Großlage 134*, 140, 142, 145*, 152, 153, 155
Grumello 164
Grüne Traube 246
Grüner Veltiner 199, 200, 201
Guadeloupe 266, 267
Guebwiller 111
Guild winery 230, 235
Gumpoldskirchen 199, 200
«Gun-flint» 45, 119, 194
Guntersblum 155
Guntrum 154
Guoignière 17, 122
Gurdzhaani 213
Gutedel (siehe auch Chesselas) 157
Guttenberg 152
Gutturnio 161
Guyot 42
Guyana 266, 267
Gyöngyös-Visonta 202

H

Haardt 152–153*
Hanepoot 246
Hagel 26, 27, 29
Haggipavlu 217
Haig, John 264
Haiti 266
Hallgarten 150
Hamilton's Springton vineyards 245
«Hammond» 266
Hammondsport 226, 238
Hampden (Rum) 266
Hanwoood 243
Hanzell winery 231
Haraszthy, Colonel Agoston 226, 227, 231
Hardy (Südwales) 244, 245
Haro 180
Hárslevelü 202, 203
Harvey's (Sherry) 179
Harz im Wein 12; 214
Hasensprung (Winkeler) 150
Hattenheim 148, 150
Haut-Armagnac 260
Haut-Dahra 219
Haut Lieu, Le 118
Haut-Médoc 84–93
Haut-Santenay 65
Haut-Sauternes 96
Haute-Savoie 127
Hautes Côtes de Beaune 61
Hautes Côtes de Nuits 61
Hautvillers 17; Kloster 108
Hecker Paß 236
Hefe 31, 32, 33, 38, 108, 266, 268
Heldsieck 108, 109
Heiligenstift 200
Heitz Cellars 231; Joe 231, 232
Hektoliter 11
Hemus 210
Hendelberg 150
Hennessy 258, 260
Hennessy, See 231
Henry, 11, 252
Henschke's Keyneton Weingut 244
Hérault 124, 125
Hermannsberg 146, 147
Hermannshöhle 146
Hermitage 17, 25, 48; Jahrgänge 55; 120, 122*; Australien 242, 245
Herrenberg (Maximin Grünhaus) 140
Herrenberg (Okfen) 138
Herrschaft 197
Hervelets, Les 73
Hesse, Hessen 136, 157
Heublein Corporation 231
Heurige 200
Heyl zu Herrnsheim, Baron 154
High Tor 239
Highland Park 264
Highlands 262, 264, 265
Hilgard, Eugene 227
Hillcrest 227
Hipping 155
Hochbenn 153
Hochheim 17, 151
Hock (siehe auch Rheinwein) Gläser 51; 151
Hogshead 15, 36
Hoheburg 152
Hohe Domkirche (Trier) 138
Hohenmorgen 152
Holland: siehe Niederlande
Hollydene Weinberg 243
Hönigberg 151
Horney, G. 20, 21
Hospices de Beaujeu 77
Hospices de Beaune 60, 64*; Preise 66*, 69*; 68
Hospices de Nuits 70
Hudson River valley 239
Huelva 174
Humagne 196
Hungerford Hill 242
Hunter valley 240, 242; Riesling (Semillon) 242
Hvar 206
Hyams, Edward 222
Hybrids 24
Hydrometer 24
Hymettus 214

I

Illhaeusern 112
Imperial (Rioja) 181
Indien 222
Indiana 227
Indonesien 254
Inferno 164
Inglenook 231, 235
Institut National des Appellations d'Origine des Vins et Faux-de-Vie 7, 8, 58, 64, 130
Instituto Nacional de Denominaciónes de Origen 174
Iphofen 158
Iran 10; Weinanbau 11; 221
Irland 179, 254
Irouléguy 128, 129
Isabella (Traube) 239
Ischia 173
Iskra 210
Islam Verbot von Wein 210, 211, 218, 221
Islay 253, 264
Islay Mist 264
L'Isle de Beauté 130
Isonzo 164
Israel Weinanbau und Verbrauch 10, 11; 221*; Spirituosenverbrauch 255
Italien 8, 10; Weinanbau und Verbrauch 11; 12, 17, 21, 22, 23, 24, 25, 32; Jahrgänge 56; 83, 160–173* (Exporte 160), 254; Spirituosenverbrauch 255; 263
Italienischer Riesling 22, 164, 166, 199, 200, 202, 205, 206, 211, 212

J

Jaboulet-Vercherre 68
Jack Daniels 268
Jacobert 270
Jacquere 127
Jadot, Louis 64, 68
Jahrgang 35, 38–39*, 53*, Rioja 180; Cognac 259; Whisky 262
Jamaica 266
Japan Weinanbau 10, 11; 222*, 241, 263
Jarnac 258, 259
Jasnières 115
Java 254
J & Rare (Whisky) 264
Jecla 174
Jefferson, Thomas 65, 226
Jenever 254
Jerez (Argentinien) 250
Jerez de la Frontera 8, 25, 174, 176–179*, 183, 184, 248
Jesuitengarten 152
Jocelyn, M.A. 24
Johannisberg 150*; Riesling (Rhein-Riesling) 228, 232, 233; Schloß 17, 148, 149, 150; Sylvaner 194, 196
Johnnie Walker (Whisky) 264
Jordanischer Weinanbau 10, 11
José Maria da Fonseca 186
Josephshöfer 157
Jouffreau (Boden) 128
Juffer 142, 143
Jugoslavien 8; Weinanbau und Verbrauch 10, 11; 25, 164, 206–207*, 254; Spirituosenverbrauch 255
Julienas 76
Julisspital 158
Jullien, A. 16, 17, 42, 122
Jumilla 174
Jura 22, 23, 25, 38, 47, 52, 127*, 196, 197
Jurançon 47, 128*, 129

K

Kabinett 47, 55, 134*, 157, 199
Kadarka 202, 206, 208, 210, 211
Kahlenberg 200
Kaiserstuhl (Baden-Württemberg) 156, 157
Kaiserstuhl (Südaustralien) 244
Kalifornien 8, 22, 23, 25; 32, 33, 47; Jahrgänge 56; 94, 173, 223, 224, 226, 227, 228; 236*, 239, 241, 246, 250, Kalifornische Universität 46, 228, 234, 250; Abteilung für Weinbau und Enology 236
Kalkboden 17, 62, 68, 70, 71, 72, 75, 100, 268
Kalkofen 152
Kallstadt 153
Kalokhorio 217
Kalterersee (Lago di Caldaro) 166
Kamp valley 201
Kanada Weinanbau 10; Verbrauch 11; 60, 227*, 241, 247, 255, 263
Kaoursky 213
Karbondioxyd 33
Karlovo 211
Karthäuserhofberg 140, 141
Kasel 140
Katsanuma 222
Kauzenberg 146
Kavaklidere 221
Kaysersberg 111
Kékfrankos 202
Kéknyelü 204, 205
Kentucky 266, 268–269*
Keo 217
Kern (Kalifornien) 228
Kerner 24, 25, 155
von Kesselstatt 157
Kesten 142
Keyneton 244
Kiedrich 17, 151*
Kinzheim 111
Kieselberg 152
Kinheim 145
Kintyre 264
Kirchberg 144
Kirchenstuck 152
Kirsch 254, 270*
Kirsebaerlikoer 254
Kisfaludy 204
Kislav 254
Klein Karoo 247
Klevner 197
Klima (siehe auch Wetter) 26–27*, 82, 232
Klingelberger (siehe auch Riesling, Rhein) 157
Klöch 199
Kloster Eberbach 148, 150
Kloster Liebfrauenberg 152
Klosterkeller 206
Klosterneuberg 200
Klüsserath 142
Knights Templar 217
Knipperlé 112
Koblenz 142, 145, 148, 157
Kobnert 153
Kofu 222
Kokkineli 214, 215, 217
Kokur Niznegorsky 213
Komovica 254
Korbel's Weingut 230
Korčula 206
Korfu 214
Korken 16; 48, 108, Korsika 223, 132*
Korn 254
Kornell, Hanns 231, 233
Körper im Wein 44, 45
Kosher Wein 221
Koshu 222
Kosovo 206
Kottabos 12
Kraichgau 157
Kramolin 211
Krasnodar 213
Krems 199, 201
Kreta 214
Kreuzen von Wein 18
Kreuznach, Bad; Kreuznacher 146
Krötenbrunnen 157
Kröv 145
Krug (Champagne) 108
Krug, Charles, Kalifornien) 231
Kruševac 206

Ksara 221
Kühlung 224, 228
Kuba 226
Kues 145
Kupfergrube 146, 147
Kurfurstlay 145
KWV (Südafrika) 8, 246, 247, 248

L

Labarde 92
Labégorce 92
Lacrima Christi 173
Ladoix 63
Lafite: siehe Château Lafite
Lafoes 186
Lafon, Comte 66
Lagar 192
Lagavulin 264
Lagerung 48–49*
Lagoa 186
Lago di Caldaro 164, 166
La Gratitude 248
Lagrein, Lagrein-Kretzer 164, 166
Laguiche 67
Lake, Max 240
Lake Country 238
Lake Erie 239
Lake's Folly 242
Lake Keuka 238, 239
Lake Ontario 238
Lalande-de-Pomerol 98, 102
Lamarque 36, 90, 104
Lamb's (Rum) 266
Lambrusco 164
La Morra 163
Landes, Les 94
Langenlois 201
Langhorne Creek 244, 245
Langon 94
Languedoc 13, 124–125*, 131, 221
Languedoc-Roussillon 131
Langwerth von Simmern, Baron 148, 150, 151
Lanzerac 248
Laphroaig (Whisky) 253, 264
La Riva (Sherry) 179
Larkmead 231
Larmat, Louis 8, 42
Larose-Trintaudon 89
Larreys, Les 72
La Spezia 161
Latisana 164
Latium 168
Latour, Louis 8, 64, 68
Latour-Carnet 89
Latricières-Chambertin 72
Lauds, Les 17, 122
Laurentiuslay 142
Lavaux 194
Lavilledieu 131
Layon, Fluß 116
Leaguer 247
Leányka 202, 205
«Leeching» 268
Lefkás 214
Legnago 164
Leinhöhle 152
Leist, Leiste, Leisten 17, 158*
Leiwen 142
Lejon 235
Lemon Hart (Rum) 266
Lenchen 150
Len de l'El 129
Leningrad 212
Léoville 88, 92
Le Roy, Baron 123
Les Baux 126
L'Etoile (Jura) 127
Leygues 128
Libanon Weinanbau 10, 11; Verbrauch 11; 221*
Libertas (Südafrika) 248
Libourne 82, 98, 102
Lichine, Alexis 92
Lider, James und Lloyd 232
Liebfrauenberg 152
Liebfrauenkirche 154
Liebfrauenstift 154
Liebfraumilch, 17, 154
Liechtenstein 196
Lieser 143, 144
Limnos 214
Limousin 259, 260
Lindeman's wine co. 242, 243, 245
Lindos 214
Lipari 173
Lirac 120
Lissabon 186, 188*
Lismara 219
Listan Traube 25
Listrac 90
Little Carpathian Gold 206
Littlemill 264
Live Oaks 236
Livermore 23, 236
Lodi 235
Loess 62, 137
Logis 259
Logroño 180
Loire 13, 15, 17, 23, 50; Flaschen 52; Jahrgänge 55; 58, 114–119*, 128, 131, 132
Lomas de Polmodón 250
Lombardei 161, 164
London 8, 40, 41; Hafen 259
Long John (Whisky) 264
Longmorn 262
Longworth, Nicholas 226
Lontué 250
Lorraine 131
Los Angeles 226
Los Carneros 231
Los Gatos 236
Lösnich 145
Louis, Victor 102
Löwenstein, Prince 148
Lowlands (Schottland) 264, 265
Lubbock 227
Lugano 164
Lunel (Frankreich) 125
Lupé-Cholet 70
Lussac (co-operative) 102
Lutomer, Ljutomer 206, 207
Lutry 194
Luxembourg Weinanbau 10, 11, Verbrauch 11; 47, 60; Mosel 142; Spirituosenverbrauch 255
Luzech 128
Luzern 197
Lyndoch 244

M

Macallan 262
Maccabeo Traube 125
McCallum's (Whisky) 264
Machackala 213
Macharnudo 176, 177, 179
Machico 184
Mâcon 60, 61, 74, 75*, 76
Mâcon villages 53
Mâconnais 75
Macul 250
McWilliam's wine co 242, 243
Madagascar 254
Madeira 17, 18, 22; Gläser 51; 118, 184–185*; UdSSR 213
Madera (Kalifornien) 228, 235
«Maderisiert» 45, 96
Madiran 128, 261
Magnum 50, 52, 53, 108
Mago of Carthage 42, 219
Main, Fluß 151, 158
Maipo valley 250
Maire, Henri 127
Maître de chai, 37, 81
Maische 257, 264
Maize 264, 268
Makler (Courtier) 37, 40
Malaga 17, 174
Malbec Traube 22–23; UdSSR 212; Südamerika
Malmesbury (Südafrika) 247
Malmsey 185, 214
Malokarpatské Zlato 205
Malt whisky 47, 253, 257, 262*, 264*, 265
Malta 11, 216*
Malvasia Italien 163, 173; Spanien 182; Jugoslawien 206; Griechenland 214
Malvoisie 196, 214
Malz 262, 264, 268
Mann's wine co 222
Mansourah 219
Manzanilla 179, 183
Maranges, Les 65
Maraština 206
Marc 19, 30, 254
Marchant, Henri 239
Marcobrunn (Markobrunn) 150
Marconnets 69
Maréchal Foch 227
Marestel 127
Mareuil 17
Marfil 182
Margaux 83, 84, 88, 90, 92–93*, 94, 117
Maribor 206
Markgräflerland 157
Marokko Weinanbau 10, 11; Verbrauch 11; 218–219*, 241
«Marquis de St-Estèphe» 84
Marsala 17, 173, 174
Marsannay 73
Marsanne Schweiz 196
Marsovin 216
Martell 258, 260
Martha's Weinberge 232
Martigny 194
Martillac 94
Martini 160
Martini, Louis M 231
Martinique 266, 267
Martinsthal 151
Marx, Karl 138
Maryland 227, 239
Marzemino 164
Mascara (Algerien) 219
Massandra 213
Masson, Paul 236
Mastika 254
Mateus rosé 186
Matrasa 213
«Mauerwein» 157
Maury 125
Maufoux, Prosper 65
Maule, Fluß 250
Mavrodaphne 211, 214
Mavro, mavros 214, 215
Mavron 217
Mavroudi 214
Mavrud 210, 211, 214*
Maximin Grünhaus 140
Mayacamas Mountains 231
Mazis-Chambertin 72
Méal 17, 122
Mecsek 202
Medici Festung 170
Médoc 19, 23, 25, 36, 40; Jahrgänge 54; 60, 81, 82, 83, 84–93*, 94, 96, 98
Médoc Einteilung 1855; 17, 40, 81, 83, 96
«Médoc Noir» 202
Meersburg 156, 157
Mehltau 17, 18, 19, 29
Meknès 219
Melbourne 241, 243
Melinots 78
Melník 210, 211
Melon (Traube) 22
Mendocino 228
Mendoza 250
Menetou-Salon 115
Menge 108
Méntrida 174
Meranese di Collina 166
Merano 166
Merced 228
Mercurey 74
Mergel, Mergelstein 19, 62, 68, 70, 72
Merlot Traube 22–23, 24, 25; Bordeaux 82; 89, 99, 104; Italien 164, 166, 168; Schweiz 196, 197; Ungarn 202; UdSSR 212; 232; Südamerika 250
Mersault 66–67*
Mertesdorf 140
Metala 245
Méthode champenoise 125, 164
Metternich, Prinz 148
Metternich, Graf Wolff 157
Meursault 23; Preise 40; 62, 63, 65, 66–67*; Kalifornien 231
Mexiko Weinanbau 10; 224, 254, 251*, 266
Mezzocorona 164
Mezzolombardo 164
Michelmark 151
Michelsberg 142, 153
Michigan 227
Midi 24, 124–125*
Mignotte 69
Milchsäure 33
Mildara 243, 245
Mildura 243
Milk (Sherry) 179
Millicent 245
Milz 142
Minchinbury 242
Mineralien in Traube 19, 38, 53, 82
Minerve 124
Minervois 124, 125
Minheim 142
Minho 22, 186, 189*
Miraflores 177
Mirassou 236
Mireval 125
Misket (Muskat) 211
Mission Traube 226, 230
Missionsväter 224, 230, 250
Mississippi 234
Missouri 227
Mittel-Haardt 152–153*
Mittelheim 150
Mittlerer Osten 221*, 254
Mittelmeer östliches 220–221*
Modesto 234, 235
Modra 205
Moët & Chandon 108, 109, 231, 250
Molasses 254, 257, 266
Molière 8
Mommessin, Haus 72, 73
Monbazillac 105
Moncão 189
Mondavi, Robert 34–35, 231
Mondeuse 127
Monemvasia 214
Monica 173
Moniga del Garda 164
Monimpex 202*, 204
Monopole 60, 61, 72
M la Mont 235
Mont Bouquet 130
Montagny 74
Montagu (Südafrika) 247
Montecarlo (Italien) 168
Montecompatri-Collona 168
Montée de Tonnerre 78
Montelimar 120
Montepulciano (Traube) 168
Montepulciano di Abruzzo 168
Monterey 228, 236
Monterminod 127
Monte Rosso 231
Monthélie 63, 66, 67
Montilla 174, 183*
Mont la Salle 231
Montlouis 118
Montmains 78
Montmélian 127
Montpellier 27, 125
Montrachet 16, 17, 23, 32, 66–67*; Le 63, 64, 65, 66, 67; Chassagne- 64, 65; Chevalier- 64, 67; Pulgny- 63, 67; 78
Montravel 105
Montremenots 69
Monts-Danmés, Les 119
Monts-Luisants, Les 72
Monts de Milieu 78
Moore's Diamond 239
Mór 202
Moravia 205
Morey-St-Denis 63, 72*
Morgeot 65
Morgon 76
Moriles 183
Morris's wine co 243
Mortlach 262
Mosca 173
Moscatel de Setúbal 23, 166*
Mosel, Moselle 8, 13, 20, 22, 31; Preise 40; Gläser 50, 51; Flaschen 52; Jahrgänge 55; 112, 133, 134, 138, 142–145*, 156, 157, 174
Moser, Lenz 20, 42, 201, 211
Most 24, 31, 37, 134, 136, 155, 170, 177; Gewicht 112, 134, 136
Mostar 206
Moulin-a-Vent 54, 76
Moulis 90
Mount Gay (Rum) 266, 267
Mount Lofty Range 245
Mount Pleasant (Neusüdwales) 242
Mount St Helena 231
Mountain Red 231
Mountain White 47, 231
Mourvèdre grape 125
Mouton 90
Mudgee 243
Mukuzani 213
Müller, Egon 138
Müller-Thurgau 24, 25, 134, 154, 196, 197, 199, 205, 243, 252
Mumm, G.H. 109
Muret 17, 122
Murfatlar 238
Murray Fluß, Tal 243
Muscadelle 23
Muscadet 22, 54, 114–115*, 127
Muscatel 246
Muscat de Rivesaltes 125
Muskat 12; Traube 23, 24; Elsaß 111, 112, 132; Beaumes de Venise 120; 125; Italien 163, 164, 173; Portugal 186; Rumänien 208; Bulgarien 211; UdSSR 213; Griechenland 214; Zypern 217; Tunesien 219; Israel 221; Japan 222; 232; Südafrika 246
Muskat-Ottonel 199, 205
Musigny 17, 63, 64, 72*
Mymering 248

N

Nackenheim 155
Nacktarsch 145
Nahe Jahrgänge 55; 134, 146–147*, 154
Naoussa 214
Napa Tal 34; Jahrgänge 56; 229, 231–233*, 234, 235, 236
Napareuli 213
Napoleon 60, 125
Napoleon III 38
Narcaoorte 245
Narbonne 124, 125
Nava-Rueda, La 174
Navip Co-Operative 207
Néac 102
Nebbiolo Traube 22; Italien 56, 161, 162, 163, 164
Neckar, Fluß 156, 157
Nederburg 248
Neef 145
Negrette 128
Negru de Purkar 212
Nelson, Lord 173
Nemea 214
Nervo 230
Nestlé Co 231
Neuchâtel 47, 196, 197
Neumagen 142
Neumann, Balthasar 153
Neustift 200
Neuen Welt, Weine der 10, 11, 17, 22, 23; Jahrgänge 56; 223, 224–251*
Neuseeland Weinanbau 10, 11; Verbrauch 11; 224, 233, 241, 243*; Schnapsverbrauch 254
Neusüdwales 240, 241, 242–243*
Neuweier 157
Neveu, Baron von 157
New Hampshire 227
New Jersey 226, 227
New York City 8; Staat 25, 47, 226, 227, 238–239*
Niagara 227
Niagara (Traube) 239
Niagara Falls Wine Cellar 239
Nicola Clüsserath 142
Nicoresti 208
Niculitcl 209
Niederemmel 143
Niederhäusen 146
Niederlande Weinanbau 10, 11; Verbrauch 11; 60, 83, 90, 254; Spirituosenverbrauch 255
Niellucio Traube 132
Nierstein 154, 155
Niersteiner Gutes Domtal 155
Nîmes 125
Nipozzano 170
‹Noble rot› (pourriture noble) 23, 136, 148, 180, 203, 208
Noizay 118
Noizons 66
Nordafrika 218–219*
Norheim 146
Normandie 271
Norwegen Weinverbrauch 11; 83 254; Spirituosenverbrauch 255
Nostrano 196
Noto 173
Novara 161
Novitiate of Los Gatos 236
Nuits, Hospices de 70
Nuits-St-Georges (siehe auch Côte de Nuits) 8, 16, 63, 70*
Nuragus 173
Nuriootpa 244
Nußdorf 199, 200
Nysa 214

O

Oakville (Kalifornien) 231
Ockfen 138
Odobesti 208
Oechsle 24
Oeil de Perdrix 196
Oestrich 150
Office National Interprofessionel des Vins de Table 130
Offley Forrester 56
Ohio 25, 226, 227
Oidium 17, 18–19*, 29, 184
Oklahoma 227
Olasz Riesling (siehe auch Italienischer Riesling) 202, 205
«Old Cameron Brig» 264
Old Hickory 269
Oliena 173
Olifantsrivier 247
Olmo, Harold 24
Oloroso 179, 183
Omar Khayyam (Wein) 221
Ontario 227, 238
«Ontario Superior» 227
Opimian 12
Opol 206
Oppenheim 155, 157
Oporto 186, 192
Optima 24
Opus Ruralium Commodorum 15
Ordensgut 152
Oregon 224, 227
Ortenau 157
Orvieto 168
Osborne, Bodegas 179
Ostdeutschland 255
Österreich 8; Weinproduktion und Verbrauch 11; 20, 22, 23, 25, 160, 166, 196, 198–201*, 205, 254
Osteuropa 10, 11, 22, 23, 202–215, 221, 254, 255
Othello (Wein) 216
Ottonel 206
Oustaou de la Baumanière, L' (Restaurant) 126
Oxidation 16, 32, 180, 248, 250
Oxygen 33, 38, 39, 45, 48

P

Paarl 246, 247, 248*
Paarlberg 248
Paceta Viña 180
Pacherenc du Vic Bilh 261
Paicines 236
Palatinate 25; Jahrgänge 55; 134, 152–153*, 154; Weinmuseum 158; 205
Palermo 173
Palette (VDQS) 126
Palo Alto 236
Palo cortado 179
Palomino Traube 22, 25; Spanien 176; Kalifornien 228, 230; 246
Palomino & Vergara 177
Palus 84
Pamid 211
Panadés 182
Pantellaria 173
Paphos 217
Parducci winery 230
Paris 8, 13; Becher 51; 106, 112
Parnac 128
Parrina 168
Passito 160, 163, 173
Pasteur, Louis 38, 39, 48
Pasteurisieren von Wein 39, 203
Patriarche Père & Fils 64, 68
Patrimonio (AC) 132
Pauillac 83, 84, 86–87*, 88, 92, 94
Paul Robert (Algerien) 219
Paulinshofberg 142
Pavlikeni 211
Paxarete 17
Pays Nantais 114
Pazifische Inseln 228
Pears 254, 270, 271
Pécharmant 105
Pedro Domecq 179, 250
Pedro Ximénez Traube 22; 183, 250
Pedroncelli Weinfirma 230
Penafiel 189
Penfolds Weinberge 242, 244, 245
Pennsylvania 227
Pergolas, Weine 164, 167, 186
Pérignon, Dom 108
Perla 208
Perlan 196
Perle de la Moldavie 208
Perlwein 157
Pernand-Vergelesses 63, 68, 75
Pernot 73
Perrière, La (Fixin) 17, 73
Perrière, La (Vougeot) 71
Perrières, Les 68
Persien 10, 221*
Peru Weinanbau 10; Verbrauch 11; 254; Spirituosenverbrauch 255
Pessac 94
Pettenthal 155
Pétillant 45, 118
Petit Chablis 53, 78
Petit Verdot 22
Petite Sirah 25, 228, 232
Petri 235
Pewsey Vale 244
Pezinok 205
Pfalz Jahrgänge 53; 134, 152–153*, 154; Weinmuseum 158; 199
Phelps Weingut 231
Philippinen 254
Phylloxera 17, 18–19*, 24, 83, 125, 128, 180, 184, 188, 217, 221, 226, 227, 243, 250
Piave 164
Picpoul 25, 124, 125
Piemonte 22, 56, 160, 161–163*
Pierry 17
Piesport 142–143*
Pineau d'Aunis 115
Pineau Gris 212
Pineau de la Loire (siehe auch Chenin Blanc) 23, 116
Pinga 254
Pinhão 190
Pinot 161
Pinot Blanc 25, 164; Italien 166*; Rumänien 208; Kalifornien 228
Pinot Gris 25, 111; Elsaß 112; 157; Italien 164; Schweiz 196; UdSSR 212
Pinot Meunier 106, 115

Pinot Noir Traube 22–23, 24, 26, 52; Burgund 64, 66, 70; Bordeaux 82; Elsaß 112; Champagne 106; Deutschland 134, 148; Italien 164, 166; Schweiz 194; 196, 197–199; Österreich 199; Ungarn 202;« Kalifornien 228, 232; Staat New York 238; Australien 242; Südafrika 246
Pinotage (Südafrika) 246, 248
Pinto Basto, J.F. 186
Piquetberg 247
Pisco 254
Pitesti 208
Pitigliano 168
Pitsilia 217
Platres 217
Plavac 206
Plavina 206
Pleasant valley wine co 226, 238
Pleven 211
Plovdina 206
Plums, Pflaumenbrandy 206, 208, 254, 270
Plummer (Rum) 266
Pokolbin 240
Polcevera 161
Polen 254, 255
Pol Roger 108
Pollino 173
Pomace 34
Pomal, Viña 180
Pomerol 23, 25; Jahrgänge 54; 83, 98–99*, 100, 102
Pommard 63, 64, 66, 67, 68*
Pomorie 211
Ponsot 73
Pontevedra 174
Porets 70
Port 16, 17, 22, 31, 40, 48, 49; Gläser 51; Flaschen 52; Jahrgänge 56; 125, 186, 190–193*; Weinernte 40, 41, 48, 49, 56, 192, 193; Weisser 193
«Port» Jugoslavien 194; UdSSR 203; 212, 213; Kalifornien 235; Australien 244; Südafrika 247
Porto Vecchio 132
Portugal Weinanbau 10, 11; Verbrauch 11; 12, 21, 22, 23, 184, 186–193*, 254; Schnapsverbrauch 255
Portugieser, Portugizac Deutschland 134; Österreich 199; Jugoslawien 206
Poruzots 66
Pošip 206
Postup 206
Potenza 173
Pot-still 256–257*; Cognac 259; Armagnac 260; Scotch Whisky 262, 264; Rum 266; Bourbon 268; Calvados 271
Pouilly (Loire) 114, 115; -Fumé 23, 54, 119*; -sur-Loire 119
Pouilly (Mâcon) 76, 119, 167; -Fuisse 23, 53, 75*; Loché 75; -Vincelles 75
Pourriture noble: siehe Noble rot
Prague 205
Pramaggiore 164
Prayssac 128
Preignac 17, 96
Preise (Wein) 40–41*, Frankreich 58; Deutschland 134; Italien 160; Whisky 40
Prémeaux 70
Premier Cru 53, 61, 64, 83
Premier Grand Cru 100, 196
Premier Grand Cru Classé 83
Premières Côtes de Blaye 104
Premières Côtes de Bordeaux 81, 82
Preslav 211
Presse 28, 30–31*, 33, 36
Primitivo Traube 25
Priorato 182
Procanico 168
Producteurs directs 238
Produktion, Wein 10–11; Frankreich 58; Burgund 60; Bordeaux 83; Deutschland 134; Italien 160; Australien 241; Südafrika 247
Prokupac 206
Prosecco 164
Prošek 206
Provence 12, 13, 123, 126*, 129, 132
Provignage 18
Prüfungsnummer (Prüf. Nr) 157, 199
Pruliers, Les 70
Prüm Familie 144
Pucelles, Les 67
Puerto de Santa Maria 177, 179
Puglia 25, 173
Puligny 66; -Montrachet 63, 67
Pulque 254
Putt, puttonyok, puttonyos 203
Putto 170
Pyramide (Restaurant) 121

Q

Qualitätswein 134, 135, 199; bestimmter Anbaugebiete 134, 154, 157; mit Prädikat 134, 157
Quarto Vecchio 164
Quarts de Chaume 47, 116
Queen Anne (Whisky) 264
Quelltaler Hock 245
Quincy 115
Quinta 56, 187, 191, 192
Quinta do Noval 191, 193

R

Rabat 219, 241
Rabelais (Algerien) 219
Rablay 116
Raboso 164
Racking 28, 29, 33, 36
Regen 26, 27*; Bordeaux 82, 83; Deutschland 136; Rioja 181; Zypern 217; Japan 222; S-dafrika 246; Chile 250
Rajika, Raki, Rakia 254
Ramisco 188
Randersacker 158
Ranina 206
«Rassig» 45, 134, 244
Rasteau 120
Raucoule 17, 122
Rauenthal 151; -er Berg 151
Raumtemperatur 52
Ravello 173
Ray, Martin 236
Rayas 179
Rcatzitelli 211, 212
Real Companhia Vinicola do Norte de Portugal 186
Rebschnitt 18, 19, 28, 29
Rechbächel 153
Recife 250
Recioto 167
Redwood City 236
Refosco (Mondeuse) Traube 232
Regaleali 173
Região demarcada 187
Rehbach 155
Reichensteiner 24, 252
Reims 108, 109, 226
Reine Cléopatre 221
Reiswein 222
Remontage 36
Remuage 108
Renaison 131
Renardes 68, 69
Renault (Algerien) 219
Rendzinas 62
Renmark 243
Reserva 174, 180, 187, 189
Retsina 214
Reuilly 115
Reynella 245
Rèze Traube 196
Rhein, Fluß 13, 134, 142, 146, 148, 154, 156, 157
Rheingau 8, 20, 21, 22, Jahrgänge 55; 134, 136, 137, 146, 148–151*, 154, 155, 157
Rheinhessen 25, Jahrgänge 55; 134, 154–155*, 157
Rheinpfalz 152–153*, 154
Rheinweine, Preise 40; Gläser 51, Flaschen 52; 55
Rhodos 214
Rhodter 152
Rhône 13, 20, 22, 25; Jahrgänge 55; 120–123*, 125, 126, 180, 194
Ribalonga 192
Ribatejo 186
Ribero 174
Ricasoli, Baron 170
Richard Coeur de Lion 201
Richebourg 16, 17, 63, 71
Richon le Zion 221
Ried 200, 201
Riesling, Italienischer 22, 25, 161, 164, 166, 199, 200, 202, 205, 206, 208, 210, 211, 212
Riesling, Rhein 22*, 23, 24, 25, 55; Elsaß 111, 112; Deutschland 133, 134, 137, 138, 142, 148, 152, 153, 154, 156, 157; Italien 164, 166; Österreich 174, 199, 200, 201; Jugoslavien 206; Pennsylvania 227; Kalifornien 228, 232, 234; New York 238, 239; Australien 224, 245; Südafrika 246, 247, 248; Südamerika 250
Riesling Sylvaner 196
Rio Grande do Sul 250
Rijoja 23, 174, 180–181*; Alavesa 180; Alta 180; Baja 180; Regen 181
Riquewihr 111, 113
Riscal, Margués de 181
Riserva 160, 170
Ritter zu Groenesteyn, Baron 148
Riverina 243
Riverside County 230
Rivesaltes 125
Robertson (Südafrika) 247
Roche aux Moines, La 116
Rochecorbon 118
Rochefort 116
Roeda 56
Roederer Cristal 108; Louis 109
Rohrendorf 201
Rolin, Nocolas 64, 69
Romagricola 209
Römisches Reich 13, 14, 42; Römer 12, 13, 18, 98, 100, 108; Wein 12, 39
Romanèche-Thorins 76
Romanée 23; La 71; -Conti 8; 17, 53, 62, 63, 71*, 122; -St-Vivant 17, 71; Domaine de la Romanée-Conti 67, 71
Rombola 214
Römerley 140
Romorantin 115
Roodeberg 248
Ropa 214
Rosé 12, 16, 30, 31, 47, 94; Champagne 108; 112, 117, 126, 127; Italien 164, 166; Portugal 186; Zypern 217
Rosebank 264
Roseburg 227
Rosehill 242
Rosemount Weinberg 243
Rosenlay 144
Rose-Pauillac, La 87
Rosette 105
Rossese 161
Rosso Conero 168
Rostov 213
Rotenfels 146; -er Bastei 146, 147
Rote Spinne 18, 19
Rotwein (siehe auch Spezialweine) 30, 31, 33, 34, 35, 52
Rotgipfler 200
Rothbury 242
Rothenberg (Nackenheim) 155
Rothschild, Baron Edmonde de 221
Rothschild, Baron Philippe de 86
Rotwein 157
Roudié, Philippe 17
Roudnice 205
Rouge d'Alsace 112
«Rouge-Homme» 245
Rousselet 132
Roussette de Savoie 127, 131
Roussillon 124–125*, 131
Route des Vins (Elsaß) 111
Royal Host 235
Rubino di Cantavenna 163
Ruby Cabernet 24, 25, 228, 234, 236, 246
Ruby Port 193, 248
Rückstände 256
Rüdesheim 17, 136, 148–149*, 154; -er Berg 148, 149
Rueda 174
Rugiens, Les 66, 68
Ruländer (siehe auch Pinot Gris) 25, 157, 199, 200
Rully 74
Rum 50, 254, 255, 266–267*
Rumänien Weinbau 10, 11; Verbrauch 11; 208–209*, 206, 212, 254, 255
Ruppertsberg 152
Rutherford 231
Rutherglen 243
Russian River 230*
Rust (Burgenland) 199
Ruwer Jahrgänge 55; 1234, 140–141*, 142
Ryderwood 227

S

Saar Jahrgänge 55; 134, 138–139*, 140, 142; -burger Schloßberg 128
Sables-St-Emilion 82
Sadilly 213
Sadova rosé 208
St-Amour 76
St-Aubin 116
St-Chinian 125
St-Emilion 16, 25; Supérieur 23; Jahrgänge 54; 82, 83, 98, 100–101*; Jurade de 100*; 102
St-Emilion (Traube) 168, 258
St-Estèphe 83, 84; 86; «Marquis de» 84
St-Etienne (St-Emilion) 102
St-Etienne, Confrérie 110, 112
St. Gallen 197
St. Georg, Berg (Ungarn) 204
St-Georges, Les (Côte de Nuits) 70
St-Georges (St-Emilion) 102
St-Georges-d'Orques 125
St Helena (Kalifornien) 232, 236
St-Hippolyte 102
St James (Rum) 267
St-Jean-de-la-Porte 127
St-Joseph 120
St-Julien 19, 83, 86, 88–89*, 90, 92
St-Laurent 89, 102, 199
St-Michael 142
St-Nicolas-de-Bourgueil 117
St-Péray 47, 120
St-Pourçain-sur-Sioule 131
St-Saphorin 194
St-Sauveur (Médoc) 87
St-Seurin-de-Cadourne 84
St-Sulpice 102
St-Tropez 126
St-Véran 53, 74
Ste Michelle weine co 227
Salinas 236
Salins, Guigone de 64, 69
Salisbury-Jones, Sir Guy 252
Salvagnin 194, 196
Samos 214
San Benito 228, 236
San Bernadino 228
Sancerre 23; Jahrgänge 54; 114, 115, 119*
Sandeman 177, 179, 193
San Diego 226
Sandgrub 151
Sandusky 227
San Francisco 8, 230, 241; Bay 231, 235, 236*
San Gimignano 168
San Joaquin 24, 228, 234–235*
San Jose (Kalifornien) 236
San Juan 250
San Luis Obispo 236
San Martin 236
San Michele 164
San Sadurni de Noya 182
Sangiovese 22, 25, 168; die Romagna 168
Sangioveto siehe Sangiovese
Sangue di Guida 161
Sanlúcar de Barrameda 176, 179, 183
Sanraku Ocean co 222
Santa Barbara 228, 236
Santa Clara valley 23
Santa Cruz 236
Santa Laura 214
Santa Maddalena 164, 166
Santa Rita 250
Santa Rosa 196, 230
Santenay 63, 65*
Santenots 66
Santiago 22, 250
Santo Tomas 251
Saône, Fluß 64, 75, 76
Saperavi 213
Saratoga 236
Sardinia 172, 173
Sartène 132
Sassella 164
Saumur 15, 47, 58; Jahrgänge 55; 115, -Champigny 115
Sauternes 17, 23, 41; Jahrgänge 54; 81, 83, 96–97*, 128, 129; Neue Welt 224, 238
Sauvignon Blanc Traube 22–23; 54, 105, 115; Loire 119; 131 Italien 164, 166; Jugoslavien 206; Israel 221; Kalifornien 228, 231, 232; Chile 250
Sauvignon, Cabernet: siehe Cabernet
Sauvignon de St-Bris 131
Savagnin Traube 22–23; Jura 25, 127
Savatiano 214
Savennières 23, 116, 118
Savigny 16, 47, 63, 68, 69, 127*, 128, 129; Bugey 132
Savoien 127, 131
Savuto 173
Schädlinge (siehe auch Mehltau, Oidium, Phylloxera) 17, 18–19, 29, 83, 124, 125, 180, 184, 188, 217, 221, 243
Schaffhausen 197
Schafizer 196
Scharlachberg 154
Scharzhof 138; -berg 138
Schaumweine 30–31, 47, 115, 118, 127, 129, 157, 161, 210
Schiava Traube 22; Italien 164, 166
Schillerwein 157
Schladerer 270
Schloßberg 111
Schloßböckelheim, -er 146, 147
Schloß Johannisberg: siehe Johannisberg
Schluck 201
Schmitt, Franz Karl 154
Schnaps 254
Schoenenberg 113
Schönhell (Hallgartener) 150
Schoongezicht 247, 248
Schoonmaker, Frank 227, 236
Schorlemer, von 144
Schörnborn, Graf von 148, 150
Schottland 254, 262–265*
Schramsberg 231, 233
Schwarze Katz 145
Schwarzes Meer 208, 211
Schwarzwald 156, 157, 270
Schweden Weinverbrauch 11; 60, 83, 258; Spirituosenverbrauch 255
Schwefel 17, 19, 22, 30, 58; Dioxid 28, 32, 33, 37
Schweigen 152
Schweiz Weinanbau 10, 11; Verbrauch 11; 22, 25, 58, 60, 127, 157, 160, 164, 194–197*, 254; Spirituosenverbrauch 255, 270
Sciacarello Traube 132
Scotch Whisky (s. a. Malt Whisky) Preise 40; 253, 262-265*
Scuppernong 226, 227
Seaview (Südaustralien) 245
Sebastiani wine co 231
«Seewein» 157
Segarcea 208
Segonzac 259
Seguin, Dr. Gérard 19, 42, 83
Ségur, Comte de 84
Seibel 24, 239
Sekt 47, 135, 138, 157
Sella 173
Semillon Traube 23, 25; Rumänien 208; Türkei 221; Israel 221; Japan 222; Kalifornien 228, 232; Australien 242, 245; Südafrika 246; Südamerika 250
Seneca Lake 239
Señorio de Sarría 174
Seppelt 243, 244; -sfield 244
Sercial 17, 22, 185
Sérine siehe Syrah
Serra, Junipero 226
Serralunga 163
Serrig 138
Servieren Wein, von 47, 48, 49, 50–52*
Setrakian 235
Setúbal 23, 186*
Seyssel 127
Seyval blanc 25, 252
Seyve-Villard 24; New York 239
Shakespeare, William 16
Sherry (Jerez) 17, 24, 25; Gläser 50, 51; Flaschen 52; 173, 176–179*, 183
«Sherry» UdSSR 212; Zypern 217; Kalifornien 235; New York 238; Australien 243, 244; Südafrika 247, 248; Mexiko 250
Shiraz Kalifornien 228; Australien 25, 242, 244; Südafrika 246
Sichel Familie 21, 42, 92
Sidi Larbi 219
Siena 168, 170
Sievering 200
Sifnos 214
Sillery 17
Silvaner Traube 154, 157
Silvaner Feodosiisky 213
Simi 230
Simonet, M (Chablis) 78
Simonsberg 248
Singleton 24
Sion (Schweiz) 194
Sipon 206
Siracusa 173
Sitges 182
Sizilien 12, 23, 173*, 241
Sizzano 161
Skandinavien 96, 185, 247
Skye 264
Slivovitz, slivowitz, sljivovica 254
Slovakia 205
Smith, Capt. Jon 226
Smith's wine co 243
Soave 164, 167*, 168
Sodap wine co 217
Sogrape wine co 186
Soledad 236
Solera System, 178, 184, 248
Solitude, Domaine La 94
Solnechnya Dolina 213
Solutré-Pouilly 75
Somló 202
Sonne (s.a. Wetter) 20; Frankreich 26, 82; Deutschland 136, 137
Sonoma 226, 228, 231, 239
Sopron 199,. 202
Sorbara 164
Sorni 164
Steen 246, 247
Stein, Steinwein 17, 25, 158
Steinberg 8, 17, 148, 150*
Steinhäger 254
Steinmorgen 151
Stellenbosch 246, 247, 248*; Farmers' Winery 248
Stendhal 8
Sterling 231
Stevenson, Robert Louis 231
Stewart, Lee 231
Stift Heiligenkreuz 199
Still (s. a. Pot-still) 31, 258 256–257, 259, 260, 262, 264, 266, 268, 271
Stonyfell 245
Stoney Hill (Kalifornien) 231
Strathisla 262
Stuttgart 156, 157
Styria, Steiermark 199
Südliche Weinstraße 152
Sukhindol 211
Sumoll Traube 182
Sungurlare 211
Sur lie 196
Souverain 230
Souverain Cellars 231
Sowjetunion 8, Weinanbau 10, 11; Verbrauch 11; 212–213*, 250, 254; Spirituosenverbrauch 255
Spanien 8, Weinanbau 10, 11; Verbrauch 11, 12, 23, 24, 32; 174–183*, 254; Spirituosenverbrauch 255
Spanna (s. a. Nebbiolo) 161
Spätburgunder (s.a. Pinot Noir) Deutschland 134; 157
Spätlese 55, 112, 134, 157, 199, 206
Speyer 15, 158
Spinne, rote 15, 158
Spirituosen 47, 254–271*, Weltverbrauch 255
Spirituosen von Büchler 18, 19, 26, 28, 29, 58, 254
Spring Mountain Road 231
Springbank 264
Spumante 160, 161, 163
Stärkung, gestärkte Weine 35, 47; Midi 125; Madeira 125; Cetubal 186; Porto 192; Australien 241; Südafrika 246, 247
Stanislaus (Kalifornien) 228
Stanley's 245
Staouëli, Domaine de la Trappe 219
Staufenberg, Schloß 157
Südafrika 8; Weinanbau und Verbrauch 10, 11; 22, 23, 25, 224, 246–248*, 254; Schnapsverbrauch 255
Südamerika Weinanbau 10; Verbrauch 11; 250–251*, 254
Südwales 245
Sur souche 41
Süße Weißweine 33
Swellendam 247
Sydney 241, 242
Sylvaner Elsaß 112; Deutschland 24, 25, 134, 154, 157, 158; Italien 164; Schweiz 194; Österreich 200; Bulgarien 211, 232
Syrah 22, 25, 120, 131
Syrien 10, 11
Szamorodni 202, 203
Szekszárd 202
Szilva 254
Szürkebarát 204, 205

T

Taboöl. Tajboöl 243
Tâche, La 17, 71
Tagus, Fluß 186

Taille-Pieds 66
Tain-l'Hermitage 122
Taittinger 108
Talca 250
Talisker 264
Tallya 203
Tamianka 211
Tămîiosă 211
Tannat of Béarn 128
Tannin 31, 32, 33, 39, 45, 53, 83, 88, 192
Taranto 173
Tarn, Fluß 128
Taurasi 173
Tavel 23, 120
Tavola 235
Taylor Weine co 238
Taylor's port 56
Teacher's (Whisky) 264
Temperatur (s.a. Wetter) 21; Frankreich 26, 27, 32; Deutschland 32, 136, 137; Kalifornien 229, 232
Temperatur (Servieren) 52
Ténarèze 260
Tequila 254
Teran 206
Terlano 166; Terlaner (s.a. Pinot Blanc) 166
Termeno (Tramin) 166
Teroldego 164, 166
Teroldego Rotaliano 164
Terry, De 177, 179
Tesseron, M. 84
Tesseydre (Boden) 128
Tessin 196
Tête de cuvée 61, 64
Texas 227
Thallern 200
Thénard, Baron 67, 74
«The President's» 221
Theuniskraal 247
Thira 214
Thouarcé 116
Tiburon Vintners 230
Tinta 22; Tinta Madeira 228
Tintara 245
Tinto 174, 187
Tio Pepe 179
Tirnave 208
Tirnovo 210
Tlemcen 219
Tokaier (italienischer) 164, 206
Tokaier 17, 22, 25, 41, 112, 199, 202, 203, 205, 208
Tolley, Scott and Tolley 244, 245
Tondonia, Viña 180
Torgiano 168
Toro 174
Torres 182
Torres Vedras 186
Toscana 25, 168, 170
Toulouse 128
Touraine 23; Jahrgänge 54; 114, 116
Traben-Trarbach 145
Traisener 146
Trakia 210
Trakya 221
Tramin (Termeno) 166
Traminer (siehe auch Gewürztraminer); Elsaß 25; Jura 127; Deutschland 157; Schweiz 166; 199; Österreich 200; Jugoslawien 206
Trauben 18; 19, 22–25*; Haut 19, 30, 31, 32, 33, 186, 254 Reife 26, 28, 30, 31, 36, 37; Preise in der Champagne 106; Zypern 217; Kalifornien 228; New York 239; Neu Seeland 243
Traubenwickler 18, 30, 31, 32, 33, 186, 254
Treading (Portwein) 31, 192
Trebbiano 168
Trebern 254
Trebianino Val Trebbia 161
Trentino-Adige 160
Trento 164
Treppchen 142
Tres Plamas 179
Treviris Gläser 50, 51
Trier Gläser 51; Dom 138; 138, 140, 142, 143, 157
Trifesti (siehe auch Pinot Gris) 212
Trimback 111
Trinidad 266, 267
Trittenheim 142, 144
Trockenbeerenauslese 17, 134, 136, 157, 199, 238
Trockener Weißwein 33
Trocken-Wein 157
Trollinger Traube 24, 25, 157
«Trou Normand» 271
Tschechoslowakei Weinanbau 10; Verbrauch 11; 205*, 254
Tsimlyanskoye 213
Tsinandali 213
Tuica 208, 254
Tulbagh 246, 247
Tunesien Weinanbau 10, 11; 218–219*
Turin 163
Türkei Weinanbau 10, 11; Verbrauch 11; 221*, 254; Spirituosenverbrauch 255
Twanner 196
Twee Jonge Gezellen 247
Tyrrell's Weingut 240

U

USA Weinanbau 10; Weinverbrauch 11, 58, 60, 83, 134, 160, 221, 224, 228–229*, 241, 254; Spirituosenverbrauch 255; 258, 263
UdSSR: siehe Sowjetunion
Ugni Blanc 22, 25, 168; Cognac 168, 258
Ukiah 230
Ullage 29
Umfüllen 48–49*, 51; Hermitage 122 Portwein 192
Umpqua Tal 227
Undurraga 250
Ungarn Weinanbau und Produktion 20, 11; 202–205*, 254; Spirituosenverbrauch 255
Ungeheuer 152
Ungstein 152
Untersetzer 51
United Vintners 235
Ursprungssiegel (Südafrika) 247
Uruguay Weinanbau 10; Verbrauch 11; 250*
Ürzig 145
Ushers (Whisky) 264

V

VDN siehe Vin Doux Naturel
VDQS 58*, 115, 125, 126, 127, 129, 130, 131*, 219
VSOP 259
Vaillons 78
Valais 194*, 195, 196
Valdadige 164
Valdeorras 174
Valdepeñas 174
Valdespino (Sherry) 177, 179
Valdobbiabene 164
Valea Călugărească 208
Valençay 115
Valence 120
Valle d'Aosta 161
Valle Isarco 166
Valle de Monterey 174
Vallée du Paradis 130
Valois 239
Valpantena 167
Valparaiso 250
Valpolicella 38, 164, 167
Valtellina 161, 164
Van der Stel 246
Vanille, vanillin 39, 45, 180
Varela (Sherry) 179
Vargellas Port 56
Varichon & Clerc 127
«Varietal» 75, 231
Vat 69 264
Vaucoupin 78
Vaucrains 70
Vaud 194*, 195, 196
Vaulorent 78
Veitschöchheim Weinschule 158
Veldenz 144
Velletri 168
Veltliner 199, 200, 201
Verdea 214
Verdelho 22, 185
Verdicchio di Castelli di Jesi 168
Verdiso 164
Verduzzo 164
Veredelung 18–19*, 21, 28, 221
Vereinigtes Bischöfliches Weingut 138, 140, 142
Vereinigte Hospitien 138
Vergelesses 69
Vergennes 239
Vergine Valdichiana 168
Vermentino 132, 161
Vermont 227
Vermouth 125, 161, 173
Vernaccia 168, 173
Véroilles, Les 17, 73
Verona 160, 164, 167*
Verpelét 202
Versuchen von Wein 29, 44–45*, 46
Vétroz 194
Victoria (Australien) 241, 243*, 244
Vienne (Rhône) 121
Vieux-Château-Certan 98
Vigne de l'Enfant Jésus 68
Vignes, Jean-Louis 226, 227
Vila Nova de Gaia 192
Vilagrande 173
Village (Volnay) 66
Villages 61
Villaudric 128
Villenave-d'Ornon 17, 94
Villette 194
Vin de l'année 76
Vin du Bugey 131
Vin de Corse 132
Vin de Coteaux Champenois 109
Vin Délimité de Qualité Supérieure: siehe VDQS
Vin doux naturel 31, 124, 125
Vin d'Entraygues et du Fel 131
Vin d'Estaing 131
Vin fou 127
Vin de garde 16, 38
Vin de goutte 30
Vin gris 45, 112, 132, 219
Vin du Haut-Poitou 131
Vin jaune 25; Flaschen 52; 127
Vin liquereux 128
Vin de Marcillac 131
Vin de la Moselle 131
Vin ordinaire 47, 105, 124, 218, 219, 224
Vin de presse 30, 36
Vin de primeur 16
Vin de Savoie 127
Vin du Thouarsais 131
Vin vert 125
Viña Casiño 250
Viña San Pedro 250
Viña Sol 182
Vinho verde 21, 125, 174, 186, 187, 188, 189*
Vinifera Weine 227, 238
Vinjack 206, 254
Vino corriente 174, 180
Vins de l'Orléannais 115
Vins de Pays 58, 130–131*
Viognier 22, 121
Viollet-le-Duc 129
Viré 75
Virgil 12, 20, 42
Virginia 226, 227, 268
Virginia Gentleman (Bourbon) 269
Visperterminen 197
Viti 196
Vitis labrusca 25, 226, 239; Riparia 239; Rotundifolia 227; Vinifera 22–23, 222, 226, 228, 238, 239
Vittoria 173
Vladivostok 212
Vollrads, Schloss 136, 148, 150
Volnay 16, 53, 63, 64, 66–67*, 68, 100
Volnay-Santenots 67
Vorlaufwein 30, 32
Vogesen 110, 111, 142, 152, 270
Vosgros (Chablis) 78
Vosne 64; -Romanée 63, 71*
Vougeot (siehe auch Clos de) 62; 63
Vouvray 23; 47, 54, 115, 118*
Vugava 206

W

Waadt 194*, 195, 196
Wachau 199, 201*
Wachenheim 152
Wagner, Philip 227, 238, 239
Wald Médoc 82, 84; Graves 94; Kalifornien 224; Schottland 262
Waldrach 140
Wales 252*
Wallis 194*, 195, 196
Wälschriesling 25
Walsheimer 152
Wangaratta 243
Wärne 256
Washington, Staat 224, 227, 239
Wasseros (Kiedricher) 151
Watervale 244, 245
Wedderburn (Rum) 266
Wegeler 148
Wehlen, -er 144
Weibel winery 236
Weil, Dr 151
Weinbücher 42
Weinernte 26, 27, 28, 29, 36, 37, 191; Jahrgänge 53–56*, Weine 16
Weinexport 209
Weingesetze 134; 160
Weinherstellung 28, 29, 30–35*, 36, 37
Weinjahrgänge 20–21*
Weinsäure 33
Weinstock 12, 18–21*; Krankheiten 19; Auswahl 22–23; Lebensdauer 26; 88, 190, 191, 221, 222; Amerikanische Sorten 238; Kreuzungen 238, 239, 251, 252
Weinverbrauch (Welt) 11
Weinviertel (Österreich) 199, 205
Weinwohl 43, 47*
Weissherbst 157
Weißweine 157
Welschriesling 20 (siehe auch Spezialweine) 30, 31, 32, 33, 35, 52, 157
Wente Brothers 236
Werdenberg, Schloß 196
West Indien 228, 266–267*
Whisky (siehe auch Malt Whisky) 50; Japan 222; 254, 255, 257; Scotch 40, 253, 262–265*; Bourbon 268–269
White French 25
White Horse (Whisky) 264
Weisser Pinot 23, 228
Whyte & Mackay's (Whisky) 264
Widmer's winery 239
Wiege 200
Wien 199, 200*
Williams 270
Williams & Humbert 177, 179
Wiltingen 138; -er Scharzberg 138
Windsor Jahrgänge 230
Wein Institut (San Francisco) 8
Winemasters' Guild 235
Wein Probieren 6, 46
Wines & Vines 250
Winkel 148, 150
Wintrich 142, 143, 145
Winzer 43, 50, 70
Wisconsin 227
Wiscrere, Jehan 64
Wodka Gläser 51; 212, 254, 255
Wolff Metternich, Count 157
Woltner, M. Henri 94
Wonnegau 154
Woodside winery 236
Worcester (Südafrika) 247
Worms (Rheinhessen) 154
Woronzow, Prince 213
Wurstmarkt 153
Württemberg 156, 157
Würzburg 158
Würzgarten (Hallgarten) 150
Würzgarten (Urzig) 145
Wybong Neusüdwales) 243
Wyndham's Weinberg 243
Wynns Weinberge 245

X

Xynisteri 217

Y

Yakima Tal 227
Yalumba 244
Yerasa 217
Ygay (Rioja) 181
Ynocente (Macharnudo) 179
Yountville 231
Yugoslavien: siehe Jugoslavien
Yvorne 194

Z

Zaccar 219
Zaco, Viña 180
Zagarolo 168
Zákynthos 214
Zell 145
Zellerbach, James D. 227
Zeltingen 145
Zentralkellerei 157
Zermatt 197
Zeus 214
Zichron-Jacob 221
Zierfändler 200
Zilavka 206
Zinfandel 25, 173, 228, 230, 231, 232
Zitronensäure 33
Zoilo Ruiz-Mateos 177, 179
Zonnebloem 248
Zoopiyi 217
Zucker 20, 26, 31, 32, 33, 38, 56, 192, 252
Zupa 206
Zürich 197
Zwetschgenwasser 270
Zypern Weinanbau 10; Verbrauch 11; 216*, 217*, 254

Ortsregister

A

Aarau 197 E3, 270 E4
Aarberg 270 F3
Aare 197 B3, 270 F4
Aargau 197 E3, 270 E4
Abacus 190 E3
Abaújszántó 203 B3
Abbaye de Morgeot 65 F5
Abel, Lepître 109 C5
Aberdeen 265 D6
Aberfeldy 265 E4
Abergement-le-Grand 127 E5
Aberlour 263 D3
Abermain 242 F3
Abîmes 127 D1
Abrantes 187 D4
Abruzzen 172 B2
Abtei 144 D5, 155 E2
Abtsberg 145 E1
Abtsfronhof 153 C4
Abtsleite 158 F5
Abú Hummus 220 G2
Abymes 127 D1
Achern 156 E2
Achkarren 156 F1
Achleiten 200 F6
Aconcagua 250 C1, 251 A3
Acqui 163 D5
Adana 220 D4
Adapazari 220 B3
Adelaide 245 A4, 240 E5
Adelaide Metropolitan 240 E6
Adgestone 252 G5
Adissan 125 C6
Adorigo 190 G5
Affoltern 270 E5
Afyonkarahisar 220 C3
Agde 124 D6
Agen 59 F2, 261 B6, 129 D3
Aglianico del Vulture 172 C4
Agricoltori del Chianti Geografico 171 F4
Agrigento 172 G2
Agritiusberg 139 B5
Agualva 188 F2
Aguascalientes 251 F2
Agueux 74 B4
Aguiar de Beira 189 E6
Aguilar 183 F4
Ahorn Holzkohle 268
Ahr 135 A2
Ahrweiler 135 A3
Aigeshat 213 C4
Aigle 195 C1
Aignan 261 D4, 129 F2
Aigrefeuille-sur-Maine 114 C3, F2
Aiguamurcia 182 F5
Aigues-Mortes 125 D9
Aiguillon 129 D3
Ain 59 D4, 61 F6
Ain-Bessem 219 B3
Airdrie 265 F4
Aire-s-l'Adour 129 F2
Aisne 59 A3
Aiud 209 E3
Aix-en-Provence 59 F5, 126 B1
Aix-les-Baines 127 C1
Ajaccio 132 F4
Akhaïa 215 D2
Akhisar 220 C2
Aksehir 220 C3
Akstafa 213 C6
Alameda 229 D2, 237 A2
Alaminos 216 D3
Alba 161 D3, 163 D3
Albacete 175 C4
Albaida 175 C4
Alba Iulia 209 E3
Albana 65 G4
Albana di Romagna 165 G3, 169 A5
Albanello 172 G3
Albas 128 B4
Alberto, Crastan 166 A2
Albertshausen 158 E3
Albi 59 F3, 129 D6
Albiñana 182 F5
Albo 132 D5
Albury 241 F3
Alcalde 177 D2
Alcamo 172 F1
Alcobaça 187 D3
Alcover 182 E4
Aldeanueva 181 C3
Aldinga 245 D3
Aldinga Beach 245 D3
Aleatico 169 C2, D3
à l'Ecu 68 E5
Alegria Velha 191 F4
Aleixar 182 F4
Aleksinac 207 E5
Alella 183 E1, 175 B6
Alençon 59 C1, 271 B2
Alep (Halab) 220 D5
Aléria 132 E6
Alessandria 161 D4, 163 B6
Alexander 234 B3
Alexandria (Al-Iskandariyah) 220 G2
Alf 135 B2
Alfaraz 177 D2
Alfaro 181 D4
Alforja 182 F4
Algarrobo 176 C4
Algarve 187 G4
Algeciras 175 E2
Alger 219 B2
Algerien (Algérie) 219 B2
Alghero 172 D1
Algueirao 188 E2
Alicante 175 D5
Aligoté 213 A1, B2
Alio 182 F5
Al-Jumhuriyah Al'Arabiyah Al-Muttahidah 220 G3
Al-Lādiqīyah 220 E5
Allaman 194 B5
Allauch 126 C2
Allier 59 D3
Alloa 265 E4
Al-Lubnan 220 F4
Allt A'Bhainne 263 F3
Almada 188 F3
Almadén 237 C2, E4, G5
Almaden 235 G1
Al-Magreb 218 C4
Almansa 175 C4
Almendralejo 175 C2
Almeria 175 D4
Almocaden 177 C3, C4
Almoçageme 188 F1
Almoster 182 F4
Aloxe-Corton 61 C5, 69 F3
Alpes-Maritimes 59 F6
Alsheim 135 B4
Alstätten 270 E6
Altafulla 182 C5
Alta Loma 230 G4
Altärchen 143 G1
Altdorf 270 F5
Altenberg 139 B3, B5, C5, A5
Altenburg 153 D4
Alto Adige 165 C2, 166
Alto-Altentejo 187 E5
Alto-Douro 187 B5
Altona 244 C4
Altsheim 155 F3
Al-Urdunn 220 F5
Alushta 213 B2
Alušta 213 B2
Alvações do Corgo 190 F2
Alzey 135 C6, 155 F2
Amador 229 D2
Amalfi 172 C3
Amarante 189 C5
Amares 189 B5
Amarquillo 177 C2
Amasya 220 C5
Ambares-et-Lagrave 80 E3
Ambelakia 215 C3
Amboise 115 B2
Ambonnay 107 D5
Amery 245 C4
Amiens 59 A3
Amintaion 215 B2
Amman 220 F5
Ammerschwihr 111 B2, 113 E2
Amorgos 215 E5
Amorosa 177 C4
Ampuis 121 B3
Amtsgarten 144 G5
Anaferas 177 F3
Anapa 213 B3
Ancenis 59 D1, B3
Ancona 169 C6
Andalusien (Andalucia) 175 D3
Andau 198 D4
Andel 144 G6
Andernos-les-Bains 80 F1
Andolsheim 113 E2
Andriano 166 D2
Andros 215 D4
Angaston 245 B5
Angers 59 C1, 114 B5
Anglisidhes 216 D4
Angoulême 59 E2, 130 C5
Anguilla 267 B4
Anières 194 C4
Animas 177 D1
Añina 177 C2
Añinas 177 D2
Ankara 220 C3
Annaba 219 B4
Annaberg 153 A4
Annecy 59 D5, 127 B1
Annemasse 127 B2
Ansonica 169 C2
Antakya 220 D4
Antalya 220 D3
Antigua 267 B4
Antinori 171 B2
Antioch (Antakya) 220 D4
Antofagasta 250 C1
Antonius Brunnen 139 E1
Aosta 161 B2
Apetlon 198 D4
Apotheke 143 G1
Appenzell 197 E5, 270 E6
Appiano 166 D2
Appleton 266 A3
Apremont 127 C1
Arad 209 E1, E2
Aradhippou 216 C4
Aragón 175 C4
Arákhova 215 C3
Aranibal 177 E1
Ararat 241 G1
Arbin 127 D1
Arbois 127 E5
Arbos 182 F5
Arbus 128 F4
Arcambal 128 B6
Archiestown 263 D2
Arcins 91 F5
Arcos de Valdevez 189 A5
Arcoules 189 F2
Ardbeg 265 F3
Ardèche 59 E4, 120 D5
Ardennen 59 A4
Ardila 177 C3
Ardleigh 252 F6
Ardmore 265 C5
Ardon 195 D3
Arevshat 213 D4
Arezzo 169 B4
Arganil 189 G4
Argentera 182 G3
Argentinien 251 C2
Arges 209 F3
Ariège 59 G3
Arlay 127 F4
Arlesford 252 G5
Armagnac 59 F2, 261
Armenien (Arm'anskaja) 213 C5
Armijo 176 C4
Arnedo 181 D3
Arnex 194 C4
Arnozelo 191 G5
Arouca 189 D5
Arrancon 97 E5
Arras 59 A3
Arsac 93 D3, E2
Arsos 216 C4, D2
Artiguelouve 128 F4
Arundel 252 G5
Arzie 194 B4
Aschaffenburg 135 B5
Asco 182 G2, 132 E5
Ascoli Piceno 169 D5
Asenovgrad 211 D3
Ashland 269 B6
Ashman's 242 F1
Ashtarak 213 C4
Ashton 247 D3
Ashton Keynes 252 F5
Aspiran 125 C6
Asprinto 172 C4
Assmannshausen 149 E2
Asti 161 D3, 163 C4, 230 A4
Astipalaia 215 E5
Asti Spumante 161 D3
Asturias 175 A2
Asuncion 251 A3
Aszu 202 A4
Atacama 250 C1
Atalaya 176 B5
Athen (Athinai) 215 D3
Athienou 216 C4
Attiki 215 D3
Attilafelsen 156 F1
Atwater 234 E5
Aube 59 C4
Aubonne 199 B5
Aubous 261 D3
Auburn 238 C4
Auch 59 G2, 261 D6, 129 F3
Auchentoshan 265 F4
Auchroisk 263 C4
Au Clos, 'Pouilly' 75 E3
Aude 59 G3, 124 C2
Auersthal 198 C3
Auf der Heide 145 B3
Auflangen 154 E4, 155 E4
Auggen 156 G3
Augusta 269 B5
Aultmore 263 C5
Aurillac 59 F3, 130 D6
Australien (Australia) 240, 241
Autun 61 D4
Auvernier 270 F3
aux Argillats 71 F2
aux Boudots 71 F3
aux Bousselots 71 F2
aux Chaignots 71 F3
aux Champ-Perdrix 71 F3
aux Charmes 72 F5
aux Cheusots 73 E3
aux Clous 69 D1
aux Combottes 72 F5
aux Coucherias 68 E4
aux Cras, Beaune 68 F4
aux Cras, Nuits-St-Georges 71 F3
aux Crots 71 F1
aux Brûlées 71 E4
aux Damodes 71 F3
Auxerre 61 A3, 59 C3
Auxey-Duresses 67 E1, 61 D5
aux Fourneaux 69 E2
aux Grands Liards 69 E1-2
aux Gravains 69 D2
aux Guettes 69 D2
aux Malconsorts 71 F4
aux Murgers 71 F3
aux Murs 75 G3
aux Perdrix 70 F5
aux Petits Liards 69 D1
aux Quatre Vents 77 C4
aux Serpentières 69 D1
aux Thorey 71 F2
aux Vergelesses 69 E2
aux Vignes-Rondes 1 F3
Avallon 61 B3
Aveiro 187 C4
Avellino 172 C3
Avelsbach 141 F3
Avenay-Val d'Or 107 D4
Avensan 91 G4
Aveyron 59 F3
Avezzano 169 F4
Avignon 59 F4, 120 G5
Ávila 175 B3
Avinyonet 182 B6
Avize 107 F3
Avusy 194 D3
Ay 107 D3
Aydie 201 D3
Ayent 195 C3
Ayios Evstratios 215 C4
Ayios Nikolaos 215 F5
Ayl 139 D2
Ayr 265 F4
Ayze 127 B2
Azay-le-Rideau 115 C1
Azen do Mar 188 E1
Azerbaijan (Azerbajdžanskaja) 213 C5
Azille 124 B3
Azov, See von (Azovskoje More) 213 B3
Az-Zarga 220 F5

B

Baalbek (Ba'labakk) 220 F5
Băbească neagră 209 F5
Bacardi 267 A2
Bacău 209 E4
Bacharach 135 B2
Backsberg 249 E3
Badacsony 202 C1, 204 G3
Badacsonylábdihegy 204 G2
Badacsonytomaj 204 G3
Badajoz 175 C2
Bad Bergzabern 135 D3, 153 E1
Bad Cannstatt 156 D4
Bad Dürkheim 153 C4
Baden, Österreich 198 D3, 200 F2
Baden, Schweiz 197 E4
Baden-Baden 156 D2
Badenweiler 156 F1
Baden-Württemberg 135 D5, 156 E4
Badia a Coltibuono 171 E5
Bad Kreuznach 135 B3, 155 E1, 147 E1
Bad Mergentheim 135 C6
Bad Münster 147 F1
Bad Pirawarth 198 C3
Bad Vöslau 198 D3, 200 G2
Baena 183 F4
Bagno a Ripoli 171 A4
Bagnols-en-Forêt 126 B5
Bagnols-sur-Cèze 120 F4
Bagrina 207 D6
Bafra 220 B5
Bahia Blanca 251 D3
Baia-Mare 209 D3
Baião 189 C6
Baiken 151 E3
Bairrada 187 C4
Bairro 190 F2
Bairnsdale 241 G3
Baixas 124 E2
Baixo-Alentejo 187 F4
Baja 202 C2
Baja California 251 F1
Bakersfield 229 F3
Bakers Gully 245 B5
Baku 213 C6
Ba'labakk 220 F5
Balagne 132 D5
Balaton 202 C2, 204
Balatonboglér 202 C2
Balatonfüred 202 C2, 204 F6
Balatonudvari 204 G6
Balbaina 177 F5
Balbaina Alta 177 D1
Balbaina Baja 177 E1
Balblair 265 C4
Bălgarija 211
Balikesir 220 B2
Ballaison 127 A2
Ballarat 241 G2
Balmenach 265 C9
Balranald 241 E2
Balvenie 263 D4
Banat 209 F2
Banatski Rizling 207 C5
Bandol 126 C2
Bañeras 182 F5
Banff 205 C5
Banja Luka 207 C3
Banska Bystrica 205 B5
Banyuls 124 F2
Banyuls-dels-Aspres 124 E2
Banzão 164 E1
Baraillot 95 A1
Barbacarlo 161 D5
Barbados 267 D5
Barbadillo 176 D6, 177 C4, D1
Barbancourt 266 A5
Barbaresco 161 D3, 163 D3
Barbechat 114 E2
Barbera 207 C1
Barbera d'Alba 163 E3, 161 D3
Barbera d'Asti 161 D3, 163 B4
Barbera del Monferrato 161 D3, 163 C3
Barbotan 129 E2
Barcelona 175 B6, 183 F1
Barcelos 187 B4, 189 B4
Bardinet 267 C5
Bardolino 165 E2, 166 B6, 167 A1, C1
Bardolino Classico 167 B1
Bardonnex 194 D4
Bardstown 269 C4
Bari 172 B5
Bar-le-Duc 59 B4
Barletta 172 B4
Barningham 252 F6
Barolo 161 D3, 163 E2
Barr 113 C2
Barone Ricasoli 171 F5
Barossa Valley 240 E6, 244
Barrameda 176 A5
Barros 193 D3
Barrydale 247 D4
Barsac 80 G4, 97 A5, B4
Barsonyos-Császár 202 B2
Barton 269 B3
Bas-Armagnac 261 C3
Bas de Duresses 62 E2
Basedow's 244 B5
Basel 197 D3, G3, 270 E4
Basel-Land 270 E4
Basilicata 172 C4
Bas-Morgon 77 E4
Bas-Rhin 59 B5
Bassano di Grappa 165 D4
Basse-Goulaine 114 E1
Bassens 80 E3
Basses-Alpes 59 F5
Basses-Pyrénées 59 G1
Basse-Terre 267 C4
Basseterre 267 B4
Bastelica 132 F5
Bastia 132 D6
Bâtard-Montrachet 66 G3
Bathurst 241 E4
Battenburg 153 B1
Baule 115 A3
Bayern 135 C2
Bayon 104 F2
Bayonne 59 G1, 128 F5
Bayrūt 220 F4
Bayt Laym 220 G4
Beam 269 B4
Beattyville 269 C5
Beaucaire 125 D10
Beaujolais 61 F5, 77
Beaulieu, Hampshire 252 G5
Beaulieau-sur-Layon 114 B5, 116 D4
Beaulieu Vineyard Winery 233 C4
Beaumes 122 C4
Beaumes de Venise 120 F6
Beaumont-en-Véron 117 D2
Beaumont-sur-Vesle 107 B5
Beaune 59 C4, 61 D5, 64, 68 G5
Beaupuy 117 B2
Beauregard 65 F4
Beaurepaire 65 E3
Beauroy 79 C2
Beauvais, Oise 59 B2
Beauvais, Restigné 117 B3
Beauvoisin 125 C9
Beaux Bruns 72 F3
Beaux Monts 125 E5
Beblenheim 111 C3
Bečej 207 C5
Bechtheim 155 F3
Beersheba (Be'er Sheva) 220 G4
Begas 183 F6
Begles 80 F3
Begnins 194 B4
Beilstein, Baden-Württemberg 156 D4
Beilstein, Rheinland-Pfalz 135 G2
Beira-Alta 187 C5
Beira-Baixa 182 D5
Beira-Littoral 187 D4
Beirut (Bayrūt) 220 F4
Beja (Bejaïa) 219 B3
Beja, Portugal 187 F5
Bekaá 220 F5
Békéscsaba 202 C3
Bel-Air, Chiroubles 77 D3
Bel-Air, Gevrey-Chambertin 72 F6
Bel-Air, Pomerol 99 A3
Bel-Air, Vouvray 118 C3
Belan 207 G6
Belford 242 D2
Belfort 59 C5
Belgrad (Beograd) 207 D5
Beli Pinot 207 B3
Bella Napoli 234 D3
Bellbird 242 G2
Bellegarde 59 F4, 125 D10
Bellet 59 F6
Bellevue 242 F2
Belley 59 E5, 131 C2
Bellingham 249 F4
Bellinzona 197 G4
Bellmunt de Ciurana 182 G3
Belluno 165 C4
Bellvey 182 F5
Bellville 247 D2
Belz 153 D4
Berner Alpen 270 G4
Bemposta 188 E3
Benais 117 B3
Benalla 241 F3
Bendigo 241 F2
Ben Ean 242 F1
Benevento 172 B3
Benfeld 113 C2
Benisanet 182 G3
Ben Nevis 265 D3
Bennwihr 111 C3
Benriach 203 B2, 113 D2
Benrinnes 263 E3
Benromach 265 C4
Bensheimo 156 B3
Ben Wyvis 265 C4
Beregivski 213 A1
Bergamo 161 B5
Bergerac 59 F2, 105 E5
Bergheim 111 D5, 113 D2
Bergholtz 110 B2
Bergholtzzell 110 A2
Berg Kaisersteinfels 149 F2
Bergkirche 154 D5
Bergkloster 155 G3
Berglichteneck 156 F1
Bergrivier 249 E4
Berg Roseneck 149 F3
Berg Rottland 149 F3
Berg Schlossberg 149 F2
Bergschlossen 139 F1
Bergstrasse 156 B3, 135 C4
Beringer Bros 233 B3
Berlou 124 B5
Bermet 202 C5
Bern 197 F3, 270 F3
Berner Oberland 197 C3
Bernex 194 D3
Bernkastel 135 B2, 244 B4
Bernkastel-Kues 145 F2, 135 B2
Berri 240 E6
Berson 104 D3
Bertero 237 C3
Bertineau 103 C3
Besançon 59 C5, 131 A3
Beshtau 213 A4
Besigheim 156 D4
Bessay 77 A4
Besse-sur-Issole 126 C4
Bethany 244 C4
Bethlehem (Bayt Laym) 220 G4
Bettelhaus 153 B5
Beugnons 79 E2
Beurig 139 F2
Beychevelle 89 D5, 91 A4
Bex 195 C2
Béziers 124 C5
Bianchello 169 C5
Bianco Vergine 169 C4
Biard 259 D2
Bibbiano 171 F3
Bickleigh 252 G4
Bidarray 128 G6
Biddenden 252 G6
Biebelhausen 139 D2
Biel 197 E2
Bielersee 270 F3
Biella 161 B3
Bienne (Biel) 197 B2
Biganos 80 F1
Bijeli Klikun 207 C4
Bikavér 202 A3
Bilbao 175 A3
Bildstock, Rheingau 151 F5
Bildstock, Rheinhessen 154 F4
Bingen 135 B3, 149 G2, 155 E2
Bio-Bio 250 C1
Birgu 216 G2
Birkenfeld 135 C2
Birkirkara 216 G2
Bisbal del Panadés 182 F5
Bischoffsheim 270 C4
Bischofsberg 149 F3
Bischofsgarten 153 D5
Bischofskreuz 153 D2
Bischofszell 270 E6
Biser 207 C5
Bisseuil 107 D4
Bissey-sous-Cruchaud 74 F3
Bitburg 135 B1
Bitola 202 G5
Bize-Minervois 124 B4
Bizerte 219 A5
Bjala 211 C6
Blackfield 252 G5
Bladnoch 265 G4
Blagny 66 F4
Blagoevgrad 211 D2
Blair Athol 265 D4
Blaj 209 E3
Blanche Fleur 68 F6
Blanchot 79 D4
Blankenheim 135 A1
Blanquefort 80 E3
Blanquette-de-Limoux 124 C1
Blatina 207 E3
Blayais 80 D3
Blaye 80 D3, 104 D1
Bléré 115 B2
Blewitt Springs 245 C4
Blida 219 B2
Blois 59 C2, 115 B2
Blonay 195 B1
Bloomington 230 G5
Blue Mountain 260 B3
Boca 161 B4
Bockenheim 153 A1
Bockfliess 198 C3
Bockstein 139 E4
Bocognano 132 F5
Bodenheim 156 G4, 155 E3
Bodensee 156 G6, 197 B5, 270 E6, 135 G5
Bodrogkeresztúr 203 C4
Bodrogolaszi 203 B5
Bodrogszegi 203 C4
Boën-sur-Lignon 59 E4, 131 C2
Bodganuša 207 E2
Bogotá 250 B1
Böhlig 153 D4
Bohorca 126 B4
Bois Fleury 119 F4

Bois Gibault 119 F4
Boisse 105 F6
Boland, Co-op 249 B4
Bolivien (Bolivia) 250 C2
Bollène 120 F5
Bolney 252 G5
Bologna 165 G3
Bologne 267 C4
Bol'šoj Kavkaz 213 C5
Bolzano 165 C3, 166 D3
Bommes 97 E3
Bonarda 161 D3
Bône (Annaba) 219 B4
Benesio 237 C3
Bonifacio 132 G5
Bonn 135 C1
Bonnanarg 172 D1
Bonneville-et-St-Avit-de-Fumadières 105 E2
Bonnezeaux 114 B5, 116 E6
Bonnievale 247 D3
Bonny-sur-Loire 115 B5
Boofzheim 113 C2
Boordy Vineyards 238 D3
Boppard 135 A3
Bordeaux 59 F1, 80 E3, 95 A4
Borex 194 C4
Borges 193 D5
Borgonja 207 B1
Borjas del Campo 182 C4
Bormes 126 C4
Bornheim 155 F2
Bornovo 220 C1
Bosa 172 D1
Bosna-Hercegovina 207 D3
Bosnien-Herzegowina 195 D3
Bosset 105 D4
Bossey 172 B2
Botarell 182 G4
Bottelary, Co-op 249 E1
Botticino 165 D2
Bou 115 A4
Bouaye 114 C2
Bouc-Bel-Air 126 B1
Boucharey 121 B3
Bouches-du-Rhône 59 F5, 126 B1
Bouchot 119 F4
Bougie (Bejaïa) 219 B3
Bougros 79 C3
Bougy-Villars 194 B5
Boulaouane 218 C3
Bouniagues 105 F5
Bourbon County 269 B5
Bourdigny 194 C3
Bourdon 267 C4
Bourg 80 D3, 104 G4
Bourg-Bassot 85 C4
Bourg-Charenté 259 B2
Bourgeais 80 D3
Bourg-en-Bresse 59 D4, 61 F6
Bourges 59 D3, 114 C5
Bourgneuf-en-Retz 114 C2
Bourgneuf-Val-d'Or 85 C3
Bourgogne 59 D4, 61
Bourgueil 114 B6, 117 B2
Bousse-d'Or 67 F4
Boutenac 124 C3
Boutiers-St-Trojan 258 A6
Boutoc 97 E4
Bouzeron 74 B4
Bouzy 107 D5
Bovernier 195 E2
Bovlei, Co-op 249 B6
Bowen 251 D6
Bowling Green 269 C3
Bowmore 265 F2
Boyes Hot Springs 233 F3
Bozen 165 C3, 166 D3
Bra 163 D2
Brachetto 161 D4
Brachetto d'Acqui 103 E4
Bradfield 252 F5
Bradford on Avon 252 F4
Breamar, Schottland 265 D5
Braemar, Südafrika 249 D3
Braga 187 B4, 189 B5
Bragança 187 B6
Brain-sur-Allones 114 C6
Bramois 195 D3
Brand 111 B1
Brando 132 D6
Branne 80 E4
Branxton 242 E2
Brasilien, Brasil 250 B2
Brasilia 250 B2
Brasov 209 F4
Braten 145 F2
Bratislava 205 C5
Brauneberg, Konz 139 A3
Brauneberg, Mosel 143 B4, 144 G5
Braune-Kupp 139 B3
Braunfels 139 C4
Brda 207 B1
Brechin 265 D5
Břeclav 205 B4
Bredasdorp 247 E3
Bregenz 165 D3
Breisgau 135 F3
Breitenweg 147 D1
Bremblens 194 A5
Bremgarten 270 E4
Brenec 205 B5
Bréry 189 F4
Brescia 161 C6, 165 E1
Bressanone 165 B3
Brest 58 C5
Brestovicha 211 D3
Brezanky 205 A3
Brézé 114 C6
Brezovo 211 D3
Bridgetown 267 D5
Brienzersee 270 F4
Brig 195 C6
Brighton, Australien 254 A4
Brindisi 172 C5
British Guyana 250 B2
Broad Clyst 252 G4
Brno 205 B4
Brochon 73 E2
Broken Back Range 242 F1
Bronco 234 D4
Bronzolo 166 E3
Brookside 230 G5
Brookside Vineyards 230 G4
Brora 265 B4
Brouillards 67 F5
Brouilly 61 F5, 77 G3
Brouquet 97 G4
Brown, J.T.S. 269 B4
Brown-Forman 269 B3
Broze 129 D6
Bruce, David 237 C2
Bruchsal 156 C3
Bruck a.d. Mur 198 E1
Brückchen 154 F4
Brückes 147 C2
Brudersberg 154 C4
Brüderschaft 142 E6
Bruges 80 E3
Brugg 197 E3
Bruichladdich 265 F2
Brunello di Montalcino 169 C3
Brunico 165 B4
Bruniquel 129 D5
Brunn 198 D3
Brunnen 270 F5
Bucelas 187 E3, 188 E3
Bucherots 77 B5
Buchillon 194 B5
Buckie 263 A6
Budafok 202 B2
Budapest 202 B2
Budduso 172 D2
Bué 119 F2
Buenos Aires 251 C3, D3
Buenaventura 250 B1
Buena Vista Winery 233 F4
Bühl 156 D4
Bühlertal 156 D4
Bukarest (Bucuresti) 209 G4
Bulcy 119 G5
Bulgarien (Bâlgarija) 211
Bullay 135 B2
Bulle 270 F3
Bully Hill 238 D2
Bunnahabhain 265 F2
Burdur 220 D2
Burg 198 F3
Burgas 211 C5
Burgberg, Mosel 139 F2
Burgberg, Saar 145 C1
Burgenland 198 E3
Burgess Cellars 233 A3
Burglay 143 C3, 145 B3
Burgos 175 A3, 180 B4
Burg Nevenfels 156 G1
Burg Rodenstein 155 G3
Burgundac 207 F5
Burgundac Bijeli 207 C3, C4
Burgund 59 D4, 207
Burgweg (Iphofen) 158 E5
Burg Zähringen 156 F2
Bürkheim 156 F1
Burmester 193 D4
Burra 240 E5
Bursa 220 B2
Būr Sa'id 220 G3
Bursinel 194 B5
Bursins 194 B4
Bury St. Edmunds 252 F6
Busque 129 G3
Bussières 77 G3
Bussolengo 167 C1
Buttafuoco 161 D5
Butteaux 79 E2
Buvilly 127 E5
Buxy 61 D5, 75 G3
Buzău 209 F4
Buzet 59 F2, 130 D5

C

Cabaces 182 F3
Cabasse 126 B4
Cabeceiras de Basto 289 B6
Cabernet 165 D4, 207 B1, C4, 211 B2, D4, 213 A1, B3
Cabernet-Franc 207 F5
Cabernet Sauvignon 209 E2, E5, F5, G3, G5
Cabeza Gorda 176 A5
Cabeza Vaca 176 B4
Cabezudo 176 B5
Cabo de São Vicente 187 G3
Cabra 183 F4
Cabras 172 D1
Cabrières, Châteauneuf-du-Pape 123 B4
Cabrières, Herault 59 G4, 125 B6
Cabrils 183 E2
Cabrera de Igualada 182 E6
Cacchiano 171 F4
Čačak 207 E5
Cáceres 175 C2
Cachapoal 251 C2
Cadarca 209 F2
Cadaujac 95 E5
Cadillac 80 F4
Cadillon 261 D3
Cádiz 175 E2, 177 G5
Cadlolo 234 D4
Caen 59 B1, 271 B1
Cagliari 169 G2, 172 E2
Cahors 59 F2, 129 C5
Cahuzac-sur-Vère 129 D6
Cailleret 65 F6, 66 F1
Cailleret-Dessus 67 F3
Cairngorm Mountains 265 D5
Calafell 182 F5
Calahorra 181 C3
Calaveras 234 B4
Calcinaia Vicchiomaggio 171 D3
Caldaro 166 E2
Caldas da Rainha 187 E3
Calderin 177 E2
Caledonian 265 F5
Caledon 247 D3
Calem 193 B5
Calero 177 C3
California Growers 235 G2
California Wine Association 234 C1
Calistoga 233 A2
Calitzdorp 247 C5
Calheta 185 D1
Callas 126 A5
Callezuela 176 A5
Caloueres-les-Chaffots 72 E4
Caltagirone 172 G3
Caltanissetta 172 F2
Caluso Passito 161 C3
Calvados 59 B1, 271
Calvados du Cotenin 271 B1
Calvados de la Vallée de l'Orne 271 B2
Calvados de l'Avranchin 271 B1
Calvados du Calvados 271 B1
Calvados du Domfrontais 271 B1
Calvados du Mortainais 271 C1
Calvados du Pays d'Auge 271 B2
Calvados du Pays de Bray 271 B2
Calvados du Pays de la Risle 271 B2
Calvados du Pays du Merlerault 271 B2
Calvi 132 D4
Camara de Lobos 185 E3
Cambiasco 230 C5
Cambo-les-Bains 128 G5
Cambon-la-Pelouse 93 E4
Camborne 252 G3
Cambres 190 G2
Cambrils 182 G4
Cambus 265 E4
Cameronbridge 265 E5
Caminha 189 A4
Campalli 171 F3
Campanário 185 D3
Campania 172 C3
Campbellsville 269 C4
Campbeltown 265 F3
Campidano 169 G2, 172 E2
Campix 176 D6
Campobasso 172 B3
Campomaggio 171 E4
Camus 258 A5
Cañada Seca 251 D5
Canakkale 220 B1
Canandaigua Industries 238 C2
Canandaigua Lake 238 C2
Canberra 241 F4
Cane Garden Bay 267 A3
Canelli 163 D4
Canelones 251 C4
Cangé 118 E6
Cannet 261 D4
Cannonau 169 G2, 172 E2
Cannonau di Sardegna 172 D2
Canon Fronsac 102 C6
Cantal 59 E3
Cantarranas 177 D2
Canteloup, Gradignan 95 D2
Canteloup, Villénave 95 C4
Cantenac 93 C4
Cantina Sociale 167 D5
Canyellas 182 F6
Caol Ila 265 F2
Cap Corse 132 A3
Caperdonich 263 C3
Cape Town 247 D2
Cap-Haïtien 266 A5
Capirete 177 C4
Caplane 97 F3
Capo Bianco 172 F4
Capri 172 C2
Caprino Veronese 167 A1
Capsanes 182 G3
Caracas 250 B1
Carcassone 59 G3, 124 B2, 130 E6
Carcavelos 187 F3
Carcès 126 B4
Cardesse 128 F4
Cardow 263 D2
Carelle dessous 67 F4
Carelle-sous-la-Chapelle 67 F4
Carema 161 B3
Cariñena 175 B4
Carioca 267 B2
Carmel 237 F2
Carnaxide 188 F3
Carneros Valley 233 F5
Carnoules 126 C4
Caroni 267 E5
Carpentras 120 G6
Carqueiranne 126 D3
Carquefou 114 B3
Carrahola 177 E2
Carrascal 177 C4
Carrascal 176 C4, 177 C4
Carregal do Sal 189 F5
Carrieres 72 F2
Cars 104 D2
Carsac-de-Gurçon 105 D2
Carsebridge 265 E5
Casablanca 218 C4
Casabon 177 D1
Casale Monferrato 163 A5
Casalino 171 F4
Casamozza 132 D6
Cascatel-des-Corbières 124 D3
Casenuove 171 D3
Caserta 172 C3
Cases-de-Pène 124 D2
Casletnau d'Auzan 129 E2
Casorzo d'Asti 163 B5
Cassa 237 C3
Cassino 172 B2
Cassis 126 C2
Castanet 129 D6
Castedo 191 E2
Castel del Monte 172 B4
Castelfranc 128 B4
Castell Acquaro 172 C5
Castellammere 172 C2
Casteller 165 C2
Castellet 182 F5
Castelli Grevepesa 171 C3
Castellina in Chianti 171 E3
Castell' in Villa 171 G5
Castelli Romani 169 F3
Castello di Brolio 171 F5
Castello di Cerreto 171 G4
Castello di Montefioralle 171 D3
Castello di Rencine 171 F3
Castello di Volpaia 171 E4
Castello di Uzzano 171 C4
Castellón 175 C5
Castellvell 182 G4
Castellvi de la Marca 182 F5
Castelnau d'Auzan 261 C4
Castelnau-le-Lez 125 C8
Castelnau-Rivière-Basse 261 D4
Castelnuovo Barardenga 171 G5
Castelnuovo di Verona 167 C1
Castelo Branco 187 D5
Castelo de Paiva 189 D5
Castelot 103 E3
Casteltagliolo 161 D4
Castetpugon 261 D3
Castilla la Lora 175 B3
Castilla la Nueva 175 C3
Castillo del Majuelo 177 C3
Castillon, Basse Pyrénées 261 E3
Castillon, Cognac 258 A5
Castillon-la-Bataille 80 E5
Castlemaine 241 F2
Castries 267 D5
Castro del Rio 183 F4
Castrovillari 172 D4
Catamarca 251 B2
Catánia 172 F3
Catanzaro 172 E5
Catignano 171 G4
Catllar 182 G5
Catusseau 99 C4, 103 D2
Caunes-Minervois 124 B3
Caunettes-en-Val 124 C2
Cauro 132 F5
Causses-et-Veyran 124 B5
Cavalaire-sur-Mer 126 C5
Cavaion Veronese 167 B1
Cave Co-op, Cissac-Médoc 85 G2
Cave Co-op, Leyssac 85 E4
Cave Co-op, Listrac-Médoc 91 F1
Cave Co-op, St-Emilion 101 E4
Cave Co-op, St-Sauveur 87 C2
Cave Co-op, St-Seurin-de-Cadourne 85 C4
Cave Co-op, Vertheuil 85 F1
Cavendish 252 F6
Caves 124 D3
Cavriglia 171 D5
Cayenne 250 B2
Caymus 233 C4
Cayuga Lake 238 C3
Cazaubon 261 C4, 129 E2
Cazeau 266 A5
Cazzano di Tramigna 167 C5
Cebreros 175 C3
Cegled 202 B3
Celeiros 190 D6, E6
Celigny 194 C4
Cellatica 165 D1
Cellier aux Moines 74 E4
Celorico de Basto 127 C5
Cenon 80 E3
Cenicero 180 B6
Cerasuolo 172 G3
Cerasuolo di Abruzzo 169 F5
Cerbère 124 G2
Cercié 77 F3
Cercot 74 F3
Ceres 234 D4, 247 C3
Céret 124 E1
Cerignola 172 B4
Cerna 171 F3
Cernay 113 F2
Cérons 80 F4
Cerro Pelado 177 C2
Cerro de Santiago 177 D3
Certaldo 171 D1
Cervera del Rio Alhama 181 E3
Cervione 132 E6
Cesanese 169 F4
České Budějovice 205 B4
Cessnock 241 D5, 242 G3
Cestas 80 F3
Cestayrols 129 D6
Ceuta 218 B5
Ceyras 125 B6
Ceyreste 126 C2
Chabiots 72 F2, F4
Chablais 195 C2, 197 D2
Chablis 59 C4, 61 A3, 79 D3, 131 A1
Chagny 61 D5
Chailles 115 B2
Chaines Carteau 70 F5
Chaintré 75 F3
Chais 85 A4
Chalone 237 F5
Chalonnais 61 D5, 74
Chalonnes-sur-Loire 114 B4
Châlons-sur-Marne 59 B4
Chalon-sur-Saône 61 D6
Chambéry, Savoyen 127 E5, 59 C1, 131 C3
Chambéry, Villenave 95 D3
Chambertin 72 F6
Chambolle-Musigny 61 C5, 72 E2
Chambord 59 C2, 130 A6
Chambraste 119 F2
Chamirey 74 D4
Chamoson 195 D2
Champagne 59 B3, 106, 107
Champans 67 F4
Champillon 107 D3
Champigny 114 C6
Champ Lévrier 77 E4
Champs-Pimont 68 F3
Champtin 119 F2
Champtocaux 114 B3
Chancay 118 B5
Chanceleiros 190 F6
Chancy 194 D3
Chandlers Hill 245 B5
Chânes 75 G3, 77 A6
Chanseron 75 E2
Chante Alouette 122 C4
Chapelle Chamb 72 F6
Chapelot 79 D4
Chappellet Winery 233 C5
Chardonnay 209 G5
Chardonne 195 B1
Charentay 77 G4
Charente 59 E1
Charente Maritime 59 E1, 80 C3
Charles Krug Winery 233 B3
Charlestown of Aberlour 263 D3
Charmes-Chambertin 72 F5
Charneca 188 E4
Charolles 61 E4
Charpignat 127 C1
Charrat 195 D2
Charrières 72 F4
Chartres 59 C2
Chassagne-Montrachet 61 D5, 66 G2
Chasselas 75 F2
Châtain 103 C3
Châtains 79 E2
Château
Andron-Blanquet 85 G4
Anseillan 85 G5, 87 A5
Ausone 101 D4
Badon 103 E3
Balestard-la-Tonnelle 101 C5
Baloques-Haut-Bages 87 E5
Barbé 104 D2
Barbe-Blanche 103 B5
Baret 95 D4
Barette 87 F4
Barreyres 91 E6
Bastor-Lamontagne 97 D5
Batailley 87 E4
Bayard 103 D5
Beaulac-Dodijos 97 C3
Beaulieu 104 F4
Beaumont 91 D4
Beauregard 99 D4
Beauséjour, Puisseguin 103 D5
Beauséjour, St-Emilion 101 D4
Beauséjour, St-Estèphe 85 E4
Beauséjour Dufau-Lagarosse 101 D4
Beausite 85 D4
Château
Beausite-Haut-Vignoble 85 D4
Bel-Air, Bourg 104 F3
Bel-Air, Lalande-de-Pomerol 103 C2
Bel-Air, Lussac 103 B5
Bel-Air, Pomerol 99 B3
Bel-Air, St-Emilion 101 D4
Bel-Air Marquis-d'Aligre 93 B1
Belgrave 89 C3
Bellefont-Belcier 101 E5, 103 E3
Bellgrave 87 E5
Belle-Rose 87 B5
Belles-Graves 103 C2
Bellevue, Lussac 103 C4
Bellevue, St-Emilion 101 D3
Bergat 101 D5
Berliquet 101 D4
Berthou 104 F3
Beychevelle 89 D5, 91 A4
Bidou 104 E2
Binet 103 D5
Blissa 104 F3
Boismartin 95 G3
Boissac 103 C5
Bonneau 103 D5
Burseau 103 C1
Bouscaut 95 E5
Boyd-Cantenac 93 C4
Branaire-Ducru 89 D5, 91 A4
Brane-Cantenac 93 C3
Brillette 91 F3
Brousseau 103 F4
Broustet 97 B4
Brule-Sécailles 104 F4
Cadet-Bon 101 C4
Cadet-Piola 101 C4
Caillou 97 B3
Calon-Ségur 85 D4
Camensac 89 D3
Cameron 97 E3
Camperos 97 A4
Canon, Canon-Fronsac 102 D6
Canon, St-Emilion 101 D4
Canon-Chaigneau 103 C3
Canon-de-Brem 102 D6
Canon-la-Gaffelière 101 E4
Cantelaude 93 D4
Canteloup 85 E5
Cante-Merle 93 E5
Cantenac-Brown 93 C2
Cantereau 99 C2
Cantin 103 E5
Canuet 93 B2
Capbern 85 D5
Cap-de-Mourlin 101 C4
Capet-Guillier 103 F4
Carbonnieux 95 E4
Caronne Ste-Gemme 91 B2
Caruel 104 F3
Cassat 103 D5
Castel Viaud 103 C1
Certan-de-May 99 C5
Certan Giraud 91 C5
Chalon 127 F4
Chantegrive 103 E3
Chappelle-Madeleine 101 D4
Chardonnay 211 B5
Charmail 85 C4
Charron 104 C2
Chasse-Spleen 91 F4
Chauvin 101 B3
Chêne-Liège 99 B4
Cheval Blanc 99 D5, 101 B2
Chevalier 233 B3
Chevrol Bel-Air 103 C3
Christoly 104 G5
Cissac 85 G2
Citran 91 G4
Clerc-Milton-Mondon 87 B5
Climens 97 B3
Clinet 99 B4
Clos des Jacobins 101 C3
Corbin-Michotte 101 A3
Corbin, Montagne-St-Georges 103 C4
Corbin, St-Emilion 101 A3
Cos d'Estournel 85 G5, 87 A4
Cos-Labory 85 G4, 87 A4
Coubet 104 E2
Coucy 103 D5
Coufran 85 B4
Couhins 95 D5
Courant-Barrow 91 F5
Courpon 104 G4
Coustolle 102 C6
Coutelin-Merville 85 F3
Coutet, Barsac 97 B4
Coutet, St-Emilion 101 C3
Couvent-des-Jacobins 101 D5
Croizet-Bages 87 D5
Croque-Michotte 99 C6, 101 A3
Croute-Charlus 104 G4
Cruzeau 103 D1
Château
Cure-Bon la Madeleine 101 D4
d'Agassac 93 G6
d'Angludet 93 D3
d'Arche 97 F3
d'Arche-Lafaurie 97 F3
d'Arche-Vimeney 97 F3
d'Arcins 91 F4
d'Arnauld 91 F4
Dassault 101 B5
d'Augey 97 D3
Dauzac 93 C5
de Barbe 104 E2
de Carles 102 B6
de Dauzay 117 D2
de Fargues 97 F6
de Fieuzal 95 G2
de Franc 95 G2
de la Commanderie 103 B2
de la Croix-Millorit 104 F2
de Lamarque 91 D5
de Lamouroux 93 B2
de la Nerthe 123 C5
de la Nouvelle Eglise 99 B4
de la Vallée 75 F4
de Malle 97 D5
de Marbuzet 85 F5
de Mille-Secousses 104 G4
Montelena 233 A2
de Pez 85 E4
de Pressac 103 E5
de Puy-Blanquet 103 E5
de Rayne-Vigneau 97 E3
de Rolland 97 B5
de Romefort 91 D5
des Anneaux 103 B1
des Laurets 103 D5
des Moines 103 B2
des Morandes 75 F4
des Rochers 97 B5
Destieu 103 E4
des Tours 103 D4
de Suduiraut 97 E4
de Terrefort-de-Fortissan 95 D5
de Viaud 103 C2
d'Hortevie 89 D4
d'Issan 93 B3
Doisy-Daene 97 B4
Doisy-Védrines 97 C4
Doumayne 103 D1
du Boulay 118 E6
du Bousquet 104 F4
du Breuil 85 G3
du Cartillon 91 D4
Ducru-Beaucaillou 89 C5
Dudon 97 B4
du Glana 89 C5
Duhart-Milon 85 G4, 87 A4
du Mayne, Barsac 97 B4
du Mayne, Preignac 97 D4
du Moulin Rouge 91 B4
du Nozet 119 F4
du Pick 97 D5
Duplessis-Hauchecorne 91 G2
du Raux 91 C5
du Rayas 123 B5
Durfort Vivens 93 B3
du Taillas 99 E4, 101 B1
du Tertre 93 D2
Dutruch-Grand-Pojeaux 91 F3
d'Yquem 97 F4
Eilhot 97 G3
Eyquem 104 F3
Falfas 104 F3
Ferran 95 G6
Ferrand, Pomerol 99 D4
Ferrand, St-Laurent-des-Combes 103 E4
Ferrière 93 B2
Feytit-Clinet 99 B4
Figeac 101 B2
Fombrauge 103 E4
Fonbadet 87 E5
Fonpetite 85 F5
Fonpiqueyre 87 C2
Fonplégade 101 D4
Fonreaud 91 G1
Fonroque 101 C4
Fort-de-Vauban 91 D4
Fortia 123 C4
Fougas 104 F4
Fourcas-Dupré 91 E1
Fourcas-Hosten 91 F1
Fourney 103 F4
Franc-Mayne 101 C3
Gaby 102 C6
Gaillard 75 G2
Garaud 103 C3
Gazin, Leognan 95 F2
Gazin, Plassac 104 E2
Giscours 93 D4
Gloria 89 C5
Gombaude-Guillot 99 C4
Gontet 103 D5
Grand Barrail-Lamarzelle-Figeac 101 B2
Grand Corbin-Despagne 101 A3
Grandes-Murailles 101 D4
Grand-Jour 104 G5
Grand-Mayne 101 C3
Grand Ormeau 103 C2
Grand Pontet 101 C4
Grand-Puy-Ducasse 87 C6

Château
Grand-Puy-Lacoste 87 D4
Gratte-Cap 99 C4
Graulet 104 D2
Gravet 103 E3
Gressier-Grand-Poujeaux 91 F4
Grillet 120 A5, 121 C3
Grillon 97 C4
Gruaud-Larose 89 D4, 91 A3
Gaudet St-Julien 101 C4
Guerit 104 F4
Gueyrosse 103 E1
Guibeau 103 C5
Guillemot 103 E4
Guillotin 103 D5
Guilloun 103 D3
Guiraud 97 F4
Guitard 103 C4
Guiteronde 97 B3
Guitignan 95 F3
Hallet 97 B4
Hanteillan 85 F3
Haut-Bailly 95 F4
Haut-Bages-Averous 87 E5
Haut-Bages-Liberal 87 D5
Haut-Bages-Monpelou 87 D4
Haut-Ballet 103 C3
Haut-Batailley 87 F4, 89 B3
Haut-Bergey 95 F2
Haut-Bernon 103 C5
Haut-Bommes 97 F3
Haut-Breton-Larigaudière 91 G6
Haut-Brion 95 A2
Haut-Madrac 87 D2
Haut-Marbuzet 85 F5
Haut-Nouchet 95 G5
Haut-Piquat 103 C4
Haut-Sarpe 101 C5, 103 E4
Houissant 85 F4
Hourtou 104 F4
Jacques-Blanc 103 E4
Jappe-Loup 103 E5
Jean-Blanc 103 F5
Jean-Faure 101 A3
Junayme 102 D6
Labarde 104 F5
l'Abbaye-Skinner 85 E1
la Bastienne 103 C3
la Bécade 91 E2
Labégorce 93 A2
Labégorce-Zédé 93 A2
Laborde 103 B2
Labrède 104 E4
Labrousse 104 C2
la Cabanne 99 B4
la Carte et le Chatelet 101 D4
la Chaise 77 G2
la Chapelle-de-Lescours 103 E2
la Chesnaye-Ste-Gemme 91 B4
la Closerie-Grand-Poujeaux 91 F3
la Clotte 101 D5
la Clotte-Blanche 104 F3
la Commanderie, St-Estèphe 85 F4
la Commanderie, Libourne 99 D3
la Conseillante 99 C5, 101 A2
la Côte-Haut-Brion 95 A2
la Couronne 87 E4, 89 B3
la Couspaude 101 C5
la Croix, Pomerol 99 D4
la Croix, Saillans 102 C6
la Croix, Chevrol 103 C3
la Croix-de-Gay 99 B5
la Croix-St-Georges 99 C4
la Croix-Taillefer 99 D4
la Dauphine 102 D6
la Dominique 99 D6, 101 A2
Lafaurie-Peyraguey 97 E3
Laffitte-Carcasset 85 E4
Lafite-Canteloup 93 G5
Latife-Rothschild 85 G4, 87 A4
Lafon 91 E3
Lafon-Rochet 85 G4, 87 A4
la Fleur 99 B5
la Fleur-du-Gazin 99 B5
la Fleur-Milon 87 B5
la Fleur-Pétrus 99 C5
la Gaffelière 101 D4
la Garde 104 C2
la Garélle 103 F3
Lagrange 89 D3
la Grange 99 C5
Lagrange-de-Lescure 103 F3
la Grâve 104 F4
la Grave-Trigant-de-Boisset 99 B4
la Lagune 93 F5
la Gurgue 93 B2
la Graulet 104 E3
Lalibarde 104 F4
la Louvière 95 F4
la Marechaude 103 C2
la Marzelle 101 B2
la Mission-Haut-Brion 95 A3
Château
Lamothe, Cissac-Médoc 85 G2
Lamothe, Lansac 104 F4
Lamothe, Sauternes 97 F3
Lamothe-de-Bergeron 91 C5
Lamothe-Bouscaut 95 E5
la Mouleyre 103 E5
Lamourette 97 E3
Lanessan 89 D4, 91 B3
l'Angélus 101 D3
Langlade 103 D4, 125 C9
Langoa 89 C5
la Pointe 99 C3
la Peleterie 101 D6
Lappelletrie 103 E4
Larcis-Ducasse 101 E5, 103 E3
Larmande 101 C5
la Rose-Pauillac 87 C5
Larose-Trintaudon 89 B3
Laroze 101 C3
Larrivaux 85 G3
Larrivet-Haut-Grion 95 F4
l'Arrosée 101 E4
la Salle 104 B2
Lascombes 93 B2
la Serre 101 D5
Lassègue 103 E4
Latour 87 F6, 89 B5
la Tour-Blanche 97 F3
la Tour-Carnet 89 D2
la Tour-de-Grenet 103 B5
la Tour-de-Marbuzet 85 F5
la Tour-de-Mons 91 G6
la Tour-du-Haut-Moulin 91 D4
la Tour-du-Mirail 85 G2
la Tour-du-Pin-Figeac 99 D5, 101 B2
la Tour-Figeac 99 D5, 101 B2
la Tour-Gayet 104 B2
la Tour-Haut-Grion 95 A2
la Tour-Léognan 95 E4
la Tour-Martillac 95 G6
la Tour-Pibran 87 C5
Latour-Pomerol 99 B4
la Tour-St Joseph 85 G2
la Tuilière 104 E2
l'Aubepin 97 F3
Launay 104 E3
Laurensanne 104 F3
la Valade 102 C6
la Ville-Haut-Brion 95 A2
Lavinot-la-Chapelle 103 C3
la Violette 99 C4
le Basque 103 C5
le Bedou 104 C2
le Boscq 85 D4
le Bourdieu 85 F2
le Caillou 104 G4
le Cauze 103 E4
le Chais 103 D5
le Crock 85 F5
le Cros 103 D5
le Gay 99 B5
le Gazin 99 C6
l'Eglise-Client 99 B4
le Grand-Mazerolle 104 C2
le Guiraud 104 E2
le Hère 97 F3
le Mayne 103 D5
le Menaudat 104 B1
le Moulin-Rompu 104 F3
l'Enclos 99 B3
Leonay 244 B4
Léoville-Barton 89 C5
Léoville-Lascases 89 B5
Léoville-Poyferré 89 B6
le Pape 95 F4
le Peillan 103 F4
le Puy 103 D5
les Alberts 104 B2
Lescadre 104 D2
les Cônes-Sebizeaux 104 C1
Lescours 103 E2
les Cruzelles 103 C2
les Eyquems 104 F5
les Fines Roches 123 C5
les Jouans 103 F3
Les-Ormes-de-Pez 85 E4
les Petits-Arnauds 104 C2
les Plantes 97 A5
les Remparts 97 D4
Lestage, Listrac-Médoc 92 F2
Lestage, Parsac 103 D5
le Teyssier 103 C5
le Thil 95 E4
l'Evangile 99 C5, 101 A2
l'Hermitage 95 E5
Ligondra 93 D2
Lionnat 103 C5
Liot 97 C4
Liversan 87 B2
Loudenne 85 A4
Loumède 104 D3
Lucas 103 C5
Ludon-Pommiès-Agassac 93 G6
Lussac 103 C5
Lynch-Bages 87 D5
Lynch-Moussas 87 D3
Mac-Carthy 85 F5
Macau 104 F5
Château
Magdelaine 101 D4
Maine-Blanc 103 B5
Maison Blanche 103 C3
Malanguin 103 D5
Malartic-Lagravière 95 F3
Malescasse 91 E5
Malescot-St-Exupéry 93 B3
Malleprat 95 F6
Marchand 103 C4
Margaux 93 B3
Marquis de Terme 93 B2
Marquis-d'Alesme-Becker 93 A3
Martinens 93 C2
Martinet 103 E1
Matras 101 D3
Maucaillou 91 E4
Mauconseil 104 E2
Mauras 97 D3
Maurens 103 E4
Mauvezin 101 C5
Mazeyres 99 B2
Menota 97 B4
Meyney 85 E5
Minière 117 B3
Monbousquet 103 F3
Monbrison 93 E8
Moncets 103 C3
Mondou 103 E3
Montaiguillon 103 D3
Montbrun 93 B3
Montlabert 101 B3
Montrose 85 F5
Morin 85 D4
Moulin-à-Vent, Listrac-Médoc 91 G1
Moulin-à-Vent, St-Emilion 103 C2
Moulin-Blanc 103 C3, C4
Moulins-de-Calon 103 C4
Moulin-Pey-Labrie 102 C6
Moulin-Riche 89 B4
Moulin-Rose 91 E5
Moulin St-Georges 101 D4
Moulinet 99 A3
Moulis 91 G2
Mouton-Baron-Philippe 87 B4
Mouton-Rothschild 87 B4
Musset 103 B2, D4
Myrat 97 B3
Nairac 97 A4
Négrit 103 C4
Nenin 99 C3
Neuf 95 G3
Nodot 104 F3
Nodoz 104 F5
Noton 93 D3
Olivier 95 E3
Pailhas 103 F4
Palmer 93 B3
Pape-Clément 95 B1
Papetterie 103 C3
Paradis 103 G4
Pardaillan 104 D2
Partarieu 97 F6
Paveil-de-Luze 91 G5
Pavie 101 E5
Pàvie-Décesse 101 D5
Pedesclaux 87 C6
Peillon-Claverie 97 G5
Pernaud 97 C4
la Perrière 103 C5
Perron 103 C2
Perruchon 103 B5
Petit Bigaroux 103 F3
Petit Faurie-de-Souchard 101 C5
Petit-Gravet 103 E3
Petit Village 99 C5
Petrus 99 C5
Peymartin 89 C3
Peyrabon 87 C2
Peyron 97 F6
Peyroutas 103 F3
Phélan-Ségur 85 E5
Piada 97 B4
Pibran 87 C5
Picard 85 E4
Pichon-Longueville-Baron 87 E5, 89 B4
Pichon-Longueville-Lalande 87 E5, 89 B4
Pierre-Bibian 91 F2
Pinet 104 D3
Piot 97 B4
Pipeau 103 F4
Plaisance 103 D3
Pleytegeat 97 D5
Plince 99 D3
Pomys 85 F4
Pont-de-Pierre 103 B4
Pontac-Lynch 93 B3
Pontac Monplaisir 95 C4
Pontet-Canet 87 C4
Pontet-Clauzure 101 C4
Pontoise-Cabarrus 85 C4
Pontus 102 C6
Pouget 93 C4
Poujeaux-Theil 91 E4
Priban 93 E6
Prieure-Lechine 93 C3
Prost 97 A5
Queyron 103 F3
Quinault 103 E1
Rabaud-Promis 97 E4
Ramage-la-Batisse 87 B2
Rasclet 103 F3
Rausan-Segla 93 C2
Rauzan-Gassies 93 B3
Château
Raymond-Lafon 97 E4
Rêve-d'Or 99 B3
Reysson 85 E1
les Richards 104 E4
Rieussec 97 F5
Rigaud 103 D5
Ripeau 101 B3
Rivereau 104 E4
Robin 103 D4
Rocher-Corbin 103 C4
Rocheyron 103 E4
Rolland 85 G5, 87 A5
Romer 97 D5
Riverdeau 104 E4
Rouques 103 C6
Rosemont 93 D4
Rosevale 244 C3
Roudier 103 D4
Rouet 102 C5
Rouget 99 B5
Roumieu 97 C4
Rousselle 104 E2
Rousset 104 D3
Rozier 103 E4
St-Amand 97 B5
St-André 103 C4
St-Georges 103 D4
St-Georges-Macquin 103 D3
St-Germain 104 D2
St-Jean 233 E3
St-Pierre-Bontemps-et-Sevaistre 89 C4
St-Pierre-de-Pomerol 99 C4
de Salles 99 A2
Sansonnet 101 C5
Saransot-Dupré 91 E2
de Sassay 117 F3
Segonzac 104 C1
Semeillan 91 F1
Siaurac 103 C3
Sigalas-Rabaud 97 E3
Siran 93 C5
Smith-Haut-Lafitte 95 F5
Sociando-Mallet 85 C4
Soucarde 104 F3
Soutard 101 C5
Suau 97 A5
Taillefer 99 E4
Talbot 89 C4
Tanunda 244 B4
Tayac, Soussans 91 G5
Tayac 104 F3
Terrey-Gros-Cailloux 89 C4
Tertre-Daugay 101 D3
Teyssier 103 F3
Thivin 77 G3
Touilla 97 E5
Toumalin 102 C6
Tourans 103 E4
Tourteran 87 C2
Tramont 91 F4
Trapaud 103 E5
Trimoulet 101 B5
Trois Moulins 101 C4
Tronquoy-Lalande 85 E4
Troplong-Mondot 101 D5
Trotanoy 99 C4
Trottevieille 101 D5
Valoux 95 E5
Verdet 103 E2
Verdignan 85 B4
Vésinerie 103 D5
Veyrac 103 E5
Victoria 85 F2
Videlot 103 E1
Vieux Chevrol 103 C2
Vignelaure 126 A2
Villegeorge 97 G5
Villemaurine 101 D5
Vincent 93 B3
Vraye-Croix-de-Gay 99 B5
Yon 103 D4
Yon-Figeac 101 C3
Châteaubernard 258 B6
Châteaumeillant 59 D2, 130 B6
Châteauneuf-du-Pape 120 G5, 123 C4
Châteauneuf-le-Rouge 126 B2
Châteauroux 59 D2, 130 B6
Châteauthébaud 114 F2
Chatenay 75 D2
Chatenois 113 D2
Chatillon-en-Diois 59 E5
Chaudefonds-sur-Layon 116 D2
Chaumont 59 C4
Chautagne 127 C1
Chavanay 121 D1
Chaves 187 B5
Chavignol 119 F2
Cheffes 114 A5
Cheilly 61 D5
Cheleiros 188 E2
Chemillé 114 C4
Chénas 61 F5, 77 B4, B5
Chénevery 72 F4
Cher 59 D3, 115 B5
Cherbaudes 72 F6
Cherbourg 58 B6, 271 B1
Cherson 213 A2
Chevalier-Montrachet 66 F3
Cheverny 115 B3
Chevigné 75 E3
Chevrette 117 B2
Chevrol 103 C2
Chexbres 195 B1
Chez Barraud 259 D2
Chezenal 121 F1
Chianti 169 A3, B4
Chianti Classico 169 B3
Chiaretto del Garda 105 E2, 106 A5
Chichée 79 E5
Chieri 163 B2
Chignin 127 C1
Chigny 194 B5
Chigny-les-Roses 107 B4
Chihuahua 250 F2
Chile (Chili) 251 C2
Chille 127 G4
Chino 230 G4
Chinon 114 C6, 117 E4
Chindrieux 127 C1
Chioggia 165 E4
Chiquet 95 B2
Chiroubles 61 F5, 77 C3, 77 D3
Chirpan 211 D3
Cholet 114 C4
Chorny Doktor 213 B2
Chouilly 107 E3
Choulex 194 D4
Choully 194 C3
Chouzé-sur-Loire 117 C1
Chowchilla 234 E5
Christian Bros., Fresno 235 G1
Christian Bros., Napa 233 B3, E5
Christies Beach 245 B3
Chumai 213 A1
Chur 197 F5
Chusclan 120 F5
Chyorniye Glaza 213 B3
Ciclopi 172 F3
Cinfäis 189 D5
Cinqueterre 161 E5
Ciro 172 D5
Cissac-Médoc 85 G2
Citrusdal 247 B2
Clairette de Bellegarde 125 D5
Clairette du Languedoc 125 B6
Clairvaux 59 F3
Clanwilliam 247 B2
Clare 240 E5
Claredon 245 B5
Claremont 230 G4
Clare/Watervale 240 E5
Clastidio 161 D5
Clavoillons 66 G4
Clément 267 C5
Clermont 269 B4
Clermont-Ferrand 59 E3
Clermont-l'Hérault 125 B6
Clisson 114 C3, F3
Clochan 263 A5
Clos Arlets 70 F4
Clos-Blanc 67 F6, 68 F1
Clos Blanc de Vougeot 71 F6, 72 F1
Clos Bussière 72 F3
Clos de Bèze 72 F6
Clos de la Combe 99 A4
Clos de la Commaraine 67 F6, 68 E1
Clos de la Maréchale 70 E3
Clos de la Mousse 68 F4
Clos de la Perrière 71 F6
Clos de la Roche 72 F4
Clos de l'Echo 117 E3
Clos de Mosny 118 D6
Clos des Argillières 70 F4
Clos des Corvées 70 F5
Clos des Ducs 67 F5
Clos des Forêts 70 F5
Clos des Grandes Vignes, Prémeaux 70 F4
Clos des Grandes Vignes, Preignac 97 C6
Clos des Montaigus 74 D3
Clos des Ormes 72 F4
Clos de St-Jacques 73 E1
Clos de Tart 72 F4
Clos de Verger 67 F6, 68 E1
Clos de Vougeot 71 F5, 72 F1
Clos du Chapitre 73 E3
Clos du Château 67 F6, 68 F1
Clos du Dhêne Marchand 119 F2
Clos du Jolivet 117 B3
Clos du Pape 97 F5
Clos du Parc 117 E3
Clos du Roi 68 E6
Clos du Val 233 D6
Clos du Vigneau 117 B1
Clos Fontmurée 103 C4
Clos Fourtet 101 D4
Clos Gauthey 67 E3
Clos Haut Peyraguey 97 F3
Clos l'Église 99 B4
Clos les Didier 70 F5
Clos l'Évêque 74 C4
Clos Micot 67 F5
Clos Prieur 73 F1
Clos Quéron 117 E5
Clos René 99 B2
Clos St-Jean 66 F2
Clos St-Marc 70 F4
Clos-Salomon 75 E4
Clos Sorbés 72 F4
Cloverdale 230 A4
Clovis 235 F1
Cluj 209 E3
Clusone 161 B6, 165 D1
Clyde 265 F4
Clynelish 265 B4
Clyro 252 F4
Cochem 135 A2
Cockburn 193 C3
Cognac 59 E1, 262 A6
Cogolin 126 C5
Cogulot 105 G4
Coimbra 187 D4
Coinsins 194 B4
Coka 207 C5
Cokanski Merlot 207 C5
Colac 241 G2
Colares 187 E3, 188 E1, F1
Colchagua 250 C1, 251 C2
Colchester 252 F6
Coleburn 263 B3
Coline Pisane 109 A2
Colldejou 182 C3
Colli Albani 169 F3
Colli Aretini 109 B4
Colli Berici 165 E3
Colli del Trasimeno 169 C4
Colli di Conegliano 165 D4
Colli di Val d'Elsa 171 F1
Colli di Valdobbiadene 165 D4
Colli Euganei 165 E3
Colli Florentini 169 B3
Colli Lanuvini 169 F3
Colline Lucchesi 109 A3
Colli Orientali del Friuli 165 C6
Colline Trevigiane 165 D4
Collio Goriziano 165 D6
Collioure 124 F2
Colli Piceni 169 D6
Colli Senesi 109 B3
Colli Tortonesi 161 D4
Collobrières 126 C4
Colmar 59 B5, 111 C1, 270 D3, 113 E2
Colognola ai Colli 167 C5
Colombier, Dordogne 105 F5
Colombier, Neuchâtel 260 F3
Colonia 251 C3
Colorado 250 C1
Columbia 269 C4
Colyton, Devon 250 D2
Combe-aux-Moines 73 E2
Combottes 72 F2
Comino 216 F2
Commune-de-Pomerol 99 C4
Como 161 B5
Companhia Velha 193 B3
Comps 104 F3
Conca 172 C2
Concannon 237 A3
Concepción 250 C1
Conchez de Béarn 261 D3
Condobolin 241 D3
Condom 261 C5, 129 E3
Condorcet 123 D5
Condrieu 120 A5, 121 C3, D2
Conegliano 165 D4
Conesus Lake 238 C1
Coni (Cuneo) 161 E2
Conne-de-Labarde 105 F5
Conrotto 237 D3
Consorzio Agrario Provinciale di Siena 171 E2
Constanti 182 G4
Constanta 209 G6
Constantia 247 D2
Constantine 219 B4
Conthey 195 D3
Conti Serristori 171 B2
Contracosta 229 D2
Contres 115 B2
Convalmore 263 D4
Converso 172 C5
Coolalta 242 F1
Cooma 241 F4
Coonawarra 240 F6
Co-op de Cognac et Vins Charentais 239 B1
Coorara 245 B4
Cootamundra 241 E4
Coppet 194 C4
Coquimbo 250 C1
Corbera 182 F2
Corbeyrier 195 C1
Corbières 59 G3, 124 C3, 131 F1
Corbin 269 C5
Corbonod 127 B1
Corcelles-en-Beaujolais 77 D5
Cordes 129 D6
Córdoba 175 D3, 183 F3, 251 C2
Coriole 245 C4
Cormontreuil 107 A4
Cornas 120 C5
Cornellá 183 F1
Cornudella 182 F3
Coronata 161 D4
Corowa 240 F3
Correns 126 B3
Corrèze 59 E3
Corsier 194 C4, 195 B1
Cortadedos 177 D2
Corte 132 E5
Cortese 161 D4
Cortina d'Ampezzo 165 C4
Corton Charlemagne 69 E3
Corum 220 B4
Corunna (La Coruna) 175
Corvo 172 F2
Cosne-sur-Loire 115 B6
Costalunga 167 C5
Costermano 167 B1
Costières du Gard 125 D9, 131 E2
Cotas 191 E2
Côte d'Or 61 C5
Coteaux d'Aix-en-Provence 59 F5, 126, 131 E3
Coteaux d'Ajaccio 132 C2
Coteaux d'Ancenis 59 D1, 112 B3
Coteaux de Châteaumeillant 130 B6
Coteaux de la Loire 114 B3, B4
Coteaux de l'Aubance 114 B5, 116 C4, E6
Coteaux de Pierrevert 131 E3
Coteaux de Saumur 114 C6
Coteaux de Tricastin 131 D2
Coteaux des Baux 59 F5
Coteaux du Giennois 59 C3, 115 A5, 131 A1
Coteaux du Jura 197 C2
Coteaux du Languedoc 131 E2
Coteaux du Layon 114 B5, C5
Coteaux du Loir/Jasnières 105 A1
Coteaux du Vendômois 115 A2, 130 A5
Côte Blonde 121 B3
Côte Brune 121 B3
Côte Beaune 61 C5, D5
Côte de Beaune: Beaune 68, 69
Mersault 66, 77
Santenay 65
Côte de Brouilly 77 F3
Côte de Fontenay 79 C3
Côte de Léchet 79 D2
Côte de Nuits C6, 70, 71, 72, 73
Côte d'Or 64-73
Côte-Rôtie, Chiroubles 77 D3
Côte-Rôtie, Côtes du Rhône 120 A5, 121 B3
Côte-Rôtie, Morey-St-Denis 72 E4
Côtes Canon-Fronsac 80 E4
Côtes d'Agly 124 D2
Côtes d'Auvergne 131 C1
Côtes de Bordeaux-Saint-Marcaire 80 F6
Côtes de Castillon 80 E5
Côtes de Francs 80 E5
Côtes de Fronsac 80 E4
Côtes de Néac 80 E4
Côtes de Provence 131 E3
Côtes du Forez 131 C2
Côtes du Frontonnais 59 G2
Côtes du Luberon 131 E3
Côtes du Marmandais 130 D5
Côtes-du-Nord 58 C6
Côtes Roannaise 131 C2
Côtes-du-Rhone 59 E4, F4, 120
Côtes-du-Roussillon 124 E2
Côtes du Roussillon 131 F1
Côtes du Ventoux 59 F5, 131 E2
Côtes-Fronsac 102 C5
Cotignac 126 B4
Cotnari 209 F4
Coulée de Serrant 116 B3
Cour-Cheverny 115 B3, 59 C2, 130 A6
Courgis 79 F2
Courmayeur 161 B2
Cours-de-Piles 105 E5
Courvoisier 259 B3
Coutras 80 D5
Covelinhas 190 G4
Covilhã 187 C5
Covington 269 A4
Cowra 241 E4
Cragganmore 263 E1
Craigellachie 263 D4
Craiova 209 G3
Cramant 107 F3
Craneford 244 D5
Cranmore 252 E6
Crans 194 C4
Crassier 194 C4
Cratfield 252 F6
Cravant-les-Coteaux 117 E5
Crawfordville 242 G1
Cray 118 D6
Creixell 182 G5
Crema 161 C5
Cremona 161 C6, 165 E1
Crémone (Cremona) 165 E1
Crépy 127 A2
Cres 207 C1
Cresta Blanca 237 A3
Cresta Blanca Winery 230 A4
Crestview 235 G1
Creuse 59 E3
Creux de la Net 69 D3
Creysse 105 E5
Crézancy-en-Sancerre 119 F2
Crieff 265 E4
Crissier 194 A6
Crna Gora (Montenegro) 207 F4
Croft 193 C5
Crouin 258 B5

Croix des Bouquets 266 A6
Croizet-Eymard 259 C4
Crotone 172 E5
Crozes-Hermitage 120 B6, 122 B4
Cru Barjuneau 97 G3
Cru Caplane 97 F4
Cru Commarque 97 G3
Cruet 127 D1
Cru la Clotte 97 B5
Cru Lanère 97 F3
Cru Thibaut 97 F5
Csengöd 220 C2
Csopak 202 C2, 205 F1
Cuba 266 A4
Cubaexport 266 A4
Cubellas 182 F6
Cuenca 175 C4
Cubuk 220 C4
Cucamonga Vineyard Co 230 G4
Cucamonga Winery 230 G5
Cuers 126 C3
Ciudad Real 175 C3
Cuis 107 E3
Cully 194 B6
Cumières 107 D2
Cunèges 105 F4
Cuneo 161 E2
Cunit 182 F5
Cuges-les-Pins 126 C2
Cuqueron 128 F4
Curicó 250 C1, 251 D2
Cussac 91 C4
Cutler 235 G2
Cuvaison 233 A2
Cviček 207 B2

D

Dachsberg 150 F3
Dahra 219 B1
Dailuaine 263 E2
Dallas Dhu 256 C5
Dalboki 211 C4
Dallenberg 158 F5
Dalmatia 207 E3
Dalmore 265 C4
Dalwhinnie 265 D4
Dalwood 242 D3
Damaskus (Dimashq) 220 F5
Dambach-la-Ville 113 D2
Damery 107 D2
Dão 187 C4, 189
Dar bel Amri 218 C4
Darbonnay 127 F4
Dardagny 194 D3
D'arenberg 245 C4
Darlington 245 A4
Darmstadt 135 B4
Daub-Haus 154 G5
Daubos 87 E5, 89 A4
Davayé 75 E3
Davis Bynum 230 D5
Davos 197 F5
Dealul Mare 209 F4
Deanston 265 E4
Deatsville 269 B4
Debrecen 202 B4
Debroi Hárslevelü 202 B3
de Castellane 109 F5
Dehesilla 176 B4
de Hoop 249 E2
Deidesheim 135 C4, 153 F5
Deinheim 154 G5
Delaforce 193 C3
Delamain 259 B3
Delgado und Zuleta 176 C5
Delheim 249 G2
Delicato 234 C3
Delisle 267 B4
Dellchen 146 F6
Del Rey 235 G1
Demesticha 215 D2
Denair 234 D4
Denens 194 A5
Denges 194 B6
Denheim 135 B4
Denia 175 C5
Deniliquin 241 F2
Denizli 220 D2
Derbent 213 C6
Dereham, Norfolk 252 E6
Derriere-le-Grange 72 F3
Desenzano del Garda 166 C5
Deutschherrenberg 144 C5
Deutschkreutz 198 E3
Deutschland 135
Deutschlandsberg 198 G1
Deutschschutzen 198 F3
Deux-Sèvres 59 D1, 114 C5
Deva 209 F2
de Venoge 109 G5
Devesas 190 G2
Devon Vale Estates 249 F1
Dézaley 194 B6
Dezize 61 D5
De Zoete Inval 249 D4
Dhali 216 C4
Dhoros 216 D2
Dhron 143 D1
Diamond 267 G6
Diedesfeld 153 C2
Dienheim 135 B4, 154 G5
Diez Hermanos, Jerez 177 C4
Diez Hermanos, Vila Nova de Gaia 193 B3
Digne 59 F5, 131 D3
Dijon 59 C4, 61 C6
Dimcha 211 C3
Dimiát 211 B5, D4
Dingač 207 E3
Dinuba 235 G2
Dirmstein 153 B2
Diss 252 E6
Dittelsheim 155 F3
Dizy-Magenta 107 D3
Djidjelli 219 B3
Dobrogeia 209 G5
Doktor 145 F2
Doktorberg 141 G6
Dolceacqua Rossese 161 F3
Dolcetto d'Asti 163 D4
Dolcetto delle Langhe 161 E3
Dolcetto di Acqui 163 D5
Dolcetto d'Ovada 161 D4
Domaine d'Arche-Pugneau 97 E4
Domaine de Chevalier 95 G2
Domaine de Grandmaison 95 E4
Domaine-de-la-Combe 99 A4
Domaine-de-l'Eglise 99 B5
Domaine la Solitude 95 G5
Domäne 139 E3
Domblans 127 F4
Domblick 155 G3
Domherr 155 E3, 314 C1
Domherrenberg 141 D2, E3
Dominica 267 C4
Dominikanische Republik 266 A6
Domodossola 161 A4
Domprobst 145 E1
Don 265 D6
Doña Elvira 176 B4
Doña Mencia 183 F4
Donauland 198 D3
Donnaz 161 B3
Donnerskirchen 198 D3
Doosberg 150 F5
Dordogne 59 E2, 80 D6
Dorgali 172 D2
Dornach 270 E4
Dornoch 265 C4
Dosaiguas 182 C3
Double Springs 269 B3
Doubs 59 C5
Douby 77 D4
Doué-la-Fontaine 114 C5
Douelle 128 B5
Douro (Duero) 175 B2, 187 B5
Duoro-Littoral 187 B4
Douvaine 127 A2
Douville 105 D5
Dow 193 D4
Drachenstein 149 F3
Drăgăsani 209 G3
Draguignan 59 B4, 126 F6
Drakenstein (co-op) 249 E4
Drama 215 A4
Driesprong 249 F3
Dhronhofberger 143 D2
Drôme 59 F5, 120 D5
Drumborg 241 G1
Dry Creek 230 B4
Dubbo 241 D4
Dubois 118 C4
Dubrvaka 207 E6
Dubrovnik 207 E3
Duddenhoe 252 F5
Düdingen 270 F3
Duero 175 B2
Dufftown 263 E4, 265 C5
Duillier 194 B4
Dulce Nombre 177 C4
Dully 194 B4
Dumbarton 265 F4
Dumfries 265 G5
Dunajska Streda 205 C5
Dunaujvaros 98 C2
Dundee 265 E5
Duquesne 267 C5
Duravel 128 B3
Durbach 156 E2
Durbanville 247 D2
Dürnstein 198 C1, 201 G1
Durtal 114 A5

E

East Side 234 B3
Eauze 261 C4, 129 E2
Eberbach 135 C5
Ebersberg 154 E3
Eberweier 270 C4
Ebro 175 B5
Echandens 194 B5
Echichens 194 B5
Echuca 241 F2
Eckelsheim 155 F2
Ecuador 250 B1
Ecublens 194 B5
Ecueil 107 B3
Edelberg 145 B3
Edelmann 150 F4
Edenkoben 153 D2
Eden Valley 244 D6
Edinburgh 265 E5
Edradour 265 D5
Egelsee 201 F3
Eger 202 B3
Eggenburg 198 B2
Eguisheim 110 C5, 113 E2
Ehrenberg 141 G6
Ehrenhausen 198 G2
Ehrenstetten 156 F3
Eibelstadt 158 E3
Eibingen 149 F4
Eichberg, Elsaß 111 B1
Eichberg, Eltville 151 E1
Einzellagenfrei 147 D2
Eisenberg 198 F3
Eisenstadt 198 D3
Eitelsbach 141 D4
El Alamo 177 C1
Elâzig 220 C6
Elba 169 B1
El Barco 177 C2
El Bizarron 177 E2
El Bonete 177 B4
El Caballo 177 E1
El Carmen 177 C4
El Castillo 177 C4
El Cerro Viejo 177 D3
El Ciego 180 B6
El Condado 175 D2
El Corchvelo 177 D2
El Corvegidor 177 C4
El Corregidor Viejo 177 C4
El Cuco 177 D1
El Cuerno del Oro 177 B3
Elderslie 242 D2
Elgin 263 A2, 265 C5
El Hornillo 176 B5
Elizabeth 240 E5
El Jardinito 177 C4
Ellas 215
Ellergrab 145 C4
Elne 124 F2
Eloro 172 G3
El Paraiso 177 D2
El Parradero 177 C3
El Peral 176 A5
El Pollero 176 D6
El Rancho 177 D2
El Ribiero 175 A2
El Romano 177 C4
El Salvador 177 C4
El Señor 176 B4
Els Monjos 182 F6
Elster 153 E5
El Telegrafo 177 C4
El Toro 177 E1
Eltville 135 B3
Eltville-am-Rhein 151 G3
Elvas 187 E5
Emeringes 77 B3
Emilia-Romagna 161 D5, 165 G2, 169 A4
Emilio Lustau 177 D1, D4
Emme 270 F4
Emmendingen 270 D4
Emu 245 B4
en Cailleret 67 F4
en Caradeux 69 D3
en Chevret 67 F3
Endingen 156 F1
Enfer 161 B2
Engadin 197 D5
Engelgrube 143 E1
Engelsberg 154 B5
Engelsmann's Berg 150 G6
en Genêt 68 E6
England und Wales 252
en Guinelay 77 B5
Enkirch 145 B4
en l'Orme 68 E6
en l'Ormeau 67 F4
Enmore 267 G6
Enna 172 F3
en Paulaud 69 F4
en Redrescul 69 E1
Ensisheim 113 F2
Entraygues 59 F3, 130 D6
Entrecasteux 126 B4
Entre-Deux-Mers 80 F4
en Verseuil 67 F4
Épernay 107 E3, 109
Epesses 194 B6
Epfig 113 C2
Épinal 59 B5
Epiré 116 B3
Epirus (Ipiros) 215 C2
Episkopi 216 D2
Erbach 151 F2
Erbaluce 161 C3
Erdek 220 B2
Erden 144 C6
Erdőbénye 203 B4
Erdőhorváti 203 B4
Ereğli 220 D4
Erlenbach 156 C4
Erstein 113 C2
Ervedosa do Douro 191 F2
Eschbach 153 D1
Escherndorf 158 D4
Escurès 261 E3
Eskisehir 220 C3
Espejo 183 F4
Espinho 190 G6
Esposende 189 B4
Essaouira 218 D3
Essertines 194 B4, D3
Essonne 59 B2
Estagel 124 D2
Estaing 59 F3, 131 D1
Est Est Est 169 D3
Estoril 188 F2
Estremadura 187 D4
Estremoz 187 E5
Esvres 115 B1
Esztergom 202 B2
Etournelles 73 E1
Etoy 194 B5
Etna 172 F3
Etroyes 74 C4
Euboea (Evvoia) 215 C3
Eucharisberg 139 A5
Eugenio Bustos 251 B4
Euphrates (Firat) 220 D5
Eure 59 B2
Eure-et-Lois 59 B2
Euskirchen 135 A2
Evenos 126 C3
Evionnaz 195 D1
Evisa 132 E4
Evora 187 F5
Evorilla 176 A6
Evreux 59 B2
Evvoia 215 C3
Extremadura 175 C2
Eymet 105 G4
Eyrans 104 B2
Eyrenville 105 F5
Eysines 80 E3
Ezerjó 202 B2, C3, 207 B4

F

Fabriano 169 C5
Faconnières 72 F4
Fafe 189 C5
Fahrwangen 270 E4
Fairview 249 D4
Falklay 145 B4
Falkenberg 143 C2
Falkenstein 198 B3
Falkirk 265 E4
Falqueyrat 105 G5
Falset 182 G3
Famagusta 216 C5
Fanhões 188 E3
Fara 161 C4
Fargues 97 F6
Farnesi 235 G5
Faro, Italien 172 F4
Faro, Portugal 187 G4
Farques 128 C4
Faugères 59 G3, 124 B6
Favaios 191 D2
Faye-d'Anjou 116 D5
Fayssac 129 D6
Féchy 104 B5
Feherburgundi 202 C2
Fehring 198 G2
Felgueiras 189 C5
Fels 139 B2
Fels 198 C2
Felsenberg 146 G4
Felsen-Eck 147 F2
Felsen-Steyer 146 F5
Felsted, England 252 F6
Feodosija 213 B3
Ferianes 176 C5
Fernandez 267 B2, E5
Fernando A de Terry 177 E1, F3
Fernán Núñez 183 F3
Ferrals-les-Corbières 124 C3
Ferrara 165 F3
Ferreira 193 B3
Ferres 143 C1
Fès 218 C5
Fetească albă 209 D4, E3, E5
Fetească neagră 209 E5
Fetească regală 209 E3, E5, F2, F3, G3
Fetiaska 211 B5
Fetjaska 213 A1
Fettercairn 265 D5
Feverberg 153 B2
Feydieu 93 F4
Fiano 172 C3
Ficklin 234 F6
Figanières 126 B5
Figari 132 G5
Figline 171 C5
Filippi Winery 230 G5
Filton, Gloucestershire 252 C3
Filzen 139 B2, 143 B4
Finchampstead 252 F5
Findling 154 D4
Finger Lakes 238
Finistère 58 C5
Firat (Euphrates) 220 D5
Firenze 169 A4, 171 A3
Fitusberg 151 F5
Firvida 190 F2
Fitou 124 D3
Fiuggi 169 F4
Fixin 61 C6, 73 E4
Flachen 139 C4
Flagey-Echézeaux 71 G5
Flassans-sur-Issole 126 B4
Flaugeac 105 F4
Flayosc 126 B4
Flein 156 D4
Fleischmann 269 B3
Fleurance 261 C6, 129 E3
Fleurie 61 F5, 77 C4
Fleury-les-Aubrais 115 A4
Fleys 79 D6
Flohhaxn 201 F1
Floirac 80 E3
Florentin 129 F3
Florenz (Firenze) 169 A4, 171 A3
Fochabers 263 B5
Focsani 209 F5
Fogarina 165 F2
Foggia 172 B4
Foix 59 G3, 130 F6
Folgosa 190 G4
Foligno 169 D4
Fonroque 105 F4
Fonseca 193 B2
Fontalioux 121 F2
Fontana 230 G5
Fontanafredda 163 E3
Fontanelas 188 E1
Fortelo 190 G3
Fonterutoli 171 F3
Fontès 125 C6
Fontevrault-L'Abbaye 144 C6
Fontrubi 182 F5
Foppiano 230 C5
Forbes 241 E4
Forcine 177 B1
Forez 121 F2
Forli 165 G4, 169 A5
Fornos de Algodres 189 F6
Forres 265 C5
Forst 147 D1, 153 C2
Forst a.d. Weinstrasse 153 E5
Forsterlay 145 C1
Fort-de-France 267 C4
Forth 265 E4
Fort Ile 267 C4
Fortino 237 C3
Fort William 265 D3
Fortino 237 C3
Fougueyrolles 105 E3
Foujouin 118 B4
Founex 194 C4
Fourques 124 F2
Fours 104 B2
Fousselottes 72 F2
Fowler 235 G1
Fracia 161 A5
Fraisse 105 D3
Francesco Bertolli 171 F2
Franciacorta 161 B6, 165 D1
Franciscan 233 C4
Franconia 158
Frangy 127 B1
Franken 135 B6
Frankenthal 149 E1
Frankfort, Kentucky 269 B4
Frankfurt 135 B4
Franklin 269 C3
Frankovka 207 C4
Franschhoek 247 D2, 249 G6
Franzia 234 D3
Frapin 259 D2
Frascati 169 F3
Fraserburgh 265 C6
Fratenilli 171 E2
Frauenfeld 197 D4
Frecciarossa 161 D5
Freemark Abbey 233 B3
Freiburg 135 F3, 156 F1, 270 D4
Freinsheim 153 B2
Freis d'Asti 163 C3
Freis di Chieri 163 B1
Freisa 161 C3
Freixial 188 E3
Frelmersheim 153 D2
Fréjus 126 B5
Fremont 237 A3
Fresno 229 E3, 234 G6, 235 G1
Fréterive 127 C2
Freudenstadt 135 E4
Freundstück 153 E4
Fribourg 197 F2, 270 F3
Frickenhausen 158 E4
Frithsden 252 F5
Friularo 165 E4
Friuli Venezia Giulia 165 C5
Frohnhof 153 C4
Fronsac 80 E4, 102 D6
Frontignan 125 D7
Fronton 59 F2, 129 E5
Frosinone 169 F4, 172 B2
Fruska Gora 207 D4
Fuchs 139 E2
Fuchsberg 149 F5
Fuchsmantel 153 D4
Fuenmayor 180 B6
Fuissé 75 F3
Fuji-San 222 D3
Fujiyoshida 222 D3
Fully 195 D2
Fulton 269 D1
Fumane 167 B2
Funchal 185 D4
Furmint 202 A4, C2, B2
Furore Divina Costiera 172 C3
Fürsteneck 156 E2
Fye 79 C4

G

Gabarret 129 E2
Gabbiano 171 C3
Gabilan Range 237 E4
Gabrovo 211 C3
Gaeta 172 B2
Gageac-et-Rouillac 105 E4
Gaillac 59 F3, 129 E6
Gainfarn 200 G2
Gaiole in Chianti 171 E5
Galafura 190 F4
Galati 209 F5
Galbenă 209 E5
Galéria 132 E4
Gallega 177 E1
Gallicia 175 A1
Gallician 125 D9
Gallipoli 172 C6
Gallo-S. California Winery 230 G5
Gallo, W.E. & J. 234 D4
Galt 234 B3
Gamay 66 E3, 207 F5
Gambellara 165 E3, 169 C6
Gamlitz 198 G2
Gampel 195 C5
Gan 129 G1
Gandesa 183 G2
Gap 59 E5, 131 D3
Garanche 77 G3
Garancille 259 D3
Garcia 182 D3
Gard 59 F4, 120 G4, 125 C10
Gardasee 166 B6
Gardone 166 A5
Gardonne 105 E4
Garidells 182 F4
Garmouth 263 A4
Garonne 59 F2
Gärtchen 143 C3
Garvey 176 D6, 177 D1, B3, B4, D3
Gaspar F. Florido Cano 176 C4
Gassin 126 C5
Gattinara 161 B3
Gau-Bickelheim 155 F2
Gauriac 104 F2
Gavá 183 F1
Gavi 161 D4
Gawler 240 E5
Gazetiers 73 E2
Gaziantep 220 D5
Gazzah 220 F4
Geaune 59 G1, 130 E5
Gedersdorf 198 C2
Geelong 243 G2
Gehrn 151 E3
Geisberg 139 E4, 147 D4, 151 E5
Geisböhl 153 G5
Geisenheim 149 G5, 150 G2
Gelida 182 F6
Gelos 129 G1
Gemeaux 72 F6
Gemello 237 B2
Genadendal 247 D3
Genders 245 C4
General Alvear 251 D6
Gengenbach 270 C4
Genève 59 D5, 127 B2, 194 C4, 197 G1
Genova 161 E4
Gensac-la-Pallue 259 C1
Gensingen 155 E2
George 247 D6
Georgetown 250 B1, 267 G6
Georgia (Grunzinkaja) 213 C4
Gerona 175 B6
Gers 59 G2, 261 D4
Gerümpel 153 E4
Gervide 190 F2
Getashan 213 D4
Gevrey-Chambertin 61 C5, 73 E2
Geyser Peak 230 B4
Geyserville 230 B5
Ghemme 161 B4
Chioroc 209 E2
Ghisonaccia 132 F6
Ghisoni 132 F5
Gien 59 C3, 115 A5
Gigondas 132 F6
Gilly 194 B4
Gilly-les-Citeaux 72 G2
Gilroy 237 C4
Gimbsheim 155 F4
Ginestet 105 D4
Giretti 237 C3
Giro 169 G2, 172 E1
Gironde 80 F1
Girvan 265 G4
Givry 61 D5, 74 E4
Gizeaux 114 B6
Gland 194 B4
Glarus 197 E4
Glasgow, Kentucky 269 C3
Glasgow, Schottland 265 F4
Glen Albyn 265 C4
Glenallachie 263 E3
Glenburgie 265 C5
Glencadam 265 C5
Glen Conner 249 G3
Glendora 230 F3
Glendronach 265 C5
Glendullan 263 E4
Glen Elgin 242 F2
Glen Elgin 263 B3
Glenfarclas 263 E2
Glenfiddich 263 E4
Glen Foyle 265 E4
Glenfyne 265 E3
Glengarioch 265 C5
Glenglassaugh 265 C5
Glengoyne 265 E4
Glen Grant 263 C3
Glenkeith 263 C6
Glenkinchie 265 F5
Glenlivet 263 G2
Glenlochy 265 D3
Glenlossie 263 B2
Glenloth 245 B4
Glen Mhor 265 C4
Glenmorangie 265 C4
Glen Moray 263 A2
Glenmore 269 B3
Glen Oak 242 F2
Glénouze 114 C6
Glen Rothes 263 C3
Glenrowan/Milawa 241 F3
Glen Scotia 265 F3
Glen Spey 263 C3
Glentauchers 263 C5
Glenturret 265 E4
Glenugie 265 C6
Glenury-Royal 265 D5
Glöck 154 D5
Godalming 252 G5
Godramstein 153 D1
Godenano Secondo 171 E3
Godoy Cruz 251 B5
Goldan 270 F5
Golden Luft 154 D5
Goldatzel 150 F2
Gold-Bächel 153 D4
Goldberg 139 C2, 150 E4, 201 F3
Goldgrube 145 B3
Goldschmied 153 G5
Gold Seal Vineyards 238 D2
Goldtröpfchen 143 C1, C2
Goldwingert 144 B6
Golop 203 C3
Gols 198 D4
Gomersal 244 C3
Gonçalo 190 F2
Gondeville 259 B4
Gondomar 189 C4
Gonfaron 126 C4
Gönnheim 153 B2
Gonzalez Byass 177 B4, C2, C3, C4, E1, 193 C4
Gorges 114 F2
Gorizia 165 D6
Gornac 80 F4
Gorna Radgorna 207 A2
Gotteshilfe 155 F3
Gottlesbrunn 198 D3
Gottwaldov 205 B5
Gotzen-Fels 147 F1
Goudge 251 D5
Goudhurst 252 G6
Goulburn 241 E5
Gouveia 189 F6
Gouvinhas 190 F5
Goxviller 270 C4
Gozo 216 F2
Graach a.d. Mosel 145 E1
Graacher Schäferei 145 E2
Graben 145 F2
Gradignan 80 F3, 95 C3
Grafenberg 143 D1, 151 E2
Grafenstück 153 A2
Graham 193 B2
Grainhübel 153 F5
Granada 175 D3
Grand Bigaroux 103 E3
Grand Favray 119 E5
Grandes-Ruchottes 65 F6
Grandes-Ruchottes 66 F1
Grande Rue 71 F4
Grant Mont 117 B3
Grand Cru 233 E3
Grand Poujeaux 91 F3
Grands Murs 72 F2
Grand Soumard 119 F4
Grand Soussans 91 G6
Grandvaux 194 B6
Grantown 265 D5
Grasă 209 E4
Graševina 207 B2, B3, C3, C4
Gratallops 182 F3
Gratiesti 213 A1
Graubünden 197 F4
Graulhet 129 E6
Gravedel Friuli 165 D5
Graves 80 F3, 95
Graves de Vayres 80 E4
Grayson 269 B5
Graz 198 F2
Greater Antilles 266
Great Western 241 G1
Greco di Gerace 172 F4
Greco di Tufo 172 C3
Greenock 244 A4
Greenville 269 C2
Grenada 267 E4
Grenoble 59 E5, 131 C3
Grenouilles 79 D4
Greta 242 E3
Greve 171 D4
Grezzana 167 B3
Griechenland (Ellas) 215
Griffith 241 E3
Grignolino 161 D3, 163 A4
Grignolino d'Asti 163 C4
Grimaud 126 C5
Grinzing 198 C3, 200 B3
Griotte-Chambertin 72 F6
Grisolles 129 E5
Grk 207 E2
Grom 207 F5
Grombalia 219 B5
Gros Plant du Pays Nantis 58 D6, 130 B4
Gross-Bottwar 156 D4
Grosser Hengelberg 143 D1
Grosser Herrgott 143 C3, D3
Grosseto 169 C2
Grosshöflein 198 D3
Grosslagenfrei 158 D4, E3, 156 E3
Grozon 127 E5
Gruenchers 72 F3
Grumello 161 A6, 165 C1
Grüneberg 141 D2
Grünstadt 153 B1
Grunzinkaja 213 C4
Guadalajara 251 F2, 175
Guadalquivir 175 D3
Guadeloupe 267 B5
Guadiana 175 C3
Guagno 132 E5
Guiana, Fr (Guyane Fr.) 250 B2
Guantanamo 266 A4
Guastalla 165 F2
Guasti 230 G4
Guaymallén 251 A5
Gueberschwihr 110 B4
Guebwiller 110 A1, 113 F2

Guelma 219 B4
Guémar 113 D2
Guéret 59 D2, 130 C6
Guerneville 230 D4
Guglielmo 237 C4
Gujães 190 E4
Guiamets 182 G3
Guild 234 B1
Guild Winery 230 G4
Guimarãis 187 B4, 189 C5
Gujan-Mestras 80 F1
Güldenmorgen 155 F4
Gumpoldskirchen 198 D3, 200 F2
Gumza 211 C3
Guncina 165 C3
Gundelsheim 156 C4
Gundersheim 155 G3
Guntersblum 135 B4
Gunterslay 143 C2, D1, D2
Guntramsdorf 198 D3, 200 F3
Gurdzhaani 213 C4
Gutach 270 D4
Gutenberg 150 G2
Gutental 147 C2
Gutleut-Haus 154 G6
Guttenberg 153 E1
Gutten Holle 146 F5
Gutturnio 161 D5
Guyana 250 B2, 267 G5
Guyane Fr. 250 B2
Gy 194 C4
Gyöngyos 202 B3
Györ 202 B2

H

Hackham 245 C4
Hadres 198 B3
Haifa (Hefa) 220 F4
Hainburg 198 C4
Hainfeld 153 D1
Haiti 266 A5
Hajos 202 E1
Halab 220 E5
Halbturn 198 D4
Halkidas 215 C3
Hallcrest 237 C2
Hallett Cove 245 B4
Hallgarten 150 E6
Haloze 207 B2
Haltingen 156 G1
Hamah E5
Hambledon, Hampshire 252 G5
Hameau de Blagny 66 F4
Hamilton 241 G1
Hamilton's 244 D6
Hamm 139 C2
Hammerstein 141 F2
Hammondsport Wine Co. 238 D2
Hampden 266 A3
Hamrun 216 G2
Hannersdorf 198 F3
Hans Kornell Winery 233 A2
Hanzell Winery 233 F3
Happy Valley 242 F1
Thos. Hardy 245 C4
Hardy's (Tintara) 244 B5
Haro 180 B5
Hartford 269 C3
Häschen 143 E1
Hasenläufer 144 G5
Hasensprung 150 F3
Haslach 135 F3
Hato 176 B3
Hattenheim 150 F6
Hattstatt 110 C4, 113 E2
Haugsdorf 198 B2
Haut-Armagnac 261 D5
Haut-de-Bosdarros 128 G6
Haut-de-Seine 59 B2
Haute-Garonne 59 G2
Haute-Goulaine 114 E2
Haute-Loire 59 E4
Haute-Marne 59 C4
Haute-Saône 59 C5
Haute-Savoie 59 D5
Haute-Vienne 59 E2
Hautes-Alpes 59 E5
Hautes-Pyrénées 59 G2
Haut-Rhin 59 C5
Haut-Santenay 65 E2
Hauts Doix 72 F2
Hautvillers 107 D2
Haza Pozo 176 A5
Hazard 269 C5
Healdsburg 230 C5
Hecker-Pass 237 D3
Hefa 220 F4
Heidelberg 247 C5, 135 C4
Heilbronn 135 D5
Heiligenbaum 154 E4
Heiligenberg 150 F6
Heiligenborn 139 G4
Heiligenhäuschen 141 G5
Heimberg 148 F3
Heissenstein 110 A1
Helenenkloster 144 G6
Hendelberg 150 D6
Henderson 269 C2
Hennessy 152 A5, A6, 153 B2, B3, D2
Henriot 109 C5
Henschke's 244 C6
Heppenheim 156 B3
Heppenstein 139 E3
Hérault 125 C6, 59 G3
Hercegkút 203 B5
Hermance 194 C4
Hermanus 247 E2
Hermitage 120 B6
Herrenberg, Franconia 158 E5
Herrenberg, Ruwer 141 D4
Herrenberg, Mosel: Piesport 143 B3
Herrenberg, Rheinhessen 154 G5
Herrenberg, Saar 139 B3, C2, D2, E3
Herrenberg, Mosel: Bernkastel 145 B4
Herrenberg, Rheinpfalz 153 B4
Herrenmorgen 153 A3
Herrgottsacker 153 E4
Herrlich 153 E1
Herrmans 146 G4
Herrmans-Berg 146 G4
Herrnbaumgarten 198 B3
Herrnberg 154 G5
Herrngarten 154 F6
Herrschaft 197 C5, B5
Hessen 135 B6, C2
Heublein Co-operative 233 B3
Heuchelberg 156 D3
Hiedsieck, Charles 109 A5, C6
Hiedsieck Monopole 109 A5
Highland Park 265 A5
Highway City 234 F6
Hillside 265 D6
Himmelreich 145 D5, E1
Himmelsteige 201 F1
Hims 220 E5
Hine 259 B3
Hinkel Stein 147 D1
Hinterkirch 149 D2
Hipping 154 D5
Hitzendorf 198 F1
Hitzkirch 270 E5
Hitzlay 141 E5
Hlohovec 205 B5
Hochbenn 153 B4
Hochfelden 113 B1
Hochmess 153 B1
Hochstadt 153 D2
Hódmezovásárhely 202 C3
Hodonin 205 B5
Hoeppsel 139 G4
Höfchen 145 F2
Hofgarten 147 D1
Höflein 198 D4
Hofstatter, J. 166 F2
Hofstück 153 C2
Hoheburg 153 F5
Hohenberg 156 D3
Hohenmorgen 153 F4
Hohenneuffen 156 E4
Hohenrain 151 E1
Hohenwarth 198 C2
Hohle 146 G5
Höll 147 F1
Hölle, Saar 139 B3
Hölle, Rheingau 150 F2
Hölle, Rheinhessen 154 E5
Höllenberg 149 D2
Hollenpfad 153 B1
Hollister 237 D4
Homberg 135 C2
Homs (Hims) 220 E5
Honbo 222 C3
Honeoye Lake 214 C2
Hönigberg 151 E1, 158 D4, 147 C1
Honigsackel 153 B1
Hopkinsville 269 C2
Horam, Sussex 252 G6
Horn 153 A4
Horndale 245 B4
Horsham, Australien 241 F1
Hourtin 81 D1
Hoy 265 A5
Hrvatska (Kroatien) 207 C2-3
Hubertuslay 139 E4, 145 C1
Huelva 175 D2
Huesca 175 A4
Hughson 234 D4
Huguenot (co-op) 249 C5
Hühnerberg 145 E3
Huismes 117 C3
Hunawihr 111 C4, 113 D2
Hunter River 242
Hunter Valley 241 D5, 242
Hunt Roope 193 C4
Husi 209 E5
Husseau 118 D5
Husseren
Husseren-les-Châteaux 110 C5
Hütte 139 C5
Hvar 207 E2
Hydra 215 D3
Hyères 126 C3

I

Iasi 209 E5
Ica 250 B1
Idar Oberstein 135 B2
Iglesias 172 E1
Ihringen 156 F1
Ikaria 215 D5
Ile de Macau 93 B4
Ile de Vachers 93 C5
Ile des Vergelesses 69 E2-3
Ile Margaux 85 A4
Illas 167 C4
Ille-et-Vilaine 58 C6
Ille-sur-Têt 124 E1
Illkirch 113 B2
Illmitz 198 D4
Imola 165 G3
Imperia 161 F3
Imperial 263 E2
Impruneta 171 B3
Inchgower 263 A6
Indre 59 D2, 115 C3
Indre-et-Loire 59 C2, 115 C1
Inferno 161 A6, 165 C1
Ingelheim 135 B3, 155 E2
Ingenheim 153 E1
Ingersheim 111 C1
Inglenook Winery 233 C4
Ingrandes de Touraine 117 B4
Inkpen 252 F5
Innswood 266 B3
Institut St-Francois-Xavier 95 C3
Interlaken 197 F3, 270 F4
Interleven 265 E4
Invergordon 265 C4
Inverness 265 C4
Inverurie 265 D5
Ioannina 215 C2
Ios 215 E4
Iphofen 158 E4
Ipiros 215 C2
Iraklion 215 F4
Irbid 220 F4
Irouléguy 59 G1, 128 G6
Irroy 109 A5
Irsch 139 F3
Irshavskoje 203 A2
Ischia 172 C2
Isère 59 E5, 120 A5
Iskenderun 220 D5
Islay 265 F2
Isle of Jura 265 F3
Isparta 220 D3
Israel (Yisra'el) 265 F4
Issan 93 B3
Issigeac 105 F5
Istanbul 220 B2
Italian Swiss Colony 230 A4
Italijanski Rizling 207 C4, C5, D5, F5
Ithaca 238 D4
Ivanhoe 242 F2
Izmir 220 C1
Izmit 220 B3

J

Jacquesson 109 B5
Jaén 175 D3
Jalta 203 B2
Jamaica 266 A3
Jambles 74 E3
Jarnac 259 B4
Jászberény 202 B3
Javrezac 258 A5
Jaxu 128 G6
Jerevan 203 C5
Jerez de la Frontera 175 D2, 177 E3, 179
Jerez y Sanlúcar 175 D2
Jerusalem (Yerushalayim) 220 F4
Jesuitenberg 150 G3
Jesuitengarten 141 F5, E5
Jihlava 205 B4
Joching 200 G5
Johannisberg 185 B3, 141 D5, 150 F3
Johannisberg Grund 150 F2
Johannisbrünnchen 145 F2
Jois 198 D3
Jongieux 127 C1
Jordan (Nahr al-Urdunn) 220 F4
Jordan (Al-Urdunn) 220 F5
Jordanie (Al-Urdunn) 220 F5
Jose de Soto 177 E2, B3
Josef Brigl 166 D2
Joseph Heitz Cellars 233 B4
Joseph Phelps 233 B4
Josephshof 145 E1
J. Swan 230 D5
Juffer 143 A5, 144 F5
Jujuy 251 A2
Juliénas 61 F5, 77 A4
Jullié 77 A3
Jully-lès-Buxy 74 G3
Jumilla y Monovar 175 C4
Juncosa 182 B5
Junee 241 E3
Jungfer 150 E6
Junin 251 B5
Junta Nacional dos Vinhos 193 D4
Jura 265 D5, E3
Jurançon 129 G1
Jussy 194 C4

K

Kabininge 244 C4
Kadarka 202 A3, D3, C2, D2, 207 B4
Kadina 240 E5
Kaefferkopf 111 B2
Kafels 146 F6
Kahlenberg, Nahe 147 D1
Kahlenberg, Österreich 200 B3
Kahlenbergerdorf 200 B4
Kaiserberg 200 F6, G1
Kaiserslautern 135 C3
Kaiserpfalz 155 E2
Kaiserstuhl 156 F1
Kaiser Stuhl (co-op) 244 B4
Kaiser Stuhl Tuniberg 135 F3
Kalabrien 172 F4
Kalamata 215 E2
Kalbsflicht 151 F3
Kalecik 220 C4
Kalifornien 229
Kalimna 244 A4
Kalkofen 153 A4, F4
Kalksburg 200 D2
Kallstadt 153 A4
Kalokhorio 216 D3
Kalterersee 165 C3
Kambos 216 C2
Kangarilla 245 C5
Kanonkop 249 E2, F3
Kanzem 139 B3
Kanzlerberg 111 D5
Kapela 207 B3
Kapellchen 143 D3
Kapellen Pfad 147 D2
Kapfenberg 198 E1
Kaposvár 202 C2
Kappelrodeck 156 E4, 270 C4
Kapuvar 202 B1
Karabük 220 B4
Karabunar 211 D2
Kara Chanakh 213 C6
Karaman 220 D4
Karcag 202 B3
Kardinalsberg 145 F1
Karlovac 207 B2
Karlovo 211 C3
Karlsberg 139 C4
Karlsruhe 156 D3, 135 D4
Károlyfalva 203 A5
Karpaten (nuntii Carpartii) 209 D7
Karpathos 215 F6
Karthago 219 B5
Karthäuserhofberg 141 D4
Kasel 135 B2, 141 E4
Kathikas 216 C1
Katalonien (Cataluna) 175 B5, 182
Katoomba 241 E4
Kätzchen 143 A4
Katzensprung 201 F1
Katzenthal 111 B1
Kaukasus (Bol'ŠO) Kavkaz 213 C5
Kausenberg 147 E1
Kavadarci 207 G5
Kavadarka 207 G6
Kavalla 215 B4
Kawaguchi 222 C2
Kayseri 220 C5
Kaysersberg 111 B2, 113 E2
Kea 215 D4
Kecskemet 202 C3
Kefallinia (Cephalonia) 215 D1
Keinbah 242 F3
Keith 263 C6, 265 C5
Kékfrankos 202 B1
Kéknyelyü 202 C2
Kellerberg 201 G2
Kellereigenossenschaft Greis-Bozen 166 D2
Kellereigenossenschaft Terlan 166 C2
Kelokedhara 216 D2
Kenitra 218 C4
Keuka Lake 238 D2
Kentucky River 269 C4
Kerchen 156 D3
Kenwood 233 E3
Kerkira 215 C1
Kern 229 F3
Kernagel 141 F4
Kertz 146 G5
Keskin 220 C4
Kesten 143 B3
Keszthely 202 C1
Kettmeir 166 E2
Kevedinka 207 C4
Keyes 234 D4
Keyneton 244 C6
Khaskovo 211 D4
Khios 215 D5
Khoulou 216 C2
Kickels-Kopf 147 F1
Kiedrich 151 E2
Kientzheim 111 B3
Kieselberg 153 F4
Kilani 216 D2
Kilis 220 D5
Kilsberg 150 F2
Kinclaith 265 F4
Kindenheim 153 A1
King City 237 G5
Kings 229 E3
Kingsburg 235 G1
Kingston 263 A4, 266 B3
Kingstown 267 D4
Kinheim 145 C1
Kipros 216, 220 E3
Kirchberg, Saar 139 B2
Kirchberg, Österreich 198 C2
Kirchberg, Mosel 144 G5
Kirchberg, Würzburg 158 D4
Kirchen 149 F4
Kirchenpfad 149 E4
Kirchenstück 153 A4, 153 E5
Kirchheck 146 F6
Kirchheim 135 D6, 153 B1
Kirchlay 145 B2
Kirchplatte 154 D3
Kirklareli 220 B1
Kirkwall 265 A5
Kirrweiler 153 C2
Kishinev (Kišin'ov) 213 A1
Kišin'ov 213 A1
Kiskörös 202 C3
Kiskunfelegyhaza 202 C3
Kiskunhalas 202 C3
Kithira 215 E3
Kithnos 215 D4
Kitingen 158 E4
Kizlarskoye 213 C6
Klamm 146 G5
Klaudhia 216 C4
Klaus 150 F3
Kläuserweg 150 G2, 149 F6
Klein Babelonstoring 249 E3
Klein Drakensteinberge 249 E5
Klett 197 B4
Klöch 198 G2
Klöch-Oststeiermark 198
Klosterberg, Kiedrich 151 E2
Klosterberg, Nahe 146 F6
Klosterberg, Oestrich 150 E4
Klosterberg, Rüdesheim 149 E4
Klosterberg, Saar 139 C4, E2
Kloster Eberbach 151 D1
Klostergarten, Filzen 143 B4
Klostergarten, Leiwen 142 F6
Klostergarten, Rheinhessen 154 D4
Klostergarten, Rheinpfalz 153 F5
Klosterhofgut 144 D5
Klosterkellerei Muri 166 D3
Kloster Liebfrauenberg 153 E2
Klosterneuburg 200 B3
Klosterneuburg 198 C3
Klüsserath 142 E5
Kobnert 153 B1
Knockando 263 E2
Knockdhu 265 C5
Koblenz 135 A3
Koelenhof (co-op) 249 E1
Kofu 222 C2
Kohfidisch 198 F3
Kokkineli 215 C3
Kokur Niznegorsky 213 B2
Kolumbien 250 B1
Komarno 205 C5
Kommlingen 139 A4
Königsbach 153 C2
Königsberg, Klüsserath 142 E5
Königsberg, Traben-Trarbach 145 C4
Königs-Fels 146 G3
Königsgarten 153 D1
Konigswingert 153 D4
Konstanz 156 G6, 270 E6
Konya 220 D3
Konz 139 A3
Kopf 156 D4
Kophinou 216 D3
Kopke 193 C3
Korbel 230 D4
Korčula 207 E2
Korfu (Kerkira) 215 C1
Korinthos 215 D3
Korro 245 C4
Kos 215 E5
Košice 205 B6
Kosovo 207 F5
Kotor 207 F3
Kövágóörs 204 G4
Kovenig 145 B3
Kövidinka 202 C3
Köwerich 142 F6
Kozani 215 B2
Kraichgau 156 C3
Kramolin 211 C3
Kranzberg 154 D5
Krasnodar 213 B3
Krasnostok Zolotovskij 213 A4
Krasnyi Kamenj 213 B3
Krater 207 G6
Kratosija 207 G6
Kräuterhaus 145 D3
Kreidkeller 153 A3
Krems 198 C2, 201 F3
Kreta (Kriti) 215 F4
Krettnach 139 A5
Kreuz 154 G5
Kreuzberg, Mosel 145 E3
Kreuzberg, Österreich 201 F3
Krichim 211 D3
Kriti 215 F4
Kroatien 207 C2-3
Kröne 141 F5, F6
Kronenberg 147 D1
Krötenbrunnen 155 F4
Kroten Pfuhl 147 D2
Kröv 145 B2
Krug 109 A5
Kruževac 207 E5
Ksará 220 F5
Ktima 216 D1
Kuba 266 A4
Kues 135 B2
Kujunduša 207 E3
Kunkelman-Piper-Hiedsieck 109 B5
Kupfergrube 146 G4
Kupp, Saar 139 B3, D2, E2
Kupp, Ruwer 141 F2
Kurdzhali 211 E4
Kurfürstenberg 141 F4
Kurfürstenstück 155 E2
Küssnacht 270 F5
Kütahya 220 C2
Kutjevo 207 C3
Kviti Poloniny 213 A1
K.W.V. 249 D4
Kyrenia 216 B3
Kyurdamir 213 C6
Kyustendil 211 D1

L

Labarde 93 D4
la Barre, Volnay 67 F4
la Barre, Montlouis 118 C3, D5
Labastida 180 B5
la Batiaz 195 D2
L'Abbé-Gorsse de Gorsse 93 A2
la Biaune 77 C4
La Bodogonera 177 E2
la Boudriotte 65 F5
la Boulotte 69 F3
Labrousse 87 C1
la Cadière d'Azur 126 C2
la Calera 251 A2
la Canariera 177 C4
La Canonja 182 G4
La Carrena 177 B3
la Casinca 132 E6
la Chapelle, Auxey-Duresses 67 D2
la Chapelle, Hermitage 122 C4
la Chapelle-Basse-Mer 114 E2
la Chapelle des Bois 77 C4
la Chapelle-sur-Erdre 114 B3
la Chapelle de Guinchay 77 B6
la Chapelle-Heulin 114 F2
la Chapelle-sur-Loire 117 C3
la Chapelle-Vaupelteigne 79 B2
la Ciotat 126 C2
La Clape 124 D4
la Combe d'Orveau 71 E5, 72 E1-F1
la Comme 65 F4
La Compania 177 C3
La Concha 177 D2
Laconi 172 D2
Laconnex 194 D3
la Contrie 117 B2
La Copera 177 C4
La Coruña 175 A2
La Côte 194 A4, 197 C1
la Côte, Sancerre 119 E2
Lacq 129 F1
Lacquat 121 B3
la Crau 126 C3
Lacrima Christi 172 C3
la Croix 122 C5
la Croix Valmer 126 C5
Ladismith 247 C5
la Dominode 69 E1
Ladyburn 265 G4
la Farlède 126 C3
La Figuera 182 F3
la Flèche 114 A6
Lafoes 187 C5
la Folie 118 B4
la Force 105 E4
la Fourchaume 79 C3
la Frelonnerie 118 E3
la Galippe 117 E6
la Garde 126 D3
la Garde-Freinet 126 C5
la Gardière 117 B1
la Gardine 123 C4
la Garengue 97 B5
la Garenne 66 F4
la Gaudrelle 118 C3
Lagavulin 265 F2
la Gibauderie 259 B3
Lagoa 187 G4
la Goutte-d'Or 66 F1
La Granada 182 F6
la Grande Côte 119 F2
la Grand Gardiole 123 A5
Lagrein 165 C3
la Grille 117 D3
Lagrima 172 D4
Laguardia 180 B6
la Haie Fouassière 114 F2
la Haie Martel 117 E5
La Jara 176 B3
la Jennelotte 66 F4
Lake Hennessey 233 B5
Lake Keuka Wine Co. 236 D2
Lake's Folly 242 F2
la Lande 117 B2
Lalande-de-Pomerol 99 A4, 103 C2, 80 E4
Lalden 195 C6
La Llacuna 182 E5
la Londe-les-Maures 126 C4
la Maison Blanche 122 C5
la Maladière 65 E3
la Maltroie 66 G1
La Mancha 175 C4
Lamarque 91 D5
la Martellière 117 B2
La Masō 182 F4
Lamberhurst 252 G6
Lambrusco 165 F2
la Medoquine 95 A3
La Méjanelle 125 C8
La Meslérie 118 B4
Lamia 215 C3
la Mignotte 68 F4
la Milletière 118 D5
la Môle 126 C5
Lamonzie-St-Martin 105 E4
La Morera de Montsant 182 F3
la Morra 163 E2
Lamothe 97 C4
Lamothe-Montravel 105 E2
la Motte 126 B5
la Mouline 93 E2
Lamphey, Wales 252 F3
la Mure 75 E2
Lana 166 B1
La Nava 175 B3
Lancaster 269 C4
Lancellotta 165 F2
Lancié 77 D5
Landamusberg 143 E1
Landau 135 D3
Landau in der Pfalz 153 D2
Landes 59 F1, 261 C3
la Nérolle 259 D3
Langeais 114 B6
Langenberg 151 E3, E5, F5
Langenlois 198 C2
Langenlonsheim 135 B3
Langen-Morgen 153 A4
Langenstück 151 F4
Langhorne Creek 134 F6
Langlade 125 C5
Langnau 270 F4
Langon 80 G4
Languedoc 59 G3, G4
Lania 216 D2
Lannepax 261 C4, 129 E3
la Noblaie 117 F3
La Nou de Gaya 182 G5
La Norieta 177 C4
Lanquais 105 E6
Lansac 104 F4
Lanson 109 A5, C4
Lanusei 172 D2
Laon 59 A3
La Pagliaia 171 F5
la Paillère 95 B2
La Palma 177 C2
Lapalme 124 D3
La Pampa 251 D2
La Panamena 177 C2
La Paris 249 E5
La Pastranilla 176 C5
La Paz 250 C1
la Perrière, Fixin 73 E3
la Perrière, Gevrey Chambertin 73 F1
la Pierrière, Nuits-St-Georges 70 F6
la Perrière, Sancerre 119 E3
La Pesanella 171 D4
Laphroaig 265 F3
la Pièce-sous-le-Bois 66 F5
la Pierelle 122 C5
la Pierre 77 C5
la Pinesse 97 C4
Laplume 129 D3
la Platerie 117 B3
la Pommeraye 114 B4
la Possonnière 116 B2
Lapoutroie 113 E1
la Provence 249 G5
La Quercia 171 D4
L'Aquila 169 E5
La Racha 177 C2
La Rambla 183 F3
Laredorte 124 B3
la Refène 68 F1, 67 F6
la Regrippière 114 F3
La Réole 80 G5
la Richemone 71 F3
La Riera 182 C4
La Rioja 251 B2
la Riotte 72 F4
Larisa 215 C3
Larnaca 216 C4
la Roche 121 B3
la Roche aux Moines 116 B3
la Roche-sur-Yon 59 D1, 131 B4
la Rochelle, Charente-Maritime 59 E1, 130 C4
la Rochelle, Chinon 117 E3
la Rochelle, Moulin-à-Vent 77 C4
la Rochère 118 C5
la Roilette 77 C4
la Romanée 71 F4
la Romanée 65 F5
la Romanée-Conti 71 F4
la Roncière 70 F6
Larsen 258 B5
la Salpetrière 117 B2
Lascazères 261 E4
La Secuita 182 F5
La Selva 182 F4
la Seyne-sur-Mer 126 D3
las Heras 251 A5
Las Irlas 182 G4
Laski Rizling 207 A3
la Solitude 123 C5
La Spezia 161 E5
Lasserre 267 B4
Lasseube 129 G1
Lasseubetat 128 G5
Lastra 171 A1
Las Vegas (Chile) 251 A2
la Tâche 71 F4

La Taconera 177 F3
Latakia (Al-Lādiqīyah) 220 E5
la Thierrière 118 C4
Latina 169 F3, 172 B1
La Torre Alta 176 D6
la Tour du Bief 77 B5
Latour-de-France 124 D2
la Tour de Peilz 195 B1
Latricières 72 F5
La Trinidad 177 D2
la Tuilerie 97 F5
La Tula 177 E1
l'Auberdière 118 C3
Laudamusberg 143 E1
Laudun 120 G5
Lauffern 156 D4
Laujuzan 261 C3, 129 F2
Laure-Minervois 124 B3
Laurentiusberg 143 F1, 141 G6
Laurentiuslay 143 F1
Lauria 172 D4
Lausanne 194 B6, 197 F2, 270 G3
Lauw 113 G2
Laval 59 C1
la Valette-du-Var 126 C3
la Vallée 119 E2
la Vallée Chartier 118 C4
la Vallée Coquette 118 C2
la Vallée de Nouy 118 C3
la Vallée de Vaux 118 B5
Lavardac 129 D3
la Varogne 122 C3
Lavaux, Schweiz 195 A1, 197 C2
Lavaux, Gevrey-Chambertin 93 E1
La Verne 120 G3
Lavey Morcles 195 D2
la Vigne au Saint 69 E3
Lavigny, Jura 127 G4
Lavigny, Schweiz 194 B5
la Villatte 117 B2
La Villedieu-du-Temple 59 F2
la Voirosse 69 E3
la Voulte-sur-Rhône 120 D5
Lawrenceburg 269 B4
Lay 145 F2
La Zarzuela 117 D2
Lazio 169 E3, 172 B2
Lazise 166 C6
Leányka 202 A3, C3
la Bais Clair 259 B2
Lebanon (Al-Lubnan) 220 F4
Lebanon, Kentucky 269 C4
le Beausset 126 C3
le Bois Rideau 118 C3
le Boucou 123 C5
Le Boulay 115 B1
le Bouscat 80 E3
le Bouscaut 95 E5
le Breynets 77 C5
le Cailleret 66 G3
le Cannet-des-Maures 126 B5
le Carquelin 77 C5
le Cassereau 118 B4
le Castellet 126 C2
Lecce 172 C6
le Champ-Canet 66 F5
le Champ de Cours 77 C5
le Champ-sur-Layon 116 E4
le Clos, Châteauneuf-du-Pape 123 C4
le Clos, Pouilly-Fuissé 75 F2
le Clos, Vernou-sur-Brenne 118 C4
le Clos Baulet 72 F4
le Clos des Chênes 67 F3
le Clos des Réas 71 F4
Le Corti 171 C2
le Corton 69 E4
Lectoure 129 E3
Le Creusot 61 D4, 59 D4
Ledaig 265 E3
le Désert 95 E4
Leef op Hoop 249 G3
Leeward Islands 267
le Fleix 105 E3
le Fougeray 118 B4
le Frèche 261 C3
le Frèrie 75 E2
le Grand Carretey 97 A4
le Haut Cousse 118 B4
le Haut Lieu 118 C3
Le Havre 59 B1, 271 B2
Leibnitz 198 G1
Leimen 156 C5
Leinhöhle 153 F4
Leistadt 153 A4
Leiste, Würzburg 158 E5
Leitchfield 269 C3
Leiterchen 143 F1
Leiweu 142 G6
le Landreau 114 E2
Le Loroux-Bottereau 114 C3, E2
le Luc, Var 126 B4
le Luc, Cissac-Médoc 85 G2
Léman, lac 59 D5, 194 B6, 197 C2, 270 G3
le Mans 59 C1
le Mayors 126 C4
Lembras 105 E5
le Méal 122 C4
Le Mesnil-sur-Oger 107 F3
le Mont 118 C3
le Montrachet 66 G3
le Moulin 77 C4
le Moulin-à-Vent 77 C5
Le Muy 126 B5
Lenchen 150 F4
Lengenfeld 198 C1
Lens 195 C3
Léognan 80 F3, 95 F3
Léon 175 A2
Leopoldsberg 200 B3
l'Epaisse 117 B2
le Pallet 114 F2
le Paradis 119 F3
le Passe-Temps 65 F3
le Pave 77 F3
le Pellerin 114 C2
le Petit Mont 118 C2
le Petit-Pujeaux 91 G3
le Pian-Médoc 93 G4
Le Piazze 171 F3
Le Pile e Lamole 171 D4
le Pin, Huismes 117 D3
le Pin, Jura 127 G4
le Plâtre 77 D4
le Point du Jour 77 C4
le Pontet 120 G5
le Port 121 C3
le Poruzot 66 F6
le Poruzot dessus 66 F6
le Pouyalet 87 B5
le Pradet 126 D3
le Pressoir 117 E5
le Puch 97 C5
le Puizac 119 F5
le Puy 59 E4, 131 D1
Legé 114 D3
le Royal-Canadel 126 C5
le Richebourg 71 F4
Lérida 175 B5
le Rognet-Corton 69 F5
Le Rouxdorp 249 G6
les Aigrots 68 E3
les Amoureuses 72 F2
les Angles 67 F4
les Arcs 59 F6, 126 B5
les Argillats 71 E2
les Argillières 68 F1
les Armusèries 118 B2
les Arsures 127 E5
les Arvelets 67 E6, 68 E1, 73 E4
les Aubuis 117 E3
les Aussy 67 F4
les Avaux 68 F3
les Baraques de Gevrey Chambertin 73 F1
les Barguins 118 C3
les Bas-des-Teurous 68 F4
les Basses Vergelesses 69 E2
les Baudes 72 F3
les Baux 59 F5
les Belletins 118 F3
les Berthiers 118 F4
les Bertins 67 F5
les Bessards 122 C4
les Bidaudières 118 C4
les Bienvenues 66 G3
les Billaux 103 C1
les Blottières 117 B4
les Bonnes Mares 72 F3
les Borniques 72 F2
les Bouchères 66 F6
les Boucherottes 68 F2
les Bouchots 72 E4
les Bouthières 75 E3
les Bressandes 68 E5, F4
les Breuillards 119 E4
les Brussolles 65 F5
les Bruyères 77 E3
les Caillerets 67 F3
les Cailles 70 F6
les Calinottes 91 E5
les Capitans 77 A5
Lescar 129 G1
Les Carmes-Haut-Brion 95 A2
les Cassiers 119 F4
les Cent-Vignes 68 E5
les Chabœufs 70 F6
les Chaillots 69 F4
les Chalumeaux 16 F4
les Champeaux 73 E2
les Champlains 74 D4
les Champonnets 73 E1
les Champs Fulliot 67 F3
les Champs' Gain 65 F6, 66 G1
les Champs Grilles 77 A5
les Chanlin 67 E5
les Chanlins Bas 67 E5
les Chanoriers 77 A4
les Chaponières 67 F5
les Charmes 72 F2
les Charmes dessous 66 G5
les Charmes dessus 66 G5
les Charmots 68 E1
les Charnières 69 D2
les Chassaignes 119 E2
Les Chatelots 72 F2
les Chaumes, Côte de Beaune 69 E3
les Chaumes, Côte Chalonnais 74 D3
les Chênes 77 D4
les Chenevottes 66 F2
les Chers 77 A4
les Chétives Maisons 118 F5
les Chouacheux 68 F3
les Claveries 97 G5
les Clos 79 D4
les-Clos-des-Mouches 68 E2
les Clos du Roi 69 F4
les Closeaux 117 E4
les Combes-dessus 67 F5
les Combettes 66 G4
les Corbeaux 73 F1
les Crovées Pagets 70 F4
les Cras, Côte de Beaune 67 F3
les Cras, Côte de Nuits 72 F2
les Crays 75 E2
les Criots 66 G2
les Croix-Noires 67 F5
les Deduits 77 C4
les Diognières 122 C5
les Duresses 67 E2
les Echézeaux 71 F5
les Echoppes 95 A2
les Epenots 68 F1
les Epenottes 68 F2
les Epinottes 79 D3
les Evois 117 B3
les Fèves 68 E5
les Fiètres 69 F3
les Fichots 69 E3
les Folatières 66 F4
les Fondis 117 B1
les Fontenys 73 E1
les Forêts 79 E3
les Fourneaux 79 D6
les Fournières 69 F3
les Fremières 72 F4
les Fremiers 67 F5
les Froichots 72 F4
les Fuées 72 F3
les Galuches 117 B2
les Garrants 77 C4
les Gaudets 77 D4
les Genevrières 72 E4
les Genevrières dessous 66 G6
les Genevrières dessus 66 F6
les Gimarets 77 C5
les Girardières 118 C4
les Girarmes 119 F4
les Goulots 73 E2
les Grandes Bastes 118 B5
les Grands Champs 67 E2
les Grands Cras 77 E4
les Grands Echézeaux 71 F5
les Gravières 65 F4
les Greffieux 122 C4
les Grèves 69 F4, 68 F5
Les Groseilles 72 F3
les Gruenchers 72 F4
les Guerets 69 E3
les Gués d'Amant 118 C2
les Guillattes 77 C5
les Hauts Champs 117 B3
les Hauts Jarrons 69 E1
les Hauts-Marconnets 68 E6
les Hauts-Pruliers 70 F6
les Hervelets 73 E4
Les Jarollières 67 F5
Leskovac 207 E5
les Languettes 69 E4
les Larreys 72 F4
les Lavières 69 E2
les Lavrottes 72 F3
les Lèches 105 D4
les Lignes 117 D1
les Loges 119 F4
les Lurets 67 F4
les Lys 79 D3
les Macherelles 66 F2
les Madères 118 C5
les Marconnets 68 E6
les Maréchaude 69 F4
les Mayons 126 C4
les Meix 69 F3
les Ménétrières 75 F3
Les Mesneux 107 A3
les Millandes 72 F4
les Mitaus 67 F4
les Montremenots 68 E2
les Monts Damnés 118 F2
les Moriers 77 C4
les Murets 122 C5
les Musigny 71 F6, 72 F1
les Nabantons 69 E1
les Noirots 72 F3
les Noizons 68 E2
Lesparre-Médoc 80 C2
les Perrières 66 F5
les Perrières 68 E6, 69 F4
les Petites Bruyères 118 E4
les Petits Epenots 68 F2
les Petits-Monts 71 E4
les Petits Musigny 71 F6, 72 F1
les Petures 67 F3
les Peuillets 68 E6
les Pezerolles 68 F2
les Picasses 117 D3
les Pinchons 77 B5
les Pineaux 117 D3
les Pins 117 B2
les Pitures dessous 67 E5
les Planches-près-Arbois 127 E5
les Planchots 69 F3
les Plantes 72 F2
les Plessis 75 G3
les Porets 70 F6
les Pougets 69 E3
les Poulettes 70 F6
les Poutures 67 F5
les Preuses 79 C4
les Procès 71 F1
les Pruliers 70 F6
les Puculles 66 G3
les Quarts 75 F3
les Raguenières 117 B3
les Referts 66 G4
les Reignots 71 F4
les Renardes 69 F4
les Réversées 68 F4
les Roches 118 C2
les Rocoules 122 C5
les Rosettes 117 F3
les Rouvrettes 69 E1
les Rugiens-Bas 67 F5
les Rugiens-Hauts 67 E5
les Ruchots 72 F3
les Sablons 117 B2
les Saint-Georges 70 F5
les Santenots Blancs 67 F3
les Santenots du Milieu 67 F3
les Saucilles 68 E2
les Saunières 65 D2
les Sentiers 72 F3
Lesser Antilles 267
les Seurey 68 F4
les Sicots 118 D4
les Sizies 68 F3
Lessona 161 B3
les Sorbés 72 F4
les Suchots 71 F4
les Talmettes 69 D2
les Teurons 68 F4
les Thorins 77 C5
les Toussaints 68 E5
les Vallerots 70 F6
les Valozières 69 F4
les Vaucrains 70 F5
les Verchers-sur-Layon 114 C5
les Vercots 69 E3
les Vergennes 69 F5
les Vergers 66 F2
les Véroilles 73 D1
les Verrillats 77 B5
les Vignes 118 E2
les Vignes Dessus 75 D2
les Vignes-Franches 68 F2
Lesvos 215 C5
le Teil 120 E5
le Tholonet 126 B2
le Thoronet 126 B4
l'Etoile, Vernou-sur-Brenne 118 C4
l'Étoile, Jura 127 G4
le Tris 91 E1
Letten 153 E5
Letterlay 145 B3
Leucate 124 D3
Leuk 195 C4
Leutschach 198 G1
le Vau Breton 117 F4
le Velay 121 F2
le Vernois 127 G4
le Vieux Télégraphe 123 C5
le Vivier 77 C5
Levice 205 C5
Levkas 215 C2
Lexington 269 B4
Leynes 75 F2
Leyssac 85 F4
Leytron 195 D2
Lézignan-Corbières 59 G3, 124 C3, 131 E1
Lhanbryde 263 A3
l'Hermite 122 C4
l'Homme, Hermitage 122 C5
l'Homme, Sarthe 115 A1
l'Homme Mort 79 B3
Liban (Al-Lubnan) 220 F4
Liberec 205 A4
Libertas 249 G2
Liberty 234 B1
Libourne 59 F1, 80 E4, 99 D1, 103 D1
Liebfrauenberg 139 C2
Liebfrauenmorgen 155 G3
Lieser 144 F6
Liesing 200 D3
Liestal 270 E4
Ligist 198 F1
Ligné 114 B3
Ligré 117 F4
Liguria 161 E4
l'Ile Bourchard 117 F6
l'Ile Rousse 132 D5
Lille 59 A3
Lilliano 171 F3
Lima 250 B1
Limassol 216 D2
Limburg 135 A3
Limmattal 197 B4
Limnos 215 B4
Limoges 59 E2, 130 C6
Limony 121 F2
Limoux 124 B1
Linares 250 C1
Lincoln, England 252 E5
Lincoln Village 234 C3
Lindos 215 E6
Linkwood 261 A3
Linsenbusch 153 G5
Linton 252 F5
Lipnita 209 G5
Lirac 120 G5
Lissabon (Lisboa) 187 E3, 188 F3
Lisle-sur-Tarn 129 E6
Listrac-Médoc 91 F2
Lithgow 241 E5
Litoměrice 205 A4
Little Karoo 247 D4
Littlemill 265 E4
Live Oaks 237 C4
Livermore 237 A3
Liverpool, Australien 241 E5
Livingston 234 E4
Livorno 169 A2
Livron-sur-Drôme 120 D5
Ljubljana 207 B2
Ljutomer 207 B3
Llanarth 252 F3
Lloa 182 G3
Llorens del Panadés 182 F5
Lloyd Light 245 B5
Locarno 197 G4
Loché 75 F3
Lochnagar-Royal 265 D5
Lochside 265 D5
Lockeford 234 B2
Locorotondo 172 C5
Lodi 234 B3
Lodoline 171 F4
Logroño 175 A4
Logroño 180 B6
Loiben 198 C2
Loibenberg 201 G2
Loire 59 E4, 120 A5
Loire-Atlantique 58 C6, 114 B2
Loiret 59 C3, 115 A4
Loir-et-Cher 59 C2, 115 B3
Loire Valley 59 D1, D2, C2
l'Olivier 118 C1
Lombardia 161 B5
Lomond 265 E4
Lonay 194 B5
London (Kentucky) 269 C5
Long Beach 229 G4
Longemer 113 E1
Longmorn 263 B2
Long Pond 266 A3
Longueteau 267 C4
Lons-le-Saunier 59 D5, 127 G4
Lorch 135 B3
Lorenzhöfer 141 E4
Loretta 269 C4
Lorettoberg 156 F1
L'Orléannais 115 A4
Lormont 80 E3
Lorques 126 B4
Lörrach 156 G1
Los Angeles 229 G3
Los Angeles Co. 230 F3
Los Barrios 177 F2
Los Cuadrados 177 D1
Los Esteves 177 C4
Los Gatos 237 C2
Lösnich 144 C6
Los Tercios 177 E1
Lot 59 F2
Lot-et-Garonne 59 F2, 80 G6, 261 B4
Louis M. Martini 233 B4
Louisville 269 B3
Loupiac 80 F4
Loureiro 190 F1
Lousa 188 E3
Lousada 189 C5
Louvois 107 C5
Louroujina 216 C4
Lovech 211 C3
Lower Belford 242 D2
Lozère 59 F4
Lo Zucco 172 F2
Lucca 169 A3
Lucena 183 G4
Lucenec 205 B5
Lucq-de-Béarn 129 G1
Lucques (Lucca) 169 A3
Ludon-Médoc 93 F6
Ludwigsburg 156 D4
Luginsland 153 D5
Lugana 165 E2
Lugano 197 G4
Lugo 175 A2
Luins 194 B4
Lujan 251 B4
Lully 194 D3, 194 B5
Lunas 105 D4
Lunel 125 C9
Luqa 216 G2
Lussac 103 C5
Lussault-sur-Loire 118 D6
Lussy 194 B5
Lustegaan 249 D5
Lutomer (Ljutomer) 207 B3
Lutry 194 B2
Luttenbach 111 D6
Lutzelhouse 113 C1
Lutzmannsburg 198 E3
Luzech 129 C4
Luzern 197 E4, 270 F5
Lyaskovets 211 C4
Lyndoch 245 C3
Lyon 59 E4, 61 G5, 131 C2

M

Macallan 263 D3
Macau 93 D6
Macduff 265 C5
Marcerata 169 D6
Machackala 213 B5
Macharnudo 177 F5
Macharnudo Alto 177 C3
Macharnudo Bajo 177 C3
Machico 185 C6
Mackenzie 193 D4
Macomer 172 D1
Mâcon 59 D4, 61 F5, 131 B2
Mâconnais 61 F5, 75
Mád 203 C3
Madeira 185
Madera 229 D3, 234 F6
Madera Krymskaya 213 C2
Madiran 59 G2, 261 D4, 129 F2
Madisonville 269 C2
Madrid 175 B3
Magdalenenkreuz 149 F5
Maggiore, Lago di 197 D4
Magre al'Adige 166 F2
Magyarorszag 202
Maia 189 C4
Mailand (Milano) 161 C5
Mailberg 198 B3
Maillorens 182 B5
Mailly 107 B5
Main 135 B5
Maina 176 B5
Maine-et-Loire 59 D1, 114 C5
Mainteieck 158 D3
Mainxe 259 C3
Mainz 135 B4, 155 E3
Maipú 251 B5
Maisdon-sur-Sèvre 114 F2
Maison-Brûée 72 F4
Makedonia 215 B3
Málaga 175 E3, 183 G4
Malatya 220 C5
Malleval 121 E1
Mallia 216 D2
Malmesbury 247 C2
Malta 216 F2
Malavasia 172 C5, 169 F2, 169 F4, 215 E6, 215 F4
Malvasia del Vulture 172 C4
Malvasia di Bosa 172 D1
Malvasia di Cagliari 172 E2
Malvasia di Casorsod'Asti 161 D3
Malvazija 207 C1
Malveira 188 F1
Mambourg 111 C2
Mamede de Riba Tua 191 D3
Mamertino 172 F3
Manche 58 B6
Manchuela 175 C4
Mandacou 105 F5
Mandelgarten 153 C5
Mandelgraben 143 B5
Mandelhöhe 153 C2
Mandement 194 C3, 197 D1
Manduria 172 C5
Manèque 266 A5
Mangualde 189 F5
Mannaberg 156 C3
Mannberg 151 F1
Mannheim 135 C4, 156 B5
Mann's 222 C3
Manteca 234 C3
Mantinia 215 D3
Mantova 165 E2
Manuel de la Calle 177 B2
Manzanares 175 C3
Manzanillos 177 C3
Marananga 244 B4
Marano di Valpolicella 167 B2
Maras 220 D5
Maraština 207 D2, E2
Marbuzet 85 F5
Marcamps 104 F5
Marche 169 C5
Marciac 129 F2
Marckolsheim 113 D2
Marco de Canaveses 189 C5
Mardeuil 107 D2
Mardie 115 A4
Marestel 127 C1
Mareuil-le-Port 106 D6
Mareuil-sur-Ay 107 D4
Margaux 80 D2, 93 A3, 93 B3
Margetshochheim 158 F3
Maribor 207 B2
Marienberg 245 B5
Mariengarten 153 C2
Marienholz 141 D3
Marihernandez 177 D1
Marimacho 176 A5
Marin 229 D1
Maring-Noviand 144 F5
Marino 169 F3
Mariposa 229 D3, 234 E6
Marissou 74 B4
Markgräflerland 156 F1, 135 G3
Markobrunn 151 F1
Marlengo 166 B1
Marlenheim 270 C4
Marmande 59 F2, 129 C2
Marmara Denizi 220 B2
Marmoutier 113 B1
Marne 59 B4
Marne & Champagne 107 G4
Marokko (Al-Magreb) 218 C4
Marrakesh 218 D4
Marsa 182 G3
Marsac 93 A2
Marsala 172 F1
Marsannay 61 C6
Marseille 59 G5, 126 C1
Martelet 75 E2
Martell 258 A5, B5, 259 B2, D2
Martigny 195 D2, 197 G2, 270 G3
Martillac 95 G5
Martina-Franca 172 C5
Martinazo 177 B4
Martinez Gassiot 193 C3
Martini & Prati 230 D5
Martinique 267 C5
Martin Miguel 176 A5
Martin Ray 237 B2
Martinsthal 151 E4
Martorell 182 F6
Martorelles 183 E1
Marybourough 241 F1
Marze-Mino 165 D3
Mascara 219 B1
Mascaraas Haron 261 E3
Masevaux 113 F2
Maslin Beach 245 D3
Masllorens 182 F5
Masnou 183 F2
Maspujols 182 G4
Masroig 182 G3
Massa 161 E6
Massé 109 C4
Masseube 129 F3
Masson, Paul 237 B2
Massongy 127 A2
Mataró 175 B6
Matera 172 C4
Matozinhos 189 C4
Matrasa 213 C6
Mátraalja 202 B3
Mattersburg 198 D3
Mattheisbildchenlay 145 F2
Matzen 198 C3
Mauchamps 72 F4
Mauer 200 D2
Mäuerchen 149 F5
Maulbronn 156 D3
Maule 250 C1
Maumusson-Laguian 261 D3
Maurens 105 D5
Maury 124 D2
Mausenberg 141 F5
Maushöhle 153 F4
Mautern 201 G3
Mauyanne 126 D4
Mavrodaphne 215 D1, D2
Mavro Kalpaki 215 B4
Mavro Romeiko 215 F4
Mavroudi 215 D3
Mavrud 211 D2, D4
Maximinier 141 D3
Mayacamas 233 E4
Mayenne 59 C1
Mayfield 269 C2
Mazedonien 215 B3
Mazion 104 B2
Mazisin Chambertin 72 F6
Mazotos 216 D4
Mazoyères-Chambertin 72 F5
McLaren Flat 245 C5
McLaren Vale 245 D4
Meckenheim 153 C2
Mecsek 202 C2
Medea 219 B2
Medgidia 209 G5
Medidora 176 B4
Mediona 182 E5
Medley 269 B3
Médoc 80 D2
Médoc Noir 202 A3
Médrac 91 E3
Meersburg 156 G6
Meerspinne 153 C2
Meggen 270 F5
Meinier 194 C4
Meix Bas 73 E3
Meix Rentiers 72 F4
Meknès 218 C5
Melbourne 241 G2
Meleto 171 E5, E4
Melgaco 189 A5
Melilla 218 B6
Melipilla 251 C2
Melini S.p.a. 171 E2
Mélinots 79 E2
Mellecey 74 D4
Melnik 211 D2, 205 A4
Melun 59 B3
Mende 59 F4, 131 D1
Mendocino 229 C1
Mendoza 251 C2
Menetou-Salon 115 B5
Ménétréol-sous-Sancerre 119 F3
Menétru-le-Vignoble 127 F4
Menfi 172 F1
Menoyia 216 D4
Meranese di Collina 165 B3
Merano 166 A1, 165 B3
Merced 229 D2, 234 E5
Merces 188 F2
Mercian 222 C3
Mercier 109 G6
Mercuès 129 C4
Mercurey 61 D5, 74 C3
Mérignac 80 E3
Merlot 165 C2, D6, 165 D4
Merlot 207 B1
Merlot 209 E2, F5
Merlot Sangovese 172 B1
Merlot Sangiovese 169 F3
Mersault 67 F2
Mersin 220 D4
Merzig 135 C1
Mertesdorf 141 E4
Mescoulès 105 F4
Mesnay 127 E5
Messas 115 A3
Messina 172 F4
Mestre 165 E4
Mesves-sur-Loire 118 G4
Metz 59 B5
Meunq-sur-Loire 115 A3
Meursault 61 D5
Meurthe-et-Moselle 59 B5
Meuse 59 B4
Mexico City 251 F2
Meyreuil 126 B1
Mézesfeher 202 D3
Mézières 59 A4
Mézières 119 F5
Mezözombor 203 D3

Mezzane 167 C4
Mezzo-corona 166 G1
Michalovce 205 B6
Michelmark 151 F1
Michelons 77 B4
Michelsberg 153 B4
Middle Mosel: Piesport
142-3
Miège 195 C4
Mielan 129 F3
Miery 125 F5
Mikhailovgrad 211 B2
Mikonos 215 D4
Mikulov 205 B4
Mil 213 C6
Milá 182 F4
Milawa (Glenrowan/
Milawa) 241 F3
Milazzo 172 F3
Mildura 241 E1
Milikouri 216 C2
Millburn 265 C4
Millicent 240 G6
Milly 79 D3
Milos 215 E4
Milous 91 D5
Miltonduff 263 A2
Mimet 126 B2
Minas Gerais 250 C2
Minerve 124 B4
Minervois 59 G3, 124 B3,
131 E1
Minheim 143 D2-3
Minho 187 B4, 189
Minimbah 242 E1
Minzac 105 D2
Miraflores 176 C4, 177 F5
Mirande 261 E5, 129 F3
Mirassou 237 F4, 237 B3
Miravet 182 G3
Mireval 125 C7
Misiones 250 C2
Misket 125 C3, C5
Miskolc 202 B3
Misox 197 G4
Mistelbach 198 B3
Mitsero 216 C3
Mittelrhein 135 A3
Mittelheim 150 F4
Mittelwihr 111 C3, 113 D2
Mizil 209 F4
Mladina 207 B2
Mljet 207 E3
Moana 245 C3
Mocenni 171 F4
Moculta 244 B6
Modena 165 F2
Modène 165 F2
Modesto 229 D2, 234 D4
Mödling 200 E3
Modry Kamen 205 C5
Moët & Chandon 109 F4
Möet-Hennessy 233 D5
Moffat 265 F4
Molá 182 G3
Moldau (Moldavskaja)
213 A1
Moldevei 197 D4
Molineuf 115 B2
Molise 172 B3
Mollen Brünnen 147 D1
Molsheim 113 C2
Mombrier 104 E4
Monbazillac 105 F5
Monaccia 132 G5
Monbos 105 F4
Moncada y Reixach
183 E1
Monçao 189 A5
Moncaup 261 E4
Mönchannach 151 F4
Mönchberg 147 C2,
146 F5
Mönchhof 198 D4
Mönchspfad 149 F6,
150 F1
Moncla 261 D3
Moncontour 118 C2
Mondim de Basto 189 C6
Monein 129 G1
Monemvasia 215 E3
Monestier 105 F4
Monfaucon 105 D3
105 D3
Monforte 163 E3
Mongat 183 F1
Monhard 147 C2
Monica 169 G2, 172 E1
Monica di Cagliari 172 E2
Monica di Sardegna
172 D2
Moniga del Garda 166 B5
Monmadalès 105 F6
Monmarvès 105 F6
Monnet, J.G. 258 B5
Monnières 114 F2
Monopoli 172 C5
Monsaguel 105 F5
Monsanto 171 E2
Monségur 80 F5
Monsheim 135 C3
Mont 261 D3
Montagliari e Castellinuzza
171 D3
Montagne 101 A4, 103 D4
Montagny 61 D5, 74 G2
Montagnu 247 D3
Montalbán de Córdoba
183 F3
Montalbano 169 A3
Montana 195 C4
Montana 177 C1
Montagne 249 F1
Montauban 59 F2, 130 E6
Montazeau 105 E2
Montbré 107 B4
Montbrió de Tarragona
182 G4
Montbrison 75 D2
Montcaret 105 E2
Mont-de-Marsan 59 G1
Montecarlo 169 A3
Montecchia di Crosara
167 C5
Monte Coman 251 C6
Montecompatri 169 F3
Montée-Rouge 68 E3
Montée-de-Tonnerre 79 D4
Monteforte d'Alpone
167 D5
Montego Bay 266 A3
Montegufoni 171 B1
Montélimar 120 E5
Montels 129 D6
Montemayor 183 F3, F4
Monteneubel 145 B4
Montepaldi 171 C2
Montepulciano di Abruzzo
169 E5
Monterey (Kalifornien)
229 E2, 237 E2
Monterey
Peninsula 237 E3
Vineyard 237 F4
Monteriggioni 171 F3
Monte Rosso 233 E3
Monterrey (Mexico)
251 F2
Montespertoli 171 C1
Monteux 120 G6
Montevarchi 171 E6
Montevideo 251 C3
Monte Vista 230 G4
Montferri 182 F5
Montfort-sur-Argens
126 B3
Monthélie 61 D5, 67 E3
Monthey 195 C1
Monthoux 127 C1
Monti 172 C2
Monti del Chianti 171 E5
Montigny 119 G1
Montigny-lès-Arsures
127 E5
Montilla 175 D3
Montilla 183 F3
Mont-le-Salle 233 E4
Montlouis 115 B2
Montlouis-sur-Loire
118 D4
Montmélian 127 D1
Montner 124 D2
Montoire-sur-le-Loir 59 C1
Montorio 167 C3
Montpellier 59 F4, 125 C8
Montpeyroux 59 F4,
125 B7
Montpeyroux 105 D2
Mont-près Chambord
115 B3, 130 A6
Mont-Redon 123 B3
Montrésor 115 C2
Montreuil-Bellay 114 C6
Montreux 195, 197 F2
Montrichard 115 B2
Montroig 170 G4
Mont-Rolle 194 B4
Montrose 265 D6
Monts-de-Milieu 79 D5
Monts du Beaujoulais
61 F5
Monts du Tessala 219 B1
Montserrat 267 B4
Montséret 124 C3
Monts-Luisants 72 F5
Monts-Mains 79 E3
Monturque 183 F4
Monymusk 266 B3
Monzel 143 B3
Moonta 240 E5
Moorreesburg 247 C2
Mopami 244 A6
Moquegua 250 C1
Moques 119 E4
Mór 202 B2
Mora de Ebro 182 G3
Mora la Nueva 182 G3
Moray Firth 265 C5
Morbihan 58 C6
Mörbisch 198 D3
Morehead 269 B5
Morell 182 F4
Morey-St-Denis 61 C5,
72 F4
Morgan 240 E6
Morgantown 269 C3
Morges 194 B5
Morgon 61 F5, 77 E3
Moriles 183 F4, G4
Morphett Vale 245 B4
Morphou 216 C3
Mortágua 189 F4
Mortlach 263 E4
Mösbach 270
Moscadello 169 C3
Moscato 172 G3, B4, D4,
172 E1
Moscato 169 G2, F2
Moscato 165 D3
Moscato d'Asti 161 D3,
163 D4
Moscato del Salento
172 C6
Moscato del Vulture
172 C4
Moscato di Cagliari 172 E2
Moscato di Sorso Sennori
172 C1
Moscavide 188 F4
Mosel 135 B2
Moselle 59 B5
Mosonmagyarovar 202 B1
Mosselbaai 247 D6
Mosta 216 G2
Mostaganem 219 B1
Mostar 207 E3
Mottalciata 161 C4
Moulamein 241 E2
Mouleydier 105 E5
Moulin-à-vent 61 F5,
77 C5
Moulins 59 D3, 131 B1
Moulin-Neuf 105 C2
Moulins-en-Médoc 80 D2,
91 F3, G2
Mounic 97 E6
Mount Gambier 240 G6
Mount Gay 207 D5
Mount Lofty Ranges
245 D5
Mount McKenzie 244 C6
Mount Pleasant 242 G2
Mount View 242 G2
Moura 190 F5
Mourenx 129 G1
Moussard 119 E4
Moutoullas 216 C2
Mouzillon 114 F3
Mtsvane 213 C4
Mucifal 188 E1
Mudgee 241 D5
Mühlberg 146 G3
Muhlforst 111 C4
Mukuzani 213 C4
Muhlberg 146 G3
Mühlheim 144 G6
Mulhouse 270 E4
Mülleim 156 F1
Mumm, G.H. 109 A5
Mundelsheim 156 D4
Munster 113 E2
Muratie 249 E2
Murcia 175 D4
Murfatlar 209 G5
Muri 270 E5
Murray Bridge 240 E6
Murray River 240 E6
Murten 270 F3
Muscat 209 G5
Muscat 213 B3, D4
Muscat de Frontignan
125 C7
Muscat de Mireval 125 C7
Muscat Massandra 213 B2
Muscat Ottonel 209 E3,
G3
Musenhang 153 E4
Muskat 207 B1
Muškat-Hamburg 207 G6
Muskat-Ottonel 207 C5
Musov 205 B4
Müstert 143 C2
Muswellbrook 241 D5
Mutigny 107 D3
Muttenz 270 E4
Mutzig 113 C1
Myans 127 D1

N

Nackenheim 154 B5
Nacktarsch 145 C2
Naddniprjanske 213 A2
Nadum 216 F1
Nagozelo do Douro 191 F3
Nagyburgundi 202 D2
Nagykanizsa 202 C1
Nahe 135 B3
Nahr al-Urdunn 220 F4
Nahr an-Nil 220 F3
Nairn 265 C4
Nájera 180 C5
Nalis 123 B5
Nálles 166 C2
Nancy 59 B5
Nantes 114 C3, 50 D6
Naoussa 215 B2
Nahe, The 146
Napa 229 D2, 233 F6
Napareuli 213 C4
Napa Valley 233 D5
Napa Valley Cooperative
Winery 233 B3
Naples 238 D2, 171 C2
Napoli 172 C2
Naracoorte 240 G6
Narbonne 59 G4, 124 C4
Narrandera 241 E3
Narren-Kappe 147 C2
Nasco 169 G2, 172 E2
Nastringues 105 E2
National 269 B3, B4
Navarra 175 A4
Navarreto 180 C6
Naxos 215 E5
Néac 103 C2, 99 B5,
80 E4
Nebbiolo 161 D3
Nebbiolo d'Alba 163 D2
Neckarsulm 156 C4
Neckenmarkt 198 E3
Nederburg 249 C5
Negrar 167 B2
Negrara 165 C3
Négret 121 F2
Negro Amaro 172 C6
Negrù de Purkar 213 A1
Neidermorschwihr 111 B1
Neipperg 156 D4
Nelas 189 F5
Nelson 269 C4
Nemea 215 D3
Nérac 261 B5
Néron 267 C4
Nesebar 125 C6
Neszmely 202 B2
Nettlestead 252 F6
Neuchâtel 197 E2, 254 F3
Neuenburg 197 E2,
254 F3
Neuillé 114 B6
Neumagen 143 E1
Neunkirchen 135 C2
Neuquen 251 D1
Neusiedl 198 D4
Neustadt 135 C4
Neustadt an der
Weinstrasse 153 C2
Neustift 200 B3
Neuweier 156 D2
Neuwies 139 E4
Nevers 59 D3, 131 B1
Nevsehir 220 C4
Newcastle 241 D5
Newent 252 F4
Newick, Sussex 252 D4
Newmill 263 C6
Newport 269 A4
New South Wales 241,
242
New Yarmouth 266 B3
Nicasio 237 C2
Nice 59 F6
Nicoresti 209 F5
Nicosia 216 C3
Niculitel 209 F5
Niederberg Ins Helden
144 F6
Niedereich 110 C5
Niederemmel 143 C2
Niederhausen 146 G5
Niederkirchen 153 F6
Niederleuken 139 E2
Niedermennig 139 A5
Nieder-Olm 135 B3,
155 E3
Nieder-Österreich 198 C2
Niederotterbach 153 E1
Niederwiesen 155 F2
Nie Poort 193 C3
Nierstein 144, 145 E4,
135 B4
Nies'chen 141 E4
Nièvre 59 C3
Niğde 220 D4
Nildottie 240 E6
Nile (Nahran-Nil) 220 F3
Nill 153 A4
Nîmes 125 C10, 59 F4
Niort 59 D1, 130 B5
Niraski 222 C2
Niš 103 E5
Nitra 205 C5
Niźnegorskij 213 B2
Nizza 59 F6
Nizza Monferrato 163 D5
Noarlunga 245 C4
Nobile di Montepulciano
169 C3
Nogaro 261 D4, 129 E2
Nogueira 190 E3
Noizay 118 C5
Noizons 68 E2
Nonini, A. 234 F6
Nonnenberg, Rheingau
151 E4
Nonnenberg, Mosel
144 D5, 144 E6
Nonnengarten, Nahe
146 F6
Nonnengarten, Rheinpfalz
153 B4, C5
Nord 59 A3
Nordheim 158 D4
Norheim 146 F6
North British 265 F5
North Esk 265 D5
North Para 244 B4
North Port 265 D5
North Rothbury 242 E2
North Wooton 252 F4
Nort-sur-Erdre 114 B3
Noto 172 G3
Noval 193 D5
Novalja 207 C1
Novara 161 C4
Nove Zamky 205 C5
Novi Sad 207 C5
Novitiate of Los Gatos
237 B2
Nowra 241 E5
Nozzole 171 C3
Nuble 250 C1
Nuestra Señora de la
Consolacion 177 F3
Nuestra Señora de la
Esperanza 177 D4
Nuestra Señora del Valle
177 D1
Nueva Carteya 183 F4
Nuits-St-Georges 70,
71 F2, 61 C6
Nulkaba 242 F2
Nulles 182 F4
Nuoro 169 F2, 172 D2
Nuragus 169 G2, 172 E1
Nuriootpa 240 E5, 244 A4
Nuriootpa Seppelt's
244 B5
Nußberg 200 B3
Nußbien 153 G4
Nußbrunnen 151 F1
Nußdorf 200 B4
Nußriegel 153 A4
Nußriegel 153 B4
Nußwingert 143 E1
Nyiregyháza 202 B4
Nyon 194 C4

O

Oakdale 234 D4
Oakland 229 D2
Oakvale 242 F1
Oakville 233 C4
Oakville Vineyards 233 C4
Oban 265 E3
Oberberg 146 F6, 151 E5
Oberemmel 139 C4
Ober-Hilbersheim 155 E2
Oberkirch 156 E2
Oberland 197 C5
Oberloiben 201 G2
Obermorschwihr 110 C5
Obermosel 135 C1
Obernai 270 C4, 113 C2
Ober-Olm 155 E3
Ockenheim 155 E2
Ockfen 139 E3
Ockley, Surrey 252 D4
Odenas 77 G3
Odessa 213 A2
Odobesti 209 F4
Oeiras 188 F2
Oestrich 112 F5
Offenburg 261 C4,
156 E2, 135 E3
Offley Forrester 193 C4
Offstein 155 G3
Oger 107 F3
Oggau 198 D3
O'Higgins 251 C3, 250 C1
Ohligsberg 143 D3
Ohrid 207 G4
Oise 59 B2
Oksamit Ukraine 213 A2
Olaszliszka 203 C5
Olazrizling 202 A3, C3, C2,
B2
Olbia 172 C2
Ölberg 154 E4
Old Boone 269 B3
Old Fitzgerald 269 B3
Old Hoffman 269 B4
Oldmeldrum 265 D6
Old Stanley 269 C3
Olerdola 182 F6
Olesa de Bonesvalis
182 F6
Oliena 169 F2, 172 D2
Oliveira do Hospital
189 G5
Olivella 182 F6
Ollauri 180 B5
Ollon 195 C2
Olonzac 124 B3, 59 G3
Oloron Ste Marie 129 G1
Oltrepo 161 D5
Omodhos 216 D2
Ond 203 C3
Onkelchen 146 F6
Ontario, Kalifornien
230 G4
Oplenačka Ružica 207 D5
Opol 207 E2
Oppenheim 135 B4,
154 F5
Ora 166 F3
Oradea 209 E2
Oran 219 B1
Orange, Frankreich 120 F5
Orange, Australien 241 E4
Orange, Kalifornien
229 G4
Orange Cove 235 G2
Orbaneja 177 C2
Orbel 154 E4
Orbost 241 G4
Ord 265 C4
Ordensgut 153 D1
Orense 175 A2
Oriano 251 C3
Oristano 172 D1
Orkney Islands 265 A5
Orlando 244 C4
Orléans 115 A4, 59 C2
Ormanni 171 E2
Ormož 207 B3
Orne 59 B1
Orschwihr 110 A2
Ortenau 156 E2, 135 E3
Ortenburg 156 E2
Orthez 129 F1
Orvieto 169 D3
Orvieto Classico 169 D3
Oshakan 213 D4
Oschelskopf 153 A4
Osijek 207 C4
Ospiel 158 E4
Ossès 128 G6
Oster Höll 147 D1
Osterberg 153 A5
Österreich 198
Ostheim 113 D2
Osthofen 155 F3
Ostrov 209 G5
Oststeiermark 198 F2
Otsuki 222 C4
Ostuni 172 C5
O'Sullivan Beach 245 B3
Otard-Dupuy 258 A5
Otley 252 F6
Oudtshoorn 247 D6
Oujda 218 C6
Ouyen 241 E1
Overgaauw 249 G1
Oviedo 175 A3
Owensboro 269 C3
Owenton 269 B4
Oxted, Surrey 252 D4
Ozieri 172 D1

P

Paarl 247 D2, 249 C4, C5
Paarlberg 249 C4
Paarl Valley 249 C5
Pachs 182 F6
Pachino 172 G3
Pacos de Ferreira 189 C5
Padavero 211 C5, D5
Padthaway 240 G6
Padua (Padova) 165 E4
Paducah 269 C2
Pag 207 C2
Paganilla 176 C5
Pagliarese 171 G5
Paignton, Devon 252 D2
Paillot 119 E4
Paine 251 C3
Paintsville 269 B5
Pakhna 216 D2
Paks 202 C2
Palamino & Vergara
177 G2
Palazzo al Bosco 171 B2
Palencia 175 B3
Palermo 172 F2
Pallaresos 182 G5
Pallette 126 B3
Palmi 175 E4
Palo Alto 237 A2
Paloumey 93 F5
Pamhagen 198 D4
Pamid 211 D2
Pamplona 175 A4
Panadés 182 F6, 175
Panciu 209 F4
Paneretta 171 E2
Pangbourne 252 F5
Panjas 261 C4, 129 E2
Pano Lefkara 216 D3
Pano Panayia 216 C2
Pano Platres 216 C2
Páola 172 D4
Paola 216 G2
Papagni 234 F6
Paphos 216 D1
Para (North) 244 B4
Parada do Bispo 190 G3
Paradale 244 B4
Paradelinha 190 D6
Paradiesgarten 153 F4
Paraguay 251 A3
Paramaribo 250 B2
Parana 251 A4
Parducci Winery 230 A4
Paredes 189 C5
Paredes de Coura 189 A4
Paradies 145 C2
Paris 59 B3
Parkes 241 D4
Parlier 235 G1
Parma (Parme) 165 F2
Parnac 129 C4
Paros 215 E4
Parpalana 177 F3
Parramatta 241 E5
Parsac 103 D5
Parys 249 D4
Pasadena 229 F4
Pas-de-Calais 59 A2
Passa 124 E2
Passenans 127 F4
Pastori 230 B4
Pastrengo 167 C1
Paterberg 154 F5
Paterhof 154/155 G6
Paterno 172 F3
Patrai 215 D2
Patras (Patrai) 215 D2
Patrimonio 135 B2
Patriti 245 A4
Pau 59 G1, 129 G1
Paulhan 125 C6
Paulinsberg 141 F4,
143 C3
Paulinshofberg 143 B3
Paulinslay 143 A4
Paul Masson 237 B2, F5,
G5, 234 F6
Paul Robert 219 B2
Paulsberg 144 E5, E6
Pauillac 80 C2, 85 G5,
87 C5
Pavia 161 C5
Pavlikeni 211 C3
Paxton 242 G2
Pazardzhik 211 D3
Paziols 124 D2
Péc 207 F4
Pechstein 153 E4
Pécs 202 C2
Pedrizetti 237 C4
Pedro Domecq 177 D2, C3
Pedroncelli 230 B4
Peissy 194 D3
Pekre 207 B2
Pelequen 251 C2
Pelješac 207 E3
Pellaro 172 F4
Peloppones (Peloponnisos)
215 D2
Peloponnisos 215 D2
Pembroke, Pembrokeshire
252 F3
Penafiel 187 B4, 189 C5
Peñaflor 251 B2
Penalva do Castelo 189 E5
Peney 198 D3
Penfold's 244 B4
Penfold's H.V.D. 242 F2
Penrice 245 B5
Pépieux 124 B3
Peplina Stepu 213 A2
Perafort 182 G5
Perchtoldsdorf 198 D3,
200 D3
Perdeberg 249 B4
Pères Blancs 267 C4
Péret 125 B6
Périgueux 59 E2, 130 C5
Pernand-Vergelesses
69 D4
Pernand-Vergelesses
61 C5
Pernik 211 C2
Pérouse (Perugia) 169 C4
Perpignan 59 G3, 124 E2
Perrière Noblet 71 E3
Perrier-Jouet 109 F4
Perrin 121 E1
Perroy 194 B5
Perth 265 E5
Pertuisots 68 F3
Peru 250 B1
Perugia 169 C4
Perushtica 211 D3
Pesaro 169 B6
Pescantina 167 C2
Pescara 269 F6
Peschiera del Garda
166 C6
Peso da Regua 190 G2
Pessac 80 F2, 95 A2
Pessione 163 B2
Peterborough 240 D5
Peterhead 265 C6
Petersburg 155 F2
Petit Bois 95 A4
Petite Chapelle 72 F6
Petit Favray 119 E5
Petit Figeac 161 B2
Petit Soumard 119 F4
Petits Goldeaux 69 D2
Petits Vougeots 71 F6,
72 F1
Petreto-Bicchisano 132 F5
Pettenthal 154 C5
Peynier 126 B2
Peyrehorade 128 F6
Peyriac-Minervois 124 B3
Pez 85 E4
Peza 215 F4
Pézenas 125 C6
Pezinok 205 C5
Pfaffenberg 201 F3,
150 G6
Pfaffengrund 153 C2
Pfaffenheim 110 C4
Pfaffenstein 146 G5
Pfaffstätten 200 F2
Pfingstweide 146 F5
Pforzheim 156 D3, 135 D4
Phillippeville (Skikda)
219 B4
Philpot 269 C3
Piacenza 161 D5
Pian d'Albola 171 D4
Piazza Armerina 172 F3
Piccolit 165 C5
Pichetti 237 B2
Picpoul de Pinet 125 C6,
131 E1
Pic-St-Loup 59 F4, 125 B2
Pied d'Aloup 79 D5
Piedicroce 132 E5
Piemonte 162
Piemonte 161 C2
Pierrefeu-du-Var 126 C4
Pierreux 77 G5
Pierrevert 59 F5
Pierry 107 E2
Piesport 143 C2, 135 B2
Pignans 126 C4
Piketberg 247 C2
Pikkara 245 D4
Pilgerpfad 155 F3
Pilos 215 E2
Pilton 252 F4
Pimpala 245 B4
Pineau-Gris Ai Danil
213 C2
Pinedale 235 F1
Pinerolo 161 D2
Pinet 59 G4, 125 C6
Pinhao 190 F6
Pinhel 189 C5
Pinot 165 C3
Pinot Bijeli 207 C1
Pinot gris 209 E3, F5, G5
Pinot Noir 209 F5, G3, G5
Pintéus 188 E3
Pintray 118 D6
Piper, Delbeck & Co.
109 C5
Pirgos 215 D2
Pirin Planina 211 D2
Pirramimma 245 D4
Pirrone 234 D4
Pisa 169 A2
Pissouri 216 D2
Pistoia 169 C3
Pitesi 209 F3
Pitigliano 169 C3
Pitlochry 265 D5
Pitsilia 216 D2
Pittyraich-Glenlivet 263 E4
Pizay 77 E4
Plaisir de Merle 249 E3
Planada 234 E5
Planá del Panadés 182 F5
Plan-de-la-Tour 126 C5
Planèzes 124 D2
Planoiseau 127 G4
Plantes 72 F2
Plassac 104 D1
Plavac 207 D2, E3
Plavina 207 D2, E2
Plavka 207 F4
Pleasant Valley 238 D2
Pleasanton 237 A3
Plechistika 213 A4
Plemenka 207 C5, F5
Plemenka Ružica 207 C3
Pleven 211 B3
Plobsheim 113 C2
Ploesti 209 F4
Plovdina 207 E5, G4
Plovdiv 211 D3
Plume de Poule 95 B4
Plumpton Green, Sussex
252 D4
Plush Corner 245 B5

Plzeň 205 B3
Pobla de Mafumet 182 G4
Pobla de Montornes 182 G5
Poboleda 182 F3
Podersdorf 198 D4
Poggibonsi 171 E2
Poiares 190 F3
Poinchy 79 D3
Pointe-à-Pitre 267 C4
Pointes-d'Angles 67 F5
Poissenot 73 E1
Poitiers 59 D2, 130 B5
Pokolbin 242 F2
Polcevera 161 E4
Poligny 127 F5
Pollestres 124 E2
Pollino 172 D4
Pol Roger 118 G5
Pomerol 80 E4, 101 A1, 103 C2
Pommard 61 D5, 67 F5, 68 E1
Pommery et Greno 109 C6
Pomona 230 G3
Pomorie 211 C6
Pomport 105 F4
Ponce 267 B2
Ponce, Jerez 177 C3
Poncey 74 E4
Ponchapt 105 E3
Pontac 95 C4
Ponte da Barca 189 B5
Ponte de Lima 189 B4
Ponteilla 124 E2
Ponte-Leccia 132 E5
Pontevedra 175 A1
Pontóns 182 F5
Pontremoli 161 E5
Pont-St-Esprit 120 F5
Pordenone 165 D5
Poreč 207 B1
Poros 215 D3
Porrera 182 F3
Portacomaro 163 B4
Port Adelaide 240 E5
Portalegre 187 E5
Port Augusta 240 D5
Port-au-Prince 266 A5
Port Dundas 265 F4
Port Ellen 265 F2
Porterville 247 C2
Portet 261 D3
Portgordon 263 A5
Port Guyet 117 B1
Port Kembla 241 E5
Portland 241 G1
Port Noarlunga 245 C4
Port Noarlunga South 245 C3
Porto 187 B4, 189 C4, 132 E4
Porto Alegre 250 C2
Porto da Cruz 185 C5
Port of Spain 267 E4
Porto Moniz 185 A1
Porto Tolle 165 F4
Porto Vecchio 132 G6
Port Pirie 240 D5
Portree 265 C2
Port Said (Būr Sa'id) 220 G3
Port-Ste-Foy-et-Ponchapt 105 E3
Portugal 187
Portugizac 103 B2
Port Valais 91 C1
Port Vendres 124 F2
Port Willunga 245 D3
Pošip 207 E2
Postup 207 E3
Potenza 172 C4
Pothana 242 E2
Pouilly 75 E3
Pouilly-Fuissé 75 E2
Pouilly-Loché 75 F3
Pouilly-sur-Loire 115 B6, 119 G4
Pouilly-Vinzelles 75 F4
Pourcieux 126 B3
Pourrières 126 B2
Pouvray 118 B4
Pouzols-Minervois 124 B4
Póvoa de Varzim 189 C4
Poysdorf 198 B3
Pradell 182 G3
Praia da Adraga 188 E1
Praia das Maças 188 E1
Prangins 194 B4
Prast de Llobregat 183 F1
Pratdip 182 C3
Pratteln 270 E4
Prayssac 129 C4
Preignac 97 C6, D4, D5
Prellenkirchen 198 D4
Prémeaux 70 F4
Premières Côtes de Bordeaux 80 F4
Presinge 194 D4
Preslav 211 C5
Prestonsburg 269 C6
Prestwick 265 F4
Préverenges 194 B5
Prievidza 205 B5
Prignac-et-Cazelles 104 G5
Prigonrieux 105 E4
Prilep 207 G5
Primativo 172 C5
Prince de Polignac 258 A5
Princeton 269 C2
Priorato 175 B5, 182 G3
Prissé 75 D4
Prissé D3
Priština 207 F5
Privas 59 F4, 131 D2
Prizren 207 F5
Procanico 169 B1
Prokupac 207 D6, E5, F6, G4
Prokupac Ružica 207 D5
Propriano 132 G5
Prosecco 165 D4
Prošek 207 D2
Provence 59 G5
Provesende 190 E6
Providence 209 C2
Provitaro 172 E4
Prüm 135 A1
Pruzilly 77 A4
Psara 215 C4
Ptuj 207 B3
Puente Alto 251 B2
Puente Genil 183 G3
Puerto de Santa Maria 177 F4
Puerto Rico Distillers 267 A2
Puget-sur-Argens 126 B5
Puget-Ville 126 C4
Puglia 172 C4
Puigpelat 182 F5
Puisieux 107 B4
Puisseguin 103 D5
Pujols 80 F5
Pukhlyakovskoe 213 A4
Pulchen 139 B2
Puligny-Montrachet 61 D5, 66 G3
Pulkau 198 B2
Pully 194 B6
Pulteney 265 B5
Pupillin 127 E5
Purbach 198 D3
Purleigh 252 F6, F5
Puy-de-Dôme 59 E3
Puyguilhem 105 F4
Puy-l'Evêque 129 C4
Puyloubier 126 B2
Puyoô 59 G1
Puy Rigaud 117 D2
Pyrenées Orientales 59 G3, 124 E2

Q

Quarts de Chaume 116 D3
Quartorse La Clape 131 F1
Quatorse 124 C4
Queanbeyan 241 F5
Querceto e Santa Lucia 171 C3
Queretaro 251 F2
Queyssac 105 D5
Quillan 124 C1
Quillota 251 B2
Quilpué 251 B2
Quincy 115 C4
Quinta Amarela 191 F1
Quinta da Alegria 191 F4
Quinta da Baleira 191 G4
Quinta da Boa Vista 190 F3
Quinta da Cabana 190 F3
Quinta da Cachucha 190 F6
Quinta da Carvalheira 191 F2
Quinta da Costa 191 D1
Quinta da Costa de Bo 190 F5
Quinta da Ferrad 190 G4
Quinta da Ferradosa 191 G4
Quinta da Foz 190 F6, 190 G3
Quinta da Foz de Temjlobos 190 G3
Quinta da Lagoa Alta 190 F5
Quinta da Pacheca 190 G2
Quinta da Passadoura 191 E1
Quinta da Pilarrela 190 E2
Quinta da Poca 190 F6
Quinta da Portela 190 G4
Quinta da Ribeira 190 D6
Quinta da Sapa de B. 190 F6
Quintas das Baratas 191 F1
Quinta das Carvalhas 191 F1
Quinta da Senhora da Ribeira 191 G6
Quinta da Serra 191 F1
Quinta das Lajes 191 G1
Quinta das Manuelas 191 D1
Quinta da Teixeira 191 F1
Quinta da Torre 190 G3
Quinta da Vacaria 190 G2
Quinta de Bagauste 190 G3
Quinta de Campanha 190 F2
Quinta de Napoles 190 G5
Quinta de Roeda 191 F1
Quinta de Romarigo 190 F2
Quinta de Santa Barbara 190 G2
Quinta de São Martinho 191 F3
Quinta de Tourais 190 G2
Quinta de Ventozelo 191 F1
Quinta do Arnozelo 191 G5
Quinta do Barrilario 190 G4
Quinta do Bom Dia 190 F5
Quinta do Bom Retiro 191 F1
Quinta do Bonfim 191 F1
Quinta do Bragão 191 E1
Quinta do Canal 190 G3
Quinta do Carneiro 190 G2
Quinta do Castelinho 191 F3
Quinta do Castello Borges 190 G5
Quinta do Charondo 191 G1
Quinta do Cibio 191 E2
Quinta do Cipreste 191 E3
Quinta do Crasto 190 F5
Quinta do Dr. Christiano 191 G2
Quinta do Eiravelha 190 F6
Quinta do Fojo 191 D1
Quinta do Garcia 190 G2
Quinta do Junco 190 E6
Quinta do Lelo 191 F1
Quinta do Merouco 191 E2
Quinta do Mourão 190 G2
Quinta do Noval 191 E1
Quinta do Panascal 190 G6
Quinta do Pedrogão 191 G2
Quinta do Pego 190 G6
Quinta do Peso 190 F3
Quinta do Roriz 191 F2
Quinta do Sagrado 190 F6
Quinta dos Canais 191 G5
Quinta dos Currais 190 G2
Quinta do Seino 190 F6
Quinta dos Frades 190 G4
Quinta do Silval 191 E1
Quinta dos Lagares 191 D1, 190 F2
Quinta dos Malvedos 191 E2
Quinta do Sol 190 G3
Quinta do Tedo 190 G5
Quinta do Vale de Figuira 190 F6
Quinta do Vale de Sapos 190 G2
Quinta do Vargelas 191 G5
Quinta do Vesúvio 191 G6
Quinta do zambujal 190 G3
Quinta do zimbro 191 G6
Quinta Milieu 191 E3
Quinta Nova do Roncão 191 E1
Quinta Velha 190 G2
Quintigny 127 G4
Quorn 240 D5

R

Rabastens 129 E5
Rabat 216 G2, 218 C4
Rabelais 219 B2
Rablay-sur-Layon 116 D4
Raboatun 177 D4
Raboso Piave 165 D4
Rača 205 C5
Radda in Chianti 171 E4
Radgonska Ranina (Tigrovo Mleko) 207 B3
Ragusa 172 G3
Raiding 198 E3
Rainha Santa 193 C4
Rama Caida 251 D5
Ram Allah 220 F4
Ramatuelle 126 C5
Ramos Pinto 193 C4, B4
Rancagua 251 C3
Randersacker 158 E3, D5
Randogne 195 C4
Rapsani 215 C3
Raron 195 C5
Rastatt 156 D2
Rasteau 120 F6
Rátka 203 C3
Rauenthal 151 D4
Rausch 139 E2
Ravello 172 C3
Ravenna (Ravenne) 169 A5, 165 G4
Ravensburg 158 D3
Ray, Martin 237 B2
Raymond 233 B4
Razac-de-Saussignac 105 E3
Razac d'Eymet 105 F4
Razgrad 211 B4
Rcatzitelli 211 B5, D5, D1
Rebeninha 191 E1
Rebstöckel 153 C1
Rebula 207 B1
Rech-Bächel 153 D4
Rechnitz 198 F3
Recioto 165 D2
Reedley 235 G1
Refosko 207 B1
Refosco 165 D5
Rege Winery 230 A4
Reggio di Calabria 172 F4
Reggio Emilia 165 F2
Regina Grape Products 230 F5
Régua 187 B5
Reigny 119 F2
Reims 59 B4, 109 A3
Reinsport 143 D2
Reiterpfad 153 F4
Rekord 207 E6
Remigny 65 G4
Remstal Stuttgart 135 E5
Remy Martin 258 B5
Renau 182 F5
Renault 219 B1
Renchen 270 C4
Rengo 251 C2
Renmark 240 E6
Rennes 58 C6
Renski Rizling 207 A3
Requeña y Utiel 175 C4
Resende 189 D6
Restigné 117 B3
Retsina 215 D3
Retz 198 B2
Reugne 67 E2
Reuilly 115 C4
Reus 182 G4
Reutlingen 135 E5
Reynella 245 B4
Reynells 245 B4
Rezé 114 C3, F1
Rhein 197 B3, 270 C4, 135 A2
Rheinblick 155 F3
Rheinburgengau 135 A3
Rheinfelden 270 E4
Rheingau 135 B3, 149, 150, 151
Rheingrafenstein 155 F2
Rheinhessen 135, 154, 155
Rheinpfalz 152, 135 C3
Rheintal 197 B5
Rhinau 270 D4
Rhône 59 D4, 61 G5, 197 D2
Rialto 230 G6
Ribagnac 105 F5
Ribalonga 191 E3
Ribatejo 187 E4
Ribaudy 121 E1
Ribeauvillé 270 D3, 111 C4, 113 D2
Ribeira Brava 185 D2
Ribeira de Penha 189 B6
Ricard-Bisquit Dubouché 259 B3
Richert 237 C3
Richmont 269 C4
Richon-le-Zion 220 F4
Riddes 195 D3
Riebeek-Wes 247 C2
Riegersburg 198 F2
Riesling 165 C3, D6, 209 E2, E3, E5, F3, F5, G3, G5, 211 B5, D1, 213 A4, B2, B3
Rieti 169 E4
Rieux-Minervois 124 B3
Riex 194 B6
Rijeka 207 B2
Rilly 107 B4
Rimavska Sobota 205 B6
Rimini 169 B5
Rio Bom 190 G1
Rio de Janeiro 250 C2
Rio Ebro 180-1
Rio Grande do Sul 251 B4
Rioja 180
Rioja Alavesa 180 B5, B6
Rioja Alta 175 A4, 180 B5
Rioja Baja 175 A4, 181 C2
Rioja Valley 181
Rio Minho 189 A5
Rio Negro 251 D2
Ripaille 183 A2
Ripon 234 D3
Riquewihr 111 C3, 113 D2
Riscle 129 F2
Ritsch 142 F5
Rittergarten 153 B4
Ritterpfad 139 C2
Rittersberg 156 C3
Ritzling 200 G5
Riudecols 182 G4
Riudoms 182 G4
Riva 165 D2
Rivadavia 251 B5
Riverbank 234 D4
Riverina 241 E3
Riversdale 247 D5
Riverside 229 F4, G5
Riversmeet 249 E4
Riversaltes 124 G2
Riviera del Garda 165 D2, 166 B5
Rivoli Veronese 167 B1
Rizling 201 G6
Rizling Rajnski 207 B2
Roanne 59 D4
Roa y Penafiel 175 B3
Robardelle 67 F3
Robert Lasdin 230 D5
Robert Mondavi Winery 233 C4
Robertson 247 D3
Robinvale 241 E1
Rocfort 118 C5
Roche 195 C1
Rochecorbon 118 C1
Rochefort-sur-Loire 116 C3, 114 B5
Rochegrés 77 B4
Rochester 238 B2
Rochesvière 114 C3
Rochette-St-Jean 117 D4
Roda de Bara 182 G5
Rödchen 151 F5
Rödelsee 158 E4
Rodern 111 D5
Rodez 59 F3, 131 D1
Rodhos 215 E6
Rodmell 252 G5
Rodo 190 F2
Rodoña 182 F5
Roederer, Luis 109 A5
Rogliano 132 A3
Rohrendorf 198 C2, 201 F4
Rolle 194 B5
Rom 169 E3, 235 G1
Romanèche-Thorins 77 C5
Romanée-St-Vivant 71 F4
Romanel 194 A5
Romanesti 213 A1
Romania 209
Rombola 315 D1
Romorantin-Lanthenay 115 B3
Ronaldshay 265 A5
Ronca 167 C6
Roncé 117 E6
Ronceret 67 F4
Rooty Hill 241 E5
Ropa 215 C1
Roquebrune-sur-Argens 126 B5
Roquefort-la-Bédoule 126 C2
Rorschwihr 111 D5
Rosato del Salento 172 C6
Röschitz 198 B2
Roseau 267 C4
Rosebank 265 E4
Rosedale 244 C3
Rosenberg, Mosel 143 D3, 144 F5, 145 C1, F1
Rosenberg, Nahe 146 F5
Rosenberg, Rheinhessen 154 C4
Rosenberg, Saar 139 B4, C4
Rosenbühl 153 B2
Rosengarten 142 D1
Rosengarten 149 F3
Rosengärtchen 143 F1
Rosenheck 146 G5
Rosenlay 143 D3
Rosey 74 F3
Rosheim 270 C4
Rosmarineira 191 E1
Rossano 172 D4
Rossatz 201 G1
Rosso Conero 169 C6
Rosso Delle 169 A3
Rossiskaja 213 B4
Rosso Montesanto 169 B5
Rosso Piceno 169 C6, D6
Rosso Piceno Superiore 169 D6
Rostov 213 A3
Rotenfelser Bastel 147 F1
Rotenfelser im Winkel 147 F1
Rotenfels 146 F6
Roterd 143 D1, E2
Rothbury 242 F2
Rothenberg, Dürnstein 201 G2
Rothenberg, Rheingau 149 F6, 150 G1, 151 E4
Rothenberg, Rheinhessen 154 B5
Rothenburg Suisse 270 F4
Rothes 265 C5, 263 C3
Rotlay 141 F2
Rott 156 B3
Roudnice 205 A4
Rouen 271 B2, 59 B2
Rouffach 110 C3, 113 E2
Rouffignac-de-Sigoules 105 F4
Rougeot 67 E3
Rouquette 105 G4
Rourell 182 F4
Rousset 126 B2
Roussillon dels Aspres 59 G3, 124 F2
Roussillon 120 A5
Routa 267 C4
Rovalley 244 C4
Roverto 165 D3
Rovigo 165 E4
Rowland Flat 244 C4
Rowlands Castle 252 G5
Royal Brackla 265 C4
Rozés 193 C4
Rubbina di Cantavenna 161 C3
Ruchottes-Chambertin 72 F6
Rüdesheim 149 F3
Rüdesheimer Berg 49 E2
Rudežuša 207 E3
Rudolf Carli Erben 166 C2
Rueda 175 B3
Rue-de-Chaux 71 F1
Rufina 69 A4
Ruffey-sur-Seille 127 F4
Ruffieux 127 C1
Rui Diaz 177 D2
Ruinart Père et Fils 109 C6
Rully 74 B4, 61 D5
Rumänien (Romania) 209
Rumeni Muškat 207 B3
Ruppertsberg 135 C3, 153 G5
Ruse 211 B4
Rushworth 241 F2
Russian River 230 E3
Russian River Vineyard 230 D5
Russilly 74 E3
Russin 194 D3
Rust 198 D3
Russtenburg 249 F2
Rust-Neusiedler See 198
Rutherford Hill 233 A3
Rutherford Hill 233 B4
Rutherglen/Corowa 241 F3
Ruwer 141 C3
Ružica 207 C4, 207 G4, 207 F6
Ryecroft 245 C5

S

Saar 135 C2
Saarbrücken 135 D2, E3
Saarburg 135 C1, 139 E2
Saasenheim 113 D2
Saar-Ruwer 135 C1
Sabazan 261 D4, 129 F2
Sables St-Emilion 103 E1
Sabugo 188 E2
Sack-Träger 154 G5
Sacramento 229 D2, B1, 234 B3
Sadillac 105 F5
Sadilly 213 C6
Sadova 209 G3
Safi 218 C3
Sagone 132 F4
Sahy 205 C5
Saillans 102 B6
Saillon 195 D2
St-Aignan 102 C6
St-Aigne 105 E6
St-Amarin 113 F2
St-Amour 61 F5, 77 A5
St-Amour-Bellevue 75 G3, 77 A5
St-Andelain 119 F4
St-André-de-Cubzac 80 E3
St-André-de-Roquelonque 124 C3
St-Androny 104 B2
St. Anna 198 G2
St-Antoine-du-Breuilh 105 E2
St-Aubin 66 D2
St-Aubin-de-Cadelech 105 F5
St-Aubin-de-Lanquais 105 E5
St-Aubin de Luigné 116 D2
St-Barthélémy-d'Anjou 114 B5
St-Blaise 113 D1
St-Bouize 119 F3
St-Brice 259 B1
St-Brieuc 58 C6
St-Capraise-d'Eymet 105 F5
St-Cernin-de-Labarde 105 F5
St-Christophe 101 D6
St-Chinian 59 G3, 124 B4
St-Christol 59 F4, 125 C9, 131 E1
St-Christoly-Médoc 80 C2
St-Christophe-des-Bardes 103 E4
St-Ciers-de-Canesse 104 E2
St-Clément-de-la-Place 114 B4
St-Corbian 85 D3
St-Crespin-sur-Moine 114 F3
St-Croix 267 B3
St-Cyr-sur-Mer 126 C2
St-Cyr-sur-le-Rhône 121 A4
St-Denis 72 F4
St-Désert 74 F3
St-Didier 127 G4
St-Drézéry 59 F4, 125 C8
St-Emilion 80 E4, 99 D6, 101 D4, 103 E3
St-Erhard 270 E4
St-Estèphe 80 C2, 85 D5
St-Etienne 59 E4
St-Etienne-de-Baïgorry 59 G1, 128 G6
St-Etienne-de-Lisse 103 E5
St-Fiacre-sur-Maine 114 F1
St-Florent 114 C5
St-Florent-le-Vieil 114 B4
St-Foy-la-Grande 80 E6
St. Gallen 197 E5
St-Genes-de-Blaye 104 C2
St. Georgen 198 D3
St. George's 267 E4
St-Georges 101 A5, 103 D4
St-Georges-d'Orques 59 G4, 125 C7
St-Georges-sur-Loire 114 B4
St-Géraud-de-Corps 105 D3
St-Germain-et-Mons 105 E5
St-Géry 105 D4
St-Gilles 125 D9
St-Goar 135 B3
St. Goarshausen 135 A3
St. Hallett's 244 C4
St. Helena 233 B3
St. Helena Highway 233 E5
St-Herblain Couëron 114 C2
St-Hilaire, Maine-et-Loire 114 B5
St-Hilaire, Aude 124 B2
St-Hippolyte, Indres-et-Loire 115 C2
St-Hippolyte, Gironde 103 E4
St-Hippolyte, Alsace 111 D6
St. Jacques 74 B4
St. James 267 C5
St-Jean-de-Braye 115 A4
St-Jean-de-la-Blaquière 125 B7
St-Jean-de-la-Porte 127 D2
St-Jean-de-Minervois 126 B4
St-Jean-de-Vaux 74 D3
St-Jean-Pied-de-Port 128 G6
St-Jean-Poudge 261 D3
St. Johns 267 B4
St-Joseph 120 B5, 122 C3
St-Julien-Beychevelle 80 D2, 89 B5
St-Julien-de-Concells 114 E2
St-Julien-d'Eymet 105 F4
St-Justin 129 E2
St. Kitts 267 B4
St-Lager 77 F3
St-Lamain 127 F4
St-Lambert 87 E5
St-Lambert-du-Lattay 116 D3
St-Lanne 261 D4
St-Laurent, Médoc 91 B2
St-Laurent, Nievre 119 E5
St-Laurent, St. Emilion 101 D5
St-Laurent-de-la-Cabrerisse 124 C3
St-Laurent-des-Combes 103 E4
St-Laurent-des-Vignes 105 E4
St-Laurent-et-Benon 89 D1
St-Légier 195 B1
St-Léonard 195 C3
St-Livres 194 B5
St-Lô 59 B1, 271 B1
St-Lothain 127 F5
St-Louand 117 E3
St-Loubès 80 E3
St-Louis, Gard 123 C6
St-Louis Haut-rhin 270 E4
St. Lucia 267 D5
St-Lumine-de-Clisson 114 F2
St-Macaire 80 G4
St. Magdalene 265 E4
St-Mard-de-Vaux 74 D3
St. Margarethen 198 D3
St. Marie aux Mines 113 D1
St. Martin 147 C2
St-Martin-de-Gurçon 105 D2
St-Martin-Lacaussade 104 C2
St-Martin-le-Beau 118 E6
St-Martin-sous-Montaigu 74 D3
St-Martin-sur-Nohain 119 E5
St-Maurice 195 D1, 113 F1
St-Maxime 126 C5
St-Méard-de-Gurçon 105 D3
St-Médard-en-Jalles 80 E2
St-Même 259 C4
St-Michel-de-Fronsac 102 C5
St-Michel-de-Montaigne 105 E2
St-Michel-sur-Rhône 121 C2
St-Naixent 105 E5
St-Nazaire 114 B2
St-Nicolas-de-Bourgueil 117 B2, 114 B6
St-Paul, Gironde 104 C2
St-Paul, Indres-et-Loire 117 F4
St-Paul-de-Fenouillet 124 D1
St-Paul-en-Lorêt 126 B5
St-Péray 120 C5
St-Perdoux 105 F5
St-Pey d'Armens 103 F4
St-Philbert-de-Gd-Lieu 114 C3
St-Pierre-de-Bœuf 121 E2
St-Pierre-de-Clages 195 D3
St-Pierre-des-Corps 115 B1
St-Pierre-d'Eyraud 105 E4
St. Pölten 198 C2
St-Pourcain-sur-Sioule 59 D3, 131 B1
St-Prex 194 B5
St-Raphaël 126 B6
Saint-Remèze 59 F4, 131 D2
St-Rémy 105 D3
St-Saphorin 104 B6
St-Satur 119 F3
St-Saturnin 59 F4, 125 B7
St-Sauveur 87 C2, C3, 105 E5
St-Sébastien-sur-Loire 114 E1, 114 C3
St-Seurin 85 B4
St-Seurin-de-Bourg 104 F3
St-Seurin-de-Cadourne 80 C2, 85 C4
St-Seurin-de-Cursac 104 B2
St-Sigismond 114 B4
St. Stefan 198 G1
St-Sulpice, Suizze 194 B6
St-Sulpice-d'Eymet 105 G4
St-Sulpice-de-Faleyrens 103 F2
St-Symphorien, Indres-et-Loire 115 B1
St-Symphorien, Nuits-St-George 71 F1

St. Thomas 267 B3
St-Trojan 258 A6
St-Tropez 126 C5
St-Veran 75 F4, G4, G5
St-Vérand 75 G3
St. Vincent 267 D5
St-Vivien 105 D2
St-Yzans 87 A4
Ste-Croix-du-Mont 80 G4
Ste-Eulalie-d'Eymet 105 F4
Ste-Innocence 105 F4
Ste-Marie d'Alloix 127 D1
Ste-Maure-de-Touraine 115 C1
Ste-Seurin-de-Prats 105 E2
Salamanca 175
Sale 241 G3
Salerno 172 C3
Salgesch 195 C4
Salgotarjan 202 B3
Salies-de-Béarn 128 F6
Salignac 258 A5
Salinas 229 E2, 237 E4
Salins 195 D3
Salins d'Hyères 126 D4
Saló 166 A5
Salomo 182 F5
Salomonsvlei 249 D5
Salqueiral 190 G1
Salses 124 E3
Salta 251 A2
Salter's 244 B5
Saltillo 251 F2
Salto Grillo 176 A5
Saluzzo 161 D2
Salvador 233 E5
Salzberg 156 D4
Samonac 104 E3
Samorodno 207 C5
Samos 215 D5
Samothraki 215 B4
Samotok 207 G6
Sampigny 61 D5
Samsun 220 B5
Samuels (T.W.) 269 B4
San Adrian 181 C3
S. Ambrogio di Valpolicella 167 B2
San Antonio 251 B2
San Antonio, Jerez 177 C3
Sanary-sur-Mer 126 D2
San Baudilio de Llobregat 183 F1
San Benito 229 E2, 237 E5
San Bernardo 251 B3
San Bernardino 229 F4, 230 G5
S. Bonifacio 167 D6
San Borondon 176 C4
San Carlos 251 B4
San Casciano 171 C2
Sancerre 115 B5, 119 F3
Sanchez Romate 177 D2
Sandberg 139 B3
Sandeman, Portugal 193 C4, B5
Sandeman, Spanien 177 C4, D3, F3, C2
Sandgrub 151 E3
San Diego 229 G4
Sandy 252 F5
San Fausto de Campcentellas 183 E1
San Felice 171 F5
S. Felice del Benacò 166 A5
San Felipe 251 A3
San Fernando 251 C3
San Francisco 229 D1
Sanger 235 G1
San Gimignano 171 D5
San Ginés de Vilasar 183 E2
San Giovanni 171 E1
S. Giovanni Ilarione 167 B5
Sangiovese dei Colli 169 B5
Sangiovese di Romagna 165 G4, 169 B5
S. Giustina 165 B3
Sangue di Guida 161 D5
San Isidro 177 C4
Sanitarium 233 A3
San Jaime del Domenys 182 F5
San Joaquin 229 D2, 234 C3
San Jose 229 D2, 237 B3
San Jose, Uruguay 251 C4
San Juan, Argentinien 251 C1
San Juan, Puerto Rico 267 A2
San Juan, Spanien 177 D2
San Juan Bautista 237 D4
San Julian 177 D2
Sankt Alban 155 E3
Sankt Gallen 197 B5
Sankt Nikolaus 150 F4
Sankt Rochuskapelle 155 E2
Sanlúcar de Barrameda 175 D2, 176 A4, 177 F5
San Luis 251 C2
San Luis Obispo 229 F2
Sanluri 172 E1
San Marino 169 B5
San Martin, Argentinien 251 B5
San Martin, Kalifornien 237 C4
San Martin de Valdeiglesias 175 C3
S. Martino Buonalbergo 167 D4
San Martino di Castrozza 165 C3
San Martin Sarroca 182 F5
San Mateo, Kalifornien 237 B1
San Mateo, Spanien 175 B5
San Miguel 177 C4
San Pawh il Bahar 216 F2
San Pedro de Premiá 183 E2
San Pedro de Ribas 182 F6
San Pedro de Riudevitlles 182 F6
S. Pietro in Cariano 167 C2
San Quintin de Mediona 182 F6
San Rafael, Spanien 177 C4
San Rafaél, Argentinien 251 C5
San Remo 161 F3
San Sadurni de Noya 182 F6
S. Salvatore Monferrato 163 B6
San Sebastián 175 A4
Sansevero 172 B3
San Stefano 171 C4
Santa Barbara 229 F3
Santa Catarina 251 B4
Santa Clara 229 D2, 237 B2, 237 C3
Santa Comba Dão 189 F4
Santa Cruz, Kalifornien 229 E2, 237 C2
Santa Cruz, Madeira 185 D6
Santa Cruz, Spanien 177 E1
Santaella 183 G3
Santa Emilia 177 C2
Santa Fe 251 B3
Santa Fe del Panadés 182 F6
Santa Honorata 177 D2
Santa Isabel 177 B3
Santa Maddalena 166 D3, 165 B3
Santa Maria de Martorellas 183 A2
Santa Marta de Penaguirão 190 E2
Santana 185 B5
Santander 175 A3
Santa Olivia 182 F5
Santarem 187 E4
Santa Rosa 230 E6
Santa Rosa and Cucamonga 230
Santa Teresa 177 C2
Santa Teresa de Jesus 177 D1
Santedame 171 E3
Santenay 61 D5, 65 F3
Santiago, Chile 251 C1
Santiago, Dominikanische Republik 266 A6
Santiago de Cuba 266 A4
Santiago del Estero 251 B2
Santillana 176 A4
Santo Domingo, Spanien 177 C2
Santo Domingo, Dominikanische Republik 266 A6
Santorin 215 E4
Santo Stefano 172 B4
Santo Tirso 189 C5
San Vicente dels Horts 183 B1
San Vito di Negrar 167 B2
Sao Cristovão do Douro 190 E6
Sao Domingos de Rana 188 F2
Saône 59 D4
Saône-et-Loire 61 E4, 59 D4
Sao João da Pesqueira 191 G3
Sao Paulo 251 A5
Sao Vicente 185 B2
Sao Xisto 191 G5
Saperavi 213 C4
Sarajevo 207 D4
Saratoga 237 B2
Sarazsadány 203 B5
Sarcignan 95 C4
Sardegna 169, 172 D1
Sardine 95 B2
Sardinien (Sardegna) 169
Sarnen 270 F4
Sàrospatak 202 B4, 203 B6
Sartènais 132 D2
Sartène 132 G5
Sarthe 59 C1, 114 A6
Sarzedinho 191 G1
Sassari 169 F2, 172 C1
Sassella 161 A5
Sátão 189 E5
Satigny 194 D3
Saló 166 A5
Satoraljaujhely 178 B4, 179 A6
Saulieu 61 C4
Saumur 114 C5
Saussignac 105 E4
Saute aux Loups 117 F4
Sauternes 80 G4, 97 F3
Sauveterre-de-Guyenne 80 F5
Sauvignon 165 D6, 207 A3, C4, 209 E3, 131 A1
Savennières 114 B5, 116 B2
Savièse 195 C3
Savigny 61 C5
Savigny-les-Beaune 69 D1
Savoie 59 E5
Savona 161 E4
Savuto 172 E4
Sawyer's Gully 242 F3
Saxon 195 D2
Scandiano 165 F2
Scapa 265 A5
Schiesslay 142 F5
Sciacca 172 G2
Sciez 127 A2
Scott Creek 245 B5
Scotts Bottom 245 B6
Schaffhausen 197 G4, 270 D4, 254 E5
Schaffhouse (Schaffhausen) 156 G2
Schlangengraben 139 D3
Schalkstein 156 D4
Scharz Berg 139 C4
Scharzhofberg 139 C4
Schatzgraben 145 B3
Scheidterberg 139 D1
Schenkenböhl 153 B2
Schenley 269 B3, B4
Schild (Abtswind) 158 E5
Schliengen 156 G1
Schirmeck 113 C1
Schönberg 198 C2
Schornsheim 155 E3
Schloß 154 G5, F5
Schloßberg, Baden 156 B3
Schloßberg, Haut-Rhin 111 B3
Schloßberg, Mosel 145 A4, D3, 144 E6, F5
Schloßberg, Pfalz 153 D4, 145 F2, 145 E3
Schloßberg, Rheingau 150 F3
Schloßberg, Rheinhessen 154 F5
Schloßberg, Saar 139 F2, 139 C3
Schloßberg, Würzburg 158 E5
Schloßböckelheim 135 C3
Schloßböckelheim 146 G3
Schloß Eltz 151 G3
Schloß, Johannisberg 150 F2
Schloß, Kauzenberg 147 E2
Schloß Ludwigshöhe 153 C1
Schloßkellerei Rametz 166 A1
Schloß, Reinhartshausen 151 G2
Schloß Rodeck 156 E2
Schloß Saarfelser 1239 G3
Schloß Saarsteiner 139 G3
Schloß Schgwabsburg 154 E3
Schloß Staufenberg 156 E2
Schloßstück (Frankenberg) 158 E4
Schloß Vollrads 150 E3
Schnait 156 D4
Schoden 139 D3
Schoenenbourg 111 C4
Schönau 135 G3
Schönhell 150 E5
Schoongezicht 249 F3
Schloßgut Hohenrechen 154 E3
Schozachtal 156 D4
Schramberg 135 F4
Schramsberg Champagne Cellars 233 A2
Schriesheim 156 C3
Schubertslay 143 C1
Schutter Lindenberg 156 E1
Schützen 198 D3
Schützenhaus 150 F6
Schützenhütte 154 G5
Schwäbisch Gmünd 135 D6
Schwäbisch Hall 135 D6
Schwabsburg 154 F3
Schwaigern 156 C4
Schwarzwald 270 D4
Schwarzerde 153 B2
Schweich 135 B1
Schweigen 135 E6, 153 E1
Schweiz 197
Schwenningen 156 F3
Schwyz 270 F5
Scottsville 269 C3
Seacliff 245 A4
Seaford 245 C3
Seagrams 269 B3, B4, C3
Seaview 245 C4
Sebastiani 233 F3
Séché 79 E3
Sečovce 205 B6
Seeberg 270 E4
Segarcea 209 G3
Segonzac 259 D2
Segovia 175
Seia 189 F5
Seiberer 200 F5
Seillans 126 A5
Seine-et-Marne 59 B3
Seine Maritime 59 A2
Seine-St-Denis 59 B3
Seixal 185 B2
Selestat 113 D2
Sellicks Hill 245 E3
Sellicks Beach 245 E3
Selma 235 G1
Semblancay 115 B1
Sembrancher 195 D2
Séméacq-Blachon 261 E3
Semillon 207 C4
Semillon Sauvignon 207 C5
Semons 121 C3
Senec 205 C5
Seneca Lake 238 C3
Senhrad 205 B5
Senhor do Carmo 190 F5
Senorbi 172 E2
Senouillac 129 D6
Seppelt's (Dorrien) 244 B5
Seppeltsfield 244 B4
Serbien 207 E4
Serifos 215 E4
Sernhac 125 C10
Serra da Carrequeira 188 E3
Serra da Estrela 187 C5
Serra do Marão 187 C5
Serrai 215 B3
Serrallez 267 B2
Serralunga E3
Serres-et-Montguyard 105 G4
Serrières 75 D1
Serri 172 E2
Serrig 135 D3, 139 G3
Serviès-en-Val 124 C2
Sestriere 161 C2
Sète 125 D7
Setúbal 187 F4
Sevilla 175
Sewell 251 C3
Sewen 113 G1
Seyssel 127 B1
Shemakha 213 C6
Shepparton 241 F3
Sibenik 207 D2
Sicelle 171 D3
Sicilia 172
Sicily 172
Sidi-bel-Abbès 219 B1
Sidi Larbi 218 C4
Siegelsberg 151 F1
Siegendorf 198 D3
Siegert's 267 E5
Siena 169 B3, 171 G4, 171 E4
Sierra de Cantabria 180 A5
Sierra de San Cristobal 177 F3
Sierra Nevada 229
Sierre 195 C4, 197 G3, 270 G4
Sievering 200 B3
Sifnos 215 E4
Siggiewi 216 G2
Sigmaringen 135 F5
Sigoulès 105 F4
Signy-Avenex 194 B4
Siklós 202 C2
Silikou 216 D2
Silistra 211 B5
Sillery 107 B5
Silvaner 211 B5
Silvaner Feodosiisky 213 B2
Silverado Trail 233 D6
Simferopol 213 B2
Simiane-Collonque 126 B1
Simi Winery 230 C5
Simonsberg 249 F3
Simonsig 249 E1
Simonstown 247 D2
Simonsvlei (Co-op) 249 D3
Simonsvlei, Klein 249 E3
Singen 156 G3
Singleton 252 G5
Singleyrac 105 F5
Siniscola 172 D2
Sintra 188 F2, 187 E3
Sion 197 G2, 195 C3, 270 G4
Sipon 207 B3
Siracusa 172 G4
Siria 209 E2
Sirmione 166 C6
Siros 215 D4
Sitges 175, 182 F6
Sitzendorf 198 B2
Sivas 220 C5
Six-Fours-la-Plage 126 D2
Sizzano 161 B4
Skikda 219 B4
Skiros 246 C4
Skopje 207 F5
Skye 265 D2
Slavjanci 211 C5
Slavonski Brod 207 C4
Sliema 216 G2
Sliven 211 C4
Slovenien (Slovenija) 207 B1–2
Smederevka 207 G6, 207 D5
Smederevo 207 D5
Smolyan 211 E3
Smyrna (Izmir) 220 C1
Soave 165 E3, 167 C4, 167 C5, 167 D5
Soave Classico 167 C5
Societa Esportazione Vini Affini 171 C4
Sofia 211 C2
Soítue 251 D5
Soke 220 C1
Sokolov 205 B3
Solano 229 D2
Soledad 237 F5
Solenzara 132 F6
Solliès-Pont 126 C3
Solnechnaya Dolina 213 B2
Solopaca 172 B3
Solothurn 197 E3, 270 E4
Solotoje polje 213 A2
Soltvadkert 202 C3
Solutrè-Pouilly 75 E2
Sombernon 61 C5
Somerset 269 C4
Somerset West 247 D2
Somló 202 B1
Somlóire 114 C5
Somme 59 A2
Sommerach 158 D4
Sommerhausen 158 G3
Somontano 175 A5
Sonnay 117 E5
Sonnenberg 139 A5, 139 C3, 139 E3
Sonnenberg, Ruwer 139 A5, D3
Sonnenberg Nahe 146 F6
Sonnenberg Rheingau 151 F4
Sonnenglanz 111 C3
Sonnenlay 144 G6, 145 C3
Sonnenuhr 145 D1
Sonnseite 143 C4, E3
Sonoma 229 D1, 233 F4
Sonoma Vineyard 230 C5
Sooss 200 G2
Soppe-le-Bas 113 G2
Sopron 198 E3, 202 B1
Soral 194 D3
Sorbara 165 F2
Sorgues 120 G5
Soria 175 D4
Soriano 251 C3
Sorni 165 C2
Sotteceneri 197 D4
Soublecause 261 D4
Soultz 113 F2
Soultzmatt 110 B3
Sous le Dos d'Ane 66 F5
Sous-le-Puits 66 F4
Soussans 91 G6, 93 A2
Sousse 219 B6
Soutelo do Douro 191 F2
Southern Mount 245 D4
Southern Vales 240 E5, 245 A3
Southern Vales Co-op 245 D4
South Esk 245 D5
South Kilworth 252 E5
Souverain 230 B5
Sowjetunion 211 B4
Spanien (España) 175
Spannberg 198 C3
Sparkling Vale 242 F2
Sparti 215 E3
Spey 263 C4, 265 C5
Spey Bay 263 A5
Speyburn 263 C3
Speyer 135 C4
Speyerdorf Lachen 153 C2
Speyside 265 D4
Spiegelberg 155 E4
Spielberg 153 B4
Spielfeld 198 G2
Spiesheim 155 F2
Spitz 198 C1
Split 207 D2
Spoleto 169 D4
Sporen 111 C3
Spottswoode 233 B3
Spring Mountain 233 B2
Spirngbank 265 F3
Springton 244 E6
Squinzano 172 C6
Stags Leap Wine Cellars 233 D5
Stainz 198 G1
Stalden 195 C6
Stanhope 242 D3
Stanislaus 234 C4, D4, 299 D2
Stara Planina 211 C1, C2, C3, C4
Stara Zagora 211 D4
Star Hill 269 C4
Starkenburg 145 C4, 156 B3
Staufen 270 F3, D4
Staufenberg 156 C4
Stawell 241 F1
Stefanesti 209 F4
Steige 270 D3
Steiger Dell 147 F1
Steigerwald 158 E4
Steinacker 153 A4
Stein a.d. Donau 201 F3
Steinbach 156 D2
Steinberg, Saar 139 B2
Steinberg, Nahe 146 G4
Steinberg, Rheingau 150 E6
Steinberg, Rheinpfalz Straß Steinen 270 E4, F5
Steinmorgen 151 F2
Steinweg 147 D1
Steinwingert 146 G5
Stein, Würzburg 158 D4, D5
Steffensberg 145 B2, 145 B4
Stellenbosch 247 D2, 249 F2
Stenfanslay 143 C4
Stephan-Rosengärtchen 145 G2
Sterea Ellas 215 C3
Sterling Winery 233 A2
Stetten 156 D4, 270 E4
Stift 153 E5
Stift Heiligenkreuz 200 E3
Stiftsberg 156 C3
Stirling 265 E4
Stockbridge, Hampshire 252 D3
Stockton Distillers 234 B3
Stockton 229 D2, 234 C3
Stockwell 244 A5
Stonegate 233 A2
Stonehaven 265 D6
Stony Hill Winery 233 A2
Straden 198 G2
Strand 247 D2
Stranraer 265 G3
Strasbourg 59 B5, 270 C4, 113 B2
Strasse 198 C2
Strathclyde 265 F4
Strathisla 263 C6
Strathmill 263 C6
Strem 198 F3
Stromberg 156 C3
Sturovo 205 C5
Stuttgart 135 E5, 156 D3
Subirats 182 F6
Subotica 207 C5
Suceava 209 D4
Südafrika 247
Südamerika 250
Südaustralien 244
Südsteiermark 198
Suisse 197
Suisse (Schweiz) 270
Sukhindol 211 C3
Sulmona 172 B2
Sulzfeld 158 F4
Sumen 211 B5
Summerhausen 158 E3
Sungurlare 211 C5
Suni 172 D1
Sunny St Helena Winery 233 B4
Sunshine 242 E2
Suntory 222 C2
Surinam (Suriname) 250 B2
Suriname 250 B2
Sur Lavelle 67 E3
Sur-les-Gréves 68 E4
Sursee 270 E4
Sury-en-Vaux 119 E2
Sussenberg 144 F6
Süßkopf Sutter Home Winery 233 B3
Suzon 95 A4
Svery Peter 205 C5
Svetozarevo 107 E5
Svishtov 211 B3
Swan Hill 241 F1, 241 F2
Swellendam 247 D4
Sybillenstein 155 F2
Sydney 241 E5
Sylvaner 165 D4
Sympérieux 121 C2
Syracuse, Sicily 162 G4
Syrien As-Sūrīyah) 202 E5
Szamorodni 202 A4
Szarvas 202 C3
Szeged 202 C3
Szegilong 203 C4
Szekszárd 202 C2
Szerencs 203 C3
Szîgliget 204 F2
Szilváni 202 C2
Szolnok 202 B3
Szombathely 202 B1
Szürkebarát 202 C2

T

Tabajete, Caserio 177 B2
Tabanon 267 C4
Tábua 189 G4
Tacna 250 C1
Tadousse-Ussau 261 E3
Tagus (Tajo) 175 C2
Tahbilk 241 F3
Taille-Pieds 67 F4
Tain 265 C4
Tain-l'Hermitage 120 B6, 122 C3
Taittinger 109 C5
Tajo 175 C2
Talagante 251 B2
Talca 250 C1, 251 D2
Talence 80 F3
Talence 95 B3
Talisker 265 D2
Tallawanta 242 F2
Tállya 202 B3, 203 C3
Tamarit 182 G5
Tamdhu 263 E1
Tamianka 211 B2, D4
Tămîioasă 209 D4, F3
Tamnavoulin 263 G2
Tanger 218 B5
Tanunda 245 B4
Tapolca 204 E3
Tarābulus 220 E4
Taradeau 126 B4
Taranto 172 C5
Tarapaca 250 C1
Tarbes 59 G2, 129 G2
Tarcal 203 D4
Taree 241 D6
Tarn 59 F3
Tarn-et-Garonne 59 F2
Tarragona 175 B5, 182 G3, G4
Tartara 121 B3
Tartegnin 194 B4
Taubenberg 151 F3
Taubenhaus 145 E3
Taupine 67 E3
Taurasi 172 C3
Tauriac 104 F5
Taurus Mountains (Toros Daglari) 220 D3
Tauxières-Mutry 107 D4
Tavarnelle 161 D2
Tavel 120 G5
Tavers 115 A3
Tay 265 D4
Taylor 193 C4
Taylor Wine Co. 238 D2
Tbilisi 213 C5
Teaninich 265 C4
Tehigo 177 F5
Tekirdağ 220 B2
Tel Aviv-Yafo 220 F4
Teliani 213 C4
Temora 241 E3
Tempio Pausania 172 C1
Tenarèze 261 C5
Teno 251 D2
Tenuta Ricavo (Hotel) 171 E3
Teramo 169 E5
Teran 207 B1, G6
Terciona 171 C3
Terlano 165 C3, 166 C2
Termeno 166 F2
Términi 172 F2
Ternay 114 C6
Terni 169 D4
Teroldego 165 C2
Terras do Bouro 189 B5
Terrats 124 E2
Terskoye 213 C6
Teruel 175 B4
Tessin (Ticino) 197 G4
Tetouan 218 B5
Teufelskeller 158 F6
Teuillac 104 E4
Tevá 183 E2
Thallern 200 F3
Thann 113 F2
Thanvillé 113 D2
Thasos 215 B4
Thauvenay 119 F3
Thénac 105 F4
Theodorshall 147 F1
Thessalia 215 C3, 215 C2
Thessaloniki 215 B3
Thézan 124 C3
Thira 215 E4
Thomas Vineyards 230 G4
Thonon-les-Bains 127 A2
Thouarcé 114 C5, 116 E6
Thouars 59 D1, 114 C5
Thrace (Thraki) 215 A4
Thrace (Trakya) 220 B2
Thraki 215 A4
Thun 197 F3, 270 F4
Thunersee 270 F4
Thüringersheim 158 D3
Thurgau 197 D4
Thurso 265 B5
Thurston 252 F6
Thurtal 197 B4
Tiana 183 E1
Tie-Landry 68 F3
Tiffon 259 B3
Tihany 204 G6
Tijuana 251 E1
Tillières 114 F3
Timisoara 209 F1
Timpert 141 E4
Tinos 215 D4
Tinqueux 107 A3
Tirano 161 A6, 165 C1
Tire 220 C2
Tirgu-Mures 209 E3
Tirnăve 209 E3
Tirnăveni 209 E3
Titisee 135 G3
Titograd 207 E4
Titov Veles 207 G5
Tivisa 182 G3
Tizon 177 C2
Tlemcen 218 B6
Tobago 267 E5
Tocai, Italien 165 D6
Tokaj 202 B4, 203 D4, 207 B1
Tokat 220 C5
Tolbuhin 211 B6
Tolcsva 202 B3, 203 B5
Toledo 175 C3
Tolima 250 B1
Tolley, Scott & Tolleys 244 B4
Tolmezzo 165 C5
Tolochenaz 194 B5
Tomatin 265 C4
Tomintoul 263 G1
Tondela 189 F4
Topolcianky 205 B5
Torbato 169 G2, 172 E2
Torcolato 165 E3
Torgiano 169 C4
Torino 163 A1, 161 C2
Tormore 263 F1
Toro 175 B3
Toroja 182 F3
Toros Dağlari 220 D3
Torrebreda 177 F4
Torre de Fontaubella 182 G3
Torre del Español 182 F3
Torredembarra 182 G5
Torre Giulia 172 B4
Torrellas de Foix 182 F5
Torreón 251 F2
Torre Quarto 172 B4
Torres Vedras 187 E3
Torri del Benaco 166 A6
Torrox 177 F3
Tortola 267 B3
Toscana 161 E6, 165 G1, 169 B3

Toul 59 B4
Toulifaut 118 C2
Toulon 59 G5, 126 D3
Toulouse 59 G2, 129 E5
Toulouse-le-Château 127 F4
Tournon 59 E4, 120 B5, 122 D3
Tournon d'Agenais 129 C4
Tournus 61 E5
Tours 59 D2, 115 B1
Tour d'Aigues 59 F5, 131 E3
Tours-sur-Marne 107 D5
Touwsrivier 247 C3
Traben 145 D3
Tracy-sur-Loire 119 F3
Traisen 146 F6
Traiskirchen 200 F3
Traismauer 198 C2
Trakya 220 B2
Traminac 207 B3, C4, C5
Traminer 165 C3, 209 E3
Tramini 202 B1
Tramonti 172 C3
Trans-en-Provence 126 B5
Transilvaniei 209 F3
Trappenberg 153 D2
Trapani 172 F1
Traralgon 241 F3
Trarbach 145 D3
Trás os Montes 187 B5
Travassos 190 F2
Trbjan 207 C1
Trebbiano 165 G4, 169 A5, F3, 172 B1
Trebbiano di Abruzzi 169 E6
Trefethen 233 E5
Tregnago 167 B5
Treilles 124 D3
Trélazé 114 B5
Trencin 205 B5
Trentadue 230 B5
Trentino 165 C3
Trento 165 D3
Trépail 107 C5
Treppchen 144 B6
Tresserre 124 E2
Trets 126 B2
Treviso 165 D3
Trier 135 B1
Trieste 165 D6
Trifesti 213 A1
Trinidad 267 E5
Tripoli (Tarābulus) 220 E4
Trittenheim 143 G1
Trnava 205 B5
Troblijan 207 D2
Troesmes 79 C2
Troia 172 B3
Trois Puits 107 A4
Tronquoy-de-Lalande 85 B4
Trouillas 124 E2
Troyes 59 B4
Tsadha 216 D1
Tsimlyanskoye 213 A4
Tsinandali 213 C4
Tua 191 E3
Tübingen 135 E5
Tuchan 124 D2
Tulare 229 E3
Tulbagh 247 C2
Tulette 59 F5, 131 D2
Tulle 59 E3, 130 C6
Tullibardine 265 E4
Tunis 219 B5
Tunisia 219
Tunuyán 251 B4
Tupin-et-Semons 121 B3
Tupungato 251 B4
Turgovishte 211 C4
Turin (Torino) 161 C2, 163 A1
Turckheim 113 E2
Türkei (Türkiye) 220 C3
Tɑrkheim 111 B1
Turlock 234 D4
Turna 205 B6
Tuttlingen 135 F4
Tvishi 213 C4
Tyrrell's 242 F2

U

Udine 165 C5
Uitkyk 249 E2
Uitvlugt 267 G6
Ukraine (Ukrainskaja) 211 A3
Ukrainskaja 211 A2
Umbria 169 D4
Ungarn 202
Ungeheuer 153 E4
Ungsberg 145 E3
Ungstein 153 B5
United Arab Republic 220 G3
United Vintners 234 C3, 235 G1
United Vintners Petri 234 C3
Unterberg 139 B2
Unterdürrbach 158 B5
Unterland 197 B4
Unterloiben 201 G2
Unter Türckheim 156 D4
Untersée 197 B4
Upland 230 G4
Urbelt 139 B2
Ürgüp 220 C4
Urquhart 263 A4
Uruguay 251 C4
Ürzig 144 B5
Usak 220 C2
Uv-Madera 234 F6
Uzunköprü 220 B1

V

Vác 202 B2
Vaillons 79 E3
Valais (Wallis) 197 G2, 270 G4
Valagarina 165 C3
Valcargado 177 C2
Valdadige 165 D2
Val de Loire 59 D1, D2, C2
Val de Marne 59 B3
Valdeorras 175 A2
Valdepeñas 175 C3
Valdespino 177 C3, 177 C4
Val di Chiana 169 B4
Val di Lupo 172 F3
Val-d'Oise 59 B2
Vale de Cambra 189 D5
Vale de Figueira 191 G4
Vale de Mendiz 191 E1
Valença 187 A4, 189 A4
Valença do Douro 190 G6
Valence 59 E4, 120 C5, 129 E3
Valençay 115 C3, 130 B6
Valencia 175 C5
Valetta 216 G2
Valeyrac 80 B2
Valgella 161 A5
Valladolid 175 B3
Valle d'Aosta 161 B2
Valle del Cauca 250 B1
Valle d'Oro 245 C5
Vallet 114 C3, 114 F3
Vallmoll 182 F4
Vallo della Lucania 172 C3
Vallromanas 183 E1
Valls 182 F4
Valmur 79 D4
Valongo 189 C5
Valpantena 165 E2
Valparaíso 250 C1, 251 B2
Valpolicella 165 E2, 167 C3
Valpolicella Classico 167 B2
Valpolicella Superiore 167 B4
Valtellina 161 A5, 165 C1
Vámosújfalu 203 B5
Vandellos 182 G3
Vannes 58 C6
Var 59 G5, 126 B3
Varen 195 C4
Varese 161 B4
Varna 211 C5
Vasa 216 D2
Vascongadas 175 A4
Vasto 169 G6
Vavatsinia 216 C3
Vaucluse 59 F5, 120 D5
Vaucoupin 79 E5
Vaud 279 G3, 194 A6, 197 F1
Vaudemanges 107 D6
Vaudésir 79 C4
Vaudieu 123 B4
Vaudois 197 D2
Vaufegé 118 C3
Vaufoynard 118 C1
Vaugiraud 79 E4
Vaugondy 118 B4
Vaulorent 79 C3
Vauvert 125 D9
Vayres 80 E4
Veaugues 119 G2
Veilshöchheim 158 D3
Vegardó 203 B6
Velce 205 B4
Velddrif 247 C1
Veldenz 144 G6
Vélines 105 E2
Velke Levare 205 B5
Velkev Zernoseky 205 A3
Veltelini 202 B1
Vendée 59 D1, 114 D2
Vendôme 115 A2
Vendrell 182 F5
Veneto 165 D3
Venezia 165 E4
Venezuela 267 F4, 250 B1
Venedig (Venezia) 165 E4
Venthône 195 C4
Ventiseri 132 F5
Vera Cruz 177 D2
Vérargues 59 F4, 125 C9
Verceil (Vercelli) 161 C4
Verdea 215 D2
Verdicchio dei Castelli di Jesi 169 C5
Verdicchio di Matelica 169 C5
Verdigny 119 E2
Verdiso 165 D4
Verdon 105 E6
Verduzzo 165 C6
Verenay 121 B3
Vergisson 75 E2
Vérin 121 C2
Veritas 244 B4
Verlieux 121 D2
Vermentino 161 E3, 162 F2, 172 D1
Vermut di Torino 161 C3
Vernaccia 165 D3, 169 F2, 172 D1
Vernaccia di Oristano 172 D1
Vernaccia di Serrapetrona 169 B5
Vernaccia Gimíniano 169 B3
Vernou-sur-Brenne 118 C4
Verona 165 E3, 167 D3
Verpelét 202 B3
Verrazzano 171 C3
Versailles 267 G6, 59 B2
Vers Chane 75 F3
Verthamon 95 A2
Vertheuil 85 E2
Vertou 114 C3, 114 F1
Vertu 107 G3
Verzenay 107 B5
Verzy 107 B5
Vésenaz 194 C4
Vésoul 59 C5
Vespella 182 F5
Vesuvio Gragnano 172 C3
Vetren 211 D2
Vétroz 195 D3
Vétroz 270 G3
Veuve Cliquot-Ponsardin 109 D5, A4
Vevey 195 B1, 197 F2, 270 G3
Véyras 195 C4
Vialer 261 E3
Viana do Castelo 187 B4, 189 B4
Vibo Valéntia 172 E4
Vicairies 119 E3
Vicenza 165 E3
Vic Fezensac 261 C5
Vich 194 B4
Vic-la-Gardiole 125 D7
Victor Harbour 240 F5
Victoria, Australia 241 G2
Victoria 216 F1
Vidauban 126 B4
Vidin 211 B1
Vieira do Minho 189 B5
Vielia 261 D3
Vienne 59 D2, 120 A6, 114 C6
Vierwaldstättersee 197 C4, 270 F5
Vierzon 115 C4
Vieux Château Certan 99 C5
Vieux-Cussac 91 D4
Vignale 171 E4
Vignamaggio 171 D4
Vignavecchia 171 E4
Vignes Blanches 75 F2
Vignes Rondes 67 E3
Vignonet 103 G3
Vihiers 114 C5
Vila 161 A5
Viladecáns 183 F1
Vila do Conde 189 C4
Vila do Rei 188 E4
Vilallonga 182 F4
Vila Nova da Cerveira 189 A4
Vilanova de Escornalbou 182 G3
Vila Nova de Famalição 189 C4
Vila Nova de Gaia 187 B4, 193
Vilány 202 C2
Vilaplana 182 F4
Vila Real 187 B5
Vilarinho dos Freires 190 F3
Vilarrodona 182 F5
Vilaseca 182 G4
Vila Verde 189 B5
Vilella Alta 182 F3
Vilella Baja 182 F3
Villa Arceno S.p.A. 171 G5
Villa Armando 237 A3
Villa Atuel 251 D5
Villafranca del Panadés 182 F6, 175
Villa M Eden 233 C5
Villamblard 105 C5
Villanueva y Geltrú 182 F6
Villardeau 119 E5
Villarosa 171 E2
Villars-sous-Yens 194 B5
Villaudric 59 G2, 130 E6
Villé 270 D3
Ville-Dommange 107 A3
Villefranche 61 G5
Villefranche-de-Lonchat 105 D2
Ville-la-Grand 127 B2
Villemolaque 124 E2
Villenave 95 D4
Villenave-d'Ornon 95 D5, 80 F3
Villeneuve (Schweiz) 104 E2, 195 B1, 270 G3
Villeneuve-de-Marsan 129 E2
Villeneuve-les-Avignon 120 G5
Villeneuve-les-Corbières 124 D3
Villeneuve-Minervois 124 B3
Villers-Allerand 107 B4
Villers-Marmery 107 C6
Villette 194 B6
Villette-les-Arbois 127 E5
Villié-Morgon 77 D4
Villiers 119 E5
Villiersdorp 247 D3
Villingen 156 F2, 270 D5
Vilovi 182 F6
Viña del Mar 251 B2
Vinebre 182 G3
Vine Vale 245 B5
Vinho Verde 187 B4
Vinifera Wines 238 D2
Vinjak 207 E5
Vinne 205 B6
Vinodolsko 207 C1
Viñols Archs 182 G4
Vinon 119 F2
Vin Santo 169 B3
Vinsanto 215 E4
Vins de Béarn 130 E4
Vins d'Entraygues et du Fel 131 D1
Vins d'Estaing 131 D1
Vin de Lavilledieu 130 E6
Vins de Marcillac 130 D6
Vins d'Orléanais 130 A6
Vins de Savoie 131 C3
Vins du Bugey 131 C2
Vins du Haut-Poiton 130 B5
Vins du Lyonnais 131 C2
Vins du Thouarsais 130 B5
Vins du Tursan 130 E4
Vintner's 245 B5
Vinzel 194 B4
Vinzelles 75 F3
Vionnaz 195 C1
Vipava 207 B1
Virgin Islands 267 A3
Virgin Island Rum Distilleries Ltd. 267 B3
Vis 207 E2
Visalia 229 E3
Viseu 187 C5, 189 E5
Vishovgrad 211 C3
Visp 195 C6, 197 G3
Visperterminen 195 C6
Viterbo 169 D3
Vitiano 171 B4
Viticulteurs Réunis 259 D2
Vitoria 175
Vittoria 172 G3
Vivario 132 E5
Vlasotinci 207 F6
Vlottenburg (Co-op) 249 G1
Voegtlinshoffen 110 C5
Vogelsang, Nahe 147 C1
Vogelsang, Rheingau 150 F3
Vogelsang, Saar 139 F3, G3
Vogtei Rötteln 156 G1
Voiteur 127 F4
Vojvodina 207 C4
Volkach 158 D4
Volnay 61 D5, 67 E4
Volos 215 C3
Volxheim 155 F2
Voriai Sporádhes 215 C4
Vörös 202 C2
Vosges 270 D3
Vosgros 79 E4
Vöslau 198 D3
Vosne-Romanée 61 C5
Vosne-Romanée 71 F4
Vougeot 61 C5, 71 F6
Vougeot 72 F1
Vouni 216 D2
Vouvray 118 C3, 115 B1
Vouvry 195 C1
Vrable 205 C5
Vranac 207 F4
Vratsa 211 C2
Vredendal 247 A2
Vrička Zlahtina 207 C1
Vrymansfontein 249 C3
Vufflens 194 B5
Vugava 207 E2
Vulkanfelsen 156 F1
Vukovar 207 C4
Vullierens 194 A5

W

Waadtland (Vaud) 194
Wachau 198 C1, 201
Wachenheim 135 C3, 153 D5, 155 G3
Wagga Wagga 241 E4
Wallaroo 240 E5
Waldbockelheim 135 B3
Waldrach 141 G5
Waldulm 156 E2
Walkenberg 151 F5
Wallis (Valais) 194, 197 G2, 270 G4
Walluf 151 G6
Walporzheim 135 A2
Wamakersvlei (Co-op) 249 B5
Wangaratta 241 F3
Wangen 270 C4
Wann 110 A1
Wantzenau 113 B2
Warpoo 244 C3
Warre 193 C4
Warnambool 241 G2
Warsaw 269 B4
Wartbühl 156 D4
Wasselonne 113 B1
Wasseros 151 D2
Waterfill Frazier 269 B3
Wateringbury, Kent 252 D4
Watervale (Clare/Watervale) 240 E5
Watzelsdorf 198 B2
Wawern 139 C2
Wedmore 252 F4
Wehlen 145 E1, 135 B2
Weibel 237 A3
Weiden 198 D4
Weilberg 153 A4
Weinheim 156 B3
Weinkammer 145 B4
Weinland 197 C4
Weinland 197 B4
Weinsberg 197 C4
Weinolsheim 155 F3
Weinsteige 156 D4
Weinstraße 135 C3
Weinviertel 198 C3
Weißenkirchen 198 C1, 200 G5
Weißenstein 145 F1
Weitenberg 200 F5
Welegund 249 D5
Wellington 249 B5, D2
Wellington (Co-op) 247 B5
Wellington, Australien 241 D4
Weltevreden 249 D3
Wendelsheim 155 F2
Wente Bros. 237 A3, G4
Wentworth 241 E1
Wertheim 135 B6
Westfield 252 G6
Westhalten 270 D3, 110 B3
West Indies Distilleries Ltd. 267 B3
West Indian Rum Refinery 267 D5
Weststeiermark 198 F1
Wettolsheim 110 C6
Whyalla 240 D5
Wilsford 244 C3
Wick 265 B5
Wickhambrook F6
Wickliffe 269 C1
Widmer's Winery 238 D2
Wien 198 C3, 200 C4
Wiener Neustadt 198 D3
Wiesbaden 135 B4
Wiese & Krohn 193 C4
Wiesloch 156 C3
Wigtown 265 G4
Wilburton 252 F5
Wildendürnbach 198 B3
Wildsau 141 E5
Willett 269 C3
Williamsburg 269 C4
Williams & Humbert 177 C1, C4, E1, E2
Williamstown 244 D3
Willisau 270 F4
Willunga 245 D4
Wiltingen 139 C4
Wiltingerkupp 139 B3
Winchester 269 B5
Windmeul (Co-op) 249 B4
Windsor (Tiburon Vintners) 230 C5
Windward Islands 267 E5
Winkel 150 G3
Winningen 135 A3
Winnweiler 135 C3
Winterthur 197 E4
Winterthur 270 E5
Wintrich 143 C3
Wintzenheim 110 C6, 113 E2
Winzenheimerhöhe 147 C2
Wirranirra 245 D4
Wisdom & Warter 177 E2, F2
Wisselbrunnen 151 F1
Wissembourg 135 D3
Wittlich 135 B2
Wolf 145 B3
Wolfach 270 D4
Wolfsmagen 156 B3
Wolkersdorf 198 C3
Wollongong 241 E5
Wonnegau 135 C3
Wonthaggi 241 G3
Woodbridge 234 B3
Woodside 237 B1
Worb 270 F4
Worcester 247 D3
Worms 155 G3
Worrstadt 155 F2
Wülfen 151 E3
Wunnenstein 156 D4
Würzburg 158 C5, D3, 135 B6
Würzgarten 144 C5, 145 D3, 150 E5
Wyndham Estate 242 D3

X

Xewkija 216 F1

Y

Yaldara 244 C3
Yallourn 241 G3
Yalta (Jalta) 213 B2
Yalumba 244 B5
Yamanashi 222 C2
Yambol 211 C5
Yanahuanca 250 B1
Yass 241 E4
Yecla 175 D4
Yens 194 B5
Yerasa 216 D3
Yerushalayim 220 F4
Yetto 245 B4
Yisra'el 220 F4
Ynocente 177 C3
Yonne 51 C3, 61 B3
Young 241 E4
Yountville 233 D5
Ythan 265 C6
Yugoslavien (Jugoslavija) 207
Yuelines 59 B2
Yverdon 233 B2
Yvorne 195 C1, 197 G2

Z

Zabbar 216 G3
Zaccar 219 B2
Začinkà 207 E6
Zadar 207 D2
Zagarese 172 C6
Zagarolo 169 F4
Zagorje 207 B3
Zagreb 207 B3
Zahnacker 111 C4
Zakinthos 215 D1
Zalaegerszeg 202 C1
Zamora 175 B3
Zante (Zakinthos) 215 D1
Zapadni Rodopi 211 D2
Zaragoza 175 B4, 181 D4
Zarqua (Az-Zarqa) 220 F5
Zarzuela 177 D2
Zebbug 216 G2
Zeheggen 195 C5
Zehnmorgen 154 D5
Zejtun 216 G2
Zell 135 B2
Zellenberg 111 C4
Zeltingen-Rachtig 144 D5
Zeppwingert 145 C4
Zermatt 197 G3
Zhemchuzhina Rossii (Pinot Gris) 213 B3
Zicavo 132 F5
Zichron-Jacob 220 F4
Zickelgarten 139 E3
Ziersdorf 198 C2
Zilavka 207 E3, G6
Zilina 205 B5
Zinnkoepfle 110 B3
Zistersdorf 198 B4
Zitza 215 B1
Znojmo 205 B4
Zoilo Ruiz-Mateos 177 D2
Zollturm 145 D4
Zonguldak 220 B3
Zonza 132 F5
Zoopiyi 216 D2
Zucker-Berg 155 F5
Zug 270 F5
Zugersee 197 B4, 270 F5
Župa 207 E5
Zupska Ružica 207 E5
Zupsko Crno 207 D5
Zürich 197 E4
Zürichsee 197 B4, 270 E5
Zurrieq 216 C4
Zusenhofen 270 C4
Zypern (Cyprus) 216 E3, 228